# Le Routard
# Madagascar



*Directeur de collection et auteur*
Philippe GLOAGUEN

*Cofondateurs*
Philippe GLOAGUEN
et Michel DUVAL

*Rédacteur en chef*
Pierre JOSSE

*Rédacteurs en chef adjoints*
Amanda KERAVEL
et Benoît LUCCHINI

*Directrice de la coordination*
Florence CHARMETANT

*Directrice administrative*
Bénédicte GLOAGUEN

*Direction éditoriale*
Catherine JULHE

*Rédaction*
Isabelle AL SUBAIHI
Mathilde de BOISGROLLIER
Thierry BROUARD
Marie BURIN des ROZIERS
Véronique de CHARDON
Gavin's CLEMENTE-RUÏZ
Fiona DEBRABANDER
Anne-Caroline DUMAS
Géraldine LEMAUF-BEAUVOIS
Olivier PAGE
Alain PALLIER
Anne POINSOT
André PONCELET

*Administration*
Carole BORDES
Éléonore FRIESS

**2015**

hachette

## *Remarque importante aux hôteliers et restaurateurs*

Les enquêteurs du *Routard* travaillent dans le plus strict anonymat. Aucune réduction, aucun avantage quelconque, aucune rétribution n'est jamais demandé en contrepartie. Face aux aigrefins, la loi autorise les hôteliers et restaurateurs à porter plainte.

## *Avis aux lecteurs*

*Le Routard,* ce n'est pas comme le bon vin, il vieillit mal. On ne veut pas pousser à la consommation, mais évitez de partir avec une édition ancienne. Les modifications sont souvent importantes.
Les réductions accordées à nos lecteurs ne sont jamais demandées par nos rédacteurs afin de préserver leur indépendance. Les hôteliers et restaurateurs sont sollicités par une société de mailing, totalement indépendante de la rédaction, qui reste donc libre de ses choix. De même pour les autocollants et plaques émaillées.

## *Avec routard.com, choisissez, organisez, réservez et partagez vos voyages !*

✓ Rejoignez la plus grande communauté francophone de voyageurs : plus de **2 millions** de visiteurs !

✓ Échangez avec les routarnautes : forums, photos, avis d'hôtels.

✓ Retrouvez aussi toutes les informations actualisées pour choisir et préparer vos voyages : plus de 200 fiches pays, une centaine de dossiers pratiques et un magazine en ligne pour découvrir tous les secrets de votre destination.

✓ Enfin, comparez les offres pour organiser et réserver votre voyage au meilleur prix.



**Pictogrammes du *Routard***

**Établissements**

- Hôtel, auberge, chambres d'hôtes
- Camping
- Restaurant
- Boulangerie, sandwicherie
- Glacier
- Café, salon de thé
- Café, bar
- Bar musical
- Club, boîte de nuit
- Salle de spectacle
- Office de tourisme
- Poste
- Boutique, magasin, marché
- Accès internet
- Hôpital, urgences

**Sites**

- Plage
- Site de plongée
- Piste cyclable, parcours à vélo

**Transports**

- Aéroport
- Gare ferroviaire
- Gare routière, arrêt de bus
- Station de métro
- Station de tramway
- Parking
- Taxi
- Taxi collectif
- Bateau
- Bateau fluvial

**Attraits et équipements**

- Présente un intérêt touristique
- Recommandé pour les enfants
- Adapté aux personnes handicapées
- Ordinateur à disposition
- Connexion wifi
- Inscrit au Patrimoine mondial de l'Unesco

Le *Routard* est imprimé sur un papier issu de forêts gérées.


I.S.B.N. 978-2-01-002752-9

# TABLE DES MATIÈRES



## COMMENT Y ALLER ?



## QUITTER MADAGASCAR



## MADAGASCAR UTILE



## HOMMES, CULTURE, ENVIRONNEMENT

# LES HAUTES TERRES



## DE TANANARIVE À FIANARANTSOA



## LA ROUTE DU SUD-EST



# LE GRAND SUD

## LA CÔTE AU NORD DE TULÉAR



## DE TULÉAR À FORT-DAUPHIN PAR L'INTÉRIEUR



## DE TULÉAR À FORT-DAUPHIN PAR LA CÔTE



# LE MOYEN-OUEST



# L'EST



## LA ROUTE DE L'EST : DE TANA À TAMATAVE

## AU NORD DE TAMATAVE



## LE CANAL DES PANGALANES



## L'ÎLE SAINTE-MARIE (NOSY BORAHA)



## LA CÔTE DU GIROFLE



## LA CÔTE DE LA VANILLE



# LE NORD-OUEST



## DE DIÉGO-SUAREZ À NOSY BE

## L'ÎLE DE NOSY BE



## RETOUR SUR TERRE...



**IMPORTANT : DERNIÈRE MINUTE**

Sauf rare exception, le *Routard* bénéficie d'une parution annuelle à date fixe. Entre deux dates, des événements fortuits (formalités, taux de change, catastrophes naturelles, conditions d'accès aux sites, fermetures inopinées, etc.) peuvent intervenir et modifier vos projets de voyage. Pour éviter les déconvenues, nous vous recommandons de consulter la rubrique « Guide » par pays de notre site • *routard.com* • et plus particulièrement les dernières ***Actus voyageurs.***

# ??? LES QUESTIONS QU'ON SE POSE LE PLUS SOUVENT

**Quelle est la meilleure période pour y aller ?**
Pendant la saison sèche, de mai à début novembre environ. La période idéale se situe entre septembre et octobre. Évitez particulièrement la saison cyclonique de mi-décembre à mi-avril, sauf si vous souhaitez payer votre billet d'avion moins cher. En juillet et août, c'est l'hiver austral et le début de la « haute saison », les billets d'avion sont donc plus chers.

**Quel est le temps de vol depuis Paris ?**
Environ 11h.

**Quel est le décalage horaire ?**
En été, 1h de plus qu'en France : quand il est 12h à Paris, il est 13h à Tananarive. En hiver, 2h de plus.

**L'insécurité et l'instabilité politique dans le pays doivent-elles faire renoncer au voyage ?**
Non. Évidemment, avant et pendant votre séjour, renseignez-vous sur la situation en cours auprès du ministère des Affaires étrangères (● *diplomatie.gouv.fr* ●).

**Quelles sont les précautions de santé à prendre ?**
Il est recommandé d'être à jour pour les hépatites A et B, la DTCoqPolio et la fièvre typhoïde. Un traitement antipaludique s'avère indispensable (particulièrement sur la côte est, dans le Nord et pendant la saison des pluies). Sans oublier les répulsifs antimoustiques. Prévoir une trousse à pharmacie bien complète (structures sanitaires peu développées). Voir rubrique « Santé ».

**Où sont les plus belles plages ?**
À Nosy Be et dans les îles paradisiaques alentour, au nord-ouest, mais aussi à Sainte-Marie où la tranquillité est totale et le charme envoûtant. Dans la région de Tuléar, au sud-ouest, quelques beaux lagons (Anakao), mais les plus sauvages se situent au sud et au nord de Tuléar, le long d'une barrière de corail s'étirant sur 100 km !

**Y a-t-il une grande diversité naturelle et climatique ?**
En gros, le pays se divise en trois zones. Au centre, les Hautes Terres avec leurs villages traditionnels autour de Tananarive, au climat tempéré mais frais (voire frisquet) durant l'hiver austral. La côte est, sauvage et exubérante, dont on dit qu'elle connaît deux saisons, « la saison des pluies et la saison où il pleut » ! Et enfin, la côte ouest avec ses eaux turquoise, au climat sec et chaud quasiment toute l'année.

**Quel type de faune et de flore peut-on observer ?**
La plus grande variété de lémuriens et de caméléons au monde et les baleines à bosse vous y attendent. Les parcs et les réserves abritent aussi une flore unique et de nombreuses plantes médicinales.

**Y parle-t-on le français ?**
Oui, dans les grandes villes et les villes secondaires !

**Le coût de la vie est-il élevé ?**
Non, du moins pour nous, simples touristes. Le coût de la vie sur place n'est pas élevé si l'on voyage en taxi-brousse, si on loge dans les petits hôtels ou chez l'habitant et si l'on se restaure dans les *hotely* (restaurants locaux). N'oubliez pas le droit d'entrée et de guidage dans les parcs nationaux (qui eux reviennent cher au final).

# CŒUR DU ROUTARD

- Déguster un délicieux repas au resto le *Kudéta,* après avoir admiré le coucher du soleil depuis le Rova à Tananarive ........................... p. 148, 158

- Randonner 2 ou 3 jours à la recherche des villages zafimaniry (environs d'Ambositra) ................................ p. 187

- Descendre vers la côte est, à bord du train Fianarantsoa-Manakara .... p. 190

- Découvrir en pirogue l'étonnant canal des Pangalanes qui longe la mer .... p. 213

- Prendre l'apéro au coucher du soleil au *Relais de la Reine* ou au *Jardin du Roy* (environs de Ranohira) ................. p. 225

- Goûter aux plaisirs balnéaires d'Anakao et/ou d'Ifaty (environs de Tuléar) .............................. p. 237, 242

- Se mesurer aux vagues de Lavanono avec sa planche de surf (au sud de Tuléar) ...................................... p. 251

- Surprendre un couple d'indris, des lémuriens, qui s'embrassent à Andasibe ................................... p. 297

- Prendre le temps de faire une halte dans le plus bel hôtel de Mahambo ...... p. 309

- Admirer les baleines à bosse qui jouent comme des enfants sur l'île Sainte-Marie, durant l'hiver austral ............. p. 316, 324

- Même sans les baleines, aller à Sainte-Marie parce qu'on s'y sent bien, tout simplement, et buller notamment quelques jours à l'île aux Nattes ........... p. 315, 336

- Observer les étranges ayes-ayes et *uroplates* à Nosy Mangabe ........ p. 350

- Traverser la péninsule de Masoala à pied ............................................ p. 355

- Entreprendre une randonnée pédestre vers le cap Miné, la baie des Dunes, la baie des Pigeons et la baie de Sakalava dans les environs de Diégo-Suarez .............................. p. 377

- Découvrir les merveilleux Tsingy rouges sur la route entre Diégo-Suarez et Nosy Be en fin d'après-midi .... p. 383

- Participer au Donia sur l'île de Nosy Be, le plus grand festival musical de l'océan Indien, chaque année à la Pentecôte ............................. p. 413

- Passer la journée sur la mer d'Émeraude au large de la baie de Diégo-Suarez, nager et se faire griller un poisson fraîchement pêché ........................... p. 378

- À Nosy Be, savourer les plats du buffet du dimanche midi *Chez Loulou* sur la plage d'Andilana, la plus belle plage de l'île ........................................... p. 409

- Prendre une pirogue et passer la nuit sur l'île de Nosy Komba, superbe et encore méconnue ........................ p. 415

- Faire un baptême de plongée dans la « piscine », véritable aquarium naturel sur l'île de Nosy Sakatia.................... p. 415

**Nous tenons à remercier tout particulièrement Loup-Maëlle Besançon, Thierry Bessou, Gérard Bouchu, François Chauvin, Grégory Dalex, Stéphanie Déro, Fabrice Doumergue, Cédric Fischer, Carole Fouque, Michelle Georget, David Giason, Claude Hervé-Bazin, Emmanuel Juste, Dimitri Lefèvre, Fabrice de Lestang, Romain Meynier, Éric Milet, Pierre Mitrano, Jean-Sébastien Petitdemange, Thomas Rivallain et Dominique Roland pour leur collaboration régulière.**

Emmanuelle Bauquis
Mathilde Blanchard
Jean-Jacques Bordier-Chêne
Michèle Boucher
Mathilde Bouron
Sophie Cachard
Jeanne Cochin
Agnès Debiage
Jérôme Denoix
Joséphine Desfougères
Tovi et Ahmet Diler
Clélie Dudon
Sophie Duval
Alain Fisch
Cécile Gastaldo
Bérénice Glanger
Adrien et Clément Gloaguen
Bernard Hilaire
Sébastien Jauffret
Blanche-Flore Laize
Virginie Leibel
Jacques Lemoine
Julien Léopold
Jacques Muller
Caroline Ollion
Martine Partrat
Odile Paugam et Didier Jehanno
Julia Pouyet
Émile Pujol
Maud Régent
Anaïs Rougale
Prakit Saiporn
Jean-Luc et Antigone Schilling
Alicia Tawil
Caroline Vallano
Juliana Verdier

**Direction :** Nathalie Bloch-Pujo
**Contrôle de gestion :** Jérôme Boulingre et Alexis Bonnefond
**Secrétariat :** Catherine Maîtrepierre
**Direction éditoriale :** Catherine Julhe
**Édition :** Matthieu Devaux, Géraldine Péron, Olga Krokhina, Gia-Quy Tran, Julie Dupré, Pauline Fiot, Camille Loiseau, Béatrice Macé de Lépinay, Emmanuelle Michon, Martine Schmitt et Marion Sergent
**Préparation-lecture :** Danielle Blondy
**Cartographie :** Frédéric Clémençon et Aurélie Huot
**Fabrication :** Nathalie Lautout et Audrey Detournay
**Relations presse France :** COM'PROD, Fred Papet. ☎ 01-70-69-04-69. • *info@comprod.fr* •
**Direction marketing :** Adrien de Bizemont, Lydie Firmin et Laure Illand
**Contacts partenariats :** André Magniez (EMD). • *andremagniez@gmail.com* •
**Édition des partenariats :** Élise Ernest
**Informatique éditoriale :** Lionel Barth
**Couverture :** Clément Gloaguen et Seenk
**Maquette intérieure :** le-bureau-des-affaires-graphiques.com, Thibault Reumaux et npeg.fr
**Relations presse :** Martine Levens (Belgique) et Maureen Browne (Suisse)
**Régie publicitaire :** Florence Brunel-Jars

## *Remerciements*

Cette nouvelle édition est dédiée à Mamy Rabevazaha, qui nous a guidés avec une belle compétence sur les pistes du pays « avec un peu de goudron dessus », dès la création du guide. On se souviendra longtemps de son flegme et de son sourire permanents, toujours empreints de douceur et d'humour.

Pour cette nouvelle édition, nous tenons à remercier en particulier :
- Vincent Desobry, Mamy Randriamasinoro et Micha Allan Andrianjatovo, de *Océanes Aventures.*
- Henry Bellon, des *Villas de Vohilava* à Sainte-Marie.
- Richard et Monny, de *À la Carte à Mada.*

# ITINÉRAIRES CONSEILLÉS

## SUR LA RN7 (DE TANANARIVE À TULÉAR)

➢ ***Tananarive :*** 2 jours au minimum sont nécessaires pour visiter la capitale, sa ville haute pavée, son palais de la Reine, ses marchés animés et colorés, et ses collines environnantes (historiques et sacrées), que l'on atteint en traversant des paysages de rizières splendides. Prévoir de toute façon 1 jour avant toute correspondance en avion pour la France.

➢ ***Ambatolampy :*** arrêt déjeuner et visite au musée Nature ; ou 1 journée pour explorer les *chutes de l'Onive* et la *réserve forestière de l'Ankaratra.*

➢ ***Antsirabe** (1-2 j.) **:*** flâner dans le centre-ville à la découverte des marchés, des artisans, de la cathédrale et de l'hôtel des Thermes.

– Extension vers les *lacs Andraikiba* et *Tritriva,* et les *thermes de Betafo* (à faire dans la journée au départ d'Antsirabe) ; et point de départ possible pour *Miandrivazo* et la descente de la *rivière Tsiribihina* (voir plus loin l'itinéraire « Moyen-Ouest »).

➢ ***Ambositra** (1-2 j.) **:*** voir le palais royal, partir à la rencontre des artisans du coin, balade au mont *Antety.*

– Extension vers les villages *zafimaniry* (compter entre 2 et 5 j. supplémentaires pour rejoindre les plus éloignés).

– Excursion à *Manandriana* (1-2 j.) et à la cascade d'*Andohariana.*

➢ ***Fianarantsoa** (1-2 j.) **:*** marché du Zoma et promenade dans la ville haute. Dans les environs : plantations de thé de *Sahambavy,* réserve privée *Iade* et village de *Soatanana.*

Fianarantsoa est le point de départ pour le parc national de Ranomafana et pour rejoindre la côte (Manakara, Mananjary et le canal des Pangalanes) avec le train FCE (trajet pittoresque !) :

– *le parc national de Ranomafana :* compter 1 journée minimum pour un circuit découverte ;

– *Manakara* et excursion en pirogue sur le canal des Pangalanes (1 j.) ;

– *Mananjary* et excursion en pirogue (1 j. min).

➢ ***Ambalavao et le massif de l'Andringitra :*** prévoir 2 journées au minimum pour explorer une (toute petite) partie du parc, ainsi que la *vallée de Tsaranoro*.

– Escalade du *pic Boby* (2 j.).

➢ ***Ranohira et le parc national de l'Isalo :*** comme pour le massif de l'Andringitra, il vaut mieux réserver un minimum de 2 journées si l'on veut faire un circuit en boucle passant en revue les principaux sites.

➢ ***Le village d'Ilakaka :*** extraction du saphir. Attention, ambiance western ! Un arrêt sur la route de Tuléar est suffisant (à éviter de nuit).

➢ ***Tuléar** (1 j.) **:*** pour l'atmosphère particulière de la capitale du Sud-Ouest, point de chute final de la RN7.

– Extension de 1 à 3 jours à *Anakao* (village de pêcheurs vezo), *Saint-Augustin* et *Sarodrano* (villages vezo plus tranquilles) ou *Ifaty* (station balnéaire). Farniente et balades en pirogue traditionnelle au programme.

– Extension de 3 à 5 jours : vers le nord, en pirogue le long d'une barrière de corail de 100 km ; vers le sud, en pirogue ou en 4x4, soit par de beaux villages côtiers, soit en suivant les tombeaux mahafaly et antandroys jusqu'à Fort-Dauphin.
– Extension de 3 jours à *Fort-Dauphin* : prévoir 1 journée pour visiter la capitale du Sud-Est (et ses bateaux échoués dans la baie) et pour se dorer sur les plages ; 1 journée pour grimper le *pic Saint-Louis* et pour visiter la *réserve de Nahampoana* ; une 3e journée pour découvrir la magnifique *baie de Lokaro.*

## INCURSIONS À L'OUEST

➢ ***Moyen-Ouest** (6-10 j.)* **:** une fois arrivé à *Miandrivazo* (1 j. de trajet depuis Tana), prévoir 3 jours pour descendre la *rivière Tsiribihina* puis au minimum 2 jours pour visiter les *Tsingy* (formations karstiques classées par l'Unesco) et rejoindre *Morondava,* nonchalante station balnéaire pour laquelle 1 journée de farniente suffit amplement (à moins de faire une excursion à Belo-sur-Mer). Une variante consiste à emprunter la RN1 vers *Ampefy* (1 j. sur place), puis vers *Tsiroanomandidy,* d'où on prend un bimoteur pour *Ankavandra.* De là, on descend la rivière *Manambola* (3 j.) qui mène directement au pied des *Tsingy.*
➢ ***Majunga** (2-4 j.)* **:** prévoir d'abord 1 journée pour s'y rendre depuis Tananarive ou Nosy Be (en passant par le parc national d'Ankarafantsika si l'on vient par la route), puis 1 journée pour visiter la ville la plus musulmane de Madagascar, sa vieille mosquée et son port aux boutres, avant d'aller bronzer sur les plages 1 ou 2 jours de plus.
➢ ***Nosy Be** (3-4 j.)* **:** par avion de Tana ou par bateau (1 j. de Diégo au port d'Ankify, ou de Tamatave). Des plages à *Madirokely* et *Andilana* (la plus chouette), la distillerie d'ylang-ylang et le *mont Passot,* ou bien encore la réserve de *Lokobe.* Le mieux, ce sont les îles autour : *Nosy Tanikely* avec les poissons et les tortues, *Nosy Komba* (prévoir 1 nuit pour le réveil sur la baie), *Nosy Iranja* (bien plus loin, mais pour l'impression d'être Robinson).

## LE NORD-EST (DE DIÉGO À TAMATAVE)

➢ ***Diégo-Suarez** (1-2 j.)* **:** ville un peu fantôme, ancienne base de l'armée française. Bateaux échoués dans le port.
– Extension vers le village de pêcheurs de *Ramena* (1 j.), avec sortie en mer vers la *mer d'Émeraude* (encore 1 j.) ou à pied vers les trois baies (1 j. de plus) : sublime baie de *Sakalava* (pas mal de vent, spot de planche à voile), avec les vestiges de la présence militaire, sable blanc et mer azur.
➢ ***Le parc national de la montagne d'Ambre** (1 j.)* **:** forêt tropicale humide parsemée de cascades et habitée de lémuriens, mangoustes, tenrecs...
➢ ***Les Tsingy rouges d'Irodo** (4h)* **:** des concrétions aux formes et aux couleurs organiques garnissent les entrailles d'un profond canyon digne du Far West.
➢ ***Le lac Antanavo** (2h)* **:** lac sacré où l'on vient nourrir des crocodiles sauvages qui s'approchent à quelques mètres. Émotion garantie, photos exceptionnelles.
➢ ***Le parc national de l'Ankàrana** (2 j.)* **:** les *Tsingy* du Nord, des chutes d'eau et le plus petit caméléon au monde. Bivouac de nuit possible. Départ possible vers *Nosy Be* (à Ankify) ou bifurcation (à Ambilobe) vers le SAVA, autre nom de la région des plantations de vanille, de poivre, de cacao, de girofle.
➢ ***Daraina** (1 j.)* **:** lémuriens, scorpions et chercheurs d'or se partagent des forêts tropicales alliant une flore sèche et humide.
➢ ***Le parc national de Marojejy** (4 j.)* **:** une ascension épique de 2 000 m à travers une forêt dense qui change du tout au tout avec l'altitude. Une faune très riche. De beaux refuges. Peut-être bien le plus beau parc de tout le pays.
➢ ***La péninsule de Masoala** (4-15 j.)* **:** une quantité de randonnées aventureuses à pied, à vélo ou en pirogue, à l'intérieur des terres ou le long de la côte, histoire de profiter de très beaux spots de plongée (masque et tuba).

➢ ***Les environs de Maroantsetra*** *(1 j.)* **:** un repaire de pirates, des plages de rêve, dont certaines évoquent les Seychelles, une baie visitée par les baleines durant l'hiver austral, des parcs marins avec de beaux récifs coralliens, la plus belle forêt primaire de l'île, une faune exceptionnelle (aye-aye, uroplate, aigle serpentaire, *fosa,* vari roux, caméléon nain, helmet vanga...).
➢ ***Sainte-Marie*** *(3 j. ou... à vie ?)* **:** un îlot de charme. Rien à faire d'autre que de marcher, faire du vélo, se prendre pour un pirate (cimetière et île aux forbans), bronzer, goûter au charme des Saint-Mariens et Saint-Mariennes. Et puis il y a les baleines de juin à octobre... Pirogue pour l'*île aux Nattes,* tour de l'île à pied (1 j.).
➢ ***Tamatave*** *(3-4 j.)* **:** pour le *canal des Pangalanes.* Des lacs et une grande découverte en bateau-brousse.

## SI VOUS ÊTES...

***... plutôt nature :*** tout le pays !
***... plutôt rando :*** les parcs nationaux dont ceux de l'Isalo, de Ranomafana, de l'Ankàrana, Marojejy, de la montagne d'Ambre, les *Tsingy* rouges d'Irodo.
***... plutôt petite île pour roucouler :*** l'île aux Nattes (Sainte-Marie), Nosy Komba (proche de Nosy Be).
***... plutôt baleines :*** l'île Sainte-Marie et la région de Tuléar à Fort-Dauphin.
***... plutôt hors des sentiers battus :*** le canal des Pangalanes, la descente de la Tsiribihina...
***... plutôt plage déserte de rêve :*** Anakao (mais il y en a tant d'autres !).

# COMMENT Y ALLER ?

## LES COMPAGNIES RÉGULIÈRES

**▲ AIR FRANCE**
*Rens et résas au ☎ 36-54 (0,34 €/mn, tlj 6h30-22h), sur • airfrance.fr •, dans les agences Air France et dans ttes les agences de voyages. Fermées dim.*
*– Tananarive : tour Zital, 5e étage, route des Hydrocarbures, Ankorondrano. ☎ (261-20) 23-230-23. Lun-ven 8h30-17h, sam 8h30-12h30.*
➢ Env 3 vols/sem pour Tananarive tte l'année au départ de Roissy-Charles-de-Gaulle T2E ou 2F.
Air France propose toute l'année une gamme de tarifs accessibles à tous. Pour les moins de 25 ans, Air France offre des tarifs spécifiques, ainsi qu'une carte de fidélité *(Flying Blue Jeune)* gratuite et valable sur l'ensemble des compagnies membres de *Skyteam.* Cette carte permet de cumuler des *miles*.
Sur Internet, possibilité de consulter les meilleurs tarifs du moment directement sur la page d'accueil « Meilleures offres et promotions ».

**▲ AIR MADAGASCAR**
*– Paris : 73, bd Haussmann, 1er étage, escalier A, 75008. Rens et résas : ☎ 0892-701-819 (0,34 €/mn). • agence@airmadagascar.fr • airmadagascar.com • Ⓜ Saint-Augustin ou Saint-Lazare.*
➢ Air Madagascar relie Paris à Tananarive avec 3 vols/sem en fin d'ap-m ou début de soirée (mar, mer, dim) au départ de Roissy-Charles-de-Gaulle. Également parfois des vols hebdomadaires au départ de Marseille.
En voyageant sur Air Madagascar, vous bénéficierez :
– de 50 % (HT) de réduc sur les vols intérieurs (sauf pour Tuléar) ;
– de correspondances pratiques du long-courrier au réseau intérieur pour les principales destinations touristiques.

**▲ CORSAIR**
*Rens et résas dans tte la France : ☎ 0820-042-042 (0,12 €/mn). • corsair.fr •*
➢ Corsair International relie Paris à Tananarive jusqu'à 4 fois/sem au départ d'Orly-Sud.

## COMMENT Y ALLER DEPUIS L'ÎLE DE LA RÉUNION ?

### En avion

**▲ AIR AUSTRAL**
*Pour ttes ces agences, même numéro de tél : ☎ 0825-013-012 (0,15 €/mn). • air-austral.com •*
*– Neuilly-sur-Seine : 2, rue de l'Église, 92200.*
*– Saint-Denis : 4, rue de Nice, 97400.*
*– Saint-Pierre : 14, rue Archambaud, 97410.*
➢ Propose 1 vol/j. entre Saint-Denis de La Réunion et Tananarive, 3 vols directs/sem pour Nosy Be, 2 vols/sem pour Tamatave et 2 vols/sem pour Majunga (via Mayotte).

**▲ AIR MADAGASCAR**
*– Saint-Denis : 31, rue Jules-Auber, 97400. ☎ (262) 0892-68-00-14. • airmadagascar@wanadoo.fr •*
➢ La compagnie nationale malgache propose des vols entre Saint-Denis de

La Réunion et Tananarive, plus Sainte-Marie l'été. Se renseigner pour d'autres vols éventuels.

## LES ORGANISMES DE VOYAGES



### EN FRANCE

– Ne pas croire que les vols à tarif réduit sont tous au même prix pour une même destination à une même époque : loin de là. On a déjà vu, dans un même avion partagé par deux organismes, des passagers qui avaient payé 40 % plus cher que les autres. De plus, une agence bon marché ne l'est pas forcément toute l'année (elle peut n'être compétitive qu'à certaines dates bien précises). Donc, contactez tous les organismes et jugez vous-même.
– Les organismes cités sont classés par ordre alphabétique, pour éviter les jalousies et les grincements de dents.

**▲ COMPTOIR D'AFRIQUE**

*– Paris : 16-18, rue Saint-Victor, 75005. ☎ 01-53-10-30-06. • comptoir.fr • Ⓜ Cardinal-Lemoine. Lun-ven 9h30-18h30, sam 10h-18h30.*
*– Lyon : 10, quai Tilsitt, 69002. ☎ 04-72-44-13-40. Lun-sam 9h30-18h30. Ⓜ Bellecour.*
*– Marseille : 12, rue Breteuil, 13001. ☎ 04-84-25-21-80. Lun-sam 9h30-18h30. Ⓜ Estrangin.*
*– Toulouse : 43, rue Peyrolières, 31000. ☎ 05-62-30-15-00. Lun-sam 9h30-18h30. Ⓜ Esquirol.*

En Afrique, le voyage se décline à l'infini : safaris en 4x4 à la recherche des *Big Five*, séjours balnéaires au bord de l'océan Indien, excursions en mongolfière ou à dos d'éléphant, plongée, survols en avion... et partout de belles rencontres. Quelles que soient vos envies, une équipe de spécialistes de l'Afrique vous aide à créer votre voyage sur mesure.
21 Comptoirs, plus de 60 destinations, des idées de voyages à l'infini. Comptoir des Voyages s'impose depuis 20 ans comme une référence incontournable pour les voyages sur mesure, accessible à tous les budgets. Membre de l'association ATR (Agir pour un tourisme responsable), Comptoir a obtenu la certification Tourisme responsable AFAQ AFNOR.

**▲ COMPTOIR DE MADAGASCAR**

*– Paris : 20, rue de Gramont, 75002. ☎ 01-42-60-93-00. • comptoirdemadagascar.com • Ⓜ Opéra ou Richelieu-Drouot. Lun-ven 9h30-18h30, sam 10h-17h30.*

Spécialiste de la destination, Comptoir de Madagascar a pour devise de faire connaître et aimer cette « terre aux mille passions », et de donner envie d'y retourner... Un voyage étant une affaire personnelle, son équipe malgache, efficace et disponible, propose des programmes sur mesure, des voyages adaptés à tous les budgets, des devis rapides et des vols à des prix compétitifs.

**▲ COMPTOIRS DU MONDE (LES)**

*– Paris : 84, rue Amelot, 75011. ☎ 01-44-54-84-54. • comptoirsdumonde.fr • Ⓜ Saint-Sébastien-Froissart. Lun-ven 9h30-19h, sam 11h-18h.*

C'est dans ses nouveaux locaux, entourés de bambous qui rappellent l'Asie, que l'équipe des Comptoirs du Monde traitera personnellement tous vos désirs d'évasion : circuits et prestations à la carte pour tous les budgets sur toute l'Asie, le Proche-Orient, les Amériques, les Antilles, Madagascar, l'île Maurice et maintenant l'Italie. Vous pouvez aussi réserver par téléphone et régler par carte de paiement, sans vous déplacer.

**▲ HUWANS – CLUBAVENTURE**

*☎ 0826-88-20-80 (0,15 €/mn). • huwans-clubaventure.fr •*
*– Paris : 18, rue Séguier, 75006. Ⓜ Saint-Michel ou Odéon. Mar-sam 10h-19h.*
*– Lyon : 38, quai Arloing, 69009. Ⓜ Bellecour ou Ampère. Mar-ven 9h30-13h, 14h-18h30 ; sam 10h30-13h, 14h-18h.*

Spécialiste du voyage d'aventure, Clubaventure privilégie la randonnée en petits groupes, en famille ou entre amis pour parcourir le monde hors des sentiers battus. Leur site offre 1 000 voyages dans 90 pays différents, à pied,

en pirogue ou à dos de chameau. Ces voyages sont encadrés par des guides locaux et professionnels.

**▲ NOMADE AVENTURE**

*☎ 0825-701-702 (0,15 €/mn). • nomade-aventure.com •*

*– Paris : 40, rue de la Montagne-Sainte-Geneviève, 75005. ☎ 01-43-54-76-12. Ⓜ Maubert-Mutualité. Lun-sam 9h30-18h30.*

*– Lyon : 10, quai Tilsitt, 69002. ☎ 04-72-44-13-59. Lun-sam 9h30-18h30.*

*– Marseille : 12, rue Breteuil, 13001. ☎ 04-91-33-22-13. Lun-sam 9h30-18h30.*

*– Toulouse : 43, rue Peyrolières, 31000. ☎ 05-62-30-10-80. Lun-sam 9h30-18h30.*

Nomade Aventure propose des circuits inédits partout dans le monde, à réaliser en famille, entre amis, avec ou sans guide. Également la possibilité d'organiser, hors de groupes constitués, un séjour libre en toute autonomie et sur mesure. Spécialiste de l'aventure avec plus de 600 itinéraires (de niveau tranquille, dynamique, sportif ou sportif +) faits d'échanges et de rencontres avec les habitants, Nomade Aventure donne la priorité aux expériences authentiques à pied, à VTT, à cheval, à dos de chameau, en bateau ou en 4x4.

**▲ NOUVELLES FRONTIÈRES**

*Rens et résas au ☎ 0825-000-747 (0,15 €/mn), sur • nouvelles-frontieres.fr •, dans les agence de voyages et agences Nouvelles Frontières et Marmara.*

Depuis plus de 45 ans, Nouvelles Frontières fait découvrir le monde au plus grand nombre à travers des séjours aussi merveilleux qu'insoupçonnés, à la découverte de nouveaux paysages et de nouveaux visages, ainsi que de rencontres riches en émotions.

Selon votre budget ou vos désirs, plus de 100 destinations à choisir parmi 240 circuits ou bien en séjours et voyages à la carte à personnaliser selon vos envies. Rendez-vous sur le Web ou en agence où les conseillers NF seront à votre écoute pour mettre le voyage d'exception à votre portée et composer votre voyage selon vos souhaits.

**▲ PROMOVACANCES.COM**

*• promovacances.com • ☎ 0899-860-878 (1,35 € l'appel puis 0,34 €/mn). Lun-ven 8h-minuit, sam 9h-23h, dim 10h-23h.*

Numéro 1 français de la vente de séjours sur Internet, Promovacances a fait voyager plus de 2 millions de clients en 10 ans. Le site propose plus de 10 000 voyages actualisés chaque jour sur 300 destinations : séjours, circuits, week-ends, thalasso, plongée, golf, voyages de noces, locations, vols secs... L'ambition du voyagiste : prouver chaque jour que le petit prix est compatible avec des vacances de qualité. Grâce aux avis clients publiés sur le site et aux visites virtuelles des hôtels, vous réservez vos vacances en toute tranquillité.

**▲ ROOTS TRAVEL**

*– Paris : 17, rue de l'Arsenal, 75004. ☎ 01-42-74-07-07. Ⓜ Bastille. Lun 10h-13h, 14h-18h ; mar-ven 10h-13h, 14h-19h ; sam 11h-13h, 14h-19h. Promos et séjours sur leur site • rootstravel.com •*

Roots Travel, spécialiste de Madagascar, propose des séjours individuels qui permettent la découverte de l'île en toute liberté. Des itinéraires à la carte, sur la route du nord au sud et sur toutes les îles. Réservation des billets d'avion, de vols intérieurs, d'hôtels de charme et de bungalows, location de voitures avec chauffeur. Roots Travel est aussi spécialiste de Cuba, la République dominicaine, New York, le Maroc et l'Islande.

**▲ LA ROUTE DES VOYAGES**

*– Paris : 10, rue Choron, 75009. ☎ 01-55-31-98-80. Ⓜ Notre-Dame-de-Lorette.*

*– Annecy : 4 bis, av. d'Aléry, 74000. ☎ 04-50-45-60-20.*

*– Bordeaux : 19, rue des Frères-Bonie, 33000. ☎ 05-56-90-11-20.*

*– Lyon : 59, rue Franklin, 69002. ☎ 04-78-42-53-58. Ⓜ Ampère – Victor-Hugo.*

*– Toulouse : 9, rue Saint-Antoine-du-T, 31000. ☎ 05-62-27-00-68. Ⓜ Capitole.*

*Agences ouv lun-jeu 9h-19h, ven 9h-18h, sam sur rdv.*

apiqa

*• route-voyages.com •*
20 ans d'expérience de voyage sur mesure sur les 5 continents ! Cette équipe de voyageurs passionnée a développé un vrai savoir-faire du voyage personnalisé : écoute, conseils, voyages de repérage réguliers et des correspondants sur place soigneusement sélectionnés avec qui ils travaillent en direct. Son engagement à promouvoir un tourisme responsable se traduit par des possibilités de séjours solidaires à insérer dans les itinéraires de découverte individuelle. Elle a aussi créé un programme de compensation solidaire qui permet de financer des projets de développement locaux.

### ▲ SINDBAD VOYAGES

*– Pantin : 5, rue Hoche, 93500. ☎ 01-41-50-86-55. • sindbad-voyages.com • Ⓜ Hoche. Lun-ven 10h-13h, 14h30-18h30 ; sam 10h-14h.*
Persuadée que le contact entre les gens est aussi important que le pays visité, l'équipe de Sindbad propose des voyages très branchés sur l'ethnologie et la nature autant que sur les vieilles pierres. Le tout par petits groupes de 8 à 12 personnes, avec un accompagnateur compétent. Le tour-opérateur est également spécialiste des voyages à la carte et sur mesure à partir de deux personnes.

### ▲ TERRE MALGACHE

*– Paris : 28, bd de la Bastille, 75012. ☎ 01-44-32-12-87. • terre-malgache.com • Ⓜ Bastille. Lun-ven 9h-18h30, sam 10h-18h.*
Natifs ou seulement amoureux de « l'île Rouge », l'équipe de Terre Malgache, naturellement composée de spécialistes de Madagascar, assure une approche authentique de ce pays. En 4x4, à pied, en minibus, en voilier, à moto, à cheval ou en train, l'offre d'itinéraires pour groupes ou individuels s'adapte à tous les styles de voyageurs. Terre Malgache propose un vaste choix de circuits « découverte » de 8 à 21 jours, ainsi que des extensions thématiques et des séjours balnéaires à la carte en privilégiant une approche responsable et durable du développement touristique.

### ▲ TERRES D'AVENTURE

*N° Indigo : ☎ 0825-700-825 (0,15 €/mn). • terdav.com •*
*– Paris : 30, rue Saint-Augustin, 75002. Ⓜ Opéra ou 4-Septembre. Lun-sam 9h30-19h.*
*– Agences également à Bordeaux, Chamonix, Grenoble, Lille, Lyon, Marseille, Nantes, Rennes, Rouen, Strasbourg et Toulouse.*
Depuis 1976, Terres d'Aventure, spécialiste du voyage à pied, propose aux voyageurs passionnés de marche et de rencontres des randonnées hors des sentiers battus à la découverte des grands espaces de notre planète. Voyages à pied, à cheval, en bateau, en raquettes... Sur tous les continents, des aventures en petits groupes ou en individuel encadrés par des professionnels expérimentés. Les hébergements dépendent des sites explorés : camps d'altitude, bivouac, refuge ou petits hôtels. Les voyages sont conçus par niveaux de difficulté : de la simple balade en plaine à l'expédition sportive en passant par la course en haute montagne.
En province, certaines de leurs agences sont de véritables *Cités des Voyageurs* dédiées au voyage : librairies spécialisées, boutiques d'accessoires de voyage, expositions-ventes d'artisanat et cocktails-conférences. Consultez le programme des manifestations sur leur site internet.

### ▲ VOYAGES-SNCF.COM

*– Infos et résas depuis la France : • voyages-sncf.com • et sur tablette et mobile avec l'appli V. Hôtels (tte l'offre hôtels).*
*– Réserver un vol, un hôtel, une voiture : ☎ 0899-500-500 (1,35 € l'appel, puis 0,34 €/mn).*
*– Une question sur votre commande ? Rubrique « Contact » ou au ☎ 09-70-60-99-60 (n° non surtaxé).*
Voyages-sncf.com, distributeur de voyages en ligne de la SNCF, vous propose ses meilleurs prix d'avion, d'hôtel, de séjours et de location de voitures dans le monde entier. Accédez aussi à ses services exclusifs : billets à domicile, offres de dernière minute, promotions...

▲ **VOYAGEURS EN AFRIQUE**
*Le spécialiste du voyage en individuel sur mesure. ☎ 01-42-86-16-00. • voyageursdumonde.fr •*
*– Paris : La Cité des Voyageurs, 55, rue Sainte-Anne, 75002. ☎ 01-42-86-16-00. Ⓜ Opéra ou Pyramides. Lun-sam 9h30-19h. Avec une librairie spécialisée sur les voyages.*
*– Également des agences à Bordeaux, Grenoble, Lille, Lyon, Marseille, Montpellier, Nantes, Nice, Rennes, Rouen, Strasbourg et Toulouse. Également à Bruxelles et Genève.*
Parce que chaque voyageur est différent, que chacun a ses rêves et ses idées pour les réaliser, Voyageurs du Monde conçoit, depuis plus de 30 ans, des projets sur mesure. Les séjours proposés sur 120 destinations sont élaborés par leurs 180 conseillers voyageurs. Spécialistes par pays et même par région, ils vous aideront à personnaliser les voyages présentés à travers une trentaine de brochures d'un nouveau type et sur le site internet où vous pourrez également découvrir les hébergements exclusifs et consulter votre espace personnalisé. Au cours de votre séjour, vous bénéficiez des services personnalisés Voyageurs du Monde, dont la possibilité de modifier à tout moment votre voyage, l'assistance d'un concierge local, la mise en place de rencontres et de visites privées et l'accès à votre carnet de voyage via une application iPhone et Android.
Chacune des 15 Cités des Voyageurs est une invitation au voyage : accessoires de voyage, expositions-ventes d'artisanat et conférences. Voyageurs du Monde est membre de l'association ATR (Agir pour un tourisme responsable) et a obtenu sa certification Tourisme responsable AFAQ AFNOR.

## *Comment aller à Roissy et à Orly ?*

Bon à savoir :
– le ***pass Navigo*** est valable pour Roissy-Rail (RER B, zones 1-5) et Orly-Rail (RER C, zones 1-4). Les w-e et j. fériés, le *pass Navigo* est dézoné, ce qui permet à ceux qui n'ont que les zones 1 à 3 d'aller tout de même jusqu'aux aéroports sans frais supplémentaires ;
– le ***billet Orly-Rail*** permet d'accéder sans supplément aux réseaux métro et RER.

> Conservez dans votre bagage cabine vos médicaments, vos divers chargeurs et appareils, ainsi que vos objets de valeur (clés et papiers). Et on ne sait jamais, ajoutez-y de quoi vous changer si vos bagages n'arrivaient à bon port avec vous.

## À Roissy-Charles-de-Gaulle 1, 2 et 3

Attention : si vous partez de Roissy, pensez à vérifier de quelle aérogare votre avion décolle, car la durée du trajet peut considérablement varier en fonction de cette donnée.

***En transports collectifs***

🚌 ***Les cars Air France :*** *☎ 0892-350-820 (0,34 €/mn). • lescarsairfrance.com • Paiement par CB possible à bord.*
Le site internet diffuse les informations essentielles sur le réseau (lignes, horaires, tarifs...) permettant de connaître en temps réel le trafic afin de mieux planifier son départ. Il permet d'acheter et d'imprimer les billets électroniques pour accéder aux bus.
➢ *Paris-Roissy :* départ pl. de l'Étoile (1, av. Carnot), avec un arrêt pl. de la Porte-Maillot (bd Gouvion-Saint-Cyr). Départs ttes les 20 mn, 5h45-23h. Durée du trajet : env 35-50 mn. Tarifs : 17 € l'aller simple, 29 € l'A/R ; réduc enfants 2-11 ans.
Autres départs depuis la gare Montparnasse (arrêt rue du Commandant-Mouchotte, face à l'hôtel *Pullman*), ttes les 30 mn, 6h-22h, avec un arrêt gare de Lyon (20 bis, bd Diderot). Tarifs : 17 € l'aller simple, 28,50 € l'A/R ; réduc enfants 2-11 ans.
➢ *Roissy-Paris :* les cars *Air France* desservent la pl. de la Porte-Maillot, avec un arrêt bd Gouvion-Saint-Cyr, et se rendent ensuite au terminus de l'av. Carnot. Départs ttes les 30 mn, 5h45-23h, des terminaux 2A et 2C (porte C2),

2E et 2F (niveau « Arrivées », porte E8 ou F9), 2B et 2D (porte B1), et du terminal 1 (porte 32, niveau « Arrivées »). À destination de la gare de Lyon et de la gare Montparnasse, départs ttes les 30 mn, 6h-22h, des mêmes terminaux. Durée du trajet : env 1h15.



***Roissybus :*** *☎ 32-46 (0,34 €/mn).* • *ratp.fr* • Départs de la pl. de l'Opéra (angle rues Scribe et Auber) ttes les 15 mn (20 mn à partir de 20h, 30 mn à partir de 22h), 5h15-0h30. Durée du trajet : 1h. De Roissy, départs 6h-0h30 des terminaux 1, 2A, 2B, 2C, 2D et 2F, et à la sortie du hall d'arrivée du terminal 3. Tarif : 10,50 €.

***Bus RATP n° 351 :*** de la pl. de la Nation, 5h35-20h20. Solution la moins chère mais la plus lente. Compter 3 tickets ou 5,70 € et 1h40 de trajet. Ou ***bus n° 350,*** de la gare de l'Est (1h15 de trajet). Arrivée Roissypôle-gare RER.

***RER ligne B + navette :*** *☎ 32-46 (0,34 €/mn).* Départs ttes les 15 mn, 4h53-0h20 depuis la gare du Nord et à partir de 5h26 depuis Châtelet. À Roissy-Charles-de-Gaulle, descendre à la station (il y en a 2) qui dessert le bon terminal. De là, prendre la navette adéquate. Compter 50 mn de la gare du Nord à l'aéroport (navette comprise), mais mieux vaut prendre de la marge. Tarif : 10,90 €. *Pass Navigo* valable sans frais supplémentaires pour les aéroports.

– Si vous venez du nord, de l'ouest ou du sud de la France en train, vous pouvez rejoindre les aéroports de Roissy sans passer par Paris, la gare SNCF Paris-Charles-de-Gaulle étant reliée aux réseaux TGV.

***En taxi***

Pensez aux nouveaux services de transport qui se développent dans la capitale, et qui pourraient être adaptés à vos besoins.

– ***WeCab :*** *☎ 01-41-27-66-77.* • *wecab.com* • *Remise de 10 % pour nos lecteurs avec le code « routard2015 » lors du paiement.* Une formule de taxi partagé (avoir un peu de souplesse horaire donc, max 2 arrêts), fonctionnant entre les aéroports parisiens et Paris/proche banlieue, tarifs forfaitaires (paiement à l'avance en ligne).

– ***Marcel :*** *☎ 0892-230-300.* • *marcel.cab* • *Appli Marcel Chauffeur sur iPhone et Android. 15 % de réduc pour toute résa effectuée plus de 48h à l'avance. Remise supplémentaire de 10 % pour nos lecteurs avec le code promo « routard ».* Service sur Paris et Ile-de-France, tarifs fixes avantageux et connus à la réservation. Aucun frais en sus pour les bagages, passagers supplémentaires ou l'approche. Réservation gratuite par Internet ou via l'application, payante par téléphone.

***En voiture***

Chaque terminal a son propre parking. Compter 36 € par tranche de 24h. Également des parkings longue durée (PR et PX), plus éloignés des terminaux, qui proposent des tarifs plus avantageux (forfait 24h 26 €, forfait 7 j. 158 €). Possibilité de réserver sa place de parking via le site • *aeroportsdeparis.fr* • Stationnement au parking Vacances (longue durée) dans le P3 Résa (terminaux 1 et 3) situé à 2 mn du terminal 3 à pied, ou dans le PAB (terminal 2). Formules de stationnement 1-30 j. (115-230 €) pour le P3 Résa. Forfait w-e 4 j. au PAB : 49 €. Réservation sur Internet uniquement. Les P1, PAB et PEF accueillent les deux-roues : 15 € pour 24h.

***Comment se déplacer entre Roissy-Charles-de-Gaulle 1, 2 et 3 ?***

Les rames du CDG-VAL font le lien entre les 3 terminaux en 8 mn. Fonctionne tlj, 24h/24. Gratuit. Accessible aux personnes à mobilité réduite. Départs ttes les 4 mn, et ttes les 20 mn minuit-4h. Desserte gratuite vers certains hôtels, parkings, gares RER et gares TGV. *Infos au ☎ 39-50.*

## À Orly-Sud et Orly-Ouest

***En transports collectifs***

***Les cars Air France :*** *☎ 0892-350-820 (0,34 €/mn).* • *lescarsairfrance.com* • *Tarifs : 12,50 € l'aller simple, 21 € l'A/R ; réduc 2-11 ans. Paiement par CB possible dans le bus.*

➢ *Paris-Orly :* départs de l'Étoile, 1, av. Carnot, ttes les 30 mn, 5h-22h40. Arrêts au terminal des Invalides, rue

Esnault-Pelterie (Ⓜ Invalides), gare Montparnasse (rue du Commandant-Mouchotte, face à l'hôtel *Pullman* ; Ⓜ Montparnasse-Bienvenüe, sortie « Gare SNCF ») et porte d'Orléans (arrêt facultatif uniquement dans le sens Orly-Paris). Compter env 1h.
➢ *Orly-Paris :* départs ttes les 20 mn, 6h30-23h40, d'Orly-Sud, porte L, et d'Orly-Ouest, porte H, niveau « Arrivées ».

**RER C + navette :** ☎ *01-60-11-46-20.* • *transdev-idf.com* • Prendre le RER C jusqu'à Pont-de-Rungis (un RER ttes les 15-30 mn). Compter 25 mn depuis la gare d'Austerlitz. Ensuite, navette pdt 15-20 mn pour Orly-Sud et Orly-Ouest. Compter 6,60 €. Très recommandé les jours où l'on piétine sur l'autoroute du Sud (w-e et jours de grands départs) : on ne sera jamais en retard. Pour le retour, départs de la navette ttes les 15 mn depuis la porte G à Orly-Ouest (5h40-23h14) et la porte F à Orly-Sud (4h45-0h55).

**Orlybus :** • *ratp.fr* • Compter 20-30 mn pour rejoindre Orly (Ouest ou Sud) et 7,50 € l'aller simple.
➢ *Paris-Orly :* départs ttes les 15-20 mn de la pl. Denfert-Rochereau. Orlybus fonctionne tlj 5h35-23h, jusqu'à minuit ven, sam et veilles de fêtes.
➢ *Orly-Paris :* départ d'Orly-Sud, porte H, quai 4, ou d'Orly-Ouest, porte J, niveau « Arrivées ». Fonctionne tlj 6h-23h20, jusqu'à 0h20 ven, sam et veilles de fêtes.

**Orlyval :** ☎ *32-46 (0,34 €/mn).* • *ratp.fr* • Compter 11,65 € l'aller simple entre Orly et Paris. La jonction se fait à Antony (ligne B du RER) sans aucune attente. Permet d'aller d'Orly à Châtelet et vice versa en 40 mn env, sans se soucier de la densité de la circulation automobile.
➢ *Paris-Orly :* départs pour Orly-Sud et Ouest ttes les 6-8 mn, 6h-23h15.
➢ *Orly-Paris :* départ d'Orly-Sud, porte K, zone livraison des bagages, ou d'Orly-Ouest, porte A, niveau 1.

***En taxi***

Pensez aussi aux nouveaux services de transport de personnes qui se développent dans la capitale, et qui pourraient être adaptés à vos besoins (voir plus haut les solutions en taxi proposées pour se rendre à Roissy).

***En voiture***

– ***Parkings aéroports :*** à proximité d'Orly-Ouest, parkings P0 et P2. À proximité d'Orly-Sud, P1, P2 et P3 (à 50 m du terminal, accessible par tapis roulant). Compter 28,50 € pour 24h de stationnement. Les parkings P0 et P2, à proximité immédiate des terminaux, proposent des forfaits intéressants, dont le « Week-end » au P0 et P2 pour Orly-Ouest et P6 pour Orly-Sud. Forfaits disponibles aussi pour les P4 et P5 (éloignés) : 24-27 € pour 24h. Il existe des forfaits « Vacances » intéressants à partir de 6 j. et jusqu'à 45 j. (100-300 €) aux P2 et P6.
Les P4, P7 (en extérieur) et P5 (couvert) sont des parkings longue durée, plus excentrés, reliés en 10 mn par navettes gratuites aux terminaux. *Rens :* ☎ *01-49-75-56-50.* Comme à Roissy, possibilité de réserver en ligne sa place de parking (P0 et P7) sur • *aeroportsdeparis.fr* • Les frais de résa (en sus du parking) sont de 8 € pour 1 j., de 12 € pour 2-3 j. et de 20 € pour 4-10 j. de stationnement pour le P0. Les parkings P0-P2 à Orly-Ouest et P1-P3 à Orly-Sud accueillent les deux-roues : 6,20 € pour 24h.
– À proximité, ***Econopark*** : possibilité de laisser sa voiture à Chilly-Mazarin *(13, rue Denis-Papin, ZA La Vigne-aux-Loups, 91380 ; à env 10 mn d'Orly ; proche A6 et A10). Résa et paiement en ligne sur* • *econopark.fr* • *ou au* ☎ *01-60-14-85-62.* De 1 à 28 j., compter 30-166 €. Trajet A/R vers Orly en minibus (sans supplément). Option parking couvert possible.

## Liaisons entre Orly et Roissy-Charles-de-Gaulle

***Les cars Air France :*** ☎ *0892-350-820 (0,34 €/mn).* • *lescarsairfrance.com* • Départs de Roissy-Charles-de-Gaulle depuis les terminaux 1 (porte 32), 2A et 2C (porte C2), 2B et 2D (porte B1), 2E et 2F (porte E8 ou E9) vers Orly 5h55-22h30. Départs d'Orly-Sud (porte D) et d'Orly-Ouest

(porte L) vers Roissy-Charles-de-Gaulle 6h30 (7h le w-e)-22h30. Ttes les 30-45 mn (dans les 2 sens). Durée du trajet : env 1h30. Tarif : 21 € l'aller simple ; 35,50 € A/R ; réduc.

***RER B + Orlyval :*** *☎ 32-46 (0,34 €/mn).* Depuis Roissy, navette puis RER B jusqu'à Antony et enfin Orlyval entre Antony et Orly, 6h-22h15. Tarif : 19,50 €.



## EN BELGIQUE

### ▲ CONTINENTS INSOLITES

*– Bruxelles : rue César-Franck, 44 A, 1050. ☎ 02-218-24-84. • continents-insolites.com • Lun-ven 10h-18h, sam 10h-13h.*

Continents Insolites, organisateur de voyages lointains sans intermédiaire propose une gamme étendue de formules de voyages détaillées dans leur guide annuel gratuit sur demande.

– *Voyages découverte sur mesure :* à partir de 2 personnes. Un grand choix d'hébergements soigneusement sélectionnés : du petit hôtel simple à l'établissement luxueux et de charme.

– *Circuits découverte en minigroupes :* de la grande expédition au circuit accessible à tous. Des circuits à dates fixes dans plus de 60 pays en petits groupes francophones de 7 à 12 personnes. Avant chaque départ, une réunion est organisée. Voyages encadrés par des guides francophones, spécialistes des régions visitées.

### ▲ GLOBE-TROTTERS

*– Bruxelles : rue Franklin, 15, 1000. ☎ 02-732-90-70. • globe-trotters.be • Lun-ven 9h30-13h30, 15h-18h ; sam 10h-13h.*

En travaillant avec des prestataires exclusifs, cette agence permet de composer chaque voyage selon ses critères : de l'auberge de jeunesse au lodge de luxe isolé, du *B & B* à l'hôtel de charme, de l'autotour au circuit accompagné, d'une descente de fleuve en pirogue à un circuit à vélo... Motoneige, héliski, multi-activités estivales ou hivernales, équitation... Spécialiste du Québec, du Canada, des États-Unis, Globe Trotters propose aussi des formules dans le Sud-Est asiatique et en Afrique. Assurances voyage. Cartes d'auberges de jeunesse (IYHF). Location de voitures, motor homes et motos.

### ▲ HUWANS – CLUB AVENTURE

*– Bruxelles : Nomades Voyages, pl. Saint-Job, 27, 1180. • huwans-clubaventure.fr •*

Voir texte dans la partie « En France ».

### ▲ NOUVELLES FRONTIÈRES

*• nouvelles-frontieres.be •*

*– Nombreuses agences dans le pays dont Bruxelles, Charleroi, Liège, Mons, Namur, Waterloo, Wavre et au Luxembourg.*

Voir texte dans la partie « En France ».

### ▲ PAMPA EXPLOR

*– Bruxelles : av. Brugmann, 250, 1180. ☎ 02-340-09-09. • pampa.be • Lun-ven 9h-19h, sam 10h-17h. Également sur rdv, dans leurs locaux ou à votre domicile.*

Spécialiste des voyages « à la carte », Pampa Explor propose plus de 70 % de la « planète bleue », selon les goûts, attentes, centres d'intérêt et budgets de chacun. Du Costa Rica à l'Indonésie, de l'Afrique australe à l'Afrique du Nord, de l'Amérique du Sud aux plus belles croisières, Pampa Explor privilégie des découvertes authentiques et originales, pour ceux qui apprécient la jungle et les Pataugas ou ceux qui préfèrent les voyages de luxe. En individuel ou en petits groupes, mais toujours « sur mesure ».

### ▲ SENS INVERSE ÉCOTOURISME

*– Namur : rue J.-Grafé, 5, 5000. ☎ 081-231-929. • sensinverse.com •*

Agence de voyages écotouristique qui propose des circuits accompagnés de guides locaux passionnés, et axés sur la découverte de l'environnement naturel, culturel, rural et humain de différentes régions de France comme à l'étranger, notamment à Madagascar. L'équipe est très engagée dans la protection de la nature et la sauvegarde du patrimoine et des cultures. Tous leurs voyages ont comme point commun la marche à pied à un rythme modéré et en petit groupe.

▲ **TERRES D'AVENTURE**
*– Bruxelles : chaussée de Charleroi, 23, 1060. ☎ 02-543-95-60. • terdav.com • Lun-sam 10h-19h.*
Voir texte dans la partie « En France ».

## EN SUISSE

▲ **HUWANS – CLUB AVENTURE**
*– Genève : rue Prévost-Martin, 51, 1205. • huwans-clubaventure.fr •*
Voir texte dans la partie « En France ».

▲ **STA TRAVEL**
*☎ 058-450-49-49. • statravel.ch •*
*– Fribourg : rue de Lausanne, 24, 1701. ☎ 058-450-49-80.*
*– Genève : rue de Rive, 10, 1204. ☎ 058-450-48-00.*
*– Genève : rue Vignier, 3, 1205. ☎ 058-450-48-30.*
*– Lausanne : bd de Grancy, 20, 1006. ☎ 058-450-48-50.*
*– Lausanne : à l'université, Anthropole, 1015. ☎ 058-450-49-20.*
Agences spécialisées notamment dans les voyages pour jeunes et étudiants. 150 bureaux STA et plus de 700 agents du même groupe répartis dans le monde entier sont là pour donner un coup de main *(Travel Help)*.
STA propose des tarifs avantageux : vols secs *(Blue Ticket)*, hôtels, écoles de langues, *work & travel*, circuits d'aventure, voitures de location, etc. Délivre la carte internationale d'étudiant et la carte Jeune.

▲ **TERRES D'AVENTURE**
*– Genève : Neos Voyages, rue des Bains, 50, 1205. ☎ 022-320-66-35. • geneve@neos.ch •*
*– Lausanne : Neos Voyages, rue Simplon, 11, 1006. ☎ 021-612-66-00. • lausanne@neos.ch •*
Voir texte dans la partie « En France ».

▲ **TUI NOUVELLES FRONTIÈRES**
*– Genève : rue Chantepoulet, 25, 1201. ☎ 022-716-15-70.*
*– Lausanne : bd de Grancy, 19, 1006. ☎ 021-616-88-91.*
Voir texte dans la partie « En France ».

## AU CANADA

▲ **EXPÉDITIONS MONDE**
*– Ottawa : ☎ 800-567-2216.*
*– Montréal : ☎ 1866-606-1721 ou (514) 844-6364.*
*• expeditionsmonde.com • pour voir les brochures en ligne.*
Expéditions Monde est à l'avant-garde du voyage d'aventure, de découverte, de trekking, de vélo et d'alpinisme sur tous les continents. Les voyages en petits groupes facilitent les déplacements dans les régions les plus reculées et favorisent l'interaction avec les peuples locaux pour vivre une expérience authentique. Expéditions Monde offre aussi la possibilité de voyager en Europe à pied ou à vélo en liberté.

# UNITAID

UNITAID a été créé pour lutter contre le VIH/sida, le paludisme et la tuberculose, les 3 principales maladies meurtrières dans les pays en développement. UNITAID intervient dans 94 pays en facilitant l'accès aux médicaments et aux diagnostics, et en en baissant les prix, dans les pays en développement. Le financement d'UNITAID provient principalement d'une contribution de solidarité sur les billets d'avion mise en place par 6 pays membres dont la France. Les financements d'UNITAID ont permis à près d'un million de personnes atteintes du VIH/sida de bénéficier d'un traitement et de délivrer plus de 19 millions de traitements contre le paludisme. Moins de 5 % des fonds sont utilisés pour le fonctionnement du programme, 95 % sont utilisés directement pour les médicaments et les tests. Pour en savoir plus : • *unitaid.eu* •

LOOK!
Le guide du routard
Disponible sur iPhone
Randonnée à dos de ...
Riding a...
Pour vous faire comprendre partout dans le monde !
Achetez l'application sur l'App Store
2,99 €

# QUITTER MADAGASCAR

## EN AVION

Voir plus haut les coordonnées des compagnies aériennes dans le chapitre « Comment y aller ? Les compagnies régulières ». Voir également « Quitter Tananarive. En avion ». Pour Air Madagascar, bien se renseigner auprès des agences ou sur le site car destinations et fréquences fluctuent !

➢ ***Pour Paris :*** depuis Tananarive, avec *Air Madagascar,* plusieurs vols/sem (ainsi qu'avec *Air France*). Depuis Nosy Be (via Tana), plusieurs vols/sem avec *Air Madagascar.*

➢ ***Pour le Kenya :*** de Tana, vols pour Nairobi avec *Kenya Airways* (*● kenya-airways.com ●*).

➢ ***Pour l'Afrique du Sud :*** vol pour Johannesburg avec *Air Madagascar.*

➢ ***Pour La Réunion :*** depuis Tana, Tamatave, Majunga et Nosy Be avec *Air Austral.*

– *Pour Saint-Denis :* avec *Air Madagascar,* vols hebdos (souvent 6) depuis Tananarive.

➢ ***Pour l'île Maurice :*** depuis Tananarive, nombreux vols/sem avec *Air Madagascar* et *Air Mauritius* (*● airmauritius.com ●*).

➢ ***Pour Mayotte :*** depuis Tananarive, vol pour Dzaoudzi avec *Air Madagascar* et depuis Majunga et Nosy Be avec *Air Austral.*

# MADAGASCAR UTILE

Pour la carte générale de Madagascar, se reporter au cahier couleur.

## ABC DE MADAGASCAR

- *Population :* environ 23 millions d'habitants (estimation 2014) et 27 millions d'habitants prévus en 2023.
- *Surface :* 587 000 km² (un peu moins que la France) et 4 800 km de côtes.
- *Densité :* 36,2 hab./km².
- *Capitale :* Antananarivo (Tananarive), environ 2 millions d'habitants.
- *Indice de développement humain :* 0,483 (151e rang mondial).
- *Espérance de vie : environ 60-65 ans.*
- *Langues officielles :* malgache, français et anglais.
- *Monnaie :* l'ariary (Ar) a officiellement remplacé le franc malgache (Fmg) depuis janvier 2005.
- *Régime :* république démocratique à caractère présidentiel.
- *Président de la République :* Hery Rajaonarimampianina, élu fin 2013.
- *Groupes ethniques :* 18 officiellement, sans compter quelques sous-groupes. Communautés d'Indo-Pakistanais, de Chinois, de Comoriens et d'Européens, dont une forte communauté de Français (environ 25 000).
- *Religions :* catholicisme, protestantisme, islam, ainsi que rites traditionnels et culte des ancêtres.

## AVANT LE DÉPART

### Adresses utiles

#### En France et à Madagascar

– Infos pour organiser son séjour sur • *madagascar-tourisme.com* •

**À Madagascar :** *kiosque à l'aéroport Ivato (terminal A), ☎ + 261-20-24-733-64. • ontm@moov.mg •*

■ **Ambassade de Madagascar :** *4, av. Raphaël, 75116 Paris. Ⓜ La Muette. Lun-ven 9h-16h. Pour les demandes de visas : lun-ven, dépôt des dossiers 9h-13h et retrait 15h-17h30.*

■ **Consulats de Madagascar :**

*– Amiens : 7, rue Duthoit, 80000. 📱 06-29-70-59-33. • cdma.voila.net • Lun et jeu 16h-18h ou sur rdv.*

*– Bordeaux : 19, rue Thiac, 33000. ☎ 05-56-44-78-81. • consulatmadagascar.fr • Mar-jeu 14h30-17h30.*

*– Le Havre : 71, rue Jules-Siegfried, 76600. ☎ 02-35-42-00-92. • consulatmadalehavre.pagesperso-orange.fr • Permanence pour les visas mar et ven 14h30-17h30 sur rdv.*

*– Lyon : 3, rue Amédée-Bonnet, 69006. ☎ 04-37-24-16-56. • consmadalyon.org • Lun et jeu 13h-17h.*

*– Marseille : 234, bd Périer, 13008. ☎ 04-91-15-16-91.*

*– Moulins : 45, bd de Courtais, 03000. ☎ 04-70-44-13-44. • consulatmad.org • Mar et jeu 10h-13h.*

*– Nantes : quartier Monselet, 6, pl. Émile-Sarradin, 44000. ☎ 09-71-27-66-57. • consulat-madagascargrandouest.fr •*

*– Saint-Denis de La Réunion : 29, rue Joseph-Ouvrier, 97400.*

*☎ 02-62-72-07-30.*
*– Saint-Étienne : 7, rue Claude-Lebois, 42000. ☎ 04-77-32-66-63. ● consulatgeneraldemadagascarsaintetienne.com ● Sur rdv slt.*

## En Belgique

■ ***Ambassade de Madagascar :*** *av. de Tervueren, 276, 1150 Bruxelles. ☎ (02) 770-17-26. ● madagascar-embassy.eu ● Lun-ven 9h30-12h.*

## En Suisse

■ ***Ambassade de Madagascar :*** *32, av. de Riant-Parc, 1209 Genève. ☎ (022) 740-16-50. ● ambassade-madagascar.ch ● Lun-ven 9h-12h30, 14h-17h.*

■ ***Consulat de Madagascar :*** *14, Kappelergasse, BP 2517, 8022 Zurich. ☎ (01) 212-85-66. ● madagaskar.ch ● Mar 8h30-11h30.*

## Au Canada

■ ***Ambassade de Madagascar :*** *3, rue Raymond, Ottawa (Ontario) K1R 1A3. ☎ 613-567-0505. ● madagascar-embassy.ca ●*

# Formalités

Pensez à scanner passeport, visa, carte bancaire, billet d'avion et *vouchers* d'hôtel. Ensuite, adressez-les-vous par e-mail, en pièces jointes. En cas de perte ou de vol, rien de plus facile pour les récupérer dans un cybercafé. Les démarches administratives seront bien plus rapides. Merci tonton Routard !

## Visas et passeport

LE VISA EST OBLIGATOIRE. Le visa délivré avant le départ par le consulat ou à l'arrivée (à l'aéroport de Tananarive ou dans les aéroports de province, reliés à l'île de La Réunion), pour une durée de 1 mois, est gratuit. Il s'obtient sans problème à l'arrivée à l'aéroport. Celui pour un séjour de 60 jours coûte 70 €, celui de 90 jours est à 100 € et celui pour un séjour d'un mois transformable à 105 €. Pour le moment, ceux-là s'obtiennent également à l'arrivée. Il s'agit des derniers tarifs en vigueur. **ATTENTION ! Toutes ces infos sont à vérifier auprès des consulats, car la situation évolue sans cesse.** Par ailleurs, il faut comptabiliser exactement son temps de séjour sur place au jour près, car les douaniers ne manqueront pas de le faire. Dans tous les cas, fournir un **passeport valable encore 6 mois après le retour.**

Pour l'obtention du visa auprès du consulat, se munir de son passeport valable 6 mois après le retour, de la photocopie de son billet d'avion A/R confirmé (ou l'attestation de l'agence comportant les numéros de réservation des billets), 2 photos d'identité identiques, ainsi que le formulaire rempli et signé que l'on peut se procurer sur les sites des consulats (voir ci-dessus) ou sur place. Pour une demande par courrier, joindre une enveloppe affranchie en recommandé ou un Chronopost pour le retour du passeport avec le visa.

Voici une agence spécialisée dans le service d'obtention de visas.

■ ***Action-Visas.com :*** *10-12 rue du Moulin-des-Prés, 75013 Paris. ☎ 01-45-88-56-70. Fax : 01-45-88-59-84. ● action-visas.com ● Ⓜ Place-d'Italie (sortie Bd Blanqui). Ouv lun-ven 9h30-12h, 13h30-18h30. Sam 9h30-13h. Prix du service entre 28 et 46 € selon destinations plus les frais consulaires. Réduction de 8 €/pers pour nos lecteurs pour chaque destination : prendre alors l'option paiement par chèque et déduire directement sur le total indiqué cet avantage en indiquant « routard » sur votre bon de commande.* Cette agence sérieuse s'occupe d'obtenir votre visa pour toutes destinations. Délais rapides, traitement immédiat du dossier dès réception (aucune attente) et service fiable. Pour la

province, demandez le visa par correspondance quelle que soit la destination. Les commandes de visas peuvent s'effectuer sur le site internet qui est actualisé quotidiennement et vous recevrez directement les formulaires et la liste des pièces à fournir. Réception d'un courriel sur votre messagerie à chaque étape du processus d'obtention du visa.
Par ailleurs, Action-Visas prélève 1 € de sa marge commerciale pour financer un projet humanitaire qui peut être suivi en direct sur leur site Internet.

***Avoir un passeport européen, ça peut être utile !***

L'Union européenne a organisé une assistance consulaire mutuelle pour les ressortissants de l'UE en cas de problème en voyage.
Vous pouvez y faire appel lorsque la France (c'est rare) ou la Belgique (c'est plus fréquent) ne disposent pas d'une représentation dans le pays où vous vous trouvez. Concrètement, cette assistance vous permet de demander de l'aide à l'ambassade ou au consulat (pas à un consulat honoraire) de n'importe quel État membre de l'UE. Leurs services vous indiqueront s'ils peuvent directement vous aider ou vous préciseront ce qu'il faut faire.
**Leur assistance est, bien entendu, limitée aux situations d'urgence :** décès, accidents ayant entraîné des blessures ou des lésions, maladie grave, rapatriement pour raison médicale, arrestation ou détention. En cas de **perte ou de vol de votre passeport,** ils pourront également vous procurer un **document provisoire** de voyage.
Cette entraide consulaire entre les États membres de l'UE ne peut, bien entendu, vous garantir un accueil dans votre langue. En général, une langue européenne courante sera pratiquée.

## Ariane, le fil à suivre

Ariane est un service gratuit mis à disposition par le centre de crise du ministère des Affaires étrangères. Il permet aux voyageurs français qui le souhaitent de s'enregistrer à l'occasion de leurs séjours à l'étranger. Les informations déposées sur Ariane sont utilisées en cas de crise, par exemple pour contacter des voyageurs dans l'hypothèse où des opérations de secours sont organisées, ou encore pour joindre rapidement les familles ou les proches en France si une situation le nécessite. Pour en savoir plus : • *pastel.diplomatie.gouv.fr/fildariane* •

## Vaccins

Aucun vaccin n'est obligatoire pour les voyageurs en provenance d'Europe, mais il est recommandé d'être à jour pour les vaccins suivants :
- DTCoqPolio (Repevax®), renouvelable tous les 15 ans ;
- hépatite A (probable protection à vie après une injection suivie d'un rappel effectué entre 6 et 18 mois plus tard) ;
- hépatite B (renouvelable avec une fréquence variable selon l'âge de la primovaccination) ; probable immunité à vie si primovaccination complète effectuée avant l'âge de 20 ans ;
- fièvre typhoïde : le vaccin est fortement conseillé (renouvelable tous les 3 ans) ;
- fièvre jaune : obligatoire uniquement si un voyage en Afrique noire continentale est prévu avant ou après votre séjour (renouvelable tous les 10 ans) ;
- pour les longs séjours ou les séjours en zone reculée (loin de l'Institut Pasteur de Tana), prévoir de se faire vacciner contre la rage : 3 injections espacées sur 1 mois (J-0, J-7, J-28). En cas de morsure, cela donne un répit pour faire un rappel (2 doses). Cela évite ainsi bien souvent l'injection d'un sérum antirabique. Beaucoup de chiens ou d'animaux errants dans les villages. Se méfier aussi d'éventuelles morsures de lémuriens ;
- traitement antipaludique : indispensable. Lire la rubrique « Santé ».

Enfin, pour connaître le centre de vaccination le plus proche de chez vous, consultez • *routard.com/guide_voyage_page/66/les_vaccinations.htm* •

## Assurances voyage

– Une ***assurance assistance-rapatriement*** est une sage précaution à prendre avant le départ, c'est même indispensable à Madagascar ! Vérifier si elle est incluse dans les conditions de l'agence de voyages. En individuel, il est conseillé de souscrire une garantie qui couvre toute la durée du voyage. Vérifier aussi qu'elle inclut votre rapatriement en cas de pépin. Les cartes de paiement offrent aussi, souvent, une assurance rapatriement. À voir avec votre banque.

– Assurez aussi votre matériel photo si celui-ci a une certaine valeur.

Voici quelques adresses :

■ ***Routard Assurance*** *(c/o AVI International) : 40-44, rue Washington, 75008 Paris. ☎ 01-44-63-51-00. • avi-international.com • Ⓜ George-V.* Depuis 20 ans, *Routard Assurance* en collaboration avec *AVI International,* spécialiste de l'assurance voyage, propose aux voyageurs un contrat d'assurance complet à la semaine qui inclut le rapatriement, l'hospitalisation, les frais médicaux, le retour anticipé et les bagages. Ce contrat se décline en différentes formules : individuel, senior, famille, light et annulation. Pour les séjours longs (2 mois à 1 an), consultez le site. L'inscription se fait en ligne et vous recevrez dès la souscription tous vos documents d'assurance par e-mail.

■ ***AVA :*** *25, rue de Maubeuge, 75009 Paris. ☎ 01-53-20-44-20. • ava.fr • Ⓜ Cadet.* Un autre courtier fiable pour ceux qui souhaitent s'assurer en cas de décès-invalidité-accident lors d'un voyage à l'étranger, mais surtout pour bénéficier d'une assistance rapatriement, perte de bagages et annulation. Attention, franchises pour leurs contrats d'assurance voyage.

■ ***Pixel Assur :*** *18, rue des Plantes, BP 35, 78601 Maisons-Laffitte. ☎ 01-39-62-28-63. • pixel-assur.com • RER A : Maisons-Laffitte.* Assurance de matériel photo et vidéo tous risques dans le monde entier. Devis basé sur le prix d'achat de votre matériel. Avantage : garantie à l'année.

# ARGENT, BANQUES, CHANGE

## Argent

L'unité monétaire est l'***ariary*** (Ar), qui a remplacé en 2005 le franc malgache (Fmg). L'ariary ayant quelques difficultés à s'imposer et les prix étant encore souvent donnés en francs malgaches (donc, bien vous faire préciser l'unité pour éviter les malentendus), il peut être bon de savoir qu'un ariary, mot signifiant « cinq francs », vaut cinq fois plus que 1 Fmg (soit 1 Ar = 5 Fmg) ; pour ceux que le calcul mental rebute, une calculette s'avérera bien utile ! On trouve des billets de 10 000, 5 000, 2 000, 1 000, 500, 200 et 100 Ar. Pour faciliter la transition, ils conservent en tout petit la mention de leur équivalence en francs malgaches. Il existe aussi une série de pièces de monnaie de 50, 20 et 10 Ar.

> Compte tenu de la fluctuation du cours, nous avons choisi arbitrairement d'utiliser 3 200 Ar pour 1 € dans nos conversions (fin 2014), mais ce taux peut avoir varié au moment où vous lirez ces lignes.

***Quelques infos utiles***

– Le marché noir est une vieille pratique nationale. S'il est parfois avantageux, il pourrait être une source d'ennuis. D'autant qu'il y a de la fausse monnaie en circulation.

– Il est interdit de sortir du territoire avec plus de 400 000 Ar. Cela dit, il y a peu de raisons de partir avec une telle somme, l'ariary n'étant utilisable qu'à Madagascar.

– ATTENTION, ON NE PEUT CHANGER

OFFICIELLEMENT LES ARIARY EN EUROS QU'À TANANARIVE. Se reporter à « Quitter Tananarive. En avion. Taxes d'aéroport et change ».
- *Conseil :* pensez à vous munir de suffisamment d'argent liquide entre 2 villes. Pendant un séjour de 15 jours en brousse, la carte de paiement ne vous sera pas d'un grand secours.
- PENSEZ À AVOIR TOUJOURS AVEC VOUS DE PETITES ET TRÈS PETITES COUPURES. C'est l'enfer de payer avec un billet de 10 000 Ar un taxi en ville ou une boisson dans un village de brousse... On risque tout simplement de ne pas vous rendre la monnaie.

## Moyens de paiement

### *Argent liquide*

On vous conseille de partir avec le maximum d'argent liquide (raisonnable quand même, sécurité oblige) afin d'obtenir le meilleur taux de change et de conserver des euros en dépannage tout au long du voyage. On se débrouillera la plupart du temps pour vous les changer, les devises étant rarement refusées ! S'il est intéressant de changer de grosses coupures (parfois on vous propose un taux légèrement meilleur avec un billet de 50 € ou de 100 €), toujours avoir de la petite monnaie sur soi car les commerçants et chauffeurs de taxi en ont rarement. Beaucoup de nos tarifs sont indiqués en euros parce que tout simplement il est possible de régler en euros bien souvent.

### *Cartes de paiement*

Afin d'éviter d'être limité, vous pouvez demander à votre banque de relever votre plafond de carte de crédit pendant votre déplacement. Utile surtout avec les cautions pour les locations de voiture et les garanties dans les hôtels.

- ***Important :*** à Madagascar, la carte *MasterCard* est rarement acceptée dans les distributeurs, même si ça change petit à petit. La *Bank of Africa (BOA)* et quelques agences de la banque *MCB* l'acceptent au guichet (mais l'opération peut demander du temps). En revanche, la grande majorité des distributeurs prennent la carte *Visa*.

Celle-ci s'avère très utile une fois que vos réserves d'argent liquide sont épuisées, mais les commissions peuvent être un peu, voire très élevées (une sur place et/ou une de votre banque) ; elles sont souvent constituées d'un pourcentage du montant de votre retrait ET d'un montant forfaitaire (2,60 % et 3 €, par exemple). L'idéal serait donc de ne pas multiplier les petits retraits. Le problème : généralement, les distributeurs automatiques de l'île ne délivrent pas plus de 400 000 Ar à la fois. Pensez également à demander à votre banque avant de partir votre plafond hebdomadaire autorisé (sinon, vous risquez de vous voir refuser un retrait).

On trouve des distributeurs automatiques d'argent liquide dans presque toutes les banques des villes. Dans les petites localités ne disposant pas de distributeurs, allez directement aux guichets, où les délais peuvent être assez variables (entre 10 mn et 1 journée selon les établissements), car aucune somme ne peut être délivrée sans une autorisation obtenue par téléphone. Petit conseil : n'attendez jamais d'être à sec pour vous lancer à la recherche d'un distributeur et soyez prévoyant dès que vous quittez les sentiers battus et les principales agglomérations.

Les règlements éventuels de notes d'hôtel ou de billets d'avion avec une carte de paiement sont franchement très désavantageux : on vous taxe de 5 à 8 % !

Quelle que soit la carte que vous possédez, chaque banque gère elle-même le processus d'opposition et le numéro de téléphone correspondant ! Avant de partir, notez donc bien le numéro d'opposition propre à votre banque (il figure souvent au dos des tickets de retrait, sur votre contrat ou à côté des distributeurs de billets), ainsi que le numéro à 16 chiffres de votre carte. Bien entendu, conservez ces informations en lieu sûr et séparément de votre carte. Par ailleurs, l'assistance médicale se limite aux 90 premiers jours du voyage et l'assistance véhicule aux cartes haut de gamme (renseignez-vous auprès de votre banque). N'oubliez pas non plus de VÉRIFIER LA DATE D'EXPIRATION DE VOTRE CARTE DE PAIEMENT !

– ***Carte Bleue Visa :*** *assistance médicale et véhicule incluse ; numéro d'urgence (Europ Assistance) : ☎ (00-33) 1-41-85-85-85. • visa.fr • Pour faire opposition, contactez le numéro communiqué par votre banque.*

– ***Carte MasterCard :*** *assistance médicale incluse ; numéro d'urgence : ☎ (00-33) 1-45-16-65-65. • mastercardfrance.com • En cas de perte ou de vol, composez le numéro communiqué par votre banque pour faire opposition.*

– ***Carte American Express :*** téléphonez en cas de pépin au *☎ (00-33) 1-47-77-72-00. Numéro accessible tlj, 24h/24. • americanexpress.fr •*

– Pour toutes les cartes émises par ***La Banque postale,*** composez le *☎ 0825-809-803 (0,15 €/mn) depuis la France métropolitaine ou les DOM, et depuis les TOM ou l'étranger le ☎ (00-33) 5-55-42-51-96.*

> Petite mesure de précaution : si vous retirez de l'argent dans un distributeur, utilisez de préférence les distributeurs attenants à une agence bancaire. En cas de pépin avec votre carte (carte avalée, erreur de numéro...), vous aurez un interlocuteur dans l'agence, pendant les heures ouvrables du moins.

## Banques et transfert d'argent

Le réseau bancaire est entièrement privé et se compose des mêmes banques dans toutes les villes principales et la plupart des villes secondaires du pays. Elles sont ouvertes du lundi au vendredi (hors jours fériés et veilles de jours fériés), généralement de 8h à 11h (ou 11h30) et de 14h ou 15h à 16h ou 16h30 (mais certaines, comme la *BFV-SG,* font la journée continue de 8h à 15h). Dans les plus grandes villes, certaines ouvrent également le samedi matin. Dans l'ensemble, toutes disposent d'un distributeur.

– ***Banque BFV-SG :*** *• bfvsg.mg •* Comme son sigle l'indique, la *Société générale* a apporté son enseigne à ce réseau bancaire malgache.

– ***Banque BMOI :*** petit réseau moderne géré par la *BPCE.*

– ***Banque BOA :*** *• boa.mg •* Avantage : pratiquement la seule à délivrer au guichet de l'argent liquide, moyennant commission, avec la *MasterCard.* Inconvénient : les délais très fluctuants.

– ***Banque BNI :*** *• bni.mg •* La *MasterCard* y est acceptée.

– ***Banque MCB :*** *• mcbmadagascar.com •* Réseau d'origine mauricienne avec seulement 5 agences : 3 à Tananarive, 1 à Tamatave et 1 à Majunga. Retrait avec les cartes *Visa* et *MasterCard.* Commission élevée.

### *Western Union Money Transfer*

À Madagascar, se présenter à une agence *Western Union (☎ 0825-825-842, 0,15 €/mn ; • westernunion.com •)* avec une pièce d'identité. En cas de besoin urgent d'argent liquide (perte ou vol de billets, carte de paiement), vous pouvez être dépanné en quelques minutes grâce au système *Western Union Money Transfer,* représenté à Madagascar par la *BFV-SG,* la *BNI-Crédit lyonnais,* la *BOA* et la *Caisse d'épargne de Madagascar.* Pour cela, demandez à quelqu'un de vous déposer de l'argent en euros dans l'un des bureaux *Western Union* ; les correspondants en France de *Western Union* sont *La Banque postale (fermée sam ap-m, n'oubliez pas ! ☎ 0825-00-98-98)* et la *Société financière de paiements (SFDP ; ☎ 0825-825-842).* L'argent vous est transféré en moins de 15 mn. La commission, assez élevée, est payée par l'expéditeur. Possibilité d'effectuer un transfert en ligne 24h/24 par carte de paiement (*Visa* ou *MasterCard* émise en France).

### *Service de monétisation sur téléphone portable*

Service très pratique et sécurisé pour gérer son argent à Madagascar, proposé par 3 sociétés (*Telma, Orange* et *Airtel*). Le principe est de créditer un compte associé à un numéro de portable. On peut ensuite faire des retraits dans les agences de l'opérateur, ces points de retrait étant très nombreux, même dans les endroits les plus reculés du pays. Exemple : à Tuléar, avec *Telma,* plus de 20 points de retrait, tous les bureaux de poste et des correspondants agréés. Les frais sont minimes (1-2 %) et plus besoin de transporter sur soi de grosses sommes d'argent. Le compte peut être crédité via Internet grâce à la carte bancaire, taux de change assez intéressant. Le compte n'est bien sûr accessible qu'au propriétaire (photo, code, etc.). En cas de perte ou de vol du portable, il faut attendre 24h pour retrouver l'usage du service.

## ACHATS

Le sens de la récupération est élevé au rang d'art. La population a un sacré savoir-faire et un vrai sens de la débrouille, manque de moyens oblige. Lorsque l'on voit avec quel talent on est capable de réparer n'importe quelle panne mécanique avec les moyens du bord (bois, résine, morceaux de chambre à air, chewing-gum et la grâce de Dieu), on imagine aisément à quel point l'artisanat peut être riche et varié. Les Malgaches ont de l'or dans les doigts ! On va tâcher d'en faire le tour, ce qui revient presque à faire le tour de l'île. Attention, l'artisanat est souvent très local ; si vous craquez pour tel objet dans une ville ou un village, rien ne vous assure que vous le retrouverez ailleurs dans le pays, si ce n'est à Tananarive, où l'on peut acheter la majorité de l'artisanat malgache sur les marchés ou dans les boutiques, mais pas toujours au même prix...

- ***Artisanat du bois :*** la palme incontestée revient à la ville d'Ambositra, réputée pour sa marqueterie et ses beaux objets. Côté marqueterie, ne pas manquer les reproductions des albums de *Tintin* ou d'*Astérix*. Superbes et amusants ! Reconstitués avec des bois aux teintes différentes, pour varier les couleurs, ce sont des modèles du genre. On les trouve aussi sous forme de boîtes, tapissées à l'intérieur. Un chef-d'œuvre d'imitation. D'ailleurs, on peut toujours commander une reproduction d'un dessin ou d'un tableau en donnant un modèle.

Pas mal de jeux en bois également, comme le solitaire, le *fanorona* (le jeu national), les dames chinoises ou l'*awélé,* le jeu africain. Excepté pour ce dernier, qui se joue avec des graines, ces jeux se jouent avec des pierres très jolies, mais pas précieuses pour un sou (lire plus loin).

Plein d'autres objets en bois précieux comme le bois de rose, le palissandre, l'ébène... utilisés pour fabriquer de belles maquettes de bateaux ou d'avions (à Tana notamment), des pots, bols, boîtes, porte-couverts, coffrets, pots à miel, dont certains sont sculptés par les Zafimaniry. Ces peuplades habitent près d'Ambositra, dans les villages des forêts de l'Est. Elles pratiquent une sculpture sur bois ancestrale avec des motifs géométriques devenus célèbres dans tout le pays et qui seraient d'origine indonésienne, voire polynésienne. Portes, volets, pignons, chaises, pas toujours faciles à transporter mais très intéressants à découvrir. Dans le Sud, on trouve parfois des reproductions d'*aloalo,* les totems mahafaly de la région de Betioky. Chanceux si vous en trouvez peints de couleurs vives : ils sont encore plus beaux ! Mais attention à ne jamais acheter les modèles anciens, volés sur les tombeaux (voir la rubrique « Douane »). Au nord-est, à Sainte-Marie, les artisans sculptent les baleines dans des bois nobles. Superbe.

- ***Bijoux en argent :*** des bracelets le plus souvent, spécialité des Antandroys du Sud. Les hommes en portent de superbes, très gros, signe de leur lien familial et tribal profond, mais de plus en plus signe extérieur de richesse. Attention aux faux bijoux en argent, généralement légers et fabriqués à partir de pièces de monnaie fondues ! Pas chers, mais ça noircit. Possibilité également de faire réaliser des bijoux sur commande, à partir d'un dessin ou d'une vieille bague dont on ne veut plus...
- ***Bouteilles de sable :*** spécialité de Majunga. Très belles bouteilles composées de motifs savants à partir de sables de toutes les nuances, extraits dans la région.

– ***Broderies :*** on trouve de très jolies nappes en coton blanc ou écru, brodées par les femmes de motifs représentant des palmiers, des scènes de la vie quotidienne... Une nappe avec ses serviettes de table peut demander 2 ou 3 semaines de travail. On en trouve au marché de Tana, mais les spécialistes du genre se trouvent à Nosy Be (Hell-Ville), où elles fabriquent également de superbes broderies dites « richelieu » (prononcer « riselie »). Ajourées, elles représentent souvent un arbre du voyageur, une maison, des lémuriens joueurs ou bien tout en même temps. Parfaites pour un rideau de porte ou de fenêtre, mais, attention, on ne les trouve quasiment qu'à Nosy Be. Elles sont tout bonnement superbes. Depuis peu, on commence timidement à en fabriquer à Anakao, près de Tuléar...

– ***Confection :*** il est possible de se faire confectionner toutes sortes de vêtements pour pas cher en apportant un modèle chez un couturier de Tananarive. Là encore, l'imitation est parfois surprenante de réalisme... Plein de confections bon marché, de plus ou moins bonne qualité, sur les marchés de l'île. Pour du haut de gamme, le plus grand choix se trouve bien sûr à Tana. Quelques sociétés locales commercialisent de jolis T-shirts pleins d'humour et de couleurs *(Baobab Company, Maki Company, Sobika, Carambole).*

– ***Cuir et corne de zébu :*** la peau du zébu sert à tout, notamment à confectionner des sacs de voyage, des sandales ou encore des chapeaux. Le cuir est généralement clair et... pas très bien tanné, il faut bien le dire (raide, quoi !). Plein de petits objets en corne de zébu, bijoux, couverts, boîtes de dés, etc.

– ***Épices et vanille :*** poivre vert ou noir, girofle, coriandre, piment, curry, citronnelle, paprika, safran, cannelle, se trouvent facilement sur les marchés, ou conditionnés, prêts à être glissés dans le sac. On trouve également des achards (voir rubrique « Cuisine ») de mangue, de carotte et de citron dans des bouteilles de *Johnny Walker* récupérées. La vanille provient principalement de la côte du même nom. Pour reconnaître de la bonne vanille, assurez-vous que les gousses soient longues, d'aspect gras, suffisamment souples pour pouvoir être pliées, et que la couleur de la gousse soit bien noire ou tirant vers le rouge ; en aucun cas elle ne doit être brune, ni tachée de blanc (une gousse moisie contamine toutes ses voisines). Attention, interdiction de quitter le pays avec plus de 2 kg de vanille ou de 1 kg de poivre sans autorisation spéciale.

## LE GOSSE À LA GOUSSE

*Edmond Albius (1829-1880) est un esclave de 12 ans quand il découvre, à La Réunion, le procédé de la pollinisation manuelle de la vanille et ouvre ainsi la voie à son exploitation agricole. La vanille sauvage avait bien été rapportée de Guyane, mais pas l'insecte qui la féconde naturellement. Edmond ne tirera aucune gloire de cette découverte, car on ne peut alors permettre qu'un esclave dépasse ses maîtres. Il passe 3 ans au bagne pour une histoire de vol et meurt dans la misère. Peu de rues portent son nom et pourtant les producteurs du monde entier lui doivent beaucoup.*

– ***Instruments de musique :*** le plus traditionnel (et le plus simple à rapporter) est la *valiha,* une sorte de cithare en bambou gravée de différents motifs et sur laquelle sont fixées des cordes métalliques. Madagascar compte beaucoup de virtuoses de cet instrument. Le plus connu s'appelle Justin Vali. Il est plus difficile de se procurer le *kabosy,* une espèce de guitare ou luth local, souvent bricolé et très pittoresque. À Tana, avenue de l'Indépendance, on vend des sortes de *djembé* locaux.

– ***Lamba :*** cotonnades bon marché imprimées de couleurs vives et portant un proverbe malgache, ou étoffes de raphia ou de soie, plus rares mais plus belles. Les *lamba* servent à tout : à se protéger du froid, du soleil ou du vent, de porte-bébé, à se vêtir avec coquetterie (la femme qui le porte s'en drape en laissant apparaître une épaule, par exemple), mais aussi pour les cérémonies : en période de deuil, les femmes s'en drapent et un des pans se noue sous le bras. C'est le costume traditionnel malgache par excellence, et même davantage : une sorte de parure. Quelques variantes, comme le *lambahoany* dans le Sud. Le *lambamena,* en soie grège, sert de linceul pour les ancêtres. À vrai dire c'est le plus beau, mais ne pas s'en servir comme d'un vulgaire tissu de confort, cela choquerait profondément la population. On en trouve au marché aux fleurs de Tana.

– ***Papier antaimoro :*** selon la tradition, les Antaimoros, tribu de la région de Manakara, auraient songé à fabriquer du papier dès leur arrivée à Madagascar pour retranscrire les versets du Coran. Leur papier est merveilleux. Épais et par définition imparfait, on y ajoute aujourd'hui des fleurs ou des feuilles sur la pâte encore fraîche. Ambalavao, au sud de Fianarantsoa, s'en est fait une spécialité, mais on en trouve aussi sur la route de l'aéroport à Tananarive.

– ***Pierres précieuses et semi-précieuses :*** le sous-sol malgache est très riche. À tel point que dès qu'un gisement de saphir est découvert, c'est la ruée comme au temps des chercheurs d'or américains. Mais avec des conditions sanitaires bien pires, comme à Ilakaka, dans le Sud... Beaucoup de trafiquants écument le pays. On dit aussi que certaines grandes fortunes se sont bâties là-dessus. Ne tentez pas votre chance à ce jeu de hasard, c'est déjà assez le western comme ça, et l'on risque gros à vouloir jouer au cow-boy ! La prison n'est pas l'une de nos adresses préférées à Madagascar. Si vous souhaitez néanmoins rapporter quelques pierres précieuses en petite quantité et à usage personnel, achetez-les à Antsirabe, plaque tournante de la taille des pierres, ou chez des bijoutiers capables de vous fournir une autorisation d'exportation délivrée par la direction des Mines et de l'Énergie. Pour les pierres semi-précieuses et ornementales, pas de problème, sauf si les semi-précieuses sont serties dans un métal lui-même précieux. Dans ce cas, il faut également une autorisation délivrée par le bijoutier. Attention, interdiction de quitter le pays avec plus de 1 kg de bijoux sans autorisation spéciale.

Les pierres semi-précieuses (ou dites « fines ») ont de très jolis noms : topaze, aigue-marine, améthyste, grenat ou tourmaline. On peut se contenter d'acheter un solitaire (le jeu, pas la bague) ou un *fanorona,* le jeu national. Les pierres ornementales ne valent pas grand-chose, mais on s'en fiche, c'est très joli à voir. Méfiez-vous néanmoins des très grands modèles de solitaires (impressionnants !), avec de grosses pierres, mais surtout... en bois précieux. Des douaniers tatillons ou aux fins de mois difficiles peuvent vous demander une autorisation d'exportation. Les artisans fabriquent également des tableaux sous verre représentant de façon très amusante la carte du pays et la richesse géologique du sous-sol, entourée par les différents souverains malgaches. Histoire de rêver un peu...

### DRÔLES DE DAMES

*Un bout de carton, un stylo et quelques pierres ou coquillages, voilà tout ce qu'il faut pour jouer au* fanorona, *le jeu traditionnel national. Véritable institution, on raconte que ce jeu de dames local, où l'objectif est d'éliminer les pions de son adversaire, a même décidé du sort du pays... La dernière reine, Ranavalona III, aurait décidé de sa stratégie militaire sur un coup de* fanorona *(et non de poker !). Peu de temps après, la monarchie prenait fin...*

– ***Raphia et vannerie :*** magnifiques chapeaux, sacs à main, paniers, mallettes, sets de table, sandales ou casquettes teintés de couleurs vives ou pastel... Plus mode, y a pas. Le charme et la légèreté du matériau alliés à la gaieté des couleurs. La rabane s'obtient à partir de fils de raphia lavés, teintés, puis redécoupés en fils très fins et tissés sur un métier manuel. Même Yves Saint Laurent s'en est servi pour ses collections dans les années 1960. La rabane est une spécialité d'Ambositra, mais on en trouve aussi dans les boutiques de Tana. Plus fin et plus cher, le *jabo* (prononcer « dzabe ») est un mélange de fils de raphia et de fils de soie. À noter également, les baobabs, girafes et autres animaux en raphia sur la route d'Antsirabe. Sinon, beaucoup de vannerie de toutes les couleurs. Paniers, nattes, vans à riz, cordages, etc., avec des matériaux variant selon les régions : raphia, palme, jonc, roseau, paille de riz, sisal... Ce sont souvent les femmes qui confectionnent tout ça, et particulièrement les paniers pour transporter les légumes, le poisson ou la poule du jour et qui s'appellent des « soubiques » *(sobika).* Bon, on avait commencé à répertorier toutes les formes de chapeaux correspondant à chaque région... mais on a vite abandonné.

**UNE PALME D'OR**

*« Raphia » est sans doute le seul mot malgache passé dans le langage international. Il s'agit à l'origine d'un genre de palmiers de milieu humide dont les feuilles produisent une fibre utilisée à toutes sortes de choses. Ces feuilles peuvent faire jusqu'à 100 m² et figurent au palmarès des plus grandes du monde végétal !*

– ***Tapis en mohair :*** fabriqués notamment par un Français passionné et basé à Ampanihy, entre Tuléar et Fort-Dauphin. Longtemps célèbres, ils sont un peu passés de mode mais pourraient le redevenir... En tout cas, on peut encore en trouver à Tuléar (dans l'avenue qui mène à la poste).
– ***Taxis-brousse et véhicules miniatures :*** l'illustration absolue de ce que l'on disait en introduction sur l'art de la récupération. Adorables 404 bâchées, bus, motos, avions et vieilles « deudeuches » en fer-blanc recyclé. Matériaux choisis ? Boîtes de conserve, canettes de grandes marques de sodas, bombes insecticides ou boîtes de lait concentré ! Artisanat des Hautes Terres principalement, en vente à Tana et tellement célèbre maintenant que l'on en trouve en France. Un vrai souvenir rigolo et pas cher ! Sur la route d'Antsirabe, vente de semi-remorques en bois en modèles réduits (mais assez impressionnants). Ne pas oublier non plus les miniatures adorables des pousse-pousse d'Antsirabe.
– ***Interdictions à l'exportation :*** voir la rubrique « Douane ».
Pour voir en images quelques articles, surfez et choisissez ● *madacraft.org* ● Et en plus, vous ferez une bonne action.

## BAGAGES

Les parcs et réserves de l'île se prêtent largement à des randonnées, et la nature malgache à des bivouacs. Si vous ne voyagez pas avec une agence, il vous faut un minimum de matériel.
– Une tente et du matériel de camping si vous préférez bivouaquer plutôt que faire des randonnées frustrantes de 1 journée et dormir dans des hôtels pas toujours terribles. *Madagascar National Parks (MNP),* qui gère les parcs et les réserves, n'en loue presque pas. En revanche, on trouve de plus en plus de guides locaux qui en louent aux abords des parcs et réserves à des prix encore raisonnables.
– Un minisac, une gourde, une moustiquaire et un sac de couchage sont également essentiels si l'on ne fréquente pas seulement les hôtels.
– Un sac à dos qui ne craint pas trop les transports en taxi-brousse ni les intempéries, et un poncho pour le protéger des averses tropicales.
– Une pochette à glisser sous les vêtements pour vos valeurs et votre passeport si vous êtes du genre distrait.
– Pensez à prendre une lampe électrique ou, mieux, une lampe frontale, indispensable dans les Tsingy et pour repérer les yeux des lémuriens lors de vos visites nocturnes, ainsi que des piles de rechange, car celles que l'on trouve à Madagascar ne sont pas de grande qualité.

– Un vêtement imperméable coupe-vent est indispensable, bien sûr en saison des pluies, mais aussi en toute saison si vous allez sur la côte est, et pour toute balade en mer. Sur les Hautes Terres, il vous faudra un gros pull pour pallier les rigueurs de l'hiver austral (juillet et août). On ne plaisante pas, il y a de quoi attraper un gros rhume à Tana à cette période !
– De bonnes chaussures de marche s'imposent. Prévoir d'acheter une paire de tongs sur place pour éviter de marcher pieds nus dans les douches ou sur les plages.
– Une protection antimoustiques (cela n'exclut en rien un traitement antipaludique ; voir la rubrique « Santé »), sinon on trouve partout des serpentins à brûler et de la lotion *Mousticologne* assez efficace et pas chère dans les pharmacies.
– Partir avec des crèmes solaires, car là-bas elles sont chères, et de vieux T-shirts (pour protéger votre dos du soleil pendant vos séances de snorkelling). Le chapeau et les lunettes de soleil (souvent des contrefaçons) peuvent s'acheter sur place.
– Si vous comptez voir des petits poissons, tâchez d'emporter votre masque, vos palmes et votre tuba. Il n'est pas toujours facile de s'en procurer, ou alors c'est loué assez cher.
– Photo : on trouve sans problème des cartes mémoire à Tananarive et dans certaines grandes villes, mais on vous conseille plutôt d'apporter les vôtres. On peut faire effectuer de bons tirages ou faire graver ses photos sur CD à Tana, mais pas vraiment ailleurs si on est en quête de qualité.
– Prévoyez d'emporter de petits cadeaux à offrir éventuellement en remerciement, du style échantillons de parfum ou vêtements, matériel scolaire (à remettre aux encadrants), cartes postales de votre région... Les Malgaches sont très friands de ces petites marques d'attention.
– Si vous le pouvez ou le souhaitez, prenez contact par e-mail ou par téléphone avec l'une des ONG que l'on indique (par exemple *Graines de bitume*), et demandez-leur de quoi elles ont besoin. Cela vous permettra, en fonction de vos possibilités, d'apporter des choses vraiment utiles. C'est aussi l'occasion, notamment à Tananarive, d'entrer en contact direct avec eux en allant voir sur place ce qu'ils font.
– De manière générale, ne donnez rien aux enfants directement, mais plutôt à leur famille, ou à l'instituteur s'il s'agit de matériel scolaire. Il faut éviter, comme dans d'autres pays, que les enfants qui vont à l'école la désertent de leur propre chef ou sur incitation de leurs parents parce qu'ils « gagnent » plus à solliciter les touristes. Très difficile ensuite d'endiguer le phénomène.

Avant de boucler vos bagages, n'oubliez pas d'y glisser :
– des bouchons d'oreilles si vous ne souhaitez pas être réveillé par les taxis-brousse, les hurlements des chiens et le chant des coqs, bref, le bruit en général ;
– un drap propre (ou acheter un *lamba* bon marché sur place) et une serviette de toilette (il n'y en a pas dans les petits hôtels) ;
– un couteau suisse (que vous ne rangerez surtout pas dans votre bagage à main quand vous prendrez l'avion !) ;
– des sacs en plastique pour protéger vos affaires de l'humidité (et de la ficelle pour les faire sécher) ;
– un petit cadenas pour fermer soigneusement vos bagages et un autre pour fermer la porte de votre chambre au cas où il n'y aurait pas de clé ;
– votre pharmacie personnelle (voir la rubrique « Santé ») ;
– des photocopies des billets d'avion, passeport, visa... Ou même mieux : scannez-les et envoyez-vous le fichier sur votre boîte e-mail ; si nécessaire, vous n'aurez qu'à imprimer ce dont vous avez besoin.

## BAKCHICH

Les salaires sont tellement bas que c'est une pratique répandue dans tout le pays, courante notamment pour les chauffeurs de taxis-brousse qui ne passent souvent les « contrôles » de police qu'en versant une espèce de péage. Théoriquement,

vous ne devriez pas être sollicité dans les transports en commun ni dans les voitures particulières. Au cas où, le mieux est de ne pas avoir l'air concerné et d'attendre patiemment que le problème soit réglé directement avec le chauffeur. Dans tous les cas, gardez le sourire. Si vous êtes en règle, pas de problème, on respecte grandement les *vazaha* (les étrangers) à Madagascar. En fait, le cas le plus fréquent est celui du passage à la douane lorsque vous rapportez des souvenirs encombrants : certains indélicats réclament un droit de bagage supplémentaire qui va directement dans leur poche.
Les autres problèmes qui peuvent se poser interviennent lorsque vous n'êtes pas en règle. Par exemple, vous avez oublié votre passeport à l'hôtel (à éviter !), ou bien il est au ministère de l'Intérieur à Tana pour prolongation de visa et vous n'en possédez aucune photocopie certifiée sur vous... Là, à coup sûr, il vous faudra débourser au moins un billet de 5 000 Ar pour éviter les tracasseries ou tout simplement pour éviter de finir au poste. Parfois, ce n'est que de l'intimidation, mais on ne sait jamais jusqu'où cela peut aller et, comme disent certains policiers : « Qu'arriverait-il si je n'étais pas en règle dans votre pays ? » Prudence, surtout si cela vous arrive la nuit et à fortiori dans la capitale. Malheureusement, la corruption se retrouve à tous les échelons de la société, mais vous ne devriez pas y être trop confronté en tant que touriste. En tout état de cause, ne donnez jamais rien directement aux policiers, même quand ils vous font des appels du pied. Lire aussi les rubriques « Pourboire » plus loin et « Savoir-vivre et coutumes » dans « Hommes, culture, environnement ».
Il arrive aussi que l'on vous demande un billet pour photographier des tombeaux, notamment ceux des Mahafaly et des Antandroys dans le Sud. Si votre guide ou les Malgaches autour de vous ne vous indiquent aucun *fady* (interdit) particulier, c'est que l'on vous demande un bakchich. Certains touristes cèdent. Nous, on préfère ne pas faire la photo, pour ne pas encourager cette pratique.

## BUDGET

Pour les routards à petit budget, le pays reste très bon marché si on loge dans de petits hôtels malgaches rudimentaires ou si on campe et se restaure dans les *hotely* et les gargotes en voyageant en taxi-brousse exclusivement. Le budget augmente dès lors que l'on visite les parcs et les réserves de l'île (entrées et guidage en hausse notable), et surtout si l'on voyage en avion ou en voiture particulière. Si on souhaite un certain niveau de confort et des prestations touristiques locales (excursions avec des tour-opérateurs), c'est-à-dire des déplacements en 4x4 avec chauffeur, en avion et avoir de l'eau chaude tous les jours, là, le budget enfle vite.
Sachez qu'on indique bien souvent les prix en euros, préférés dans certaines adresses car plus stables que l'Ar. En fait, nous indiquons les tarifs comme les hôtels les présentent.

### L'hébergement

Sur la base d'une chambre double, pour l'ensemble du pays, sauf Tananarive où les tarifs peuvent varier un peu. Il nous arrive alors de décaler un peu les fourchettes de prix indiquées ci-dessous :
- ***Très bon marché :*** jusqu'à 13 000 Ar (env 4 €).
- ***Bon marché :*** de 13 000 à 26 000 Ar (env 4 à 8 €).
- ***Prix moyens :*** de 26 000 à 52 000 Ar (env 8 à 16 €).
- ***Chic :*** de 52 000 à 104 000 Ar (env 16 à 32 €).
- ***Plus chic :*** de 104 000 à 170 000 Ar (env 32 à 53 €).
- ***Beaucoup plus chic :*** plus de 170 000 Ar (plus de 53 €).

## La nourriture

Pour un repas par personne, sans la boisson :
- ***Très bon marché :*** jusqu'à 8 000 Ar (2,50 €).
- ***Bon marché :*** de 8 000 à 13 000 Ar (2,50 à 4 €).
- ***Prix moyens :*** de 13 000 à 29 000 Ar (4 à 9 €).
- ***Plus chic :*** plus de 29 000 Ar (plus de 9 €).

## Les transports

- ***Le taxi-brousse :*** exemples au départ de Tananarive : pour Tamatave, environ 15 000 Ar (4,70 €) et pour Fianarantsoa 20 000 Ar (6,30 €) ; environ 40 000 Ar (12,60 €) pour Tuléar, 25 000 Ar (7,80 €) pour Majunga, et autour de 70 000 Ar (21,90 €) pour Diégo-Suarez. À noter cependant qu'avec la flambée du prix de l'essence et la variation du cours de l'Ariary, ces tarifs sont susceptibles de bouger.
- ***Le taxi-ville :*** pour une course à Tananarive, compter 4 000 à 6 000 Ar (1,30 à 1,90 €) selon l'heure et la distance. Pour rejoindre l'aéroport de Tana, les chauffeurs agréés demandent généralement autour de 40 000 Ar (12,60 €).
- ***La location de voitures :*** cher. Si vous ne disposez que d'un petit budget, essayez d'abord de louer un taxi-brousse, un *taxi-be* ou un taxi « spécial » pour vous et vos compagnons de voyage. Calculez un tarif à l'heure ou à la journée. Comptez environ 120 000 Ar (environ 38 €) par jour, plus le carburant. Parfois le carburant est compris. En tout cas, bien se le faire préciser avant de conclure. Sinon, pour louer une berline, compter plus de 130 000 Ar (environ 40 €) par jour, tout compris. Pour les pistes difficiles, prévoir un 4x4 à partir de 150 000 Ar (environ 47 €) par jour (plus le carburant) ; bien vérifier ce qui est inclus ou pas (voir plus loin la rubrique « Transports »).
- ***L'avion :*** un aller simple coûte environ 120 € pour un Tamatave/Sainte-Marie, 220 € de Tananarive à Sainte-Marie, Tuléar, Nosy Be ou Diégo-Suarez. Ces tarifs sont assez fluctuants. Renseignez-vous sur les réductions que propose régulièrement *Air Madagascar.*

## Les parcs et réserves

Le ticket d'entrée de *MNP* (*Madagascar National Parks* ; voir la rubrique « Parcs et réserves » dans « Hommes, culture, environnement ») varie de 10 000 à 25 000 Ar (3,10 à 7,80 €) par jour et par personne, selon la catégorie du parc (tarifs dégressifs sur plusieurs jours), auxquels il faut ajouter le tarif de guidage, de 10 000 à 35 000 Ar (environ 3-11 €), généralement pour un groupe de 4 ou 5 personnes. Les prix ont quand même tendance à augmenter et peuvent aller bien au-delà des fourchettes que l'on indique.

# CLIMAT

On devrait parler des climats tant ils sont différents d'une saison et d'une région à l'autre. On distingue officiellement deux saisons climatiques : la saison sèche (incluant l'hiver austral), d'avril à novembre, et la saison des pluies, de décembre à mars. La saison idéale pour tout voir partout en même temps est la période de septembre à octobre. L'intersaison d'avril à juin est aussi une bonne période (mais, en avril, on pâtit encore des conséquences des pluies sur les pistes).
En juillet et août, c'est la haute saison, et les billets d'avion sont les plus chers à ce moment-là. Enfin, malgré le début de la saison des pluies, novembre et décembre restent relativement fréquentés. De janvier à mars, les risques de cyclone sont plus forts (et les billets d'avion moins chers) ; lire ci-dessous.

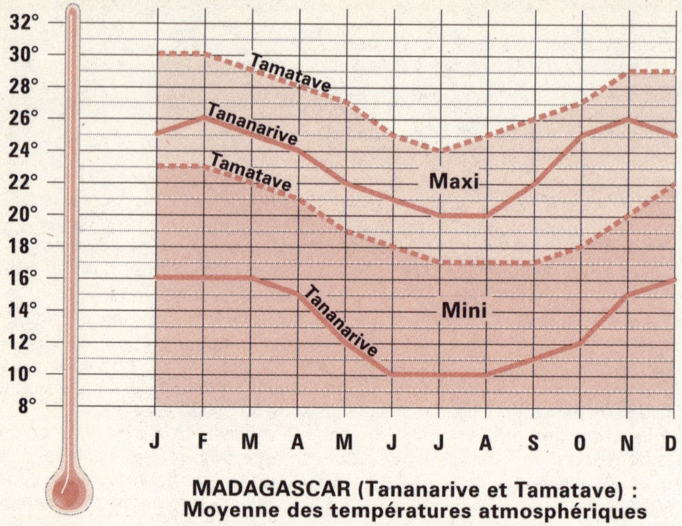


**MADAGASCAR (Tananarive et Tamatave) :**
**Moyenne des températures atmosphériques**

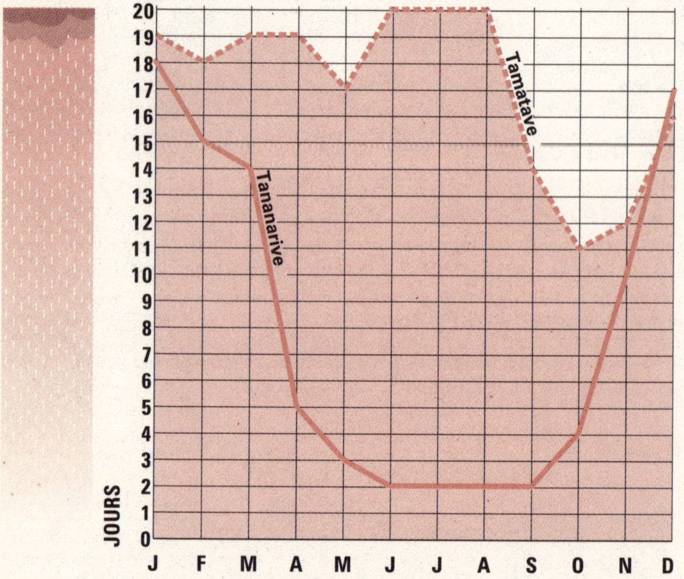


**MADAGASCAR (Tananarive et Tamatave) :**
**Nombre de jours de pluie**

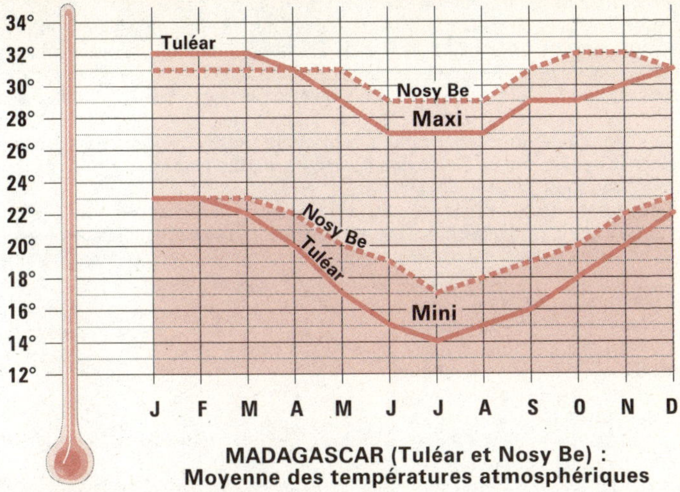


MADAGASCAR (Tuléar et Nosy Be) :
Moyenne des températures atmosphériques

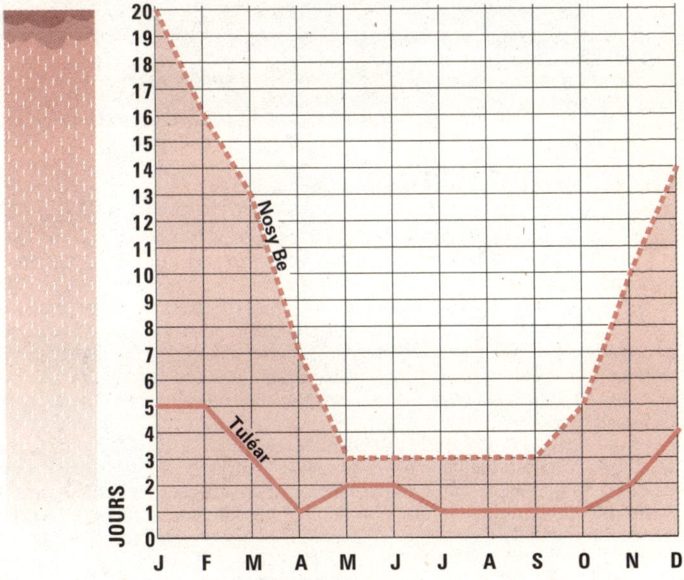


MADAGASCAR (Tuléar et Nosy Be) :
Nombre de jours de pluie

– ***Les Hautes Terres (région de Tananarive) :*** la saison sèche dure d'avril à octobre, avec une période d'hiver austral de juin à août, très fraîche et venteuse, voire carrément glaciale le soir et la nuit. Prévoir une grosse laine ! Les pluies sont fortes mais courtes de mi-novembre à mars et parfois en juin.
– ***La côte ouest :*** c'est la côte la plus sèche et la plus ensoleillée de Madagascar. Le Sud subit un soleil de plomb presque toute l'année avec quelques pluies de faible intensité de décembre à mars. À Nosy Be (Nord-Ouest), la saison sèche s'étend de mai à octobre. De novembre à mars, il y fait plus chaud, mais il peut y tomber beaucoup d'eau soudainement.
– ***La côte est :*** deux saisons, la saison des pluies, de décembre à avril, et... la saison où il pleut, de juin à août ! Bon, disons que la côte subit moins de pluies au cours des mois de mai, septembre, octobre et novembre : les meilleures périodes pour la parcourir. Les mois les plus arrosés sont juillet et août.
– ***La saison cyclonique :*** officiellement de mi-décembre à mi-avril, mais surtout de janvier à mars. S'il n'y a pas de cyclones tous les ans et s'ils ne touchent jamais tout le pays en même temps, ils sont en général assez destructeurs. La côte est et les pointes nord et sud sont toujours les plus touchées. Dans le meilleur des cas (pas de cyclone), il pleut beaucoup, même si cela ne veut pas dire partout ni tout le temps... Il fait d'ailleurs souvent très beau sur la côte ouest à cette période.

### LES NOMS DES CYCLONES

*Depuis le XVIIIe s, on donne un nom aux cyclones. Façon de conjurer le sort ? Certainement misogyne, le météorologue Wragge prenait des prénoms de femmes... ou de politiciens qu'il n'aimait pas. Depuis 1979, face aux critiques féministes, les cyclones sont baptisés alternativement par des prénoms masculins et féminins. Les listes sont d'ailleurs établies à l'avance. Les parents d'enfants turbulents peuvent les utiliser pour leur progéniture à venir !*

## DANGERS ET ENQUIQUINEMENTS

À Madagascar, le *vazaha,* l'étranger, est en général considéré avec un grand respect. Mais n'oublions pas que le tourisme constitue parfois tout autant un choc culturel pour ceux qui nous accueillent, alourdi par le contexte social, politique et économique. Malheureusement, plusieurs faits divers récents ont semé le doute et n'ont pas contribué, loin de là, à renforcer la confiance des touristes dans l'île. Le lynchage de deux Français et un Malgache à Nosy Be en octobre 2013 a fortement marqué les esprits, tandis que des groupes de touristes se sont fait détrousser dans des parcs nationaux, des incidents sont à déplorer sur des plages dans le Sud ou sur la descente de la Tsiribihina, les voleurs de zébus sèment la désolation dans la région de Fort-Dauphin, etc. Pour autant, pas de paranoïa, ces événements restent localisés et ponctuels. Des débuts de solution ont parfois été mis en place (patrouilles sur la Tsiribihina par exemple). Mais comme partout, il s'agit avant tout de ***respecter scrupuleusement quelques règles de conduite*** afin d'éviter tout désagrément, voire pire. À noter que le nouveau président a annoncé la mise en place d'une police touristique sur l'île (reste à définir les modalités et avec quel financement !). Avant de partir et pendant le séjour, consulter le site du ***ministère français des Affaires étrangères,*** qui répertorie les risques encourus et prodigue ses conseils, région par région : • *diplomatie.gouv.fr* • Et avant de s'aventurer dans le pays, se renseigner au maximum sur la situation sécuritaire de l'endroit où l'on va.

### Quelques règles générales

– La première chose à faire dans ce pays pauvre est de ***ne pas*** arriver en pays conquis ni d'***exhiber ses richesses*** autour de soi (éviter la parure de bijoux, même sans valeur). Sachez que le salaire minimum tourne autour de 30 € par mois... Achetez éventuellement une pochette à glisser sous le T-shirt pour vos valeurs et votre passeport. Pour la petite monnaie et le menu fretin, une banane ou des poches fermées feront l'affaire.

– ***Respecter les coutumes du pays et les interdits (fady),*** c'est le deuxième point très important à Madagascar (lire la rubrique « Savoir-vivre et coutumes » dans « Hommes, culture, environnement »). Hors des sentiers battus, toujours partir avec un guide qui connaît les *fady* et les coutumes en vigueur dans la région. Se méfier néanmoins des guides dont ce n'est visiblement pas le métier... Se renseigner auprès des hôteliers ou d'autres voyageurs, par exemple.

– ***Éviter de sortir le soir et la nuit seul(e) et à pied*** dans les grandes villes (notamment Tana), et conserver sur soi une photocopie de ses papiers d'identité. ***À la tombée du jour, il est indispensable de prendre un taxi,*** même pour un court trajet.

– En cas de pépin mécanique, vous pourriez vous retrouver à des dizaines de kilomètres de la première ville. Ne roulez donc pas seul sur les routes et les pistes la nuit. ***Évitez*** même tout court ***de rouler de nuit avec un véhicule privé*** qu'il s'agisse de voiture ou de deux-roues (comme à Sainte-Marie ou à Nosy Be). Maintenant, même en taxi-brousse, vous n'êtes pas à l'abri d'une attaque de grand chemin digne du Far West, notamment sur la RN7, pourtant la nationale la plus fréquentée ! En fait, les véhicules rançonnés sont la plupart du temps des taxis-brousse dont les bandits savent au préalable (par des indics) qu'une personne de tel village transporte des valeurs vers telle autre ville. Avec cette info, les détrousseurs savent exactement où frapper. Bon, ça reste tout de même assez rare.

– ***Les vols sont malheureusement en progression,*** y compris dans certains parcs nationaux (des groupes de touristes se sont fait dépouiller en 2013 dans le parc de la montagne d'Ambre par exemple). Faites attention à ne pas laisser vos valeurs à la vue de tous, gardez-les avec vous ou mettez-les dans un coffre quand il y en a, en demandant un reçu tamponné précisant la valeur exacte de ce que vous laissez. Faites notamment attention à Tana et sur les sites touristiques, on nous signale des vols dans les chambres d'hôtel, même dans les bagages. De même pour les coffres individuels des chambres, qui sont parfois visités. Sachez précisément ce que vous y placez. Vérifiez toujours que les fenêtres sont fermées ! Pas trop d'inquiétude, en revanche, pour vos bagages sur le toit des taxis-brousse ou des bus.

– Plusieurs agressions ont également été signalées sur les plages situées au nord de Tuléar. ***En cas d'agression, NE RÉSISTEZ PAS,*** donnez la petite somme d'argent que vous aurez préalablement séparée du reste de vos valeurs. Voir aussi la rubrique « Bakchich ».

– En ce qui concerne la ***prostitution,*** notamment des enfants, se reporter à notre rubrique « Tourisme sexuel » à la fin du chapitre « Hommes, culture, environnement ».

## La mendicité

Elle se développe dans la capitale et existe dans certaines villes de province. On raconte que certaines familles envoient leurs enfants mendier ou que d'autres arrivent des campagnes dans ce but. On vous le dit tout net, le tourisme encourage ce genre d'attitude, et il vaut mieux ne pas y céder car c'est ensuite le début d'un processus pervers. Pourquoi des parents très pauvres (et analphabètes) enverraient-ils leurs mômes à l'école alors qu'ils se débrouillent dans la rue ? Donner inconsidérément sape souvent le travail des ONG locales, qui font des efforts surhumains, notamment à Tana, pour sortir les enfants des rues de l'ornière. En revanche, payez les adultes contre un service rendu. Par exemple, à Tana, quand certains gardent les places de voitures ou les voitures elles-mêmes. Sinon faites des dons d'argent aux personnes âgées qui ne peuvent subsister seules et ont parfois été abandonnées par les familles, ou directement aux ONG (voir la rubrique « ONG et aide au développement » dans « Hommes, culture, environnement »). Très utile également : offrez vos médicaments (inutilisés ou prévus à cet effet) aux ONG et aux dispensaires locaux, mais jamais directement aux gens (gros risque de surdosage).

### Les moustiques

On change de registre, mais voilà un risque qu'il s'agit de ne pas prendre à la légère. Les moustiques aiment la peau bien blanche et, en plus, ils piquent de jour comme de nuit. Outre le risque de contracter le paludisme, qui connaît depuis quelques années une progression importante notamment sur la côte est, en 2005-2006, l'épidémie de chikungunya (aussi nommé le « 500 000 », parce qu'il faut 500 000 Ar pour être traité) a touché Madagascar. Sans virer dans la psychose inutile, on conseille vivement de privilégier les traitements préventifs et de se couvrir les bras et les jambes dans la mesure du possible. Se reporter aux sites de l'OMS (● *who.int/fr* ●) ou de l'Institut de veille sanitaire (● *invs.sante.fr* ●) en cas de doute. Voir aussi notre rubrique « Santé » dans les généralités un peu plus loin.

## DÉCALAGE HORAIRE

En horaire d'été français, compter 1h de plus à Madagascar : quand il est 12h à Paris, il est 13h à Tananarive. En horaire d'hiver, compter 2h en plus : quand il est 12h à Paris, il est 14h à Tananarive. Avec une rapidité déconcertante, le soleil se lève vers 6h et se couche vers 18h durant l'hiver austral, mais gagne sensiblement en amplitude le reste de l'année. C'est encore plus vrai en descendant vers le sud.

## DOUANE

Il est interdit de sortir plus de 400 000 Ar (125 €) du pays, plus de 1 kg de bijoux (sous réserve d'un certificat de change), plus de 2 kg de vanille (déjà préparée) et plus de 1 kg de poivre et de café.
– ***Interdictions à l'exportation :*** outre les pierres précieuses sans autorisation (voir la rubrique « Achats »), il est interdit d'exporter les *aloalo* anciens, les totems funéraires d'origine mahafaly (sud du pays). Et heureusement ! Pourtant, certains *vazaha* ne s'en sont pas privés, pillant les cimetières du Sud, ainsi que les cimetières de l'Ouest renfermant des objets érotiques, aujourd'hui disparus avec une partie du patrimoine culturel et religieux du pays. Les reproductions sont exportables (demandez une facture ou la carte de la boutique si possible) mais, pour les modèles anciens, on risque la prison... Même sanction pour les œufs d'æpyornis (l'oiseau-éléphant), malheureusement objets de trafics réguliers à la une de l'actualité, l'artisanat à base de tortue et de crocodile, sauf s'il a été acheté dans une ferme d'élevage reconnue par l'État, et les papillons et tous les animaux vivants et plantes endémiques de Madagascar. Pour les épices et les plantes aromatiques, il est obligatoire de passer au guichet phytosanitaire de l'aéroport de Tananarive pour les quantités de plus de 5 kg.

## ÉLECTRICITÉ

Le courant utilisé est du 220 V. On signale que les grandes villes connaissent régulièrement des dysfonctionnements dans l'approvisionnement en électricité, celle-ci étant fournie par des groupes électrogènes d'État. Ne pas oublier les lampes de poche (avec dynamo, plus pratique !). Dans certaines régions très isolées, il n'y a parfois pas d'électricité du tout. Le soir, c'est la bougie ou la lampe à pétrole.

# HÉBERGEMENT

Le point faible de Madagascar, avec l'état des routes. Si le pays s'ouvre peu à peu au tourisme, corruption et infrastructures (routes, télécommunications, électricité) freinent encore les investisseurs internationaux et empêchent le niveau de l'hôtellerie de s'améliorer. En attendant, et selon son budget (voir la rubrique concernée), on trouve de tout : de la simple case en *falafa* (dérivé du *ravinala,* l'arbre du voyageur) rudimentaire mais très bon marché à l'hôtel chic plus ou moins en forme. Espérons que les adresses intermédiaires continueront de s'améliorer ! Mais nombre d'entre elles vivent sur leurs acquis et se dégradent tout en augmentant leurs tarifs.
Les hôtels sont un peu plus chers à Tananarive et sur les sites dits « touristiques » (Nosy Be et Sainte-Marie notamment). Durant notre été (l'hiver austral là-bas), des suppléments « haute saison » sont souvent appliqués. Pensez à réserver à ces périodes (vacances scolaires : juillet-août et période de Noël), encore que, ces dernières années, les touristes ne s'y soient pas toujours bousculés... L'hébergement est très bon marché en brousse, mais il se réduit la plupart du temps à sa plus simple expression. Avoir sa propre moustiquaire n'est pas superflu. C'est tout de même le meilleur moyen de découvrir profondément le pays.

## Les campings

C'est une excellente idée pour profiter à fond des parcs et réserves de l'île et pour être proche de la nature. L'hôtellerie est parfois éloignée des sites, ou franchement mauvaise. Pratiquement tous les parcs et réserves de l'île proposent des terrains de camping moyennant le paiement d'un petit droit. En revanche, il vaut souvent mieux apporter sa tente et son matériel de camping (les locations existent, mais elles sont rares, et rien ne vous garantit la qualité du matériel), sa moustiquaire, ainsi que des vivres et des réserves d'eau minérale en quantité suffisante. Les parcs sont plus ou moins équipés de douches et de toilettes rudimentaires, mais on s'arrangera toujours pour vous fournir de l'eau.
Sinon, on peut camper presque partout à Madagascar, à condition de rester toujours à proximité d'un village (voire dans le village) et de demander l'autorisation au chef ou aux habitants, par correction mais aussi par souci de sécurité. Respecter les *fady* (interdits) qui régissent certaines zones et même certains terrains. Il y a des parcelles de terre sacrée où la présence d'un étranger est considérée comme sacrilège. Gros ennuis en perspective si vous commettez cette imprudence. Toujours donner quelque chose en remerciement. Enfin, faire gaffe aux scorpions, aux mygales et aux scolopendres (notamment dans le massif de l'Ankàrana).

## Petits hôtels pas chers

À ne pas confondre avec les *hotely,* qui, paradoxalement, sont des... restaurants (voir plus loin à « Restaurants »). Les petits hôtels pas chers sont constitués de trois planches, un toit et des murs en *falafa* ou en tôle, et puis basta ! Pas cher, mais pas le grand confort. Un lit (matelas mousse, génial pour la transpiration !), une bougie et parfois une bible. La « douche » commune est la plupart du temps un bidon ou un robinet avec un seau, parfois une vraie douche, mais souvent très vétuste. Les toilettes communes sont ce qu'il y a de pire : du simple trou malodorant aux w-c à la turque tout aussi douteux. Un bidon d'eau avec un seau sert de chasse d'eau manuelle.

Attention à l'hygiène, donc. Prévoir son propre papier hygiénique, en vente dans toutes les épiceries, un tissu propre pour recouvrir un matelas douteux, et surtout sa propre moustiquaire. Bref, c'est bon marché, mais pas souvent nickel. Évidemment, un « bungalow » comme ça a plus de gueule au bord de la mer (et fait plus facilement passer la pilule) que près d'une station de taxis-brousse bruyante et sale...

### Les hôtels traditionnels

Normalement, depuis mai 2007, ils sont officiellement classés par étoiles et *ravinala,* et quelques dizaines d'entre eux possèdent un « label vert » eu égard à leur conscience environnementale. Les hôtels de catégorie moyenne auraient parfois besoin d'une rénovation générale, mais il faut souvent s'en contenter, faute de mieux. La plupart du temps avec salle de bains, avec ou sans w-c ; le confort est souvent minimal, les lieux parfois vétustes. Heureusement, il y a de bonnes surprises ! Dans la catégorie « Prix moyens » ou « Chic », on trouve son bonheur, avec une préférence pour les bungalows sur les côtes. Il y a souvent une moustiquaire dans la chambre.
Dans la catégorie « Plus chic », ça oscille entre vieux établissements décatis et tarifs élevés (quand ce n'est pas les deux en même temps !). Problèmes d'eau, parfois d'électricité... ne pas demander la lune, sauf exceptions. L'accueil n'est pas toujours à la hauteur non plus. Nos catégories « Prix moyens » et « Chic » sont encore ce qu'il y a de mieux compte tenu du rapport qualité-prix du pays. Quelques nouvelles structures commencent à s'implanter et pourraient contribuer à élever le niveau. À noter qu'une petite taxe touristique et/ou taxe de séjour est perçue par les hôtels de catégories supérieures. Prix dérisoire.

### Chez l'habitant

Cela se fait surtout à Tananarive (chambres d'hôtes) et dans les villages de brousse, dans la mesure où vous disposez de temps et que vous souhaitez voir Madagascar de l'intérieur, ou à l'occasion d'un trek. On vous rappelle que parler un tant soit peu le malgache devient alors indispensable, tout comme être accompagné d'un guide qui peut faire office de traducteur et d'intermédiaire. À Tana, on trouve chez l'habitant de très belles adresses, tenues par des notables ou des gens ayant fait leurs études en France. C'est une manière extra de rentrer en contact et une bonne occasion de conversations enrichissantes.
Là encore, il s'agit de bien respecter les us et coutumes, à savoir les *fady* (interdits), mais également de porter une tenue correcte, d'avoir une façon de s'exprimer et de se comporter respectueuse des habitants et de l'environnement. Toujours se renseigner sur les règles qui régissent telle ou telle région (voir la rubrique « Savoir-vivre et coutumes » dans « Hommes, culture, environnement »). Toujours donner quelque chose en remerciement ou venir avec des cadeaux (médicaments, cigarettes, stylos pour les enfants...). N'oubliez pas d'envoyer les photos aux familles !

## LANGUE

La langue malgache fait partie de la famille des langues malayo-polynésiennes, comme l'indonésien, dont elle est issue. Néanmoins, elle a intégré des influences bantoues, arabes et européennes.
À Madagascar, vous n'aurez pas de mal à vous faire comprendre : on parle le français dans toute l'île. Ce qui ne signifie pas pour autant que tout le monde parle le français. Cela dépend évidemment de l'endroit où l'on se trouve (ville ou campagne), mais aussi de la génération de votre interlocuteur. Avant 1975, le français

était parlé couramment par 60 à 70 % des Malgaches. Il s'enseignait dès la maternelle. Les manuels scolaires racontaient alors une histoire qui commençait par : « Nos ancêtres les Gaulois »... Un étudiant malgache a longtemps su par cœur la distance de Paris à Lyon ou Marseille sans connaître les villes de Diégo-Suarez ou Fort-Dauphin !
La « malgachisation » de l'enseignement a commencé un peu avant le premier avènement de Ratsiraka en 1975. En fait, cette malgachisation avait été réclamée par les étudiants lors des événements de mai 1972, afin que l'enseignement soit adapté aux réalités locales. Finalement, les élèves issus de la malgachisation avaient de grandes difficultés à l'université, car l'enseignement se faisait encore en français. Le français est donc redevenu langue d'enseignement depuis 1993. Détail amusant : pour faire face à la modernité, la langue malgache a dû emprunter des mots français comme *bisikileta* pour « bicyclette » ou *elekitirisite* pour « électricité » !

## Structure de la phrase

– Pour structurer une phrase, vous pourrez vous en tirer avec une construction simple : verbe + complément + sujet. Quel que soit le nombre des compléments, le sujet se retrouve toujours à la fin. Exemple : *mivarotra akondro izy,* littéralement : vendre (au présent) + banane + il, signifiant donc : « Il (ou elle selon le contexte) vend des bananes. »
– Il n'y a pas de verbe être : il suffit de dire, par exemple, *mangatsiaka ny dite* (littéralement : « froid le thé ») pour dire : « Le thé est froid. »
– Le temps : pour de nombreux verbes et adjectifs, l'initiale « m » marque le présent ; il suffit de remplacer l'initiale « m » par un « n » pour le passé et un « h » pour le futur. Par exemple, *mangatsiaka ny dite,* « le thé est froid » ; *nangatsiaka ny dite,* « le thé était froid » ; *hangatsiaka ny dite,* « le thé sera froid ».
– Il n'y a ni masculin/féminin ni singulier/pluriel. Donc un seul article, *ny,* devant les noms communs, qui peut signifier « le », « la » ou « les ».
– À part cela, le malgache est une langue agglutinante. Les mots se construisent à partir d'une racine, à laquelle on ajoute des préfixes et/ou des suffixes pour constituer d'autres mots. Exemple : le préfixe *maha* signifie « qui rend » et *faly,* « heureux » ; *mahafaly* = « qui rend heureux ».

## Prononciation

L'une des principales difficultés que vous rencontrerez lorsque vous vous essaierez au malgache, c'est la prononciation correcte de l'accent tonique. S'il n'est pas placé au bon endroit, cela risque de modifier le sens de ce que vous voulez dire. Par exemple : *ta**na**na* = « le village » (accent sur l'avant-dernière syllabe), à ne pas confondre avec ***ta**nana* = « la main » (accent sur la première syllabe).
L'alphabet malgache ne comporte que 21 lettres mais prononcées parfois différemment du français : le « e » se prononce *é,* le « o » se prononce *ou,* le « g » se prononce *gue* (même devant un « e » ou un « i »), le « j » est

### MUETTE, MAIS PAS APHONE

*En général, l'accent porte sur l'avant-dernière ou l'avant-avant-dernière syllabe de manière très marquée, ce qui fait que la finale reste en suspens, à peine audible. Ne commettez pas cependant l'erreur fréquente d'omettre totalement la dernière voyelle... Si c'était ainsi, des termes comme* vola *(« argent »),* voly *(« culture ») et* volo *(« cheveu ») seraient confondus. Laissez-vous bercer par la musicalité de cette langue, et vous finirez par être capable, vous aussi, de laisser la fameuse voyelle en suspens.*

proche de *dz,* le « r » est plutôt roulé. Les prononciations les plus dures étant le « ao », les deux voyelles se mêlant pour donner un son proche du *o* français, le « tr » qui se prononce *tch,* et le « dr » qui se prononce *dj.*

## Petit lexique

***Politesse***

| | |
|---|---|
| oui | *eny (dans les Hautes Terres)/eka (dans le Nord-Ouest)* |
| non | *tsia* |
| où | *aiza* |
| bonjour (à Tana) | *manao ahoana* (« manaon' ») |
| bonjour (Fianar et sud-est) | *akore aby* (« acouriabé ») |
| bonjour (au nord) | *mbola tsara* (« m'boul'tsara ») |
| bonjour (à l'ouest) | *salama* |
| madame, monsieur | *tompoko* (« toup'ko ») |
| bienvenue | *tonga soa* (« tounga sou ») |
| au revoir | *veloma* (« veloum' ») |
| bon voyage | *soàva dia* (« souav'di ») |
| merci (beaucoup) | *misaotra (betsaka)* (« misotch ») |
| de rien | *tsy misy fisaorana* (« tsich'isorana ») |
| s'il vous plaît, pardon | *azafady* (« azafad' ») |
| comment ça va ? | *manao ahoana ?* |

***Expressions courantes***

| | |
|---|---|
| d'où venez-vous ? | *avy aiza ianao ?* |
| je suis français(e), belge, suisse | *izaho dia frantsay, belge, suisse* |
| comment t'appelles-tu ? | *iza no anaranao ?* |
| comment dit-on... ? | *ahoana ny fiteny hoe... ?* |
| célibataire | *tsy manan-bady* |
| marié(e) | *efa manam-bady* |
| attention ! | *tandremo !* |
| connaissez-vous ? | *fantatrao ve ?* |
| avec/sans | *miaraka/tsy miaraka* |
| plus/moins | *ampiana/tsy miaraka* |
| c'est calme, cool, c'est bien agréable | *manguinguinamahafinaritra* (« mahafinatch' ») |
| qu'est-ce que c'est ? | *inona ity ? inona izana ?* |
| je ne comprends pas | *tsy azoko* |
| il y a, j'en ai, avez-vous | *misy* (« mich ») |
| il n'y a pas, je n'en ai pas | *tsy misy* (« tsimich », « tsich ») |
| je descends (du bus) | *misy miala* |
| acheter | *mividy* |
| bien, beau, bon (très) | *tsara (be)* |
| demain | *rahampitso* |
| hier | *omaly* |
| aujourd'hui | *androany* (« andjouan' ») |

***Vie pratique***

| | |
|---|---|
| centre | *afovoany* |
| bureau de poste | *paositra* |
| lettre, enveloppe | *taratasy, valopy* |
| timbre | *ajia* ou *timbre* |
| office de tourisme | *biraon'ny* ou... *office de tourisme* |
| marché | *tsena* |

| | |
|---|---|
| banque | *banky* |
| bureau de change | *birao fanankalozam bola* ou... *bureau de change* |
| toilettes | *gabone* ou *toilettes* |
| police | *polisy* |
| plan | *sarin-tany* |
| téléphoner | *miantso an tariby* |
| entrée/sortie | *fidirana/fivoahana* |

***Transports***

| | |
|---|---|
| gare des bus | *fandraisana bus* |
| gare des trains | *gara* |
| aller | *mandeha* |
| arriver, venir | *tonga* |
| billet, ticket | *tapakila* ou *billet* |
| à quelle heure y a-t-il un bus pour... ? | *amin' ny firy no misy bus... ?* |
| aller-retour | *mandroso-miverina* |
| voiture | *fiarakodia* |
| vol (d'avion) | *vol* |
| vite | *malaky* |
| doucement | *mora-mora* |
| rue, route | *làlana* |

***Argent***

| | |
|---|---|
| argent | *vola* |
| billet, monnaie | *taratasy, vola* |
| payer | *mando vola* |
| prix | *vidiny* |
| combien ça coûte ? | *hoatrinona ?* |
| cher/bon marché | *lafo/mora* |
| réduction | *fiainan-bidy* |
| argent liquide | *vola taratasy* |
| prenez-vous la carte *Visa* ? | *mandray carte* Visa *ve inao ?* |
| l'addition | *ny vola tokony aloanay* |

***À l'hôtel***

| | |
|---|---|
| dormir | *matory* |
| chambre | *efi trano* |
| puis-je voir une chambre ? | *mety mahazo efi trano fatoriana ve ?* ou *mety mahazo chambre ve azafady ?* |
| simple, deux lits | *fandriana iray, fandriana roa* |
| lit pour deux | *fandraina iray lehibe ho an'olon-droa* |
| eau froide, eau chaude | *rano mangatsiaka, rano mafana* |
| drap, couverture | *drap, bodofotsy* |
| savon | *savony* |

***Au restaurant***

| | |
|---|---|
| manger | *mihinana* |
| repas | *sakafo* |
| déjeuner | *sakafo atoandro* |
| chaud | *mafana* |
| froid | *mangatsiaka* |
| zébu | *omby* |
| poulet | *akoho* |
| poisson | *trondro* (« tchoudjou ») |
| eau | *rano* |

| | |
|---|---|
| y a-t-il un plat du jour ? | *sakafo anio ?* |
| petit déjeuner | *sakafo maraina* |
| prendre le goûter | *mihinanana oudy ambavafoua* |
| dîner | *sakafo alina* |
| entrée, plat principal, dessert | *fanokafambavony, vary sy lôka, tsindrintsakafo* |
| légumes | *legioma* |
| l'addition, s'il vous plaît ! | *ny vola tokony aloanay !* |
| pourboire | *kadou* |

***Jours de la semaine***

| | |
|---|---|
| lundi | *alatsinainy* |
| mardi | *atalata* |
| mercredi | *alarobia* |
| jeudi | *alakamisy* |
| vendredi | *zoma* |
| samedi | *asabotsy* |
| dimanche | *alahady* |

***Nombres***

| | | | |
|---|---|---|---|
| 1 | *iray* | 8 | *valo* |
| 2 | *roa* | 9 | *sivy* |
| 3 | *telo* | 10 | *folo* |
| 4 | *efatra* | 20 | *roapolo* |
| 5 | *dimy* | 50 | *dimampolo* |
| 6 | *enina* | 100 | *zato* |
| 7 | *fito* | | |

## Pour en savoir plus

Le mieux est d'acheter *Le Malgache de poche* dans la collection « Assimil » ou, sur place, l'un ou l'autre des nombreux manuels et dictionnaires franco-malgaches. Dans les rues de Tana, on vend l'antique mais sympathique *Parler malgache en 40 leçons,* de Prosper Rajaobelina (pas cher du tout). Plein d'autres ouvrages.

# LIVRES DE ROUTE

La littérature malgache est d'abord orale. La tradition des *hain-teny,* poèmes à la beauté singulière qui enchantèrent l'écrivain français Jean Paulhan (1884-1968), est toujours vivante au cœur de l'Imerina. Elle a nourri l'inspiration de poètes durant la période coloniale, notamment Flavien Ranaivo, Jacques Rabemananjara et Rabearivelo, qui écrivaient en malgache et en français. Lire leurs poèmes, que l'on trouve dans toutes les anthologies de littérature francophone, c'est sans doute la meilleure façon d'accéder à l'âme malgache. Les livres sur Madagascar, écrits par des étrangers, sont nombreux mais difficiles à débusquer, en raison sans doute de tirages confidentiels et d'un style souvent universitaire. À Tananarive, aller à la *Librairie Lecture et Loisir* ou chez *Tsipika.* À Paris, consulter *L'Harmattan,* 16, rue des Écoles, dans le 5e arrondissement *(☎ 01-40-46-79-11),* et, non loin de là, *Présence Africaine,* 25 bis, rue des Écoles *(☎ 01-43-54-15-88).*

– ***Clément Raimbault, l'enfant gâté du Bon Dieu*** (2004), de Pascale Moignoux, Azalées. À partir de 1903, Clément Raimbault, religieux hors norme, dirige la Mission spiritaine de Nosy Be. Il y introduit l'ylang-ylang, développe la culture du café, de la vanille, fonde la Société des plantes à parfums de Madagascar, construit église, sanatoriums et dispensaires... Jalousé par ses confrères, évêques de

Diégo-Suarez et Majunga, il se retrouve spolié de l'œuvre de sa vie, sa mission de Nosy Be, et quitte l'île en 1932, escorté par plus de 3 000 personnes.

- ***Le Aye-aye et moi*** (2002), de Gerald Durrell, Payot (traduit de l'anglais). Récit de voyage. Frère du célèbre romancier Lawrence Durrell, cet ardent défenseur de la nature nous raconte son périple à Madagascar pour tenter de sauver des espèces en voie d'extinction, tel le fameux lémurien nocturne, le aye-aye. Un récit rocambolesque qui met le doigt là où ça fait mal (aïe, aïe !), sans jamais oublier cet humour de survie propre à l'espèce anglo-saxonne !
- ***Madagascar, la grande île secrète*** (2002), ouvrage collectif, Autrement. Plusieurs textes de chercheurs, dirigés par Françoise Raison-Jourde, réunis autour de magnifiques photographies en noir et blanc de Pierrot Men. De Tananarive à la question du riz en passant par le saphir d'Ilakaka ou encore Julienne, la prophétesse de la pleine lune, le tout sur toile de fond écologique. Pour aller plus loin dans la connaissance du pays et découvrir le tréfonds de l'âme malgache.
- ***Nour, 1947*** (2003), de Jean-Luc Raharimanana, éd. du Rocher, coll. « Motifs » (poche). Après deux recueils de nouvelles, *Lucarne* et *Rêves sous le linceul,* qui annonçaient déjà la couleur, ce premier roman livre une vision écorchée de l'histoire de Madagascar entre missionnaires, colonisation et conquêtes intérieures par l'ethnie dominante merina. Une voix singulière, celle d'un écrivain trop violent pour être dans son pays. Raharimanana ne se remet pas d'une douleur d'enfance profonde, ravivée par l'arrestation de son père lors de la crise de 2002. Cet événement a été l'origine d'un nouveau récit : *L'Arbre anthropophage* (2004), éd. Joëlle Losfeld.
- ***Région inhabitée*** (1964), de Robert Mallet, réédité en « Folio » (n° 2359), 1991. Le plus beau roman d'amour franco-malgache, celui d'une rencontre sans avenir entre un ethnologue et la « femme sauvage ». Une histoire touchante et bien écrite, par l'ancien recteur de la Sorbonne et doyen de la faculté de lettres et sciences humaines de Tananarive dans les années 1960.
- ***Chants de corail et d'argent*** (2001), de Laurence Ink, Robert Laffont. Une fiction historique basée sur la rencontre, au XIXe s, entre l'aventurier français Jean Laborde et l'enfant qui lui est confiée, fille d'une paysanne morte en couches. Le regard de l'enfant vient en contrepoint de celui du célèbre *vazaha be,* comme pour mieux révéler la splendeur mais aussi l'immuabilité de la société malgache.
- ***Rade terminus*** (2006), de Nicolas Fargues, « Folio » (n° 4310). Des joies et des angoisses de l'expatriation dans un « bout du monde », Diégo-Suarez, à Madagascar, à travers les portraits souvent crus, voire cruels, de *vazaha* et de personnages locaux. Mon tout vu par l'ancien directeur de l'Alliance française de Diégo-Suarez.
- ***Nos enfants, ces inconnus*** (2003), de Frédérik Canard et S. Rabenarivo, coédité par L'Harmattan et Tsipika. Un ouvrage sur les enfants des rues, rédigé avec la collaboration d'une ONG de Tananarive. Des enfants en situation difficile ont participé à l'aventure en réalisant des dessins et des photos illustrant leur environnement immédiat. Quelques photographes connus ont aussi apporté leur contribution, comme Pierrot Men. Un livre qui voudrait surtout changer le regard des classes les plus aisées, mais aussi celui des touristes, en direction des enfants les plus défavorisés.
- ***Combattant de l'espérance, autobiographie d'un insurgé*** (2006), du père Pedro, Pocket (n° 12888). Le parcours de cet homme qui a dédié sa vie aux hommes et aux femmes de Madagascar. Voir plus loin « ONG et aide au développement » dans « Hommes, culture, environnement ».
- ***Beaux livres :*** presque tous s'appellent curieusement... ***Madagascar*** ! Parmi les plus récents, citons celui de Pascal Maître et Michaël Stührenberg sous-titré *Voyage dans un monde à part,* aux éditions Vents de Sable, celui d'Éric Brasseur, aux éditions La Renaissance du Livre, ou encore celui d'Olivier Joly, dans la collection « L'Album » aux éditions Hermé. Sans oublier le travail et l'art de Paul Bloas autour de Diégo-Suarez.

## MARCHANDAGE

Pour les achats et l'artisanat, le marchandage est une tradition malgache très forte qui permet d'établir des liens entre le vendeur et l'acheteur. Il est même impoli de ne pas marchander ! Mais il faut être nettement plus raisonnable que dans certains pays balisés par le tourisme. Sauf cas d'arnaques flagrants, on peut espérer faire baisser les prix de 30 % environ. Parfois plus, mais ne pas en faire une règle. D'ailleurs, vous verrez bien jusqu'où le vendeur peut aller. N'oubliez pas que Madagascar est un pays pauvre. Alors, mégoter méchamment pour 200 Ar, franchement, ce n'est pas le lieu.
Pour le reste, toujours négocier un service au départ et ne payer qu'après. Cela est valable pour les taxis, les excursions et les guides en particulier. Exception faite des pousse-pousse : mieux vaut payer avant la course pour éviter des discussions inutiles (sous prétexte qu'ils n'ont pas la monnaie au moment de payer). Toujours se renseigner sur les prix « normaux » et se méfier de certains tarifs « spécial *vazaha* » parfois exorbitants. Mais ne rêvez pas : vous paierez toujours un peu plus cher, voire nettement plus cher que les Malgaches, sauf pour les trajets en taxi-brousse, dont les prix sont fixes.
Attention, les guides sont parfois enclins à revenir sur le tarif entendu, même ceux qui sont agréés par *MNP*, l'organisme officiel qui gère les parcs et réserves de l'île. Si tout paraît baigner dans un flou artistique, écrire sur un papier à votre interlocuteur les « termes du contrat ».

## PHOTOS

– ***Matériel :*** on peut trouver des cartes mémoire dans les grandes villes, mais on conseille vivement d'emporter vos marques favorites avec vous, c'est plus sûr. Possibilité de faire graver vos photos sur CD à Tananarive (on donne des adresses fiables).
– ***Rapport à l'image :*** les Malgaches de manière générale ne sont pas particulièrement friands de se faire prendre en photo. Pas forcément hostiles, mais pas demandeurs. Ils détournent assez facilement la tête, sans pour autant faire les gros yeux. Le mieux est de tout simplement leur demander la permission, ce qui semble être la moindre des choses d'ailleurs. En cas de refus, un simple petit signe de la main et un sourire indiquent que l'on a compris le message. En revanche, les enfants dans les villages ont une attirance naturelle pour l'appareil. Là encore, si un adulte est dans les parages, demander l'autorisation. Portraits pleins de vie garantis. Souvent, on vous demandera d'envoyer les photos. Faites-le, c'est la moindre des choses.
– Attention aux lieux dits *fady* (interdits). Toujours se renseigner avant sur la possibilité de photographier. On pense notamment aux tombeaux. Il peut arriver que l'on vous demande de payer quelque chose avant ou après la photo. C'est la plupart du temps un bakchich, tout simplement, car on joue souvent sur la culpabilité du touriste vis-à-vis des *fady*. Mais si vous enfreignez réellement un interdit, cela peut être une source d'ennuis importants, autant le savoir, notamment pour les tombeaux mahafaly et antandroy dans le Sud.

## POSTE

– ***Les horaires*** d'ouverture des bureaux de poste sont indiqués dans chaque ville.
– ***Le courrier*** est généralement très lent entre Madagascar et l'Europe, et assez peu fiable. Compter en principe une dizaine de jours depuis Tananarive et un peu plus pour les lettres postées de province. Éviter les bureaux de poste des toutes

petites localités. Timbres décollés, cartes postales oubliées ou dérobées sont légion... Au retour, malheureusement, les colis à destination des amis rencontrés pendant le séjour n'arrivent pas souvent intacts (mieux vaut les faire passer par des candidats au voyage sur place ou par un réseau malgache en France).
– ***Le tarif :*** 2 100 Ar (0,65 €) pour une lettre et 1 600 Ar (0,50 €) pour une carte postale.
– ***Les timbres*** malgaches sont très beaux (plantes, animaux, Notre-Dame de Paris ou le TGV !).

# POURBOIRE

Une vieille tradition française et coloniale importée sous les tropiques ! Le pourboire est fréquemment suggéré, notamment par les guides locaux. Sachez que la notion de « gratuité » n'existe pas vraiment et que tout service rendu mérite un petit « cadeau », même si tout est prétexte à un « cadeau »... On n'y est pas obligé, bien sûr (surtout si l'on n'est pas content de la visite ou du service). Lire aussi la rubrique « Parcs et réserves » dans « Hommes, culture, environnement » sur les tarifs des guides.
On vous conseille de ne donner un pourboire que si vous êtes réellement satisfait. Sinon, cela encourage un réflexe vis-à-vis des *vazaha* que l'on trouve malsain. Cela étant, ce conseil fera sourire plus d'un *zanatany* (« fils de la terre », né à Madagascar ou apparenté), car c'est une vieille pratique née dans l'île à cause des rapports institués entre les Malgaches et les colons français. Dans les restaurants, il est d'usage de laisser entre 5 et 10 % pour le service, mais, là encore, c'est à votre libre appréciation. N'oubliez pas les porteurs dans les hôtels, dont les salaires sont très faibles et auxquels les pourboires permettent de vivre un peu plus décemment. On peut juste être pris de vertige lorsque l'on réalise qu'on laisse un pourboire parfois équivalent, voire supérieur, à ce que gagne un gardien de nuit (moins de 1 €) pour 12h de veille ou une femme de ménage (environ le double) pour 8h de labeur... Même s'il ne réclame pas, n'hésitez pas à leur donner un billet, car souvent le contenu de la « caisse commune » pour le personnel n'est pas redistribué. De même, si vous louez un véhicule avec chauffeur, ajouter quelques euros par jour pour le pourboire (compter environ 5 € par jour).

# RESTAURANTS

## Les *hotely* et les gargotes

Contrairement à ce que leur nom pourrait laisser supposer, les *hotely* sont des petits restos populaires ! Le plus souvent, de vraies gargotes rudimentaires en bord de route, dans les stations de taxis-brousse ou en ville. Très bon marché, mais faire tout de même très attention à l'hygiène. Il est souvent judicieux de les éviter, en tout état de cause, préférer les aliments bien ou très cuits. Cela dit, certains restos d'apparence plus luxe n'offrent pas toujours une meilleure hygiène. Moralité : il n'y a pas de règles, ça peut être propre ou... affreusement sale.
À noter que dans presque toutes les villes (notamment à Diégo-Suarez et à Tamatave), des échoppes se montent le soir à même le trottoir. On y mange souvent très bien, pour pas cher et dans une ambiance typiquement malgache franchement sympa ! Et ça a l'avantage d'être frais, car cuisiné sur l'instant.

## Les restos

On trouve de tout. Ce n'est pas parce que c'est marqué « resto » que c'est forcément propre, on vous l'a dit. Bon, pas de panique. Deux solutions : soit vous vous en fichez totalement et, dans ce cas-là, pas la peine de réfléchir, la vaccination contre l'hépatite A devrait suffire ! Soit vous êtes assez circonspect, et il vaut mieux cibler des restos de catégories « Prix moyens » et « Plus chic », sans pour autant tomber dans la garantie absolue ! En effet, les incessantes coupures de courant, parfois mal ou pas relayées du tout par un générateur, rompent la chaîne du froid. Un coup de froid, un coup de chaud, un coup de froid, etc. Bref, pour les poissons, le résultat n'est pas joli, joli. Dans les secteurs géographiques où les problèmes d'électricité sont endémiques, on recommande de ne consommer que la viande ou le poisson qu'on a vu auparavant. C'est la seule garantie. Cela dit, on peut merveilleusement bien manger à Madagascar. Il suffit de faire le tri.

## SANTÉ

Madagascar, pays en quête d'un début de développement économique, ne possède pas encore d'infrastructure médicale d'urgence, hormis l'hôpital militaire de Tana et le récent Espace médical, sorte de SAMU-SMUR privé, plus ou moins performant. Quelques villes et villages importants sont équipés d'un dispensaire, d'une mission, ou comptent au moins un médecin ou un infirmier, mais souvent dépourvus de tout médicament et matériel médical. Alors, pensez à prendre une pharmacie de base qui, si elle ne vous est pas utile (ce que nous vous souhaitons), peut être donnée à une mission ou à une ONG. Mieux vaut éviter de faire don des médicaments prescrits sur ordonnance à des particuliers à cause des risques de surdose ou de mauvais diagnostic, un médicament mal utilisé peut s'avérer très dangereux. En revanche, pour les petits bobos vraiment classiques, par exemple une plaie qui s'infecte, un flacon de *Bétadine* vous assurera des sourires pleins de soleil... En retour, on vous proposera peut-être de bénéficier des connaissances remarquables des Malgaches en matière de plantes médicinales.
Mais ***en cas d'accident grave*** ne pouvant être pris en charge sur place, il faut immédiatement contacter votre assurance personnelle, prise avant votre départ bien sûr, pour être rapatrié à Tana dans un premier temps, puis à La Réunion qui n'est qu'à 1h de vol, ou vers l'Europe.

### Rappel de quelques règles générales à respecter pour rester en bonne santé

- Faire attention aux légumes crus, sauf ceux qui ont été bien lavés, pelés ou bouillis. Mais on n'est jamais certain de l'eau utilisée. Le mieux est de se passer des salades de crudités, sauf dans les endroits où vous êtes en toute confiance. En effet, si l'on ne boit que de l'eau capsulée, on ne prend pas suffisamment garde aux aliments lavés avec une eau impropre. Le résultat se fait pourtant vite sentir.
- Éviter tout fruit déjà pelé. Les peler soi-même avec les mains propres.
- Se laver les mains avant les repas et toute manipulation d'aliments.
- Éviter, surtout en début de séjour, les grands verres de jus de fruits, souvent acides, et qui déséquilibrent la flore intestinale. Et en tout cas, ne pas demander de glaçons.
- Se méfier des coupures et égratignures. Sous ces climats, elles peuvent mettre beaucoup plus de temps à guérir.
- Des chaussures neuves, qui peuvent provoquer des ampoules, sont à éviter car, hormis le fait d'être désagréables, les blessures aux pieds sont très difficiles à résorber.
- La chaleur, couplée avec l'humidité ambiante, peut provoquer l'apparition de lésions cutanées. Bien se sécher après une douche ou un bain de mer, porter des vêtements larges et légers, si possible en coton, sont de petites précautions de base.
- Rincer un peu le bac à douche avec du shampooing avant de se laver.

– Enfin, pensez à vous munir d'une petite ***pharmacie de base.*** Contre le mal des transports, mieux vaut s'équiper avant de partir d'un antinauséeux et antivomitif, à prendre 30 mn avant le départ, tel que la *Nautamine*®. Et puis n'oubliez pas les produits usuels, tels que : antipaludique (lire plus loin), antibiotique à large spectre, antalgique (paracétamol), désinfectant cutané (le mieux est d'acheter de l'alcool à 70° sur place, au moins vous êtes tranquille), pansements et compresses, collyre antiseptique, répulsif antimoustiques, protection solaire efficace et crème apaisante, et traitements personnels habituels. De petits ciseaux, une pince à échardes et un thermomètre pourraient vous être utiles. À prévoir éventuellement, en plus de votre pharmacie courante et en prévention des maladies transmissibles : une trousse de premiers soins tel que le Steripack® contenant du fil de suture avec aiguille, des seringues et des aiguilles stériles à fournir en cas de besoin à du personnel médical.

■ ***Catalogue santé-voyage :*** les produits et matériels utiles aux voyageurs, assez difficiles à trouver, peuvent être achetés par correspondance sur le site de *Santé Voyages* ● *sante-voyages.com* ● Infos complètes toutes destinations, boutique en ligne avec paiement sécurisé, expéditions Colissimo Expert ou Chronopost. ☎ *01-45-86-41-91 (lun-ven 14h-19h).*

## Les principaux problèmes

### *Le paludisme*

L'ensemble du pays est classé en zone 3, c'est-à-dire qu'il connaît un peu de résistance à la chloroquine *(Nivaquine®).* Le type de palu le plus fréquent est celui dû à *Plasmodium falciparum* (nom du parasite transmis par les moustiques). Il est présent à 90 % à Madagascar et sachez que C'EST LE PLUS DANGEREUX. Il tue encore ici plusieurs centaines de personnes par jour ! C'est le plus répandu dans les pays tropicaux, et Madagascar n'est donc pas un cas exceptionnel. Il a une durée d'incubation qui va de 7 jours à 3 mois. En cas de fièvre pendant ou après le voyage, il vous faudra consulter rapidement un spécialiste.

Le risque de paludisme est moins fréquent dans les Hautes Terres, sauf de novembre à avril ; en hiver, il y est quasi nul. Le risque est constant toute l'année sur les côtes est et nord en raison de la végétation plus dense et d'un taux d'humidité plus élevé que sur la côte ouest. Sous une ligne Morondava/Fort-Dauphin, au sud, la transmission est saisonnière (4 mois environ, durant la saison des pluies).

Cela dit, il est indispensable de prendre un ***traitement antipaludique*** :

– soit de la *Malarone*® : 1 comprimé par jour à commencer la veille de l'arrivée, à poursuivre tout le séjour et 7 jours après le retour ; doses de *Malarone* pour les enfants, selon le poids, voir avec votre médecin traitant ; c'est le plus cher et il n'est pas remboursé, mais il existe des génériques désormais ;

– soit de la *Doxycycline* (adultes, enfants de + de 8 ans) : 1 comprimé par jour à commencer la veille de l'arrivée, à poursuivre tout le séjour et 4 semaines après le retour ; vraiment moins cher mais des précautions sont nécessaires contre la photosensibilisation pour les peaux blanches ;

– soit du *Lariam* : 1 comprimé par semaine à commencer 10 jours avant le départ, à poursuivre tout le séjour et 3 semaines après le retour. Certains le supportent, d'autres pas du tout.

La résistance des souches évoluant constamment, il est plus prudent de demander conseil, avant de partir, à un médecin ou à un centre spécialisé soin et conseil quant au traitement le plus adapté.

Voici cependant des règles à observer concernant la ***prévention*** :

– le soir, porter des vêtements les plus couvrants possible et, mieux encore, traités (par exemple, avec *Insect Ecran® trempage* ou *vaporisation,* efficace durant 6 semaines malgré cinq ou six lavages à basse température) ;

– sur les parties découvertes, utiliser lotions ou crèmes répulsives efficaces. De très nombreux sprays, crèmes ou lotions vendus en grande surface et même en

pharmacie sont très peu ou pas du tout efficaces. Les spécialistes reconnaissent davantage les produits contenant l'une ou l'autre des substances actives suivantes : DEET à 50 % ou à défaut agent 35/35. Dans tous les cas, s'enduire les parties découvertes du corps toutes les 4h au maximum, dès le coucher du soleil ;
– utiliser une moustiquaire imprégnée (à réimprégner quand ouverte depuis plus de 6 mois).
Il est fortement déconseillé aux femmes enceintes de traverser des zones impaludées : d'une part, le palu est abortif et, d'autre part, elles ne peuvent prendre aucun antipaludique ou presque (la *Savarine*® est quasi l'exception ou bien la *Malarone*®, mais avec l'accord du médecin), ni utiliser de spray répulsif sans risque pour l'embryon (la citronnelle est sans risque, mais peu ou pas du tout efficace : ce n'est donc pas une solution).

***Autres problèmes***

– ***L'eau*** est le principal vecteur de maladies. Ne jamais consommer l'eau du robinet, lavage des dents compris ! Boire de l'eau en bouteille cachetée. Attention aux glaçons et aux jus de fruits qui ne sont pas préparés devant vous (on peut y ajouter de l'eau !) ; évitez également de consommer des crudités si vous ne savez pas comment elles ont été lavées. Attention aussi aux verres mal rincés (les essuyer avec un mouchoir propre est utile). Des pilules de purification de l'eau (type *Micropur DCCNa*®) ou des filtres microbiens (type *Katadyn*®) sont une excellente sécurité pour les treks en brousse, mais ne sont pas indispensables ailleurs car on trouve quasiment partout de l'eau minérale, du thé ou du... Coca ! Enfin, on signale un nouveau système assez génial : une grosse paille *(LifeStraw)* à travers laquelle on peut boire de l'eau de marigot ; elle se garde toute une vie, elle est beaucoup moins chère que les traitements cités précédemment et efficace tout de suite.
– ***La turista :*** en raison des changements d'alimentation et de climat, on échappe rarement à ce que l'on appelle une turista, la « courante » locale... Aujourd'hui, le traitement d'une turista simple de l'adulte repose sur l'association d'un antibiotique en une prise, une seule fois (*Zithromax*® : 2 comprimés) et d'un inhibiteur de la sécrétion, le *Tiorfan*® : 1 gélule, puis 1 gélule trois fois par jour, si possible pendant les repas, sans dépasser 7 jours).
– ***L'hépatite A,*** transmise par l'eau et l'alimentation, est très fréquente à Madagascar. La vaccination est indispensable, on vous le rappelle ! On considère aujourd'hui qu'après deux injections à 6 mois d'intervalle, on est immunisé à vie. Noter que la première injection est déjà efficace.
– ***La bilharziose*** et certaines autres parasitoses peuvent s'attraper lors des baignades en eau douce. Évitez de vous baigner dans les boues et eaux stagnantes (lacs, rivières à faible débit...). Les bains de mer sont, en revanche, inoffensifs (attention tout de même aux requins, crocodiles marins qui parfois se battent même entre eux et diverses nuisances !).
– ***Le soleil :*** il peut cogner assez fort. Couvrez-vous la tête (on trouve de très beaux chapeaux à Mada !), mettez des lunettes de soleil réellement anti-UV et enduisez-vous de crème solaire à indice élevé. Renouvelez la crème solaire souvent ou mettez un T-shirt pour le snorkelling (dos constamment exposé). Pensez à boire beaucoup également.
– ***Les petites bêtes :*** dans les forêts humides de la côte est, vous verrez parfois sortir les ***sangsues.*** Deux solutions : marcher en short et sandales et retirer les sangsues une par une (nul besoin de cigarettes, même quand elles pompent le sang, le meilleur moyen, on le sait aujourd'hui, est de les arroser de gros sel) ou porter des vêtements longs et près du corps et des guêtres parfaitement hermétiques. Méfiez-vous de certains ***scorpions*** et ***mygales*** (surtout dans le massif de l'Ankàrana, mais aussi dans l'Ouest et le Sud), ainsi que des ***scolopendres,*** sortes de mille-pattes tout plats avec deux pinces sur la tête, que l'on trouve souvent en brousse. Si vous campez, inspectez votre tente, soulevez les pierres plates et accrochez vos chaussures en hauteur la nuit. Si vous êtes piqué par l'une de ces

bestioles, en général les habitants brûlent la plaie avec une braise (charmant, mais rien d'autre à faire ! pratique dangereuse unanimement condamnée par ailleurs, attention), et il faut rester allongé sans paniquer. Dangereux si vous êtes déjà en mauvaise santé, mais dans ce cas vous ne partiriez pas en brousse, n'est-ce pas ? En revanche, il n'y a aucun serpent venimeux à Madagascar. Les ***parasy*** sont de petites puces de sable (puce « chique ») qui ont la fâcheuse manie de pondre sous la peau de vos orteils nus. Rien de méchant, mais très désagréable. Si vous sentez une petite piqûre au pied et qu'à l'observation vous voyez une espèce de petite boule blanchâtre surmontée d'un petit point noir, c'est ça ! Demandez à un Malgache de vous l'enlever (c'est là où vous serez content d'avoir été vacciné contre l'hépatite B et le tétanos). Ils savent très bien le faire sans éclater la poche d'œufs. Mettez un antiseptique durant quelques jours et, dorénavant, portez des Pataugas quand vous marchez sur des sols sablonneux... Enfin, de petites mouches appelées ***mokafohy*** pullulent sur certaines plages de la côte est, de Sainte-Marie ou de Nosy Be. S'enduire de répulsifs (DEET, sur les vêtements seulement !), mais aussi de citronnelle, protections adéquates si on veut éviter d'avoir le dos « défiguré ».

– ***La rage :*** de nombreux chiens errants sont porteurs de la maladie, y compris dans le centre de Tananarive, mais il faut tout aussi bien se méfier d'une griffure de chat ou d'une morsure de lémurien. Si on voyage longtemps ou avec des enfants en bas âge, il est plus prudent de les faire vacciner préventivement, car ils ne ressentent pas toujours la morsure ou ne s'en plaignent pas. Il faut rappeler que la rage se transmet par la salive et qu'une incision, même bénigne, sans saignement, peut la transmettre. Le vaccin se fait en trois injections : il faut donc s'y prendre au moins 1 mois avant le départ. En cas de morsure, il convient de se rendre à l'Institut Pasteur de Tananarive dans les 48h.

– ***La peste et le choléra : le choléra*** est malheureusement en passe de devenir endémique dans certaines parties de Madagascar, notamment dans les régions proches des Comores (Majunga). Si tel est le cas, il convient donc d'appliquer les mesures d'hygiène courantes pour ce genre de pays. Faire très attention à ce que l'on consomme et à ce que l'on porte à la bouche. Ne boire que de l'eau minérale en bouteille ou des boissons capsulées, et faire attention de manière générale à tout ce qui pourrait contenir ou être passé sous de l'eau non bouillie. Se laver les mains au savon avant chaque repas. Il convient ensuite d'être vigilant devant toute diarrhée aqueuse (c'est-à-dire incolore) abondante de plus de 48h, sans fièvre. Vomissements fréquents également. Dans l'attente de consulter au plus vite, se réhydrater au maximum (autant que le supportera votre estomac !) de Coca, bouillon de légumes, eau de riz... Le choléra n'est grave que par les pertes qu'il entraîne en eau, sodium, potassium et autres sels minéraux. Dès que ces pertes sont compensées, on peut être considéré comme guéri. Et n'oubliez pas que cette maladie se soigne très bien dès lors que l'on consulte au plus vite dans un service bien équipé.

***La peste*** bubonique était endémique à Madagascar jusqu'à récemment, mais la maladie a connu ces dernières années un développement inquiétant. Selon le ministère de la Santé, 500 cas sont répertoriés en moyenne chaque année, entre septembre et avril (période la plus chaude), Madagascar étant devenu le premier pays au monde touché par la peste. Durant le second semestre 2013 par exemple, plus de 150 personnes ont contracté la maladie, la moitié d'entre elles étant décédées, en particulier de la forme pulmonaire, la plus grave. Les prisons sont particulièrement touchées, en raison des conditions d'hygiène dégradées. Aussi, en cas de séjour prolongé avec immersion profonde dans les populations villageoises, s'éloigner des rongeurs (porteurs de puces) et se prémunir contre les piqûres de ces mêmes puces. Et si vous voyez un ou plusieurs rats morts, quittez la zone au plus vite !

– ***Sida et MST :*** si le nombre de sidéens semble plutôt moins élevé que dans le reste de l'Afrique, une extrême prudence s'impose ! Madagascar possède, en effet, tous les paramètres favorisant une propagation forte et rapide des maladies sexuellement transmissibles, qui sont nombreuses et diverses par ailleurs. Toutes les protections universelles sont donc à prendre, surtout quand on connaît le peu de goût des Malgaches pour utiliser le préservatif. Le rejet de la *kapaoty* est si fort que les autorités en ont modifié le nom. Elle est désormais appelée *fimailo,* ce qui peut se traduire par « prendre du plaisir en restant sur ses gardes » !

### Centres de vaccination

Pour les centres de vaccination partout en France, dans les DOM-TOM, en Belgique et en Suisse, consulter le site internet : • *astrium.com/centres-de-vaccinations-internationales.html* •

## SITES INTERNET

• ***routard.com*** • Rejoignez la plus grande communauté francophone de voyageurs ! Échangez avec les routarnautes : forums, photos, avis d'hôtels. Retrouvez aussi toutes les informations actualisées pour choisir et préparer vos voyages : plus de 200 fiches pays, une centaine de dossiers pratiques et un magazine en ligne pour découvrir tous les secrets de votre destination. Enfin, comparez les offres pour organiser et réserver votre voyage au meilleur prix. Routard.com, le voyage à portée de clics !
• ***madonline.com*** • Magazine en ligne sur Madagascar. Articles sur tous les sujets : société, environnement, culture, économie, etc.
• ***madadecouverte.com*** • Infos pratiques (fait beau ? fait pas beau ?), une page histoire, de la géographie... Ça fourmille en effet de découvertes, avec photos.
• ***madagascar-guide.com*** • Un joli site, bien fait, consacré à une présentation complète du pays.
• ***parcs-madagascar.com*** • Le site de *MNP,* qui gère les parcs et réserves de l'île. Liste des parcs avec cartes, photos et caractéristiques.
• ***cite.mg*** • Le site du Centre d'information technique et économique, consacré à Mada et financé par la France. Pour les futurs investisseurs, plein de dossiers, études, carnet d'adresses, etc. Également de très nombreux liens spécialisés sur tous les sujets économiques et commerciaux.
• ***newsmada.com*** • Site d'un groupe de presse malgache. Infos sociétales, sportives, culturelles et même météorologiques.
• ***africa.upenn.edu/Cookbook/Madagascar.html*** • Comment cuisiner comme un chef malgache ? Voilà la solution avec ce site hélas sans photos et en anglais (dur, dur pour les doses !). Avec un peu d'imagination, on y arrive !
• ***madalacarte.com*** • Site non commercial consacré au Sud, Tuléar et sa région. Bien fait, actualisé régulièrement et illustré de photos.
• ***normada.com*** • Site non commercial avec toutes les informations sur le nord de Madagascar (des cartes du coin) et tous les contacts pour les voyageurs ou les futurs résidents.
• ***transmadagascar.com*** • et • ***covoiturage-madagascar.com*** • Pour entrer en contact avec de futurs partenaires de route par la route, les airs ou la mer.

## TÉLÉPHONE – TÉLÉCOMS

Les liaisons téléphoniques sont toujours en plein développement, notamment grâce à la téléphonie mobile. Il est encore difficile de joindre certaines localités, mais cela s'arrange. À l'heure actuelle, ***plusieurs solutions pour téléphoner :*** la ***téléphonie cellulaire,*** que se partagent *Orange* (032), *Airtel* (033) et *Telma Mobile* (034), et la ***ligne fixe*** (dont les cabines publiques), gérée par Telecom

Malagasy, dit *Telma* (020). Chaque opérateur fonctionne avec un système de prépaiement (recharges de communication sous forme de cartes ou sous forme d'envoi de crédit directement sur votre carte SIM au moment où vous achetez le crédit), qui offre à son utilisateur un forfait avantageux. Ces recharges s'achètent chez de nombreux commerçants et partout dans des kiosques de rue composés d'une simple table et d'un parasol. Attention, souvent votre téléphone doit être au préalable « désimlocké », mais on peut aussi en acheter pas cher (voir plus loin). Les communications demeurent bon marché à condition de téléphoner à un interlocuteur qui possède le même opérateur ! À ce jour, Orange et Airtel sont les opérateurs les plus utilisés, mais seul Telma Mobile propose des tarifs avantageux vers les autres opérateurs et la ligne fixe. En effet, les tarifs ne sont pas les mêmes en fonction de l'opérateur vers lequel vous appelez. Donc, si vous devez appeler tous azimuts, Telma est un bon choix. Enfin, il est toujours possible de faire appel à l'un des nombreux vendeurs de communications téléphoniques dans la rue.
Le téléphone coûte de moins en moins cher vers la France (0,35 €/mn avec Orange) et vers l'Europe en général. Première minute indivisible. Là où l'ADSL est installé, certains cybercafés proposent de ***téléphoner via Internet,*** ce qui coûte environ trois fois moins cher que d'une cabine. C'est le cas à Tana et à Tamatave, par exemple.

## Le téléphone portable en voyage

On peut utiliser son propre téléphone portable à Madagascar avec l'option « Monde ».
- ***Activer l'option « international » :*** pour les abonnés récents, elle est en général activée par défaut. En revanche, si vous avez souscrit à un contrat depuis plus de 3 ans, pensez à contacter votre opérateur pour souscrire à l'option (gratuite). Attention toutefois à le faire au moins 48h avant le départ.
- ***Le « roaming » :*** c'est un système d'accords internationaux entre opérateurs. Concrètement, cela signifie que lorsque vous arrivez dans un pays, au bout de quelques minutes, le nouveau réseau s'affiche automatiquement sur l'écran de votre téléphone.
- Vous recevez rapidement un SMS de votre opérateur qui propose un ***pack voyageurs*** plus ou moins avantageux, incluant un forfait limité de consommations téléphoniques et de connexion Internet. À vous de voir...
- ***Tarifs :*** ils sont propres à chaque opérateur et varient en fonction des pays (le globe est découpé en plusieurs zones tarifaires). N'oubliez pas qu'à l'international, vous êtes facturé aussi bien pour les appels sortants que pour les appels entrants. Ne papotez donc pas des heures en imaginant que c'est votre interlocuteur qui paiera !
- ***Internet mobile :*** utiliser le wifi à l'étranger et non les réseaux 3G ou 4G. Sinon on peut faire exploser les compteurs, avec au retour de voyage des factures de plusieurs centaines d'euros ! Le plus sage consiste à ***désactiver la connexion*** « données à l'étranger » (dans « Réseau cellulaire »). Il faut également penser à ***supprimer la mise à jour automatique de votre messagerie*** qui consomme elle aussi des octets sans vous avertir (option « Push mail »). Opter pour le mode manuel.

## Bons plans pour utiliser son téléphone à l'étranger

- ***Acheter une carte SIM/puce sur place :*** c'est une option très avantageuse. On peut acheter un téléphone dans n'importe quelle ville. En fait, on en trouve partout. Compter environ 30 000 à 40 000 Ar (11,50 à 15,40 €) pour l'achat d'un téléphone et la carte SIM (avec un peu de crédit dessus). Puis on achète des recharges au fur et à mesure. Si vous gardez votre téléphone, avant de signer le contrat et de payer, essayez donc, si possible, la carte SIM du vendeur dans votre téléphone

– préalablement débloqué – afin de vérifier si celui-ci est compatible. Attention, ne pas acheter les téléphones les plus bas de gamme. Ils sont réputés pour dégager les ondes les plus puissantes ! On vous attribue alors un numéro de téléphone local et un petit crédit de communication. C'est toujours plus pratique pour trouver son chemin vers un *B & B* paumé, réserver un hôtel, un resto ou une visite guidée, et bien moins cher que si vous appeliez avec votre carte SIM personnelle.
– ***Se brancher sur les réseaux wifi*** est le meilleur moyen de se connecter au Web gratuitement ou à moindre coût. De plus en plus d'hôtels, restos et bars disposent d'un réseau, payant ou non.
– Une fois connecté grâce au wifi, à vous les joies de la ***téléphonie par Internet*** ! Le logiciel ***Skype,*** le plus répandu, vous permet d'appeler vos correspondants gratuitement s'ils sont eux aussi connectés, ou à coût très réduit si vous voulez les joindre sur leur téléphone. Autre application qui connaît un succès grandissant, ***Viber*** permet d'appeler et d'envoyer des SMS, des photos et des vidéos aux quatre coins de la planète, sans frais. Il suffit de télécharger – gratuitement – l'appli sur son smartphone, celle-ci se synchronise avec votre liste de contacts et détecte automatiquement ceux qui ont *Viber.* Même principe, mais sans la possibilité de passer un coup de fil, ***WhatsApp Messenger*** est une messagerie pour smartphone qui permet de recevoir ou envoyer des messages photos, notes vocales et vidéos. La première année d'utilisation est gratuite, ensuite elle coûte 0,99 US$/an.

## Urgence : en cas de perte ou de vol de votre téléphone portable

Suspendre aussitôt sa ligne permet d'éviter de douloureuses surprises au retour du voyage ! Voici les numéros des quatre opérateurs français, accessibles depuis la France et l'étranger.
– ***SFR :*** *depuis la France, ☎ 1023 ; depuis l'étranger, 📱 + 33-6-1000-1023.*
– ***Bouygues Télécom :*** *depuis la France comme depuis l'étranger, ☎ 0800-29-1000 ; depuis l'étranger, ☎ + 33-1-46-10-86-86.*
– ***Orange :*** *depuis la France comme depuis l'étranger, 📱 + 33-6-07-62-64-64.*
– ***Free :*** *depuis la France, ☎ 32-44 ; depuis l'étranger, ☎ + 33-1-78-56-95-60.*
Vous pouvez aussi demander la suspension de votre ligne depuis le site internet de votre opérateur.

## La numérotation

– À noter qu'il existe un **indicatif téléphonique** pour chaque zone de Madagascar (ex. : les 22, 23 ou 24 pour Tananarive, le 44 pour Antsirabe...). **On vous l'indique au début de chaque ville,** mais **il doit être systématiquement inclus** dans vos numéros de téléphone, que vous soyez dans la même zone ou à l'autre bout de l'île, que vous appeliez d'une ligne fixe ou d'un portable.
– Dans le cas d'un ***appel à partir d'un cellulaire,*** vous devrez en plus composer le 020 pour obtenir un poste fixe. Exemple : pour joindre un numéro de Tuléar, vous devez forcément composer le 94 avant les cinq chiffres du numéro privé à partir d'une ligne fixe et le 020-94 à partir d'un portable. Pour appeler un portable, l'indicatif de l'opérateur (voir plus haut) suffit, quelle que soit l'origine de votre appel.
– ***Madagascar → France :*** 00 + 33 + le numéro de votre correspondant à 9 chiffres (c'est-à-dire le numéro à 10 chiffres sans le 0). Pour passer par un opérateur, composer le 10.
– ***France → Madagascar :*** 00 + 261 + 20 + le numéro de votre correspondant comportant l'indicatif régional. Pour joindre un portable, 00 + 261 + le numéro du portable sans le 0 devant.

## Le courrier électronique

Aujourd'hui, la plupart des villes ont des cybercafés proposant des connexions Internet, plus ou moins rapides. Un grand projet de câblage de Madagascar a démarré. À l'issue de ce travail, l'île devrait posséder une connexion Internet cinq fois plus rapide qu'auparavant grâce à l'installation par Orange d'un câble sous-marin de fibre optique. Le wifi est de plus en plus présent dans les hôtels de gamme supérieure et de plus en plus souvent gratuit. Certains cafés et restos de Tana le proposent également.

# TRANSPORTS

## Distances

Les distances sont assez importantes entre les villes, mais le temps passé à rouler dépend surtout de l'état de la route. Sur les 50 000 km de routes environ, à peine plus de 10 % sont goudronnés ! Le reste se partage entre des routes pleines d'ornières (de la piste avec un petit peu de goudron dessus !) et des pistes tout court. Les voies secondaires sont plutôt difficiles, voire impraticables en saison des pluies (de novembre à avril). Dans tous les cas, les « bonnes » routes n'autorisent que rarement à dépasser une moyenne de 50-60 km/h ; sur les pistes, compter du 20-30 km/h, parfois moins ! Bref, les distances s'évaluent en heures, voire en jours parfois pour les très longs trajets, et non en kilomètres. État des routes à vérifier sérieusement donc avant de prendre le volant : les routes N7 (de Tana à Tuléar) et N6 (dans le Nord, d'Ambilobe à Diégo-Suarez) par exemple, se sont beaucoup dégradées ces dernières années. En taxi-brousse, les distances ne s'évaluent d'ailleurs même pas (on ne peut pas non plus prévoir les pannes !). On vous donne les temps de trajet estimés dans nos rubriques « Arriver – Quitter » des villes principales et dans le tableau récapitulatif de ce chapitre, mais tout cela n'est que grossièrement indicatif, les choses évoluant sans cesse (il y a aussi des chantiers de réhabilitation qui avancent plus ou moins vite !).

## Taxi-brousse, mode d'emploi

De tous les modes de transport de l'île, le taxi-brousse est le plus typique, le moins cher et, donc, le plus populaire... mais aussi le plus dangereux vu l'état des véhicules. C'est le seul moyen de déplacement pour la majorité des Malgaches qui ne peuvent se payer ni voiture ni voyage en avion. De plus, ils sillonnent tout le pays, jusqu'au fin fond des villages de brousse.
Si bien des véhicules ne devraient même plus pouvoir rouler, et que les pannes, petites ou grosses, sont fréquentes (euphémisme !), l'ingéniosité des Malgaches en matière de mécanique leur permet de les mener jusqu'à leur dernier souffle. Prudence, tout de même. Toujours bondé et parfois chargé à en dépasser l'entendement, les voyages y sont éprouvants, mais le taxi-brousse reste un excellent moyen de côtoyer de (très) près la population locale.
Moyennant quelques conseils à suivre et quelques précautions à prendre avant le départ, voyager en taxi-brousse vous laissera d'incroyables souvenirs, c'est sûr !

***Les différents types de taxis-brousse***

Sous le terme général de « taxi-brousse », on désigne tout véhicule de transport en commun reliant une ville à une autre, aussi courte soit la distance. On rencontre toutes sortes de véhicules. Les plus courants, notamment pour les longues distances, sont les minibus asiatiques aux places limitées (3 personnes par banquette). Toutefois, pour des trajets intra-régionaux, même longs et nocturnes, il est autorisé 1 personne supplémentaire par banquette. Dès qu'on sort des sentiers battus,

| | ÉTAPE | DISTANCE | DUREE ESTIMÉE | OBSERVATION |
|---|---|---|---|---|
| LES HAUTES TERRES | ANTANANARIVO / ANTSIRABE | 168 | 3 à 4h | Route goudronnée en bon état |
| | ANTSIRABE / AMBOSITRA | 90 | 2h | Route goudronnée en bon état |
| | AMBOSITRA / FIANARANTSOA | 150 | 3 à 4h | Route goudronnée, dégradée sur la fin du parcours |
| | AMBOSITRA / RANOMAFANA | 170 | 4h | Route goudronnée et moitié dégradée |
| | RANOMAFANA / MANAKARA | 190 | 4 à 5h | Route goudronnée |
| | RANOMAFANA / MANANJARY | 150 | 3 à 4h | Route goudronnée |
| | RANOMAFANA / FIANARANTSOA | 65 | 2h | Route goudronné et moitié dégradée |
| | FIANARANTSOA / ANDRINGITRA | 104 | 3 à 4h | Moitié goudron et moitié piste |
| | ANDRINGITRA / RANOHIRA | 289 | 4 à 5h | Piste jusqu'à N7 et goudronnée en bon état |
| | FIANARANTSOA / AMBALAVAO | 56 | 1h | Route goudronnée en bon état |
| | AMBALAVAO / IHOSY | 138 | 3h | Route goudronnée en bon état |
| | IHOSY / RANOHIRA | 91 | 1h30 à 2h | Route goudronnée en bon état |
| LE GRANS SUD | RANOHIRA / TULÉAR | 242 | 4h | Route goudronnée en bon état |
| | TULÉAR / IFATY | 27 | 1h | Piste sablonneuse |
| | ITAMPOLO / LAVANONO | 180 | 7 à 8h | Piste en rocaille, sable et boue |
| | LAVANONO / BERENTY | 195 | 6 à 7h | Piste sablonneuse |
| | BERENTY / FORT DAUPHIN | 100 | 2 à 3h | Route goudronnée dégradée |

| | ÉTAPE | DISTANCE | DUREE ESTIMÉE | OBSERVATION |
|---|---|---|---|---|
| LE NORD-OUEST | TANA / AMPEFY | 124 | 3 à 4h | Route goudronnée en bon état |
| | AMBANJA / ANKIFY | 25 | 30 mn à 1h | Route goudronnée dégradée |
| | AMBANJA / AMBILOBE | 102 | 2 à 3h | Route goudronnée dégradée |
| | AMBILOBE / JOFFRE VILLE | 101 | 2 à 3h | Nids de poule |
| | JOFFRE VILLE / DIEGO | 30 | 30 mn | Route goudronnée |
| L'EST | AMBILOBE / VOHÉMAR | 164 | 6 à 7h | Piste difficile saisonnière |
| | VOHEMAR / SAMBAVA | 153 | 3 à 4h | Route goudronnée en bon état |
| | SAMBAVA / ANTALAHA | 89 | 1h30 à 2h | Route goudronnée en bon état |
| | MORAMANGA / ANDASIBE | 29 | 1h | Route goudronnée |
| | ANDASIBE / MANAMBATO | 139 | 3h | Route goudronnée en bon état et 7 km de piste |
| | ANDASIBE / AMBILA | 137 | 3h | Route goudronnée en bon état et 22 km de piste |
| | ANDASIBE / TAMATAVE | 226 | 4 à 5h | Route goudronnée en bon état |
| | TAMATAVE / FOULPOINTE | 50 | 1h30 | Route goudronnée en état de délabrement |
| | FOULPOINTE / MAHAMBO | 28 | 30 mn | Route goudronnée en état de délabrement |

des 404 bâchées, 504 breaks, bus Tata, voire des 4x4 – Land Cruiser ou camions Mercedes – se substituent aux vans habituels. Dans ces cas-là, il n'est pas rare de s'y retrouver entassés à plus de 20, sans compter les bagages ! À réserver aux petits ou moyens trajets, donc. Autre particularité : les compagnies régionales moins rapides, au confort limite et les compagnies nationales comme KOFMAD plus agréables.

***Réservation et choix des places***

Il est important pour les longs trajets de réserver sa place en passant la veille au stationnement des taxis-brousse. En fonction du trajet à parcourir, de la fiabilité, de l'état du véhicule et de son confort, préférez vraiment un minibus ou un break familial. Évitez le transport en « bâché », vraiment trop éprouvant à l'arrière (ah, le confort des bancs de bois, la tête courbée sous une bâche trop basse, les tas de cartons et autres bagages entre les jambes...).
Pour ceux qui désirent plus de confort, possibilité d'acheter deux places pour être moins serré et tranquille à côté de votre compagnon (ou compagne). Faites respecter ce choix, car on n'hésitera pas à rajouter à vos côtés 2 ou 3 personnes si vous ne dites rien !
Petite remarque : les places à l'avant, à côté du chauffeur, sont celles qui offrent le plus d'espace, la meilleure vue... mais, en cas d'accident (qui ne sont pas rares), ce sont aussi les plus exposées.

***La sécurité***

Soyez toujours vigilant sur les conditions de sécurité : chauffeur ivre ou mort de fatigue, manière de rouler, véhicule en décrépitude, surcharge... Des accidents se produisent régulièrement, notamment sur la RN7 (Tana-Tuléar) et la RN2 (Tana-Tamatave), et ils ne sont pas beaux à voir. PRUDENCE, donc. En effet, plus l'état d'une route permet de rouler vite, plus le chauffeur et son véhicule deviennent potentiellement dangereux. Être vigilant et ne surtout pas hésiter, lorsqu'on ne se sent pas à l'aise, à quitter un taxi-brousse pour en chercher un autre. Il vaut parfois mieux perdre quelques ariary et se retrouver planté au bord d'une route à attendre plusieurs heures que planté tout court sans plus rien à attendre ! Enfin, si la place à côté du chauffeur permet d'étendre ses jambes, il n'y a pas d'appui-tête et c'est une place « en bois » au-dessus du moteur : il fait vite chaud aux fesses ! Enfin, depuis quelques années, surtout vers le sud de l'île, des bandes armées arrêtent les taxis-brousse pour les détrousser. La nuit, des convois de taxis-brousse sont accompagnés par des gardes armés. Ça ne rigole pas. Soyez vigilant. Mieux vaut dans tous les cas voyager de jour.

***Les « horaires » et tarifs***

Contrairement aux apparences, le trafic est régulé et obéit à de vraies logiques d'exploitation. Par exemple, les taxis n'arrivent théoriquement jamais la nuit à destination, ce qui détermine leur heure de départ. Chaque ligne ayant ses règles et ses contraintes, le mieux est de se renseigner auprès des usagers eux-mêmes. Mais, hormis sur les longues distances, on ne peut pas véritablement parler d'horaires : les véhicules ne partent généralement que lorsqu'ils sont pleins. Le matin, avec l'afflux des voyageurs, on a plus de choix et l'on attend moins si l'on se trouve au départ de la « première ligne ». Cela dit, entre l'heure de départ théorique et celle du départ effectif, 1 à 2h peuvent encore s'écouler. Parfois plus. Côté prix, les choses sont claires : ils sont fixes pour chaque type de voiture, pour toutes les places et ils ne se marchandent pas. Au stationnement des villes les plus importantes, s'adresser aux coopératives dans leurs bicoques d'accueil. Évitez les rabatteurs (ce qui ne sera pas facile, ceux-ci vous repèrent au premier orteil posé dans l'espace d'une gare routière !), car, s'ils connaissent tous les départs et les taux de remplissage des véhicules, ils prennent aussi une commission sur le prix de votre billet (et celle-ci n'est généralement pas insignifiante). À l'achat d'une place, on reçoit un ticket justificatif. Les compagnies sont en général réglo. Pour les petits trajets, on paie directement au conducteur ; si vous prenez un taxi-brousse en cours de route, il vous demandera parfois de payer le prix du trajet entier.

***Conseils pour mieux vivre son voyage***

– Éviter vraiment les trajets de plus de 8 ou 9h d'affilée et même de plus de 4 ou 5h si on le peut. Au-delà, ça commence à devenir intenable. Faire des étapes.
– Si possible, éviter aussi les trajets de nuit (les plus dangereux).
– Prévoir de la place pour les jambes (du luxe !), être près d'une fenêtre pour avoir de l'air ; inversement, en hiver austral sur les Hautes Terres (il fait très frisquet), prévoir un pull ou une couverture en cas de trajet de nuit.
– Enfin, prévoir les petites choses qui rendent le voyage supportable : eau, gâteaux, etc. Les arrêts dans les villages permettent de se ravitailler.

## Avion

La compagnie nationale ***Air Madagascar*** possède un **bon réseau intérieur** qui permet de pallier les difficultés ou l'absence de liaison routière dans certaines régions. Elle dessert près d'une quarantaine de localités sur cinq types d'appareils : Boeing 737 et 767, ATR 42 et 72, et les petits Twin-Otter de 19 places, aux sensations garanties mais qui ont l'avantage de desservir de très petites localités. Le réseau intérieur est relativement fiable, malgré des annulations et des retards fréquents. Il faut faire vos réservations au plus tôt si vous partez en haute saison (vacances scolaires), car certains vols sont complets plusieurs mois à l'avance (Tamatave/Sainte-Marie en particulier). Ne jamais hésiter à **s'inscrire sur une liste d'attente** (voire plusieurs), les places bloquées par les tour-opérateurs pouvant se débloquer du jour au lendemain, voire dans l'heure qui précède le décollage... En gros, *Air Madagascar* pratique le sous-booking ! Faire ses réservations à partir de son pays de départ est une bonne solution, d'autant que les billets sont modifiables facilement (surtout si l'on a payé en liquide) et sans frais (s'il y a de la place disponible, évidemment). De plus, avec *Air Madagascar,* il y a de **nombreuses réductions sur les vols intérieurs** si vous prenez votre vol international chez eux. Pratique et vraiment économique ! En revanche, réductions plus faibles si vous venez de La Réunion.
**La confirmation des vols internationaux ET intérieurs s'impose.** Elle n'est pas formellement obligatoire, mais elle est vivement conseillée. Elle permet de laisser ses coordonnées à l'agence *Air Madagascar* de chaque localité, afin d'être prévenu d'éventuelles modifications horaires. S'il n'est pas rare que des vols soient retardés, certains peuvent être avancés de quelques heures ! N'arrivez pas au dernier moment, les enregistrements étant clôturés 30 mn avant le décollage.
– ATTENTION : **en cas de correspondance, mieux vaut prévoir une solide marge** horaire entre deux vols, car les retards, voire les annulations pures et simples (surtout en saison des pluies), sont fréquents. Il est absolument indispensable d'envisager au minimum une nuit à Tananarive avant votre vol international de retour, les horaires de départ étant susceptibles de changer

## Location de véhicules

Vous trouverez dans toutes les grandes villes ou stations touristiques des tour-opérateurs et des agences proposant la location de voitures. La plupart du temps, celles-ci vous seront proposées avec un chauffeur, qui pourra s'avérer être parfois aussi un guide et surtout un bon mécanicien en cas de problème. Il est également possible de se renseigner auprès des hôtels ou des habitants, qui peuvent faire jouer un réseau souvent un peu moins cher mais sans assurance. Dans tous les cas, ce n'est pas donné. Les berlines sont encore abordables, mais un 4x4 s'avère souvent nécessaire sur les pistes, et là les prix sont assez élevés. Se référer à la rubrique « Budget ».

Toujours demander le tarif du chauffeur, si son viatique (repas et hébergement) est inclus, le prix du kilométrage, celui du retour du véhicule s'il revient sans vous, ajouter la TVA (20 %) et l'assurance, et n'oubliez pas que le carburant est bien sûr en sus (et de plus en plus cher, proche du tarif français).

Vous pourrez également trouver à louer des voitures sans chauffeur, mais c'est en fait très rare et ON VOUS LE DÉCONSEILLE FRANCHEMENT (sauf éventuellement à plusieurs) : mauvais état des routes et des pistes, longues distances, pannes en pleine nuit... Idem pour les motos si vous n'êtes pas un sportif. Sauf à Sainte-Marie, à Nosy Be et éventuellement à Tuléar, pour aller à Ifaty. Assez cher. Les loueurs souscrivent une assurance, mais ici règne quand même le principe du « tu casses, tu paies », alors méfiance (prenez votre propre assurance au départ). Ceux qui ne sont pas à l'aise avec les changements de vitesse d'une moto trouveront parfois un scooter à louer.

Une très grande prudence s'impose. Vu l'état des routes et des pistes, faire très attention (surtout à la tombée de la nuit) aux gens assis sur le bord des routes, aux charrettes à zébus que l'on ne voit qu'au dernier moment, aux autres véhicules sans éclairage... Bref, on le répète, extrême prudence obligatoire ! On vous rappelle qu'en cas de pépin grave Madagascar est démunie en matière d'évacuation et d'urgences dès qu'on quitte Tana.

■ ***Location de voitures :***
- ***Hertz :*** *☎ 0825-861-861 (0,15 €/mn).* • *hertz.com* •
- ***Europcar :*** *☎ 0825-358-358 (0,15 €/mn).* • *europcar.fr* •
- ***Avis :*** *☎ 0821-230-760 (0,12 €/mn).* • *avis.fr* •

■ ***Auto Escape :*** *☎ 0892-46-46-10 (0,34 €/mn).* • *autoescape.com* • *Vous trouverez également les services d'Auto Escape sur* • *routard.com* • *Auto Escape offre 5 % de remise sur la location de voiture aux lecteurs du Routard pour tte réservation par Internet avec le code de réduction « GDR15 ». Résa à l'avance conseillée.* L'agence *Auto Escape* réserve auprès des loueurs de véhicules de gros volumes d'affaires, ce qui garantit des tarifs très compétitifs.

■ ***BSP Auto :*** *☎ 01-43-46-20-74 (tlj 9h-21h30).* • *bsp-auto.com* • Les prix proposés sont attractifs et comprennent le kilométrage illimité et les assurances. *BSP Auto* vous propose exclusivement les grandes compagnies de location sur place, vous assurant un très bon niveau de services. Les plus : vous ne payez votre location que 5 jours avant le départ + réduction spéciale aux lecteurs de ce guide avec le code « routard ».

■ ***Madauto/Budget Location de Véhicules*** *(plan couleur centre Tananarive, B1) : 4, av. de l'Indépendance, Analakely, Tananarive. ☎ 020-22-611-11 ou 032-05-811-13.* • *budget@madauto.mg* • *budget.mg* • Location de berlines et 4x4, courte et longue durée au départ de Tananarive ou des agences *Budget* de province (Tamatave, Diégo, Tuléar, Fort-Dauphin et Majunga).

## Transports partagés

Un excellent moyen de se déplacer à travers le pays à moindre coût. Plus cher que le taxi-brousse mais plus sûr, plus confortable et moins onéreux que l'avion. Ça vaut le coup d'étudier la question ! Direction le site internet • *covoiturage-madagascar.com* • pour entrer en contact avec de futurs partenaires de route. On recommande aussi le site • *transmadagascar.com* •, basé sur le même principe, mais tous publics et tous modes de transports confondus : voitures de chauffeurs-guides, voitures d'agences, transporteurs, particuliers... et pourquoi pas avions privés (retours à vide par exemple) ou bateaux. Locations partagées, échange d'infos entre voyageurs... Un site très complet pour un prix de base conseillé d'environ 0,40 €/km.

## Taxis-ville, *taxis-be* et taxis spéciaux

– ***Les taxis-ville*** sont très nombreux dans la majorité des grandes villes. Toutes sortes de véhicules ; à Tana, on voit même des 4L, des deudeuches et quelques pièces de musée ! Les taxis n'ont jamais de compteur, mais les chauffeurs sont rarement malhonnêtes. Évidemment, le prix de la course risque d'augmenter selon votre richesse apparente. N'hésitez pas à vous renseigner sur le tarif pratiqué auprès des habitants. De toute façon, négociez toujours le prix avant de monter et réglez à destination. Ne mégotez pas pour quelques ariary non plus car, si le taxi appartient parfois au chauffeur, la plupart du temps il est loué, le chauffeur devant reverser chaque fin de journée entre 4 et 6 € à son loueur. Pas étonnant qu'ils fassent parfois de la retape. Selon les villes, les taxis peuvent être individuels (prix du taxi pour une course) ou collectifs, c'est-à-dire qu'ils peuvent prendre d'autres passagers que vous. Le prix est alors fixé par personne. La 1re personne montée sera déposée en premier, et ainsi de suite. Les taxis, s'ils sont collectifs, ne peuvent « théoriquement » pas prendre plus de quatre passagers. Les prix augmentent souvent la nuit. Quoi qu'il en soit, ce n'est pas trop cher (compter entre 4 000 et 6 000 Ar, soit 1,25 à 1,90 €, selon la distance et l'heure pour un trajet en ville). On vous rappelle que, la nuit, il est impératif de se déplacer en taxi dans la capitale, même sur une courte distance.

– ***Les taxis-be*** sont des véhicules de transport en commun, type minibus, qui relient un quartier à un autre dans une ville. Il est souvent très difficile de les utiliser si l'on ne connaît pas les lignes. En revanche, c'est très bon marché.

– Vous pourrez parfois avoir besoin de ***taxis spéciaux*** : il s'agit d'un taxi-ville que vous louerez, pour vous seul, à l'heure ou à la journée. Utile pour explorer une ville ou ses environs. Aucune règle particulière en matière de tarif, bien que l'on puisse se renseigner sur ce qui est généralement pratiqué dans la région. Quoi qu'il en soit, négociez avec le chauffeur avant de vous engager (il peut parfois être utile de noter votre accord) et ne payez qu'à la fin de votre expédition.

## Pousse-pousse

Encore une particularité malgache, bien qu'ils soient beaucoup moins nombreux qu'en Asie d'où ils ont été « importés ». Ils peuvent transporter 1 ou 2 personnes ; dans certaines villes, ils ne sont autorisés à transporter que les marchandises. La capitale malgache du pousse-pousse est Antsirabe : ils sont ici plusieurs milliers à se livrer une concurrence acharnée pour vous prendre en charge (jusqu'à la limite du harcèlement parfois !). On en trouve aussi à Tamatave, à Tuléar, à Majunga et à Manakara.

Faire courir devant vous un homme, le plus souvent pieds nus et tout frêle, ne sera peut-être pas sans vous poser quelque cas de conscience ou vous donner des scrupules. Cela dit, ces courses sont une ressource essentielle pour ces hommes. Les prix annoncés sont évidemment toujours supérieurs pour les touristes, variables en fonction de la distance et des bagages. Les courses de nuit sont également un peu plus chères. Négocier avant et payer avant pour éviter des discussions inutiles, car au moment de payer, si vous n'avez pas l'appoint, eux vous diront qu'ils n'ont pas la monnaie ! En fait ils l'ont toujours sous le siège qui leur sert de « coffre-fort ».

## Train

Deux lignes relient Tananarive à Antsirabe et à Tamatave, et il est question qu'elles acceptent un jour des passagers (et pas seulement des marchandises), mais le projet ne semble pas avancer, alors que la gare de Tananarive est prête. Mais la ligne touristique Fianarantsoa-Manakara (train FCE ou Fianarantsoa-côte est) est à nouveau sur les rails depuis peu. Si vous passez dans la région, ne manquez surtout pas ce trajet, absolument superbe. Sur 170 km (sur 1 200 m de dénivelée en passant par 21 tunnels et 42 ponts, 17 gares, soit une tous les 10 km !), on y découvre des paysages hallucinants, escarpés, forestiers et spectaculaires. Compter 40 000 Ar en 1re classe (25 000 Ar de ticket et 15 000 Ar de réservation obligatoire pour les étrangers), 30 000 Ar en 2e classe.

### Stop

Ne fonctionne quasiment pas à Madagascar, les véhicules privés étant beaucoup trop rares. Vous risquez de ne rencontrer que camions, taxis-brousse ou collecteurs de langoustes (dans le Sud), qui vous demanderont de toute façon de payer votre voyage. On peut cependant essayer de profiter des véhicules d'agences ou de tour-opérateurs rentrant à vide d'une expédition. Les chauffeurs seront souvent prêts à vous transporter, mais le prix est généralement bien supérieur à celui du taxi-brousse (vos conditions de voyage seront aussi nettement plus confortables et vous arriverez beaucoup plus vite). Cela vous demandera néanmoins d'effectuer quelques recherches (se renseigner autour des hôtels touristiques), un peu de chance et, le cas échéant, un peu de discrétion car cette pratique n'a rien d'officiel.

### Charrettes à zébus, pirogues, boutres et ferries...

- Les ***charrettes à zébus*** pourront vous dépanner lorsque aucun transport collectif ne fait la liaison entre deux villages de brousse, ce qui est assez courant hors des sentiers battus. Très rustique, très physique et inoubliable pour nos dos d'Occidentaux ! À ne faire que si vous avez un tant soit peu le sens de l'aventure et beaucoup de temps devant vous (et des vivres !).
- Les ***pirogues et boutres*** vous permettront de relier des villages inaccessibles autrement qu'en 4x4, notamment le long de la côte ouest. Les pirogues vous emmènent effectuer des descentes de rivière, comme celle de la Tsiribihina, par exemple.
- Un ***ferry*** permet de relier l'île de Nosy Be à la ville de Majunga.

CEPENDANT, NOUS ATTIRONS VOTRE ATTENTION SUR LES RISQUES LIÉS À TOUS LES TRANSPORTS EN BATEAU, QUELS QU'ILS SOIENT, À MADAGASCAR. En effet, en 2001, le bateau qui reliait la Grande Terre à Sainte-Marie a fait naufrage, provoquant la mort de plusieurs dizaines de passagers... Les conditions minimales de sécurité ne sont pas souvent respectées ici, et l'océan Indien est particulièrement dangereux, sans parler des requins qui le fréquentent assidûment. Depuis ce drame, certains bateaux sont équipés de gilets de sauvetage, mais nous restons très sceptiques sur la sécurité en général. SOYEZ DONC TRÈS PRUDENT OU RENONCEZ À CE MODE DE TRANSPORT SI VOUS AVEZ LE MOINDRE DOUTE.

## URGENCES

En cas d'urgence, un rapatriement vers La Réunion, voire vers la métropole, est indispensable.

■ ***À La Réunion :*** *centre hospitalier régional Félix-Guyon, Bellepierre, 97400 Saint-Denis de La Réunion. ☎ 02-62-90-50-50.*

# HOMMES, CULTURE, ENVIRONNEMENT

*Patrie, liberté, honnêteté.*

*Devise de la République malgache.*

Madagascar, une île à part. Défricheurs de nouvelles cultures et de frontières nouvelles, bienvenue ! L'une des plus grandes îles du monde, l'île-continent, l'île Rouge, toutes ces images cachent en fait le sanctuaire d'une nature unique au monde, une mosaïque de peuples issus de migrations proches et lointaines, mais aussi de nombreux revirements historiques et économiques, comme l'ont prouvé certains événements récents...

À Mada, c'est la variété des paysages, mais aussi celle des hommes et de leurs origines qui donnent vraiment le ton. À l'intérieur du pays, les terres se dénudent peu à peu, les fleuves charrient la latérite rouge comme de gigantesques veines, tandis que les collines et les maisons traditionnelles de pisé font tout le charme rafraîchissant des Hautes Terres. Sur la côte est, la pluie, les vents et le souvenir lointain des pirates européens confèrent à cette verte nature une histoire à la Joseph Conrad. Plus au sud, sous un soleil de plomb, les hommes et leurs zébus peinent à subsister dans des paysages qui virent au bush épineux semi-désertique. Dans l'Ouest lointain, Majunga affiche clairement son influence musulmane, tandis que la savane piquetée de baobabs rappelle l'Afrique. Et puis, à la pointe nord, Diégo-Suarez conserve les traces du dernier avant-poste de la colonisation française...

Mais Madagascar c'est aussi le pays des ancêtres. Les Malgaches cultivent le souvenir et les traditions de peuplades venues d'Indonésie et d'Afrique, et qui ont vogué jusqu'à eux pour constituer une mosaïque d'une vingtaine d'ethnies dont les coutumes fascinent encore tous les ethnologues en herbe de la planète. Séparée du continent africain, l'île a développé des espèces de plantes et d'animaux uniques au monde, dont les adorables et bondissants lémuriens. Comme disent systématiquement les guides locaux aux touristes, presque tout est « endémique de Madagascar » !

Le tourisme justement, une priorité de la politique économique malgache pour tous les présidents qui se succèdent. Mais, alors que l'on a enfin entamé la réfection des routes (et la route est longue !), le pays ne semble toujours pas prêt pour un tourisme de masse, affecté récemment par des faits divers plus ou moins sordides et une insécurité grandissante dans certains secteurs, sur fond d'instabilité politique et de corruption. Ici, rien n'est tout à fait prêt et rien n'est prédigéré. Ni les rapports avec les *vazaha* (nous !), ni les inénarrables transports en taxi-brousse. La crise économique continue de frapper inexorablement un peuple francophone extrêmement accueillant et tout entier tourné vers l'Éternité. Ici, le fameux *mora-mora* (« doucement ») est de rigueur, et si l'on en accepte les contraintes, on retrouvera alors un plaisir tout aussi ancestral et souvent oublié : le plaisir infini du voyageur qui ne s'attend à rien, et donc à qui tout peut arriver.

# BOISSONS

Quand vous commanderez une bière, une bouteille d'eau ou un soda, on vous demandera toujours : « PM ou GM ? »... les petites soifs commanderont le « petit modèle » et les autres le « grand modèle ».

– ***L'eau :*** celle du robinet n'est pas garantie, bien sûr, sauf peut-être dans certaines grandes villes, mais franchement il vaut mieux acheter les eaux minérales locales. On en trouve presque partout (sauf au fin fond de la brousse). Vérifiez que la bouteille est bien scellée au moment de l'ouverture. Au resto ou à l'hôtel, toujours demander le prix de la bouteille ; certains établissements se gavent un max sur le prix de l'eau. Un conseil, achetez votre eau dans les petites épiceries (trois à quatre fois moins cher !). Pensez à faire des stocks pour vos randonnées, c'est indispensable ! Les eaux plates les plus répandues sont l'*Eau Vive,* l'*Olympiko* et *La Source,* au moins aussi chères qu'en France. La *Visy Gasy* (une eau de Vichy) est une excellente eau naturellement gazeuse, produite dans la ville thermale d'Antsirabe. On trouve aussi une eau (très) gazéifiée appelée *Cristal.* Les glaçons sont logiquement à éviter, car on ne peut pas être sûr qu'ils sont faits à partir d'eau bouillie et encore moins à base d'eau minérale. Attention également à l'eau du café et du thé, difficile à contrôler et à ne surtout pas boire tiède. Il faut en effet 20 mn d'ébullition pour qu'une eau soit saine. Des pastilles du style *Micropur DCCNa®* ou une grosse paille filtrante *(LifeStraw)* sont une sécurité indispensable pour un trek ou une longue rando !

– ***L'eau du riz :*** la boisson malgache la plus traditionnelle et la plus économique est le *ranon'ampango,* eau qui a rebouilli dans la marmite de riz avec la croûte attachée au fond. Si cette eau chaude et ambrée est saine et désaltérante, elle peut être néanmoins très amère quand le riz a franchement brûlé.

– ***Les jus naturels :*** c'est le surnom des jus de fruits locaux, excellents et pas chers, mais essentiellement en saison des fruits, c'est-à-dire à la saison des pluies. Quelques délices : le corossol, la grenadelle (ou fruit de la passion), la papaye, la mangue, le tamarin, le litchi... Frustrant en saison sèche, mais on ne peut pas tout avoir, le beau temps, l'argent du fruit et... l'usufruit ! Les Malgaches les consomment souvent assez sucrés ; précisez donc que vous ne voulez pas de sucre, si c'est le cas.

– ***La bière :*** la reine des bières malgaches est la *Three Horses Beer* ou *THB.* Très bonne, pas chère et en vente dans tout le pays. La plupart du temps, elle est proposée en grande bouteille de 66 cl. Sa cousine porte un nom royal, la *Queen's,* mais elle a moins de courtisans... On trouve également une bière très panachée baptisée *Fresh,* ou encore la *Gold* ou la *Skol.*

– ***Les vins :*** c'est une petite surprise. Quelques vignobles introduits par les Européens dans la région de Fianarantsoa. Les vins ne sont pas tous bons, loin de là (surtout les rouges), mais ils méritent une mention particulière pour le principe. S'ils sont plutôt bien distribués à travers le pays, ils ne supportent pas toujours correctement le voyage. Ils se déclinent en rouges, blancs, rosés et gris. Généralement, un gris bien frais passe avec tout. Les meilleurs vins sont le *lazan'ny betsileo,* le *clos-malaza* ou le *manamisoa* (également en apéritif). On trouve ensuite des vins de moindre intérêt, ou franchement décevants, comme le *côte-de-fianar,* le *château-verger* ou le *tsarabe.*

– ***Les tord-boyaux :*** le rhum est le premier d'entre tous, une boisson « nationale ». Le plus réputé était fabriqué à Nosy Be dans la célèbre usine sucrière de Dzamandzar, d'où son nom de *Dzama.* Elle a malheureusement fermé pour des raisons obscures. Un (ex)-culte national donc, comme celui de Port-Louis à Ambilobe. On trouve aussi des petits rhums pas chers et tout aussi excellents *(Saint-Claude, Mangoustan...).* Certains sont distillés localement, à l'ancienne, dans l'arrière-cour. N'en abusez pas quand même, on frise vite les 55° ! À partir de là, toutes les variantes de « rhums arrangés » sont possibles. Ce ne sont pas

nos amis réunionnais, ces grands experts de l'île voisine, qui nous contrediront... Prenez toute la liste des fruits existant dans l'île, ajoutez-y la vanille, le gingembre, le miel et tout ce qui vous passe sous la main (ou presque), et vous obtiendrez de délicieuses boissons parfumées, mais très alcoolisées. Les bonbonnes colorées sont, de plus, très jolies à voir... On peut aussi rapporter quelques bouteilles de l'excellent *rhum arrangé de Nosy Be...* avec des fruits à l'intérieur, s'il vous plaît ! Facile à repérer, l'étiquette représente un zébu sirotant du rhum avec une paille !
- ***Le café :*** pourtant l'une des principales ressources du pays, il ne fait pas vraiment partie des habitudes locales. Importé par les Réunionnais français, la production est principalement de type *robusta,* de qualité inégale.
- ***Autres boissons locales :*** le *betsa-betsa* venu de la côte est, du jus de canne fermenté et aromatisé avec des écorces ou des fruits sauvages à boire *mora-mora,* le vin de palme ou *trembo,* et toutes les variantes distillées localement sous le nom général de *toaka gasy,* qui peut se résumer en français par un seul mot : « hic ! ».

# CUISINE

Vos repas varieront suivant la région (Hautes Terres ou régions côtières) et le lieu où vous les prendrez : dans la rue ou sur les marchés, dans les *hotely* – petits restos malgaches populaires – ou dans les restaurants les plus classiques (voir la rubrique « Restaurants » dans « Madagascar utile »). Mais vous connaîtrez à Madagascar une expérience gustative relativement variée, et parfois surprenante, à l'image même de cette grande île. En fait, on mange bien à Mada, et même parfois très bien.

## Le repas malgache

Vous pourrez prendre votre *sakafo* (repas) typiquement malgache dans un *hotely* ou chez l'habitant.
- Il se compose avant tout d'une grosse assiette de riz (le *vary*). Cette précieuse céréale représente 60 % de l'alimentation quotidienne des Malgaches.
- Base de l'alimentation, le riz vous sera systématiquement servi avec les deux plats « nationaux ». Le *romazava* est un bouillon parfumé à base de viande (généralement du zébu) et de *brèdes.* Feuilles vertes d'une plante potagère (type pomme de terre ou potiron) ou sauvage, elles ont un goût très particulier, un peu étrange, voire piquant, un peu irritant en ce qui concerne les fleurs (on les nomme alors *brèdes mafana*). Le *ravitoto,* quant à lui, est un ragoût de viande de porc mijoté avec des feuilles de manioc pilées. Ces plats typiques sont les plus connus, mais nous pourrions également en citer quelques autres, comme l'anguille au porc *(amalona sy hena kisoa),* le porc aux pois du Cap *(hena kisoa sy voanjubory)* ou encore le *kitoza* (viande ou poisson séché et boucané).

### COMMENT MANIER MANIOC

*La peau de ce tubercule renferme du cyanure qui peut provoquer une paralysie, voire la mort. Il convient donc de l'éplucher et de le laisser dans l'eau pendant plusieurs jours avant de le consommer.*

## Les poissons et crustacés

Vous pourrez aussi vous gaver de poissons et crustacés d'eau douce (tilapia, anguille, écrevisse...), et de poissons et fruits de mer, très abondants sur les côtes. Thon, daurade, capitaine... en sauce ou tout simplement grillés, raviront votre palais. Mais n'omettez surtout pas de goûter aux crevettes, aux *camarons* (crevettes de taille olympique), aux calamars, aux crabes ou aux langoustes (sauf entre janvier et avril, où la pêche est interdite), ou encore aux cigales de mer. Sans oublier non plus les moules, les oursins et... les huîtres (si, si !), plus grosses dans le Sud que dans le Nord.

## Les spécialités régionales

Les préparations à base de vanille (poulet, canard) ou de lait de coco (fruits de mer et crustacés) sont surtout des spécialités de la côte nord-est (Sainte-Marie notamment), absolument délicieuses. Et puis partout où l'on élève des canards, on fait du foie gras. Ne rigolez pas, le foie gras local est souvent absolument divin. Quitte à vexer nos lecteurs du Sud-Ouest, on en a goûté qui ferait rougir de plaisir certains Gascons ! Le gibier en saison (d'avril à septembre) est aussi très apprécié des amateurs de chasse, particulièrement dans la région de Majunga. De fait, là encore, on retrouve dans les préparations une certaine proximité avec la cuisine française (civet, daube...). Goûter la sarcelle, un petit canard sauvage exquis, ou la pintade sauvage, le sanglier... Sur les hauts plateaux, les fromages sont également bien présents : équivalent du camembert, fourme ou tomme. Étonnant de qualité et de saveurs.

## Les cuisines d'ailleurs...

Outre les plats malgaches, les restaurants des principales villes vous permettront de retrouver des saveurs familières. La cuisine française, par exemple, d'importation coloniale, est très répandue, souvent savoureuse et bien exécutée. Avec le zébu, les gastronomes français ne seront pas déçus. Sa viande est vraiment excellente, saignante, rosée ou à point. Mais commandez plutôt le filet, la partie la plus tendre. Outre les classiques steaks accompagnés de frites (pas encore de *McDo,* on touche du bois), la bonne surprise est de pouvoir s'offrir assez souvent d'excellents magrets, confits de canard, tournedos Rossini, mais aussi du foie gras malgache, le tout arrosé d'un petit vin local. On vous servira également du pain, dont la qualité varie selon la fraîcheur et le conditionnement (mais qui, généralement, s'effrite et manque de mie), et vous aurez la possibilité de manger des croissants et brioches pour vos petits déjeuners. Signalons quelques incursions timides de nos cousins réunionnais, les voisins de la Grande Île, avec leurs excellents caris, rougails et achards (légumes blanchis puis macérés, parfois mixés avec de la mangue dans la version malgache).
La forte communauté italienne a essaimé ses fameuses pizzerias dans les villes principales. On peut aussi déguster d'excellentes pâtes fraîches. Tuléar et Nosy Be abritent même quelques remarquables cuisiniers transalpins... Exotisme oblige, on peut leur préférer la cuisine chinoise, bien établie dans l'île (particulièrement dans la capitale et sur la côte est), avec ses classiques nems, *misao,* soupes, canards laqués ou cuisses de nymphes (grenouilles). Pour info, la chauve-souris, autrefois consommée, est désormais interdite à la vente. Petits détours par l'Inde, de temps à autre, et notamment à Majunga, où le curry dispute la vedette au *biryani,* le plat dominical des Karanes, les Indo-Pakistanais de Madagascar.

## Les en-cas

Dans la rue ou sur les marchés, vous pourrez faire de très bons petits repas à base de *masikita* (brochettes), de *sambo* (beignets de viande, de poisson ou de légumes qui s'apparentent aux samoussas indiens), de manioc grillé et de yaourts délicieusement doux, ou de tranches de *koba* (gâteau de riz aux arachides enveloppé dans une feuille de bananier). On peut aussi goûter aux *mofo gasy* (galettes de farine de riz cuites dans un petit moule rond), excellentes si l'huile n'est pas rance, avec un bon café, à l'heure du petit déjeuner.

Quelques risques pour les estomacs fragiles néanmoins. Vaccination contre l'hépatite A obligatoire, on vous le rappelle...

### Tous les fruits et légumes...

**LE SECRET DE L'ANANAS**

*Sa tige contient de la broméline, une enzyme qui a la particularité d'absorber les protéines. Un avantage : elle a la réputation de faire fondre les graisses (excellent régime naturel !). Un inconvénient : les récoltants sont obligés de porter des gants car sinon la peau des mains serait agressée.*

N'oublions pas cette particularité, surprenante sous ces tropiques : grâce au climat tempéré des Hautes Terres, tout ou presque pousse ici. Aussi cultive-t-on, particulièrement dans la région de Fianarantsoa, une quantité incroyable de légumes. Carottes, choux, tomates, haricots, asperges, etc., poussent ici comme des... champignons ! Et puis, en saison (de décembre à janvier environ), en dehors des classiques fruits tropicaux (bananes, ananas, papayes, noix de coco, litchis ou mangues), vous pourrez vous régaler de pommes, de poires, de pêches, d'abricots, et même de fraises. Mais attention à ces dernières, qui peuvent porter des parasites dangereux. Seuls l'olive, la cerise et le kiwi ne poussent pas à Madagascar. On ne peut pas tout avoir !

### Les épices et piments

Si la cuisine malgache est assez parfumée grâce à l'utilisation des épices – gingembre, poivre, girofle, muscade, etc. –, elle est généralement peu relevée. On préférera servir à part le *sakay* (pâte de piment) ou les *lasary,* achards de mangue, de citron ou de carotte macérés dans du vinaigre ou de l'huile au curry pimenté.

## DROGUE

Outre l'euphorisante mais interdite feuille de khat, importée du Yémen et consommée dans le nord de l'île, on doit surtout se méfier du *rongony,* le cannabis local, strictement interdit à la consommation. On ne rigole pas avec ça : vous risquez des amendes et des peines d'emprisonnement. On nous signale aussi des « combines » afin de piéger les doux rêveurs. Et la prison à Madagascar, franchement, on ne souhaiterait pas cela à nos pires ennemis...

## DROITS DE L'HOMME

Hery Rajaonarimampianina a finalement été élu en janvier 2014, à l'issue d'un scrutin qui a mis fin à un imbroglio politico-judiciaire invraisemblable. Celui-ci paralysait la Grande Île depuis des années. Le nouveau président de la République a donc la dure mission de relancer l'économie dévastée de Madagascar, de lutter contre la corruption et d'apaiser une scène politique tumultueuse et toujours prompte à s'échauffer. Il doit aussi en finir avec les excès autoritaires du gouvernement intérimaire, dont il faisait pourtant partie. De ce point de vue, un de ses premiers gestes a été accueilli d'un bon œil par les organisations des Droits de l'homme : la dissolution de la Force d'intervention spéciale (FIS) et de la Direction de sécurité du territoire (DST). Ces deux organes sécuritaires mis en place par le régime de transition avaient été utilisés par l'ancien président par intérim Rajoelina pour calmer toute forme de protestation. La FIS tout particulièrement était devenue un outil de répression redoutable à l'encontre de tous les opposants,

commettant toutes sortes d'exactions dont de nombreux homicides et multipliant les actes d'intimidation à l'encontre de journalistes, avocats, ou dirigeants politiques, en toute impunité. Une loi d'amnistie a également été adoptée et des prisonniers politiques libérés, même si une association estime qu'une vingtaine d'entre eux sont encore derrière les barreaux. Néanmoins, il reste beaucoup à faire et le retour à un système constitutionnel normal n'a pas permis d'éradiquer tous les problèmes. Deux journalistes ont ainsi été arrêtés en juillet 2014 pour avoir accusé trois ministres d'être impliqués dans un trafic de bois précieux. Devant la montée des protestations, la plainte a néanmoins été levée et ils ont pu être relâchés. De nombreux accrochages – souvent meurtriers – ont par ailleurs régulièrement lieu entre les forces de l'ordre et les *dahalos* (voleurs de zébus), dans le sud du pays. Madagascar connaît de nombreux problèmes sociaux que la crise politique a encore aggravés. En mission sur l'île en août 2013, la rapporteuse spéciale de l'ONU sur la prostitution infantile a dénoncé le développement de cette pratique et l'absence d'application des textes législatifs existants. Enfin, si Madagascar compte parmi les pays les plus pauvres au monde (75 % des Malgaches vivent avec moins de 1,25 dollar par jour), il est aussi très riche pour son sous-sol. Les convoitises des compagnies minières (mais aussi des grands groupes céréaliers) pour ces terres gigantesques, un temps bloquées par le processus de transition, devraient de nouveau se faire sentir. Un accaparement de terres dénoncé par de nombreuses associations internationales mais aussi par des organisations locales, comme le collectif Tany.
Pour en savoir plus, n'hésitez pas à contacter :

■ ***Fédération internationale des Droits de l'homme*** *(FIDH)* **:** *17, passage de la Main-d'Or, 75011 Paris. ☎ 01-43-55-25-18. • fidh@fidh.org • fidh.org • Ⓜ Ledru-Rollin.*

■ ***Amnesty International*** *(section française)* **:** *72-76, bd de la Villette, 75940 Paris Cedex 19. ☎ 01-53-38-65-65. • amnesty.fr • Ⓜ Belleville ou Colonel-Fabien.*

N'oublions pas qu'en France aussi, les organisations de défense des Droits de l'homme continuent de se battre contre les discriminations, le racisme et en faveur de l'intégration des plus démunis.

# ÉCONOMIE

## La pauvreté en quelques chiffres

La pauvreté ambiante à Madagascar se sent partout. À Tana et dans certaines grandes villes, elle est parfois insoutenable. Les chiffres sont là : selon la Banque mondiale, 75 % des Malgaches vivent avec moins de 1,25 dollar par jour, et 8 sur 10 travaillent dans le secteur informel. Si l'espérance de vie, selon les sources internationales officielles, tourne autour de 65 ans, elle resterait en dessous de 40 ans pour un tiers de la population, et 75 enfants pour 1 000 meurent avant l'âge de 1 an. Enfin, 60 % des habitants n'ont pas accès à un point d'eau aménagé. Les organisations internationales estiment qu'environ un tiers des personnes de plus de 15 ans sont analphabètes. Le taux de progression démographique se situant autour de 3 %, en 2023, la population aura augmenté de plus de 50 % en 30 ans, faisant de Madagascar une sorte de géant pauvre aux pieds de latérite, au milieu d'îlots épars de prospérité (Maurice, La Réunion, les Seychelles).

## Comment en est-on arrivé là ?

Comprendre comment Madagascar, quatrième plus grande île au monde, s'est appauvrie si vite en temps de paix et après la décolonisation constitue un cas d'école et un sacré casse-tête pour un économiste. La première question qui se

pose pour tout néophyte est la suivante : comment en est-on arrivé là ?
C'est avec la décolonisation du pays que débute l'histoire du déclin économique de l'île. Au début des années 1970, la France laisse derrière elle une puissante économie fondée sur un réseau de communication important (routes, voies ferrées) qui sillonne l'ensemble du territoire (depuis, 1 000 km de routes vont disparaître chaque année !), un tissu d'entreprises des secteurs primaire et secondaire, un système efficace d'électrification de la plupart des grandes villes, des centres de santé et d'éducation... À cette époque, Madagascar est considérée comme « la perle de l'océan Indien », loin devant La Réunion et l'île Maurice.

## Grandeur et décadence

Madagascar est née avec une corne d'abondance placée dans son berceau. L'île est riche de mille ressources : tous les produits agricoles poussent sous des climats extrêmement variés, le pays possède une flore et une faune uniques au monde, propices au développement du tourisme, et le sol renferme des trésors minéraux. Parmi ceux-ci, le nickel, le charbon, le quartz, des pierres précieuses et semi-précieuses en grande quantité, voire de l'or et du pétrole. Sans parler des milliers de kilomètres de côtes offrant aux filets des pêcheurs du poisson en abondance.
Si, pour certains pays du globe, il faut se tourner vers le ciel et son climat pour chercher quelques responsables au désespoir général, ou vers quelques despotes belliqueux avides de territoires, ici, c'est bien vers les hommes politiques, leur manque de volonté de changement, leur soif de pouvoir et leur capacité à détourner des fonds à grande échelle qu'on trouve l'explication de la déshérence économique de Madagascar.
Dans la précipitation de la décolonisation, le rejet de la France à partir de 1972 et l'investissement à outrance ne permettent pas de poursuivre l'industrialisation du pays. La perte de moyens financiers et de compétences humaines (absence soudaine de cadres dans tous les domaines majeurs) met rapidement le système économique industriel et agricole issu de la colonisation dans un état de délabrement. Cela entraîne la population vers un appauvrissement rapide, proportionnellement inverse à l'enrichissement de la classe dirigeante (corruption atteignant des sommets, détournement de fonds...). Durant les années 1980, l'inflation entraîne une baisse importante du pouvoir d'achat, la dette est abyssale, et Madagascar devient dépendante de l'aide internationale. À la fin de cette décennie, tous les indicateurs sont au rouge : PIB, inflation, démographie, dette...

## Après le sursaut...

Le sursaut économique de la fin des années 1990, dû essentiellement à la création de zones franches (exportation de textile) et à l'ouverture au tourisme, offre au pays un certain regain de croissance. On peut alors croire que l'île reprend le chemin du développement économique et que l'effet négatif de l'après-décolonisation n'était qu'une mauvaise passe : contrainte à la libéralisation, Mada se lance dans un lourd programme d'ajustement de son économie, passée à la loupe des institutions mondiales (FMI, Banque mondiale...). Le pays prend même la première place mondiale comme producteur de vanille, et ses exportations de crevettes, de cacao, de café, de girofle et d'autres épices ne sont pas en reste (bien que tributaires des cours mondiaux). À l'aube du III$^{e}$ millénaire, la croissance oscille officiellement entre 3,5 et 6,5 % par an, avec une inflation limitée à un seul chiffre. Cela sera de courte durée.

## ... la rechute et la crise politique de 2002

La crise politique de 2002 vient balayer les timides espoirs économiques, paralyse l'industrie, mettant fin aux années de croissance (voir la rubrique « Histoire »). La population, excédée par la corruption généralisée de sa classe politique et les guéguerres ethniques, connaît une période d'austérité terrible.

Un an avant les élections, l'inflation fait un bond en avant avec l'augmentation massive, décidée par le gouvernement, du prix du carburant, de l'électricité et même du riz, l'alimentation de base. Face à la paralysie de l'activité générale, quantité d'entreprises licencient, se délocalisent ou cessent purement et simplement leur activité. Heureusement, beaucoup se mettent en sommeil. La compagnie nationale *Air Madagascar,* déjà peu florissante, se trouve embourbée dans de graves problèmes financiers. Les recettes du commerce extérieur sont divisées par deux, les rentrées fiscales s'effondrent de 80 % et, surtout, un demi-million de personnes perdent leur source principale de revenus. Cette situation a pourtant peu d'incidence sur la cote de popularité du nouveau président Marc Ravalomanana auprès des bailleurs de fonds, qui offrent au pays de nouvelles perspectives : « Madagascar autrement », « Vision de Durban », « MAP » (Madagascar Action Plan) sont autant de plans qui visent au développement rapide et durable du pays. On y trouve des projets de refonte économique, de détaxation douanière, de passage à une nouvelle monnaie (l'ariary), la remise en état des voies de communication, le développement de l'éducation, de la santé, la priorité donnée au tourisme, au secteur minier et pétrolier comme autant de leviers de croissance. Ajoutez à cela une hypothétique chasse à la corruption, un zeste de protection de l'environnement, et le tour est joué. Enfin, sur le papier...
Malgré (ou à cause de) cet ambitieux programme, la monnaie connaît une forte dépréciation due à la nouvelle libéralisation des échanges, qui entraîne immédiatement une inflation galopante sur beaucoup de produits courants (carburant et produits importés essentiellement). Si les touristes se retrouvent avec deux fois plus d'ariary dans les mains, la population, elle, voit les prix s'envoler littéralement et son pouvoir d'achat s'effondrer à nouveau. *Médecins sans frontières* claque la porte du pays en 2005 pour manifester son refus de prendre en charge la pauvreté et tenter de mettre l'État devant ses responsabilités. Malgré tout, grâce à sa politique de « bonne gouvernance », suivant les recommandations du FMI à la lettre, Madagascar voit une grande partie de sa dette annulée par le G8 la même année, ce qui permet de regagner quelques points sur l'indice de confiance des investisseurs étrangers. Mais cela ne suffit pas.

## Fin 2006, on prend les mêmes...

Fin 2006, le président Marc Ravalomanana nouvellement réélu a décidément bien du mal à retrouver la confiance de la population. Le pouvoir d'achat ne cesse de diminuer, et le gouffre qui sépare 95 % de la population des classes nanties continue de se creuser. Les années 2007 et 2008 sont marquées par de graves problèmes de coupures d'électricité à répétition, paralysant régulièrement des pans entiers de l'économie. Des manifestations d'étudiants vite réprimées, notamment à Diégo-Suarez, font entrer les opposants dans le rang. La lutte contre la pauvreté et la corruption, priorité des priorités officielles, ne semble pas être, de fait, sérieusement à l'ordre du jour. Pendant ce temps-là, l'analphabétisme gagne du terrain, et beaucoup de Malgaches s'interrogent sur les intentions du président... qui s'est lui-même, dit-on, beaucoup enrichi !

## Le plan de rattrapage (2007-2012) et les nouvelles perspectives

Face à cette situation, un plan de rattrapage est lancé afin de booster l'économie malgache et d'attirer les investisseurs étrangers. Si les importations creusent le déficit commercial (infrastructures, équipement minier), les exportations ont connu une nette progression en 2008, avant de se stabiliser depuis. Ces améliorations sont dues en grande partie aux zones franches (textile et crevettes), ainsi qu'à plusieurs projets majeurs : l'ouverture de deux sites miniers en 2008 (dioxyde de titane) et 2010 (nickel et cobalt), l'ouverture du nouveau port en eaux profondes

dans le Sud, la modernisation de celui de Tamatave, la première liaison Internet par câble sous-marin en 2009... Parallèlement, des prospections pétrolières sont menées à l'intérieur des terres.
Malgré la – prétendue – bonne volonté de ses élites, un décalage flagrant persiste entre les efforts macroéconomiques menés et les retombées sur la population. Madagascar fait encore et toujours partie des PPTE (pays pauvres très endettés), et reste l'un des plus pauvres de la planète en dépit de son formidable potentiel. Ce qui est certain, c'est que l'ancien président Marc Ravalomanana a fait entrer son pays dans une économie de marché pure et dure, où l'argent est roi, dans un tissu économique encore essentiellement rural, où le troc est monnaie courante, et où une grande partie de la population souffre de malnutrition. Cependant, il n'a pas eu le temps de mettre son projet en application. Il est renversé en mars 2009 par le jeune dirigeant du parti TGV et président de la transition jusqu'en 2013, Andry Rajoelina. En décembre 2013, c'est Hery Rajaonarimampianina qui prend les rênes du pouvoir à l'issue des élections présidentielles et qui souhaite remettre le pays sur les rails, après 5 ans de crise politico-économique. Au programme : la lutte contre la corruption, la chasse aux mauvais payeurs d'impôts (30 % des acteurs économiques), la lutte contre les trafics en tout genre comme le bois de rose (devenu un symbole de la précédente présidence) ou les affrontements dus aux *dahalos,* les voleurs de zébus (une pratique ancestrale devenue véritable trafic dans le sud du pays), etc. La liste est longue !

## Et le tourisme, dans tout ça ?

Espéré comme une planche de salut dans les années 1990, le tourisme à Mada ne s'est pas envolé comme il aurait dû. Figure de proue de l'île en la matière, Nosy Be s'est notamment bien développée, proposant quelques superbes établissements hôteliers et des îlots de toute beauté aux alentours. Mais le manque de fiabilité des institutions, la lourdeur de la bureaucratie, la timidité des banques, l'instabilité politique et sociale, et surtout l'insécurité dans l'ensemble du pays (plusieurs faits divers impliquant des touristes en 2013) ont fait reculer bien des investisseurs et des touristes.
Malgré la volonté du nouveau pouvoir de développer l'activité touristique, l'île ne parvient toujours pas à jouer son rôle de locomotive : prix globalement surestimés, difficulté de déplacement, infrastructures défaillantes alimentent le malaise global. Chaque hôtel, chaque restaurant tente de se débrouiller par lui-même, en circuit un peu fermé. Ajoutons à cela les aléas climatiques, et l'on comprend mieux que le combat est loin d'être gagné. Ainsi l'île de Sainte-Marie, l'endroit qui monte, surfant habilement sur la vague du tourisme écologique, a subi des dégâts considérables dus au cyclone Ivan en février 2008. Cette île attire pourtant de plus en plus de monde, notamment les familles qui viennent assister au grand ballet des baleines (de juin à octobre).
Face à ce marasme, il y a peut-être un début de réponse. Le président Hery Rajaonarimampianina a fait du tourisme son cheval de bataille : mise aux normes des hôtels, réfection et maintenance des infrastructures routières, assainissement, réfection des aéroports, mise en place d'une police du tourisme pour lutter contre l'insécurité, lutte contre le secteur informel... Espérons qu'il aura plus de succès que ses prédécesseurs qui ont tous fait du tourisme une priorité. Il peut en tout cas compter sur la volonté des habitants de promouvoir leur île.

# ENVIRONNEMENT

L'environnement tropical est un atout indéniable du pays, qui en fait son principal attrait touristique. En effet, outre la richesse et la luxuriance, c'est une nature curieuse qui donne l'impression de se cacher, qu'il faut aller chercher et qui n'est pas toujours facile d'accès. Madagascar n'est pas une terre monotone. Les couleurs sont marquantes. Et si les prospectus parlent de « kaléidoscope », croyez-nous, ce n'est pas exagéré. D'où l'urgence de protéger cet environnement. Or, les prévisions n'accordent que de 20 à 50 ans aux forêts malgaches et du coup 25 ans aux lémuriens avant de disparaître !

## Alerte !

L'autre problème majeur du pays après la pauvreté, c'est la déforestation... Mais les deux sont sans doute liés. Les forêts denses recouvraient la majeure partie du pays à l'arrivée de l'homme. De nos jours, il n'en reste que 10 % d'origine ! Feux de brousse et cultures sur brûlis continuent de réduire en fumée jusqu'à 3 000 km² de forêt par an. Au final, on peut parler de véritable catastrophe écologique dont les effets se font désormais durement ressentir : disparition d'espèces, épuisement des sols, ensablement des fleuves et des ports, modification climatique...

### MORT SUR ORDONNANCE

*Parmi les nombreux effets dévastateurs de la déforestation galopante à Madagascar, le coup porté à la recherche médicale : sur les 12 000 espèces végétales que compte actuellement l'île, plus de la moitié ont des vertus médicinales. Or, la menace pèse, par exemple, sur la pervenche de Madagascar, depuis longtemps utilisée contre la leucémie et l'insuffisance cardiaque. Au passage, on assiste à un pillage en douce des ressources par les grands labos pharmaceutiques occidentaux qui reversent une peccadille à l'État malgache !*

Les signes sont bien visibles et alarmants : l'érosion mord à pleines dents dans les collines des Hautes Terres, et vous verrez ces tranchées creusées par l'eau et le vent, les *lavaka,* faisant apparaître le rouge de la latérite, terre ferrugineuse, défigurant lentement le paysage. À la saison des pluies, l'eau charrie facilement les éléments minéraux vers la mer en l'absence d'arbres pour les retenir. Symbole de cette hémorragie, le fleuve Betsiboka se colore ainsi de façon spectaculaire en rouge vif, comme si la terre saignait. Ce rouge si apparent, couleur emblématique de l'île, est pourtant synonyme d'urgence pour l'environnement du pays. Dès le début du XX$^{e}$ s, le géographe Gautier prévenait qu'à ce rythme de déforestation « Madagascar aurait sous peu la couleur et la fertilité de la brique »...

## Le scandale des coupes sauvages du parc de Masoala

Suite à la crise politique de 2009 et la déliquescence de l'État qui s'en est suivie, le parc national de Masoala, dont certaines zones sont inscrites au Patrimoine mondial de l'Unesco, subit d'importantes coupes de bois de rose qui partent chaque jour pour la Chine par containers entiers. C'est sans doute actuellement l'un des plus grands scandales écologiques que l'île ait à déplorer (pour plus d'infos, lire nos explications dans la partie « Le parc national de Masoala »). Mais le nouveau président Rajaonarimampianina semble faire de la lutte contre le trafic de bois de rose une de ses priorités. Sera-t-elle suivie d'effets ?

## Sensibilisation et perspectives...

La pauvreté, la démographie galopante et l'exploitation incontrôlée aggravent la tendance et accélèrent le processus fatal. La culture sur brûlis, ou *tavy,* pour cultiver le riz, les feux de brousse, l'élevage, l'abattage des arbres de la forêt (pour le charbon de bois, les habitations ou l'artisanat), ou encore les récentes ruées sur le saphir dans le massif de l'Isalo et dans le nord de l'île, tout cela remet en cause les

grands équilibres. De plus, pour un pays non industrialisé comme Madagascar, la désertification réduit l'espoir d'un développement agricole. Alors, comment faut-il interpréter la décision de la firme sud-coréenne Daewoo quand elle annonce, en janvier 2009, qu'elle décide de planter 1,3 million d'hectares de maïs pour suppléer à ces importations massives, et ainsi faire main basse sur l'équivalent en surface de l'Île-de-France, avec, pour seule contrepartie, la mise en valeur de ces terres « prêtées » gratuitement le temps du bail de 99 ans ? Ce sera l'une des raisons de la chute de Marc Ravalomanana cette même année.
On ne vous parle qu'à peine des trafics d'animaux, tortues ou lémuriens, par exemple, ni de celui des œufs d'æpyornis, l'oiseau-éléphant, vestiges d'un monde disparu et qui disparaissent encore au nez et à la barbe des autorités ou à cause de la corruption. D'un autre côté, ces mêmes autorités ont créé une cinquantaine de réserves et parcs nationaux pour tenter de limiter la casse, ainsi que le classement de certaines forêts et des programmes de reboisement avec l'aide des ONG. À cette occasion, les relations complexes que les paysans entretiennent avec leur environnement sont mieux prises en compte. Après les avoir, dans un premier temps, accusés de déforestation, on cherche désormais à sensibiliser ces « dépositaires de la nature » pour en faire les gardiens et les gestionnaires de ces ressources périssables.
C'est dans ce contexte que le gouvernement a adopté, en 2004, le projet « Vision de Durban », qui vise à augmenter les surfaces protégées du pays de 1,7 à 6 millions d'hectares, soit de 3 à 10 % de la surface totale de l'île. En 2007, dans le cadre du « MAP » (Madagascar Action Plan), de nouvelles aires protégées ont été désignées, dont certaines se situent en zone marine et côtière.
Depuis juillet 2008, l'association *GoodPlanet* de Yann Arthus-Bertrand a développé un projet de lutte contre la déforestation à Madagascar, financé par Air France. Ce projet a pour but de restaurer 500 000 ha de forêts malgaches, afin d'améliorer les conditions de vie des communautés locales et de conserver la biodiversité de l'île. L'association a également mis en route, à la même époque, un projet de gestion durable des ordures ménagères à Majunga, dans le nord-ouest de l'île. La troisième ville du pays a, en effet, des conditions d'hygiène difficiles en raison d'une grande quantité de déchets ménagers non traitée. Sur toute sa durée de vie, ce projet a pour but d'éviter l'émission de 120 000 t de $CO_2$.

# FAUNE ET FLORE

Le savant Commerson (1727-1773) parlait du « sanctuaire de la Nature » à propos de Madagascar. Il évoquait par là à la fois la spécificité et le mystère d'un environnement unique au monde. Détachée du continent primitif africain il y a plusieurs dizaines de millions d'années, l'île possède, en effet, une grande diversité en matière de faune et de flore, qu'on ne retrouve, pour la grande majorité des espèces, nulle part ailleurs. Un vrai bestiaire, ou disons une arche de Noé de la nature, âgé de 25 millions d'années. Un seul chiffre en dit plus long que n'importe quelle phrase : 80 à 90 % d'endémisme. Il existe, par exemple, sept espèces de baobab, alors qu'une seule a colonisé la totalité du continent africain. Ainsi y a-t-il longtemps que la particularité de la nature malgache a fait connaître l'île comme un fameux laboratoire d'étude des mécanismes évolutifs.

## Faune

Conséquence de son insularité, la faune de Madagascar marque sa différence. Il n'y existe pas, en effet, de gros mammifères terrestres comme en Afrique. Le roi des animaux, ici, c'est le lémurien, symbole même de cette nature unique parce qu'il ne vit pratiquement qu'à Madagascar. Malgré la ressemblance, ce n'est pas un singe mais un prosimien, plus primitif. Au pays de la « Lémurie », les lémuriens sont donc les rois de la faune. À tel point qu'on leur a consacré une rubrique particulière dans ces généralités (voir plus loin).

***Habitants des forêts, des lacs et de la brousse***

Les ***caméléons*** sont les autres princes de l'endémisme malgache, c'est dire l'ambiance du pays ! Avec au moins une soixantaine d'espèces (certaines ne sont même pas recensées), soit plus de la moitié des espèces du globe, il en existe de toutes les formes, de toutes les tailles et de toutes les couleurs. Du caméléon de Parson, dépassant souvent les 50 cm, aux unicornes en passant par les très archaïques *Brookesia,* dont le plus petit n'atteint pas 2 cm, les Malgaches disent de leurs yeux indépendants que « l'un est tourné vers l'avenir, l'autre vers le passé ». À ne pas confondre avec les ***geckos,*** des lézards aux doigts ventouses, ni avec les ***uroplates,*** autres lézards exerçant un mimétisme surprenant avec l'écorce des arbres. Enfin, peut-être aurez-vous l'occasion de découvrir dans les forêts du nord-ouest le « dernier-né » de la famille, le *Sirenoscincus Moby Dick,* un lézard fouisseur, qui ressemble à une... baleine ! D'où son nom. Mais pas facile à trouver... Il est dépigmenté, n'a presque plus d'yeux et n'a plus que des pattes antérieures. Un drôle de bonhomme !

Chez les autres reptiles, il faut signaler les vénérables ***tortues radiées*** (ou *radiata*), endémiques et se traînant dans la poussière du Grand Sud, ainsi que la tortue la plus rare du globe, l'*angonoka* ou ***tortue à soc,*** avec son éperon de combat sous la tête. Une tortue assez macho, puisqu'elle ne s'accouple qu'à la suite d'une bagarre ! Malheureusement, elle est très menacée par les trafiquants et répertoriée uniquement dans le nord-ouest du pays.

Les ***crocodiles*** (ou *voay*) sont représentés par une unique espèce, celle du Nil ; mais largement chassé, le croco se fait de plus en plus discret, excepté dans l'ouest du pays et dans le nord, où il demeure sacré. Attention, autour des lacs et des rivières, toujours vérifier l'éventuelle possibilité de baignade, car la bête est très sournoise, donc vraiment dangereuse.

**DENT POUR DENT**

*Au cours de leur existence, les crocodiles renouvellent leurs 80 dents une cinquantaine de fois, soit 4 000 dents au total. L'homme, lui, achète un dentier.*

Du côté des ***serpents,*** ils sont en principe quasiment tous inoffensifs (même le fameux *do,* une sorte de petit boa), à l'exception d'un serpent de brousse dont la morsure serait mortelle. Ce serpent avec un V sur la tête et le bout de la queue couleur rouge brique se laisse tomber des arbres... Alors, faites gaffe et demandez conseil à votre guide.

Les batraciens sont heureux à Mada : il existe plusieurs espèces de ***grenouilles*** arboricoles de toutes les couleurs, dont la grenouille-tomate, indiquant par là aux prédateurs tentés qu'elle est, contrairement à ce que pourrait laisser croire son nom, toxique à la consommation !

Du côté des petits mammifères, signalons les endémiques ***tenrecs,*** insectivores très primitifs ressemblant à nos hérissons ; le très discret ***fosa,*** une sorte de petit puma qui sort la nuit (de préférence en novembre-décembre), principalement dans l'ouest (forêt de Kirindy), dans le nord de l'île, ainsi que sur le plateau mahafaly (dans le sud) ; et enfin les ***rats sauteurs géants*** (gasp !) dans la forêt de Morondava, dans l'Ouest.

Le pays pullule également d'***insectes*** et de ***papillons*** dans une gamme infinie de tailles, de formes et de couleurs. À noter, les superbes porte-queues, papillons gigantesques et charançons-girafes, illustrant bien l'exubérance des espèces exotiques de l'île.

Quelques ***araignées*** énormes tissent parfois de fantastiques toiles de plus de 30 m d'envergure. Si elles s'avèrent inoffensives en ville, elles seraient plus méchantes en forêt (mais peut-être est-ce un préjugé urbain ?), notamment la

*menavody,* qui donne une sacrée fièvre ou pire encore...
Du côté des ***oiseaux,*** Madagascar est assez riche sans être en pointe pour autant, ça change un peu. Près de 250 espèces tout de même. Signalons les *coua,* très répandus (huppé, coureur...), les *vanga,* les rarissimes *mésites* et *gobe-mouches du paradis,* ou le commun *fody,* un passereau qui devient rouge vermillon à la saison des amours, et seul à bien vouloir fréquenter la région de Tananarive.

### LE TISSU LE PLUS CHER DU MONDE

*Dès 1709, un missionnaire imagina la fabrication de tissus en soie d'araignée. Un produit extrêmement léger et soyeux digne des reines et des fées. La production dura deux siècles et s'arrêta à cause d'un problème inattendu. Il était très difficile de capturer des milliers de mouches pour nourrir ces braves araignées.*

Enfin, à moins de rechercher la difficulté, on n'a pas vraiment grand-chose à craindre de cet environnement. Des exceptions, cela dit, à l'attention des campeurs : quelques bébêtes dangereuses et sournoises, comme les ***scorpions*** et les ***mygales*** (dans le massif de l'Ankàrana, par exemple), et quelques ***scolopendres*** qui sortent par temps pluvieux. Gare !

#### *Habitants des mers*

La seule grande prudence qui s'impose à Madagascar concerne les ***méduses*** et les différentes espèces de ***requins,*** sur la côte est de l'île particulièrement. La côte ouest bénéficie heureusement de récifs coralliens (notamment entre Tuléar et Morombe), qui forment des lagons protecteurs, riches en ***poissons, crustacés*** et ***tortues de mer*** en quantité impressionnante. Impossible de tout vous énumérer... Les sites de Tuléar (Ifaty) et surtout de Nosy Be se prêtent bien à la plongée. N'oublions pas les centaines de ***baleines à bosse*** qui, remontant du Sud, viennent frayer au large des côtes malgaches entre juillet et octobre et se fixent dans le chenal de l'île Sainte-Marie ou au large de Tuléar. À ne pas manquer.
Enfin, deux survivances préhistoriques assez fascinantes : les ***cœlacanthes*** et les ***protoptères.*** Ces derniers sont de curieux petits poissons respirant par des branchies et par des poumons. Ils peuvent donc vivre à la fois sur terre et dans la mer, et se déplacent sur le sol à l'aide de leurs nageoires ventrales. En somme, ils nous rappellent que la vie venait bien de la mer avant de conquérir la surface terrestre. On peut en observer notamment à Nosy Be dans les rochers à marée basse.

## Flore

Comme Madagascar connaît presque tous les climats, imaginez la variété de la flore... 80 % d'endémisme, encore plus que la faune.

#### *La forêt tropicale de la côte est*

On la retrouve en fait par portions de Fort-Dauphin à Masoala, en passant par Ranomafana et Andasibe-Périnet, jusqu'au Sambirano au nord-ouest (la montagne d'Ambre). Il s'agit pourtant d'une denrée de plus en plus rare, puisque l'on estime que près de 85 % de la forêt primaire a disparu de l'île. Une forêt secondaire est en partie apparue, produisant notamment le roi des arbres malgaches, le ***ravinala,*** ou « arbre du voyageur ». Merveilleusement beau, il se déploie en éventail, offrant toits et murs (le *falafa*) aux habitants de la brousse et, selon la tradition, de l'eau aux voyageurs égarés. Il est si beau qu'il est devenu l'emblème du pays et celui de la compagnie aérienne nationale.
La grande famille des palmiers a également trouvé à Madagascar sa terre promise. En fait, la déforestation a libéré de larges espaces que les palmiers, plus résistants et moins exigeants, ont colonisés. Plus de 150 espèces, dont le fantastique ***raphia***

(mot malgache passé à la postérité internationale) qui entre dans la fabrication d'objets usuels et artisanaux de toute beauté. Dans le Sud, vers Fort-Dauphin, le ***palmier trièdre*** (à trois faces), un des rares cas de symétrie triple dans le règne végétal, et puis les classiques mais nourrissants cocotiers. Enfin, bambous, bananiers et fougères arborescentes achèvent de faire de ce qu'il reste de la forêt malgache une véritable forêt d'émeraude...
Celle-ci ne serait rien sans ses ***bois précieux,*** malheureusement surexploités eux aussi. On trouve malgré tout le palissandre qui entre dans la fabrication des maisons (voir les superbes parquets des maisons coloniales), ou encore l'ébène, le bois de rose et l'acajou... Beaucoup de ces arbres ou de ces plantes ont des noms inconnus des profanes, mais possèdent des vertus médicinales nombreuses, abondamment exploitées par les Malgaches. Les *ombiasy* (guérisseurs astrologues) les utilisent encore quotidiennement, et on en trouve sur les marchés de l'île ou dans de toutes petites échoppes. Des industries pharmaceutiques occidentales en ont adopté certaines qualités depuis belle lurette.

### *La végétation aride de l'Ouest et du Sud*

On en distingue plusieurs types. La forêt sèche et la savane, dans l'Ouest, et le bush ou fourré épineux du Sud.
Bien sûr, comment ne pas commencer par les ***sept variétés de baobab*** du pays (alors que l'Afrique n'en possède qu'une) ? On dit que les dieux, vexés par cette création trop majestueuse leur faisant de l'ombre, auraient tenté de l'humilier en lui mettant la tête dans le sol et les racines dans le ciel. Raté. Car ces créations insolites, droites comme des « i », souvent hautes de plus de 15 m et âgées de plusieurs centaines d'années, font littéralement autorité dans les paysages de l'Ouest, près de Morondava. En effet, dans toute la région, on se repère physiquement (et même spirituellement, à cause des histoires et croyances autour d'eux) grâce à l'*Adansonia grandidieri,* au grand *renala* ou au *za,* le plus typiquement photogénique de ce retournement cul par-dessus tête, ou encore le baobab-bouteille (ou *fony*), tel un « arbre de Noël », avec sa décoration de jolis fruits ronds et rouges en saison. On se sert aussi de leur écorce pour la construction des cases ou comme réservoirs d'eau de pluie.
Les ***pachypodiums*** ont moins la cote que les baobabs, avec lesquels on les confond aisément. Il est vrai que tous deux sont classés parmi les plantes succulentes (c'est-à-dire charnues et gorgées d'humidité, et non pas bonnes à manger !). Pourtant, les pachypodiums méritent aussi qu'on leur prête attention : quatre espèces sur cinq sont endémiques de Madagascar. Ces « pieds d'éléphant » prennent la forme d'arbres-bouteilles, ou restent nains comme dans le massif de l'Isalo et se distinguent par la présence d'épines. Comme ils comptent beaucoup d'espèces et de noms scientifiques assez barbants, le mieux est encore de simplement s'amuser à les repérer dans la nature...
Dans les forêts sèches, on trouve également des bois précieux comme le palissandre ou l'ébène, au milieu des tamariniers et des acacias.
Dans le Grand Sud, le bush, ou ***fourré épineux,*** est un milieu unique qui ne reçoit que 500 mm d'eau par an. C'est le pays des Antandroys et des Mahafaly, éleveurs et agriculteurs souvent pauvres car subissant les rigueurs et les conséquences économiques d'un climat semi-désertique. *Antandroy* signifie d'ailleurs « ceux des épines »... Aux savanes de l'Ouest succède donc un paysage de plantes épineuses, comme les ***didiéréacées,*** appelées plus communément arbres-pieuvres, apparentées aux cactus et dressant vers le ciel des tentacules d'épines assez impressionnants. Les ***euphorbes*** contiennent un suc blanc de latex toxique (ne pas toucher !) et les ***figuiers de Barbarie*** offrent un fruit rafraîchissant au voyageur assoiffé et une bonne alimentation pour les zébus, une fois que leurs maîtres ont brûlé leurs épines. Plante

succulente, l'***aloès*** peut atteindre 3 m, et sa fleur est d'un beau rouge violent. Cette plante a d'ailleurs des vertus médicinales reconnues, notamment purgatives et cicatrisantes. Enfin, le ***sisal,*** agave d'origine mexicaine, est exploité pour sa fibre dans le Grand Sud, où il forme d'immenses plantations à perte de vue, également destinées à l'exportation.

#### *L'érosion sur les Hautes Terres*

Le retrait de la forêt d'origine a profité essentiellement au mimosa, au pin et à l'***eucalyptus,*** arbre introduit et parfaitement acclimaté au pays. On le retrouve un peu partout, parfois énorme, et il donne un excellent charbon de bois. Mais cela n'a pas empêché l'érosion des sols et, malgré les tentatives de reboisement, les Hautes Terres pâtissent de gigantesques glissements de terrain. C'est le règne des *lavaka* et de la montagne pelée (ou *tanety*).

#### *La végétation sur les côtes*

Quantité de ***mangroves*** composées de palétuviers, dont les moustiques raffolent. Les ***pandanus*** (ou *vacoa*) poussent bien également sur la côte est, ainsi que les *ravinala* et les bambous. Sur le canal des Pangalanes et près de Fort-Dauphin, les ***viha,*** ou « oreilles d'éléphant », qui ressemblent aux bananiers, bordent les canaux dans lesquels fleurit la ***jacinthe d'eau*** qui, elle, obstrue régulièrement la navigation... Dans la région de Fort-Dauphin également, remarquez les ***népenthès,*** plantes dites « carnivores » car leur corps en forme d'urne surmontée d'un couvercle prend au piège les insectes qui se noient dans l'eau de pluie accumulée au fond ou les retient prisonniers grâce à la sécrétion d'un suc poisseux.

#### *Les orchidées, fleurs et essences*

Plus de 1 000 espèces d'orchidées à Madagascar, soit plus que sur tout le continent africain, là encore. Visibles de juillet à octobre dans la montagne d'Ambre, dans la réserve d'Andasibe-Périnet ou à Nosy Mangabe par exemple, et dans les milieux humides en général. Ne pas oublier la plus odorante de toutes, la ***vanille,*** sur la côte du même nom, au nord-est. L'essence des fleurs d'***ylang-ylang*** exploitée à Nosy Be est achetée par les plus grands parfumeurs français.
Et puis, en saison humide, ***jacarandas*** mauves et ***frangipaniers*** aux fleurs blanches illuminent Tananarive et les Hautes Terres, tandis que le ***flamboyant*** met le feu aux avenues de Tamatave et de Tuléar, ou au décor sec et minéral de l'Ouest (un tuyau : le plus beau flamboyant de l'île se trouve à Ankaramena, sur la RN7, entre Ambalavao et Ihosy, dans la cour de l'école primaire du village !).
Enfin, la ***bougainvillée*** fleurit à longueur d'année, et le ***poinsettia*** avec ses fleurs rouges ou blanches fait le bonheur des fleuristes européens sous le nom d'« étoile de Noël », alors que les Malgaches l'appellent tout simplement... Madagascar.

# FÊTES ET JOURS FÉRIÉS

## Les jours fériés

Pratiquement toutes les fêtes chrétiennes sont des jours fériés à Madagascar :
- *1er janvier :* Jour de l'an.
- *8 mars :* Journée de la femme.
- *29 mars :* commémoration en souvenir des martyrs de l'insurrection de 1947.
- *Avril :* lundi de Pâques.
- *1er mai :* fête du Travail.
- *Mai :* jeudi de l'Ascension.
- *Début juin :* lundi de Pentecôte.

- *26 juin :* fête de l'Indépendance du pays.
- *15 août :* Assomption.
- *1er novembre :* Toussaint.
- *25 décembre :* Noël.

## Les fêtes et cérémonies traditionnelles

Les fêtes malgaches sont nombreuses mais impossibles à prévoir à date fixe. Elles dépendent du calendrier lunaire et de la décision des devins. Pour y assister, il faut d'abord y être invité. Théoriquement, il faut aussi un *lamba,* pièce de coton à nouer en pagne pour les hommes ou au-dessus de la poitrine pour les femmes, autour des reins ou de la poitrine, avoir les pieds libres de toute entrave (pas de chaussures) et éviter la consommation de viande de porc. Mais renseignez-vous sur les règles particulières à respecter pour chaque cérémonie. Voici quelques fêtes et coutumes essentielles et les périodes prévisibles.

- ***Alahamady Be :*** c'est le Nouvel An malgache, fêté les 3 premiers jours du premier mois lunaire, autour du mois de mars, particulièrement sur toutes les collines des Hautes Terres et notamment à Ambohimanga, « la colline bleue », où se trouve le sacro-saint palais du roi. Grandes cérémonies traditionnelles avec séances de purification, sacrifices de zébus, offrandes, danses et chants, et grands repas en commun.
- ***Famorana :*** cérémonies de circoncision qui ont lieu durant tout l'hiver austral, de juin à septembre, dans tout le pays. La cérémonie du ***Sambatra*** est une cérémonie de circoncision collective exceptionnelle puisqu'elle a lieu tous les 7 ans. Elle se déroule essentiellement chez les Antambahoakas, dans la région de Mananjary. C'est l'occasion de renforcer les liens familiaux et de bénir les milliers d'enfants circoncis. Elle dure 1 semaine, après des préparatifs de 1 mois. La dernière a eu lieu en octobre 2014.
- ***Fitampoha :*** ou « bain des reliques royales ». Cette fête sacrée a lieu à peu près tous les 5 ans en août, à Belo-sur-Tsiribihina, dans l'Ouest. Lire le paragraphe qui lui est consacré dans l'introduction du chapitre sur cette ville. En résumé, c'est une fête durant laquelle on lave les reliques des rois du Menabe pour renforcer la royauté sakalava et les liens entre le roi actuel et ses sujets. Elle dure 1 semaine.
- ***Santa Bary :*** c'est la fête du Riz ! Et Zahanary (Dieu) sait que c'est important à Madagascar. Elle a lieu sur la côte est vers avril-mai, pour la première récolte de riz. On remercie les ancêtres pour les récoltes et on leur offre les premiers épis. Sacrifices d'animaux et repas en commun.
- ***Tsanga Tsainy :*** c'est la fête la plus importante de l'ethnie des Antakàranas, qui a lieu tous les 5 ans dans le massif de l'Ankàrana, au sud de Diégo-Suarez. Cette cérémonie a pour but de renforcer l'unité du peuple et de la monarchie antakàrana. Elle consiste en l'élévation d'un mât royal précédé d'un pèlerinage aux îles Mitsio et dans les grottes royales du massif. Devant le « succès » touristique qu'elle connaît (sic), on parle de la fêter tous les 2 ans... Lire aussi le paragraphe d'introduction du chapitre sur la réserve spéciale de l'Ankàrana.

### *FAMADIHANA* OU LE RETOURNEMENT DES MORTS

*C'est la cérémonie malgache la plus connue et la plus impressionnante. Fêtée principalement sur les Hautes Terres, elle se déroule de juin à septembre (lire la rubrique « Religions et croyances »). Il est possible d'y assister, mais ce n'est pas toujours facile, fruit du hasard ou d'une rencontre... Pas besoin de vous préciser qu'il s'agit d'un privilège et qu'il faut observer toutes les règles de la cérémonie. Variantes régionales chez les Betsimisarakas de l'Est et les Sakalavas du Menabe. Tendez l'oreille !*

# GÉOGRAPHIE

## Situation et zones géographiques

« Une omelette mal pliée couchée sur l'océan Indien », comme la décrit Gerald Durrell dans son livre *Le Aye-aye et moi,* ou la trace d'un immense pied gauche comme la voit la population ?

Madagascar, la quatrième plus grande île du monde après le Groenland, la Nouvelle-Guinée et Bornéo, se situe dans l'océan Indien, à 9 000 km de Paris, 400 km à l'est des côtes africaines, au niveau du Mozambique. La « Grande Île » ou « île Rouge », ou encore « île-continent » (que de surnoms !), est elle-même entourée par un chapelet d'îles et d'archipels. Au nord, le proche archipel des Comores, dont l'île de Mayotte ; plus au nord, les Seychelles. À l'est, La Réunion et l'île Maurice. Signalons que le tropique du Capricorne traverse l'île au niveau de Tuléar, où s'arrête la zone mythique des tropiques.

Madagascar a une superficie de 587 000 km², soit la France, la Belgique et le Luxembourg réunis. Plus longues distances : 1 580 km du nord au sud et 580 km d'est en ouest. Pour comprendre la géographie et le climat du pays, il faut le couper en trois morceaux dans le sens de la longueur. Du nord au sud, le pays est traversé par une longue épine dorsale centrale appelée les Hautes Terres. Plus proche de l'océan Indien que du canal du Mozambique, elle tombe brutalement en falaise sur une mince bande de plaine côtière, la côte est. De l'autre côté, elle descend plus doucement vers les vastes plaines de la côte ouest bordant le canal du Mozambique.

### *Le Centre ou les Hautes Terres*

Anciennement mais improprement appelée « hauts plateaux », cette région couvre près des trois quarts de l'île, s'appuyant du nord au sud sur trois massifs montagneux, le Maromokotro dans le Tsaratanana (2 876 m), l'Ankaratra (au sud de Tananarive) et l'Andringitra (au sud de Fianarantsoa). Mais les parties les plus habitées se concentrent dans l'Imerina, autour de la capitale, Tananarive, plus au sud, autour d'Antsirabe, et dans la région de Fianarantsoa, capitale du Betsileo. L'Imerina se caractérise par des paysages de collines, des *lavaka* (effondrements du sol dus à l'érosion) et une lande désolée, ainsi que de très jolis villages composés de maisons traditionnelles de pisé. Le Betsileo est plus verdoyant grâce à ses rizières en terrasses, ses exploitations agricoles et ses vignobles à flanc de coteau.

### *La côte est*

De Fort-Dauphin à la côte de la Vanille, sur une bande de 50 km de large en bordure de l'océan Indien et la plupart du temps arrosée par les pluies, alternent forêts tropicales (avec quelques magnifiques parcelles de forêt primaire au nord de Tamatave), canaux de navigation (canal des Pangalanes) et quelques rares plages protégées des requins. L'île de Sainte-Marie est un petit paradis tropical au nord-est de Tamatave.

### *La côte ouest*

Vastes plaines décrochant en douceur des Hautes Terres, l'Ouest ne se parcourt pas au sol du nord au sud sans repasser par le centre du pays ou sans prendre un avion. De la pointe nord (région de Diégo-Suarez) à la région de Majunga (le Boina), très aride, jusqu'à la région de Morondava (le Menabe), où les baobabs poussent comme des champignons, la côte ouest, protégée par le canal de Mozambique, connaît un climat très sec. Exception : l'enclave de Nosy Be et la région du Sambirano, au nord-ouest, au climat humide.

### *Le Sud*

Dans un triangle Ihosy/Tuléar/Fort-Dauphin (hormis Fort-Dauphin même), c'est le règne du bush épineux, un milieu unique en son genre, qui ne reçoit que 500 mm d'eau par an et développe une végétation originale et totalement adaptée à la sécheresse (lire la rubrique « Faune et flore. Flore. La végétation aride de l'Ouest et du Sud »).

# HISTOIRE

## Les origines

Parler de l'histoire de Madagascar, c'est d'abord parler de l'histoire de son peuplement. Il n'y a pas de présence humaine sur l'île avant le VIIe s, ou du moins n'a-t-on rien trouvé pour l'instant. Les Malgaches sont forcément venus d'ailleurs. Mais de quel ailleurs ? Les types physiques assez contrastés que l'on peut rencontrer du nord au sud, d'est en ouest, de plaines côtières en Hautes Terres fournissent un semblant de réponse : les ancêtres des Malgaches actuels venaient d'Asie et d'Afrique, et même, pour être plus précis, d'Afrique orientale et d'Indonésie.
On sait que les marins indonésiens naviguaient couramment dans l'archipel malais, jusqu'au sud de l'Inde et aux îles Maldives, dès le VIIe s. C'était essentiellement des commerçants qui cabotaient le long des côtes. Ils naviguaient sur des pirogues pontées, semblables aux catamarans, se guidaient grâce aux étoiles, et dérivaient parfois : ils ont pu découvrir Madagascar accidentellement. À bord de ces bateaux, il y avait aussi des marins et des serviteurs noirs, sans doute africains, mais peut-être aussi originaires de l'Inde du Sud. Ces Indonésiens auraient abordé les côtes malgaches par le nord de l'île, puis caboté d'embouchure en embouchure le long de la côte est. De là, ils seraient ensuite remontés vers les Hautes Terres.

## L'installation des groupes ethniques

Chronologiquement, on assiste ainsi à l'installation des ZafiRaminia, arabisés, sans doute indonésiens qui, s'établissant dans la pointe sud de l'île (région de Fort-Dauphin), donnent naissance aux Antanosy aux alentours du XVIe s. Ils colonisent également la côte est, notamment la vallée de la Matitanana et les environs de Mananjary où ils constituent le fonds de la population des Antambahoakas. Ils sont délogés un siècle plus tard de la Matitanana par les Zafikazimambos, d'autres arabisés, plus agressifs, qui vont fonder le royaume des Antemoros. Un de leurs descendants, Ralambo, est à l'origine de la dynastie des chefs tanalas. Ses descendants sont supposés être ensuite passés sur le plateau pour donner naissance aux Betsileos.
Les Antefasy et Antesakas du Sud-Est (région de Farafangana et de Vangaindrano) appartiendraient à une autre vague d'émigration. Un petit groupe d'Antesakas s'avance vers l'ouest, et l'un des leurs, Andriamisara, devient l'ancêtre des Sakalavas. Ses descendants se sépareront plus tard : une partie pour fonder le royaume de Boina (sakalava), l'autre ayant donné naissance aux Mahafaly. Une autre lignée d'Antesakas constitue l'origine des Baras. Quant à l'origine des Merinas, elle est distincte, semble-t-il : un groupe d'émigrants indonésiens, remontant sur les plateaux, entra en conflit avec des populations autochtones qui ont aujourd'hui pratiquement disparu, les Vazimbas. Le cas des Betsimisarakas est un peu particulier : leur ancêtre était un Zana-malata, un mulâtre, fils du pirate Thomas Tew et d'une indigène de la forêt. Le reste des ethnies est plutôt constitué de regroupements de clans indigènes, présents à une époque ultérieure : Bezanozanos, Tsimihety, Masihanakas, Antakàranas et Antemanambondros.

## Les premières incursions européennes

Les sociétés que les islamisés édifièrent en Anosy (région de Fort-Dauphin), dans le pays de Matacassy (à partir duquel on donna à toute l'île le nom de Madagascar, et d'où vient l'ancien adjectif « madécasse »), ont été décrites dès le XVIIe s par les voyageurs européens. La société était divisée en deux groupes, les Blancs *(Fotsy)* et les Noirs *(Mainty),* chacun de ces groupes comprenant une hiérarchie interne. Les Fotsy étaient descendants des ZafiRaminia, les Noirs de

clans autochtones. Ces Madécasses furent, aux XVIe et XVIIe s, les premiers à entretenir des relations suivies avec les Occidentaux.
C'est Diego Diaz, un capitaine portugais dérouté par une tempête après avoir passé le cap de Bonne-Espérance, qui « découvrit » Madagascar et lui donna le nom d'île Saint-Laurent. D'autres voyageurs portugais, commerçants et missionnaires, suivirent. Mais les relations avec les populations locales furent toujours très tendues et tous les efforts des missionnaires portugais pour les convertir au christianisme échouèrent. De ce fait, les projets portugais d'établissement dans le sud de l'île furent abandonnés. Au XVIIIe s, des aventuriers de tous bords et de toutes nationalités (Hollandais, Anglais et Français) venaient faire le commerce des esclaves pour les vendre sur l'île Maurice et même parfois dans les plantations de la Caraïbe. Les équilibres politiques du Sud et de l'Est furent sérieusement perturbés car ces Européens, qui disposaient d'armes à feu, s'immiscèrent dans les guerres entre tribus de la région, profitant ainsi des captures de prisonniers et des razzias de vivres et de bétail.

## La Compagnie des Indes orientales

La première tentative d'établissement français eut lieu en 1628, suivie en 1642 par l'établissement de deux commerçants et de 12 colons à Sainte-Luce, sous le commandement du sieur Pronis, au titre de la Compagnie des Indes, censée commercer dans la région. D'autres hommes viendront grossir les rangs de cette petite colonie, mais les difficultés de ravitaillement, les heurts incessants avec les indigènes, les maladies et les privations, ainsi que des dissensions internes, ont fini par avoir raison des meilleures volontés.
Quand le nouveau gouverneur, Étienne de Flacourt, arriva en 1648, la situation du fort était catastrophique. Il tentera jusqu'en 1655 de gagner la confiance des chefs locaux, sans jamais y parvenir tout à fait, mais il laissera surtout un ouvrage très complet, intitulé *Histoire de la grande isle de Madagascar.*
À ce jour, cet ouvrage reste une référence pour toutes les études historiques. Pour ce faire, il lança jusqu'en Imerina ses coureurs de brousse, aventuriers intrépides parlant le malgache et n'ayant pas froid aux yeux. Ils rapportèrent de ces expéditions des centaines d'informations sur les cours d'eau, le relief, le climat, les plantes, les animaux, les modes de vie, les croyances. Il ne manquait que quelques bonnes adresses pour dormir et se restaurer !

### LA NOSTALGIE EST UN POISON !

*Jean-Baptiste Le Cudennec (Saint-Malo 1722-Madagascar 1819) est une figure romanesque. On dit qu'un Breton de Saint-Malo, un certain Le Cudennec, serait devenu roi de Madagascar. Après avoir quitté sa condition de colon, cet aventurier breton devint chef d'une tribu indigène. Pas de chance pour le Malouin, quand il voulut rentrer en Bretagne (nostalgie !), ses sujets l'empoisonnèrent. Le Breton est têtu mais on comprend aussi qu'il soit de nature mélancolique.*

Les successeurs de Flacourt auront moins de curiosité et se heurteront toujours à une opposition farouche des indigènes, notamment en ce qui concerne l'action missionnaire. Après l'échec de plusieurs tentatives d'établissement, le projet de colonisation dans le sud de l'île sera abandonné à la fin du XVIIe s.

## Les royaumes de l'Ouest

L'Ouest fut dominé par l'expansion sakalava. À l'origine de cette ethnie, un petit groupe d'Antesakas, venu de la côte est à la fin du XVe s, qui se mêle à d'autres ethnies. Un de leurs rois, Andriandahifotsy (XVIIe s), franchit le Mangoky avec ses armées et conquit le Menabe. Pour terrifier ses ennemis, il fit cacher un bœuf roux dans une tranchée, ses mugissements semblant sortir de terre. Cette ruse assura, sans coup férir, la victoire aux Sakalavas, qui, depuis, ont l'interdiction de sacrifier des bœufs de robe rouge. Deux lignées sont à l'origine des deux grands royaumes sakalavas, les Boinas et les Menabes.

L'organisation du royaume sakalava, de type féodal, divisait la population en trois parties, les Anakandrias, ou nobles, les Anakombes, ou gens libres, et les Andevos, esclaves et prisonniers de guerre. La cohésion se faisait autour de cultes voués aux reliques des anciens rois défunts, les *dady,* que tous vénéraient. Les liens que les Sakalavas entretinrent avec les négriers leur permirent d'obtenir des armes et de gagner des territoires sans cesse plus reculés. Ils envahirent même le Betsileo au XVIIIe s. Tous les rois d'Imerina cherchèrent à les soumettre sans y parvenir. Radama réussit à s'emparer pour un temps de Majunga en 1824, mais les Sakalavas continuèrent de résister. Contraints de céder leurs territoires côtiers aux Français contre leur protection, ils perdirent ainsi leur souveraineté.

## L'Imerina, au cœur de l'île Rouge

### *Les premiers souverains d'Imerina*

À l'origine du royaume d'Imerina, si l'on en croit les traditions, une femme, Rangita, qu'on appelait « la Crépue ». Son fils Andriamanelo (1540-1575), épousant la fille d'un seigneur voisin, agrandit le royaume et établit sa capitale à Alasora. C'était un village fortifié dont la porte était fermée par une énorme pierre ronde que l'on roulait la nuit devant l'entrée. Andriamanelo était un roi forgeron : il introduisit lances, haches et sagaies de fer, auparavant inconnues.

Mais le véritable fondateur du royaume, c'est Ralambo (1575-1610). Secondé par son fils Andrianjaka, il étendit son royaume vers le sud jusqu'à l'Ankaratra et jusqu'aux limites de la forêt en direction de l'est. Il instaura, dit-on, la pratique des sacrifices d'animaux et la fête du bain *(fandroana).* Il jeta aussi les bases du système de castes, qui sera complété par ses descendants. Andrianjaka, qui lui succéda, déplaça sa capitale, après en avoir chassé les Vazimbas, premiers occupants de l'île, en un lieu appelé Analamanga, « la forêt bleue ». On donna le nom de Tananarive à cette nouvelle capitale car le roi y avait installé une garnison d'un millier d'hommes (*Tanana-arivo* : « le village des mille »). Il fit ensuite ériger des digues et assécher les marais pour développer la riziculture.

Son fils, Andriamasinavalona, est connu pour avoir été un prince juste et bon qui, s'alliant à ses voisins, permit d'étendre pacifiquement le royaume. La cinquième caste merina porte son nom. Son successeur, Andriamampandy, eut le tort de vouloir concéder d'importantes seigneuries à ses quatre fils, qui entrèrent en guerre les uns contre les autres. L'un d'eux fit même jeter son père en prison pendant 7 ans !

Les fils et descendants d'Andriamasinavalona poursuivant leurs querelles, il s'ensuivit une période de grands désordres jusqu'à ce qu'Andriambelomasina, de la lignée qui s'était installée à Ambohimanga, pût accéder au pouvoir. Il réussit à empêcher que les Sakalavas ne s'emparent de son royaume, et rétablit la stabilité. Avant de mourir, il désigna ceux qui devaient lui succéder : son fils Andrianjafy d'abord, puis Ramboasalama, son petit-fils. Ramboasalama (« chien vigoureux ») recueillait tous

### LE JEANNE D'ARC MALGACHE

*Jeté en prison par son propre fils, le roi Andriamampandy fut heureusement sauvé par des partisans restés fidèles et revint au pouvoir, acclamé par la foule. Il fallait un sacrifice humain pour célébrer cet événement. Seul un paysan, Trimofoloalina, se porta volontaire. Touché par le dévouement de cet homme, le roi refusa ce sacrifice. Ce héros, qui fait toujours l'objet d'une véritable ferveur populaire, est un peu l'équivalent de notre Jeanne d'Arc... même si son destin fut un peu moins cuisant !*

les suffrages de la population alors qu'Andrianjafy, autoritaire et méprisant, était détesté. Les notables d'Ambohimanga portèrent donc sur le trône le jeune prince, qui prit le nom d'Andrianampoinimerina, « celui qui règne au cœur de l'Imerina ».

### *Le règne d'Andrianampoinimerina*

Monarque inspiré, politicien avisé, Andrianampoinimerina est le véritable concepteur du royaume d'Imerina, le premier qui ait eu une vision claire d'un territoire à l'échelle de l'île. Il régna de 1787 à 1810. Né le jour de la nouvelle lune d'Alahamady, il était prédestiné. Ce fut un roi de conquêtes pacifiques : il multiplia les alliances, développa un réseau de liens d'allégeance féodale, chaque chef de lignage lui prêtant serment de fidélité. Il fut néanmoins sérieusement menacé par ses voisins, mais réussit à reconquérir Tananarive, qui avait échappé à son père. Il dut livrer bataille à plusieurs reprises pour repousser les assaillants qui menaçaient le royaume d'Imerina. S'il put avoir raison des Bezanozanos et des Sihanakas de l'Est, il se heurta à la résistance farouche des Betsileos et à la puissance guerrière des Sakalavas.

À sa mort néanmoins, son royaume était cinq fois plus grand qu'à son avènement, ce qui lui fit dire : « La mer est la limite de ma rizière. » En quelques années, il avait jeté les bases d'une organisation territoriale efficace, distribuant les terres mises en valeur et s'appuyant sur le *fokonolona,* collège villageois chargé de gérer les biens communs, d'entretenir les digues et les routes, de porter secours aux nécessiteux. Il institua également la corvée obligatoire pour assurer les travaux d'intérêt général, et un système d'impôts. Il développa les marchés, uniformisa les mesures pour le riz et l'argent, mit en place une justice qui contrôlait la consommation d'alcool et de chanvre, et réglait, par le biais des ordalies *(tanguin),* les différends entre les personnes. Malade et se sachant proche de la fin, il convoqua le peuple pour désigner Radama, son fils cadet, pour successeur. Il fut d'abord enterré à Ambohimanga, dans une pirogue d'argent massif, puis ses restes furent transférés à Tananarive.

### *Le règne de Radama Ier*

Radama (1793-1828) monta sur le trône à 18 ans et mena des guerres de conquête en direction des forêts de l'Est et vers le sud, en pays betsileo. La brutalité des razzias merinas, les massacres systématiques et la destruction des villages font mentir les Occidentaux qui voyaient en lui un « souverain éclairé ». Il est vrai qu'il leur ouvrit les portes de l'Imerina et leur permit de jeter les bases d'une entreprise coloniale qui se poursuivra pendant un peu plus d'un siècle.

Fasciné par l'Occident, il était très attaché à une certaine idée de la modernité et du progrès. Il traita d'abord avec les Anglais, déjà établis sur l'île Maurice et qui cherchaient à étendre leur influence sur Madagascar. L'abolition de la traite des esclaves constitua le point d'achoppement des discussions anglo-malgaches. Les abolitionnistes anglais souhaitaient y mettre fin, mais les Merinas s'y opposaient : comme d'autres États de l'île, ils échangeaient des esclaves contre des armes à feu, essentielles à leurs visées expansionnistes. Afin de se concilier les bonnes grâces du roi, les Anglais envoyèrent à Tananarive des armes et des instructeurs militaires pour réorganiser l'armée de Radama. Le jeune monarque se prit d'affection pour l'un d'entre eux, un officier français qui avait pris part aux guerres napoléoniennes. La figure de Napoléon le fascinait, et c'est de cette époque que datent les portraits le représentant en officier français. Cette aide anglaise lui permit d'affermir l'emprise merina sur les côtes est et sud, jusqu'à Fort-Dauphin, ainsi que sur la côte ouest. La London Missionary Society amorça l'évangélisation des populations des hauts plateaux et créa les premiers établissements scolaires.

Des conflits surgirent avec la France, qui tenait à préserver ses intérêts sur les côtes, acquis par le biais des grandes compagnies au XVIIe s, mais Radama sut rester maître de son territoire. Il mourut en 1828, en laissant un pays où la présence occidentale s'était imposée mais où les traditions demeuraient vivaces.

***Ranavalona Ire, « la Sanglante »***

Ranavalona Ire, de son nom Mavo, était la première épouse de Radama. Elle a laissé dans l'histoire le souvenir d'une femme intransigeante, mais elle était surtout hostile à la présence étrangère. Elle s'appuyait sur les couches de la population qui s'opposaient à l'influence grandissante des Occidentaux, notamment les gardiens des *sampy,* les idoles royales. Elle dénonça le traité passé avec les Anglais, interdit la pratique des cultes européens, rétablit l'ordalie du *tanguin,* chassa les étrangers et fit exécuter leurs auxiliaires malgaches. Le consul anglais, persécuté par des hommes qui jetaient des serpents dans sa maison, s'enfuit fou de terreur sous les huées d'une foule déchaînée, et mourut dès son retour à Maurice. La répression contre les chrétiens fit des centaines de victimes. Le seul Français qui trouvait grâce aux yeux de la reine était Jean Laborde, qui mit sur pied un véritable complexe industriel à Mantasoa, où étaient fabriqués des armes, du savon, des meubles, du tissu et beaucoup d'autres denrées destinées au marché local. La colonie, qui, décidément, avait le sens de la formule, appelait Mantasoa le « petit Versailles ».
Ranavalona Ire eut également fort à faire avec les populations qui n'acceptaient pas la tutelle merina, notamment les Tanalas de l'Ikongo et les Baras, mais surtout les Sakalavas. Ce fut une période très sombre, où l'ordre régnait par la terreur. Ranavalona avait un fils, le prince Rakoto, qui passait ses journées avec une bande de jeunes gens des classes aisées, les Menamasos. Ceux-ci, avec l'aide de Laborde et des membres de la Mission protestante, tentèrent, mais sans succès, de renverser la reine pour mettre Rakoto sur le trône. Il leur fallut attendre la mort de la reine, en 1861, pour que Rakoto, sous le nom de Radama II, prenne le pouvoir en succédant légalement à sa mère.

***Radama II***

Ce fut un prince très humain, qui fit supprimer la peine de mort, libéra les chrétiens emprisonnés et ouvrit à nouveau le pays aux influences étrangères. La vieille opposition traditionaliste était pourtant toujours active ; le ressentiment à l'égard des nouvelles religions ne faisait que croître. Des manifestations de transes se multipliaient près des tombes, les ancêtres transmettaient leur mécontentement par la bouche des possédés. Les Menamasos furent finalement assassinés et le roi étranglé (en 1863), comme il convient à sa personne sacrée, avec une cordelette de soie, de manière à ce qu'il n'y ait pas de sang royal versé. Radama II avait été un roi très populaire, et ses successeurs craignaient que l'annonce de son assassinat n'entraîne un soulèvement des campagnes. La thèse officielle fut donc celle du suicide.

***Rainilaiarivony***

Rasoherina, l'épouse du roi défunt, monta sur le trône, mais ce règne, comme ceux qui suivirent, fut marqué par la personnalité du Premier ministre Rainilaiarivony, qui épousa successivement les trois reines, décida de la politique de Madagascar et fut le véritable interlocuteur des puissances étrangères. Sous l'influence des missions, de nombreux Merinas et Betsileos s'étaient convertis. Par calcul ou par conviction, Ranavalona II, qui succède à Rasoherina, se convertit également au christianisme. Lors de son couronnement, les amulettes royales sont remplacées par une bible, et l'inscription « Gloire à Dieu » figure à côté du trône, au grand scandale des traditionalistes. Mais les missions sont de plus en plus puissantes et se rendent indispensables : elles développent l'enseignement et la formation professionnelle, installent des dispensaires et des léproseries, fondent des communautés.

## La guerre franco-malgache

Le conflit est provoqué par l'assassinat d'un Français et sert de prétexte à relancer les revendications territoriales françaises sur les côtes. Un autre conflit éclate à la suite de la mort de Jean Laborde. Ses funérailles sont presque nationales, mais la reine Ranavalona III, qui se déclare seule héritière de ses biens, refuse de reconnaître les droits de sa famille. Cependant, le rapport de forces n'est pas en faveur des Malgaches, et, après quelques échauffourées, lorsqu'en 1895 les canons français bombardent le palais, la reine capitule et fait hisser le drapeau blanc. Le traité qui s'ensuit retire à la reine l'essentiel de ses pouvoirs, et Rainilaiarivony est écarté. La France nomme un résident général à sa place.

## L'insurrection des *fahavalo*

La conversion de la reine et la destruction des idoles royales ont profondément choqué la population, des paysans aux nobles traditionalistes. Un mouvement visant à restaurer l'ancienne royauté, les Menalambas (« les toges rouges »), se développe dans l'ensemble du pays et cristallise toutes les revendications. Des rebelles s'attaquent à tous les étrangers ainsi qu'aux Malgaches de leur entourage. Ils assassinent les pasteurs, dévastent les biens des catholiques, réclament le départ des Européens et le retour à la souveraineté de l'île.
La ferveur des Menalambas est portée par le prestige de la reine qui est considérée comme prise en otage et non pas traîtresse à sa fonction. Les Français tentent de discréditer ces revendications en proclamant que ces nationalistes ne sont en fait que des gens sans foi ni loi, des *fahavalo* (ennemis, bandits). La France décide donc d'exiler la reine, ainsi que Rainilaiarivony, à La Réunion, puis à Alger, et de passer, en août 1896, du régime de protectorat au statut de colonie. Les troubles ne cessent pas pour autant, des bandes d'insurgés continuent d'attaquer les missions et les établissements étrangers.

## Gallieni, restaurateur de l'ordre colonial

Les militaires français ont du mal à lutter contre cet ennemi difficile à traquer dans un milieu qu'ils ne connaissent pas. Le général Gallieni va avoir l'idée de recruter un corps d'armée malgache pour lutter contre les rebelles. Cette stratégie, que toutes les administrations coloniales utiliseront par la suite, se révélera payante : en 1898, la rébellion est matée.
Gallieni peut alors mettre en place une administration territoriale qui s'appuie sur des fonctionnaires autochtones, formés par la colonie pour servir de courroie de transmission. Il développe le réseau des communications, l'instruction publique et la santé, et instaure aussi un impôt par capitation, censé « stimuler l'énergie des indigènes et les amener à vaincre leur répugnance à un travail suivi ». On incite les soldats du corps expéditionnaire à s'établir à Madagascar : ceux qui en font la demande reçoivent 100 ha et une subvention substantielle, et développent des cultures d'exportation comme le café, la vanille ou le girofle.

### DOUBLE PEINE

*La colonisation fut particulièrement violente. Les Français massacrèrent entre 100 000 et 700 000 Malgaches en 1896 (merci à Gallieni, le héros français !). Mais l'administration française qui n'avait peur de rien, exigea que Madagascar remboursât les frais occasionnés par cette invasion. L'indemnité atteignait la somme faramineuse de 10 millions de francs.*

## Le système colonial

Les gouverneurs qui succèdent à Gallieni poursuivent la mise en valeur de l'île, notamment en développant un réseau de communication ferroviaire et routier, en développant des cultures comme le sisal ou le tabac, et en exploitant des minerais (graphite, mica et pierres semi-précieuses). Mais les pressions qui s'exercent sur les populations, à travers la fiscalité, une répression pénale qui a souvent la main lourde, la concession de terres à des colons, et surtout à de grandes compagnies coloniales de métropole, et enfin le statut de l'indigénat pèsent lourdement sur les relations entre la population et l'administration coloniale. Cette tutelle économique, politique et culturelle est dénoncée par les intellectuels, mais également mal perçue dans les couches populaires, même si ce ressentiment n'apparaît pas forcément au grand jour. Un clivage très net s'établit entre une partie de la population qui essaie de collaborer et de tirer avantage de la situation, et une autre qui tente de résister, ou qui simplement vit dans la frustration d'avoir été lésée de ses droits les plus élémentaires.

## Les mouvements insurrectionnels

Comme sous les régimes précédents, les missions vont être la cible principale des mécontentements. Dans la première décennie du XXe s apparaît une société secrète, les VVS (Vy, Vato, Sakelika : fer, pierre, ramification), composée d'intellectuels merinas dont les revendications s'appuient sur une vision un peu idyllique du Japon, qui aurait su allier modernité et tradition tout en préservant la souveraineté nationale. Les membres de ce mouvement seront arrêtés en 1915, condamnés aux travaux forcés et amnistiés en 1921.

Pendant la Seconde Guerre mondiale, l'administration française de Madagascar reste acquise à Vichy, mais les forces britanniques et sud-africaines rendent la colonie aux Forces françaises libres. Madagascar devient même un territoire d'outre-mer en 1946. L'affaire de 1947 aura des conséquences plus lourdes. Après la Seconde Guerre mondiale, les revendications sont portées par un parti, le MDRM (Mouvement démocratique de la rénovation malgache), qui obtient la majorité des voix aux élections locales de 1946 et réclame l'accès par des voies légales à l'indépendance. Ce parti est particulièrement bien implanté sur la côte est et en Imerina. L'administration coloniale suscite alors un parti pro-français, le PADESM (Parti des déshérités de Madagascar). Dans le même temps, des sociétés secrètes s'intègrent au MDRM et prônent le recours à des solutions violentes. Durant tout le mois de mars, des rumeurs d'insurrection courent un peu partout dans l'île. Les députés du MDRM envoient alors à toutes leurs sections des télégrammes d'appel au calme.

### INCROYABLE MAIS VRAI

*Jusqu'à la conférence de Wansee (1942) qui décida de la solution finale, les Allemands avaient prévu de se « débarrasser » des juifs en les envoyant à... Madagascar, en accord avec le gouvernement de Vichy. Malheureusement, les nazis choisirent l'extermination totale.*

## L'insurrection de 1947

Mais, le 29 mars 1947, l'insurrection éclate en plusieurs points, notamment dans l'Est, où les paysans attaquent systématiquement les plantations et exécutent les membres du PADESM. La réaction de la colonie ne se fait pas attendre : les trois députés MDRM, Ravoahangy, Rabemananjara et Raseta, sont arrêtés, et la répression militaire est féroce. L'estimation sur laquelle les historiens s'accordent actuellement est de 89 000 morts du côté des insurgés, mais ce chiffre est sans doute sous-estimé, d'autant que, dans les mois qui suivirent, beaucoup de ceux qui s'étaient réfugiés dans les forêts moururent de maladies et de privations.

Les témoignages font état d'arrestations arbitraires, de tortures et de massacres. Ravoahangy et Rabemananjara sont arrêtés à Tananarive, Raseta à Paris : leur immunité parlementaire est levée, bien qu'ils aient toujours nié leur participation au mouvement insurrectionnel. Le procès aura lieu à Tananarive en 1948, dans un climat de haine : Ravoahangy et Raseta sont condamnés à mort. Finalement graciés,

ils seront libérés seulement en 1965. Le rôle des différents protagonistes dans le déclenchement de l'insurrection n'a pas été éclairci : ni celui de l'administration coloniale ni celui des sociétés secrètes qui avaient intégré le MDRM.
Une question reste posée : qui a donné l'ordre d'insurrection ? Le MDRM en a été rendu entièrement responsable, en dépit de ses dénégations, alors même que ce parti avait toujours milité pour un accès à l'indépendance par les voies démocratiques. L'administration coloniale s'inquiétait énormément de son succès grandissant et avait sans doute quelque intérêt à porter un coup d'arrêt au succès politique de ce parti qui bénéficiait d'une aura populaire à Madagascar et du soutien des partis de gauche en France. L'ouverture des archives pourra peut-être fournir de nouvelles données. Quoi qu'il en soit, la France lâche alors du lest en restaurant les libertés et en instituant le suffrage universel, puis une forme d'autonomie en 1957.

## Tsiranana et la I^re^ République

Le 22 août 1958, au stade municipal de Mahamasina, à Tananarive, et en présence d'une foule monstre qui l'écoute dans un silence religieux, le général de Gaulle prononce une phrase restée célèbre dans la capitale : « Demain, vous serez de nouveau un État, comme vous l'étiez quand le palais de vos rois était habité... » Il désigne bien sûr le fameux palais de la Reine, en surplomb du stade. La I^re^ République est instaurée le 14 octobre 1958.
Le 1^er^ mai 1959, Philibert Tsiranana, ancien député de l'Assemblée nationale française, ancien bouvier et instituteur de l'ethnie tsimihety du nord-ouest du pays, devient le premier chef de gouvernement, à l'unanimité. Son programme se résume à ce slogan : « *Asa fa tsy kabary* », soit : « Travaillez, ne faites pas de discours. » Le jour de l'indépendance, proclamée le 26 juin 1960, devient la fête nationale du pays. Mais les premiers accords de coopération liant politiquement, économiquement et culturellement Madagascar à la France sont déjà signés. Tsiranana, « élu » président de la République au « suffrage universel » le 30 mars 1965 avec 97 % des suffrages, est à nouveau reconduit 7 ans plus tard, le 30 janvier 1972, avec 99,97 % des voix ! Durant ses 13 années d'exercice du pouvoir, il aura laissé la part belle à la présence française, toujours aussi importante dans les secteurs clés de l'activité du pays, notamment économiques, mais aussi politiques et culturels. Sur le plan économique, l'indépendance n'a pas stimulé les ardeurs. Exportateur de riz sous la colonisation, le pays doit en importer 35 000 t au début de 1972, l'année du grand *Rotaka,* le grand chambardement.

## Un air de révolution

Le 13 mai 1972, un banal mécontentement de lycéens dégénère en soulèvement populaire violent contre le régime et le néocolonialisme français. Le maintien de l'ordre et la répression se font dans la panique d'une fin de règne : 42 morts dans la capitale entraînent la chute du président Tsiranana. Il remet ses pouvoirs au général Gabriel Ramanantsoa, chef d'état-major général de l'armée. Cette date marque pour beaucoup, plus que celle de l'indépendance, la fin de la colonisation française à Madagascar. Elle aura duré 75 ans.
Le nouveau chef de l'État soumet son programme à référendum : 81 % des électeurs y répondent favorablement. Les accords de coopération franco-malgaches sont renégociés. Les légionnaires basés à Diégo-Suarez doivent quitter le pays. Sur le plan économique, Madagascar sort de la « zone franc ». Et pour parfaire cette défrancisation, l'enseignement est totalement malgachisé. Sur le plan international, Madagascar se tourne vers les pays du bloc communiste. Cette politique est largement inspirée par un jeune ministre des Affaires étrangères : le capitaine de frégate Didier Ratsiraka.
Pour des raisons à ce jour non connues, le général Gabriel Ramanantsoa est forcé, le 5 février 1975, de remettre ses pouvoirs à un jeune colonel de gendarmerie,

Richard Ratsimandrava, ministre de l'Intérieur de son gouvernement. Six jours plus tard, ce dernier est assassiné dans son véhicule d'une rafale d'arme automatique. On évoque une conjuration des « grandes familles » de la capitale, le « Club des 48 », dont les intérêts et privilèges risquaient d'être contrariés par ce saint-cyrien pur et dur, à l'idéal populiste, nourri de maoïsme et d'une tradition collectiviste malgache, le *fokonolona.*

## L'incubation des consciences

C'est à la faveur de cette période trouble que le jeune capitaine de frégate Didier Ratsiraka est nommé à la tête d'un directoire militaire. En cette fin d'année 1975, après avoir publié son *Boky mena* (« Livre rouge ») et nationalisé les principales sociétés postcoloniales françaises (banques, assurances, hydrocarbures, concessions agricoles et minières, etc.), l'évolution « révolutionnaire » du régime, version tropicale du marxisme, est approuvée par référendum. Dans la foulée, avec 94,96 % des voix, Didier Ratsiraka est plébiscité président d'une nouvelle République démocratique de Madagascar. Le pays se referme sur lui-même, dans tous les domaines.

Madagascar s'endette et s'appauvrit. La corruption s'installe. Tout l'héritage de la colonisation, notamment dans les secteurs de l'éducation et de la santé, est gaspillé ou anéanti. On comprend d'autant moins cet échec que la politique nationaliste, ambitieuse, voire hautaine, de Didier Ratsiraka correspond très exactement à celle voulue par l'intelligentsia merina. Instruit chez les jésuites, puis à Paris au lycée Henri-IV, avant de sortir deuxième de sa promotion de l'École navale de Brest, Didier Ratsiraka n'a sans doute qu'un seul défaut à ses yeux : être né ailleurs. Issu d'une famille de notables de l'ethnie betsimisaraka, même s'il a vécu très tôt, grandi et été élevé à Tananarive au cœur de cette société aristocratique qui rumine et entretient de profonds ressentiments contre l'ancien colonisateur français, le jeune et brillant capitaine de frégate est un côtier. Un journaliste betsimisaraka résume bien cette complexité de la politique, lors d'une élection présidentielle : « On n'aime pas trop Ratsiraka à cause de sa politique. Il est trop proche des Merinas qui, eux, ne l'aiment pas du tout. Mais on va quand même voter massivement pour lui, pour les embêter... »

## L'amiral rouge d'une île à la dérive

Investi des pleins pouvoirs en 1975, Didier Ratsiraka crée un parti unique, l'AREMA (« Avant-garde de la Révolution malgache »), à l'image de ses modèles Fidel Castro de Cuba, Kim Il-Sung de Corée du Nord et le colonel Kadhafi de Libye. La censure de la presse est instituée, la vie politique réduite à des manifestations d'enthousiasme populaire « spontanées », ponctuées de « oyé, oyé », le poing fermé et tendu vers le ciel.

À son slogan « Madagascar qui ne s'agenouille pas » répondent fronde et insécurité permanentes, notamment dans les campagnes, et une opposition souterraine quotidienne au sein d'une administration pléthorique et corrompue. Au pied du mausolée qu'il a fait ériger à la mémoire des martyrs de la colonisation et des héros de la révolution, les piquets de garde tapent le carton allongés sur la pelouse... « Madagascar ne sera jamais un pays communiste », diront des journalistes yougoslaves. Ils voient juste sur ce point : il n'y aura ni purges ni goulags. Il n'empêche, Didier Ratsiraka ne sent pas monter le ras-le-bol grandissant, en 1991.

Il s'est finalement ouvert à l'économie de marché, a abrogé la censure et autorisé le multipartisme, et, sur le plan économique, les potions amères du Fonds monétaire international et de la Banque mondiale donnent de bons espoirs. Mais le 1er mai 1991, après 16 ans de règne absolu, Didier Ratsiraka, amiral rouge d'une île à la dérive, est poussé à la démission par un mouvement de grève générale de plusieurs mois... payée intégralement ! Une marche de la Liberté sur son palais d'Iavoloha, le 10 août 1991, faisant plusieurs morts, a enfin raison de son entêtement.

## Ratsiraka, le retour

La IIIe République est proclamée. Son président, le « tombeur de Ratsiraka », s'appelle Albert Zafy. Il est professeur de chirurgie. Mais l'Assemblée nationale, nantie de toutes les prérogatives du régime parlementaire, s'avère un foyer d'instabilité politique permanent : six gouvernements et trois Premiers ministres se succèdent en 4 ans ! « Le Professeur » est rapidement dépassé par ce cyclone démocratique. Accusé d'avoir violé la Constitution, il est légalement destitué par un vote d'empêchement d'une majorité de députés en août 1996. Et à l'élection présidentielle qui suit, il est battu de peu au second tour par Didier Ratsiraka, dont la traversée du désert et l'exil volontaire à Paris ont été soigneusement occupés à préparer son retour. Faussement blasés, les Malgaches, qui ont le goût du proverbe, disent alors préférer « un vieux crocodile repu à un jeune reptile affamé »...
Nouveau bon élève de l'économie de marché, le gouvernement de Ratsiraka orchestre le retour des investisseurs étrangers, notamment français, favorise un nouveau code des investissements et une zone franche autour de la capitale. À l'aube du nouveau millénaire, l'ancien dictateur marxiste affichera un taux de croissance positif de 3,5 à 6,5 % selon les années ! Mais les prix de tous les produits de première nécessité augmentent à partir de 2000. La croissance retrouvée semble ne bénéficier qu'à une caste politique corrompue, quand elle ne favorise pas des pratiques mafieuses. Les rumeurs les plus folles courent sur la fortune du président sortant et de sa famille...
Pour se mettre à l'abri d'un Parlement à la majorité variable, Ratsiraka renforce ses pouvoirs à la faveur d'un énième référendum. Un peu avant la nouvelle élection présidentielle, fin 2001, pour laquelle il est de nouveau le favori, il installe ses hommes au poste de gouverneur dans les six nouvelles provinces autonomes exigées par les bailleurs de fonds institutionnels, le FMI et la Banque mondiale. Bref, on le soupçonne de préparer tranquillement sa réélection... D'ailleurs, dans ce climat de précampagne, tout le monde ou presque pense encore que ce ne sera qu'une formalité. Ratsiraka soigne son image et distribue des milliards d'ariary devant des foules acquises à sa cause. C'est dans ce contexte de résignation apparente que débute son énième campagne. Mais Ratsiraka mésestime la situation et la détermination d'un nouveau venu sur la scène politique, Marc Ravalomanana, maire de Tananarive depuis 2 ans.

## Marc Ravalomanana, l'opposant

Condition presque sine qua non pour être élu maire de la capitale, Ravalomanana est un Merina issu du groupe ethnique majoritaire des Hautes Terres. Patron du groupe *Tiko,* il alimente en produits laitiers et en eau minérale l'un des pays les plus pauvres du monde tout en s'étant forgé au passage une image de self-made-man sans tache. L'histoire dit même qu'il a commencé en vendant ses yaourts à bicyclette et en faisant du porte-à-porte ! Son entreprise est effectivement une réussite spectaculaire dans un pays où elles sont assez rares, même si ses détracteurs le comparent à un Bernard Tapie ou un Berlusconi à la malgache... Son bilan ? Il porte surtout sur des travaux de voirie et l'amélioration de la collecte des ordures ménagères suite à la dislocation du Zoma, l'un des plus grands marchés du monde. Et puis son physique de play-boy, sa ferveur religieuse et son sens de la communication ont achevé de le rendre très populaire dans la capitale.
Sur le plan économique, Ravalomanana ne cache pas sa préférence pour les bailleurs de fonds et les partenaires anglo-saxons au détriment du lien historique et économique avec la France, jugé trop aliénant et en fin de compte trop peu productif. Rentré dans la campagne tambour battant, « Marc », comme l'appellent ses partisans, n'a pas lésiné sur les moyens, tout comme son adversaire Ratsiraka.

Le premier mot de son slogan « *Tiako i Madagasikara* » (« J'aime Madagascar ») rappelle même le nom de la marque qu'il a créée. Surtout, Marc, qui est vice-président de l'Église réformée d'obédience protestante, a réussi à s'allier la majorité des Églises chrétiennes du pays, une force très importante à Madagascar. Ce soutien religieux lui sera très utile par la suite.

## Un premier tour tendu

Le premier tour de l'élection a lieu le 16 décembre 2001. Mais, à Madagascar, le dépouillement des bulletins est long et, le temps que les procès-verbaux parviennent à la Haute Cour constitutionnelle, tout peut arriver... Après plusieurs semaines d'estimations officieuses, les résultats tombent : Marc Ravalomanana arrive en tête avec 46,21 %, suivi par le président sortant crédité de 40,89 % des voix. Ratsiraka est donc en ballottage, apparemment défavorable. Est-ce le signe d'une alternance possible ? Ravalomanana et ses soutiens disent en douter, dénonçant des fraudes électorales massives. Procédant à leurs propres estimations, ils concluent à une victoire par 52,15 % des voix. Pour convaincre de sa légitimité, le maire de Tana fait appel au soutien populaire. Plus de 80 000 manifestants envahissent l'avenue de l'Indépendance. Puis, chaque jour, ce sont des centaines de milliers de supporters qui s'installent sur la place du 13-Mai, devenue le lieu symbolique de la résistance au président sortant.
Ratsiraka annonce un second tour pour le 24 février 2002. La France s'empresse de reconnaître le résultat officiel. Au cours de rencontres parrainées par l'ONU et par l'OUA (Organisation de l'unité africaine), les deux parties tentent officiellement de négocier, mais, sur le fond, chacune campe sur sa position. Devant le refus de la Haute Cour constitutionnelle de procéder à la confrontation des procès-verbaux, Ravalomanana, encadré par certains magistrats et le clergé local, s'autoproclame président de la République malgache le 22 février 2002. C'est la liesse dans la capitale. Ratsiraka répond en décrétant l'état de « nécessité nationale », une sorte d'état d'urgence. Mais la foule et les partisans de Marc n'en ont cure, et les manifestations continuent. Face au légalisme de Ratsiraka, Ravalomanana joue la carte de l'émotion populaire : soutenu par les Églises, il harangue les foules en citant abondamment la Bible. Un avis de grève générale est lancé. Les administrations, les écoles et les banques de Tananarive ferment leurs portes, les vols internationaux sont stoppés. Suite à des incidents qui causent la mort de deux personnes à Tananarive, le président sortant (et toujours légal) décrète la loi martiale le 28 février et nomme un gouverneur militaire en charge des affaires de la capitale, privant ainsi Ravalomanana de son mandat légal. Qu'à cela ne tienne, chaque soir la foule raccompagne son héros à son domicile sur les hauteurs de Tana. La grève générale commence à porter ses fruits, et le pouvoir semble dépassé. Les partisans de Ratsiraka tentent alors de retourner la situation à leur avantage en accentuant le clivage entre les Merinas et les ethnies côtières.

## La question ethnique en filigrane

Mais il ne s'agit pas seulement d'une guerre de pouvoir. La question ethnique est bien présente. Ratsiraka est d'origine betsimisaraka, l'ethnie majoritaire de la province de Tamatave. S'il a toujours su s'adjoindre habilement le soutien de l'élite merina pour se maintenir au pouvoir, il a néanmoins nourri une méfiance tenace à leur encontre, affirmant par exemple que « Madagascar n'est pas la propriété d'Antananarivo ». Il n'hésite pas à réveiller la défiance des groupes ethniques de la côte envers les Merinas. Le peuple des Hautes Terres symbolise encore souvent la centralisation des rouages politiques et économiques du pays. Les Merinas sont toujours *fady* (tabou) dans certaines microrégions, c'est-à-dire interdits d'accès à cause de conflits locaux datant du XIX$^{e}$ s ! C'est sans doute à cause de cette défiance qu'il n'y eut jusqu'alors aucun président issu de la communauté merina depuis l'indépendance et l'avènement de la République. Les risques encourus par l'exploitation politique de cet antagonisme latent entre un président côtier et un prétendant merina apparaissent immenses et difficilement maîtrisables...

## Blocage économique, blocage politique

Les routes de Fianarantsoa, de Majunga et de Tamatave, premier port de l'île d'où sont acheminées toutes les denrées, sont bloquées. À Nosy Be comme à Tamatave, des affiches placardées sur les murs préviennent les Merinas qu'ils sont indésirables, et des affrontements entre partisans causent la mort de quelques dizaines de personnes.

Dédaignant la loi martiale et l'état d'urgence, Marc Ravalomanana nomme un Premier ministre, Jacques Sylla, un modéré reconnu par l'ensemble de la classe politique. Malin, certes, mais pas suffisant. Dans la foulée, il procède à l'installation de la plupart des ministres du « nouveau » gouvernement dans leurs ministères respectifs, sous escorte de la population et sans que l'armée ne bouge le petit doigt. Il faut dire qu'une certaine partie de celle-ci a rejoint les rangs du « nouveau » président. Autre détail, incroyablement révélateur de l'imbrication de la politique et du religieux dans la campagne de Ravalomanana, l'installation des ministres se fait après une séance d'exorcisme conduite par des religieuses, tandis qu'à l'extérieur la foule entonne des cantiques !

Sentant que la situation lui échappe, Ratsiraka se réfugie à Tamatave, son fief. Quant à son ancien Premier ministre, Tantely Adrianarivo, suite aux pressions, paniqué, il s'enfuit déguisé, dit-on, à travers les rizières...

Devant cette situation de blocage, toutes les tentatives de médiation échouent. La France continue à prôner le recomptage des voix. Seuls les États-Unis ne l'exigent plus si un référendum valide la légitimité populaire de l'opposant. Un sentiment antifrançais monte. Finalement, à la suite des Américains, la France reconnaît en juillet le nouveau président, qui prend la tête d'un pays plongé une fois encore dans la crise économique, après une rocambolesque crise politique qui serait presque risible si elle ne laissait pas le pays sur le carreau. Car le plus grave est le coût économique de ces 6 mois de paralysie. Nombre d'entreprises ont licencié massivement ou sont parties s'installer à l'île Maurice.

## Crise économique sans fin

En 2004, le pays a connu une forte dépréciation de sa monnaie qui a provoqué une inflation impressionnante. Une bonne partie de la dette du pays est effacée en 2005 par les institutions internationales, mais l'avenir économique demeure particulièrement morose : le prix des matières premières essentielles comme l'essence ou le riz est insupportablement élevé pour la population (lire la rubrique « Économie » sur ce sujet). Des grèves (enseignants, magistrats...) apparaissent ici et là, et les manœuvres politiques s'organisent en coulisse au point que d'anciens partisans expriment des doutes... ou de nouvelles ambitions.

## La réélection de 2006

Malgré l'appauvrissement général du pays, la rue ne semble plus encline à s'embraser. L'opposition politique est trop divisée et inconsistante pour espérer prendre les rênes du pouvoir. Pour les institutions internationales, il vaut toujours mieux soutenir un régime en place que l'on connaît que de favoriser l'émergence d'un mouvement inconnu. Le président, candidat à l'élection de décembre 2006, prépare le renouvellement de son mandat dans un fauteuil en sapant au mieux toute possibilité d'organisation adverse : anticipation des élections, inscription à la candidature onéreuse, condamnation d'opposants, aide pécuniaire à d'autres, expulsion de contestataires étrangers, blocage des aéroports, détournement d'avion...

Marc Ravalomanana remporte donc sans surprise l'élection présidentielle dès le premier tour avec près de 55 % des voix, alors que ses trois principaux opposants végètent chacun autour de 10 %. Le dernier sursaut de la famille Ratsiraka, qui croyait en son neveu Roland, fait un flop. Conforté par un nouveau mandat de 5 ans, il organise dans la foulée un référendum qui doit lui permettre une réforme constitutionnelle. Le président le maintient contre vents et marées malgré le passage d'un fort cyclone sur la côte nord-est. La victoire, bien que modeste, du « oui » renforce ses pouvoirs : le président a dorénavant la possibilité de se représenter encore deux fois à la présidence, les six provinces administratives sont remplacées par 22 régions et l'utilisation de l'anglais devient incontournable au même titre que celles du malgache et du français. L'opposition craint une dérive autocratique, mais le FMI et la Banque mondiale d'un côté, les bailleurs de fonds et les investisseurs de l'autre se sentent rassurés.

## L'ascension d'Andry Rajoelina

Pourtant, même l'Église catholique s'inquiète, car sa consœur protestante du FJKM prend beaucoup d'importance à la tête du pays. Le climat politique se dégrade : Roland Ratsiraka (candidat malheureux à l'élection présidentielle et maire de Tamatave) est mis en prison. Ravalomanana fait des déclarations très fermes contre les étrangers, un prêtre français présent à Madagascar depuis plus de 30 ans est expulsé du jour au lendemain... Sous l'apparence de rapports cordiaux, l'Europe (avec la France en figure de proue) menace en coulisse de supprimer l'aide internationale. Mais le président tient bon et met en place un nouveau plan d'action sur 5 ans (MAP), qui doit – entre autres choses – encourager les Américains à investir dans le pays.
Ravalomanana dissout le Parlement en juillet 2007 pour des élections législatives anticipées en septembre de la même année : victoire du parti du président (TIM), avec une abstention de 70 %. Est-ce réellement une victoire ? Le peuple malgache semble une fois encore attendre et se résigner, mais la situation change rapidement. Marc Ravalomanana ne conserve pas longtemps le pouvoir pour son second mandat. En 2008, les projets malhonnêtes de la société coréenne Daewoo de cultiver les terres malgaches afin de produire des denrées pour les pays riches, la misère ambiante et les abus du président en place sont les détonateurs d'une insurrection nationale.
Ce « coup d'État » est mené par Andry Rajoelina, un ancien DJ de 34 ans, maire d'Antananarivo depuis 2007. Suite à la fermeture, en 2008, de sa chaîne de télévision Viva TV en raison de sa trop grande liberté de ton (il gardera une sacrée dent contre Ravalomanana), le jeune homme profite du dépit de ses compatriotes envers le gouvernement en place. Il fonde le mouvement TGV, Tanero Gasy Vonona, qui signifie « le jeune Malgache en mouvement », et qui vaudra son surnom à Rajoelina. Fin février et début mars 2009, des manifestations anti-Ravalomanana font plusieurs morts, tout d'abord à Fianarantsoa, puis à Tananarive, devant le palais présidentiel. Après plusieurs mois de manifestations et de pillages partout sur l'île, Rajoelina obtient gain de cause, et le président Ravalomanana démissionne. Il donne les pleins pouvoirs à l'armée afin de créer un directoire militaire. Cependant, les pouvoirs sont aussitôt transmis au dirigeant du TGV. La Haute Cour constitutionnelle de Madagascar entérine les pouvoirs d'Andry Rajoelina et le nomme président de la Haute Autorité de Transition de l'île pour une durée de 2 ans. Rajoelina s'est engagé à organiser une élection présidentielle passé ce délai, en 2011.

## De l'échec de Rajoelina à l'élection de Rajaonarimampianina

Des accords sont signés en août 2009 à Maputo (Mozambique), sous l'égide des instances internationales, entre les trois anciens présidents et « TGV » Rajoelina, histoire de calmer les ardeurs des uns et des autres. Devant l'instabilité politique et la crise économique enfonçant le pays – qui fête le cinquantenaire de l'indépendance – dans un marasme toujours plus profond, une nouvelle « rencontre de Pretoria » (Afrique du Sud) est organisée en avril 2010 avec les mêmes protagonistes. Après 3 jours de réunion, on décide... de ne rien décider. Le pays est au point mort. Ou plutôt, il poursuit sa lente dérive. « En 2011, on bronze ; en 2012, rien ne bouge ! » : telle fut la formule pleine d'un humour caustique d'un commentateur de la vie politique malgache. Puis, en 2012, Rajoelina promet à nouveau la tenue d'un scrutin pour... 2013. Celui-ci n'aura lieu que fin décembre 2013, après une incroyable saga politico-judiciaire où se croisent des candidats officiels (dont le président putschiste d'alors Rajoelina) interdits d'élection, l'épouse de Marc Ravalomanana (alors en exil) qui reprend le flambeau de son mari, l'autre ancien président Ratsiraka qui se présenterait bien... Quiproquos, incertitudes, instabilités. La tête de l'État malgache vacille, et le pays avec.

### NOM À RALLONGE

*Aussitôt élu en 2013, le nom d'Hery Martial Rakotoarimanana Rajaonarimampianina a attiré les commentaires avec ses 44 lettres. Premier résultat au palmarès du président malgache : le journal britannique le* Guardian *le place premier au classement mondial des chefs d'État pour la longueur de son patronyme !*

C'est finalement Hery Rajaonarimampianina qui est élu à la suite d'un scrutin sans trop de heurts, mis à part quelques bombes artisanales, globalement libre et démocratique selon les observateurs. Il est intronisé le 24 janvier 2014. Cet expert-comptable de formation a été ministre des Finances de Rajoelina à partir de 2009 et son candidat aux présidentielles. Mais aussitôt élu avec 53,5 % des voix (contre Robinson Jean-Louis, le candidat de Marc Ravalomanana) et sous la pression internationale, Rajaonarimampianina prend ses distances avec le parti Mapar de son ex-mentor, tend la main au parti de l'ancien président Ravalomanana et nomme un civil sans parti politique au poste de Premier ministre, un cardiologue de 70 ans : Kolo Roger. Fait remarquable, président et Premier ministre sont quasi novices en politique ! De quoi nourrir tous les espoirs ou toutes les inquiétudes face à un défi immense pour la nouvelle équipe (légitime, enfin !) : stabilisation politique (avec un tout nouveau parti présidentiel, le HMV), incitation des bailleurs et investisseurs internationaux à revenir à Madagascar, lutte contre la corruption, relance du tourisme, prospection minière et pétrolière... Un comptable et un spécialiste de la réanimation, le tandem de choc dont le pays avait tant besoin ?

# LÉMURIENS

## Petite histoire de la Lémurie

On appelle parfois Madagascar « la Lémurie », et ce n'est pas pour rien. L'île est connue dans le monde entier pour ses lémuriens, et l'on vient parfois jusqu'ici uniquement pour les voir. Bon, mais qui sont ces drôles d'animaux ? Ce sont des prosimiens, c'est-à-dire un sous-ordre des primates, plus primitifs que les singes qui, eux, appartiennent à un autre sous-ordre des primates, les simiens. Est-ce clair ? D'ailleurs, il n'y a pas de singes à Madagascar.
Mais comment se fait-il que l'on trouve 90 % des lémuriens existant dans le monde à Madagascar, les 10 % restant se partageant entre les Comores, l'Afrique, le Sri Lanka et l'Inde ? En effet, alors que Madagascar se serait séparée (presque à l'amiable) du continent africain il y a 120 millions d'années, les lémuriens font leur apparition pratiquement 100 millions d'années plus tard, se propageant jusqu'en Europe, en Amérique du Nord et en Afrique. Sur ces continents, ils finissent par s'éteindre ou sont remplacés par des singes (en Afrique surtout). Pourquoi pas

à Madagascar ? Deux théories s'affrontent : soit les lémuriens ont traversé le canal du Mozambique sur des « radeaux » de végétation, soit il existait une langue de terre, un isthme entre Madagascar et la côte africaine, qui fut engloutie avant l'arrivée des singes. Quoi qu'il en soit, les lémuriens purent se développer en très grand nombre en raison de l'absence de grands prédateurs et de singes sur la Grande Île. Voilà pourquoi leur endémisme est fondamentalement lié à Madagascar.

### DES MÉGALÉMURIENS

*Figurez-vous qu'il existait des espèces de lémuriens géants : on en a retrouvé des squelettes très impressionnants... de la taille d'un veau (200 kg) ! Ils furent sans doute chassés par l'homme il y a 2 000 ans, et seules les plus petites espèces de ces lémuriens dits subfossiles ont survécu.*

Les superstitions eurent sans doute également un effet dévastateur. N'oublions pas que *lemures* en latin signifie « âmes errantes des morts » ou plus simplement « fantômes ». Il suffit de regarder les lémuriens nocturnes, avec leurs yeux globuleux ou, mieux, le aye-aye et son allure d'extraterrestre, pour imaginer quelles furent la frousse et la réaction des habitants, si souvent tournés vers leurs ancêtres.

## Familles et habitudes

Le plus simple est de séparer les lémuriens en deux groupes : les diurnes et les nocturnes, à quelques exceptions près. Les diurnes sont composés des lémurs proprement dits, appelés *maki* en malgache, et du groupe des propithèques et indris, issus d'une même famille génétique. Quant aux nocturnes, ils se composent de chirogales, d'hapalemurs et de lepilemurs ; le aye-aye formant un genre encore à part.

Arboricoles, c'est-à-dire vivant dans les arbres, ils sont omnivores mais le plus souvent végétariens. Ils se nourrissent de feuilles, de fleurs, d'écorce ou de fruits, parfois d'insectes et de larves, et vivent en solitaire ou en petites bandes (ces dernières étant toujours menées par une femelle). Leurs cris sont souvent caractéristiques. On en dénombre toute une série allant du cri d'alerte au cri d'amour, certains possédant la palme du cri le plus impressionnant. Enfin, leur répartition particulière sur le territoire dépend des conditions de vie et du climat.

### WANTED

*Aujourd'hui, sur les 105 espèces de lémuriens recensées à Madagascar, 93 sont menacées d'extinction. Leur pire ennemi ? La pauvreté qui conduit à l'exploitation intensive des forêts – l'habitat des lémuriens – et au braconnage. Résultat : il n'y aura plus de lémuriens sur l'île dans seulement 20 à 25 ans. La fin programmée du symbole national qui, ironiquement, figure sur les billets de banque...*

## Lémuriens diurnes

#### *Les lémurs*

Les *lémurs* (ou *makis*) sont parmi les plus connus et parfois les plus beaux. Ils vivent en groupe de 2 à 20 membres et sont essentiellement végétariens. Leurs petits naissent au début de la saison des pluies.

– ***Le lémur catta :*** il fait figure de star, avec sa queue annelée noir et blanc et sa propension à se dorer au soleil en position assise. Il se déplace en bande, principalement dans le sud de l'île et les forêts de l'ouest. Vous en verrez notamment dans le parc national de l'Isalo ou dans la réserve privée de Berenty, près de Fort-Dauphin.

– ***Le lémur macaco :*** le mâle est noir, la femelle rousse, et tous deux ont une bouille bien sympathique avec leurs espèces de touffes qui semblent leur sortir des oreilles. D'ailleurs, ils sont très joueurs, en particulier sur la petite île de Nosy Komba, près de Nosy Be, où ils sont pratiquement apprivoisés.
– ***Le lémur fauve :*** ou *Eulemur fulvus.* Très répandu (parc national de l'Isalo, presqu'île de Masoala, massif de l'Ankàrana...). Son pelage passe du brun au gris un peu roux. On compte cinq sous-espèces, dont les plus communes ont la tête noire *(fulvus)* ou le front roux *(fulvus rufus),* les autres se distinguant par leur front blanc *(albifrons),* une couronne blanche *(sanford),* une barbe blanche (pour le mâle *albocollaris*) ou un collier orangé à la place de la barbe *(collaris).*
– ***Le lémur couronné :*** ou *Eulemur coronatus.* Le mâle possède un pelage gris, les joues et le front roux, alors que la femelle est plus claire avec une bande rousse sur le front, d'où le nom de l'espèce. À voir dans le massif de l'Ankàrana notamment.
– ***Le lémur à ventre roux :*** ou *Eulemur rubriventer.* Comme son nom l'indique, le mâle a le ventre roux et possède aussi une queue noire et une tache blanche sur le coin interne de l'œil. La femelle a le ventre blanchâtre.
– ***Le lémur mongoz :*** c'est l'exception qui confirme la règle, puisqu'il est nocturne. Personne n'est parfait ! À lire plus loin, donc.

***Les varis***

Nom de code scientifique : *Varecia.* C'est l'un des plus grands lémuriens puisque de son museau, qu'il a très allongé, au bout de sa queue, on peut compter 1,20 m. D'apparence assez lourde, il peut néanmoins faire des sauts d'une grande agilité et prendre des positions surprenantes : pendu par les pieds, à plat sur le dos ou la tête entre les jambes ! Autre signe très particulier : il pousse un cri surpuissant en cas de danger et entraîne tous ses congénères dans un concert assez terrifiant, en tout cas pour les éventuels importuns... Les naissances ont toujours lieu au printemps austral (octobre-novembre).
– ***Le vari variegata :*** c'est le plus courant. On le trouve dans les forêts de la côte est (parc de Ranomafana, Andasibe, Nosy Mangabe...). Difficile de ne pas le reconnaître. Sa taille, son pelage noir et blanc, ses positions rigolotes et son cri d'alerte impressionnent et laissent forcément un (très) bon souvenir.
– ***Le vari roux :*** ou *Varecia rubra.* À la différence de son cousin, il a le dos et les membres... roux (oui, bravo !), la queue et les pattes noires. On le trouve essentiellement dans la forêt humide et dense de la presqu'île de Masoala.

***Les propithèques et les indris***

Ce sont les plus grands des lémuriens, dont deux sont de véritables stars de la faune malgache : le *sifaka* et l'*indri.* Cette famille se subdivise en fait en trois groupes : les *propithèques,* les *indris* et les *avahis.* Manque de bol, ce dernier est nocturne et ne figure donc pas dans cette rubrique mais dans la suivante.
– ***Le sifaka :*** ou *Propithecus verreauxi.* Notre préféré et notre chouchou avec le *catta,* le vari et l'indri. Grand, blanc et taché de roux ou de noir, au pelage épais mais ras, il a tout d'un animal polaire. On dirait même qu'il est emmitouflé dans un manteau blanc et une capuche... En tout cas, quelle élégance ! Lorsqu'il daigne descendre de son arbre pour traverser un passage découvert, monsieur (ou madame) marche et sautille en même temps, ce qui lui donne une attitude très chorégraphique. D'ailleurs, on le surnomme le « lémurien danseur ». Lorsqu'il saute, on se demande même si ce n'est pas de la téléportation... Bref, monsieur et madame ont bien du talent et se déclinent en cinq sous-espèces, se différenciant entre elles par des nuances de couleur ou de territoire. Ils ont des noms très scientifiques : *coquereli, verreauxi verreauxi, coronatus, majori* et *deckeni.* Et ils sont tous magnifiques. Vous pourrez en voir notamment dans le massif de l'Isalo ou dans la réserve privée de Berenty (près de Fort-Dauphin), lors de la descente de la Tsiribinha, dans la forêt de Kirindy (près de Morondava) ou dans l'Ankarafantsika (région de Majunga) ou au Lemur's Park dans les environs de Tananarive (mais, bien qu'en liberté, ils n'y sont plus vraiment sauvages).

– ***Le propithèque à diadème :*** ou *Propithecus diadema.* Surtout dans l'est et dans les réserves denses d'Analamera (au sud de Diégo) et de Masoala. Il se divise, lui aussi, en cinq sous-espèces, dont le très beau *diadema diadema.* Celui-ci est brun, roux, jaune orangé avec le ventre blanc, bref presque de toutes les couleurs. Il existe aussi des sous-espèces, dont le *perrieri* (tout noir) et le *candidus* (tout blanc).
– ***L'indri :*** c'est le plus grand des lémuriens. On a même consacré une réserve en son honneur, la réserve spéciale Indri-Indri (ex-Périnet), à l'est de Tananarive. Non content d'être le plus grand (jusqu'à 70 cm, voire 1 m, pour 7 à 10 kg), ce lémurien se singularise par sa queue en moignon de 3 cm, son pelage passant du noir au blanc ou au marron, une tête toute noire et des oreilles d'ourson. Et puis il y a son cri, ou plutôt sa plainte. Semblable à une longue plainte humaine, audible à 3 km à la ronde, il a hérité du surnom de « chien des forêts » et se voit respecté en raison de nombreuses légendes. Humain, trop humain ? Si son nom de code scientifique est *indri-indri,* son nom malgache est *babakoto* en raison d'une légende qui a scellé le sort de l'indri et sans doute assuré sa descendance. Dans *Madagascar, un sanctuaire de la nature,* Philippe Oberlé rapporte l'une des versions de cette histoire selon laquelle un homme nommé Koto, attaqué par un essaim d'abeilles, fut sauvé par un indri. Depuis, ce lémurien est appelé *babakoto* ou « le père de Koto ». Une autre version raconte que Koto et son fils s'égarèrent dans la forêt et que les habitants du village ne retrouvèrent que deux indris perchés dans un arbre. Ils en conclurent qu'ils s'étaient réincarnés dans ces deux indris. Bref, depuis que court cette tradition orale, il est fort heureusement *fady* (interdit) de tuer ou de manger les indris. Contrairement au aye-aye, celui-ci a donc la chance de bénéficier de ces histoires quasi mythiques, mais pas toujours sympathiques, qui entourent souvent les lémuriens. Un lémurien unique, que vous croiserez peut-être aussi dans les environs du lac Alaotra.

## Lémuriens nocturnes

Les lémuriens nocturnes ont une excellente vision de nuit, en raison d'un écran cristallin situé derrière la rétine reflétant la lumière et améliorant la vision. Pensez à emporter une lampe frontale pour les détecter (on n'est pas aussi bien équipés, nous humains !) : on aperçoit leurs yeux globuleux et luminescents la nuit si l'on porte la lampe à la hauteur de nos propres orbites. Paradoxalement, certains se laissent mieux voir de jour, quand ils pointent leur museau hors du trou.

### *Les chirogales*

Drôle de nom pour désigner les plus petits des lémuriens. Essentiellement nocturnes, forestiers et solitaires, ils se cachent le jour dans les trous des arbres ou dans des nids. Ils se divisent en plusieurs familles.
– ***Les microcèbes :*** ou *Microcebus.* Le *microcèbe roux (Microcebus rufus)* est le plus connu. À voir à Nosy Mangabe, dans le massif de l'Ankàrana ou dans l'Ankarafantsika près de Majunga. Il mesure 12 cm sans la queue ; à peine plus grand qu'une souris. Ses confrères sont le *microcèbe gris (Microcebus murinus),* le *Microcebus ravelobensis,* récemment découvert par un chercheur allemand dans la réserve de l'Ankarafantsika, et le *mirza* (ou *Microcebus coquereli*), mais ce dernier est très difficile à voir.
– ***Le Cheirogaleus :*** deux sous-espèces, le « petit » et le « grand ». Très discrets, ils partagent, avec les microcèbes, la particularité de se gaver de nourriture pendant la saison des pluies et de vivre sur leurs acquis (une bonne couche de graisse !) en hibernant pendant la saison sèche. Ne pas déranger, donc. Visibles dans la forêt de Kirindy (région de Morondava).
– ***Le phaner à fourche :*** ou *Phaner furcifer.* De petite taille, reconnaissable à ses grandes oreilles et à sa bande noire sur le dos qui se divise en fourche au sommet du crâne en lui retombant sur les yeux. Son cri est très aigu. On en trouve dans le massif de l'Ankàrana et dans la forêt de Kirindy.

- ***L'allocèbe :*** ou *Allocebus* (non, ce n'est pas le numéro pour avoir les horaires des bus). Tout petit également, on ne le trouverait que dans le nord-est du pays, alors autant chercher une aiguille dans une botte de foin...

**UNE ESPÈCE FURTIVE**

*Fait extrêmement rare, la famille s'agrandit chez les* Cheirogaleus *: le lémurien nain de Lavasoa ou* Cheirogaleus lavasoensis *a été découvert dans les années 2000 dans les montagnes Lavasoa. Ne mesurant guère plus de 55 cm, il hiberne et vit dans la canopée. Très discret, il n'est pas facile à observer ! D'autant qu'il n'en resterait qu'une cinquantaine. À peine découvert et déjà quasi disparu...*

***Les hapalémurs***

Ils sont nocturnes mais aussi crépusculaires. Ce sont les plus doux des lémuriens, sauf lorsqu'une maman est en danger. Alors là, gare au perturbateur. Ils sont plutôt petits, ont la tête et les oreilles bien arrondies et le pelage brun tirant vers le gris, voire le verdâtre... On en dénombre trois espèces.
- ***L'hapalémur gris :*** ou *griseus*. Le plus répandu. Signe distinctif : particulièrement attiré par les jeunes pousses de bambou, les fruits du palmier ou l'arbre du voyageur, le *ravinala*. Territoire de prédilection : la région du lac Alaotra, à l'est de la capitale.
- ***L'hapalémur doré :*** une nouvelle sous-espèce, découverte en 1986 dans les environs du parc de Ranomafana, ça s'arrose (d'ailleurs, il pleut souvent dans ce coin-là...). Il est très joli avec ses tons brun orangé, mais assez difficile à voir.
- ***L'hapalémur à nez large :*** ou *Hapalemur sinus*. Le nez large, mais sans doute pas le plus fin ni le plus creux, car le bébé *sinus* est tellement discret qu'il se cache de longues heures dès qu'il se sent menacé et ne sort que si sa mère l'appelle. Résultat : on se demande s'il n'aurait pas déjà disparu.

***Les lépilémurs***

Ils se déclinent en sept espèces. Assez courants dans les parcs et réserves de l'île (dans l'Ankàrana ou dans l'Ankarafantsika près de Majunga...), et faciles à voir en journée malgré leurs horaires de veilleurs de nuit. De petite taille, ils se ressemblent tous et se nichent dans les trous d'arbres ou dans les feuillages. Particularité amusante : leur rayon d'action s'étend entre 50 et 250 m toute leur vie, alors qu'ils peuvent faire facilement des bonds de 5 m ! Leurs noms scientifiques sont barbants (comme tous les noms scientifiques), mais ces petites bestioles toujours effarées d'apercevoir des visiteurs méritent bien qu'on les énumère : *leucopus* (gris-beige), *edwardsi* (pareil mais plus roux et plus clair), *ruficaudatus* (queue rousse), *dorsalis* (à dos gris), *septentrionalis* (plus gris et plus petit), *mustelinus* (plus grand et plus brun) et *microdon*.

## Agents doubles

- ***L'avahi :*** issu de la famille des propithèques et des indris, si vous avez lu toute la rubrique. Mais nocturne. Une seule espèce, l'*avahi laineux* (ou *laniger*), déclinée en deux sous-espèces : l'*avahi occidental,* petit, au pelage gris-roux et aux sourcils blancs, que l'on trouve notamment dans l'Ankarafantsika (région de Majunga) ; et l'*avahi oriental,* d'un roux plus foncé et actif dans la forêt... orientale, bien sûr (réserve spéciale Indri-Indri, entre autres).
- ***Le lémur mongoz :*** de la famille des lémurs, mais nocturne lui aussi. Plus petit et plus rare que les autres lémurs, le mâle a la tête en partie rousse à cause de la femelle qui affiche sa tête des mauvais jours (grise)... mais qui sauve la face avec de belles bajoues blanches. À voir dans l'Ankarafantsika (région de Majunga).

## Le aye-aye

De la famille des *lémuriens daubentonias,* dont il est le dernier représentant. Normal pour un solitaire à qui l'on a accolé l'appellation *Madagascariensis,* comme pour mieux l'isoler. Le aye-aye, popularisé par Gerald Durrell (voir « Livres de route » dans « Madagascar utile »), a toujours eu un destin difficile. Les habitants le craignent, le redoutent ou le tuent parfois lorsqu'ils l'aperçoivent. Aïe, aïe, aïe, le aye-aye ? Pour tenter de le sauver, il a été réintroduit dans l'île de Nosy Mangabe, dans la baie d'Antongil. Il vous faudra aller jusque-là pour essayer de l'apercevoir, ou dans la région de Mananara, un peu plus au sud, ou encore dans le coin du lac Alaotra. En espérant qu'il ne disparaîtra pas. Ce serait dommage, car il ouvre les noix de coco comme personne !

### L'ANIMAL LE PLUS LAID DU MONDE

*L'étrange aye-aye fut d'abord classé parmi les rongeurs et décrit comme suit : « les dents du lapin, les oreilles de la chauve-souris, les soies du sanglier, les mains du singe et la queue du renard » ! Avant d'être enfin reconnu comme le mammifère le plus rare et le plus menacé de la planète. Mais avec ses yeux globuleux, ses deux types de fourrure et surtout son troisième doigt grêle qu'il a très long, pointé dans les trous des branches mortes pour en extirper les larves, ou vers le ciel comme un* E.T. *du monde animal, il est vrai qu'il a tout d'un extraterrestre.*

## MÉDIAS

Même si les journalistes peuvent travailler dans des conditions relativement libres et sécurisées, la presse malgache, souvent très politisée, est utilisée par les hommes d'influence pour asseoir leur pouvoir ou disqualifier leurs rivaux. Cependant, la situation n'est pas la même à Tananarive et dans les régions les plus isolées du pays.

### Votre TV en français : TV5MONDE partout avec vous

TV5MONDE est reçue partout dans le monde par câble, satellite et sur IPTV. Dépaysement assuré aux pays de la francophonie avec du cinéma, du divertissement, du sport, des informations internationales et du documentaire.
En voyage ou au retour, restez connecté ! Le site internet • *tv5monde.com* • et son application iPhone, sa déclinaison mobile *(• m.tv5monde.com •),* offrent de nombreux services pratiques pour préparer son séjour, le vivre intensément et le prolonger à travers des blogs et des visites multimédia.
Demandez à votre hôtel le canal de diffusion de TV5MONDE et n'hésitez pas à faire part de vos remarques sur le site • *tv5monde.com/contact* •

### Télévision

Dans la capitale, 8 chaînes de télévision privées diffusent des programmes *(Dreamin, Record, Viva, Ma-TV, RTA, TV Plus, Kolo TV, TNTV).* En province, une petite dizaine de stations, généralement des extensions de celles de la capitale, émettent dans plusieurs villes ou régions du pays. La télévision nationale, *TVM,* a un net avantage : c'est la seule dont le faisceau couvre toute l'étendue de l'île. Du coup, elle conserve une bonne audience malgré ses prises de position flagrantes en faveur du pouvoir en place.

### Presse

Les quotidiens sont soit en français *(Les Nouvelles, Madagascar Matin, Le Courrier de Madagascar),* soit en malgache *(Gazetiko, Ao Raha, Taratra, Ino Vaovao),* soit bilingues *(L'Express, Midi Madagasikara, La Vérité, Ma-Laza, La Gazette de la Grande Île...)*. Quelques autres publications (hebdomadaires ou mensuelles) viennent compléter le paysage médiatique local. La presse écrite malgache a toujours des difficultés d'ordre financier. La majorité des journaux sont détenus par de grands groupes ou des familles influentes et subissent donc les pressions de leurs propriétaires.

### Radio

Plus d'une centaine de radios privées arrosent quasiment toutes les régions du pays. C'est le média qui a la plus large diffusion. La plupart de ces stations privées appartiennent à des groupes religieux. D'autres, souvent illégales, fleurissent un peu partout en province. En 2010, le régime de transition a décidé de fermer plus de 80 stations radio et TV ouvertes après 2009, officiellement pour cause d'assainissement du secteur, officieusement pour des raisons politiques en vue de museler l'opposition. Radio France Internationale (RFI) est captée en FM à Antananarivo et dans les principales villes.

### Liberté de la presse

La presse est en principe libre à Madagascar depuis la suppression de la censure en 1989. Mais il n'est pas rare qu'un journaliste soit confronté aux autorités, qu'elles soient locales ou nationales, et soumis à de fortes pressions ou menaces. La Haute Autorité de Transition, dirigée par Andry Rajoelina de 2009 à 2013, a à son actif plusieurs attaques contre le monde des médias. En mai 2009, des militaires ont détenu pendant plusieurs semaines un journaliste de Radio Mada et ont confisqué les équipements et l'émetteur de la radio. Un Web journaliste a été menacé de mort et un site internet a été bloqué. En 2010, six journalistes et quatre personnes travaillant à Radio Fahazavana ont été incarcérés pendant 110 jours avant d'être déférés devant un juge. Plusieurs radios ont été saccagées ou suspendues de diffusion. En 2012, deux journalistes de la radio Free FM ont dû trouver refuge à l'ambassade d'Afrique du Sud après avoir été arrêtés par la police et ont décidé de suspendre la diffusion de leur radio.
Malgré les espoirs qu'il incarnait, il semble, malheureusement, que le président Hery Rajaonarimampianina, à la tête du pays depuis décembre 2013, ne s'engage pas sur un chemin plus favorable. 6 mois après son élection, il prévenait les journalistes de « prendre garde » et posait les « limites » de la liberté de la presse. Dans le même mois, son Premier ministre demandait aux journalistes de cesser les « questions dérangeantes » au président.
L'arrestation de deux journalistes, en juillet 2014, attaqués pour « diffamation sur la voie publique » par le ministre d'État chargé des Infrastructures et de l'Aménagement du territoire, met en lumière le climat pesant dans lequel évoluent les professionnels des médias.

Pour plus d'informations sur la liberté de la presse à Madagascar, consultez le site de Reporters sans frontières : • *rsf.org* •

## MUSIQUE ET DANSE

À travers les musiques malgaches et les danses qui leur sont liées, on retrouve l'identité culturelle des émigrés asiatiques et africains à l'origine du peuplement. Sur ses racines, la culture malgache a élaboré sa spécificité artistique, constamment régénérée d'emprunts aux cultures de conquête ou de passage. L'influence européenne est ainsi évidente. Pourtant, loin d'imiter, la musique malgache intègre, digère ces apports.

Chaque ethnie a sa musique. Le vocal (a cappella) et les battements de mains sont essentiels. C'est un pays qui chante, danse et s'amuse en toutes circonstances, de la naissance à la mort : le baptême ou la communion, qui sont des apports étrangers, la circoncision, de tradition ancestrale, le mariage et, plus que l'enterrement, le « retournement des morts », qui donne lieu à un déferlement de rythmes, de chants et de danses. C'est aussi par la musique et la danse, les psalmodies et litanies rythmées, que l'on entre en relation avec les esprits des ancêtres par le *tromba* ou rite de la possession.

### LE MENUET TOUJOURS AU MENU

*Parmi les danses qui ont marqué l'histoire musicale de Madagascar, l'exemple le plus amusant reste l'afin*drafindrao *(« pas à pas »), inspiré des menuets dansés à la cour du Roi-Soleil. Il se danse en couple, côte à côte, en se tenant d'un effleurement des hanches, mais en flirtant par les épaules. Cette danse ouvre encore aujourd'hui tous les bals officiels de la capitale !*

## Sur les côtes

Au nord, au sud, sur les côtes en général, les airs sont trépidants et lancinants. Sur une même base ternaire, plusieurs rythmes ont vu le jour, parfois assez élaborés, toujours très rapides. Parmi les plus fameux, le ***salegy*** du Nord et le ***tsapika*** du Sud, dérivés de musiques traditionnelles en usage dans les différentes cérémonies d'antan. Musiques diaboliques s'il en est, toujours faites pour la danse, souvent associées à l'alcool et au chanvre qui, bien plus que la techno, mènent à la transe ! Des danses libératoires qui ne possèdent que quelques mouvements et pas de base imposés. Très physiques, débridées, voire franchement délurées, elles engagent le corps en entier et sont d'un érotisme torride et sans équivoque ! Voyez les « claudettes » des grands noms du show-biz : Jaojoby pour le *salegy* et Tirike pour le *tsapika.* Le *vazaha* le plus branché côté « dance » aura du mal à suivre !

## Dans les Hautes Terres

De l'Imerina au Betsileo, à l'opposé de ces rythmes « sauvages », l'expression musicale est solitaire, intimiste, tout en douceur, et les sentiments, que l'on sait pourtant tout aussi ardents, s'affichent de manière platonique. Les rythmes y sont alors plus lents, plus sensuels, souvent accompagnés de gestes d'automates pour appuyer une phrase... Un groupe a fait naître, lors de la révolution culturelle de mai 1972, un vrai style de chansons populaires à texte, proches de la country et du blues. Il s'agit du groupe betsileo Mahaleo, vénéré depuis plusieurs dizaines d'années, dont le leader Dama a d'ailleurs été élu député. Un film a même été tiré de leur histoire. Plus modernes, plus engagés, Éric Manana et surtout Samoela perpétuent une tradition de troubadours contestataires. À Tananarive, les missions religieuses ont également bien ancré chœurs et chansons évangéliques, avec une ferveur soutenue pour ceux et celles des temples protestants.

## L'*hira gasy*

On ne peut survoler les traditions musicales du pays sans parler des troupes ambulantes d'*hira gasy* (« chanson malgache »), spécialité de l'Imerina. L'*hira gasy* est un spectacle complet de chants, danses, théâtre, discours (le fameux *kabary*), dans des joutes opposant deux troupes. Très populaires, ces « opérettes rurales » sont apparues il y a longtemps dans les campagnes avant d'accéder à la cour des rois au XVIIIe s et de devenir un art national. Les *tropy* d'hommes et de femmes portent aujourd'hui des costumes à dominante rouge vif, qui rappellent les uniformes des soldats de l'Empire. Accompagnés par des instruments modernes européens, trompette, clarinette, violon et tambour, les acteurs hurlent plus qu'ils ne chantent la sagesse populaire sur des textes inspirés des légendes, de la vie de tous les jours ou des sentiments amoureux. C'est un incontestable vecteur d'éducation utilisé, par exemple, dans la lutte contre le sida. Des représentations d'*hira gasy* sont souvent programmées. Se renseigner à la maison du tourisme de la capitale ou dans les mairies.

### LE ROI DU JAZZ

*On ne saurait parler de la musique malgache sans évoquer une contribution méconnue à l'histoire du jazz. Andy Razaf (1895-1973), petit-neveu de la reine Ranavalona III de Madagascar, fut l'un des compositeurs-arrangeurs attitrés de Duke Ellington !* Honeysuckle Rose, *c'est lui !*

## Les instruments

Au registre des instruments de musique, il faut mentionner la ***valiha,*** cithare sur bambou tubulaire originaire d'Indonésie. De toute taille, avec cordes d'acier (câble de frein de vélo !) ou de fibres de bambou étirées, elle est répandue dans toute l'île et participe depuis longtemps à l'animation des cérémonies. Le virtuose le plus connu de cet instrument s'appelle Justin Vali ; on trouve facilement ses albums dans le commerce. La petite guitare ***kabosy,*** quant à elle, connaît un regain de faveur et est de plus en plus valorisée par les nouveaux artistes malgaches pour ses sonorités acidulées. Enfin, l'***accordéon,*** arrivé avec les Occidentaux, fait désormais partie du panel instrumental malgache traditionnel. Quand ses sifflets sont modifiés pour mieux coller aux sonorités locales, il prend le nom de ***gorodo.***

# ONG ET AIDE AU DÉVELOPPEMENT

Avec l'appauvrissement du pays, les organismes d'aide ont progressivement occupé une place toujours plus importante au sein de la société. Ne serait-ce qu'en termes économiques, l'aide représente un secteur de poids, pourvoyeur de nombreux emplois, et l'on voit mal comment la coopération, temporaire par nature, pourrait cesser sans provoquer une crise. De fait, ces organisations interviennent dans tous les secteurs de la vie de la nation, du social à l'économie en passant par les infrastructures. Elles sont très nombreuses à Madagascar (plusieurs centaines !), et font du pays l'un des plus aidés au monde. Pour les plus grosses organisations, Nations unies ou délégations de l'Union européenne, la coopération s'effectue via le gouvernement. Au bas de l'échelle, on trouve les organisations non gouvernementales (ONG), associations d'aide au développement qui, si elles disposent de moins de fonds, travaillent au plus près du terrain par un engagement plus militant.

Quelles qu'elles soient, ces organisations rencontrent plus ou moins de succès. Ici comme ailleurs, on cherche encore la recette miracle qui provoquerait une amélioration rapide et massive des conditions de vie de la population. Aujourd'hui, la tendance générale est à la responsabilisation par des programmes d'aide cherchant à s'appuyer toujours plus sur des structures locales : celles-ci prendraient le relais d'une gestion extérieure à l'issue d'un transfert de connaissances. Ainsi les associations malgaches ont-elles fleuri comme crocus au printemps depuis quelques décennies. Quelques-unes se sont affirmées grâce à l'intervention de religieux étrangers. On peut citer deux réussites éloquentes : le Conseil de développement d'Andohatapenaka (CDA), fondé par le père Couture, et Akamasoa, fondé par le père Pedro, dont le rayonnement est parvenu jusqu'en France.

On peut visiter les centres du CDA et d'Akamasoa en prenant rendez-vous. Concernant les autres organisations d'aide au développement, elles n'apprécient guère d'être visitées à l'improviste. Il vaut toujours mieux téléphoner au préalable et, même, prendre contact avec le siège avant d'arriver sur place.

■ ***CDA :*** *dans le quartier d'Andohatapenaka, à Tananarive.* ☎ *22-273-07.* • *contact@cda-madagascar.org* • *cda-madagascar.org* • Ce qui caractérise le CDA, c'est un engagement résolu pour l'autodéveloppement par l'autopromotion de ses membres et bénéficiaires. Le centre est situé au cœur de l'un des quartiers les plus pauvres de la capitale. Son action tourne autour de l'assistance sociale, de la formation et de la création d'emplois pour les familles démunies. Ainsi, on y trouve une menuiserie, un atelier de ferronnerie, un atelier d'artisanat, etc. Ils disposent d'ailleurs d'une salle de vente de produits artisanaux et proposent de louer des chambres aux touristes qui le désirent.

■ ***Akamasoa :*** • *assoc.ppedro.opeka@orange.fr* • *perepedro.com* • Situés en dehors de la capitale vers Tamatave, les principaux villages de l'association peuvent se visiter. Ici, le village d'Akamasoa accueille les pauvres d'entre les pauvres, vivant sur des décharges dans les rues, qui sont dans le plus grand dénuement. Les familles y sont prises en charge selon un contrat très ferme qui engage leur responsabilité. Le travail et la scolarisation des enfants sont notamment obligatoires. Elles reprennent alors leur place au sein de villages où la solidarité traditionnelle est reconstruite peu à peu. Difficile de résumer en quelques lignes le travail colossal qui a été effectué depuis la création de l'association en 1989. « Aujourd'hui, précise le père Pedro, avec mes 480 collaborateurs malgaches, dont 80 % de femmes, on fait tourner une quasi-ville de 17 000 âmes, avec 5 écoles, 4 collèges, 2 lycées et 3 cimetières. » L'éclairage public a été installé par Électriciens sans frontières (ESF), une ONG française. Les enfants bénéficient d'un vrai repas à la cantine. Malgré les 3 000 emplois déjà créés, Akamasoa est encore très loin de l'autofinancement et a toujours besoin de dons. Le mieux est d'aller se rendre compte par soi-même que l'aide, ça peut marcher ! Vente d'artisanat malgache sur place. On vous recommande en particulier de vous y rendre le dimanche matin, sur les coups de 9h, pour assister à la messe. Là, rassemblés dans un gymnase couvert aménagé, des centaines d'enfants assis par terre chantent à tue-tête. Une messe très joyeuse donc, agrémentée de chants et de danses, et rythmée par le battement des mains ! Impression extraordinaire de solidarité et de générosité. Voir aussi la rubrique « Livres de route » dans « Madagascar utile ».

■ ***AINA :*** • *aina.infos@gmail.com* • *ainaenfance.org* • AINA signifie « souffle de vie » en malgache, mais aussi « aide », « initiative », « nouvelles amitiés ». Cette association loi 1901 franco-malgache, qui a pour but essentiel d'aider au développement des populations déshéritées locales, donne des moyens permettant l'acquisition de terrains, dont une partie est réservée à la construction de bâtiments à usage collectif et d'ateliers et une autre à vocation agricole, pour favoriser l'apprentissage et les cultures de base. Elle cherche à développer et à assurer l'éducation, la formation professionnelle, la fourniture de matériel et d'outillage, à mettre en valeur l'artisanat local et à apporter des soins médicaux (nutrition, hygiène et prévention). Un moyen d'aider est d'adhérer à l'association ou de faire un don à l'adresse mentionnée plus haut.

■ ***Association Écoles du monde :*** *à Majunga, derrière la Maison de la culture Mangarivotra.* ☎ *20-62-242-56. Pour vos dons, en France : 156, rue du Château, 75014 Paris.* ☎ *01-43-22-12-16.* • *bureau@ecolesdumonde.org* • *ecolesdumonde.org* • C'est le coup de cœur d'un producteur français de pubs et de films de cinoche, Charles Gassot (*La vie est un long fleuve tranquille, Le bonheur est dans le pré, Un air de famille...*). Même s'il n'a pas obtenu un franc succès avec son *Michael Kael contre la World Company* tourné entre autres près de Majunga, il s'est totalement investi dans cette région, au travers d'une ONG destinée au développement des villages isolés par l'éducation des enfants (enseignement, eau, santé, développement agricole, etc.). Partant du simple constat que seuls 3 enfants sur 10 sont scolarisés à Madagascar, il a notamment entraîné dans cette aventure des acteurs et des techniciens de cinéma, « parce que les individus, eux, n'hésitent pas à agir dans la mesure de leurs moyens ».

■ ***Graines de Bitume :*** *on peut les contacter directement sur place :* 📱 *034-39-666-90 ou 91.* • *grainesmada@yahoo.fr* • *grainesdebitume.org* • *Pour les soutenir, adressez vos dons à* Graines de Bitume, *1 bis, rue Parrot, 75012 Paris (chèques à l'ordre de* Graines de Bitume *ou paiement Paypal via le site internet). Vous pouvez éventuellement visiter l'un de leurs centres à Tana, afin de voir le travail concret réalisé auprès des enfants des rues. Sinon, possibilité de déposer des dons en nature (vêtements pour enfants, fournitures scolaires...), directement à la* Résidence Lapasoa *ou à l'hôtel* Sakamanga *à Tananarive (voir « Où dormir ? Dans la Ville intermédiaire »), qui sont en contact étroit avec l'association.* *Graines de Bitume* est une association basée à Antananarivo qui favorise la réinsertion scolaire ou professionnelle des enfants et des jeunes en situation difficile, vivant souvent de petits boulots et dans des conditions d'habitat très rudimentaires. L'association accueille environ 280 enfants répartis sur deux centres de jour et leur apporte un accès aux besoins fondamentaux (santé, hygiène et alimentation), une chance de réaliser leur projet de vie (accès à la scolarisation, soutien scolaire, remise à niveau et formation professionnelle) et, enfin, un accès à des activités artistiques et culturelles. Au-delà de ces programmes, des accompagnements éducatifs et des suivis sociaux sont mis en place auprès des enfants et des jeunes par les équipes éducatives de l'association.

■ ***Fanamby :*** *lot II K 40 bis, Ankadivato, Antananarivo 101.* ☎ *020-22-636-61.* • *fanamby@fanamby.org.mg* • *association-fanamby.org* • Une association malagasy composée d'une équipe multidisciplinaire, qui relève le défi d'un aménagement concerté des espaces terrestres et marins, en partenariat avec la population locale et à son service, misant sur l'initiative privée et les nouvelles technologies, pour la conservation durable de la biodiversité. Sur ses six sites d'intervention (Loky-Manambato, Anjozorobe-Angavo, Menabe-Antimena, Andrafiamena-Andavakoera, Bombetoka-Belomboka et Sainte-Marie, soit sur plus de 600 000 ha d'aires protégées), Fanamby apporte et développe une approche du tourisme durable au bénéfice des communautés locales et en harmonie avec le paysage. Retrouvez-les à Menabe au *Camp Amoureux*, à Daraina au *Camp Tattersalli*, et à Anjozorobe au *Saha Forest Camp*.

■ ***ECPAT France :*** *logement n° 36, cité des Professeurs, Ankatso, Antananarivo 101, BP 60139.* ☎ *020-22-279-38.* • *madagascar@ecpat-france.org* • *ecpat-france.org* • « Non à la prostitution des mineurs. Signalez les cas d'exploitation sexuelle des enfants ! » est l'un des messages clés de l'association ECPAT France qui, après avoir repris en 2012 les activités de l'ONG Groupe Développement, mène à Madagascar un projet de lutte contre l'exploitation sexuelle des enfants. À ce titre, elle coordonne des actions de sensibilisation auprès de la population et des touristes nationaux et étrangers, de mobilisation des pouvoirs publics et du secteur privé, notamment touristique, et de prise en charge et d'accompagnement des mineurs victimes de prostitution.

■ ***PSI/Madagascar :*** *immeuble* FIARO, *BP 7748, escalier D, 2e étage, Ampefiloha, Antananarivo 101.* ☎ *020-22-629-84.* • *rmoore@psi.org* • *psi.org/madagascar* • Contribuer à l'épanouissement de la population malagasy vulnérable en améliorant sa santé, tel est le credo de l'ONG *Population Services International* (PSI). Spécialisé dans le marketing social, cet organisme met à disposition de la population des produits (médicaments distribués en pharmacie) et des services de santé accessibles. À travers une solide communication pour le changement de comportement, PSI/Madagascar informe et sensibilise les familles malgaches dans les domaines de la santé reproductive, de la survie de l'enfant et de la prévention du VIH/sida. L'ONG forme et appuie également techniquement un réseau de 213 cliniques franchisées qui offrent à toute la famille divers soins de santé de base.

Ne pas manquer non plus • *madacraft.org* • pour acheter malagasy et malin.

Bon, mais, histoire de finir sur une touche d'humour et de solidarité mêlés (l'un n'excluant pas l'autre), nous ne pouvons pas ne pas vous citer :

■ ***ZOB*** *(Zebu Overseas Board) : rue Jean-Ralaimongo, près du marché Antsenakely, en face d'Access Banque, à côté de la boutique Orange, à Antsirabe. ☎ 20-44-492-04. • contact@zob-madagascar.org • zob-madagascar.org* • Cette entreprise sociale, à l'humour ravageur, fait aussi dans le sérieux et l'efficacité en vous proposant d'acheter un zébu qu'une famille d'agriculteurs utilisera dans ses travaux quotidiens. Comme il s'agit de responsabiliser et non d'assister, vous toucherez des dividendes sur la production de lait et de veaux, crédités sur votre PEZ, le « Plan épargne zolidarité » ! Possibilité de contempler la tête de votre animal sur Internet, de le revendre à tout moment ou de venir lui rendre visite si l'éloignement est trop douloureux. Dernier cadeau à la mode : en offrir un à ses amis ! Des milliers de zébus ont déjà été vendus, dont un à l'ancien sénateur français Michel Charasse ! Aujourd'hui, l'association s'élargit et propose aux généreux donateurs d'investir dans une charrette, une vache laitière, ou encore dans un cochon.

## PARCS NATIONAUX ET RÉSERVES

En réaction à la disparition des forêts et à ses conséquences sur la faune et la flore, une cinquantaine de parcs et réserves ont été créés sur l'île. *Madagascar National Parks (MNP)* en assure la conservation durable et la cogestion avec les populations locales, en parallèle avec le développement de l'écotourisme. Le *MNP* conjugue parfois sa mission avec la collaboration d'ONG comme le *Fonds mondial pour la nature (WWF), Durell Wildlife Conservation Trust (DWCT), Wildlife Conservation Society (WCS)...*

■ ***Madagascar National Parks*** *(MNP) : 034-49-415-38 ou 034-49-418-83. • contact@madagascar.national.parks.mg • parcs-madagascar.com* • Étant donné leur statut, les aires protégées gérées par le MNP ne sont pas toutes ouvertes au public. On en distingue trois types :

– ***les parcs nationaux,*** comme celui du massif de l'Isalo, sont accessibles à tous. Noter que six d'entre eux, répartis le long des marges orientales de l'île, ont été classés au Patrimoine naturel mondial en 2007, sous le terme générique de « forêts humides de l'Atsinanana » ;

– ***les réserves spéciales,*** créées pour protéger des espèces animales ou végétales particulières (comme la réserve spéciale d'Analamazaotra, Andasibe), sont également accessibles au public ;

– ***les réserves naturelles intégrales,*** entièrement protégées, sont ouvertes uniquement aux chercheurs.

Il existe aussi des réserves forestières gérées par des ONG, mais accessibles, ainsi que des réserves privées (comme Berenty, près de Fort-Dauphin), ouvertes au public mais, parfois, un peu (voire beaucoup) plus chères d'accès.

Parmi les parcs nationaux, sept (Isalo, montagne d'Ambre, Ankàrana, Ranomafana, Andasibe-Mantadia, Masoala-Nosy Mangabe et les Tsingy du Bemaraha) sont classés dans une catégorie supérieure en raison de leur fréquentation importante et de la manne financière qu'ils représentent. Mais ce ne sont pas forcément les plus intéressants : l'Isalo et Ranomafana tendent à devenir des parcs à touristes, l'ascension du pic Bobby ne vaut pas plus que celle de Marojejy, l'Ankàrana, malgré ses Tsingy extraordinaires, n'a pas l'éclat des Tsingy rouges d'Irodo, etc.

## Le fonctionnement du *MNP*

- ***Tickets d'entrée :*** ils s'achètent directement au bureau d'accueil de chaque site ou encore à Tananarive, à l'*Ecoshop* du MNP qui se trouve à la gare Soarano. Leur montant varie selon la catégorie du parc et la durée de la visite. Le tarif de base de l'entrée va environ de 10 000 à 25 000 Ar pour 1 à 4 jours. Mais pour les parcs de la catégorie supérieure, la visite coûte de 25 000 à 50 000 Ar pour 1 à 4 jours. Ces tarifs sont élevés (tout comme les tarifs des guides d'ailleurs) au regard du coût de la vie locale, mais, si on compare ces prix à ceux pratiqués ailleurs en Afrique ou dans le reste du monde, cela reste abordable. Sachez par ailleurs que 50 % de cet argent revient à la population locale dans le cadre de l'appui à leur développement économique.
- ***Guides :*** il y a plusieurs sortes de guides collaborant avec le *MNP* (les stagiaires, les pisteurs, les guides confirmés, les écotouristiques...), et même des guides spécialisés dans la faune et la flore de certaines réserves. Mais ne vous laissez pas impressionner. On peut tomber sur un bon comme sur un mauvais, et ce n'est pas toujours le titre qui fait la différence, mais la vraie culture personnelle et la facilité à communiquer ou pas. Les bons noms circulent parfois, sinon faire son choix soi-même en discutant avec le garçon ou la fille en question. Bien sûr, le tarif de guidage s'ajoute au prix d'entrée sur les sites. Il est généralement valable pour un groupe jusqu'à 4 ou 5 personnes. Le *MNP* a également mis en place le système de guichet unique qui suppose un seul guichet pour le paiement de toutes les prestations liées à la visite d'une aire protégée (entrée dans le parc, tarif de guidage). Il y a toujours des tarifs affichés dans les bureaux du *MNP*. Les suivre scrupuleusement : les entourloupes sont monnaie courante, notamment sur les sites les plus fréquentés. Ce n'est pas normal, et les autorités compétentes ne parviennent pas pour l'instant à régler ce problème. Certains parcs, cependant, comme Ankarafantsika et Bemahara, respectent scrupuleusement les tarifs. Dans ces parcs, les clients ne peuvent choisir eux-mêmes leur guide, de manière à éviter les abus.

## Les réserves non gérées par le *MNP*

Elles fonctionnent en général sur le même principe (ticket d'entrée + droit de guidage). Notez que la réserve privée de Berenty à Fort-Dauphin est hors de prix.

## Le respect de l'environnement... et de son organisme !

Si l'on a des droits, on a aussi des devoirs ! Quelques rappels de bon sens : ne jamais allumer de feu dans les endroits non prévus à cet effet. Enterrer les déchets biodégradables et emporter ceux qui ne le sont pas. Idem pour le PQ, s'il vous plaît ! Enfin, et bien sûr, respecter les us et coutumes locaux (se renseigner avant et sur place) et ne pas transgresser les *fady* (interdits), du style parcelles de terrain sacré (parfois même en bord de plage), forêt du même tonneau, viande de porc dans certains endroits, port de certains vêtements, etc. En résumé, comme le dit un panneau sur la route de l'Ankàrana : « N'emportez que des photos, ne laissez que l'empreinte de vos pieds. » Lire aussi les rubriques « Savoir-vivre et coutumes » plus loin et « Bagages » dans « Madagascar utile » pour le matériel nécessaire.

– Enfin, TRÈS IMPORTANT, lorsque vous partez en randonnée pour la journée, ne soyez pas inconscient : il faut toujours prévoir 3 L D'EAU PAR PERSONNE ET PAR JOUR MINIMUM, soit deux bouteilles vendues dans le commerce. Certains touristes s'en sont mordu les doigts et rongé les sangs. Il fait TRÈS chaud à Madagascar.

# POPULATION

## Diversité de la population

Les différentes composantes de la population se retrouvent pour une part dans leurs traits physiques. Les gens des plateaux, que l'on appelle ***Ambaniandro*** (littéralement « sous le soleil »), de type plus indonésien, se distinguent assez nettement des côtiers, plus africains. Cela demande évidemment à être nuancé, dans la mesure où il y avait en Imerina des esclaves venus des côtes, dont le caractère africain est plus ou moins marqué. Cela dit, la distinction entre *Fotsy* (Blancs) et *Mainty* (Noirs) correspond à des types physiques et à des origines différentes (indonésienne ou africaine), mais est surtout devenue une distinction sociale partout très marquée. On dénombre officiellement 18 ethnies proprement malgaches, sans compter la présence sur l'île de ***Karana*** (Indo-Pakistanais), de ***Sinoa*** (Chinois) et de ***vazaha*** (étrangers européens).
Une autre distinction importante est celle qui oppose, un peu partout, les *tompontany,* maîtres de la terre, aux émigrants. Toutes les ethnies se sont constituées sur le même modèle : des étrangers s'allient à des clans autochtones en épousant leurs femmes. Ces hommes célibataires, commerçants, aventuriers ou pirates, épousent des femmes indigènes et échangent des terres contre un savoir, religieux ou technique. En fait, ils prennent ainsi le pouvoir, mais de façon généralement pacifique. Plus de la moitié des 18 ethnies se sont constituées ainsi.

## Les noms ethniques

Ils sont composés avec :
– le préfixe *ante* (parfois orthographié par les Français « anta »), qui désigne l'origine, un lieu ou un ancêtre, par exemple *Antefasy,* « ceux du sable », *Antemorona,* « ceux des rivages », *Antesambo,* « ceux du bateau », ou *Antekazimambo,* « descendants de Kazimambo » ; on trouve parfois dans des ouvrages anciens Temoro pour Antemoro, Tesaka pour Antesaka ;
– le préfixe *zana,* de *zanaka* (« enfant »), ou *zafy* (« petit-fils »), qui désigne les descendants d'un même ancêtre : ZafiRaminia, « descendants de Raminia ».
D'autres noms sont des sobriquets, donnés à des clans par leurs vainqueurs, comme Betanimena, littéralement « les nombreux couverts de terre rouge ».

## Les noms de personnes

En Imerina, la particule nobiliaire « Ra » a perdu aujourd'hui cette signification dans beaucoup de cas. En revanche, l'ancienne stratification sociale, le système des castes, est encore très présente : les Malgaches sont rompus à l'exercice difficile de savoir qui est qui, et pour cela de repérer des indices dans la composition de certains noms ou dans le village d'origine (*tanindrazana* : « terre des ancêtres »). Voilà pourquoi les noms malgaches sont aussi longs...
On trouve parfois le suffixe « son » dans les patronymes (par exemple : Marson, Rakotoson, Raveloson), principalement chez les protestants, trace d'un usage chez les Norvégiens et les Anglo-Saxons (*son* : « fils de ») !
Les noms de famille sur les côtes sont liés à la colonisation et à l'établissement de l'état civil. Le plus souvent, le nom du lignage est devenu nom de famille, ce qui ne posait pas de problème, la plupart des sociétés étant patrilinéaires.

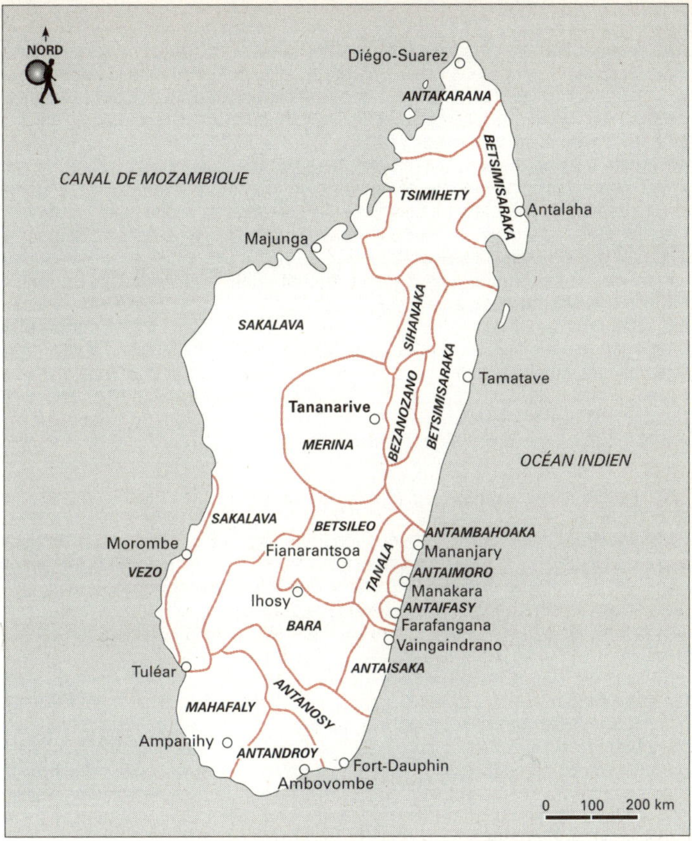


## LES PRINCIPALES ETHNIES

Dans l'usage de beaucoup de régions, on n'appelle pas les adultes par leur nom, mais par une expression signifiant « père ou mère de... » suivi du nom de leur fils ou de leur fille aînée : ainsi Aban'i Pierre, « père de Pierre », Endrin'i François, « mère de François ».
La coutume veut aussi que les rois ou chefs de lignages importants soient désignés par un nom posthume (attribué après leur décès), de même qu'ils ont reçu, à leur avènement, un nom royal.
Par ailleurs, dans de nombreuses régions, lorsque des parents voient tous leurs enfants mourir en bas âge, on va donner au nouveau venu un nom de chose, un nom sans importance, voire un nom d'excrément, de manière à ce qu'il ne soit pas convoité par quelque mauvais esprit. Il pourra ensuite changer de nom à l'âge adulte.
Quant au prénom, c'est un apport occidental, ce qui explique que les familles les aient choisis (et encore souvent aujourd'hui) dans le calendrier des saints. Mais, des prénoms proprement malgaches voient le jour, dotés d'une signification, comme les noms patronymiques donc. Chez les filles, on pourra, par exemple, rencontrer Fanja (« bouton de fleur »), Voahangy (« perle »), et chez les garçons Manda (« forteresse »).

## Une société de castes

La plupart des ethnies officielles ont constitué autrefois de petits royaumes. C'est le cas de celles qui ont été fondées à partir de l'alliance entre des émigrants et des groupes autochtones. Il en a découlé une stratification sociale très hiérarchisée et une organisation en groupes très proche du système de castes hindou. La société est alors organisée en quatre castes ou plus.

Le modèle ***merina*** en est un exemple : les *andriana,* des nobles, regroupant la famille royale, d'origine indonésienne ; les *hova,* ou hommes libres, descendants des Vazimbas, les premiers habitants de l'île ; les *mainty,* esclaves et affranchis ; et les *andevo,* esclaves à proprement parler, généralement prisonniers de guerre. Enfin, les nobles eux-mêmes sont divisés en huit clans jouissant de privilèges plus ou moins importants. Les ***Antemoro*** sont également organisés en quatre castes : *anteony,* nobles ; *antalaotra,* spécialistes du rituel ; *ampanabaka,* roturiers ; et *antevolo,* des parias. Le système des anciens ***Antanosy*** était encore plus complexe, car il mettait en parallèle deux hiérarchies, l'une blanche *(fotsy),* l'autre noire *(mainty),* comme si les émigrants islamisés avaient maintenu, à côté de leur propre organisation, une organisation en miroir conservant pour partie l'ancienne structure sociale indigène. Les ethnies qui n'ont pas constitué de royaume fonctionnent plutôt comme des fédérations de clans.

## Des relations sociales complexes

Les Malgaches, dans leur vie de tous les jours, sont régis par des conventions sociales complexes. C'est chez les populations de l'Imerina que ces convenances ordinaires, au sens de codes en vigueur, restent le plus enracinées. Vouloir s'en passer, comme sont parfois tentés de le faire certains *vazaha vaovao* – étrangers fraîchement débarqués –, est très mal vu et entraîne une déconsidération sociale définitive.

Cette manière passéiste de vivre s'exprimera dans la façon de dire tout simplement « Bonjour ». Un paysan pauvre, pieds nus dans sa rizière, peut être un ancien noble. Il conviendra alors pour le jeune chef d'entreprise, devenu riche mais moins bien né, de le saluer comme il se doit. Personne n'ignore jamais d'où vient son prochain ou son collègue de bureau. La physionomie, la couleur de la peau, et même la frisure du cheveu, tout concourt à cataloguer. Les nécrologies fleuves publiées dans les journaux rappellent cette origine, afin qu'il n'y ait pas erreur sur la personnalité du défunt.

Le respect dû aux anciens, le culte de la famille sont érigés en dogme. Se soustraire à leur autorité conduit, en général, à l'exil si, par exemple, un mariage « contre nature », hors de l'ethnie ou de la caste, est contracté par amour. Chez les ultras, le père, sur son lit de mort, fera promettre à sa fille de ne pas épouser un étranger. Ce qualificatif vise tout autant un *vazaha* qu'un compatriote qui ne serait pas du même « sang ».

## Le pouvoir des grandes familles

Dans la société, un attachement et une solidarité absolus soudent les familles. Rien n'est plus précieux que les enfants, considérés comme une richesse qu'il faudra perpétuer. Il est donc normal que certaines familles, respectées pour leurs origines royales ou nobles, exercent encore sur la vie politique du pays une autorité morale indiscutable.

Dans toutes les régions, les descendants de rois et de reines ou de chefs coutumiers jouissent toujours d'un indéniable pouvoir spirituel, qu'ils soient aujourd'hui riches ou pauvres. Rien d'important (élections, bien sûr, mais aussi barrages, projets agricoles ou industriels, etc.) ne se décide sans leur avis, voire leur bénédiction, qui donnera lieu à des cérémonies rituelles.

Aucun régime n'a jamais bravé cette « puissance » héritée de l'histoire, pas plus la colonisation que la révolution qui l'a suivie. Au contraire, tous s'en sont servis. De façon diffuse mais permanente, ces grandes familles à l'activisme discret sont présentes dans toutes les sphères (religieuse, politique et économique) des régimes, et ont toujours leur mot à dire, même si le secret reste bien gardé. Pour la chute de Tsiranana en 1972, elles sont dans la rue ; pour l'assassinat du colonel Richard Ratsimandrava en 1975, elles agissent dans l'ombre ; pour pousser le président Ratsiraka à la démission en 1991 et à l'exil en 2002, elles sont consultées.

### LA PARENTÉ À PLAISANTERIE

*Cette coutume lie deux groupes de statut souvent inégal, comme des lignages de nobles et d'anciens esclaves. À l'intérieur de cette relation particulière, les partenaires peuvent s'insulter, se voler, avoir des relations sexuelles avec l'épouse de leur parent « à plaisanterie », insulter le cadavre de l'autre, sans que personne n'y trouve à redire. Tout est permis, même si cela devient tout de même de plus en plus rare.*

### Coexistence pacifique et non-violence

Entre ces ressentiments interethniques venus de la nuit des temps, ces antagonismes sociaux établis sur l'origine, qui ont quelque chose d'un « apartheid » inavoué, et l'omniprésence diffuse de dynasties sans existence officielle, la vie à Madagascar devrait être un enfer ! Il n'en est rien, du moins pour l'instant. Malgré les tensions de 2002 dues à la guerre des chefs au sommet de l'État, les relations intercommunautaires sont pacifiques, données pour exemplaires, comparées à ce que vivent certaines populations d'Europe, d'Afrique ou d'Asie. Une superbe et cordiale indifférence maintient, en définitive, chaque Malgache dans son îlot natif, mais totalement respectueux de cette autre règle de conduite occulte : « Ne fais jamais à ton voisin ce que tu ne veux pas qu'il te fasse. » S'il y a un miracle malgache, il est bel et bien là !

## RELIGIONS ET CROYANCES

### Le culte des ancêtres

Les Malgaches croient à l'existence d'un dieu créateur, qu'ils appellent *Zanahary,* ou encore *Andriamanitra,* « le prince parfumé ». Mais ce dieu est lointain, alors on s'adresse plutôt aux ancêtres qui sont les véritables médiateurs entre les hommes et le monde surnaturel. On les invoque dans toutes les occasions rituelles pour qu'ils protègent leurs descendants.

S'il n'y a pas de temple ni d'église, on trouve dans de nombreuses ethnies des poteaux de bois effilés *(hazomanga)* sur l'aire de terre battue, près du coin est de la maison du chef de lignage ; ou bien des pierres levées. Les sacrifices de zébus, les circoncisions, les rituels conjuratoires y ont lieu. Les sources, les arbres, les rochers sont également des lieux de culte : on imagine qu'ils sont habités par des forces surnaturelles qu'on essaie de se concilier par des offrandes.

Mais il y a aussi de nombreux êtres surnaturels, gnomes, nains, êtres difformes, chevelus et griffus, plus ou moins maléfiques : on les appelle *biby, zavatra* ou encore *kalanoro* selon les régions. Des rivières et des étangs sortent des ondines, les *zazavavindrano,* qui attirent les hommes au fond des eaux. Les Malgaches croient aussi à l'existence des *kokolampy* (ou *koko*), des anges gardiens qui protègent les enfants et veillent à leur éducation. Autrefois, on rencontrait des enfants aux cheveux emmêlés en dreadlocks, comme de petits rastas : on disait que c'étaient leurs anges gardiens qui les coiffaient.

## Le christianisme

Les croyances traditionnelles cohabitent aujourd'hui avec les grandes religions européennes, le protestantisme et le catholicisme. L'influence de ces Églises et de leurs missionnaires est très grande. Le journal jésuite *Lumière* a été pendant tout le régime policé de Tsiranana le seul organe de presse d'expression indépendante et critique. *Lakroa,* la version malgache de ce journal, continue aujourd'hui dans la même voie.

## L'islam

La présence de l'islam à Madagascar est principalement liée aux migrations sur la côte est. Les populations antemoro, antambahoaka et antanosy se réfèrent toutes à un premier ancêtre, Raminia, venu de La Mecque. On sait aujourd'hui qu'il ne s'agissait pas d'Arabes, mais plutôt d'Indonésiens islamisés : cette référence à La Mecque est symbolique. C'est ce qui explique qu'il n'y a pas de liens avec d'autres communautés de musulmans, comme c'est le cas en Afrique. Cette religion, que les émigrés importaient, était aussi marquée par des croyances et des pratiques religieuses proprement indonésiennes.
Depuis leur arrivée, les musulmans ont également subi l'influence des religions pratiquées par les populations autochtones. Ce qui fait qu'aujourd'hui on est plutôt en présence de traits culturels subsistants : des références à La Mecque et au Coran, la connaissance de quelques versets et prières, des interdits (manger du chien ou du cochon), l'astrologie et la divination par les graines (faisant partie de la géomancie), et l'arabico-malgache, transcription de la langue malgache en graphie arabe. Les lignages antemoro conservent encore des manuscrits, qu'on appelle *sora-be,* dans lesquels sont consignés des versets du Coran, des textes ésotériques, mais aussi des généalogies et des récits historiques. Les Antemoro fabriquent le papier avec une écorce d'arbre bouillie puis compressée. La couverture est en peau de zébu, et l'encre est une décoction de plantes. Ce sont des Européens qui, s'inspirant de ces techniques et insérant des fleurs et des feuilles dans la pâte, ont créé ce que l'on vend aujourd'hui sous le nom de papier antemoro. Aujourd'hui, l'islam est véhiculé par les musulmans indo-pakistanais qui financent mosquées et écoles coraniques.

## Le *famadihana* ou « retournement des morts »

Cela commence toujours par un songe : une femme a vu en rêve l'ancêtre au bord de son lit, se plaignant d'avoir froid dans son tombeau, d'être délaissé par ses descendants (les *zanadrazana*). Les chefs de famille vont alors consulter le *mpanandro,* le devin-astrologue, qui fixe le jour du *famadihana,* étymologiquement le jour du « passage d'une vie à une autre ». Il s'agit de rappeler le défunt au bon souvenir de la collectivité, de profiter de sa présence pour lui demander conseil ou protection, puis de rendre plus confortable son retour dans l'au-delà. Les femmes tissent alors de nouveaux *lambamena* (linceuls de soie rouge, aujourd'hui grège) qui remplaceront ceux d'origine. Le jour fixé, la famille et tous les invités se retrouvent autour du tombeau : on l'ouvre, on sort l'ancêtre en lambeaux et quelques autres par la même occasion. On change les *lamba* des morts, comme on lange des enfants, avec des gestes de douceur et de tendresse, et on tient dans les bras ces déjà-morts comme des nouveau-nés. Puis vient le temps de fêter l'ancêtre : par petits groupes, à tour de rôle, tous les *zanadrazana* portent le corps du défunt dans une danse syncopée, faite d'allers-retours autour du tombeau. Un orchestre, *mpihira gasy,* prend le relais des festivités, auxquelles sont conviés l'ensemble des invités : on partage le porc ou le zébu sacrifié pour l'occasion, on danse, on boit, on rit... Et cela peut durer jusqu'à 2 ou 3 jours, au terme desquels le corps retourne au tombeau. Entre-temps, le défunt repose sur un autel construit pour la circonstance.

La cérémonie du *famadihana,* spécifique aux Hautes Terres (Merina, Betsileo), existe sous d'autres formes chez d'autres ethnies (Bara, Betsimisaraka, Sakalava, Mahafaly...). Le mort n'est jamais à proprement parler retourné, mais il peut faire l'objet d'une toilette, d'un transfert d'un tombeau temporaire vers un emplacement définitif. Dans tous les cas, il s'agit de réconforter le défunt et de s'assurer de son soutien en le fêtant avec liesse, mais aussi en le berçant avec des murmures attentionnés. Si la vue du cadavre en décomposition suscite chez nous de la frayeur ou excite notre curiosité, il n'en va pas de même à Madagascar où le souffle des ancêtres accompagne quotidiennement les choix de tout un chacun.

## Le *tromba*

Le *tromba* est un rituel de possession que l'on rencontre particulièrement dans l'Ouest, l'Imerina et le Sud-Est. Quelles que soient les variantes, le possédé est toujours incarné par un roi défunt qui parle par sa bouche et conseille les vivants. Les possédés, notamment chez les Sakalavas, étaient des alliés des rois : à travers eux, les rois défunts et prestigieux légitimaient et confortaient leur pouvoir. Ainsi, par leur bouche, les ancêtres donnaient-ils leur aval, en quelque sorte, pour toute décision, notamment politique ou militaire. Ils pouvaient aussi contester les décisions du roi et même mettre en question sa légitimité. Ils se faisaient alors l'écho (consciemment ou inconsciemment) de conflits internes qui ne pouvaient se dire au grand jour. La parole de l'ancêtre prestigieux est sans appel évidemment, et le possédé est un personnage très important car il est, par le biais de la transe, l'intermédiaire direct entre les vivants et les morts.
Il faut noter que les manifestations du *tromba* sont toujours plus importantes en période de crise. Les ancêtres se mettent alors à parler plus fort et plus souvent. Ce fut notamment le cas au début de la période coloniale, au déclin des royautés, au cours des événements de 1947 et dans la première décennie de la décolonisation.

## Les *ody* et les *sampy*

Les *ody* sont des amulettes destinées à chasser les maladies, à apporter la prospérité, à assurer des récoltes abondantes et à garantir la fécondité des femmes. Mais certains de ces charmes furent utilisés au service de groupes sociaux, et non plus d'individus. On les appela alors *sampy.* Certains étaient attachés à la royauté merina : on les appelait alors *sampin'andriana,* « les *sampy* des princes ». Ils étaient destinés à aider le roi à gouverner. On pense qu'ils sont venus de la côte orientale, apportés par les devins antemoro, conseillers des rois d'Imerina.
Il y avait 15 *sampy* dans la royauté merina, qui avaient chacun une fonction, plutôt attachés aux activités guerrières ou agricoles, selon les cas. Les étrangers n'avaient pas le droit de voir les *sampy,* mais lorsque certains eurent ce privilège, ils furent terriblement déçus : ils ne virent que quelques bouts de bois enveloppés de chiffons, quelques perles de verre, quelques restes d'animaux. Rafantaka, par exemple, était un couple d'abeilles conservé dans une corne noire ornée de perles, et Rabehaza était composé d'un morceau de bois en forme de zébu, enveloppé d'un tissu rouge, oint de miel. Les étrangers avaient bien du mal à croire que ces charmes puissent être révérés comme le signe visible de la puissance des dieux au service des rois !

## Le *tanguin*

Tous les royaumes ont pratiqué l'ordalie, que l'on désigne sous le nom de *tanguin,* qui est en réalité le poison que l'on utilise lors de ce « jugement de Dieu ». Le principe est simple : on administre à l'accusé un poison, le *tanguin.* S'il en réchappe, c'est qu'il est innocent. S'il meurt, on fait d'une pierre deux coups : on a la preuve de sa culpabilité et il est en même temps puni de son crime.

Il y a des variantes. Par exemple, dans l'Est, le *tangem-boay* ou *tanguin* du crocodile : l'accusé devait traverser le fleuve sans être dévoré ! Ou bien encore le *tangembolamena,* ou *tanguin* de l'or, moins radical : il fallait boire de l'eau dans laquelle on avait mélangé de la terre du tombeau des ancêtres, sans manifester de répugnance. On disait que le coupable se désignerait de lui-même car il ne pourrait pas supporter la présence de l'ancêtre dans son corps et se mettrait à vomir. Mais on dit aussi que l'épreuve pouvait parfois être truquée : on mettait une plante vomitive dans le breuvage ! Dans l'Ouest, ça ne valait guère mieux : on devait supporter le contact d'une barre de fer chauffée à blanc sur la langue !

## La place du zébu

Le zébu est un animal omniprésent dans la société malgache. Il symbolise toujours la richesse et l'opulence. Mais il est plus que cela : il accompagne l'homme dans tous les moments importants de sa vie, et le sacrifice d'un « longues cornes » est essentiel à tous les rituels. Qu'il s'agisse de circoncision, de funérailles, de remerciements pour un vœu exaucé ou de l'inauguration d'une nouvelle maison, on sacrifie un zébu au pied du *fatora,* le poteau cérémoniel. Si l'événement est important, ou si le personnage concerné est un notable, plusieurs animaux seront sacrifiés.
Ces animaux sont presque des doubles des hommes. Alitaoraty, l'ancêtre des Anakaras (Antemoro), serait venu de La Mecque avec un taureau capable de l'avertir d'un danger ou de lui conseiller un établissement propice. Lorsqu'une faute grave a été commise en enfreignant un interdit, le fautif sacrifie un taureau qui prend d'une certaine façon sa place. On raconte qu'autrefois, dans certaines régions, à la mort d'un monarque, ce n'étaient pas des taureaux mais bien des hommes qui étaient sacrifiés avant d'être parfois mangés.

## Les devins et astrologues

Les devins jouent un rôle très important dans la vie des Malgaches, qui est conditionnée par le caractère faste ou néfaste du moment où l'on entreprend une action. Le mois lunaire est divisé en *vintana,* périodes de 3 jours qui peuvent être, selon le cas, fastes ou néfastes. C'est le *mpanandro,* le devin astrologue, qui, après avoir étudié l'influence des *vintana,* indiquera le moment propice pour envisager un voyage, construire une maison, commencer un rituel ou partir en guerre. À la naissance d'un enfant, il est systématiquement consulté. Le *mpisikidy* est un spécialiste de la géomancie, technique de divination à partir de figures tracées sur le sable. Un système complexe de correspondance entre les figures lui permet de révéler au consultant l'origine de son mal et de lui proposer en même temps un remède. L'*ombiasa* a des pouvoirs plus étendus : c'est le gardien des connaissances rituelles et religieuses. À ce titre, il conseille les rois et les nobles.

## La circoncision

La circoncision se pratique dans toutes les ethnies. Comme dans d'autres sociétés, c'est un rite de passage qui permet au garçon de devenir véritablement un homme et de prendre sa place dans la société. L'âge où elle se pratique varie selon les régions (chez les Baras et les Betsileos vers 6 mois, chez les Sihanakas et les Antakàranas vers 4-5 ans, chez les Sakalavas entre 6 et 10 ans).
La cérémonie a toujours lieu à la saison sèche, et c'est l'occasion de plusieurs jours de festivités. Elle s'accompagne de l'immolation d'un bœuf au pied du poteau sacrificiel. Chez les arabisés de la côte est, notamment les Antemoro et les Antambahoakas, la circoncision ne se pratique que tous les 7 ans et prend l'aspect d'une cérémonie collective (le *Sambatra*), tous les enfants d'une même génération étant circoncis en même temps.
– Voir aussi la rubrique « Fêtes et jours fériés » pour les fêtes et cérémonies traditionnelles.

# SAVOIR-VIVRE ET COUTUMES

## Les rapports entre Malgaches et *vazaha*

D'un côté, Madagascar est un pays peu contraignant. D'abord, les Malgaches, quels qu'ils soient, sont de contact facile, même si certains peuvent se montrer assez introvertis, notamment face aux *vazaha* (nous, quoi !). Ce terme désigne à l'origine les pirates... et, par extension, tout à la fois l'étranger et le Blanc. Contrairement aux apparences, donc, il ne date pas de l'époque coloniale. Il renvoie en réalité plus à un statut qu'à une couleur de peau. Ce statut a un rapport avec la richesse, mais désigne aussi celui qui possède des connaissances, qui a de l'aisance, ou parfois tout simplement le patron ! Bref, si l'on communique bien entre Malgaches et *vazaha,* cela reste une communication entre « étrangers », et ne croyez pas que de grandes tapes dans le dos feront de vous un « adopté » d'office.
Le rapport économique déséquilibré en notre faveur doit particulièrement nous engager à la retenue et...au bon sens. Si vous proposez à un Malgache de manger au restaurant, dans la plupart des cas il est totalement évident que c'est vous qui paierez la note. Rien d'étonnant là-dedans lorsqu'on compare les modes de vie et les croyances respectives. Mais ce sentiment diffus de différence peut être assez fort tout en restant non dit. C'est d'ailleurs une particularité bien malgache : on ne vous dira pas directement les choses, mais on vous laissera plutôt les comprendre par sous-entendus ou en n'allant pas dans le sens que vous escomptez.
Autre chose : au pays du *mora-mora* (« doucement »), savoir prendre son temps est vraiment une question de savoir-vivre. Les Malgaches sont extrêmement sensibles au respect de leur personne, ils ont en horreur la brutalité, la violence et toute forme d'autorité. D'ailleurs, le sésame pour toutes les relations humaines est le sourire. Ça passe partout ! Notez que les *vazaha* sont toujours bien accueillis et que les manifestations hostiles issues de la colonisation sont extrêmement rares. Enfin, il existe aussi en malgache le mot *vahiny* qui signifie « étranger » mais dans le sens d'« invité ». C'est tout dire de l'hospitalité malgache une fois percée à jour...
À l'évidence, dans un pays comme Madagascar, éviter les attitudes typiquement occidentales, pouvant choquer : le nudisme, bien sûr, mais aussi les tenues trop légères, ainsi que les effusions en public.

## Les *fady* (interdits ou tabous)

C'est le deuxième point très important. Une évidente prudence est à observer dans les lieux et sites sacrés, dont l'accès est souvent régi par un ensemble de *fady* très variés d'une région à l'autre. Il est parfois tout simplement interdit de pénétrer sur certains terrains, ceux comportant des tombeaux notamment. Mais cela peut concerner aussi un jour d'accès, une tenue vestimentaire, une coutume alimentaire (régions où la viande de porc est sacrilège notamment), ou encore une attitude : pointer son doigt sur quelque chose ou quelqu'un, valable surtout dans certaines régions (dans la région

### *FADY* OU PUNI

*Les nombreux* fady *(interdits) occupent une place très importante dans la vie des Malgaches. Ils peuvent concerner l'individu, la famille, le clan, ou même l'ethnie tout entière. Ainsi les Antemoro sont-ils* fady *de cochon et d'une espèce d'anguille. Les interdits individuels sont révélés par le* mpanandro, *devin astrologue, à la naissance de l'enfant. Contrevenir à cet interdit, c'est s'exposer à une punition. D'autres interdits touchent aux relations matrimoniales et relèvent de l'inceste. Les maladies, pour la plupart, sont attribuées au non-respect d'un* fady.

des Tsingy, par exemple, on doit le recourber avant de le pointer). Évitez toutes les attitudes de supériorité apparente. Rassurez-vous, les guides vous diront tout ça, et nous vous indiquons les *fady* principaux dans certains secteurs. Mais ils sont nombreux, propres à chaque région, voire à chaque village, ou même à chaque famille ! Et la plupart du temps insoupçonnables. Lire aussi la rubrique « Religions et croyances ».

### Les cérémonies et tombeaux

On peut voir un grand nombre d'édifices mortuaires et de tombeaux, mais sachez que leur symbolisme dépasse celui de nos cimetières. Outre qu'il est interdit d'y toucher, il faut absolument penser, par exemple, à ne pas uriner aux alentours. Idem pour un arbre sacré dont vous ne soupçonniez absolument pas qu'il l'était. Cela pourrait être très mal interprété et vous créer des ennuis. De manière générale, hors des sentiers battus, essayer de prendre un guide. Parfois, des tombeaux peuvent avoir l'air abandonnés, mais ils ne le sont jamais. Lors de la visite de certains sites, vous serez obligé de prendre un guide, prévoir un peu d'argent, ainsi qu'une bouteille de rhum à offrir pour les libations d'usage. Pour les cérémonies quelles qu'elles soient, se renseigner localement sur les coutumes régionales est un impératif.

## SITES INSCRITS AU PATRIMOINE MONDIAL DE L'UNESCO

Organisation des Nations Unies pour l'éducation, la science et la culture

En coopération avec le centre du patrimoine mondial de l'UNESCO

Pour figurer sur la liste du Patrimoine mondial, les sites doivent avoir une valeur universelle exceptionnelle et satisfaire à au moins un des 10 critères de sélection. La protection, la gestion, l'authenticité et l'intégrité des biens sont également des considérations importantes.
Le patrimoine est l'héritage du passé dont nous profitons aujourd'hui et que nous transmettons aux générations à venir. Nos patrimoines culturel et naturel sont deux sources irremplaçables de vie et d'inspiration. Ces sites appartiennent à tous les peuples du monde, sans tenir compte du territoire sur lequel ils sont situés. Pour plus d'informations : ● *whc.unesco.org* ●
À Madagascar, sont concernées :
- la réserve naturelle intégrale des Tsingy de Bemaraha (1990) ;
- la colline royale d'Ambohimanga (2001) ;
- les forêts humides de l'Atsinanana (2007).

À cela s'ajoute le patrimoine culturel immatériel de l'humanité. À Madagascar, le savoir-faire du travail du bois des Zafimaniry figure sur la liste depuis 2008.

## TOURISME SEXUEL

À Madagascar, l'exploitation sexuelle des enfants dans le tourisme et les voyages est une réalité criante qui tend à se généraliser, à se développer et malheureusement à se banaliser. Elle est largement acceptée par les parents, les amis, les communautés, en raison des gains financiers qu'elle représente pour des familles défavorisées. Les touristes se sentent libres et profitent de l'impunité pour abuser des enfants malgaches. Le *vazaha* (l'étranger blanc) est considéré comme riche, alors, ne confondez pas l'amour et le sexe, au risque d'être naïf... ou hypocrite. À moins de s'enflammer pour une histoire soudaine qui vous changera la vie, sachez que les boîtes de nuit, les karaokés et les salons de massages sont, la plupart du temps, des lieux favorisant la prostitution (euphémisme), ou qui lui sont clairement dédiés.

Au-delà des simples questions de dignité humaine, méfiez-vous des pratiques à risques. Le sida et les MST (très nombreuses) rôdent, comme partout. Par ailleurs, sachez que devant la recrudescence de détournements de mineurs par des étrangers, avec parfois la complicité de familles malgaches, d'hôteliers ou autres (en passant de plus en plus par les réseaux sociaux) la loi prévoit des peines de prison pouvant aller jusqu'aux travaux forcés à perpétuité. On peut d'ailleurs être jugé et condamné dans son pays d'origine pour des faits s'étant produits à l'étranger.

# LES HAUTES TERRES

Souvent appelées « hauts plateaux », les Hautes Terres sont l'épine dorsale du pays. Un centre géographique, mais aussi historique, politique et culturel. C'est dans cette région que vivent les groupes ethniques merina et betsileo et que se déroulent notamment, de juillet à septembre, les célèbres cérémonies du *famadihana,* couramment appelé « retournement des morts ».
Du haut de ses collines sacrées, Tananarive domine le pays et d'abord l'Imerina, avec ses paysages de collines déboisées et ses petits villages traditionnels composés de jolies maisons de pisé. C'est aussi la région la plus froide de Madagascar, où l'hiver austral porte bien son nom. L'ancienne ville thermale d'Antsirabe, aux portes de Tana, est un havre de fraîcheur pendant les grosses chaleurs. Dans le Betsileo, d'Ambositra à Fianarantsoa, le paysage est particulièrement marqué par ses collines sculptées de rizières en terrasses. Tout pousse ici, carottes, asperges, pêches, pommes, jusqu'aux vignobles à flanc de coteaux ! Le Betsileo constitue le carrefour entre l'Imerina, où l'on atterrit, et les régions côtières du Sud, vers lesquelles on émigre au soleil. Mais ce n'est déjà plus l'Imerina : plus tarabiscoté, plus vert, plus frais peut-être également, le Betsileo se présente aussi politiquement et culturellement comme un intermédiaire entre Tana et le Sud.

## TANANARIVE (ANTANANARIVO)

env 2 000 000 hab. IND. TÉL. : 22, 23 ou 24

Pour les plans de Tananarive, se reporter au cahier couleur.

Bienvenue à Tananarive, puisqu'il y a de grandes chances que vous arriviez à Madagascar par ici. Tana, pour les intimes ! Pas facile, d'ailleurs, d'être intime avec Tana au premier coup d'œil. À l'origine, la ville a été bâtie sur 12 collines sacrées, chacune étant détenue par un roitelet différent. Aujourd'hui, le Grand Tana s'étend sur 18 collines, ce qui lui donne une topographie pour le moins tortueuse qui n'est pas pour nous déplaire. Tana, ses toits de tuiles, ses vieilles bicoques couleur rouille, sa Ville haute où trônent de belles demeures de briques et sa Ville basse, pauvre et animée, et même sa Ville intermédiaire, aux ruelles qui ne manquent pas de charme, aux trottoirs occupés par mille vendeurs (que l'on essaie de déloger). Et puis, grande ville oblige, ses embouteillages, sa pollution, son insécurité, pourquoi le cacher, et ses gosses en guenilles dans les rues. Comme toutes les capitales des pays du tiers monde, Tana attire son lot de misère qui frappe de plein fouet ceux qui croient y trouver l'eldorado.
Vous voici débarqué dans la capitale d'un pays subtilement métissé entre Afrique et Asie, avec cependant une goutte d'Asie plus prononcée sur le

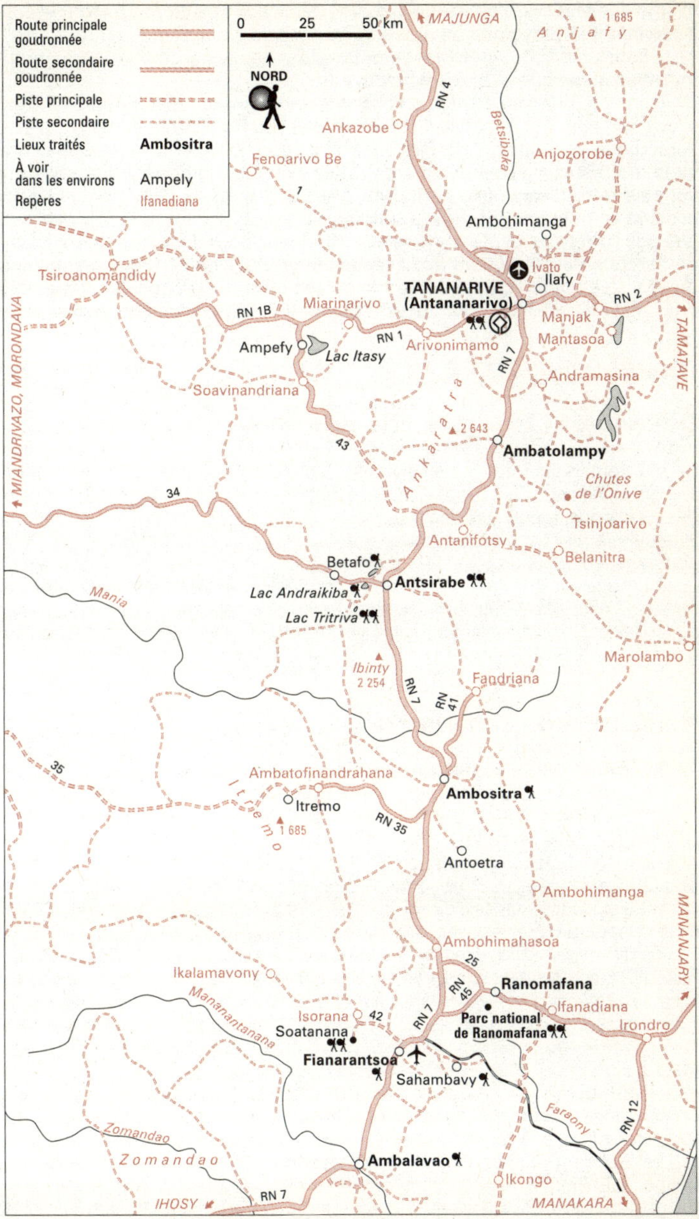

LES HAUTES TERRES

**visage des Merinas, l'ethnie de la région. Mais des Malgaches de tout le pays composent la mosaïque ethnique de la capitale : marchands en tout genre, chauffeurs de taxi, vendeurs de cigarettes, de recharge téléphonique, de journaux ou de bric-à-brac, et mendiants.**
**Ceux que la pauvreté attriste ou choque ne resteront pas longtemps à Tana, si ce n'est pour voir le palais de la Reine, celui du Roi à Ambohimanga, le parc zoologique et botanique de Tsimbazaza, ou pour acheter ce merveilleux artisanat du marché d'Andravoahangy. Mais avant de quitter Tana, sachez que vous ne retrouverez nulle part ailleurs sur la Grande Île cette concentration urbaine et humaine. Et puis la Ville haute mérite bien que l'on arpente un peu ses ruelles en pente, pavées et tortueuses, pour découvrir le métissage de l'architecture traditionnelle avec les influences de l'époque coloniale et profiter des nombreux points de vue qu'elle offre sur la capitale... Tana reste une halte intéressante pour qui veut commencer à comprendre Madagascar.**



## UN PEU D'HISTOIRE

### De la forêt bleue à la cité des Mille...

Le lieu de naissance de Tananarive est la plus haute colline de la ville : *Analamanga,* signifiant « forêt bleue », à cause de cette jolie lumière légèrement bleutée qui, à l'époque, n'était pas due à la pollution automobile ! En 1610, le roi Andrianjaka déloge de la colline les tribus vazimbas, les mystérieux premiers habitants de l'île. Il décide de protéger le site avec 1 000 hommes en armes et donne logiquement à la ville le nom d'*Antananarivo,* ou « ville des mille guerriers ». La cité des Mille était née... Il fait bâtir son palais (ou Rova) à l'emplacement de l'actuel palais de la Reine, lieu définitivement sacré et consacré à la royauté merina jusqu'à la dernière reine, Ranavalona III.

### Naissance de Tananarive

Au début du XVIIIe s, l'Imerina est morcelé en plusieurs petits villages fortifiés, perchés sur une douzaine de collines. On se croirait dans les villages chers à Astérix. Andrianampoinimerina, littéralement « celui qui règne au cœur de l'Imerina », prend la colline d'Antananarivo en 1794. Fin stratège et habile politicien, il décide de conquérir la région par la diplomatie et épouse 12 femmes de 12 villages rivaux. Il confie à chacune l'administration d'une colline, et décrète que toutes sont sacrées. Puis il proclame Antananarivo capitale de son royaume. Le tour est joué ! Durant son règne, le roi développe la ville et les campagnes environnantes et lance véritablement l'unification de l'Imerina. À sa mort, en 1810, Antananarivo est peuplée de 15 000 habitants.
Radama Ier, son héritier, prolonge et amplifie l'œuvre de son père. Il ouvre la ville aux missionnaires européens, notamment aux Anglais de la *London Missionary Society.* Le commerce est florissant, l'architecture occidentale bourgeonne dans le style des constructions de l'époque, et les écoles religieuses poussent comme des champignons.
Mais, à la mort du roi, en 1828, sa veuve Ranavalona Ire vire brutalement de bord, entraînant tout le royaume avec elle. Elle chasse les Européens, condamne le christianisme au nom des ancêtres et fait massacrer tous les hérétiques... Pourtant, elle autorise le Français Jean Laborde, puis l'Anglais James Cameron, à réaliser des œuvres de première importance, comme le palais de la Reine ou le tombeau du Premier ministre.
Cette période mouvementée s'achève avec l'avènement du fils héritier de Ranavalona Ire, Radama II. La capitale s'ouvre à nouveau aux étrangers, aux religions européennes et au commerce. Mais, en 1862, une grave épidémie décime la population de Tananarive, et l'assassinat du roi l'année suivante ajoute à la confusion.

## De la « bataille de Tana » à la Seconde Guerre mondiale

En 1895, sous le règne de la reine Ranavalona III, les troupes du général Duchesne attaquent Tananarive par surprise. En fait, un seul obus tombé dans la cour du palais de la Reine suffit à désarmer les consciences ! Quelques mois plus tard, Madagascar est déclarée colonie française. Tana compte alors 50 000 habitants. La France décide de développer la capitale et d'utiliser la prédominance politique des Merinas à ses fins colonialistes : développement des communications entre Tana et les côtes, création des administrations à la française, où l'on nomme essentiellement des Merinas, construction des tunnels et agrandissement des marchés de la capitale. Sous tutelle, la ville et le pays connaissent un développement important.
Pendant la Seconde Guerre mondiale, Tana tombe aux mains des Anglais qui tentent de neutraliser les forces françaises locales acquises à Vichy. La ville est rendue à la France libre en 1943, mais pas aux Malgaches... La suite, on la connaît (lire la rubrique « Histoire » dans « Hommes, culture, environnement »).

## 1972-2002 : *bis repetita*

Par deux fois, en 30 ans, la capitale aura chassé le pouvoir en place. En 1972, de violentes manifestations sont à l'origine de la destruction de l'hôtel de ville de Tana et du départ du premier président de la République, Philibert Tsiranana. Après quelques péripéties et coups fourrés, c'est Didier Ratsiraka qui prend la tête du pays en 1975. Et c'est lui qui va être délogé courant 2002 par des manifestations monstres sur la place du 13-Mai, organisées par le maire de Tana, Marc Ravalomanana, et aujourd'hui ex-président (lire aussi la rubrique « Histoire » dans « Hommes, culture, environnement »). Il ne faut pas chatouiller trop longtemps la susceptibilité politique des Merinas... En tout cas, la capitale prouve qu'elle a du caractère.
Signalons enfin un tragique « incident » (mais en était-ce un ?) : le 6 novembre 1995, le palais de la Reine fut victime d'un terrible incendie. Certains parlent de règlements de comptes politiques. On aurait voulu toucher au cœur même de la monarchie merina, et donc à son autorité morale et politique sur l'île. D'autres avancent la thèse d'un pillage du palais camouflé en incendie... Quoi qu'il en soit, ce quartier reste hautement symbolique.
Aujourd'hui, Tana compte environ 2 millions d'habitants, soit 50 % de la population urbaine de l'île. Elle abrite également la majeure partie des activités commerçantes, ainsi que l'élite administrative et politique de Madagascar.



## Arrivée à l'aéroport

✈ ***Aéroport international d'Ivato :*** *à env 18 km au nord-ouest de la ville (hors plan d'ensemble). On y trouve un kiosque d'information (voir plus loin « Adresses et infos utiles »).* Le terminal des vols intérieurs jouxte celui des vols internationaux. De taille modeste, cet aéroport vous mettra tout de suite dans l'ambiance, avec ses nombreux porteurs et chauffeurs de taxi en quête permanente de clients.
– ***Visas à l'arrivée :*** rendez-vous au petit bureau d'acquittement des droits de visa avant celui de la police de l'Air. Actuellement, le visa d'entrée dans le pays est gratuit pour un séjour inférieur à 30 jours. Il coûte 70 € jusqu'à 2 mois et 100 € jusqu'à 3 mois, payables en euros et en espèces. ***Attention, les modalités et les montants indiqués peuvent changer sans préavis.*** Il est conseillé d'appeler le consulat avant de partir pour s'informer des dernières dispositions. Munissez-vous de la somme nécessaire en euros avant d'embarquer, car les distributeurs se trouvent dans le hall des arrivées (et sont donc inaccessibles tant que vous n'avez pas passé le bureau des visas). La police de l'Air et des Frontières vous

délivrera un visa en fonction de la date de votre billet de retour et dans la limite de 30 jours maximum. Si cela ne vous suffit pas, lire la rubrique « Prolongation de visas » dans « Adresses et infos utiles », plus loin.

– ***Argent, change :*** pour le change, le taux est en principe identique à celui proposé en ville. Quelques banques dans le hall font le change : le bureau de la *SOCIMAD* est ouvert presque en permanence. Devises et carte *Visa* acceptés. La *Bank of Africa* et la *BNI-CA* (filiale *Groupe Crédit agricole*) font aussi le change et disposent d'un distributeur automatique (accessible 24h/24) acceptant la carte *Visa* (et certains la *MasterCard*). Attention, pour le change, beaucoup de marché noir dans le secteur. Soyez prudent, car certains petits malins plient les billets pour faire croire qu'il y a deux liasses... Bref, ils profitent de votre fatigue et de votre méconnaissance des billets pour vous enfumer. Bon, on vous rappelle que le marché noir est... illégal.

– ***Dormir près de l'aéroport :*** si vous arrivez en fin d'après-midi et que vous avez une correspondance intérieure le lendemain matin, on conseille vivement de dormir autour du village d'Ivato à proximité immédiate de l'aéroport. Lire la rubrique « Où dormir ? Où manger près de l'aéroport ? ». Pour se rendre à ces adresses, mieux vaut négocier un taxi en dehors de l'aérogare. Certains hôtels viennent d'ailleurs chercher leurs clients gracieusement si on les appelle. En restant près de l'aéroport, vous économisez deux courses de taxi (l'aller et le retour), mais surtout vous évitez 1h à 1h30 de bouchon monstre (par trajet) pour vous rendre en ville et en revenir. Et de toute manière, en une soirée, vous ne verrez rien.

## Comment rejoindre la ville ?

➢ ***Navette Adema (shuttle Airport-city) :*** *à l'extérieur de l'aéroport, sur la droite.* 📱 *034-07-062-56 ou 034-07-063-02.* Fonctionne de 3h30 du matin jusqu'à l'arrivée du dernier avion. Départ d'une navette en théorie à chaque arrivée d'avion. Prix : env 14 000 Ar. Le meilleur moyen de gagner la ville si vous êtes seul ou jusqu'à 3 pers. À 4 pers, le taxi revient au même tarif. Le minibus vous dépose directement devant l'un des principaux hôtels de la ville (consultez leur liste). Évidemment, il ne dessert pas les établissements situés en périphérie de la ville. Pour le retour, il faut fixer un rendez-vous en les appelant.

➢ ***En taxi :*** franchement, c'est de loin le meilleur moyen d'aller en ville si vous êtes au moins 4 pers. Mais ce n'est pas donné : compter env 40 000 Ar pour rejoindre le centre-ville ; durée du trajet : env 1h (parfois 1h30 !) en fonction des bouchons. Certains chauffeurs tenteront de vous faire payer le double en vous présentant une fausse grille de tarifs officiels. N'hésitez pas à affirmer le prix officiel ou à sortir de l'enceinte de l'aéroport pour héler un taxi sur la route. Certains hôtels proposent des transferts au juste tarif, d'autres doublent la mise.

# Orientation

Le Grand Tananarive s'étend sur 18 collines. Situé à une altitude comprise entre 1 200 et 1 500 m, il faut absolument prévoir une grosse laine et un coupe-vent durant l'hiver austral, de juin à août (voir la rubrique « Climat » dans « Madagascar utile »). Tana se divise en Ville basse, Ville intermédiaire et Ville haute.

– ***La Ville haute ou Vieille Ville :*** se situe bien sur une colline, comme son nom le suggère, en forme de T penché, la tête à l'est. Elle s'étend du quartier d'*Isoraka,* à l'ouest, à celui de *Faravohitra* (prononcer « Faravoutch »), au nord-est, et jusqu'au palais de la Reine (le Rova), qui domine la ville au sud-est. Outre le palais de la Reine, on y trouve les points de vue et le palais du Premier ministre.

– ***La Ville intermédiaire :*** le quartier des bijoutiers, l'hôtel *Colbert,* la poste, l'*hôtel du Louvre* et le palais présidentiel.

– ***La Ville basse :*** s'étend du marché d'Analakely (les pavillons couverts face à la grande poste) jusqu'à la gare des trains de Soarano, en passant par l'avenue de l'Indépendance, du centre-ville vers le sud : le lac Anosy (prononcer « Anouch ») et le quartier du *Carlton,* où se trouvent également les ministères les plus importants ; *Mahamasina,* le quartier du stade ; et, plus au sud, *Tsimbazaza,* le quartier de l'Assemblée nationale et du parc zoologique et botanique.

***Autres quartiers*** méritant une mention spéciale :

– dans le centre-ville : *Tsaralalàna,* le quartier des Indo-Pakistanais (les Karanes), commerçant et populaire ;

– au nord : *Behoririka* (prononcer « Berourirk' ») et son lac, Antanimena et, surtout, *Andravoahangy* pour son surprenant marché.

## Comment circuler ?

### À pied

Au premier abord, Tana paraît très étendue et très tortueuse à cause des collines et des rues en colimaçon ou en pente. Mais avec un plan en main, on s'aperçoit vite que ce qui paraît loin est souvent beaucoup plus proche que prévu ! Avec son relief trompeur, Tana est une grande illusion d'optique. Ce qui n'empêche pas de prendre un taxi pour se rendre dans le quartier choisi et de sillonner ensuite les rues de la Ville haute (par exemple), ni même d'aller à pied jusqu'au palais de la Reine. À part la pollution des automobiles, c'est une belle balade (lire la rubrique « À voir »). Mais soyons clairs : **LE SOIR ET LA NUIT, LE TAXI EST OBLIGATOIRE, MÊME POUR QUELQUES CENTAINES DE MÈTRES.** Il ne faut pas rigoler avec ça. Tana est, en effet, beaucoup moins sûre de nuit que de jour.

### En taxi

Cela peut être une bonne solution pour votre première journée, ou bien une habitude à prendre si vous n'avez pas envie de marcher. Mais évitez absolument les heures de bureau et du déjeuner à cause des embouteillages fréquents et de la pollution... Tous les taxis « officiels » de la capitale, de couleur beige, possèdent une enseigne blanche « Taxi Antananarivo », histoire de les différencier des taxis clandestins.

– ***À savoir :*** il n'y a pratiquement aucun nom de rue à Tana, ou alors ils ne servent généralement à rien... puisque personne ne les connaît ! Donc, ne vous étonnez pas si, lorsque vous demandez le nom d'une rue, on vous dit qu'elle n'existe pas. D'ailleurs, les plaques sont très rares. Excepté pour l'avenue de l'Indépendance, que tout le monde connaît en tant que telle. Il faut donc toujours préciser le quartier de sa destination et indiquer si possible un lieu connu au chauffeur de taxi (exemple : l'hôtel *Colbert* pour la Ville haute, l'hôtel *Sakamanga* pour la Ville intermédiaire). Ensuite, le chauffeur se débrouillera pour trouver votre point de chute.

– ***Tarif des taxis :*** pas de compteur, donc ***toujours négocier avant de monter.*** Pour une course en ville, compter de 4 000 à 6 000 Ar selon la distance et l'heure de circulation (c'est, en effet, plus cher à l'heure des embouteillages !). Pour des trajets plus longs et des temps d'attente éventuels, négocier au cas par cas. Pour un taxi à la journée (ville et environs de Tana), compter de 26 000 Ar (essence en sus à ce prix) à 60 000 Ar selon le type de véhicule et les kilomètres parcourus. Des particuliers offrent leur service dans le quotidien *Les Nouvelles* ou *Midi Magdagasikara.*

### En *taxi-be* et en bus

Ça ne coûte presque rien, mais il faut apprendre à repérer les lignes. Trop compliqué pour vous donner des indications précises ici, n'hésitez pas à demander. Pour les infatigables et pour ceux qui sont curieux (à juste titre) de côtoyer la population de près, sachez tout de même que les *taxis-be* sont des minibus de 18 places ou plus (une planche amovible pouvant servir de strapontin central), qui couvrent Tana jusqu'à 15 km alentour. Les quartiers traversés sont indiqués sur un panneau à l'avant, sous le numéro de la ligne. Pour faciliter leur reconnaissance, les *taxis-be* arborent des couleurs précises pour chaque ligne. Cependant, une même ligne rejoignant les deux mêmes terminus peut emprunter deux chemins différents et il n'est pas possible de descendre (ni de monter) du véhicule en dehors des arrêts imposés. Mieux vaut être sûr de son coup ! Pour rejoindre les quartiers nord à partir du centre-ville, se rendre avenue Rabezavàna à Analakely, et pour gagner ceux du sud, aller rue Mahafaka à Tsaralalàna.

## Dangers et enquiquinements

– Si, le jour, Tana n'est pas une ville moins sûre que Paris, la nuit elle est tout autre... Peu de lumières, et surtout beaucoup de misère partout dans les rues. Outre que les gosses vous suivront sur 100 m pour vous vendre des cigarettes ou quémander une pièce, ne vous exposez pas à une agression que la nuit favoriserait. Donc, on vous le répète : ***taxi obligatoire pour n'importe quel déplacement, même court, le soir et la nuit*** (on sait, on radote).

– Toujours se déplacer avec son passeport ou une photocopie légalisée de celui-ci et du visa en cas de contrôle (impératif le soir et la nuit !), celui-ci n'ayant parfois pour but que de vous extorquer un bakchich.

– Bon, même de jour, ne jouez pas au vilain touriste plein de bijoux, Ray-Ban sur le nez et gilet multipoche bien garni. Un peu de prudence s'impose donc, notamment lors de la visite des marchés, comme ceux de Mahamasina, Petite Vitesse et 67 Ha, où éventrer discrètement les sacs à l'aide d'une lame est une pratique régulière. Le luxe ostentatoire n'est pas seulement une imprudence, c'est une provocation dans une ville où la misère fait des ravages...

– Mendicité et ventes à la sauvette sont évidemment très présentes, particulièrement sur la place de l'Indépendance (Ville haute) et tout au long de l'avenue de l'Indépendance (Ville basse). Gare aux habiles pickpockets qui vous aborderont à plusieurs en faisant l'aumône.

## Adresses et infos utiles

### Informations touristiques

■ ***Office national du tourisme de Madagascar :*** *kiosque d'information à l'aéroport international Ivato. ☎ 24-733-64. Siège : IBG 29C, Antsahavola 101. ☎ 22-661-15. • ontm@moov.mg • madagascar-tourisme.com • Lun-sam 9h-17h.* Une équipe de professionnels du tourisme bien efficace. Infos sur Madagascar en général : sites touristiques, circuits, activités, contacts de prestataires, informations pratiques...

■ ***Association nationale des guides :*** *ils n'ont pas de bureau, il faut les contacter par tél. M. Jonah Ramampionona (président) : 032-02-133-68. • fng@moov.mg • federationguide-madagascar.com •* Une bonne cinquantaine de guides francophones agréés par le ministère du Tourisme. Tarifs selon les prestations demandées. Efficaces et souriants.

### Représentations diplomatiques

■ ***Consulat de France*** *(plan couleur centre B2, **11**) **:** 3, rue Jean-Jaurès (Ambatomena), BP 204. ☎ 22-398-98. • ambafrance-mada.org • Lun-ven 7h30-16h30.* C'est ici qu'il faut vous adresser en cas de perte de passeport, problème de santé particulier, etc. Le consulat peut, en cas de difficultés financières, vous indiquer la meilleure solution pour que des proches puissent vous faire parvenir de l'argent, ou encore vous assister juridiquement en cas de problème.

■ ***Ambassade de France*** *(plan couleur centre B2,* ***11****)* ***:*** *mêmes coordonnées.*

■ ***Consulat honoraire de Belgique*** *(hors plan, au nord de la ville)* ***:*** *immeuble Assist, 3e étage, quartier Ivandry. ☎ 22-436-22 ou 29. • consulbel@moov.mg • Lun-ven 8h-16h.*

■ ***Ambassade de Suisse :*** *immeuble Aro, 2e étage, Solombavambahoaka. ☎ 22-629-97 ou 98. • ant.vertretung@eda.admin.ch • eda.admin.ch/antananarivo • Lun-ven 8h30-11h30.*

■ ***Consulat du Canada :*** *immeuble Total « Fitaratra », 6e étage, rue Ravoninahitriniarivo (Ankorondrano). ☎ 22-397-37. • consulatcanada.madagascar@gmail.com • Lun-ven 8h-12h30, 13h30-16h30.*

■ ***Ambassade de l'île Maurice :*** *route Circulaire (Anjahana, Ambanidia). ☎ 22-321-57. • memad@moov.mg • Lun-ven 8h30-15h30.* Cela dit, pas besoin de visa pour se rendre dans cette île voisine.

## Prolongation de visas

Théoriquement, il est possible de faire prolonger son visa dans les chefs-lieux de province, mais il faut ABSOLUMENT vérifier cette possibilité avant de quitter Tana, en appelant le ministère de l'Intérieur, et se méfier des délais... Bref, vous l'aurez compris : demander la prolongation à Tana est nettement plus prudent.

■ ***Ministère de l'Intérieur – Service de l'immigration*** *(plan couleur d'ensemble,* ***5****)* ***:*** *dans le quartier d'Anosy, près de l'hôtel Carlton. ☎ 22-214-65. Y aller en taxi. Lun-ven 8h-12h, 14h-17h. Demander le service de l'immigration. Essayer de déposer sa demande le mat pour retirer le visa dans l'ap-m et ne pas avoir à revenir.* Attention, ne pas croire que la prolongation soit acquise d'avance. En effet, les autorités craignent de voir de plus en plus de « touristes » se transformer en « immigrants »... Il faut d'abord aller retirer un dossier sur place, on vous dira à ce moment-là quels documents sont nécessaires à la constitution de votre dossier. Il s'agit normalement du billet d'avion retour (photocopie), du passeport, des photocopies des 3 pages principales du passeport et de la page du visa à prolonger, d'un justificatif bancaire de change (pour prouver sa solvabilité), d'une demande manuscrite de prolongation de visa, de 4 photos d'identité et d'un certificat d'hébergement d'un hôtel (ou d'un ami), à remplir par l'hébergeant et l'hébergé. Pour prolonger son visa de 1 mois obtenu à l'arrivée, prévoir pour le 2e mois l'équivalent de 45 € environ en espèces et en euros, et 15 € en plus (soit 60 € en tout) pour le 3e mois. En général, on peut obtenir le visa le jour même, mais s'y prendre quand même à l'avance. Pour les visas long séjour, dits « immigrants » (plus de 3 mois), se déplacer directement sur place pour connaître les pièces à fournir. Dernier conseil important : il faut laisser son passeport au ministère, et donc obtenir une photocopie légalisée de celui-ci et du visa auprès d'une mairie d'arrondissement afin d'éviter les bakchichs en cas de contrôle nocturne à Tana !

## Poste, téléphone et Internet

✉ ***Bureau de poste de la Ville basse*** *(plan couleur centre C2)* ***:*** *à Analakely, face au marché. Pour les timbres, lun-ven 8h-15h30 et sam mat.* Également un service Internet *(Cyberpaositra ; voir plus loin)* pas cher au 1er étage et une poste restante.

✉ ***Bureau de poste de la Ville intermédiaire*** *(plan couleur centre C2)* ***:*** *à Antaninarenina, face à l'hôtel Colbert. Lun-ven 8h-15h30, sam 8h-11h.* Poste restante, téléphones à carte (cartes normalement en vente sur place) et timbres.

■ ***Téléphone :*** le mieux si vous séjournez au moins 10 jours à Mada est d'acheter un portable de base et une carte SIM de *Airtel* (033), *Orange* (032) ou *Telma Mobile* (034). Ce dernier opérateur est sans doute le moins cher. Puis on achète du crédit par le biais d'une carte à gratter ou le revendeur vous envoie du crédit directement sur votre portable. Super pratique et rapide. On trouve des vendeurs de téléphones et de crédits absolument partout en ville (attablés sous un parasol). Voir aussi la rubrique « Téléphone – Télécoms » dans « Madagascar utile ».

■ ***Renseignements téléphoniques :*** ☎ *12.*

@ **Internet :** possibilité de consulter son courrier électronique un peu partout :

– *À la* ***Cyberpaositra*** *(plan couleur centre C2) de la Ville basse* ***:*** *à Analakely. Lun-ven 8h-16h. Dans la Ville intermédiaire, à droite de la poste principale (plan couleur centre C2). Lun-ven 8h-17h30, sam 9h-12h.*

– *Dans la Ville basse :* ***Outcool Web Café*** *(plan couleur centre B2,* ***12****)* ***:*** *au-dessus de l'hôtel* Sakamanga. *034-31-919-60. Lun-sam 9h-23h, dim 15h30-21h.* Il s'agit également d'un café convivial. ***Cyber Express*** *(plan couleur centre B1,* ***13****)* ***:*** *av. de l'Indépendance, au-dessus de* DMT Photo, *sous le porche puis à gauche on grimpe au 1*er *étage de la pizzeria. Tlj 7h-23h.* ***Teknet :*** *32, av. du Général-Gabriel-Ramanantsoa, non loin de l'hôtel* Isoraka. *Lun-sam 8h-18h, dim 14h-18h.* La boutique propose une gamme importante de services informatiques et bureautiques.

## Argent, banques, change

■ ***BMOI*** *(plan couleur centre C2,* ***14****)* ***:*** *rue Ratsimilaho.* ☎ *22-346-09. Lun-ven 8h-16h. Distributeurs automatiques à l'extérieur, accessibles tlj jusqu'à 20h.* Retraits limités à 400 000 Ar, mais que l'on peut renouveler plusieurs fois (néanmoins, autant de commissions prises par votre banque). Sinon, au guichet, retraits rapides et plus importants. Change les devises.

■ ***BOA*** *(Bank of Africa ; plan couleur centre B2,* ***15****)* ***:*** *pl. de l'Indépendance, à Antaninarenina.* ☎ *22-664-88. Lun-ven 8h-15h.* Distributeur (sur la droite de l'entrée) acceptant la carte *Visa*. Retraits d'argent au guichet avec la *MasterCard*. Change les devises (mais le taux est en général moins bon qu'ailleurs). Représentant de *Western Union*.

■ ***BFV-SG*** *(plan couleur centre B2,* ***18****)* ***:*** *av. de l'Indépendance à côté d'*Air Madagascar, *sur la droite.* ☎ *22-276-77. Lun-ven 8h-16h et sam mat. Également pl. Lars-Dahle (plan couleur centre B2,* ***16****).* Distributeur de billets à l'extérieur (carte *Visa*). Change les devises. Autre représentant de *Western Union*.

■ ***BNI-CA*** *(plan couleur centre C2,* ***6****)* ***:*** *74, rue du 26-Juin-1960.* ☎ *22-228-00. Lun-ven 8h-16h.* Change les devises. Distributeur à l'extérieur (cartes *Visa* et *MasterCard*).

■ ***SOCIMAD*** *(plan couleur centre B1,* ***17****)* ***:*** *14, rue Radama-Ier, à Tsaralalàna.* ☎ *22-365-80. 033-11-234-56. Lun-ven 8h-11h45, 14h-16h45 ; sam 8h-11h.* En principe, pratique un des meilleurs taux de change de la ville. Change uniquement le liquide. S'il vous reste des ariary avant de quitter le pays, possibilité de les reconvertir en euros (pour au moins 50 €). C'est également possible à l'annexe de l'aéroport d'Ivato *(ouv 24h/24).* Présentation du passeport et du billet d'avion retour pour cette opération.

– ***Urgence financière :*** en cas de besoin urgent d'argent liquide, *Western Union* est représenté par la *BFV-SG* et la *BOA* (lire plus haut).

– ***Change :*** de nombreux hôtels et commerces font du change si vous êtes en panne un week-end. Il existe également un marché noir très actif et parfois intéressant, mais la prudence s'impose. Sans parler de la fausse monnaie qui circule... On déconseille.

## Santé

En cas de problème sérieux, il faut se faire rapatrier sur l'île de La Réunion ou en Europe et ne pas plaisanter avec cela. S'il s'agit de problèmes classiques ou de première urgence, les adresses suivantes vous seront utiles. Vous pouvez aussi demander conseil au ***Centre médico-social de l'ambassade de France*** *(plan couleur centre B2,* ***1****)* ***:*** *villa Éliane Michel, rue Rabearivelo à Antsahavola.* • *cms@blueline.mg* • ☎ *22-236-62. Lun-ven 7h30-12h15, 13h30-16h30 (16h15 ven).* Ils vous donneront les adresses de spécialistes en fonction de vos besoins. Bon accueil.

■ ***Petits soins et urgences, l'Espace médical :*** soit ils font des visites à domicile, soit on va consulter directement au dispensaire, aussi bien pour les urgences que pour les petits soins. Adresse du dispensaire : *IVO 110 GO, quartier Anbodivona.* ☎ *22-625-66.* 📱 *034-02-088-16 ou 034-02-009-11.* Propose des consultations, visites à domicile et toutes sortes de soins courants et d'analyses urgentes 24h/24.

■ ***Urgences :*** *pour les urgences 24h/24, s'adresser au* ***centre hospitalier Soavianandriana (HOMI).*** ☎ *23-397-51 et 22-397-53. Sinon* ***Médical Plus*** *(Dr Luc :* ☎ *22-567-58.* 📱 *032-04-602-05 ou 033-11-613-05) ou* ***Assistance Plus*** *(📱 032-07-801-10).* Consultations en principe remboursées par la Sécurité sociale française ; se renseigner. Organise des évacuations sanitaires en cas de besoin. Compétent. Pour les radios seulement, le meilleur spécialiste est le **CDT** *(route des Hydrocarbures ;* ☎ *23-307-60).*

■ ***Analyses médicales, vaccins et palu :*** ***Institut Pasteur,*** *route de Tamatave, quartier d'Avaradoha.* ☎ *22-401-64 et 65 ou 22-412-72. Autre* ***Institut Pasteur*** *à Ankorondrano, galerie Zoom.* 📱 *034-02-426-66. Un peu excentré, y aller en taxi. Lun-ven 7h-17h pour les analyses et 7h30-11h30, 13h30-17h pour les vaccins.* Financé par la coopération française, donc très bien structuré. Sans aucun doute le meilleur laboratoire de Tana et du pays. Quelle chance, le parc est superbe !

■ ***Pharmacies :*** ***Pharmacie Amboditsiry,*** *dans le quartier d'Amboditsiry (sur la route d'Ambohimanga).* ☎ *22-521-28. Ouv 24h/24.* ***Pharmacie Pergola,*** *Antaninarenina (Ville haute).* ☎ *22-237-17. Lun-sam mat.* ***Pharmacie Métropole,*** *7, rue Ratsimilaho, dans le même quartier.* ☎ *22-200-25. Lun-ven 8h-12h30, 14h-18h30 ; sam 8h-12h. La plus ancienne de Madagascar et fut même, à l'origine, inaugurée par Gallieni.* ***Pharmacie de Tana,*** *2, rue Ratianarivo.* ☎ *22-207-17 ou 22-549-09. Lun-ven 8h-12h, 14h-19h ; sam 8h-12h.* ***Pharmacie Principale,*** *route des Hydrocarbures, Ankorondrano.* ☎ *22-439-15 et 22-533-93.* Consulter le quotidien *Les Nouvelles* pour connaître les pharmacies de garde. La liste est également affichée sur les portes de toutes les officines.

## Compagnies aériennes

■ ***Air Madagascar*** *(plan couleur centre B2,* ***18****) :* *31, av. de l'Indépendance (Ville basse).* ☎ *22-222-22 ou 22-510-00 (call center).* • *airmadagascar.com* • *Lun-ven 7h30-17h, sam 8h-11h.* Vols internationaux et intérieurs. Pensez toujours à vérifier par téléphone l'horaire de votre prochain vol (qu'il soit national ou international). Si les avions sont régulièrement en retard, il arrive aussi que les vols nationaux partent avant l'horaire prévu.

■ ***Corsair*** *(plan couleur centre B1,* ***19****) :* *1, av. de l'Indépendance, dans la gare Soarano, Ambatomena.* ☎ *22-633-36.* • *corsair.com* • *Lun-ven 8h30-17h, sam 8h30-12h.* Vente de billets internationaux sur le réseau *Corsair*, modifications de dates, etc. Environ 2 à 4 vols/sem entre Tana et Paris.

■ ***Air France*** *(plan couleur d'ensemble,* ***9****) :* *dans la tour ZITAL (à Ankorondrano), route des Hydrocarbures, 5e étage, face au supermarché.* ☎ *23-230- 23. Assez excentré, mieux vaut téléphoner. Lun-ven 8h30-17h, sam 8h30-12h30.* Liaisons plusieurs fois par semaine avec Paris.

■ ***Air Mauritius*** *(plan couleur centre B2,* ***2****) :* *77, rue Solombavambahoaka, à Antsahavola.* ☎ *22-359-90.* • *airmauritius@ariomad.com* • *Lun-ven 8h30-17h30, sam 8h30-12h30.* Liaisons avec l'île Maurice 3 à 5 fois/sem.

■ ***Air Austral*** *(plan couleur centre B1,* ***4****) :* *23, av. de l'Indépendance, dans le centre.* ☎ *22-303-31. Lun-ven 8h30-17h, sam 9h-12h.* Infos et vente de billets.

## Location de voitures

Ne pas oublier les ***taxis à la journée*** et autres propositions de particuliers (lire les annonces du quotidien *Les Nouvelles*), pratiques et relativement économiques pour visiter Tana et ses environs. Lire aussi la rubrique « Comment circuler ? », plus haut. On peut également louer des ***taxis-brousse,*** mais bien étudier son affaire, car ce n'est pas la même prestation que celle des professionnels. Beaucoup de tour-opérateurs sur Tana proposent la location de voitures avec chauffeur. Impossible de vous citer tout le monde. Lire le paragraphe « Agences, treks et circuits ». C'est en général assez cher, car on a bien souvent besoin d'un 4x4 pour affronter les pistes du pays...

## Agences, treks et circuits

■ ***Évasion sans Frontière*** *(plan couleur centre B2,* ***3****)* **:** *22, rue Andrianary-Ratianarivo, Ampasamadinika.* ☎ *22-616-69.* • *info@mada-evasion.mg* • *mada-evasion.com* • *Lun-ven 8h30-18h et sam mat.* Agence de voyages, tour-opérateur et loueur de voitures tout à la fois. C'est d'ici que partent tous les bons plans de voyage à travers le pays. Spécialisé dans le voyage sur mesure et à la carte (expédition, trek ou descente de rivière, mais aussi les grands classiques). Agence très engagée dans le développement durable. La grande majorité de leurs propositions de circuits est axée sur ce concept. Une équipe très pro, des chauffeurs compétents et sécurisants, et des guides chevronnés. Voitures d'excellente qualité. Agences à Nosy Be et à Diégo-Suarez également.

■ ***Papavelo Trekking*** **:** *BP 11065, Antananarivo 101. Contact à Madagascar : Véronique Rakotoarisoa.* ☎ *22-007-65.* 📱 *032-02-344-99. Bureau près de l'aéroport.* • *papavelo@malagasy.com* • *nathanlecadre@live.fr* • *papavelotrekking.com* • Une petite structure à taille humaine emmenée par le sympathique Fifi. Ce Chamoniard passionné de ski et de trek est tombé amoureux de Mada comme on tombe d'une chaise. Il propose de vrais treks et raids à VTT dans des régions peu visitées, hors sentiers battus : massif de l'Andringitra, cap Masoala, porte du pays zafimaniry. Également des circuits à la carte : descente du fleuve Tsiribihina, canal des Pangalanes, les Tsingy... Un gîte à Antoetra, qui sert de point de départ de sorties de 1 à 12 jours en pays zafimaniry, tanala ou antaimoro le long du corridor forestier. Possède également un camp de pêche dans le sud de l'île, à Andramandéo. Grand professionnalisme, organisation sérieuse et état d'esprit axé sur l'échange humain et la culture locale (soirées en musique). Toutes les infos sur leur site.

■ ***À la Carte à Mada*** **:** ☎ *24-761-59.* 📱 *032-02-039-08.* • *madacarte@moov.mg* • Comme son nom l'indique, circuits à la carte selon son budget. On peut vous organiser tous les classiques (par exemple Tana-Tuléar) avec un confort adapté à votre demande ou des variantes plus *roots* (par exemple, des treks dans l'Isalo ou dans l'Andringitra). Le tout dans l'ensemble du pays. Richard et Monny, d'une grande gentillesse, ont une solide expérience dans le tourisme et sur le terrain.

■ ***Mamcar*** **:** *à Itaosy.* 📱 *032-07-563-71, 033-12-114-62 ou 034-07-563-71.* • *mamcar@moov.mg* • Une petite société de location de 4x4 avec chauffeur, longtemps tenue par Mamy, un chauffeur-guide adorable qui nous a malheureusement quittés récemment. Mais ses deux fils ont décidé de reprendre le flambeau, à leur rythme et toujours de manière artisanale. Ils peuvent donc vous organiser des circuits à la carte en étudiant votre budget.

## Librairies et loisirs

On trouve plus facilement des quotidiens et des magazines français récents (parfois de la veille) en vente dans les rues (notamment devant la poste de la Ville haute) qu'en librairie. Et vous pourrez les négocier quasiment à leur prix d'origine, contrairement aux librairies où ils sont trois fois plus chers. Outre l'historique mais antique ***Librairie de Madagascar,*** avenue de l'Indépendance (Ville basse) :

■ ***Espace et Loisirs*** *(plan couleur centre C2,* ***20****)* **:** *11, rue Ratsimilaho, non loin de l'hôtel* Colbert. ☎ *22-214-75. Lun-sam 8h30-12h, 14h-18h (17h sam).* Bien pourvu en magazines français et bons livres sur l'île, mais presque pas en quotidiens. On vous en propose pour bien moins cher dans la rue.

■ ***Institut géographique FTM*** *(plan couleur d'ensemble,* ***8****)* **:** *sur la route Circulaire, à Ambanidia.* ☎ *22-229-35. Un peu loin du centre.*

*Lun-ven 8h-16h30.* Spécialisé dans la cartographie de Madagascar et des grandes villes. On y trouve notamment un ensemble d'environ 1 500 cartes qui couvrent le territoire malgache au 1/100 000 et de nombreuses autres au 1/50 000 pour préparer des randonnées. Cartes scolaires croquignolettes et cartes rétro en diable, datant de l'époque coloniale mais actualisées dans les années 1980.

■ ***Institut français de Madagascar*** *(ex-centre culturel Albert-Camus ; plan couleur centre B1)* **:** *14, av. de l'Indépendance (Ville basse).* ☎ *22-213-75 ou 22-236-47.* • *institutfrancais-madagascar.com* • *Administration ouv lun-ven 8h30-12h15, 14h-18h, le sam et le soir selon programmation. Fermé dim.* Centre culturel francophone très actif. Expositions, concerts, danse, cinéma, avec des artistes malgaches et français de qualité. Édite un programme bimestriel. Également une médiathèque *(mar-sam 10h-18h ; fermé jeu mat)* proposant sur tous types de supports un fonds de 40 000 ouvrages, dont une partie spécialisée sur le pays, bien sûr. Consultable sur place (payant).

■ @ **Alliance française** *(plan couleur d'ensemble,* ***7****)* **:** *à Amdavamamba.* ☎ *22-211-07.* • *aftananarive@alliancefr.mg* • *alliancefr.mg* • *Lun-ven 8h-12h, 14h-17h.* Madagascar est l'un des pays possédant le plus grand nombre d'Alliances françaises. Celle de Tana est très active et propose expositions, spectacles, ateliers artistiques, cours de langue, etc. Ouvert à tous. Cafétéria (plat du jour, soupe, jus frais...) vraiment pas chère (voir « Où manger ? »).

***Supermarchés :*** ***Shoprite,*** *rue de l'Université (à l'est du centre). Même enseigne derrière les ruines de l'ancienne mairie dans la Ville basse (pl. du 13-Mai-1972).* Pour faire ses courses dans un gros supermarché à l'occidentale (avec les prix eux aussi à l'occidentale !), aller au ***Jumbo Score*** *sur la route des Hydrocarbures (plan couleur d'ensemble,* ***9****), au nord d'Analakely, ou à celui de Tanjombato, au sud du stade Mahamasina.*

■ ***Photo :*** *magasin* ***DMT*** *(plan couleur centre B1,* ***13****), 26, av. de l'Indépendance.* ☎ *22-611-00. Lun-sam 8h-18h.* Achat de cartes mémoire et développement de photos. Profitez-en, parce que ce type de boutique est rare sur l'île Rouge.

■ ***Matériel de camping et outdoor :*** ***C.S. Events*** *(plan couleur d'ensemble,* ***10****), route du Mausolée (Andrainarivo).* ☎ *22-413-82.* 📱 *033-12-576-11.* • *csevents-madagascar@blueline.mg* • *Lun-ven 8h-12h30, 13h30-18h ; sam 8h-13h.* Pour trouver un peu de matériel de randonnée (tentes, couchages, lampes, GPS, sacs à dos...), mais à des prix élevés. Mieux vaut appeler avant de passer, histoire de savoir ce qui est en stock.

## Où dormir ?

À Tana, les hôtels sont souvent un peu plus chers que dans les principales villes du pays. Mais le choix est aussi plus vaste, et le confort de meilleure qualité. On sent que Tana a une longueur d'avance en matière d'hôtellerie, ce qui paraît bien normal. Les fauchés devront donc se faire une raison ! Ah, autre chose : pensez à réserver en haute saison, et puis faites attention à vos objets de valeur et à vos affaires en général, on nous signale des vols dans les hôtels de manière récurrente. Quand il y a un coffre, vérifiez son bon fonctionnement et sachez exactement ce que vous y mettez.

Pour ceux qui voudraient faire une bonne action :

### Un peu à l'écart du centre

**CDA, Conseil de Développement d'Andohatapenaka** *(plan couleur d'ensemble,* ***30*** *; voir la rubrique « ONG et aide au développement » dans « Hommes, culture, environnement » plus haut)* **:** *lot IVL, 126 bis, Andohatapenaka II. À env 4 km à l'ouest du centre-ville.* ☎ *22-273-07.* 📱 *032-02-190-88 (demander Mme Julie).* • *cda@moov.mg* • *cda-madagascar.com* • *Doubles 20 000-30 000 Ar, petit déj* *en plus.* Loue 8 chambres simples et des chambres familiales aux touristes, au cœur du quartier populaire, dans l'enceinte même de son centre social, dans le quartier d'Andohatapenaka. Toutes avec sanitaires et eau chaude, certaines avec cuisine. On peut ainsi voir vivre le quartier et observer le travail réalisé par les bénévoles du CDA au jour le jour. Possibilité d'y prendre ses repas.

### *Dans la Ville haute*

## De chic à beaucoup plus chic (à partir de 95 000 Ar / env 30 €)

**Hôtel Le Relais de la Haute Ville** *(hors plan couleur centre par D2-3,* ***31****) : lot VK 24 Ambohinamoro. ☎ 22-604-58. 033-11-755-42 ou 034-07-133-16. • relaisdelahauteville.com • Double env 95 000 Ar, petit déj en sus.* Très belle maison du XIX^e^ s couleur saumon, d'un style éclectique, agrémentée d'avancées, de hauts pignons, de festonnages et de petits balcons et terrasses, l'ensemble offrant un panorama extra sur la Ville basse. Une poignée de chambres un peu comme à la maison, familiales et vraiment confortables, la plupart avec vue. Salle de bains privée, coffre (dans certaines), minibar, TV... Une excellente adresse constituant un intéressant rapport qualité-prix. C'est également un resto hautement recommandable (voir « Où manger ? »).

**Lokanga Boutique Hotel** *(plan couleur d'ensemble,* ***32****) : lot VW 115 Ambohimitsimbina. ☎ 22-235-49. 034-14-555-02. • lokanga-hotel.mg • Compter 110-125 € selon saison, petit déj-buffet en plus. Repas env 16 €.* Tout simplement la plus belle adresse de Tana. Une superbe demeure en brique des années 1930, avec pignons pointus, balcons, petites avancées, et une généreuse terrasse offrant un panorama exceptionnel sur la ville. Beaucoup de boiseries, des parquets cirés, des meubles de style, des antiquités un peu partout et des toiles modernes pour donner de l'énergie à l'ensemble. Un lieu baigné de couleurs chaudes, plein de détails qui attirent l'œil, et des couettes douillettes sur les lits. Chaque chambre dégage une atmosphère différente. Les moins fortunés opteront pour la « Compagnie des Indes », toute mignonne ; et ceux qui le peuvent choisiront la « Coloniale » ou encore la « Baroque », un vrai petit bijou, avec sa baignoire sur pieds qui trône dans la chambre même. Pour compléter ce joli tableau, on y sert une excellente cuisine, que l'on déguste sur la terrasse, et dont peuvent profiter même ceux qui ne séjournent pas ici.

### *Dans la Ville intermédiaire*

C'est dans ce quartier bien agréable que l'on trouve les meilleurs rapports qualité-prix, les adresses les plus charmantes, toutes catégories confondues.

## De bon marché à prix moyens (13 000-52 000 Ar / env 4-16 €)

**Hôtel Niaouly** *(plan couleur centre C3,* ***33****) : rue Ratefinanahary, Ambatovinaky. ☎ 22-627-65. • niaouly.com • Résa indispensable. Chambres 30 000-45 000 Ar.* Une adresse assez charmante, qui constitue l'un des meilleurs rapports qualité-prix dans sa catégorie. Les chambres les moins chères sont en bas, sans fenêtre, sans être pour autant sinistres. Vastes et très propres, toutes avec salle de bains. Une affaire tenue avec beaucoup d'intelligence. Certaines chambres, un peu plus chères, possèdent une vue extra sur une partie de la ville. Du goût dans la déco, ce qui est rare pour ce type d'adresse. Il y règne une excellente ambiance. Le petit resto au rez-de-chaussée, avec son bar, son bout de balcon et son coin salon, s'avère bien agréable. Plats fort bien faits à prix raisonnables. Une rangée de rhums arrangés se tient au garde-à-vous derrière le comptoir.

**Moonlight Hotel** *(plan couleur centre C1,* ***34****) : 62, rue Rainandriamampandry, Ambondrona. ☎ 22-268-70. • hasinaherizo@yahoo.fr • Compter*

*18 000-38 000 Ar, petit déj en sus.* 📱 *034-06-265-15.* Une des adresses les moins chères du quartier. La maison, avec son bel escalier en bois, est bien tenue et se trouve dans un joli quartier ancien à flanc de colline. Une douzaine de chambres très correctes (éviter celles du rez-de-chaussée cependant) avec sanitaires communs à chaque étage, sauf pour quelques chambres avec salle de bains privée. Elles proposent un confort plutôt acceptable pour le prix. Murs colorés, vert, rouge et jaune, qui donnent un peu de chaleur au lieu. Préférer celles du 2e étage, avec terrasse et salon à partager avec ses voisins. Service de laverie bon marché.

**Chez Francis Hotel** *(plan couleur centre C2,* ***35****) : rue Rainandriamampandry.* ☎ *22-613-65.* 📱 *032-04-310-25. Double env 45 000 Ar.* Petit hôtel pour routards, proposant une poignée de chambres dans un édifice sans charme particulier. Elles sont propres, fonctionnelles et plutôt spacieuses, toutes avec salle de bains simple. Demandez celles avec vue sur la ville, bien plus agréables. Une vieille adresse routarde qui a connu des hauts et des bas. Ensemble correct.

## Prix moyens (autour de 52 000 Ar / env 16 €)

**Chambres d'hôtes Les Harmoniques** *(hors plan couleur centre par D2,* ***36****) : lot II K 14 Mangarivotra, Faravohitra.* ☎ *22-223-09.* 📱 *032-04-469-86. Non loin du lycée Jules-Ferry. Chambre env 52 000 Ar et familiale 65 000 Ar.* Aimée, la dynamique propriétaire, est une personnalité ! Cette ancienne enseignante gère les 6 chambres situées autour de la maison principale. Elles sont spacieuses et très au calme, toutes avec sanitaires et moustiquaire. Également à disposition billard et baby-foot. Dans le salon familial, ouvert aux hôtes, bouquins, photos de famille et sculptures africaines. Possibilité de table d'hôtes ; cuisine soignée. Une étape idéale pour les familles. Aimée s'investit également beaucoup dans l'association *Aïna,* qui vient en aide aux enfants défavorisés.

**Isoraka Hotel** *(plan couleur centre B2,* ***37****) : 11, av. du Général-Ramanantsoa, à Isoraka.* ☎ *22-355-81. Entrée à droite de* Bio 33. *Réception au 1er étage. Doubles 51 000-61 000 Ar. Pas de petit déj.* Les chambres les moins chères sont d'un bon rapport qualité-prix, mais elles sont vraiment minus. Ce petit hôtel est bien situé. Inconvénient, il est assez bruyant, car la rue en contrebas est vraiment très passante. Prévoir une paire de boules *Quies.* Petites chambres colorées et pimpantes, réparties entre le 1er et le 2e étage ; préférez celles du 2e (moins de passage). Toutes avec ventilateur et coffre mural.

## Chic (52 000-104 000 Ar / env 16-32 €)

**Guest House Indigo** *(plan couleur centre B2,* ***38****) : juste à l'angle de la rue du Docteur-Vilette.* ☎ *24-220-52.* • *villa-isoraka.fr* • *Compter 50 000-100 000 Ar selon chambre et confort.* Superbe maison classique du début du XXe s, pleine d'élégance, avec ses pignons pentus et son arbre du voyageur qui vous accueille. Décorée dans un style résolument moderne, elle abrite une poignée de chambres de qualité aux chaudes couleurs : 3 d'entre elles, les moins chères, partagent une salle de bains, tout en haut de la maison, en soupente, mais s'avèrent très confortables et toutes peintes dans des tons affirmés ; 2 autres plus spacieuses et un peu plus chères. Toutes avec AC. Très calme et coloré. Chouette petit bar et petit resto moderne et stylé qui propose une belle carte franco-malgacho-tex-mex. On prend ses repas dans la petite salle design ou sur le petit bout de terrasse.

## De plus chic à beaucoup plus chic (à partir de 104 000 Ar / env 32 €)

**Résidence Lapasoa** *(plan couleur centre B3,* ***39****) : 15, rue de La Réunion, à Isoraka.* ☎ *22-611-40.* • *lapasoa.com* • *Au-dessus du resto* Kudéta. *Double env 135 000 Ar et* *familiale env 210 000 Ar. Carte Visa, devises acceptées.* Dans l'un des quartiers les plus charmants de la capitale (maisons anciennes et huppées dans de jolies ruelles pavées), cette bâtisse élégante au beau parquet qui sent bon l'encaustique propose une dizaine de grandes chambres doubles (et 1 familiale) au charme traditionnel du XIXe s. Réparties de manière égale dans la partie ancienne et dans une autre plus récente, les chambres sont reliées entre elles par une petite passerelle. Toutes possèdent un excellent confort (salle de bains soignée, ventilo, double vitrage, coffre privé, TV écran plat). Théière et cafetière à dispo. Elles sont sobrement et joliment décorées, avec un petit salon commun qui donne sur une jolie terrasse. Côté animation, l'adresse est entourée par les restos les plus branchés de Tana. Bonne insonorisation, même pour les chambres qui sont au-dessus du resto (lire plus loin). Équipe charmante. On prend le petit déj dans le resto attenant, *Le Kudéta* (voir « Où manger ? »).

TANANARIVE ET SES ENVIRONS

**Hôtel Brajas** *(plan couleur centre C1,* ***40****) : 74, rue Rainandriamampandry. ☎ 22-263-35. 034-07-263-35. • hotelbrajas.com • Chambre standard 120 000 Ar et minisuite 150 000 Ar (sans petit déj).* Un bel édifice de brique, plutôt stylé, avec des balcons saillants, rehaussés de festonnages. Un établissement de charme, tendance même, proposant des chambres lumineuses, plutôt petites, mais décorées avec soin et dégageant beaucoup de charme et d'élégance, sans omettre un confort étudié et le souci du détail : lecteur DVD, coffre, minibar... Beaucoup de bois partout. Également des minisuites, mais la seule différence avec les autres (outre le prix) est la présence d'une baignoire. Lits spacieux. À cet ensemble, ajoutons le bar et le resto, joliment prolongé par un large balcon. Plats copieux et bien réalisés, à prix doux.

**Rova Hotel** *(plan couleur centre B3,* ***41****) : rue du Docteur-Vilette. ☎ 22-292-77. • rovahotel.com • Pas loin de la Boussole et du Kudéta, 2 références ! Doubles 120 000-195 000 Ar.* Un hôtel assez charmant et sans doute aux prix un peu surestimés, comprenant une quinzaine de chambres de qualité, spacieuses et calmes, avec ventilo (mais pas de moustiquaire), plancher de palissandre, pierres apparentes, ferronnerie d'art, quelques sculptures et copies de tableaux célèbres sur les murs. Tout confort, lits bien moelleux, coffre-fort, TV câblée, minibar. Bon accueil. Petits bémols : le petit déj vraiment léger et l'atmosphère un peu froide de l'ensemble...

**La Varangue** *(plan couleur centre B3,* ***42****) : 17, rue Printsy-Ratsimamanga, à Antaninarenina. ☎ 22-273-97. • hotel-restaurant-lavarangue-tananarive.com • Quelques chambres et 3 suites, à partir de 75 €. Carte Visa acceptée. Parking intérieur très pratique.* Très central – l'hôtel se trouve dans la ruelle pavée qui descend dans l'axe de la rue du *Colbert* – mais parfaitement au calme. Dans une belle maison traditionnelle rénovée façon créole, une dizaine de chambres vastes, agréablement décorées, dont certaines avec balcon, et quelques suites. Toutes avec chauffage ou ventilateur à la demande (AC pour certaines), coffre, TV satellite, minibar et plein de petites attentions. Éviter celle qui donne sur le parking et préférer celles dans la maison principale, qui dégagent plus de charme. Dans les parties communes, des collections d'objets en tout genre... Beaucoup de charme et de classe. Également un bar auquel on accède par l'entrée, à la déco tout aussi étudiée, et un excellent restaurant (lire « Où manger ? ») prolongé par une belle terrasse.

## Encore plus chic (plus de 300 000 Ar / env 94 €)

**Palissandre Hôtel et Spa** *(plan couleur centre C2,* ***43****) : 13, rue Andriandahifotsy, à Faravohitra. ☎ 22-605-60. • hotel-restaurant-palissandre.com • Compter 120-160 € avec petit déj, mais env 90-105 € en période de promo (régulières sur Internet).* Une adresse chic et de qualité, bien située à flanc de colline et à proximité de l'animation. Du luxe et du charme. Une cinquantaine de chambres très confortables (heureusement, pour le prix !) avec AC, baignoire, coffre et balcon. En choisir une avec vue sur la Ville basse. Un bel intérieur aux parquets en... palissandre. Grande terrasse avec vue pour le petit déj. C'est aussi un resto, tout de même assez cher. Heureusement, un menu tout compris permet d'adoucir la note. Petite piscine extérieure, sur la large et agréable terrasse. Salle de fitness et hammam (gratuit), spa et centre de massage (payant). Excellent service.

**Hôtel Colbert** *(plan couleur centre C2, **44**)* **:** *29, rue Printsy-Ratsimamanga. ☎ 22-202-02. • hotel-restaurant-colbert.com • Selon les chambres, 100-220 €, sans le petit déj.* Sur les hauteurs de la ville, l'hôtel *Colbert* est un héritage de la présence française depuis 1928. À deux pas du palais présidentiel, cet édifice rouge sang est encore aujourd'hui un lieu de référence en ville un brin surfait, où les gens qui comptent (dans les 2 sens du terme) se donnent rendez-vous. Les chambres sont bien, mais tout de même chères. 2 bâtiments : dans la partie ancienne, des chambres bien équipées et confortables (salle de bains, AC, coffre), dont certaines offrent une vue extra sur la Ville basse et les collines environnantes. Ce sont celles que l'on conseille en priorité. Dans le bâtiment plus récent, chambres beaucoup plus onéreuses (trop !), plus aseptisées aussi. On peut se contenter des premières. Piscine au sous-sol (accès gratuit), hammam et massages (payant).

### Dans la Ville basse

#### Bon marché (26 000 Ar / env 8 €)

**Chambres d'hôtes Chez Aïna** *(plan couleur d'ensemble, **45**)* **:** voir le texte complet dans la rubrique « Plus chic ». Aïna propose des lits en dortoir dans un gîte attenant à sa maison *(lit à 26 000 Ar)*. Parfait pour les voyageurs solitaires et fauchés.

#### De prix moyens à chic (45 000-55 000 Ar / env 14-17 €)

**Merina Lodge** *(plan couleur centre A2, **46**)* **:** *rue Ratianarivo, impasse Ostie, Ampasamadinika. ☎ 24-522-33. 033-11-385-94. Double 51 000 Ar et une triple 81 000 Ar. Petit déj en plus.* Un havre de paix en plein tumulte du centre-ville, c'est possible ! Voici 4 chambres ventilées et spacieuses, aménagées dans une ancienne maison traditionnelle rénovée, couleur terre. On aime vraiment bien ce lieu qui respire la paix et la tranquillité, la simplicité et un certain confort. Terrasse en caillebotis, grand bananier, un cadre sobrement décoré, coloré et chaleureux ; une bonne étape, en somme. Toutes avec salle de bains, ventilo et coffre. Vraiment sympathique et familial, l'ensemble constitue un excellent rapport qualité-prix.

**Hôtel-restaurant des Artistes** *(plan couleur centre C2, **55**)* **:** *Ambatomena, Analakely 101. 034-64-879-31. • hoteldesartistes-tana.com • À 30 m de l'av. de l'Indépendance et 50 m du marché Analakely. Tlj 7h-1h. Double 55 000 Ar, petit déj 8 000 Ar. Plat env 13 000 Ar.* Tenu par un Lyonnais, un lieu de charme style chalet, tout en bois, dans une cour au calme. Avant tout un bar convivial où les expats viennent prendre leur pastis. Mais aussi un excellent restaurant avec une belle carte variée, dans une ambiance cosy : demi-camembert, tournedos Rossini... Et enfin un hôtel confortable avec coffre-fort, Canalsat et eau chaude dans les chambres. Un bon pied-à-terre pour un séjour prolongé à Tana.

**Hôtel Saint-Pierre** *(plan couleur centre B1, **47**)* **:** *rue Rabezavana, à Soarano. ☎ 22-270-32. 033-14-257-13. • hotelsaintpierre.biz • Double env 45 000 Ar et familiale 55 000 Ar.* Hôtel à la façade couleur brique, proposant des chambres de bonne taille, sobres et bien tenues. Pas le grand charme, autant le savoir, et quartier assez bruyant (on est près d'une petite gare routière) et particulièrement animé. Les 2 chambres familiales (pour 6 personnes) offrent un très bon rapport qualité-prix. Une façade donne sur la rue (bruyante), mais les chambres orientées de ce côté bénéficient d'un bon double vitrage. Les autres ont vue sur la petite cour intérieure, qui est aussi la terrasse d'un charmant petit resto pas cher du tout et recommandable.

Propreté variable, pas toujours au rendez-vous.

## De chic à plus chic (52 000-170 000 Ar / env 16-53 €)

🏠 🍽 ***Le Sakamanga*** *(plan couleur centre B2, **48**) : rue Ratianarivo, à Ampasamadinika. ☎ 22-358-09. 📱 032-02-668-34 ou 033-11-769-27. • sakamanga.com • Pour y aller, pas de problème, tt le monde connaît. Résa conseillée, voire indispensable. Chambres à ts les prix : 19-78 € selon taille et confort, sans le petit déj. Mais la plupart des chambres se situent dans le milieu de gamme.* « Le Chat Bleu », tel est son nom, est sans doute l'un des plus beaux hôtels de Tana. Pour preuve, il ne désemplit pas. Une bonne quarantaine de chambres disséminées dans un joli labyrinthe de couloirs colorés, agrémenté de verdure, d'objets typiques du pays et de sculptures souvent très belles, transformant le lieu en un véritable petit musée vivant. Belles portes en bois. Bien visiter sa chambre avant de se décider, car les moins chères, les « relax », sont toutes petites, mais on bénéficie de l'atmosphère du lieu et elles ne sont vraiment pas chères. Les « soft » sont un peu plus onéreuses et très bien, tandis que les « charm » proposent un confort nettement supérieur, tout en conservant dans cette gamme un bon rapport qualité-prix. Toutes avec coffre individuel. Les « sup » possèdent l'AC. De nouvelles chambres viennent compléter cet ensemble, ainsi qu'une petite piscine, un peu coincée entre les édifices mais bien agréable. Il y a aussi un espace jardin avec coin bistrot et petits salons, et un snack pour emporter. Plein d'infos utiles pour les routards, service de laverie et boutique d'artisanat à côté. Le soir, tout le monde se retrouve au restaurant du 1er étage, souvent plein à craquer (voir également la rubrique « Où manger ? ») ou dans celui, plus tranquille, situé tout au fond de l'hôtel et décoré de belles affiches anciennes.

🏠 ***Le Manoir*** *(plan couleur d'ensemble, **49**) : 31, rue Andriba, à Mahamasina Sud. ☎ 22-657-95. • lemanoir@moov.mg • Doubles 26-30 € sans le petit déj. Une familiale env 46 €. Carte Visa acceptée.* Dans une très belle maison de 1925 rénovée, donnant sur le stade de Mahamasina au sud du centre-ville. Ici, 6 chambres plus ou moins spacieuses, dont 1 familiale en duplex, toutes avec salle de bains, eau chaude, téléphone, TV, et un balcon pour certaines. Chambres agréables, et l'on n'a pas l'impression d'être à l'hôtel. Certaines ont un côté un peu austère (bois sombre...) et l'isolation phonique laisse un peu à désirer, mais c'est le lot des maisons anciennes. Très bon accueil et au total un excellent rapport qualité-prix. On peut aussi prendre ses repas au *Petit Verdot* (voir « Où manger ? »), avec une réduc de 10 % puisque c'est la même maison. Accueil souriant.

🏠 ***Chambres d'hôtes Villa Iarivo*** *(plan couleur centre C2, **50**) : rue Rainandriamampandry (ouf !), Ambohijatovo. ☎ 22-568-18. • noro.iarivo@moov.mg • Dans la rue, s'arrêter presque au bout du long et haut mur de pierre (situé à gauche de la rue). S'engager dans les escaliers qui se trouvent juste en face (tt petit panneau en hauteur) et descendre env 30 m ; la porte est sur la gauche. Double 30 € et familiale 40 €.* Mme Noro accueille dans sa vaste maison familiale construite au début du XIXe s en surplomb de la ville. 4 chambres, spacieuses et charmantes, chacune avec double exposition, chacune avec un thème : zébu, baobab... Salle de bains privative, avec douche ou baignoire. Dîner possible sur réservation. Accueil aux petits oignons. Salon cosy à votre disposition. Jardinet bien tenu et belle vue. Bon petit déj, ce qui ne gâche rien !

🏠 ***Chambres d'hôtes Chez Aïna*** *(plan couleur d'ensemble, **45**) : IVC 147A, à Ambatomitsangana. 📱 033-14-565-54. • chez-aina.com • Au-dessus du pont de Behoririka, entre les stations-service Shell et Total. Téléphoner avt, car c'est un peu perdu dans un dédale de ruelles (charmantes au demeurant) et préciser au taxi qu'il ne s'agit pas de l'hôtel Aïna à Antaninarenina ! Résa indispensable (5 chambres slt). Table d'hôtes sur* *résa. Doubles 22-46 € selon confort. Compter 10 € le lit en dortoir dans le gîte (et 6 € pour les séjours de longue durée).* Aïna tient sa jolie maison avec beaucoup de cœur. L'intérieur est chaleureux et aménagé avec beaucoup de goût. Quelques chambres dans la maison principale, dont 2 se partagent une grande salle de bains originale. Les 3 autres, plus chères mais plus spacieuses, sont indépendantes, situées dans une maison juste à côté et accessibles par le petit jardin, adorable et bien tenu, où il fait bon prendre le frais. Toutes avec moustiquaire. Par ailleurs, Aïna propose un gîte tout équipé, dans une maison attenante à la demeure principale. Il peut accueillir jusqu'à 14 personnes en dortoir de 4 à 6. Confortable, fonctionnel, avec petit salon et cuisine à disposition. Impeccable. Dîner franco-malgache traditionnel. Excellente cuisine et très bon accueil. Transferts et excursions à la carte (notamment pour découvrir les environs de la capitale). Parfait pour les petits groupes ou ceux qui désirent séjourner un certain temps. Une vraie petite adresse de charme à Tana.

***La Maison du Pyla*** *(plan couleur d'ensemble,* ***51****) : route de l'Université, à Tsiadana, à l'est du centre. ☎ 22-300-76. 033-11-386-74. • lamaisondupyla.com • Pour y aller en taxi, c'est à 200 m après l'espace Dera, dans un chemin (accès en voiture) sur la droite (panneau) qu'on emprunte à pied. Résa par e-mail conseillée. Doubles 85 000-105 000 Ar (sans ou avec sdb), petit déj inclus.* C'est une agréable maison aux murs jaunes, adossée à la colline, comme dirait Maxime Le Forestier. Au coucher du soleil, vue superbe sur la ville et le palais du Premier-Ministre, notamment depuis la terrasse et certaines chambres. Fanja, la maîtresse de maison, est très accueillante, et ses chambres gaies et chaleureuses lui ressemblent. Jolie patine ocre et parquet ciré. Une poignée de chambres dont 2 qui partagent une salle de bains (les moins chères), absolument impeccables. Belle pièce à vivre également, avec musique et TV câblée. Service de laverie et transfert pour l'aéroport. Bref, une bonne adresse très calme... mais excentrée. Excellent accueil.

***Palm Hôtel*** *(plan couleur centre B2,* ***52****) : Antsahavola, à deux pas de l'ambassade de France. ☎ 22-253-73. 032-05-536-80. • hotelantananarivo.com • Compter 98 000-128 000 Ar.* Un petit – par la taille – hôtel récent et bien situé. 4 étages, avec, à chaque niveau, 1 grande chambre et 1 studio. Si on paie (un peu cher quand même) le prix de la modernité, on ne vous propose pas le cadre aseptisé d'un hôtel de chaîne : portes en bois sculpté, toiles d'artiste à chaque étage... Un décor recherché et de bon goût et une atmosphère intime que l'on apprécie. Tout confort et cuisinette dans les studios. Accueil très aimable, tout en douceur. Et c'est le départ des navettes TLM *(• travelinemadagascar.com •)* pour Tamatave, Andasibe et Sainte-Marie.

***Hôtel Le Chalet des Roses*** *(plan couleur centre B2,* ***53****) : 13, rue Rabary-Antsahavola, Antsahavola. ☎ 22-642-33. • chaletdesroses.com • Un peu moins de 100 000 Ar la double.* Une jolie façade soignée, une réception-bar avenante, un accueil souriant, et des chambres pimpantes et impeccables. TV écran plat, ameublement utilisant beaucoup le bois, quelques peintures un peu modernes... Certaines avec baignoire et coffre. On se sent bien ici, d'autant que ce quartier est fort calme. Le patron fait tout pour rendre son hôtel accueillant. Il y parvient parfaitement.

## Beaucoup plus chic (plus de 170 000 Ar / env 53 €)

***Hôtel de France*** *(plan couleur centre B1,* ***54****) : 34, av. de l'Indépendance. ☎ 22-213-04. • hotel-de-france-madagascar.com • Doubles 160 000-400 000 Ar.* Un établissement classique parmi les classiques, qui propose des chambres confortables et fonctionnelles. Conviendra surtout aux nostalgiques, mais on l'indique tout de même, car il fait partie des meubles comme on dit. L'*hôtel de France* fut durant longtemps, avec le *Colbert*, le point de ralliement de tout ce que Tana, « l'ex-Paris de l'océan Indien », comptait de Français et de francophiles aisés ou en voyage d'affaires dans la capitale. Son nom a beau évoquer les jours anciens où l'on flânait sur les Champs-Élysées locaux, il a été entièrement refait dans un style fonctionnel, mais tristoune à notre goût. Et ça reste cher pour ce qu'il propose. Les chambres donnent soit sur l'avenue de l'Indépendance (bruyante), soit sur l'arrière (plus calme). Salle de bains, AC, minibar et TV satellite dans les chambres, coffre, terrasse pour certaines (les n[os] 301, 303 et 307). Personnel souriant. Au rez-de-chaussée, bar et petite terrasse ; également un bistrot et une brasserie chic typiquement parisienne (voir « Où manger ? »).

## Où dormir ? Où manger près de l'aéroport ?



On rappelle qu'en cas d'arrivée tardive et de départ matinal le lendemain on conseille vivement de passer la nuit près de l'aéroport. Inutile en effet de se taper les bouchons infernaux pour gagner la ville. Voici quelques bonnes adresses situées à proximité de l'aéroport à prix très raisonnables.

**Le Manoir Rouge** *(Chez Patrick)* **:** *à* ***Ivato,*** *dans le village même, à côté du marché. 032-40-260-97 ou 032-05-260-97. • manoirrouge.com • Face au stationnement des taxis-be du village ; c'est à env 2 km de l'aéroport ; accès possible en bus (sans gros bagage, le bus est déjà bien chargé). Espace pour camper 5 € ; lit en dortoir env 8 € ; chambres et bungalows à partir de 20 €. Plats pas chers.* Amusante maison couleur vieux rose à laquelle on accède en faisant le tour. À l'intérieur, tout type d'hébergements : chambres doubles, avec ou sans salle d'eau, dans différents édifices, propres et très corrects, autour d'un sympathique bout de jardin. Certaines donnent sur un petit balcon, d'autres sont un peu tristounes (en voir plusieurs). Dortoir très correct (lits superposés sur 3 niveaux, prévoir une corde et ne pas avoir le vertige !). Dans le jardin, de longues tables de bois et plein d'arbres fruitiers (pamplemoussier, pêcher...), pour planter sa tente (vraiment pas cher). Restauration honnête, transfert gratuit depuis l'aéroport (pour les clients ayant réservé, à l'aller seulement), salle TV, coffre, consigne.

**Ivato Hotel :** *vers le village d'Ivato, dans une rue perpendiculaire à la route principale qui mène à l'aéroport, lot K6 28. ☎ 22-445-10 ou 22-586-93. À 1 km de l'aéroport (transfert payant). Chambres 55 000-70 000 Ar.* Petit hôtel d'une trentaine de chambres lumineuses, toutes avec salle de bains, impeccables et globalement calmes. Sympathique décoration, avec des portes en bois naturel. Ventilo, et TV (sauf pour les moins chères), mais pas de moustiquaire et matelas un peu moyens. Très calme et propre. Pas désagréable. Petite terrasse sur le devant.

**Auberge du Cheval Blanc :** *sur la route de l'aéroport. ☎ 22-446-46. 032-62-367-36. • auberge@chevalblanc.mg • À 900 m de l'aéroport, sur la route principale, sur la gauche. En bord de route, donc facile à trouver. Transfert aéroport gratuit. Double 50 000 Ar (lit en plus, 15 000 Ar). Carte Visa acceptée (commission).* Long édifice d'un seul étage alignant un ensemble de chambres identiques, dont certaines entièrement rénovées, avec douche, eau chaude et cabinet de toilette, correctes, sans plus, et sans grande originalité. Préférez, si vous en avez la possibilité, une chambre dans le bâtiment principal et à l'étage (moins de passage). Évitez l'annexe, moins confortable. Pas mal de groupes en transit. Et puis pas de moustiquaire et pas mal de moustiques, alors attention ! Grande cour intérieure. Moins au vert que les autres, mais très près de l'aéroport. Resto proposant un menu, des plats franco-malgaches et des pizzas, en salle ou en terrasse.

**Chambre d'hôtes Amy :** *prendre la rue qui part en face de l'aéroport, faire 600 m et c'est sur la droite (pas de panneau). ☎ 24-326-67. 032-04-279-47 ou 033-12-083-04. • tananarive-guesthouse.com/tag/amy-house/ • Chambre double env 30 €. Repas possible.* Maison plutôt coquette, au calme malgré la proximité de l'aéroport, proposant d'impeccables et confortables chambres partageant une salle de bains très vaste commune à 2 chambres. Nickel et très pratique pour une arrivée tardive et surtout pour un départ matinal. Une bonne adresse de transit à prix vraiment doux.

## Où manger ?

Tananarive offre un bon panorama de la cuisine de Madagascar... et d'ailleurs. Cela va de la petite cantine populaire malgache *(hotely)* à la table française traditionnelle en passant par les cuisines du monde : indienne, chinoise, italienne. Enfin, pour ceux qui le peuvent, Tana offre un choix important de tables assez chic à prix somme toute très raisonnables si l'on compare avec la France...

Cependant, rien ne vaut une cantine populaire ou un bon petit *hotely*, histoire de lier connaissance et de découvrir comment vivent les Tananariviens... et comment ils endurent aussi les difficultés économiques au quotidien. Ça n'empêche pas de rire ensemble, au contraire. Vous serez étonné de voir comme il est facile de faire connaissance autour de quelques brochettes, d'un *ravitoto* ou d'une bière... à condition de ne pas en abuser ! Attention, estomacs trop sensibles, s'abstenir (surtout si vous venez d'arriver) !

### *Dans la Ville haute*

### Prix moyens (13 000-29 000 Ar / env 4-9 €)

**Le Relais de la Haute Ville** *(hors plan couleur centre par D2-3,* ***31****) : lot VK 24 Ambohinamoro. ☎ 22-604-58. Tlj sf dim soir. Résa conseillée. Le soir, menu dégustation de bon aloi. Voir aussi « Où dormir ? ».* Un resto qui surplombe la ville ; choisir de préférence une table près d'une fenêtre. Si le service est un brin cérémonieux, la cuisine est vraiment réussie et s'avère d'une grande régularité. La carte, bien étoffée et classique, propose autant de plats français que de spécialités malgaches (étonnants filaments de zébu rissolés, bons achards), et les desserts ne sont pas mal non plus. Une carte bien rodée, qui ne déçoit jamais, même si l'atmosphère du resto est un peu morne. Spécialités de *manara molotra* (queue, langue de bœuf et viande de zébu). Également bon gratin de fruits de mer, savoureux et parfumé à l'anis.

**Le Grill du Rova** *(plan couleur d'ensemble,* ***60****) : à Ambanimaso. ☎ 22-627-24. Situé 100 m avt le palais de la Reine, face à l'ancien palais de justice, qui ressemble à un temple grec. Tlj le midi (10h-18h) et sur résa le soir. Fermé janv-mars. Le dim, menu tt compris.* Venir y déjeuner si possible le dimanche midi, quand c'est le plus animé, afin d'assister aux concerts de musique traditionnelle et aux danses qui ont lieu jusqu'au coucher du soleil. Plein d'enfants sur les marches de l'escalier ce jour-là ! Attention, souvent pas mal de monde. Plats franco-malgaches assez touristiques certes, mais qui restent de qualité. Menu complet également, servi tous les jours : *ravitoto, romazava,* thon au coco, brochettes de zébu... rien que du classique. Quelques plats végétariens. Si vous n'y déjeunez pas, c'est aussi une adresse parfaite pour boire un verre après votre visite du Rova. La vue depuis la terrasse sur la plaine de Tana est l'une des plus belles qui soient (voir aussi « Où boire un verre ? »).

### *Dans la Ville intermédiaire*

### Très bon marché (moins de 8 000 Ar / env 2,50 €)

**Chez Jackie** *(plan couleur centre C2,* ***61****) : 114, rue Rainandriamampandry. 📱 034-08-311-64. Tlj sf dim 11h-14h slt. Prix dérisoires.* Quelques plats malgaches tout simples, servis dans une adorable et minuscule salle à manger aux tables nappées de blanc, par une non moins adorable dame, nommée Jackie, vous l'aviez compris. Impeccable et frais.

## Bon marché (8 000-13 000 Ar / env 2,50-4 €)

On trouve dans cette fourchette de prix quantité de snacks et de petits restos qui proposent des repas goûteux, diversifiés, avec desserts et... sans risque ! Ouverts surtout le midi, ils reçoivent des employés de bureau ou des commerçants.

**Tsara Ketrika** *(plan couleur centre B2,* **62***)* **:** *lot IBG 12 Isoraka. ☎ 24-240-20. Dans une petite impasse à gauche de l'hôtel* Radama *et presque en face de l'hôtel* Isoraka. *Tlj sf dim 11h30-14h30.* Une bonne cantine malgache qui n'a pas pignon sur rue, mais qui fait pourtant le plein au déjeuner d'étudiants et cols blancs des alentours. *Tsara Ketrika,* ça veut dire « bien cuisiné ». On confirme ! Chaque nappe est un *lambaoany* coloré, différent de table en table. Service rapide et ensemble bien tenu. 2 petites salles et un échantillon de terrasse abritée par des parasols.

**Lakozia** *(plan couleur centre B2,* **63***)* **:** *dans la rue du* Sakamanga, *sur la gauche en montant. ☎ 24-350-20. Lun-sam 8h30-18h30.* Ouverte sur la rue, une minuscule salle proprette comme tout et des serveuses tout en blanc, qui apportent des petits plats populaires, simples et très frais, à choisir sur l'ardoise. Hygiène, qualité des mets, prix écrasés. Une chouette adresse. Il y a même de bons gâteaux dans la petite vitrine.

## Prix moyens (13 000-29 000 Ar / env 4-9 €)

**Chez Sucett's** *(plan couleur centre B2,* **64***)* **:** *23, rue Raveloary, à Isoraka. ☎ 22-261-00. Tlj sf dim midi et j. fériés ; service jusqu'à 22h30. Résa conseillée le soir.* Un restaurant un poil chic tenu par des Réunionnais. Cadre agréable et cuisine soignée. Le menu est d'inspiration créole (cari, rougail...). À la carte, plats français, comme le foie gras ou le magret de canard, gibier en saison, et quelques plats malgaches, chinois, et même thaïlandais. *Chez Sucett's* reste une adresse de référence dans le quartier, et ce depuis de nombreuses années. Jolie carte de vins de France, de Madagascar ou d'Afrique du Sud. Excellent service.

**Arirang** *(plan couleur centre A2,* **65***)* **:** *rue Ramanantsoa (Grand-Didier), à Isoraka. 📱 032-02-323-90. Tt en haut de la rue du* Sakamanga. *Tlj sf dim.* Petit bijou un peu caché, ce minuscule resto déguisé en *hotely* recèle les délices d'une cuisine coréenne traditionnelle. Tout au fond, petite vue sur la ville. Les tables ont toutes un réchaud intégré. Ouvrez-vous l'appétit avec des sushis et commandez à la suite divers plats, tous coréens (avec parfois des influences chinoisantes), à se partager. Dommage qu'il n'y ait pas de desserts. Accueil prévenant.

**Le Petit Verdot** *(plan couleur centre C3,* **66***)* **:** *27, rue R.-Samuel-Rahamefy, Ambatonakanga. ☎ 22-392-34. Tlj sf sam midi, dim et j. fériés. Résa conseillée. Formule déj (plat, dessert et verre de vin) à prix très attractif, servie également le soir s'il en reste.* Central. Plus qu'un bar à vins, c'est un véritable comptoir français, un classique du circuit culinaire de Tana, tenu par Philippe, un personnage. Mezzanine, zinc, salle en sous-sol, salle VIP, tables bistrot et déco du même tonneau. Grand choix de vins français évidemment, mais aussi étrangers et malgaches, à déguster avec une assiette de fromage d'Antsirabe ou de charcuterie, du canard et l'inévitable foie gras. Plusieurs plats de ménage, toujours bien ficelés.

## Plus chic (plus de 29 000 Ar / env 9 €)

**Le Kudéta** *(plan couleur centre B3,* **39***)* **:** *15, rue de La Réunion, à Isoraka. ☎ 22-281-54. Tlj sf dim midi. Résa conseillée, surtout le w-e.* Adossé à la *Résidence Lapasoa, Le Kudéta* est l'un des bastions branchés de Tana, où l'on se retrouve avec plaisir. Également parfait pour l'apéro. La cuisine est délicieuse et la carte variée. Tendance nouvelle cuisine française, un rien asiatisante, mais la carte n'en oublie pas pour autant les fondamentaux de l'île, à base de zébu et de sauces de l'océan Indien, ou autour d'un foie gras qui mérite le détour. Coulant au chocolat incontournable, mais ne boudez pas les autres desserts pour autant ! Une excellente adresse dans un écrin chaleureux et chic. Aux murs, expos d'artistes malgaches et internationaux, dans une ambiance boisée et chaleureuse. Belle carte de vins également.

|●| ***La Boussole*** *(plan couleur centre B3,* ***41****) : rue du Docteur-Vilette, à deux pas du* Kudéta. *032-07-605-03.* Établissement chaleureux qui propose des plats « valeurs sûres » (foie gras, carpaccio et pavé de zébu, parfois rehaussés d'une touche innovante). Carte éclectique et réussie, cadre agréable. Encore un classique qui ne déçoit pas au fil des années. Bon service.

## Encore plus chic (plus de 40 000 Ar / env 13 €)

|●| ***La Varangue*** *(plan couleur centre B3,* ***42****) : 17, rue Printsy-Ratsimamanga, à Antaninarenina. ☎ 22-273-97. Tlj sf dim et j. fériés. Carte Visa acceptée.* Un resto chic et cher, mais quel charme ! Un décor de salle à manger digne de nos grands-mères (certes, une grand-mère un peu chic !). La carte change tous les mois, mais vous devriez y trouver régulièrement le carpaccio de capitaine et ses condiments, le cœur de filet de zébu poêlé et, en dessert, une variation autour du citron. Tout cela est bien mijoté et très bien présenté. Excellente cuisine, en somme, aussi raffinée que l'accueil et le service, irréprochables. Également une belle carte des vins, une bonne collection de rhums arrangés. Fait aussi hôtel (voir « Où dormir ? »).

|●| ***Le B' Restaurant*** *(plan couleur centre A2,* ***67****) : rue Rasoamanarivo (rue Grand-Didier), à Isoraka. ☎ 22-316-86. Tlj midi et soir. Fait aussi bar.* Dans la droite ligne des *Buddha Bar* qui essaiment sur la planète, il n'y avait pas de raison que Tana n'ait pas le sien. Le gros bouddha de carton est bien là, la musique *lounge* itou, tout comme l'atmosphère cool, savamment distillée dans la grande salle doucement éclairée, prolongée par une belle terrasse. Cuisine bien faite, sans grande originalité certes, mais fraîche, tendance et agréable, à la sauce malgache.

# Dans la Ville basse

## Bon marché (8 000-13 000 Ar / env 2,50-4 €)

|●| ***La Jonquille*** *(plan couleur centre B1,* ***68****) : 7, av. Rabezavàna. ☎ 22-206-37. 034-04-728-29. Tlj sf lun.* Salle adorable et proprette servant depuis fort longtemps de bons plats chinois, copieux et goûteux. Prix démocratiques. Pour changer un peu.

|●| ***Restaurant de l'hôtel Saint-Pierre*** *(plan couleur centre B1,* ***47****) : dans la rue Rainandriamampandry (à proximité de la gare Soarano). ☎ 22-270-32.* Au cœur de l'hôtel, dans une charmante courette au calme (ce qui tranche avec l'animation trépidante de la rue), petit restaurant pas cher du tout et bien agréable. Plats frais, simples et bien tournés.

|●| ***Le Duo*** *(plan couleur centre B1,* ***69****) : av. de l'Indépendance (à côté du centre culturel Albert-Camus). 032-63-490-38. Tlj sf dim 11h (12h lun)-21h.* Au déjeuner, le service dépote, et ça défile entre les tables. Plats du jour très corrects. Une clientèle variée, qui réunit Malgaches et *vazaha* qui travaillent dans le coin, et des touristes de passage. À la carte, des plats malgaches pas mal du tout. Bon *romazava* également. Une halte centrale et animée.

|●| ***Restaurant du Glacier*** *(plan couleur centre B2,* ***70****) : 46, av. de l'Indépendance. ☎ 22-202-60. Tlj et jusque très tard.* Voisin et parent du café-concert éponyme où l'on peut également manger des plats malgaches. Attention, ne pas confondre les deux : la clientèle, le service et les mets sont très différents. Dans un décor de brasserie populaire tout simple, cette cantine d'expats propose des menus et quelques plats simples de bonne facture, tendance cuisine française avec des nuances malgaches : poulet à l'ancienne, bourguignon, queue de

zébu, matelote de poisson... Pas mal de plats chinois également. Ambiance décontractée.

**|●| *La Rivière aux Parfums*** *(plan couleur centre B1,* ***71****) : 24, Lalana Andrianampoinimerina. Prendre le petit passage couvert, c'est au fond d'une courette dans une maisonnette (c'est fléché de la rue). 📱 033-75-597-11. Tlj 11h-15h et 18h-22h.* La bourgeoisie de Tana se retrouve dans les 3 petites salles paisibles aux nappes bleues, vertes ou rouges (à chaque salle sa dominante chromatique), autour d'une cuisine d'inspiration asiatique. L'endroit est reposant et les plats frais et goûteux, notamment les spécialités vietnamiennes.

**|●| *Tsiky*** *(plan couleur centre C2,* ***72****) : rue Ramelina, à Ambohijatovo. ☎ 22-283-87. Dans la rue qui grimpe vers Antaninarenina. Tlj midi et soir sf dim jusqu'à 21h-21h30 max. Menu pas cher le midi, et le soir, un autre à volonté à prix attractif. Tsiky* signifie « sourire ». C'est vrai qu'on l'a en découvrant ce resto discrètement perché avec sa petite terrasse. De la salle intérieure au parquet ciré, joliment aménagée, on peut observer la colline d'en face par la fenêtre. Accueil et service gentils. Le *ravitoto* et les *romazato* sont bons et pas chers, et peuvent même suffire en plat unique. Outre les préparations malgaches, on y sert cassoulet, lasagnes et même un pâté de zébu (qui fait un lien habile entre les 2 cultures). Pour les gros appétits, le soir, n'oubliez pas le menu à volonté, qui constitue une belle affaire.

## Prix moyens (13 000-29 000 Ar / env 4-9 €)

**|●| *Le Sakamanga*** *(plan couleur centre B2,* ***48****) : rue Andrianary-Ratianarivo, à Ampasamadinika. ☎ 22-358-09 ou 22-640-59. Tlj jusqu'à 22h30 env.* Élégante maison en bois au-dessus de l'hôtel du même nom (voir « Où dormir ? »). Lieu de rendez-vous incontournable des expatriés et des *vazaha* de passage à Tana. Animé pratiquement tous les soirs. On l'aime bien pour ça, mais surtout pour sa belle cuisine : excellents plats européanisés, comme le filet de zébu, les tagliatelles, le subtil foie gras... jusqu'au confit de canard. Également un plat du jour à prix raisonnable et un menu-enfants (rare !). Service au diapason et ambiance parfois bien arrosée autour du bar et des rhums arrangés... Piscine pour agrémenter le tout. Toujours dans l'enceinte de l'hôtel, mais tout au fond, un autre resto, plus adapté pour le midi. À quelques numéros de là, un peu plus bas dans la rue, la même maison propose le ***SakaExpress*** *(☎ 24-334-39 ; tlj jusqu'à 21h env).* On y prépare d'excellentes pizzas au feu de bois, dans une salle façon fast-food. Parfait pour les pressés ou simplement pour grignoter un morceau.

**|●| *Café de la Gare*** *(plan couleur centre B1,* ***73****) : dans la gare (étonnant, non ?), tt au bout de l'av. de l'Indépendance. ☎ 22-611-12. Lun-sam 9h-23h (fin de service), dim 11h-22h. Fait salon de thé et bar tte la journée. Dim, brunch musical. Menu du jour intéressant et barbecue le dim.* 📶 Dans l'enceinte classée de la gare Soarano, laissée à l'abandon pendant des années, une équipe dynamique et créative a conçu ici un vrai lieu, rendant hommage aux choses du rail auxquelles la décoration fait en permanence référence. Un coin salon avec une cheminée (belle, la cheminée !), de longues banquettes et un éclairage étudié. Le soir, à partir de 19h (sauf le jeudi), un pianiste vient faire résonner ses notes dans ce bel écrin. Si le lieu est classe, les prix sont doux. Spécialités de rôtisserie (coquelet à la broche, brochette de zébu), mais aussi gratin de crabes et *romazava...* On note encore un excellent tartare de zébu ou encore un reblochon (local) pané. Carte bien équilibrée. Le resto se prolonge sur le côté par une grande pelouse où l'on a dressé quelques tables. Il y a même un kiosque qui propose du vin chaud durant l'hiver austral, et des huîtres au mois d'août ! Un vrai poumon de verdure en plein Tana. Le wagon-toilettes, sur rails, mérite une visite.

**|●| *Brasserie de l'hôtel de France*** *(plan couleur centre B1,* ***54****) : 34, av. de l'Indépendance. ☎ 22-213-04. Tlj 12h-23h.* Belle brasserie qui jouxte l'hôtel éponyme, sur la droite, avec carrelage d'époque, banquettes de moleskine, vieux postes de radio pour la déco. Dans l'assiette, des recettes franco-malgaches, classiques et bien réalisées, comme ce pavé de zébu, ce beau crottin de Tuléar ou cette daurade à la grenobloise.

**Hôtel-restaurant des Artistes** *(plan couleur centre C2, **55**) : Ambatomena, Analakely 101. Voir « Où dormir ? ».* Plats de qualité, dans une atmosphère cosy.

## Plus chic (plus de 29 000 Ar / env 9 €)

**Le Carré** *(plan couleur centre B2, **74**) : rue Solombavambahoaka, à Antsahavola. 032-60-498-00. Tlj midi et soir, sf sam midi et dim.* Le resto branché de Tana, une adresse incontournable... que l'on peut facilement contourner le soir, où les tarifs grimpent fortement. En revanche, le midi, cette branchitude devient sympathique, grâce à un menu à prix démocratique. Élégant et design, tout dans les blancs et gris, avec des lumières noires dans le grand passage qui donne accès à la salle, moderne en diable.

**Villa Vanille** *(plan couleur d'ensemble, **75**) : pl. Antanimena. ☎ 22-205-15. Sur la place avt la route des Hydrocarbures. Tlj 11h30-14h, 19h-23h. Menu du jour (servi midi et soir) à prix intéressant.* Cette maison (on se doit de l'appeler ainsi) a tout pour séduire les nostalgiques des Années folles. Chaque soir, un orchestre malgache joue de la variété internationale ou nationale. Ça commence par des standards de jazz tropicalisés, puis ça continue avec des rengaines éternelles de crooners nord-américains, jusqu'à flirter – ô comble du chic rétro vieille France tananarivien ! – avec Cabrel ou Joe Dassin, littéralement exotico-exécutés... Côté fourneaux, de nombreux plats cuisinés à base de vanille, bien sûr, mais aussi des classiques que l'on retrouve sur la carte depuis des années : escalope de foie gras à la vanille et aux physalis, carpaccio de zébu, papillote de rouget à la créole, crevettes royales cloutées à la vanille et poires pochées au gingembre... Bref, tous les ingrédients réunis pour passer une soirée du meilleur goût tropical-chic ! Il y a même du couscous (servi tous les jours).

### *Dans le quartier populaire*

## Très bon marché (moins de 8 000 Ar / env 2,50 €)

**Cafétéria du palais de justice** *(plan couleur d'ensemble, **76**) : au palais de justice de Tana, derrière le lac Anosy, dans le quartier du Carlton et des ministères. Passer le hall d'entrée et son grand vitrail orangé et descendre au sous-sol, juste derrière. Lun-ven 8h-16h. Fermé Noël-Jour de l'an.* Une fois n'est pas coutume, nous vous convions à déjeuner au palais de justice de Tana ! Pas pour la gastronomie, non, car ici on se contente de plats vraiment simplissimes. Mais il faut venir une fois se plonger dans cette ambiance populaire, histoire de faire un peu de sociologie et pas seulement du tourisme. Employés, fonctionnaires, magistrates et magistrats se côtoient dans une atmosphère bon enfant autour d'un plat sans prétentions mais très bon marché.

**Cafétéria de l'Alliance française de Tana** *(plan couleur d'ensemble, **7**) : à côté de l'École normale, à Amdavamamba, derrière l'hôtel Carlton. Chaque midi (lun-sam), des petits plats malgaches pour un prix mini-mini.* C'est l'occasion de rencontrer des étudiants xénophiles et d'apprécier un certain dynamisme culturel de la capitale.

## Où prendre un petit déjeuner ? Où déguster une pâtisserie ou une glace ?

Tradition héritée de l'époque coloniale, Tana possède quantité de salons de thé et de glaciers.

### Dans la Ville haute

**Salon de thé de l'hôtel Colbert** *(plan couleur centre C2, **44**) : pl. de l'Indépendance, juste à gauche de l'hôtel* Colbert. ☎ *22-219-52. Tlj 6h30-19h.* Salon de thé-pâtisserie moderne. C'est le moment de se taper une bonne religieuse en un éclair (au chocolat). Frais et pas cher. Également un peu de salé. Dommage qu'il n'y ait pas beaucoup de places pour s'asseoir (tabourets hauts pas très confort).

### Dans la Ville basse

**La Potinière** *(plan couleur centre B2, **80**) : av. de l'Indépendance.* ☎ *22-233-54. Juste à droite d'Air Madagascar. Tlj sf dim ap-m 6h30-18h30.* Cadre moderne et clientèle tendance bourgeoise. Boulangerie, viennoiseries, pâtisseries de bon aloi... Idéal pour prendre un petit déj, une pâtisserie à l'heure du thé ou même un déjeuner sur le pouce. Tout est bon.

***Blanche-Neige*** *(plan couleur centre B1, **81**) : 15, av. de l'Indépendance.* ☎ *22-206-59. À gauche de la mairie. Tlj sf lun 7h-18h30 (fermé 12h-14h30 le w-e).* Petit glacier-salon de thé sympathique et un peu rétro. Peinture des célèbres personnages du dessin animé pour vous prouver que vous ne vous êtes pas trompé d'adresse ! Viennoiseries, glaces maison, crêpes sucrées et salées.

***Honey*** *(plan couleur centre B1, **82**) : 13, av. de l'Indépendance.* ☎ *22-621-67. À côté de Blanche-Neige. Tlj sf mar 8h-18h30 (fermé 12h-14h le dim).* Beaucoup de monde le dimanche à cause de ses crêpes, quiches, *sambos,* croque-monsieur, gaufres et très alléchantes glaces (plus d'une vingtaine de parfums !). Dommage que le lieu soit si peu chaleureux.

## Où boire un verre ?

### Dans la Ville haute

**Le Grill du Rova** *(plan couleur d'ensemble, **60**) : tt à côté du palais de la Reine... Voir aussi « Où manger ? ».* C'est sans conteste le plus beau point de vue sur la ville pour boire un verre. Y aller le dimanche après-midi ou les 1er et 3e mercredis du mois pour écouter de la musique ou assister à des spectacles de danse. Quoi qu'il arrive, y passer avant ou après votre visite du Rova.

### Dans la Ville intermédiaire

**Le Mojo** *(plan couleur centre A2, **83**) : à Isoraka, en face du tombeau du Premier ministre, au 1er étage.* ☎ *22-262-16. Tlj à partir de 19h.* Ce petit lieu feutré allie en son sein une discrète ambiance bobo à d'exubérants rendez-vous sportifs sur écran géant. Attention, mieux vaut arriver tôt en fin de semaine et le week-end, sinon vous risquez de ne pas pouvoir entrer.

**Outcool Café** *(plan couleur centre B2, **12**) : rue Andrianary-Ratianarivo, à Ampasamadinika. Tlj 9h-23h.* Outre un bon cyber, ce petit lieu est également un sympathique rendez-vous pour boire un verre entre potes. Musique cool et ambiance « groupes de potes ».

**Le Kudéta** *(plan couleur centre B3, **39**) : à Isoraka.* Ce resto (voir « Où manger ? »), rendez-vous des expats, coopérants et autres branchés de la capitale, est un lieu vraiment sympa le soir pour boire un verre tranquillou. Ambiance plus animée en fin de semaine.

***Manson by Marco*** *(plan couleur centre A2, **84**) : rue Rasoamanarivo (rue Grand-Didier), à Isoraka.* 📱 *032-05-050-32.* À l'étage d'une petite maison, bar *lounge* tendance, autre refuge des expats où le bar ondule au même rythme que les clients tanguent. Quand c'est chaud, on y danse même. En fin de semaine, on est serrés comme dans le métro, mais personne ne semble s'en plaindre. Pour prendre un bol d'air et profiter de la vue, rendez-vous sur la terrasse du 2e étage.

**L'Horloge** *(plan couleur centre B1, **73**) : à l'étage du resto le Café de la Gare, tt au bout de l'av. de l'Indépendance.* ☎ *22-611-12. Ouv ven et sam soir, et dim ap-m pour les* *thés dansants.* C'est en fin de semaine que s'anime cette vaste salle, aménagée avec beaucoup de goût, accueillant des groupes de musique métissée, allant des sonorités de l'océan Indien aux vieux tubes de variété. Le dimanche après-midi, délicieux thé dansant, où l'on peut voir les grandes familles de Tana virevolter sur le parquet ciré. 2 bars, 2 ambiances. Une partie assez animée et une autre plus tranquille, plus *lounge,* avec fauteuils et divans où l'on peut se relaxer.

### Dans la Ville basse

**Hôtel-restaurant des Artistes** *(plan couleur centre C2,* ***55****)* **:** *Ambatomena, Analakely 101. Voir « Où dormir ? ».* Un bar convivial où les expats viennent prendre leur pastis. Ambiance assurée.

## Où sortir ?

Même si vous ne restez pas longtemps à Tana, essayez d'assister au moins une fois à un concert, ça en vaut la peine !

### Dans la Ville basse

***Cabaret Le Glacier*** *(plan couleur centre B2,* ***85****)* **:** *av. du 26-Juin. Entrée payante à partir de 20h.* Un des lieux musicaux les plus connus de Tana. Revers de la médaille, la prostitution est omniprésente... Chaque soir à partir de 20h et jusque très tard, on s'y trémousse au son des meilleurs groupes malgaches (souvent du *salegy* ou du *tsapiky,* mais aussi du reggae et du ragga) en éclusant des bières dans une ambiance chaude comme la braise.

### Dans le quartier populaire

***Kudéta Urban Club*** *(plan couleur centre A3,* ***86****)* **:** *rue Ranaivo, au bord du lac Anosy, dans l'hôtel Carlton ; le club se trouve à l'entresol.* ☎ *22-677-85.* • *kudeta.mg* • *Tlj sf dim, de 10h jusque très tard, mais c'est surtout le soir qu'on y vient. Entrée gratuite.* *Lounge* bar jazz, avec cabaret live de temps en temps le jeudi soir. Petite piste de danse. Ça commence par de la musique cool pour monter en énergie et en rythme au fil de la soirée. Quelques tapas à grignoter.

Possibilité d'assister à des concerts régulièrement le dimanche au ***stade de Mahamasina.*** Consulter les journaux.

### Les boîtes

Pour info, aucune boîte n'échappe à la prostitution de masse.

**Le 6** *(plan couleur centre C2,* ***20****)* **:** *rue Ratsimilaho. 032-02-573-65. Jeu-sam.* En plein centre, la boîte qui monte, qui monte. Y aller tard.

**Le Club** *(ex-Bus)* **:** *à Antanimena, au nord du centre-ville.* ☎ *22-691-00. Y aller en taxi et prévoir le trajet du retour au tarif de nuit (compter 5 000 Ar l'aller). Boîte ouv slt ven-sam. Mieux le sam. Entrée payante.* Boîte de nuit à l'européenne. Du classique.

**Le Caveau** *(plan couleur centre B2)* **:** *non loin de la pl. de l'Indépendance. Ts les soirs. Entrée payante.* La boîte la plus « embourgeoisée » de la ville, mais pas forcément la moins canaille, dans un cadre assez classique.

***L'Indra*** **:** *à Tsaralalàna, dans le quartier populaire, ts les taxis connaissent. Taxi A/R obligatoire.* Boîte de nuit la plus populaire de la ville, mais attention, haut lieu de prostitution de la capitale. Grosse ambiance, mais une grande prudence s'impose à la sortie.

## Marchés et achats

En intro, un mot (obligatoire !) sur le ***Zoma,*** à l'origine le marché du zébu institué par Andrianampoinimerina. C'était, il y a peu de temps encore, l'un des plus grands et des plus beaux marchés au monde. Un véritable mythe dont les autres marchés sont en fait une émanation disloquée. Le jour du *zoma* (« vendredi »), le marché envahissait tout le centre-ville de Tana, interdit à la circulation, de l'avenue de l'Indépendance jusqu'aux pavillons couverts d'Analakely. Sur environ 1 km, des milliers d'étals protégés par autant de parasols blancs, sortis de terre comme autant de champignons élégants ! Un rassemblement gigantesque de tout ce que Madagascar compte d'ethnies différentes, mosaïque de visages, de couleurs bariolées et d'odeurs venues du fin fond de la brousse... En 1994, il fut décidé d'enrayer l'insécurité du Zoma... Des touristes y étaient régulièrement dépouillés, sans parler des énormes problèmes de propreté et d'hygiène dont le marché était à l'origine... Seul le marché couvert d'Analakely est resté.

## Marchés

– ***Le marché d'Andravoahangy*** *(prononcer « Andjiavoung » ; plan couleur d'ensemble) : au nord-est du centre-ville. Y aller en taxi. Tlj de 6h à la tombée de la nuit, mais slt 10h-17h env pour l'artisanat. Plus actif mer, réduit dim.*

Le marché le plus important de Tana depuis la disparition du Zoma. Si le marché artisanal de la route de la Digue est plus calme (mais aussi plus touristique), pour nous, voici le vrai marché à la malgache. Incroyable rassemblement de centaines de vendeurs disséminés autour d'un vilain pavillon en béton. À l'intérieur de celui-ci, une rangée de petits *hotely* (restos locaux), plus hauts en couleur les uns que les autres mais peu recommandés pour des raisons d'hygiène.

Le marché lui-même, selon une pratique héritée du Zoma (lire plus haut), se divise en secteurs de vente : marché des vêtements, de la chaussure, de la viande (bonjour les mouches !), des légumes, etc., et, ce qui nous intéresse plus particulièrement, d'artisanat malgache. Mais n'y aller que pour acheter des souvenirs serait une erreur. Il faut se plonger dans l'ambiance unique du plus grand marché de la capitale, dans ses allées de terre ou de boue, entre ses étals et ses vendeurs qui forcent l'œil et le respect. Cependant, certains lecteurs trouvent les sollicitations parfois trop insistantes. Il faut dire que les stands sont vraiment les uns sur les autres, que la concurrence est rude et que les fins de mois sont difficiles... Bien sûr, les consignes habituelles de prudence s'imposent comme partout ailleurs. Des gardiens officiellement badgés vous proposeront de vous accompagner ; ce n'est pas obligatoire. Rangez seulement vos valeurs à l'abri. L'artisanat est regroupé dans un secteur du marché, couvert par les toits des échoppes. Cela forme un ensemble de petites cabanes serrées les unes contre les autres, qui dessinent d'étroites allées couvertes, assez labyrinthiques mais tracées au cordeau (donc on se repère facilement). On y trouve (presque) tout ce que Madagascar peut offrir : pierres semi-précieuses, jeux de solitaire, voitures miniatures à partir de bombes insecticides recyclées, marqueterie... et on en passe ! Il y a un coin réservé aux brodeuses (en revanche, pratiquement pas de broderies ajourées de Nosy Be, le fameux point Richelieu). Marchandage recommandé, mais ne pas abuser (lire la rubrique « Marchandage » dans « Madagascar utile »). Bref, une visite assez incontournable.

– ***Le marché du COUM*** *(plan couleur d'ensemble) : 67 Ha Nord. À l'est du centre-ville. Taxi obligatoire (6 000 Ar). Plus actif jeu soir et surtout ven.* Une fois sur place, il convient d'être perpétuellement sur ses gardes, sans pour autant tomber dans la paranoïa. C'est sans doute à l'heure actuelle, en ce qui concerne l'artisanat, le marché à la fois le mieux fourni et le moins cher, car encore très peu fréquenté par les touristes. Dès lors, les marges à négocier sont plus réduites aussi. On y trouve de tout : jeux, sculptures, vannerie, broderie, vêtements, meubles...

– ***Le marché couvert d'Analakely*** *(plan couleur centre C2) : tlj dans les pavillons couverts face à la grande poste.* C'était le marché permanent de la Ville basse en attendant le jour du Zoma... Son ancêtre, son squelette en quelque sorte ! Labyrinthe de vendeurs de vêtements, chaussures, articles en tout genre, légumes... Une toute petite allée est consacrée à l'artisanat.

Ne pas s'y balader habillé en sapin de Noël. Signalons aussi le bâtiment du Tranompokolona, le théâtre municipal, qui a été reconstruit selon le modèle d'origine. Attention aux pickpockets.

– ***Le marché artisanal de la Digue*** *(hors plan couleur d'ensemble)* **:** *sur la route de l'aéroport, donc pratique avt de prendre l'avion du retour. Tlj.* C'est vrai qu'on y trouve de tout, mais c'est un peu moins authentique selon nous qu'à Andravoahangy. Pour les acharnés : prendre un *taxi-be* pour l'aéroport depuis Vasacoas, près des douanes d'Antanimena (nord-ouest du centre-ville), ou, plus cher mais plus simple, un taxi.

– ***Le marché aux puces d'Isotry*** *(prononcer « Isoutch' » ; plan couleur d'ensemble)* **:** *à l'ouest du centre-ville. Plus important sam lorsqu'il s'étend aux quartiers environnants ; on l'appelle alors le marché d'Ambodin'Isotry.* Intéressant le samedi, notamment pour l'artisanat (plus varié et moins cher qu'ailleurs car moins touristique). Comme à Bombay et ailleurs, c'est aussi le « marché aux voleurs » : on peut y retrouver ses pompes dérobées la veille au soir ! Attention aux pickpockets quand même pour ne pas vous faire piquer votre pantalon après avoir retrouvé vos chaussures !

– ***Le marché Pochart*** *(plans couleur d'ensemble et centre B1)* **:** *près de la gare ferroviaire de Soarano. Tlj mais il est plus actif encore le ven, héritage du Zoma.* Vêtements et un peu d'artisanat. On nous signale quelques problèmes d'agressivité vis-à-vis des filles seules, et des pickpockets, alors prudence.

– ***Le marché Petite Vitesse*** *(plan couleur centre A1)* **:** *tlj jusqu'à 15h-16h.* Marché populaire, appelé ainsi parce qu'il longe une ancienne voie de chemin de fer où les trains passaient à petite vitesse ! Pas d'artisanat ici, mais un sympathique marché aux légumes et aux plantes médicinales.

– ***Autres marchés : marché aux tissus*** *(plan couleur d'ensemble), à Ambodinisotry.* On y trouve toutes sortes d'étoffes à des prix dérisoires. ***Marché aux livres*** *(plan couleur centre C2), dans le jardin Ambohijatovo, à côté d'Analakely. Tlj sf dim.* De vrais bouquinistes : plein de livres français et d'anciens *Ici Paris, Paris Match...* la crème de la culture française, quoi ! ***Marché de Mahamasina*** *(plan couleur d'ensemble), devant le stade. Ts les jeu.* Meubles, ustensiles domestiques, fringues, fruits et légumes. Très grand et populaire. On y trouve tous les anciens vendeurs de l'ex-Zoma.

## Achats

***Boutiques d'artisanat :*** pour ceux qui n'ont pas le temps de flâner dans les marchés, une session de rattrapage accéléré est possible. On aime tout particulièrement ***Lisy Art Gallery*** *(plan couleur d'ensemble,* ***90****), en montant vers le mausolée à Antanimora – Tana Est (📱 032-02-444-16 ; lun-sam 8h-18h30).* Idéal pour les derniers achats avant de partir (accepte la carte *Visa* si vous n'avez plus de monnaie), car l'espace est bien fourni en artisanat de qualité venant de tout le pays, et les prix sont étonnamment raisonnables, et même vraiment bon marché pour certains articles. Un peu plus bas, ***Mama Benz*** propose des cadeaux branchouilles. ***La Case Verte*** *(rue Andriambelomasina, à Ambohidahy, en descendant vers Mahamasina depuis Ambatonakanga ; fermé le midi).* Propose essentiellement de la vannerie. Le ***CENAM*** *(plan couleur d'ensemble), 67 Ha Sud.* Regroupe de nombreux artisans. Les prix y sont parfois élevés. Bien négocier. ***Ivahona*** *(plan couleur centre B1,* ***91****), dans l'enceinte de la gare Soarano (📱 032-07-090-93 ; tlj 9h-20h).* Une belle boutique proposant de nombreux produits de qualité. On a aimé les savons artisanaux aux parfums de saison (mangue, coco, vanille...). Section d'épices sélectionnées et de plantes entrant dans la pharmacopée malgache traditionnelle. Également cosmétiques, vannerie, broderies, étoffes diverses...

– ***Maquettes de bateaux : Le Village,*** *sur la route principale d'Ambihabo, 5 km avt d'arriver à l'aéroport. ☎ 22-451-97. Lun-sam 9h-17h. CB acceptées.* Choix énorme et de grande qualité. Modèles traditionnels ou modernes, de toutes les tailles, en fonction de votre porte-monnaie. On visite les différents ateliers organisés autour d'un grand jardin, sans obligation d'achat. Visite assez passionnante, mais venir en semaine et avant 16h30 si vous voulez voir les artisans bosser. Également un grand choix de très bonne qualité à l'***atelier Liankanto*** *(lot 315 Mandrosoa Ivato, route vers Batterie Virio ; ☎ 22-453-52 ; • take laka.dts.mg/liankant •).*

– ***Papier antaimoro :*** pour acheter ce merveilleux papier dans les minuscules ateliers, il faut aller à Ambohidimita, à environ 8 km sur la route de la Digue, vers l'aéroport d'Ivato. M. Iarivo est l'un des artisans *(📱 033-11-386-58 ; ouv en général lun-ven 8h-17h).* Peu pratique, mais si vous n'êtes pas allé à Ambalavao ou à Fianarantsoa, où l'on trouve les plus beaux papiers antaimoro de l'île, rattrapez-vous ici, ou bien dans les boutiques d'artisanat sur la même route. Mieux vaut appeler avant de vous déplacer.

– ***Fabricants de tampons en caoutchouc :*** *dans l'escalier qui mène d'Analakely à la Ville haute.* Venez admirer l'ingéniosité de ces petits artisans de la capitale, capables de vous fabriquer un tampon avec votre nom sur fond de baobabs ou de taxi-brousse en quelques heures (passer commande et revenir plus tard le chercher !). S'ils ne sont pas là, c'est que la police rôde... Pas cher et sympa.

– ***Le bois dans tous ses états :*** *lot I BI 40 Ampasamadinika 101. ☎ 22-384-68. • teitenmada@yahoo.fr • Dans la rue de l'hôtel Sakamanga (plan couleur centre B2, **48**). Lun-sam 8h-18h.* D'emblée, on est saisi par l'odeur de toutes ces essences de bois. Ensuite, on découvre d'innombrables sculptures et, partout, ces visages et ces corps d'hommes ou de femmes, qui font parfois encore corps avec la pièce de bois brut dont Jean-Jacques Teiten les fait naître : palissandre, ébène, bois de rose... il y en a pour tous les budgets, de toutes les tailles et de tous les poids (attention aux excédents de bagages).

– ***Brodeuse :*** *Noromalala Hantanirina. ☎ 24-639-41. 📱 033-12-744-60. Nappes pour 6 pers à partir de 20 € env.* Cette brodeuse, qui fait du très beau travail, n'habite pas en centre-ville mais à Itaosy (au nord de la ville). Appelez-la, c'est plus simple.

– ***Gastronomie :*** pour le foie gras, aller chez ***Bongou*** *(à côté du* CENAM, *67 Ha Sud. ☎ 22-020-59).* Pour le café (demander le zanatany grand cru) et autres finesses (thés, alcools), se rendre chez ***Taf*** *(enceinte Zone Zital, quartier d'Ankorondrano, à côté du magasin* Jumbo Score. *☎ 22-224-05. Lun-sam 8h30-18h).*

– ***Vanille :*** vous en trouverez bien sûr sur les marchés, mais aussi, tout simplement, dans les supermarchés, où elle peut être aussi bonne, voire meilleure. Pour la choisir, assurez-vous que les tiges soient longues et pas cassantes, qu'elles aient un aspect gras et que leur couleur noire tire éventuellement sur le rouge, mais pas sur le brun. Maintenant, à vous de jouer !

## À voir

### *Dans le quartier de la Ville haute et de la Ville intermédiaire*

★★★ ***La Ville haute :*** la partie de la ville la plus charmante pour se balader. Tout part de la ***place de l'Indépendance*** *(plan couleur centre B2)* dans la Ville intermédiaire, avec son jardin et son grand escalier qui descend vers ***Analakely*** en égrenant tout un panel de vendeurs de souvenirs. C'est le lieu de rendez-vous des hommes d'affaires de la capitale, des *vazaha* en quête d'un journal ou d'une pause au cours de leur épuisante journée, mais aussi des petits vendeurs de journaux, de cigarettes ou de souvenirs, et des jeunes en haillons qui gardent les places de parking pour quelques pièces. Évidemment, beaucoup de nos adresses d'hôtels et de restos se trouvent non loin de là. C'est aussi un lieu privilégié par conséquent pour les voleurs. Évitez de vous y promener seul(e) et attention à vos objets personnels.

– ***Le palais présidentiel*** se trouve juste derrière la place. C'était la résidence officielle des gouverneurs et hauts-commissaires français avant l'indépendance. Il était donc logique et hautement symbolique que le président de la République, puis le maire de la ville, prennent possession de ces lieux par la suite. Le président Ravalomanana a d'ailleurs décidé de l'investir à nouveau en 2002. Tout un symbole lorsque l'on sait que Ratsiraka occupait un palais construit à grands frais à Iavoloha, près de Tana...

➢ De la place de l'Indépendance, on peut ensuite partir dans plusieurs directions. Arpenter les jolies ruelles pavées en pente du côté de l'hôtel *Shangaï,* prendre l'***escalier qui rejoint la Ville basse*** jusqu'à Analakely *(plan couleur centre C2),* très belle vue sur Tana, ou descendre la rue Grandidier pour découvrir le ***quartier d'Isoraka*** *(plan couleur centre B2).* Enfin, pour les amateurs de grandes balades, on peut rejoindre le palais de la Reine à pied en remontant la ***rue Ratsimilaho*** *(plan couleur centre A-B3),* très commerçante et animée. On y trouve beaucoup de bijouteries appartenant à des Karanes (Indo-Pakistanais) et de nombreux commerces autour de la poste et de l'hôtel *Colbert.*

***Balade jusqu'au palais de la Reine :*** plusieurs possibilités pour s'y rendre. À pied, depuis la place de l'Indépendance dans la Ville haute, pour les plus courageux. Directement en taxi, pour les autres (bien négocier le tarif). Pour les malins, il reste le *taxi-be,* qui présente l'avantage d'être attrapé au gré de sa fatigue, à l'un des arrêts qui jalonnent la montée. Trois lignes (n^os 103, 134 et 190) vont et viennent vers Analakely ou Mahamasina. Nous vous suggérons tout de même de marcher un peu dans ce quartier très agréable : multiples points de vue sur la ville et la plaine, jolies maisons, églises et ruelles pavées... sans parler du palais lui-même. Le plus sympa, à pied, est donc de partir de la place de l'Indépendance en prenant la rue Ratsimilaho vers la poste. Arrivé à l'espèce de pergola (genre d'esplanade-parking) sur la droite, continuer tout droit et dépasser l'hôtel *Raphia.* Plus haut, au carrefour, prendre la rue qui monte en face. Vous êtes dans le quartier d'Ambatovinaka. La rue et les maisons y sont vraiment tranquilles et charmantes, d'autant que, tout en haut, c'est la récompense : une esplanade avec rambarde offrant un magnifique point de vue sur la ville et le romantique lac Anosy, encore plus beau au coucher du soleil. D'ailleurs, c'est un peu le Montmartre local, et les amoureux y ont élu domicile.

Un peu plus haut, on accède à l'***église catholique d'Andohalo*** *(plan couleur d'ensemble),* d'où l'on a également un très beau point de vue, notamment sur la plaine du Betsimitatatra, ex-grenier à riz de la capitale. De là, on peut redescendre sur Mahamasina (845 marches). Mais avant, on a un programme bien chargé. D'abord, aller voir la ***maison de Jean Laborde*** *(plan couleur d'ensemble)* dans une ruelle étroite, un peu après l'église sur la droite. C'est une jolie maison en bois qui date de 1862, que le célèbre aventurier et industriel français habita après son retour d'exil. Elle est actuellement occupée par une radio locale, mais on peut y jeter un œil aux heures de bureau... Quasiment en face de cette ruelle, c'est l'***église anglicane d'Ambohimanoro.*** Le dimanche matin, jolis offices célébrés par des chants, et l'après-midi, sur l'esplanade de l'ancien Zoma, royal... match de foot dans une sympathique ambiance de village !

Grimper ensuite jusqu'au ***musée d'Andafiavaratra – palais du Premier ministre*** *(plan couleur d'ensemble)* **:** *attention, peut-être* ***fermé.*** *Entrée payante et possibilité de prendre un guide officiel pour la visite (tarif à préciser auparavant avec lui) ; il se tient en général devant le palais.*

La reine Ranavalona I^re fit construire un palais en bois dans ce quartier hautement réservé, mais il fut remplacé en 1872 par un palais de pierre à l'usage du Premier ministre de l'époque, Rainilaiarivony, celui qui épousa successivement trois reines afin de mieux asseoir son pouvoir. Observez surtout la façade plutôt originale, mêlant gaiement différents styles, à tendance baroque, mais reconstruite après un incendie en 1976. À l'intérieur du musée, justement, tout ce qui a pu être sauvé

de l'autre incendie, celui du palais de la Reine (ou Rova) en novembre 1995 : une maquette du village royal de 1610, situé à l'endroit où l'on bâtit le palais, un trône, des lits et des objets royaux, des tableaux, et plein de cadeaux offerts par les autorités françaises et britanniques de l'époque... Il faut dire que la concurrence entre les deux grandes nations européennes pour s'attacher la faveur des souverains malgaches était sacrément rude ! Nombreux portraits et effets personnels des souverains (sceptre, couronne...). Voir notamment la couronne offerte par Napoléon III à Radama Ier en 1862, et l'horloge de la reine Rasoherina indiquant la date et l'heure de son décès en 1868. Parures de corail, intéressante photo retouchée de la dernière reine... Et puis jetez un œil à la photo du palais de la Reine avant l'incendie, vous pourrez ainsi faire la comparaison...
Un peu plus haut, en face du *Grill du Rova,* le **palais de justice** de l'époque royale (1881).

***Le palais de la Reine** (plan couleur d'ensemble) **ou Rova** (prononcer « Rouv' ») **:** entrée 10 000 Ar. Le guide n'est pas obligatoire.*
Le palais de la Reine a malheureusement fait la une de l'actualité en novembre 1995, lorsqu'un incendie ravagea la structure intérieure en bois, ainsi que nombre d'objets de grande valeur (environ 25 % du total, le reste se trouvant entreposé dorénavant au musée d'Andafiavaratra ; voir plus haut). Disparurent aussi le « palais d'argent » de Radama II de 1845 (qui était en bois) et le palais original d'Andrianampoinimerina de 1796, ainsi que les ornements des tombes royales... Cet acte criminel eut lieu pendant une période d'élections et de campagne électorale (souvent mouvementées à Madagascar). Un incendie aurait même été déclenché à l'autre bout de la ville afin d'immobiliser tous les pompiers loin du Rova. Un geste politique par excellence, mais surtout une atteinte à l'un des sites les plus sacrés du pays des Merinas. Pourtant, certains affirment encore que ce fut un simple (et néanmoins dramatique) accident... Toujours est-il que la façade en pierre du palais domine toujours la ville et qu'on est en train de terminer (tranquillement) la reconstruction de la partie en bois.

*Un peu d'histoire*
Sachez que vous vous trouvez en quelque sorte sur le lieu de naissance de Tananarive. Un aigle importé de France, cadeau de Jean Laborde à Ranavalona Ire au nom de Napoléon III, surmonte le porche d'entrée ; c'est le Varomahery, symbole de l'ancienne dynastie royale merina, qui trône à côté d'un symbole phallique (à gauche de l'aigle). Les canons sur les côtés furent également apportés par Jean Laborde, les autres ayant été offerts par le roi anglais George IV à son collègue Radama Ier. À l'origine du site, le roi Andrianjaka, qui avait chassé les premières tribus vazimbas, voulut s'installer à l'endroit le plus élevé de la région (altitude : 1 460 m). Il délimita les lieux à l'aide de pieux et le baptisa *rova,* ou « place fortifiée ». Depuis, respectant cette tradition, une suite ininterrompue de reines et de rois s'y installèrent ou se firent construire leur palais (et leur tombe) à cet emplacement : Radama Ier, Radama II, Rasoherina et les reines Ranavalona Ire, Ranavalona II et Ranavalona III. Seul Andrianampoinimerina fut enterré à Ambohimanga (voir « Dans les environs de Tananarive »), mais ses restes furent transférés ici par Gallieni en 1896 afin de tenter d'amadouer le sentiment anticolonial grandissant.
En 1839, Jean Laborde construisit le palais en bois (qui a brûlé dans l'incendie en novembre 1995) pour sa (supposée) maîtresse, la reine Ranavalona Ire. On raconte que l'énorme pilier central en bois de palissandre (qui était haut de 39 m) fut acheminé jusqu'ici par plusieurs milliers d'hommes depuis les forêts de la côte est, dont beaucoup périrent en route. Mais, au risque de décevoir un peu, il semblerait que, dans la réalité, le mât fut en trois morceaux ! Entre 1869 et 1872, suite à un édit de la reine qui permettait la construction d'édifices en pierre dans la capitale (seul le bois était autorisé auparavant), l'architecte anglais James Cameron édifia la structure actuelle en conservant l'intérieur, telle une poupée russe, en emballant en quelque sorte le palais original de Jean Laborde. On voit le résultat : le palais en bois a brûlé, mais l'œuvre de Cameron est toujours là !

– À côté du palais, dans un petit pavillon, les ***tombes royales du XIX*****e** ***s*** et celles qui datent d'avant le grand roi réunificateur, Andrianampoinimerina. Enfin, derrière le palais, le ***temple de Ranavalona II,*** reine éminemment protestante, réalisé en 1869 par William Pool dans un style italien. L'intérieur brûla également en partie en 1995 mais a été rénové.
– Bien sûr, vous remarquerez les multiples ***points de vue sur la ville.*** À droite en entrant (donc vers l'ouest), beau panorama sur le lac Anosy en forme de cœur, le fort Voyron sur la colline (fort militaire colonial) et le parc zoologique de Tsimbazaza. De l'autre côté, on aperçoit notamment le village du père Pedro (Akamasoa) et le lac Mandroseza, qui pourvoit la capitale en eau.

Avant ou après la visite du palais de la Reine, faites une halte au restaurant ***Le Grill du Rova*** *(plan couleur d'ensemble,* ***60****),* où l'on peut assister à des spectacles ou des concerts tous les dimanches (lire les rubriques « Où manger ? » et « Où boire un verre ? »). Jolie vue, bien pour boire un verre.

Ceux que ça intéresse peuvent aller regarder les joueurs de *fanorona* – le jeu de damier national – à Antaninarenina, place de la Pagode, en face de la pharmacie.

## *Dans le quartier de la Ville basse*

***La Ville basse :*** comme son nom l'indique, c'est la partie de la ville qui s'étend au pied des collines. Elle part du parc de Tsimbazaza, se prolonge par le stade de Mahamasina et le lac Anosy, et se perd après le marché d'Andravoahangy. Son centre-ville, si l'on peut dire, s'étend du ***marché d'Analakely*** à la jolie ***gare ferroviaire de Soarano*** *(plan couleur centre B1),* du début du XXe s. Elle a été entièrement réhabilitée et transformée en un excellent resto, le *Café de la Gare.* On y trouve quelques boutiques également ainsi que *Corsair.* La gare accueillait autrefois le Zoma, immense et célèbre marché du vendredi (lire la rubrique « Marchés et achats »). Il n'y a plus aucune ligne régulière qui part de là. Triste destin.
Aujourd'hui, la Ville basse est une artère bien plus calme, comme un champ de bataille après la bataille... L'hôtel de ville a été reconstruit, a rouvert et c'est tant mieux. Il fut incendié pendant les manifestations de 1972 à l'origine du départ du premier président, Philibert Tsiranana. Ironie de l'histoire, ou symbole néfaste, c'est ici que se regroupa la foule pendant les manifestations de 2002 ayant porté le président Ravalomanana au pouvoir. Flâner sur ces espèces de Champs-Élysées du pauvre à la gloire de l'indépendance est malheureusement devenu un peu tristounet, si l'on excepte la sympathique gare de Soarano, le marché couvert d'Analakely et quelques hôtels et salons de thé sur la route (voir « Où prendre un petit déjeuner ? Où déguster une pâtisserie ou une glace ? »). Les arcades le soir sont peu ou pas éclairées et c'est le refuge de familles déshéritées. Il est vivement déconseillé d'y traîner après la tombée de la nuit.
On conseille plutôt de traverser en coup de vent l'avenue de l'Indépendance en direction du marché puis d'emprunter l'un des deux grands escaliers qui se font presque face. Celui de gauche mène aux jolis quartiers d'Ambondrona et de Faravohitra, celui de droite – un peu plus loin sur l'avenue du 26-Juin-1960 – à la Ville haute. Animation garantie sur les marches, en compagnie de vendeurs de tampons encreurs, de légumes ou de bric-à-brac !

Plus au sud, le ***lac Anosy*** *(plan couleur centre B3).* Il fut aménagé en forme de cœur par James Cameron, en 1830, pour que la reine Ranavalona Ire, dite « la Sanglante », puisse se promener tout à son aise. Aujourd'hui, c'est là que s'écoulent toutes les eaux usées de la ville, ce qui est un peu moins romantique ! En son centre, le *mémorial de l'Ange-Noir* construit par les Français en l'honneur des Français et des Malgaches tombés pour la France pendant la Première Guerre mondiale... Il a été repeint couleur argent ! Pas très bien fréquenté.

Derrière le lac s'ouvre le quartier du *Carlton,* du palais de justice et des ministères. Peu engageant. Cependant, derrière le palais de justice, une espèce de « marché de l'injustice » justement. Le long de la voie ferrée, ce marché qui semble improvisé est totalement hallucinant. Le petit peuple tente de survivre en revendant pour quelques ariary un bric-à-brac invraisemblable d'objets de récupération en tout genre, mais avec cette dignité propre aux Malgaches. Toujours dans le quartier, le ***stade de Mahamasina*** *(plan couleur d'ensemble)* où, il y a longtemps, les rois et les reines étaient couronnés et faisaient leurs *kabary* (discours)... Sous la colonisation française, c'était un hippodrome ! Il en est d'ailleurs resté quelque chose puisque les *Paris mutuels urbains* (PMU), bien de chez nous, ont envahi Tana. Mais il faut surtout retenir que c'est dans ce stade que Philibert Tsiranana proclama l'indépendance de Madagascar en 1960. Aujourd'hui, on y assiste à des concerts, matchs de football, et c'est aussi le siège du club bouliste, un sport dans lequel excellent les Malgaches, hommes et femmes puisqu'ils ont été sacrés champions du monde de la discipline en 1999 et vice-champions en 2010 ! Ils arrivent régulièrement dans le carré de tête du classement mondial.

## LARMES DE BOIS

*Les jacarandas qui ceignent le lac Anosy arborent, en octobre et novembre, leur plus belle parure violette en pleurant toutes les larmes de leur corps... au sens propre ! Ces arbres suintent des gouttes d'eau à longueur de journée (rien à voir avec de la sève qui colle et tache), au point de former d'étranges petites mares à leur pied.*

Enfin, entre le lac Anosy et le stade, ne manquez pas de jeter un œil à la belle architecture en brique de l'***église Saint-Joseph*** et du ***collège Saint-Michel*** (levez la tête !), où Hassan II fit une partie de ses études lors de l'exil de son père Mohammed V, sans oublier l'***école de médecine,*** juste devant l'hôpital public de Befelatanana. On voit encore des docteurs en toge en sortir avec une prestance certaine... Sachez que Tana compte un nombre assez impressionnant d'églises protestantes et catholiques, dont beaucoup furent édifiées avec des briques, un matériau que l'on pourrait presque qualifier de « national ».

***Le parc zoologique et botanique de Tsimbazaza*** *(plan couleur d'ensemble)* **:** *à 4 km au sud du centre-ville, à côté de l'Assemblée nationale.* ☎ *22-311-49. Prendre le bus n° 115 pour le terminal de Tsimbazaza depuis la* SICAM *à Analakely ou compter 15 mn en taxi. Tlj 9h-17h. Entrée : 10 000 Ar ; réduc enfants. Des guides (formés) proposent leurs services à l'entrée (tarifs à négocier).*
Parc sympa pour avoir un aperçu de la faune et de la flore de Madagascar avant de les découvrir dans leur habitat naturel, ce qui est mieux, on vous le concède. Mais on aurait tort de bouder cette promenade. On peut y voir plusieurs espèces de lémuriens (en cage), un vivarium, des crocodiles, des tas d'oiseaux, des rapaces, et même des autruches d'Afrique. En effet, un certain nombre d'animaux ont été offerts par des États étrangers. Des panneaux indiquent parfois le nom de l'ONG ayant permis la réalisation des enclos. Gerald Durrell, ardent protecteur de la nature et frère du célèbre écrivain Lawrence Durrell, œuvra pour le développement de ce zoo. Il captura notamment des ayes-ayes, une espèce de lémurien nocturne unique au monde, afin qu'ils se reproduisent, enrayant ainsi leur propre disparition (voir aussi la rubrique « Livres de route » dans « Madagascar utile »). Ces derniers vivent dans un bâtiment où règne l'obscurité afin de les tenir actifs même en journée.
La balade se poursuit vers un joli lac naturel d'où l'on aperçoit le palais de la Reine, une palmeraie, une ombrière avec une flore très variée, en passant devant quelques tombes et maisons traditionnelles reproduites. Malheureusement, peu d'explications en français.

– À l'entrée du parc (dans le gros bâtiment moche et moderne où se trouve le guichet d'entrée), les deux petits ***musées d'Ethnographie et d'Histoire naturelle.***

***Le site ornithologique de Tsarasaotra :*** *☎ 22-248-37 ou 47. • boogiepilgrim-madagascar.com • À env 5 km au nord du centre-ville. Île aux Oiseaux, Tsarasaotra, Alarobia-Amboniloha ; indiquer au taxi que c'est après le contrôle technique des voitures ; compter 6 000-8 000 Ar. Visite tlj 6h-17h. Entrée : 12 000 Ar en sem, 14 000 Ar w-e et j. fériés. Dans tous les cas, retirer son billet au bureau de* Boogie Pilgrim, *au Tana Water Front à Tananarive, pendant les jours ouvrables (lun-ven 8h-17h).* Un site qui intéressera surtout les amoureux des oiseaux (munis de leurs jumelles). Plus de 60 espèces d'oiseaux, dont une quinzaine sont endémiques et d'autres en voie de disparition, le tout au bord d'un lac quasiment en pleine ville. Situé sur l'ancien domaine d'un Premier ministre de la dernière reine Ranavalona, Tsarasaotra est le premier site privé classé par la convention Ramsar, qui agit en faveur de la protection des zones humides. L'endroit gagnerait à être un peu mieux tenu.

## Fêtes et manifestations

– ***Nouvel An malgache*** *(ou Alahamady Be)* ***:*** *3 premiers j. du 1er mois lunaire janv-mars.* Particulièrement fêté sur toutes les collines des hauts plateaux, et notamment à Ambohimanga, « la colline bleue », où se trouve le sacro-saint palais du Roi. Grandes cérémonies traditionnelles. Lire aussi le chapitre consacré à cette « ville sainte ».
– ***Fête de l'Indépendance :*** *26 juin.* Particulièrement intéressante dans la capitale.
– ***Hira Gasy :*** *théoriquement ts les dim ap-m sur la pl. Hira-Gasy-Ramala, à Isotry. Sinon, de temps à autre au* Grill du Rova *(voir « Où manger ? » et « Où boire un verre ? »).* *Kabary* (discours), chansons et danses traditionnelles.



## DANS LES ENVIRONS DE TANANARIVE

***L'élevage de crocodiles Croc' Farm*** *(hors plan couleur d'ensemble)* ***:*** *près de l'aéroport d'Ivato. 📱 034-14-300-20 ou 032-41-301-43. Avt l'aéroport, prendre la piste à gauche sur 3 km. Préférable d'y aller en taxi mais la course est chère, sans compter le temps d'attente du chauffeur. Essayer d'y aller avt de prendre un avion, ou alors prendre un* taxi-be *pour Ivato et, au terminus, reprendre un* taxi-brousse *pour Anjomakely. Sinon... marcher ! Tlj 9h-17h. Entrée : 10 000 Ar ; gratuit jusqu'à 7 ans.*
Il s'agit d'un élevage de crocodiles dont les peaux sont principalement destinées à l'industrie du luxe. Un certain nombre d'entre eux finissent néanmoins dans la boutique de souvenirs ou dans votre assiette (resto sur place ; compter 5 € le plat), mais on ne peut pas dire que le patron ne soit pas un passionné ! Le parc abrite quelques oiseaux, caméléons, une poignée de serpents, boas, grenouilles (dans un vivarium)... ; également des tortues (dont la rigolote tortue des Seychelles), lémuriens (notamment le *microcebus*), et même des *fosa* (sorte de chat sauvage). Également quelques plantes.

### FILLE OU GARÇON ?

*Les crocodiles ont, avec les tortues, une particularité surprenante. Quand elles pondent leurs œufs, les femelles les enterrent dans le sable à une profondeur variable. Plus l'œuf est enfoncé, plus sa température est basse. C'est cette différence de chaleur qui détermine le sexe des petits (et non les chromosomes). Donc, tout dépend de la profondeur d'enfouissement dans le sable !*

Mais, évidemment, la grande attraction, ce sont les crocodiles du Nil (les plus dangereux et la seule espèce présente à Mada), qui peuvent atteindre 6 m de long. Il y en a quelques-uns de cette taille (ou presque) et une grande quantité de petits crocos, figés au soleil, la gueule ouverte pour dormir et respirer en même temps. Renseignez-vous sur les heures de nourrissage (n'attendez néanmoins rien de spectaculaire : en saison touristique, ils mangent peu). Quelques panneaux d'explications, où l'on nous rappelle notamment que les crocos sont aussi vieux que les dinosaures.

**Lemur's Park** *(hors plan couleur d'ensemble)* **:** *à 25 km à l'ouest de Tananarive, sur la RN1. ☎ 22-234-36. • lemurspark.com • Accès en taxi-be de la ligne G (véhicules blancs avec une ligne bleue, en direction de Meritsetosika ; à prendre devant l'hôpital, au sud du lac Anosy). Tlj 9h-17h (dernière entrée à 16h15) ; parfois fermé lun janv-fév. Visite guidée obligatoire (1h30). Entrée : 20 000 Ar ; réduc enfants jusqu'à 12 ans (10 000 Ar).* Un parc où vous serez sûr de voir des lémuriens (une cinquantaine au total, diurnes essentiellement), ainsi que des tortues et quelques caméléons. Dans ce joli petit parc créé de toutes pièces, où une multitude d'arbres ont été plantés, toutes les bêtes ont été « importées ». Aujourd'hui, la majorité des lémuriens que vous observerez y sont nés. La plupart sont en liberté, à l'exception de quelques individus agressifs ou des plus petits encore trop exposés dans une végétation pas assez touffue. La visite guidée est intéressante et donne le temps d'observer de près les cabrioles des lémuriens (on avoue avoir un faible pour les lémuriens danseurs, leur pelage blanc et les incroyables bonds dont ils sont capables).



## *LES DOUZE COLLINES SACRÉES DE L'IMERINA*

Les alentours de la capitale alternent entre petits villages de brique, collines plus ou moins boisées et rizières cultivées sur fond de latérite, cette terre rouge qui donne toute leur coloration aux hauts plateaux. Visiter la région permet de découvrir le patrimoine rural et historique du paysage merina. Vous trouverez des guides auprès des agences spécialisées ou des hôtels. Sinon, il existe des publications très bien réalisées (voir la rubrique « Livres de route » dans « Madagascar utile »). Un véhicule, avec ou sans chauffeur, suffit alors.

### Ralambo, un sacré roi

C'est le roi Ralambo (1575-1615) qui eut le premier l'idée d'unifier les petits royaumes merinas disséminés sur les hauts plateaux. Il appela son royaume *Imerina Ambaniandro,* c'est-à-dire « le pays élevé sous le soleil » et l'expliquait ainsi : « Je l'appelle Imerina parce que j'occupe tous les sommets. Il n'y a rien qui ne soit à moi dans tout ce qui est sous la lumière du jour. » Ambitieux et poétique, n'est-ce pas ? Il institua alors divers rituels pour consolider l'unité du nouveau peuple, dont le sacrifice du coq rouge, les ablutions purificatrices, le nettoyage des tombeaux qui donna le *famadihana* (voir la rubrique « Religions et croyances » dans « Hommes, culture, environnement »), l'abattage des bœufs et la fête du bain royal qui célèbre le Nouvel An malgache à la pleine lune du mois d'*alamahady* (janvier). La coutume associe aussi au bain royal purificateur le sacrifice de zébus. Un jour, Ralambo vit deux taureaux en train de se battre, un jaune et un noir. Le jaune éventra d'un coup de corne le noir, et le roi dit : « Il faut goûter la chair, car il n'est pas mort de maladie, nous allons voir si la chair est nuisible à la santé. » Deux soldats la goûtèrent et déclarèrent qu'elle était excellente. Ralambo fit abattre un zébu bien gras et déclara : « Je prends la bosse, car elle constitue le morceau le plus élevé, de même que nul n'est au-dessus de moi. Et je prends l'arrière, car en dernier lieu le royaume est à moi. » On doit donc à Ralambo la consommation de la viande de zébu ! Depuis, la coutume veut que pendant la célébration du *fandroana,* on offre au souverain la bosse et l'arrière-train des zébus sacrifiés. Pendant la cérémonie, des zébus étaient lâchés dans les rues, et ils appartenaient à ceux qui réussiraient à les attraper. Ces zébus symbolisaient le cadeau du souverain au peuple.

## Andrianampoinimerina, le grand roi

Durant les XVIIe et XVIIIe s, les successeurs de Ralambo s'entre-déchirèrent, divisant ses terres en quatre royaumes rivaux. Par la force, le roi Andrianampoinimerina (de son véritable nom Andrianampoinimerinandriantsimitoviaminandriampanjanka, soit « le seigneur qui règne au cœur de l'Imerina » !) reprit possession des trois autres et imposa l'unité : il sut habilement rendre hommage aux 12 grands rois qui l'avaient précédé en attribuant à chacun un rite d'allégeance sur une colline différente, siège d'une tribu rivale qu'il voulait assujettir. Il précisa, notamment pour le bain royal, l'ordre du découpage de chaque partie du zébu et la répartition particulièrement complexe qui s'ensuit. Pour s'assurer définitivement leur fidélité, Andrianampoinimerina épousa une femme de chaque tribu (qui lui donneront 26 enfants !) et exigea qu'on leur rende hommage autant qu'à lui-même. Ainsi sont nées les 12 collines sacrées, dont la liste évoluera au fil des rois suivants selon les priorités politiques de l'époque. Tout recensement est donc voué à la critique. Les collines resteront toutefois au nombre de 12 : chiffre sacré renvoyant aux mois du calendrier luni-solaire comme aux signes du zodiaque malgache, le *vintana* (« destin »), qui structurent la vie sociale, qu'il s'agisse d'élever les murs d'une maison ou d'un tombeau, d'organiser un rituel, de récolter le riz ou de parquer des zébus, etc. Durant son règne (de 1787 à 1810), Andrianampoinimerina affirma Ambohimanga comme capitale du royaume merina. Son fils Radama Ier la réinstallera définitivement à Tananarive (voir aussi la rubrique « Histoire » dans « Hommes, culture, environnement », plus haut).



# *Ilafy et Ambohimanga (« la colline bleue »)*

Les deux collines sacrées les plus intéressantes à visiter d'un point de vue historique sont celles d'Ilafy et d'Ambohimanga, qui se trouvent sur la même route : la RN3, en direction du nord. Il convient dès lors de combiner leur visite dans la même demi-journée. Elles sont directement accessibles avec le *taxi-be* H (blanc avec une bande verte), qui se prend derrière le marché d'Andravoahangy *(plan couleur d'ensemble).* Liaisons fréquentes entre 5h et 18h environ, mais prenez vos précautions pour le retour. Prix dérisoire.

➢ ***Pour Ilafy :*** s'arrêter au km 8, puis marcher sur un chemin de terre pendant 2 km.

➢ ***Pour Ambohimanga :*** attention, si tous les H passent non loin d'Ilafy, Ambohimanga n'est le terminus que de quelques-uns ; bien s'en assurer auprès du receveur du *taxi-be* avant de monter. Les véhicules s'arrêtent à la première des sept portes du village.

Sinon, prendre un taxi (préciser « Ambohimanga Rova ») à la journée et combiner les deux visites avec le quartier du palais de la Reine. Essayez de partager les frais avec d'autres voyageurs.

***Le rova d'Ilafy :*** *tlj sf lun 9h-12h, 14h-17h. Entrée : env 2 500 Ar.* Cette résidence est la reproduction (réalisée en 1967) de celle utilisée par le roi hédoniste Radama II et le clan des Menamaso, avant qu'ils ne soient presque tous assassinés en 1863 (avec le roi, bien sûr) par le clan adverse, les Andafiavaratras. La maison est une grande case en palissandre dans le style du *rova* d'Ambohimanga, mais en moins spectaculaire. Elle abrite un petit Musée ethnographique, un peu fourre-tout mais bien distrayant.

**Le village d'Ambohimanga :** exception faite de quelques échoppes, on dirait que le village n'a presque pas changé depuis le règne du roi, même si on n'y était pas... Ne manquez pas à l'entrée la reconstitution de la très belle porte traditionnelle en latérite, avec son énorme disque de pierre. Impressionnant, surtout quand on sait qu'il y en avait sept comme celle-ci et que des esclaves devaient faire rouler les disques chaque soir pour interdire l'accès au village ! Il faut dire que, jusqu'à la fin du XIXe s, le *rova* était totalement *fady* (interdit) aux étrangers.

**Le rova d'Ambohimanga :** *tlj 9h-16h30. Entrée : env 8 000 Ar.* Un *rova* très fréquenté en saison depuis que la route d'accès a été goudronnée. D'excellents guides vous proposent leurs services 1h durant ; gratification à votre convenance. On y accède en faisant travailler un peu ses mollets, mais la montée en vaut la peine. L'enceinte se présente comme une forteresse agrémentée de figuiers, d'arbres sacrés et d'emblèmes de la puissance royale. À l'intérieur, on commence la visite par le **palais du Roi** proprement dit, une grande case de palissandre noir, ornée d'une plaque commémorative. Cela pourra en surprendre plus d'un, mais c'est bien un palais ! D'ailleurs, cette simplicité et ce quasi-dénuement sont de toute beauté. Pensez à entrer du pied droit si vous souhaitez la bénédiction des ancêtres. À l'intérieur, dans le coin nord-est (le plus sacré), on trouve un lit suspendu dans lequel le roi partageait la couche avec l'une de ses 12 femmes (pour 12 collines), les 11 autres restant dans le lit du bas, au coin sud-est... visiblement moins sacré. La **maison de campagne des reines** est une jolie demeure en bois à étage avec des balustrades ouvragées. À l'intérieur, un lit, du mobilier, dont une glace de Venise offerte par une consœur éloignée, la reine Victoria ! Notez le joli belvédère vitré de la salle des Traités et son royal panorama. Enfin, contournez le *rova* et allez admirer le très beau **point de vue** depuis l'énorme rocher encastré dans la colline, sur lequel les rois et les reines jouaient au *fanorona*, le jeu national.

**Restaurant Ambohimanga Rova :** *au pied du rova, sur la droite. Tlj le midi. Menu bon marché.* Agréable resto ouvrant sur un grand jardin avec une vue magnifique sur la plaine de Tananarive, le lac d'Ambohibao et Ivato. Le menu propose généralement un « plat national », c'est-à-dire un *ravitoto* ou un *romazava.* Cuisine touristique, mais on vient surtout ici pour profiter de la vue et du bon air, ou pour boire un verre. Les samedi et dimanche après-midi, danses et chants traditionnels très chouettes. Les artistes jouent parfois en semaine, à la demande, quand il y a des clients. Ne pas oublier de leur donner quelque chose.

## Antsahadinta (« la colline aux sangsues »)

**Le rova :** *032-07-745-66. On peut accéder en taxi-brousse jusqu'au village d'Ampilanonana ; ensuite, 20 mn de marche. Tlj sf lun 10h-16h. Entrée bon marché.*

Située à une vingtaine de kilomètres au sud-ouest de Tana, Antsahadinta est l'une des 12 collines sacrées de l'Imerina. Du haut de ses 1 400 m d'altitude, on a une belle vue sur la plaine, ses rizières et le relief alentour ; mais c'est aujourd'hui surtout pour découvrir les vestiges du *rova* du XVIIIe s qu'on y va. Un peu avant d'arriver au *rova,* on peut voir, sur la droite après le petit village d'Ambohibary-nord, une pierre levée à côté d'un tombeau. Ces pierres révèlent le(s) haut(s) fait(s) d'un homme ou marquent un événement historique.

Ce *rova* fut édifié par Andriamangarira, premier roi à avoir régné sur cette colline, vers 1725 ; il le flanqua de sept fossés successifs, dont on aperçoit un bout qui jouxte un domaine de l'époque coloniale ! Si les vestiges du *rova* ne sont aujourd'hui pas légion (l'usage du bois étant à l'époque réservé aux constructions nobles, le temps a fait son œuvre...), on y découvre des tombes de souverains, dont l'ordonnancement respecte des règles strictes, et des arbres rares et séculaires – comme ce grand ficus, une essence exclusivement plantée dans les propriétés nobles. De telles essences constituaient un emblème royal, et un réceptacle de forces magiques. Le musée est privé et géré par le syndicat d'initiative. La visite étant guidée (on parcourt notamment le petit musée), on ne vous en dira pas plus. En route !

## Où dormir dans la région ?

**Saha Forest Camp :** *à 60 km au nord du rova, dans le village d'**Anjozorobe,** sur la route d'Ambohimanga. ☎ 22-611-40. Compter 63 € pour 2, petit déj compris. Repas possible (env 30 000 Ar).* En pleine forêt primaire, à l'intérieur d'une *Aire protégée,* ce camp, composé d'une dizaine de bungalows moitié en dur moitié en toile, constitue une bien belle adresse, alliant le confort et la vie en pleine nature. Il appartient à une communauté villageoise voisine et les bénéfices leur sont directement reversés, une fois n'est pas coutume, ce qui a permis le développement rapide du village. Un bel exemple de tourisme durable. Possibilité d'excursions guidées dans la forêt, accompagné par des guides forestiers.

# QUITTER TANANARIVE (ANTANANARIVO)



## D'HEUREUSES INITIATIVES

– ***Transpost*** *(plan couleur centre B2, **100**) : rue Ratsimilaho, près de la pl. de l'Indépendance. ☎ 22-302-27. 033-75-503-94. Lun-ven 7h30-18h, sam 7h-11h.* Profite d'apporter du courrier pour convoyer des voyageurs en minibus vers ***Majunga*** mar, jeu et sam à 7h30 ; 25 000 Ar/pers ; poids des bagages max 20 kg/pers. Également une liaison ***Fianar-Tuléar*** (infos dans les postes de ces 2 villes). Normalement mar et ven de Fianar (à 8h), et mer et sam de Tuléar (à 8h). Départ devant l'agence.

– Depuis 2014, une ligne de taxis-brousse 1re classe relie Tana à ***Ankify*** (embarcadère pour Nosy Be). Compter 168 000 Ar, 2 repas compris. Départ de l'hôtel *Le Grand Mellis (● hotel-mellis.com ●)* à Analakely à 13h et arrivée à 9h30 le lendemain. 2 chauffeurs se relaient pour la conduite.

## EN TAXI-BROUSSE

Il existe 3 gares routières à Tana : la **gare routière d'Ambodivona-Andravoahangy** pour le nord de l'île, et la **gare routière du Sud,** pour le sud et le sud-est. Une plus petite, la **gare d'Apasampito,** dessert Andasibe et Moramanga. Pour se rendre aux gares de bus, mieux vaut prendre un taxi, car elles sont assez éloignées du centre-ville. Un conseil : achetez toujours vos places à une coopérative à la gare routière (on en indique) plutôt qu'à des vendeurs à la sauvette qui prendront leur commission. Pour les longues distances, il vaut franchement mieux faire le voyage en plusieurs étapes car les trajets sont longs et éprouvants ! Préférez les minibus aux bus Tata, un poil moins chers mais souvent plus lents. On vous indique des durées approximatives de transport, mais elles peuvent varier considérablement selon la saison (sèche ou pluvieuse), le temps de remplissage du véhicule, les nombreux arrêts... et les pannes !

### De la gare routière d'Ambodivona-Andravoahangy

***Gare routière d'Ambodivona-Andravoahangy*** *(plan couleur d'ensemble, **101**) : au nord de la ville, derrière le marché d'Andravoahangy.* Dessert ttes les villes au nord-ouest de Tananarive. Attention, le nom des coopératives change parfois.

***Vers le nord-ouest et Tamatave (coopératives : Kofmad...)***

➢ ***Majunga :*** tlj vers 8h et 16h. Prix : env 25 000 Ar. Trajet : env 9h.
Avec *Transport Première Classe,*

minibus climatisé et confortable. Départ de l'hôtel *Le Grand Mellis (3, rue Indira-Gandhi, près de l'av. de l'Indépendance. 033-15-488-88)*. Résa obligatoire. Prix : env 70 000 Ar. Trajet : env 10h.

➢ ***Diégo-Suarez :*** avec *Kofmad*, départ tlj vers 17h. Prix : env 70 000 Ar. Trajet : 15-17h.

➢ ***Ambanja (et Nosy Be) :*** mêmes conditions que Diégo-Suarez, mais moins long. Prix : env 65 000 Ar. Trajet : 11h-12h.

➢ ***Tamatave :*** avec *Kofimanga (033-12-130-36)*. Tlj, départs entre 7h et 8h, puis en fin d'ap-m selon remplissage. Prix : env 15 000 Ar. Trajet : 7h-8h.

## De la gare routière d'Apasampito

***Gare routière d'Apasampito*** *(hors plan couleur d'ensemble,* ***102****) :* *au nord-est de la ville, sur la route de Tamatave.* Dessert les villes de l'Est, mais pas Tamatave.

***Vers l'est (coopératives : Kofito, Vatsy ou Kofimanga)***

➢ ***Andasibe (Périnet) :*** on peut prendre un taxi-brousse pour Tamatave depuis Ambodivona (départ env ttes les heures) et descendre à la bifurcation, mais le mieux est en fait d'aller à Moramanga (lire ci-dessous) au départ d'Apasampito et, de là, de reprendre un taxi-brousse pour la réserve ; de Moramanga, bus 6h-18h ; prix : 5 000 Ar ; trajet : 2h30-3h jusqu'à Moramanga puis 30-45 mn jusqu'à Andasibe. Si l'on est chargé, cela évite de marcher trop longtemps jusqu'aux hôtels. En route, vous croiserez des villages « spécialisés » dans les carottes, les pommes, etc.

➢ ***Moramanga :*** avec *Kofimanga, Vatsy* ou *Kofito*. Départ des minibus env ttes les heures, 6h-18h. Dessert les villes et villages sur la route. Prix : env 5 000 Ar. Trajet : env 3h.

***Andasibe, Tamatave et Sainte-Marie (avec TLM)***

➢ On peut aussi faire appel à la compagnie *Traveline (TLM ; • travelinemadagascar.com •)* qui assure des liaisons entre Antananarivo (*Palm Hôtel*, près de l'ambassade de France) et Andasibe (trajet 2h30-3h30) et Tamatave (trajet 7h30), ce qui permet d'enchaîner ensuite Tamatave-Sainte Marie. Bien sûr plus cher que les bus classiques, mais on voyage dans des sortes de taxis-brousse de luxe, dans de bonnes conditions de confort (collation comprise) et on arrive en ville, plutôt qu'à la gare routière. Compter 29 000 Ar le trajet simple pour Andasibe, 76 000 Ar pour Tamatave.

## De la gare routière du Sud

***Gare routière du Sud*** *(hors plan couleur d'ensemble,* ***103****) :* *au sud de la ville, au lieu-dit* Fasan'ny Karana *(le tombeau des Karanes) à Ankadimbahoaka.* C'est la gare qui dessert les villes au sud de la capitale.

***Vers le sud (coopératives : Kofiam, Cotrafiam...)***

➢ ***Antsirabe :*** départs ttes les heures à partir de 5h30. Prix : env 8 000 Ar. Trajet : env 3h.

➢ ***Ambositra :*** départs ttes les heures à partir de 6h. Prix : env 15 000 Ar. Trajet : 5-6h.

➢ ***Fianarantsoa :*** 2 départs/j., 1 le mat et l'autre le soir. Prix : env 23 000 Ar. Trajet : 10h.

➢ ***Ranohira (parc de l'Isalo) :*** départ tlj vers 14h. Prix : env 40 000 Ar. Trajet : env 12h.

➢ ***Tuléar :*** départ tlj vers 14h. Prix : env 40 000 Ar. Trajet : 16-18h.

***Vers l'ouest (coopératives : Sonatra, Kofifi...)***

➢ ***Miandrivazo :*** départ tlj 14h30-16h. Prix : env 20 000 Ar. Trajet : 9h.

➢ ***Morondava :*** même départ que ci-dessus. Nouvelle route entre Miandrivazo et Morondava. Prix : 35 000 Ar. Trajet : env 14h-15h en saison sèche.

***Vers le sud-est (coopératives : Sonatra, Kofifi)***

Pour ces villes lointaines, il est préférable de faire des étapes sur la route plutôt que d'effectuer le trajet épuisant en une seule fois. On donne les infos

pour les acharnés et les masos !
➢ ***Mananjary :*** départ tlj dans l'ap-m. Prix : env 30 000 Ar. Trajet : env 15h.
➢ ***Manakara :*** départ tlj dans l'ap-m. Prix : env 30 000 Ar. Trajet : env 14h. C'est aussi le terminus de la seule ligne ferroviaire du pays prenant des passagers.
➢ ***Ranomafana :*** même taxi-brousse que pour Mananjary.

## EN TRAIN

Actuellement, aucune ligne de ***Madarail*** (chemins de fer au départ de Tana) ne transporte de voyageurs depuis Tana.

## EN AVION

Le réseau intérieur d'*Air Madagascar* étant assez bon, Tana relie toutes les villes de Madagascar et même beaucoup de localités secondaires. Procurez-vous les horaires des vols et la carte du réseau intérieur au bureau *Air Madagascar* en ville (voir la rubrique « Adresses et infos utiles ») pour vérifier le détail des liaisons. Compter entre 100 et 150 € pour un billet aller sur les distances suivantes.
➢ ***Tamatave (Toamasina) :*** 1 vol/j.
➢ ***Sainte-Marie :*** 1 vol/j.
➢ ***Diégo-Suarez (Antsiranana) :*** 1-2 vols/j.
➢ ***Nosy Be :*** 1-2 vols/j.
➢ ***Majunga (Mahajanga) :*** 1 vol/j.
➢ ***Tuléar (Toliara) :*** 1-2 vols/j.
➢ ***Fort-Dauphin (Tôlagnaro) :*** env 4 vols/sem.
➢ ***Morondava :*** env 3-4 vols/sem.
➢ ***Sambava :*** 2 vols/sem.
➢ ***Maroantsetra :*** 1 vol/sem.
➢ Liaisons également avec plusieurs îles de l'océan Indien. Nous vous donnons les fréquences à titre indicatif : avec l'***île de La Réunion*** (3-5 fois/sem avec *Air Madagascar* et *Air Austral*), les **Comores** (env 2 fois/sem avec *Air Madagascar*), l'***île Maurice*** (env 3 fois/sem, avec *Air Madagascar* et *Air Mauritius*) et **Johannesburg** en Afrique du Sud (env 5 fois/sem avec *Air Madagascar* et *Airlink*).

### Retour à l'aéroport d'Ivato

Prévoir d'être à l'aéroport au moins 2h30 avant un vol international et 1h30 avant un vol intérieur. En effet, le surbooking est une pratique courante. Même en ayant reconfirmé votre vol (ce que nous recommandons), si vous ne venez pas suffisamment tôt, on peut considérer que vous ne viendrez pas et donner votre place à un passager sur liste d'attente ! Pour les vols intérieurs, s'il arrive fréquemment que les vols aient du retard, il n'est pas rare qu'ils partent plus tôt que l'horaire prévu !
➢ ***Navette Adema (shuttle Airport-city) :*** 📱 034-07-062-56 ou 034-07-063-02. Fonctionne de 3h30 jusqu'au dernier vol. Prix : 14 000 Ar. Cette navette fait le tour des hôtels les plus importants de la Ville basse et de la Ville intermédiaire pour aller chercher ses clients. Appeler la veille au moins pour convenir d'une heure et du point de rdv.
➢ ***En taxi :*** le plus simple mais le plus cher aussi. Prix : 40 000 Ar (pour la voiture entière). Évitez de commander un taxi depuis votre hôtel, encore moins devant un grand hôtel, car les ententes préalables sont fréquentes... Durée du trajet : compter entre 45 mn (au mieux, sans les bouchons) et 1h45 (au cœur de la journée et en début de soirée).

### Taxes d'aéroport et change

– Sauf future disposition contraire, les taxes des vols intérieurs et internationaux sont désormais incluses dans le coût des billets.
– On peut changer ses ariary en euros dans le hall des départs, (avant les guichets d'enregistrement), à un **petit kiosque de change** coincé entre deux boutiques (peu visible). C'est le seul à accepter de changer les ariary en euros (ou en dollars), même pour une petite somme. Les banques ne le font pas et la *SOCIMAD,* qui le fait, n'accepte le change dans le sens ariany-euros que pour une valeur minimale de change de 50 €.

## À L'OUEST DE TANANARIVE, AMPEFY ET LE LAC ITASY

➢ À environ 120 km à l'ouest de Tana. Accès : taxis-brousse au départ de la gare routière du Sud à Tana, à Ankadimbahoaka. En voiture, accès par la RN1 (le meilleur macadam de toute l'île !). À Analavory, bifurcation à gauche ; trajet : environ 2h.

**Rien à voir avec les collines sacrées ! Ampefy est située sur les rives du lac Itasy, troisième plus grand lac de Madagascar après Alaotra et Kinkony. Une région magnifique, jouissant d'un gentil microclimat et appelée à se développer. Elle est d'ailleurs déjà très appréciée des habitants de Tana qui viennent ici le week-end (réservation indispensable dans les hôtels, car tout est généralement complet à ce moment de la semaine) !**

**L'Itasy est une région volcanique, le lac du même nom étant un lac de cratère. Très poissonneux, ce dernier est d'abord devenu une destination pour les amateurs de pêche. Pour avoir la meilleure vue sur le lac, grimper jusqu'à l'îlot de la Vierge (environ 5 km de marche pour l'aller). Autres intérêts dans les environs : les geysers (accès payant) et les chutes de la rivière Lily (accès également payant), et la chasse au sanglier ! Région à vocation agricole : le sol volcanique est très fertile et produit essentiellement du riz, du manioc et du maïs, ainsi que des avocats, des ananas et des pastèques. L'élevage est également important ; dans les années 1950, des immigrants réunionnais se sont installés à Babet-Ville (Ankadinondry-Sakay) et en ont fait une région productrice de vaches laitières. Le beurre produit dans la Sakay était réputé à l'époque.**



### Où dormir ? Où manger ?

🏠 🍽 ***La Terrasse :*** *☎ 48-840-28. 📱 032-07-167-80. • ampefy.com • Doubles avec sdb (eau chaude) 35 000-40 000 Ar selon situation ; familiale 46 500 Ar.* Bel établissement qui propose des bungalows décorés avec soin et très bien tenus, situés soit dans le jardin de la maison du restaurant, soit de l'autre côté de la route, en bord de lac (un cadre de rêve !), soit encore dans le village pour l'un d'entre eux. La cuisine, servie en terrasse qui donne sur la route principale du centre-ville, est de qualité. Mais attention service *mora-mora.* On vous conseille les poissons cuisinés à la vapeur, les escargots ou le poulet au gingembre. Terrain de boules et pirogue gratuite à disposition. Une belle adresse.

🏠 🍽 ***Hôtel Kavitaha :*** *📱 033-09-325-99 ou 034-10-459-70. • kavitaha.ampefy@gmail.com • Doubles avec sdb 31 000-33 000 Ar selon vue (piscine ou jardin).* Confort correct, mais, surtout, magnifique point de vue sur le lac Kavitaha pour cet hôtel datant de 1930 (c'est le plus ancien des lieux). Repas souvent à base de poisson, en provenance du lac bien sûr ; le service laisse quelque peu à désirer. Bonne petite adresse dans un environnement superbe, même si l'accueil peut être variable. Piscine (payante) et location de vélos.

## DE TANANARIVE À FIANARANTSOA

« **On est heureux, nationale 7 !** »
**Charles Trenet.**

**Eh oui, Madagascar a sa route des vacances ! Mais pas de tout repos, vu son piètre niveau d'entretien sur certains tronçons. Elle prend son élan depuis Tana à environ 1 300 m d'altitude pour s'évaporer dans la chaleur de Tuléar, au sud-ouest, arrêtée par la mer, à près de 1 000 km de là... En**

**chemin, les paysages changent du tout au tout : on traverse d'abord les rafraîchissantes Hautes Terres avec leurs surprenantes maisons de pisé, leurs petites églises juchées sur des mamelons ou à flanc de colline, des rochers imposants, des rizières en terrasses comme de grandes marches d'escalier et, tout autant spectaculaire, des *lavaka,* effondrements dus à l'érosion. Et puis c'est la jolie ville thermale d'Antsirabe et ses milliers de pousse-pousse, le pays betsileo, avec Ambositra, capitale de l'artisanat du bois, et Fianarantsoa, le potager de Madagascar, où l'on cultive également le thé et l'unique vignoble de l'île. Attention, durant l'hiver austral, il fait vraiment très froid sur les Hautes Terres ! Pyjama en pilou (les chambres ne sont pas chauffées), gros pull et coupe-vent imperméable obligatoires. Remarquez d'ailleurs sur le bord de la route les silhouettes si particulières des Betsileos emmitouflés dans leurs couvertures avec leurs couvre-chefs traditionnels. Ensuite, on plonge littéralement dans le Sud aride, avec ses troupeaux de zébus sur les routes, ou bien on choisit de bifurquer vers le sud-est gorgé d'eau...**

**Quoi qu'il en soit, selon que vous voyagez en saison sèche ou en saison des pluies, vous ne ferez pas tout à fait le même voyage : durant la première, la terre est tantôt noire (car les feux de brousse sont nombreux), tantôt rouge, rouge comme la honte d'être nue, privée de ses racines et de ses arbres... D'où le surnom de la Grande Île : l'île Rouge. Un paysage impressionnant. Alors que pendant la saison des pluies, et quelque temps après, un manteau d'herbe verte recouvre pudiquement cette terre fragile et donne une tout autre impression.**



## DE TANA À AMBATOLAMPY

La route du Sud commence aux portes de Tana, dans le quartier de Tanjombato, où les marchands agglutinés se mêlent à la circulation automobile, presque au milieu de la RN7.

À 15 km du centre de Tana, ***Iavoloha,*** l'énorme palais de l'ancien président Ratsiraka, conçu selon le schéma symbolique du palais de la Reine et bâti à grands frais sous son premier règne par des Nord-Coréens. La nature reprend enfin ses droits : collines, énormes blocs de pierre ronde et villages traditionnels des hauts plateaux, avec leurs petites maisons orientées à l'ouest, aux murs de latérite coiffés de chaume, et cette fumée qui, faute de cheminée, s'évade par la porte... Remarquez les silhouettes des deux ou trois églises dans chaque village, protestante, catholique ou adventiste... Enfin, les rizières font leur apparition durant la saison des pluies, transformées en briqueteries à ciel ouvert après les moissons, qui durent de mars à mai.

On traverse ***Ampangabe*** avec son artisanat du raphia (baobabs, animaux...). Énorme *lavaka* en forme de cœur à gauche, à la sortie du village. Jetez un œil ensuite aux petites chutes d'Amboasary et aux produits en sisal sur le bord de la route (vannerie, chapeaux, sacs...).

Au marché de ***Behenjy,*** la ville qui approvisionne les restos de Tana en foie gras, les taxis-brousse de la ligne Antsirabe-Tana s'arrêtent pour une pause salutaire sur leur trajet du retour, avant d'affronter la capitale. Encore quelques *lavaka* çà et là, signes de la terrible érosion de l'île, et l'on se retrouve bien vite à Ambatolampy.

### *AMBATOLAMPY* *(IND. TÉL. : 42)*

Petite ville-étape à 70 km au sud de Tana. Tous les taxis-brousse de Tana vers Antsirabe y passent. Elle mérite essentiellement un arrêt déjeuner afin de déguster de délicieuses écrevisses à la saison des pluies, de novembre à avril. À moins que vous ne souhaitiez vous mettre au vert et découvrir les impressionnantes chutes de l'Onive (2h de route vers l'est), ainsi que la réserve forestière de l'Ankaratra (1h de route, puis compter une bonne heure et demie pour faire la boucle en voiture). Ambatolampy est aussi connue pour fournir toutes les marmites de Madagascar, fabriquées avec de l'aluminium de récupération grâce à un système de moule perdu composé à base d'un sable unique ici.

## Où dormir ? Où manger ?

### De bon marché à prix moyens

|●| Sur la RN7, près du marché, le ***Restaurant Asiatique*** propose une cuisine soignée dans un cadre simple et propre.

⌂ |●| ***Au Rendez-Vous des Pêcheurs :*** *dans le centre, sur la route principale. ☎ 492-04. 📱 032-05-098-43.* La plupart des touristes font étape ici, au déj, sur la route du Sud. Le cadre n'est pas forcément glamour, mais la cuisine y est réputée, en particulier les cuisses de nymphe ! Au-dessus de la grande salle de resto, 7 chambres (certaines avec w-c sur le palier) rustiques mais propres et avec eau chaude.

|●| ***Restaurant Iskurna :*** *PK 78 Ihazolava. Sur la RN7, côté gauche, à 9 km après la sortie de la ville sur la route d'Antsirabe. ☎ 44-962-16. 📱 032-40-290-34. • iskurna27@yahoo.fr • Tlj au déj jusqu'à 16h.* Après plusieurs années au service d'une mission catholique espagnole, le propriétaire s'est lancé dans la restauration. Au menu, tapas, *bocadillos* et paella, servis en salle ou dans le jardin, très agréable. Beau choix de pizzas également. Une excellente halte, à bon marché, sur la route du Sud.

# ANTSIRABE

205 800 hab. IND. TÉL. : 44

**Antsirabe est une ancienne ville thermale tombée en désuétude, mais qui a su garder un cachet suranné de l'époque coloniale. On l'appelait la « Vichy malgache »... Du prestigieux *hôtel des Thermes,* qui accueillit autrefois le roi du Maroc, Mohammed V, en exil, aux thermes eux-mêmes en passant par la gare ferroviaire presque désaffectée, tout rappelle une effervescence qui ne demanderait qu'à se réveiller... Justement, la ville se réveille le samedi pour son marché. Coloré et festif !**

**Comparée à Tana, la ville est paisible et très agréable. Située à plus de 1 400 m d'altitude, c'est d'ailleurs le point le plus froid de Madagascar, particulièrement frisquet durant l'hiver austral ! L'hébergement y est de bonne qualité et moins cher qu'à Tana, ce qui donne envie de s'y installer quelques jours pour effectuer de jolies balades à VTT ou à cheval. Capitale des pousse-pousse avec Tamatave et Tuléar, elle en compte des milliers.**

## UN PEU D'HISTOIRE

*Antsirabe* signifie « là où il y a beaucoup de sel ». Ce nom vient de la découverte de ses eaux porteuses du fameux chlorure de sodium. La ville fut fondée à la fin du XIXe s par des missionnaires norvégiens luthériens, qui avaient sans doute trouvé là le miracle qu'ils n'osaient plus espérer : une oasis de fraîcheur en pays tropical ! En fait, ils avaient aussi découvert la grande richesse des eaux thermales d'Antsirabe.

Quelques années plus tard, les colons français développèrent l'idée jusqu'au bout, en transformant la ville en une sorte de Vichy de l'hémisphère sud... La cité fut alors parée de ses plus beaux atours architecturaux : les thermes, l'hôtel qui en prit le nom, la gare, la poste, des jardins et toutes les constructions à colonnades encore visibles... et quelque peu défraîchies aujourd'hui. Il faut imaginer ces dames sous leurs ombrelles et ces beaux messieurs de la coloniale venus prendre les eaux dans la ville d'Antsirabe, à quelques lieues des pesanteurs et du stress de la capitale...

### LA VICHY MALGACHE

*Ironie de l'histoire, pendant la Seconde Guerre mondiale, les Alliés envisagèrent un temps de diviser Madagascar en deux zones, comme dans la France occupée. Tandis que la partie nord de l'île serait passée sous leur contrôle, la Vichy malgache serait ainsi devenue la capitale des forces françaises locales fidèles à... Vichy, la tristement célèbre ! Décidément, les villes thermales semblent abonnées à un destin douteux. Heureusement, Antsirabe échappa à cette funeste étiquette.*

En 1953, le roi du Maroc, Mohammed V, déposé par les Français, passa quelques années d'exil dans la cage dorée du prestigieux *hôtel des Thermes.* Finalement, rappelé en 1955, il obtint l'indépendance du Maroc l'année suivante. Le jeune homme qui l'accompagnait et qui fourbissait déjà ses armes n'était autre que le fils du souverain roi du Maroc, Hassan II, alors âgé de 25 ans. Leur passage laissa un profond souvenir. Il faut dire que Madagascar avait vu sa dernière reine Ranavalona III (également) exilée par les Français en Algérie en 1897...
Autre résident célèbre, le président de la Ire République malgache, Philibert Tsiranana, qui venait se reposer le week-end dans la ville d'eaux. Enfin, l'ancien président (assassiné) du Burkina Faso, Thomas Sankara, fit ses études militaires à l'académie militaire d'Antsirabe.



## Ville fleurie et fleuron industriel

Aujourd'hui, la ville compte une forte majorité de Merinas. Si le destin a pratiquement mis fin aux thermes, Antsirabe a quelques raisons de rester souriante. Elle figure parmi les tout premiers centres industriels du pays en écoulant 75 % de sa production à Tananarive, la capitale, à seulement 3h de route.
Antsirabe est aussi célèbre pour son eau minérale gazeuse, la délicieuse *Visy Gasy,* bien que détrônée en popularité par une autre boisson, gazeuse elle aussi, dans laquelle on a ajouté un peu d'orge et de houblon : la fameuse *Three Horses Beer (THB),* produite localement par la brasserie *Star.*
*La Cotonnière d'Antsirabe,* ou *Cotona,* est la première unité textile de tout l'océan Indien et possède même une succursale sur l'île Maurice... en plein royaume de la confection. Ajoutons à cela les importantes productions de tabac, de fruits et légumes, de lait ou de farine, sans oublier la taille et le commerce des pierres semi-précieuses.

## Arriver – Quitter. Comment circuler sur la RN7 ?

### En taxi-brousse

***Gare routière principale d'Antsirabe*** *(hors plan par B1,* ***1****) : juste derrière l'hôtel* Avana*, au lieu-dit Mahafaly Vatofotsy, près de l'hippodrome, à env 3 km du centre-ville. Bus pour rejoindre le centre-ville sur la RN7 ou pousse-pousse (2 000 Ar env).* Elle dessert (presque) ttes les villes de la RN7, au nord comme au sud, ainsi que les localités de l'Ouest jusqu'à Morondava. Prendre directement son billet auprès d'une des nombreuses coopératives sur place. Les horaires ne sont pas fixes, les taxis-brousse partent dès qu'ils sont pleins. Enfin, nous rappelons que les voyages de nuit sont fortement déconseillés pour les touristes.

➢ ***Ambatolampy, Tananarive :*** départs fréquents (même la nuit, mais déconseillé). Prix : 10 000 Ar. Trajet : 3h.

➢ ***Ambositra et Fianarantsoa :*** départs réguliers tlj. Compter respectivement 7 000 et 15 000 Ar.

➢ ***Tuléar :*** un taxi-brousse tôt le matin (6h) qui passe par Fianarantsoa.

➢ ***Miandrivazo et Morondava :*** départs tlj pour Miandrivazo quand les taxis-brousse sont pleins (4-6h de trajet) et pour Morondava à 14h (attention, arrivée tardive car trajet d'env 12h).

➢ Les taxis-brousse desservent également ***Betafo*** (22 km) jusqu'à ***Mandoto*** (110 km). Pour le ***lac Andraikiba,*** pas d'horaire fixe, ils partent dès qu'ils sont pleins. Terminus à la bifurcation du lac Andraikiba, puis marche de 2 km. Prévoir de rentrer avant 19h. De la bifurcation, on peut aussi essayer d'attraper un véhicule pour Belazao et continuer à pied pour le lac Tritriva.

## Comment se déplacer ?

### En pousse-pousse

Ah, les pousse-pousse ! Combien sont-ils ? 5 000 ? 10 000 ? Nul ne le sait vraiment. En tout cas, vous pourrez difficilement mettre le bout du nez hors de votre hôtel ou d'un resto sans entendre immédiatement un pressant « Pousse-pousse ? ».

Dans beaucoup de pays, ce moyen de locomotion, jugé dégradant (et peu flatteur pour l'image des villes où cette pratique était encore en cours), a été supprimé, mais ici il reste le gagne-pain de milliers d'hommes qui ne sont généralement même pas propriétaires de leur véhicule et le louent à la journée. Le tarif normal d'une course en ville en journée est légèrement inférieur à 1 000 Ar, mais le prix demandé aux touristes est toujours un peu plus élevé.

Depuis 2004, un arrêté municipal exige que les pousse-pousse soient équipés d'une lumière afin d'être repérables à la nuit tombée. Les *posy* se sont débrouillés en accrochant une drôle de lanterne faite



**Adresses utiles**

- Office de tourisme
- **1** Gare routière principale
- **2** Stationnements d'Ivory et d'Asabotsy
- **3** Agence consulaire de France et Espace médical
- **4** BMOI
- **5** BOA
- **6** BFV-SG
- **7** BNI-CA
- **9** Centre médical Santé Plus
- **10** Rando Raid Madagascar
- **11** Association Ravaka
- @ **42** Le Cyber Zandina
- @ **46** Cyber Kool
- **70** Taxis

**Où dormir ?**

- **3** La résidence des Hauts-Plateaux
- **20** Chez Billy
- **21** La Maison du Bonheur
- **22** Green Park
- **23** Couleur Café
- **24** Soa Guesthouse
- **25** Salemako
- **26** Aty Guesthouse
- **27** Hôtel Hasina
- **28** Hôtel Diamant
- **29** Hôtel Vatolahy
- **30** Les Chambres du Voyageur
- **31** Le Trianon
- **32** Résidence Camélia
- **33** Hôtel des Thermes
- **34** Au Bivouac

**Où manger ?**

- **41** L'Arche
- **42** Chez Zandina
- **43** Le Venise
- **44** Le Masoandro – restaurant de l'ESSVA
- **45** Le Pousse-Pousse
- **46** Razafimamonjy

**Où prendre le petit déjeuner ? Où déguster une pâtisserie ?**

- **48** Salon de thé Mirana

**Où boire un verre ? Où sortir ?**

- **28** Boîte de nuit de l'hôtel Diamant
- **45** Le Pousse-Pousse
- **46** Razafimamonjy
- **50** Tarentella Bar

**Marchés**

- **70** Marché d'Antsenakely
- **71** Marché d'Asabotsy

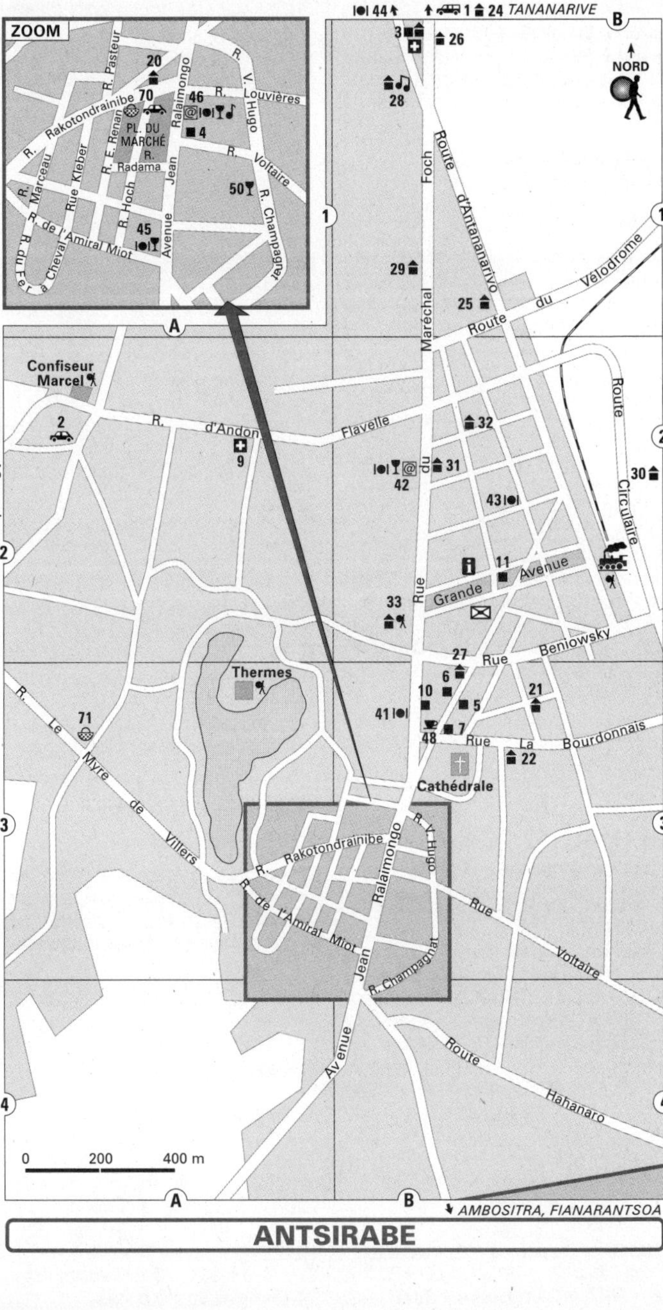
ZOOM
TANANARIVE
NORD
BETAFO
Confiseur Marcel
R. d'Andon
Flavelle
Route du Vélodrome
Route d'Antananarivo
Rue du Maréchal Foch
Route Circulaire
Parc de l'Est
Grande Avenue
Rue Beniowsky
Rue La Bourdonnais
Cathédrale
Thermes
R. Le Myre de Villers
R. Rakotondrainibe
R. Ralaimongo
R. V. Hugo
R. de l'Amiral Miot
R. Champagnat
Rue Voltaire
Avenue Jean
Route Hahanaro
R. Pasteur
R. Louvières
PL. DU MARCHÉ
R. Radama
R. Marceau
Rue Kleber
R. E. Renan
R. Hoch
R. du Fer à Cheval
0 200 400 m
AMBOSITRA, FIANARANTSOA

## ANTSIRABE

à partir d'une bouteille d'eau vide dans laquelle ils allument une bougie. Malin !
Il y a peu de ***taxis,*** mais vous pouvez en trouver devant le petit marché quotidien d'Antsenakely *(plan zoom, **70**)* ou aux ***stationnements d'Ivory et d'Asabotsy*** *(plan A2, **2**) qui se situent non loin du marché du même nom, près des services techniques et de la station-service.*

# Adresses utiles

## Infos touristiques

***Office de tourisme*** *(plan B2) : en face de la poste. ● ortva@antsirabe-tourisme.com ● antsirabe-tourisme.com ● Ouv en principe lun-sam.* Pas hyper dynamique, mais renseigne et trouve des guides pour les excursions dans le Vakinankaratra. Fait appel généralement à l'une des associations de guides ci-dessous.

■ ***Association Ravaka*** *(plan B2, **11**) : en face du Venise. ☎ 498-87. 032-42-638-22.* Organise des circuits pédestres bien encadrés et sécurisés, de 1 à 4 jours, avec visites de villages d'artisans et nuit en gîte ou chez l'habitant. Frais de guide et repas compris.

■ ***Association des guides professionnels agréés du Vakinankaratra :*** *Mahazoa rivo sud. 034-07-407-77 ou 032-40-407-77. ● agpavak@gmail.com ●*

■ ***Sentiers Authentiques Malagasy :*** *033-12-989-67 ou 034-41-846-40. ● sentiers_authentik@yahoo.fr ●*

## Poste et télécommunications

✉ ***Poste*** *(plan B2) : lun-ven 8h-12h, 14h-17h.*

@ ***Internet : Cyber Kool*** *(plan zoom, **46**), accolé au resto Razafimamonjy. Tlj 8h30-minuit.* ***Le Cyber Zandina*** *(plan B2, **42**) : tt près du Mess et accolé au restaurant Zandina. Lun-sam 8h-19h.* Propose aussi un service d'impression. Bon à savoir, la connexion est gratuite durant 3h pour tout repas pris au resto voisin du même nom (voir plus bas « Où manger ? »).

## Banques

■ ***BMOI*** *(plan zoom, **4**) : av. Jean-Ralaimongo. ☎ 487-49. Lun-ven 8h-11h30, 14h-16h30.* Distributeur de billets pour carte *Visa.* Change également les devises.

■ ***BFV-SG*** *(plan B3, **6**) : av. Jean-Ralaimongo. ☎ 491-64. Lun-ven 8h-16h.* Mêmes services que la *BMOI.* Concernant le change, pour les sommes supérieures à 100 US$ ou 100 €, il faut déposer les billets avec le passeport le matin et venir chercher l'argent l'après-midi. Représente également *Western Union* pour les transferts rapides d'argent liquide. Distributeur de billets acceptant la carte *Visa.*

■ ***BOA*** *(plan B3, **5**) : av. Jean-Ralaimongo. Lun-ven 8h-11h30, 14h-16h30.* Retraits d'argent manuels avec la carte *MasterCard.* Délai de 1h à 1 journée. Change les devises. Distributeurs acceptant la carte *Visa.*

■ ***BNI-CA*** *(plan B3, **7**) : av. Jean-Ralaimongo, angle rue La Bourdonnais. Lun-ven 8h-11h30, 14h-16h30.* Change les devises. Distributeur 24h/24 acceptant les cartes *Visa* et *MasterCard.*

## Représentation diplomatique

■ ***Agence consulaire de France*** *(plan B1, **3**) : route d'Antananarivo. ☎ 488-93. ● acfa@moov.mg ● À l'entrée de la ville. Dans la résidence sociale d'Antsirabe (voir « Où dormir ? »), au fond de la cour à droite. Lun-ven 9h-12h.*

## Santé

***Urgences médicales :*** *pour les petits soins,* ***Centre médical Santé Plus*** *(plan A2, **9**), sur la route de Betafo. ☎ 498-51. Pour des urgences tlj 24h/24, s'adresser à l'**Espace médical** (plan B1, **3**), à côté de la Résidence des Hauts-Plateaux. ☎ 020-44-936-75. 034-44-936-75.* Médecins malgaches parlant le français.

DE TANANARIVE À FIANARANTSOA

## Divers

■ ***Location de VTT :*** *Rando Raid Madagascar (plan B3, 10), rue Stavanger. 032-04-900-21. Tlj 8h30-12h, 15h-18h.* Location de vélos (prix variables selon la qualité) avec kit de survie, ainsi que de petites motos. Peut également vous organiser des randos à cheval.

***Supermarchés :*** *supérette **Karmaly** derrière le marché d'Antsenakely et supermarché **Shoprite** sur l'av. Jean-Ralaimongo, après la place du marché.*

## Où dormir ?

Les amateurs de petits hôtels malgaches seront comblés (notamment autour du marché d'Antsenakely), mais on vous conseille vivement, si vous le pouvez, de profiter des chambres d'hôtes, nombreuses à Antsirabe et souvent d'un bon rapport accueil-qualité-prix.

### Bon marché (13 000-26 000 Ar / env 4-8 €)

***Chez Billy*** *(plan zoom, **20**) : tt près du marché. ☎ 484-88 ou 952-00. 032-45-740-71. • chezbilly@moov.mg • chez-billy.com • Résa fortement conseillée en saison.* De belles chambres propres, au sol parqueté ou en simple béton poli coloré, avec salle d'eau commune. Un endroit simple vraiment sympathique, à l'ambiance chaleureuse, que les routards adorent, notamment pour échanger des tuyaux. Au rez-de-chaussée, petit bar-resto proposant des concerts de temps en temps (selon affluence). Outre le très bon rapport qualité-prix des chambres, l'autre grand atout de cette adresse est la terrasse sur le toit, avec tables, transats, parasols et vue sur les toits de la ville. Resto et location de VTT.

### Prix moyens (26 000-52 000 Ar / env 8-16 €)

***Green Park*** *(plan B3, **22**) : Kianja Tsarasaotra. ☎ 051-90. • greenparktsara@yahoo.fr • Loc de vélos (1 000 Ar/j.).* Une quinzaine de bungalows noyés dans la verdure et au milieu de plans d'eau : cet hôtel n'a pas usurpé son nom ! Confort simple et sanitaires pas de la première jeunesse, mais très correct dans l'ensemble vu les prix et le cadre (prévoir crèmes antimoustiques). Sanitaires privés et eau chaude dans chaque bungalow. L'auberge *Chez Jenny* décline dans un joli cadre rustico-campagnard, et en surplomb avec une jolie vue sur le jardin, une carte de crêpes et pizzas. Juste correct.

***La Maison du Bonheur*** *(plan B3, **21**) : Tsarasaotra. ☎ 965-16. 032-43-154-26. • maisonbonheur@yahoo.fr • Dans une ruelle ; fléché depuis la rue du Maréchal-Foch.* Des allures de motel (avec parking juste devant) pour cette adresse qui abrite 3 appartements mitoyens de 4 chambres. En fait, soit vous louez l'appart pour 8 personnes (4 doubles dont 2 ont des sanitaires en commun), soit vous n'en occupez qu'une chambre. Dans le second cas, vous partagerez la cuisine, et selon dispo la salle de bains avec des inconnus. Chambres, carrelées et très sobres, propres et à prix plutôt doux. Une belle affaire pour ceux qui voyagent en tribu. Accueil naturel et très cool du patron, Emmanuel Delacour.

***Salemako*** *(plan B1, **25**) : rue du Docteur-Rasakaiza (route d'Antananarivo). ☎ 495-88. 032-40-317-17. • julirako@gmail.com •* Bien que cette villa soit située en bord de route, son nom se traduit avec une certaine justesse par « mon paradis ». La décoration intérieure de l'immense salon-salle à manger justifie à elle seule ce doux nom. Vitraux, fresques, espace, mobilier et *aloalo* (totem) rappellent certaines villas d'artistes ! Les 8 chambres d'hôtes, avec douche commune, sont un peu moins séduisantes, et mériteraient bien une petite rénovation. Mais 2 d'entre elles sont plus spacieuses et offrent la jouissance d'une sympathique véranda. À la table d'hôtes, des menus d'inspiration française ou malgache. Service de blanchisserie et table d'hôtes sur résa. Grand jardin à l'arrière d'où partent les randonnées à cheval organisées par les patrons.

**Hôtel Hasina** *(plan B2-3, **27**) : av. Jean-Ralaimongo. ☎ 485-56. • hotelhasina@moov.mg • Parking intérieur.* En plein centre, juste derrière la boulangerie *Croustipain,* dans un immeuble en béton, une trentaine de chambres aux noms de fleurs, avec ou sans salle de bains. L'ensemble s'avère beaucoup moins froid que la façade peut le laisser supposer, et les chambres sont accueillantes, fonctionnelles et lustrées. Quelques familiales spacieuses dans le bâtiment côté rue (plutôt calme, Antsirabe se couche tôt...). Accueil extra et bon service.

**Hôtel Diamant** *(plan B1, **28**) : route d'Antananarivo. ☎ 494-40. • madawel.com •* Ne vous fiez pas à la façade et à l'enceinte vieillottes de l'hôtel, ni au rez-de-chaussée sombre et poussiéreux ni aux longs couloirs labyrinthiques qui mènent aux chambres, car, si votre moral a survécu au passage des précédentes étapes (!), vous découvrirez des pièces propres, fraîches, dotées d'un certain charme avec leur parquet et mobilier soigné. Les chambres les moins chères sont celles à proximité de la discothèque.

## Chic (52 000-104 000 Ar / env 16-32 €)

**Couleur Café** *(hors plan par B2-3, **23**) : RN7. ☎ 485-26. 032-02-200-65. • couleurcafeantsirabe.com • Résa indispensable. Petit déj compris.* L'une des plus belles adresses en ville comprend 9 chambres (et d'autres à venir) réparties dans des bungalows autour d'un jardin. Chambres modernes, élégantes et spacieuses, et gros coup de cœur pour le *galta* (grenier avec poutres) aménagé en loft familial, avec accès indépendant. Salon de jardin où sont servis les petits déj, et sur demande une honnête cuisine malgache. Possibilité de massage (sur résa) et vente d'épices et huiles essentielles à la réception. Un cocon très calme et bien gardé.

**Les Chambres du Voyageur** *(plan B2, **30**) : parc de l'Est. ☎ 979-38. 032-40-866-22. • chambres-voyageur.com • À pied, accès par un petit chemin, derrière la gare, qui part de la route Circulaire. En voiture... il faut passer par les hauteurs du parc de l'Est (mieux vaut demander son chemin !).* Sur les hauteurs, dominant un ravissant plan d'eau entouré de plantes luxuriantes, une petite dizaine de jolis bungalows en brique, tous dotés d'une terrasse. L'endroit est soigné et la déco des chambres avenantes, d'une jolie simplicité. Salles de bains chauffées, très appréciable en hiver ! Une chambre familiale. Jardin et bassin aménagé avec son kiosque pour boire un verre. L'accueil y est charmant et la cuisine (seulement sur résa) excellente. Une adresse paisible et de qualité.

**Le Trianon** *(plan B2, **31**) : rue du Maréchal-Foch. ☎ 051-40. 033-11-973-53. • hotel.letrianon@gmail.com •* Un peu en retrait de la route (très calme en soirée), cette jolie demeure blanche aux fenêtres bleues constitue une petite adresse de charme. Au rez-de-chaussée, bar chaleureux (avec terrasse) et beau resto indépendant (cuisine malgache et européenne). À l'étage, 7 chambres de belle taille, joliment meublées, parquetées, décorées dans les tons bleus et toutes équipées d'une salle de bains coquette. TV satellite. Une belle adresse, douillette et feutrée.

***La Résidence des Hauts-Plateaux*** *(plan B1, **3**) : route d'Antananarivo. ☎ 483-47. • mra@moov.mg • (à la réception).* Immense bâtiment en brique avec de vastes espaces, ouvrant sur un superbe jardin. Chambres charmantes, claires et spacieuses (et des suites au mobilier en palissandre), parquetées de bois blond. Élégamment décorées de mobilier années 1930 ou anglo-indien, elles sont desservies par de longues galeries et vous emportent dans une époque révolue. Calme assuré ! Salon-bibliothèque et coin TV. On peut bénéficier de petit déj, de repas sur commande et même d'un service de blanchisserie. Voir l'imposant piano au feu de bois de la cuisine, une pièce de collection, le petit musée ***Jadis et Naguère*** (un voyage dans le temps, à la découverte d'Antsirabe des années 1930), mais aussi l'atelier de peinture sur soie et la boutique au rez-de-chaussée dont les ventes reviennent à l'association *Enfants du soleil*, qui soutient les orphelins.

**Résidence Camélia** *(plan B2,* ***32****)* **:** *av. de l'Indépendance, dans le quartier résidentiel de la ville. ☎ 488-44. • camelia@moov.mg •* *(dans le salon).* Chambres dispersées dans 3 maisons disposées autour d'un magnifique jardin fleuri. Il y en a de toutes sortes, et surtout à tous les prix du bas au haut de cette rubrique prix. Demander à en voir plusieurs avant de choisir. Dans l'ensemble, elles sont à l'image du lieu : coquettes, rétro, voire tendance pour les « prestiges » et particulièrement bien tenues. Toutes ont la télé. Service de laverie et un nouvel espace bien-être. Fait également table d'hôtes dans la salle à manger-véranda où trône un élégant piano. Cabaret régulièrement le vendredi soir. Propose des balades dans la région.

**Soa Guesthouse** *(hors plan par B1,* ***24****)* **:** *rue du Maréchal-Foch. 033-06-219-29 ou 032-02-279-90. • soa_guesthouse@hotmail.com • Petit déj compris. Table d'hôtes sur résa (20 000 Ar/pers).* Qu'on se le dise, « Soa » c'est la bonté, ce qu'on a de précieux... Et cette maison d'hôtes incarne parfaitement cette notion. Car Holy, la douce propriétaire, veille sur ses hôtes avec discrétion et attention. Dans la maison, 4 chambres joliment décorées (pas très éclairées !), avec douche ou baignoire, et une vaste suite traditionnelle pour 4 personnes avec balcon. Également, dans le jardin, un bungalow pour une famille ou un groupe d'amis, avec 2 chambres en duplex se partageant une salle de bains. Impeccable. Chargée de la promotion des *guesthouses* du secteur, Holy en connaît un rayon sur le sujet et sait exactement ce que les voyageurs attendent : confort bien entendu, mais aussi simplicité naturelle, chaleur de l'accueil et conseils touristiques avisés. Tout y est ! Un lieu bien attachant.

**Aty Guesthouse** *(plan B1,* ***26****)* **:** *rue du Maréchal-Foch. 033-11-757-99. • atyguesthouse@yahoo.fr • Juste en face de la résidence sociale, entrée par l'hôtel* Vola Vita. *Même direction. Se présenter à la réception. Petit déj compris.* Véritablement une surprise, car difficile d'imaginer, en arrivant sur le parking, un tel éden ! Passé la petite porte en bois et après avoir descendu une volée de marches en pierre, on découvre, avec ravissement, 4 pavillons comprenant au total 5 chambres, répartis autour d'un plan d'eau et d'un jardin fleuri, entièrement conçus par l'adorable patron, président de la Fédération des hôteliers de la région. Alors, question professionnalisme et accueil des hôtes, il s'y connaît. Équipement et tenue des chambres impeccables, dont une dotée d'un bar-kitchenette. Table d'hôtes sur réservation dans la salle à manger commune au fond du jardin. Là, seul le chant des oiseaux rompt le silence.

**Hôtel Vatolahy** *(plan B1,* ***29****)* **:** *rue du Maréchal-Foch, dans le quartier de Mahazoarivo. ☎ 937-77. 034-11-937-77. • hotelvatolahy@hotmail.fr • Parking gardé.* Bel hôtel de charme, très bien placé entre la gare routière et le centre-ville, et immanquable avec sa large façade rouge brique. Briques que l'on retrouve d'ailleurs dans les chambres chaleureusement décorées, impeccables et bien calmes car réparties sur les 3 étages du bâtiment arrière. Large choix de prestations de la *twin* à la suite, ainsi qu'une chambre familiale, toutes dotées d'une TV écran plat avec le câble. Accueil gentil comme tout, resto-pub à l'avant (côté route) pour une grignote simple mais bonne.

**Au Bivouac** *(hors plan par A2,* ***34****)* **:** *à 2 km du centre sur la route de Betafo, peu avt d'arriver à l'usine* Star. *☎ 495-95. 033-12-615-12. • obivouac@gmail.com •* *(dans la pièce commune et le jardin).* 8 chambres. Celles à l'étage du bâtiment principal (en bord de route) sont simples mais agréables, certaines lambrissées et dotées d'un petit bureau. D'autres chambres se trouvent dans l'annexe côté jardin, plus guillerettes avec salle de bains privée. L'une d'elles possède une kitchenette. Si tout est plein, camping *(20 000 Ar/pers)* et location de tentes possible dans le beau jardin entretenu. Un lieu de vie vraiment cool, à l'image de Lala, l'adorable propriétaire.

**Hôtel des Thermes** *(plan B2, **33**) : à l'opposé de la gare ferroviaire. ☎ 487-61 ou 62. • sht@moov.mg • (autour de la piscine).* Hôtel chargé d'histoire, à plus d'un titre. Construit en 1897, c'est le symbole de la colonisation française à Antsirabe. Énorme architecture évoquant un passé à peine enfoui, quand les colons venaient prendre les eaux dans la Vichy malgache... Plus tard, le roi du Maroc, Mohammed V, vint y passer quelques années d'exil en compagnie de son fils, futur roi du Maroc, le défunt Hassan II. Située face à un grand parc qui descend vers les thermes, cette gloire un peu fanée est dotée d'un restaurant, et d'une vaste piscine. Les prix élevés tiennent plus au lieu lui-même et à son prestige passé qu'à la réelle beauté et au confort des chambres, somme toute datées. Malgré tout, la vue sur le jardin reste agréable en particulier pour celles situées à l'étage.

## Où manger ?

### Bon marché (8 000-13 000 Ar / env 2,50-4 €)

**L'Arche** *(plan B3, **41**) : rue du Maréchal Foch. 032-02-479-25. Tlj sf dim, du mat jusqu'à minuit.* Petit resto-bar intime et sympa où aiment se retrouver expats, humanitaires en mission et voyageurs de la RN7. Cadre coloré (mais salle intérieure un peu enfumée), et quelques places en terrasse. Petite cuisine malgache à prix fort modérés. Goûter à leur rhum arrangé version « poubelle ». Soirées musicales le week-end.



### Prix moyens (13 000-29 000 Ar / env 4-9 €)

Les chambres d'hôtes de la rubrique « Où dormir ? » proposent toutes des menus français ou malgaches sur commande. Cette alternative permet de découvrir de nouvelles saveurs et, parfois, de faire des rencontres sympathiques.

**Chez Zandina** *(plan B2, **42**) : 5, rue Maréchal-Foch, au Cercle Mess. 034-17-984-22. Tlj 11h-23h. (au resto ou au bar en consommant).* Le resto qui cartonne en ville parce qu'il réussit à combiner le tout en un : le bar d'un côté, le point accès Internet de l'autre et, entre les deux, la « table », belle (nappes, tableaux aux murs – en vente –, objets décoratifs artisanaux et fleurs fraîches) et bonne. Le même soin est apporté à la cuisine, fraîche, variée et servie généreusement : salades composées, crevettes sauce coco, filet de zébu, cari de poulet, plus un beau choix de pizzas cuites au feu de bois. Le resto ne désemplit pas, et ça se comprend. D'autant plus que les desserts ne sont pas en reste : crèmes renversées, bananes flambées et crêpes justifient d'y revenir. Café servi avec un chocolat et service adorable. Assurément, *Chez Zandina,* ils ont tout compris !

**Le Venise** *(plan B2, **43**) : Manadidinany Gara, à l'angle des rues Joffre et Clemenceau. 033-11-411-61. Tlj midi et soir.* Dès l'entrée, la gentillesse de l'accueil et le feu dans la cheminée quand il fait froid ne donnent qu'une envie : s'attabler et s'attarder dans la salle à la mise soignée. La carte, plutôt réduite, mélange les influences (l'Italie n'est pas si présente, malgré le nom) et les plats séduisent gentiment le palais. C'est frais, goûteux, copieux... Ne pas manquer le canard, en magret ou foie gras (fait maison). Une valeur sûre, un peu chic mais pas guindée.

**Le Pousse-Pousse** *(plan zoom, **45**) : près du marché d'Antsenakely. 032-07-133-80. Tlj sf mer.* Salles plaisantes où l'on mange dans des sièges de pousse-pousse, et quelques tables en terrasse. Bonne cuisine et choix intéressant de plats à prix moyens : langue de zébu, poulet au gingembre, hamburger, magret de canard, tournedos Rossini, sandwichs divers. Excellent foie gras. Servent du vin au verre. Fait aussi bar, rendez-vous des *vazaha* locaux et de nombreux routards de passage, toujours ravis, notamment par le grand choix de rhums arrangés !

**Razafimamonjy** *(plan zoom, **46**) : av. Jean-Ralaimongo, face au marché. ☎ 483-53.* Ce resto chinois, qui a déjà pas mal d'heures de vol au compteur, propose un décor simple et bien patiné par le temps : bar rouge à l'entrée et immense arrière-salle. Plats copieux et sans chichis, du style *min tsao* (spaghettis dans une sauce bien garnie), soupes, nems, viande ou poisson avec du riz, poulet, canard, etc. Plats malgaches également (tripes, *tsok* au bœuf, anguille). Portions copieuses. Cabaret plusieurs fois par semaine et concerts les dimanches midi.

**Le Masoandro – restaurant de l'ESSVA** *(École supérieure spécialisée du Vakinankaratra ; hors plan par B1, **44**) : Miaramasoandro. ☎ 483-28. 034-44-483-28 ou 29. Petit déj 7h-7h45, déj 11h45-13h30, dîner 18h-20h30 (max car les étudiants sont ensuite raccompagnés chez eux pour raisons de sécurité). Résa préférable.* Créée en 2002 par la fondation suisse *Avenir Madagascar,* cette école hôtelière privée dispense des cours théoriques et pratiques. Pour une poignée d'ariary, donc, vous goûterez une cuisine gastronomique du monde, réalisée et servie, avec application, par les étudiants de 1re année. Peu de choix au menu (fixe), les propositions varient suivant le marché du jour, et l'inspiration du chef instructeur. Cadre vraiment agréable, en particulier en journée, car la salle lumineuse donne directement sur le grand jardin arboré de l'école. Également 5 chambres, bien agréables et parfaitement tenues, à prix moyens.



## Où dormir ? Où manger dans les environs ?

**Hôtel-restaurant Dera :** *en surplomb du lac Andraikiba, à l'ouest de la ville. ☎ 052-42. • hoteldera@yahoo.fr • À 7 km à l'ouest par la route de Betafo. Résa indispensable. Doubles sans w-c 25 000 Ar, avec sdb complète 30 000 Ar.* Adresse qui vaut surtout pour son emplacement agréable face au lac Andraikiba. Préférer les bungalows, mieux placés et plus autonomes, d'autant que, pour quasiment le même prix que les chambres de la bâtisse principale (rustiques et pas franchement gaies, avec ou sans salle de bains), ils ont l'eau chaude et les w-c à l'intérieur. Bon resto, en terrasse ou côté jardin, conseillé pour un déjeuner fruits de mer ou langouste.

## Où prendre le petit déjeuner ? Où déguster une pâtisserie ?

**Salon de thé Mirana** *(plan B3, **48**) : sur l'av. Jean-Ralaimongo, en face de la BNI-CA. Tlj sf lun 7h-18h30.* Mini-épicerie, boulangerie et pâtisserie avec quelques tables à l'intérieur. Vous y trouverez croissants, pains au chocolat, gâteaux au yaourt, au rhum... Ainsi que des expressos, des glaces et quelques snacks. Bref, de quoi caler une petite fringale de fin de journée.

## Où boire un verre ? Où sortir ?

**Le Pousse-Pousse** *(plan zoom, **45**) : à côté du marché d'Antsenakely. 032-07-133-80. Tlj sf mer.* Il y a tout ce qu'il faut pour remplir plusieurs fois son verre : pastis, whiskies, cocktails et l'incontournable *THB* bien fraîche. Voir aussi « Où manger ? ».

**Razafimamonjy** *(plan zoom, **46**) :* ce resto chinois (voir « Où manger ? ») organise des soirées musicales les mardi, jeudi, vendredi et samedi de 20h30 à 1h, ainsi que le dimanche à 12h. *THB* à la pression, rare !

**Tarentella Bar** *(plan zoom, **50**) : rue R.-Champagnat. ☎ 520-89. Tlj à partir de 17h et jusque tard dans la nuit.* Un autre des points de chute des *vazaha*. Billard américain, divers jeux, flipper. De l'autre côté de la rue, pour changer, un *saloon-bar* typiquement malgache. Le week-end, belle atmosphère, brochettes, etc.

♫ Pour ceux qui ne pourraient s'en passer, l'hôtel ***Diamant*** *(plan B1, **28**)*, à l'entrée de la ville, possède une boîte de nuit qui ouvre tous les soirs à partir de 21h30. En fin de journée (entre 16h et 18h vendredi et samedi) organise aussi des karaokés.

## Marchés

***Marché d'Antsenakely*** *(plan zoom, **70**)* **:** c'est le petit marché quotidien du centre-ville, un peu le pouls d'Antsirabe. Pas mal d'animation le samedi. On y trouve surtout des fruits et légumes, et des stands de plats locaux à consommer sur place (à réserver aux estomacs aguerris).

***Marché d'Asabotsy*** *(plan A3, **71**)* **:** *s'étend de la rue d'Andon, gare routière d'Ivory et d'Asabotsy à la rue Le Myre-de-Villers.* Le rendez-vous hebdomadaire du samedi pour la population locale. Le plus grand marché à ciel ouvert de Madagascar. De l'alimentaire aussi, mais surtout de la quincaillerie, des paniers, des tissus.

## Achats

– ***Pierres fines (ou gemmes) :*** Antsirabe est la plaque tournante du commerce des pierres autrefois appelées semi-précieuses. Améthyste, topaze, béryl, tourmaline, grenat... Pourquoi à Antsirabe ? Parce que c'est dans cette région volcanique que l'on trouve le plus de lapidaires au kilomètre carré. Les lapidaires sont de petits artisans qui taillent et polissent les pierres sur des meules, le plus souvent au fond d'un atelier sombre et mal aéré... La majorité des vendeurs de pierres sont désormais regroupés au *Cercle Mess Mixte*. Il y a beaucoup de choix et, souvent, on vous sortira de derrière les fagots des boîtiers contenant encore des dizaines de pierres. Difficile de s'y retrouver et, à dire vrai, de séparer le bon grain de l'ivraie, à moins d'être un spécialiste équipé de tout le matos. On en a vu ! Quelques cas d'arnaques nous ont été signalés par des lecteurs (résine plastique colorée ou marbrée), alors, même s'ils restent rares, le mieux est de prendre quelques précautions pour ne pas y laisser son budget vacances en restant dans des limites raisonnables pour vous. Faites en sorte de choisir une pierre régulière, translucide, sans accroc ni imperfections. Et qui vous plaise... Puis négocier : les vendeurs tapent d'office haut et fort ! Enfin, INDISPENSABLE au moment de la tractation : **demander impérativement une facture** qui vous sera nécessairement exigée en douane en cas de contrôle.

# À voir. À faire

***Les thermes*** *(plan A3)* **:** *en contrebas de l'*hôtel des Thermes, *près du lac Ranomaimbo (nom qui signifie « eau qui pue », à cause de ses eaux sulfureuses !).* Voilà donc la raison de tout ce tintouin autour des sources chaudes et gazeuses de la ville. Les thermes de l'époque coloniale portent encore le nom pompeux de *Centre national de crénothérapie et de thermoclimatisme* ! Il n'empêche : les Malgaches s'y pressent encore, et certains touristes s'y risquent aussi (apporter son paréo et sa serviette). La source unique, telle une divinité, jaillit d'une profondeur d'environ 22 m et sort à 52 °C. On a vérifié, c'est chaud ! Bon, mais que trouve-t-on dans cette eau ? En vrac : du potassium, du magnésium, du calcium, du sulfureux ferrique, du gaz d'arsenic, de l'hélium (gaz rare). Bref, plein de bonnes choses pour lutter contre les rhumatismes, la goutte, l'arthrite, l'hyper et l'hypotension artérielle, et on en passe...

Les ***bains individuels*** peuvent être utilisés *(ouv mar-ven le mat slt ; payant).* Également praticables : les jets à pression et les massages.

🔖 ***L'hôtel des Thermes*** *(plan B2,* ***33****)* ***et la gare ferroviaire*** *(plan B2)* **:** l'un en face de l'autre, ils méritent chacun une petite visite. Voir la rubrique « Où dormir ? » pour le premier. La gare ne fonctionne quasiment plus, mais possède un charme tout ce qu'il y a de plus nostalgique avec son horloge ayant perdu ses aiguilles et son buffet totalement rétro.

🔖🔖 ***Circuit des Artisans du parc de l'Est*** *(hors plan par B2)* **:** plein de boutiques et d'échoppes pour observer le travail de la corne (de zébu, bien sûr), notamment.
– ***Broderie Voahirana :*** *parc de l'Est. ☎ 046-87. Après avoir passé la voie ferrée, suivre la route de terre principale ; à la fourche, continuer sur la route à droite. Pour voir les brodeuses à l'ouvrage, venir en sem 7h-16h30.* La grande maison sur plusieurs étages rassemble l'atelier, où se relaient quelques brodeuses (beaucoup travaillent chez elles), et la boutique, où sont vendus les draps, nappes ou chemises brodés. Les ouvrages sont de belle qualité et les broderies faites à partir de fil *DMC,* une référence durable. Vous trouverez d'ailleurs peu d'autres boutiques de cette qualité (choix des modèles et des tailles, finesse de la broderie et tarifs sur le circuit sud de la RN7). Réalisent aussi des nappes brodées sur commande, mais prévoir les frais de port en sus. Bref, un endroit vraiment sympathique où le travail vous est gentiment présenté sans pour autant vous presser pour acheter.
– ***Miniatures Mamy :*** *parc de l'Est. Juste à côté de Voahirina.* Mamy est un pionnier en matière de fabrication de miniatures à base de matériaux de récupération. Le résultat est étonnant. Ou comment avec quelques bouts de gaine de câble, de fils électriques, de pêche ou de perfusion (fils périmés récupérés en pharmacie), de bouts de semelle, de caoutchouc de pneu de voiture et de boîtes de lait concentré il fabrique en moins de 10 mn, sous vos yeux, un véritable vélo hollandais avec béquille ! Mamy est un vrai Mac Gyver du recyclage et sa démo est très amusante. Vélos, motos, voitures (2CV adorables !) et magnets sont, bien sûr, vendus sur place.
– ***Maminirina :*** *parc de l'Est. Un peu plus haut, dans la même rue.* Ici aussi la démo est bluffante ! De la corne de zébu brute, telle qu'elle est fournie à l'abattoir, à l'objet délicatement ciselé et poli, on nous présente en moins de 10 mn toutes les phases de la fabrication. La corne est bouillie et ramollie pour pouvoir en extraire l'os. Elle est ensuite assouplie, découpée et arrondie suivant les formes choisies à petits coups de marteau. Puis polie avec une sorte de pâte à dents. Sortie, par la boutique, ça va de soi, mais beaucoup de choix, et objets de très belle facture : bijoux fantaisie, coupelles, couverts... Sans doute un des meilleurs rapports qualité-prix en ville, et accueil franchement adorable, ce qui ne gâche rien.
– ***Le confiseur Marcel*** *(plan A2)* **:** *attention, pas sur le circuit des parcs de l'Est, mais sur la route de Betafo. ☎ 499-71. Tlj 7h-17h30. Prévenir avt de passer (afin qu'il prépare la démonstration).* La fameuse démonstration de Marcel et de ses assistants dans leur minuscule laboratoire tient presque de la miniperformance. Le petit spectacle (15 mn) est non seulement sympathique, mais aussi instructif. La visite elle-même est gratuite ; en revanche, vous repartirez difficilement sans quelques paquets de bonbons à la fraise, à l'ananas ou au coco... Des dizaines de parfums.

## DANS LES ENVIRONS D'ANTSIRABE

➢ ***Randonnées à cheval ou à VTT :*** le ***Vakinankatatra*** se prête bien à des balades écotouristiques. Vous pouvez faire les excursions décrites plus loin par vous-même, accompagné d'un guide, à cheval ou à VTT. On peut louer des VTT en ville (voir « Adresses utiles ») et des chevaux à prix raisonnables à des particuliers en allant au parc de l'Est, à droite de la gare (derrière *Telecel*), ou encore chez M. Jean de Dieu Rakotoudrafara (lot 22 A 15, rue Benyowski, Tsarasoatra). Pensez toujours à prendre un chapeau, de l'eau (il fait vite chaud) et de quoi manger. Si vous partez à VTT, méfiez-vous quand même de la difficulté des pistes. Pour ceux qui veulent pédaler seuls sans risque de se perdre, la route principale vers Ambositra au sud offre de très beaux paysages de rizières, de collines et de villages, en allant vers Manandona (quelle belle plaine !). Cela dit, prudence, vous êtes sur la RN7 quand même...

***Le lac Andraikiba :*** *à 7 km à l'ouest, au village de Talata. Accès par la route de Betafo à vélo ou en bus (lignes nos 10 et 11), pas cher. Consulter la rubrique « Arriver – Quitter. Comment circuler sur la RN7 ? » pour s'y rendre. Passage obligé pour aller au lac Tritriva.* Lac d'une circonférence de 4 km. Stands de vente de pierres. Une promenade proche d'Antsirabe. Il y a même un hôtel (voir « Où dormir ? Où manger dans les environs ? »). Le lieu de pique-nique du dimanche.

***Le lac Tritriva :*** *à 11 km au sud du lac Andraikiba. Aller jusqu'à Belazao à VTT ou en taxi-brousse et continuer sur une mauvaise piste de 7 km. Attention, ça grimpe et c'est parfois épuisant sous le soleil ! Le mieux, si vous le pouvez, est de vous y rendre en voiture (4x4 slt) ; la route traverse de jolis villages. Entrée : 5 000 Ar.* Très beau lac d'origine volcanique, d'un bleu saisissant. Si profond et sans doute si fascinant que, d'après une légende, deux amants qui s'étaient vu refuser leur mariage s'y seraient précipités et noyés. On se demande comment ils ont fait, car on est continuellement suivi par le gardien et une ribambelle de gamins qui veulent à tout prix vous vendre quelque chose ! Un sentier facile permet de faire le tour du lac (environ 30 mn).

***Les thermes de Betafo :*** *à 22 km à l'ouest d'Antsirabe, sur la route de Morondava. Pour s'y rendre, 3 km au nord de Betafo, quitter la RN7 au panneau « Tetezana Simbtsymamazaka » ; au lieu-dit Ranomafama, prendre le chemin de terre, passer un petit pont, on y est à 200 m. Pour les amateurs de VTT, la route est plate.* Betafo était la capitale royale du Vakinankaratra au début du XIXe s, sous le règne d'Andrianampoinimerina. On y trouve la première église luthérienne fondée par les missionnaires norvégiens, d'une belle architecture en brique de la fin du XIXe s. Depuis cette implantation, 2 millions de Malgaches sont d'obédience luthérienne ! À voir, les anciens thermes, tout simples. Attention, l'eau y est très chaude et pas bien propre... Et des balades à faire autour : rizières, lac, cimetière et le village. Uniquement si vous passez du temps à Antsirabe.

➢ ***Descente de la Tsiribihina :*** on vous proposera parfois de vous emmener jusqu'à Miandrivazo pour descendre la rivière Tsiribihina jusqu'à Belo-sur-Tsiribihina (voir, plus loin, le chapitre consacré à la descente de cette rivière, dans la partie « Le Moyen-Ouest »). Il peut s'avérer utile de s'organiser quelque peu depuis Antsirabe si vous n'avez pas de tente ni de matériel de camping ; mieux vaut également faire des provisions (pas grand-chose à Miandrivazo). Certains guides proposent de s'occuper de tout, tout comme à Miandrivazo d'ailleurs. Cela dit, un conseil : choisissez soigneusement votre guide (allez dans les endroits fréquentés par les touristes, comme le resto *L'Arche,* et faites fonctionner le bouche à oreille).

## AMBOSITRA

30 000 hab. IND. TÉL. : 47

**À 90 km d'Antsirabe, là où la RN7 traverse les rizières en terrasses après la chaîne montagneuse de l'Ankaratra. Ces terres, qui ne connaissent jamais les jachères, produisent trois fois par an des pommes de terre, du manioc, des haricots ou encore de l'orge. Belles photos en perspective des maisons en pisé, en brique, et des charrues tirées par les zébus. On aime !**

**À 1 350 m d'altitude, dans ces « alpages tropicaux » à l'air vivifiant, Ambositra (prononcer « Ambousstch ») est une grosse bourgade paysanne du Betsileo, posée sur la RN7 reliant Tana à Tuléar. Sans glorieux passé, elle tire surtout sa réputation de l'artisanat du bois, de la sculpture et de la marqueterie, fruits du savoir-faire zafimaniry, du nom de cette peuplade installée dans la forêt dense de l'Est. Entre fraîcheur et douceur, la géographie d'Ambositra offre une variété de paysages qu'on apprécie pour les possibilités de balades qu'elle offre dans les monts environnants et la visite des villages des artisans. Une étape à ne pas manquer ! Surtout pour les fêtes de Pâques, où vous pourrez assister à une *savika,* une sorte de rodéo de zébus dans une arène. Bon esprit, bonne ambiance. En revanche, attention, boutiques fermées le dimanche.**

## Arriver – Quitter

### En taxi-brousse

➢ ***Liaisons avec le Sud :*** *le stationnement se trouve en contrebas de la RN7, derrière le marché.* Pour Fianarantsoa, plusieurs départs/j. Trajet : 4-5h. Départs également pour les localités de la région, Manandriana, Ambatofinandrahana et Antoetra. Vers Morondava, le plus simple est de passer par Antsirabe, car la piste entre Miandrivazo et Malaimbandy est goudronnée. La route via Ambatofinandrahana est très mauvaise, voire fermée.

➢ ***En direction du nord :*** *la station se trouve à l'entrée nord de la ville, sur la RN7, un peu à l'écart du centre.* Liaisons régulières tlj avec Tananarive et Antsirabe (2h). Attention, départs moins fréquents le dim.

## Adresses utiles

### Infos touristiques, circuits et guides

■ ***Maison des guides Tsanga Tsanga :*** *à deux pas du* Grand Hôtel. *☎ 034-81-265-24 ou 032-04-621-28.* • *lamaisondesguides.ambositra@yahoo.fr* • Une équipe de jeunes guides parlant le français pour vous accompagner dans vos excursions, notamment dans les villages zafimaniry, les villages des artisans, l'ancien palais royal... Les excursions reviennent cher mais seront amorties si vous êtes plusieurs.

■ ***Tours Mania :*** *sur la RN7. ☎ 032-49-321-92 (M. Richard).* • *toursmania@moov.mg* • *À l'hôtel* Mania, *en ville, au bord de la RN7. Signalé par une petite pancarte.* Mme Eva, propriétaire de l'hôtel *Mania,* a formé une équipe de guides. Tous ont reçu un agrément de l'État et proposent des randonnées dans la région, d'une demi-journée à plusieurs jours (photos à l'appui sur catalogue !). Finalement tout peut se choisir à la carte. Là aussi tarifs élevés incluant transferts, droits de visite, guidage et repas. Accompagnement vraiment pro. On peut les réserver en appelant le numéro ci-dessus, mais on les trouve aussi basés à l'hôtel *Oasis,* chez *Voajanahary* (c'est le cas d'Olivier Herinantenaina, anciennement guide pour *Nouvelles Frontières*) et dans certains restos. Demander à voir leur carte de guide officiel.

■ ***Alliance française :*** *derrière le* Grand Hôtel.

■ ***Station de taxis :*** *sur la route principale, devant le marché Alakamisy (sortie sud de la ville).*

### Poste et télécommunications

✉ ***Poste :*** *pl. du 29-Mars, sur la route circulaire qui fait le tour de Tompon'I Vinany. Lun-ven 8h-11h30, 13h-16h.*

### Banques

■ ***BNI-CA :*** *sur la RN7. ☎ 020-47-711-29 ou 30. Dans le centre. Lun-ven*

*8h-11h30, 14h-16h.* Distributeur accessible tous les jours avec n'importe quelle carte de paiement dont *MasterCard.* Devises acceptées.

■ **BOA :** *après la* BNI-CA, *sur la route qui bifurque à droite.* ☎ *713-85. Mêmes horaires que la* BNI-CA. Distributeur de billets 24h/24 et *Western Union.*

■ **BFV-SG :** *dans la rue principale, au cœur de la ville.* ☎ *47-712-44. Mar-ven 7h30-12h, 13h30-16h30 ; sam 7h30-13h.* Distributeur carte *Visa* et service *Western Union.*

## Santé

✚ ***Urgences médicales :*** ***hôpital public*** *à Volafotsy, un peu en retrait de la RN7, au-dessus du stationnement sud des taxis-brousse. Nuit et w-e, service de garde joignable au* ☎ *711-03, mais prévoir la traduction en malgache.*

■ **Pharmacies :** *la mieux approvisionnée est sans doute la* ***pharmacie Rakotoarisoa,*** *à la gare routière du Nord. Sinon,* ***pharmacie Andriamahefarivo,*** *à Ambohimiadana, sur la RN7, en face du palais de justice.* ☎ *47-713-03.*

# Où dormir ?

## Bon marché (13 000-26 000 Ar / env 4-8 €)

**Le Grand Hôtel :** *sur la route circulaire de Tompon'I Vinany.* ☎ *et fax : 712-62.* • *fabricestephane1@gmail.com* • De ce gîte d'étape à l'époque coloniale il reste notamment une belle salle de resto au style bistrot largement patiné, avec cheminée et zinc. Et qui ne manque pas de charme. Côté hébergement, l'ensemble se révèle terriblement vieillot avec des chambres un peu ramassées, dont le seul charme est celui du parquet qui craque sous vos pieds. Il faut le dire, ça ne conviendra qu'à ceux qui souhaitent vraiment ne pas dépasser un certain budget et qui, de fait, ne sont pas regardants sur l'hygiène. Quelques chambres avec sanitaires privés à l'étage, à privilégier.

## Prix moyens (26 000-52 000 Ar / env 8-16 €)

**L'Artisan :** *Manarintsoa.* 📱 *032-51-996-09 ou 033-04-566-97.* • *artisan_hotel@yahoo.fr* • *Au rond-point près de la poste, prendre la route qui descend ; l'hôtel (fléché) est à 300 m. Double env 45 000 Ar.* Complètement clos et gardé par un service de sécurité, on dirait presque un petit village composé d'un bâtiment principal avec de jolies galeries, et, devant, des bungalows de brique et de bois qui entourent la petite cour fleurie. Les chambres des bungalows (doubles ou familiales) sont minuscules, contrairement à celles de la maison, plus simples dans la déco, mais plus agréables à vivre. Propreté pas toujours au rendez-vous. Au resto, cuisine malgache de bon aloi (côtes de porc, filet de zébu, poulet grillé), et musique traditionnelle certains soirs. Cadre plaisant.

**Hôtel Mania :** *au bord de la RN7, dans la partie nord de la ville, avt la bifurcation vers Tompon'I Vinany.* ☎ *710-21.* 📱 *033-15-005-13 ou 032-04-620-91.* • *toursmania@moov.mg* • *Résa conseillée.* Dans un bâtiment un peu à l'écart de la route. Une dizaine de chambres très calmes en pleine ville, assez jolies, colorées et surtout très propres. Si elle est libre, préférer la nº 303 au dernier étage, sympa pour bénéficier de la terrasse contiguë et de son joli point de vue. On peut vous préparer des repas, mais c'est plus sympa d'aller au *Pampi Tantely,* le salon de thé qu'ils ont ouvert un peu plus haut dans la rue principale (voir « Où manger ? »). Un excellent point de chute dans votre périple. Organise aussi des excursions dans les environs (voir « Adresses utiles »).

**Motel Violette :** *sur la RN7.* ☎ *710-84.* 📱 *032-56-117-23.* • *motel-violette.com* • *En bord de route, à l'entrée nord de la ville.* Le motel se répartit sur 2 sites : d'un côté de la rue, le bâtiment principal (où se trouvent la réception et la salle de resto au rez-de-chaussée) dispose de chambres colorées avec TV, moquette ou parquet, ainsi que d'une grande terrasse donnant sur la route et une plus petite avec vue sur les rizières. De l'autre côté, sur les hauteurs, une dizaine de bungalows confortables avec petite terrasse, grande salle de bains, portes sculptées et fauteuils somptueusement tapissés. Également quelques bungalows familiaux avec une chambre en mezzanine. On aime bien de ce côté-ci l'espace aéré, la vue et la frise à l'entrée qui représente les ethnies malgaches en costume. On aime moins le fait qu'il faille descendre le long de la route mal éclairée le soir pour aller dîner.

**Résidence Mahatsinjo :** *dans le quartier de Vatovory.* 034-01-165-49. *En venant de Tana, 100 m après le* Motel Violette, *prendre le chemin de terre qui monte sur la gauche, juste après la petite station-service, et monter.* L'adresse ne vaut que pour les motorisés et le point de vue sur Ambositra, très dégagé, d'où le nom du lieu (« joli point de vue »). Vous êtes dans un agritourisme à la malgache, donc isolé pour bouger. Vous pourrez toujours admirer les petits orangers du jardin... Les chambres, sommaires mais très bien tenues, sont réparties dans des bungalows en dur, avec salle de bains (eau chaude) et mezzanine pour les familiales. Petit déj à la demande.

## Où manger ?

### De bon marché à prix moyens (8 000-29 000 Ar / env 2,50-9 €)

**Voajanahary :** *sur la route circulaire de Tompon'I Vinany. Juste à côté de la* BOA *et de la boutique d'artisanat* Voajanahary, *à 200 m du* Grand Hôtel *en direction du sud.* Un tout petit caboulot coloré accueillant et disposant d'une miniterrasse sur rue. Carte malgache (zébu au gingembre, poulet coco), à prix très doux.

**Ny Tanamasoandro :** *sur la RN7.* ☎ *713-65. En plein milieu de la ville. Repérer les inscriptions* « Hotely gasy La Fatra » *(en caractères stylisés).* Une adresse haute en couleur (le nom signifie « rayon de soleil ») grâce à cette décoration hétéroclite chargée, comme il se doit, d'artisanat zafimaniry, de chaises finement marquetées, de soldats de bois... mais aussi une nature morte façon tableau de chasse ! On y mange des plats excellents et copieux, comme le poulet bouillant au gingembre, la langue de zébu-petits pois, et des grillades. Ne passez pas à côté du zébu aux feuilles de manioc, c'est un vrai régal. La salle se trouve régulièrement envahie par les groupes le midi : l'accueil et la cuisine peuvent s'en ressentir. Beaux objets en vente à la boutique.

**L'Oasis :** *à* **Ambohimiadana,** *sur la RN7.* ☎ *713-01. Vers le sud. Tlj sf dim soir, jusqu'à 21h15.* Simple et sans caractère particulier, mais propre. Galerie à l'étage bien agréable. On vous proposera une cuisine comme à la maison, genre soupe de légumes rouges (de la betterave, quoi !) et omelette. Également d'excellentes pâtisseries : tartelettes noix de coco, crêpes à la goyave, cakes au chocolat. En fin de compte, idéal pour une pause sucrée. Patronne adorable.

**Pampi Tantely :** *dans la rue principale, au cœur du village.* *034-03-985-12. Tlj sf dim 6h30-18h30.* Le salon de thé de l'hôtel *Mania.* Sorte de sandwicherie améliorée, dans un décor de cafèt', de style rustique, et climatisée. Dans les vitrines réfrigérées, croque-monsieur, hot-dogs, hamburgers, samossas au fromage, nems à la viande, viennoiseries et pâtisseries variées. Bref, de quoi caler une faim sur le pouce, quelle que soit l'heure. Servent également des petits déj. Nickel.

**Motel Violette :** *voir « Où dormir ? ».* Grande salle avec parquet, plafond en plâtre sculpté, artisanat zafimaniry et cheminée pour les longues soirées d'hiver austral. S'il y a de la place (et s'il ne fait pas trop froid), pourquoi ne pas s'installer sur la toute petite terrasse face aux rizières ? Pas désagréable, même si la cuisine est pour le moins classique et moyenne, les grillades (porc, poissons, et même langouste) l'emportent sur le reste.

Quelques plats malgaches et chinois assez bon marché.

On mange pas mal non plus au **Grand Hôtel** *(voir « Où dormir ? »)*, notamment un bon foie gras et du poisson à la malgache.

## Achats

**Voajanahary :** *sur la route circulaire de Tompon'I Vinany, près de la* BOA. *Tlj sf dim.* Petite boutique offrant un beau choix d'écharpes en soie sauvage (l'argent de chaque écharpe achetée est reversé à la femme qui l'a tissée – son nom est indiqué sur la petite étiquette). Aucune pression, des modèles aux coloris actuels, des prix raisonnables et un accueil charmant. On vous conseille d'ailleurs de faire vos achats ici. Par la suite, les autres boutiques de la RN7 pratiquent des prix nettement moins avantageux.

Plusieurs magasins d'artisanat se trouvent sur la route circulaire de Tompon'I Vinany.

– On y trouve bien sûr les fameux ***bois zafimaniry*** (statues, pots, marqueterie...) sculptés et ornés de motifs géométriques ou arrondis, qui auraient une lointaine origine indonésienne, voire polynésienne. Attention à ne pas trop rechercher l'authenticité dans ces nombreux magasins, à l'image de ces masques, pas du tout malgaches mais copiés sur des modèles africains pour les besoins du tourisme. Certains, en revanche, proposent des articles de très belle facture, notamment ces chaises longues croisées, certes un peu compliquées à rapporter, ou encore des objets marquetés. Ne pas hésiter à faire un tour, avant d'acheter, puis à négocier.

– La région est aussi réputée pour sa vannerie de ***raphia,*** qui ne pousse pas du tout dans la région mais se tisse, en revanche, du côté de Sandrandahy et de Fandriana. Grand choix de paniers à suspendre...

## À voir. À faire

➢ ***Petite balade en ville :*** Ambositra se prête surtout à la déambulation, d'un marché à l'autre, du nord au sud, et en passant par ***Tompon'I Vinany.*** Ce quartier rassemble de nombreuses administrations autour de la grande place du sommet. Curieusement, il demeure très tranquille en comparaison de la route principale. On y trouve aussi, sur ses flancs, l'imposante et superbe bâtisse des jésuites, toute de brique rouge vêtue, ainsi que l'église catholique. Ces édifices respectables et paisibles confèrent sans conteste une atmosphère sereine à la ville.

***Le palais royal :*** *partir de l'hôtel* Prestige, *tt droit face à la montagne, à 500 m prendre le chemin à gauche qui longe l'église et continuer vers le sommet dit « Tompon'anarana », le palais ou* rova *(ou du moins ce qu'il en reste) s'atteint aisément à pied ou en taxi. GRATUIT.*

L'entrée est matérialisée par une pierre rappelant le sacrifice du vieux Rainihananana, esclave qui s'offrit à être enterré vivant afin de protéger le roi Mpanalina. Plus haut, on atteint le rocher sur lequel ce souverain aimait à jouer au soleil et où il mourut. Ce jour-là, Mpanalina, bien qu'assiégé, avait préféré s'en remettre aux devins qui lui garantissaient l'immortalité tant qu'il se trouvait dans l'enceinte de son palais. Le roi, lézardant inconsciemment au soleil sur la grande pierre où il aimait s'installer, jouait donc au *fanorona,* jeu d'échecs malgache. Et naturellement, Radama II le tira comme un lapin depuis la colline d'en face ! Le roi mort, le peuple se rendit à l'occupant merina, le *rova* fut détruit. C'était la fin de la royauté betsileo du Nord...

L'unique case qui reste du *rova* se trouve un peu plus loin. Ce mot signifie littéralement « palissade » et évoque la totalité des bâtiments du palais. Malheureusement, la *Tranovola* (« maison d'argent »), celle du roi, a été littéralement foudroyée. L'autre case subsistante, la *Tandapa* (« ceux du palais »), était réservée aux conseillers du roi. Voir quand même le *kianja,* ou place publique, bien visible. Enfin, juste à côté se trouve toujours le tombeau des Mpanalina. Un guide n'est pas absolument nécessaire pour visiter le site d'Ambositra Taloha (soit « Ambositra d'autrefois »).

➢ ***Le mont Antety*** (1 864 m) **:** petite balade d'une matinée, à faire de préférence avec un guide. L'ascension de cette grosse colline qui surplombe Ambositra se fait sans difficulté majeure. Suivant la ligne de crête, on jouit d'un très beau panorama sur la ville et, de l'autre côté, sur la plaine de l'Ouest. La rando est aussi l'occasion de découvrir une curieuse végétation tropicale d'altitude, composée d'orchidées et d'aloès.

## Fêtes traditionnelles et manifestations

La municipalité organise chaque année plusieurs festivals traditionnels, dont le but avoué est de développer le tourisme et de promouvoir la région. On y trouvera toujours au programme des manifestations tout à fait « betsileo ». Renseignements à *Tours Mania* (voir la rubrique « Adresses utiles »).
- ***Festa Mania :*** *juil, pdt 2 j.* Créé en 1999, c'est sans doute le festival le plus touristique de la ville. On peut participer à des conférences, visiter des expos de produits locaux, assister à des défilés de mode locale et de *randrana* (coiffures traditionnelles), ainsi qu'à un concours de lutte avec un zébu dit *savika,* une espèce de rodéo malgache !
- Signalons deux autres événements : une ***foire de l'artisanat*** *(en juin pdt 1 sem)* et un ***festival de danses traditionnelles*** *(en août).*



## DANS LES ENVIRONS D'AMBOSITRA

### *LES VILLAGES ZAFIMANIRY*

Ces fameux « Zafimaniry », au nombre de 25 000, seraient des « Betsileos » réfugiés dans les forêts d'altitude de l'Est à cause de la conscription militaire de la reine Ranavola Ire. Là, ils auraient appris à maîtriser l'art du travail du bois. Ce n'est que tardivement qu'ils auraient renoué le contact avec l'extérieur et la « civilisation ». Leurs villages, aux maisons de bois assemblées sans clou et portes sculptées de motifs géométriques uniques, classés par l'Unesco, sont sans doute parmi les plus beaux de Madagascar. Ils se visitent. C'est une balade d'une journée minimum. Un guide est nécessaire pour communiquer ou obtenir l'autorisation de camper et il faut s'acquitter d'un droit d'entrée pour chaque village. Pour une bonne organisation, le mieux est de s'adresser au spécialiste *Papavelo Trekking* (voir « Agences, treks et circuits » dans les « Adresses et infos utiles » de Tana). Hélas, la saleté des villages et le côté pressant des enfants dissuadent de plus en plus les routards à faire le déplacement (coûteux).

**DANSE MACABRE**

*Une grande cérémonie célébrée chez les Zafimaniry tous les 7 ans : on exhume, on retourne et on ré-enterre les morts. L'occasion d'une grande fête qui permet d'honorer les morts, mais aussi de chasser les tristes souvenirs, les mauvais sorts qui poursuivent les vivants après la perte des défunts. Les veuves à cette occasion placent une pierre à côté de leur défunt époux, afin de matérialiser leur attachement à lui pour l'éternité. La cérémonie achevée, ces veuves peuvent à nouveau être... joyeuses !*

Il faut d'abord rejoindre en voiture ***Antoetra,*** capitale zafimaniry, à 40 km d'Ambositra. Compter 2h de route (15 km de route goudronnée et le reste en piste !). Évidemment, le voyage sera plus long en saison des pluies (de décembre à mars). En revanche, en saison sèche, il fera frais, très frais même, et toujours humide. Donc, pour passer un bon moment, prévoir vêtements et chaussures adéquats. Antoetra n'est pas franchement typique. Mercredi, le jour du marché, bien plus d'animations. C'est surtout le point de départ du trek et là où se trouve l'hébergement de *Papavelo Trekking,* qui fournit naturellement le gîte (en dortoir, en tente ou dans une caravane) et le couvert (bonne cuisine au feu de bois). Un droit de visite modique est à payer par personne pour l'accès au village. On trouve aussi un autre site pour passer la nuit, prisé par nos lecteurs : *Sous le soleil de Mada,* tenu par Brigitte et Jean-Marc (*033-07-344-14. • souslesoleildemada.monsite-orange.fr •*). Un écolodge avec bungalows en bois très simples mais bien décorés. Accueil adorable. Fait aussi resto. Un autre bon point de départ pour le trekking local.

Le village zafimaniry le plus proche est ***Ifasina,*** distant de 4 km. Il faut environ 2h de marche pour l'atteindre. Le chemin, agréable, n'est pas vraiment difficile. Petit droit de visite demandé pour l'accès au village et droit de camping assez prohibitif. Toutes les maisons, petits bijoux en soi, y sont rigoureusement disposées d'est en ouest selon la coutume. Construites en bois précieux (en palissandre même, n'ayons pas peur des mots !) et en bambou, elles ne nécessitent aucun clou. Les pièces sont simplement assemblées. Les volets et les pignons sont finement sculptés de ces motifs typiques des Zafimaniry. Prévoir un petit cadeau pour le chef du village (comme il fait froid, les textiles sont très appréciés, mais des denrées comme le sucre ou le café, aussi). Chaque personne, chaque objet y a sa place désignée selon une tradition solidement établie. Ifasina est le plus touristique des villages zafimaniry. Pour apprécier cette culture à sa juste valeur, compter au minimum 2 ou 3 nuits sur place et pousser plus loin, vers d'autres villages non payants : ***Ankidodo, Ambohimanarivo, Faliarivo,*** ou encore ***Sakaivo,*** l'un des plus beaux, pour sentir battre le cœur de la culture zafimaniry. De Sakaivo, par temps dégagé, on peut voir la mer. Parcours sportif (réservé aux bons marcheurs, bien équipés) et aventure assurée !



## BALADE À MANANDRIANA

Manandriana est le nom de l'ancien royaume du Betsileo nord, au sud-ouest d'Ambositra. On risque de se perdre un peu dans les villages et les cultures, donc guide nécessaire. Point de départ au village d'***Anjoma-Ankona,*** que l'on atteint facilement en 45 mn par la route d'Ambatofinandrahana. Vers l'ouest, les paysages sont déjà plus secs et évoquent le pourtour méditerranéen. Quelques sites intéressants.

D'abord, la ***cascade d'Andohariana,*** un peu plus haut, près de la route. À cet endroit, l'eau sort de son lit, s'éveille et s'écoule vivement le long de la paroi de granit qui se raidit progressivement. Cascade plus belle à voir de janvier à mars car elle est plus forte. On peut (prudemment !) descendre tout en bas, là où l'eau n'est plus que poussière. Sur cette paroi, entre les écoulements, se sont installés de surprenants jardins naturels plantés d'aloès, de *tapia* et d'orchidées. C'est une merveille à la saison des floraisons, d'octobre à décembre.

Ensuite, et surtout, on peut se rendre en 45 mn, par une piste de terre à partir d'Anjoma-Ankona, au village paysan de ***Soatanana*** où plusieurs femmes tissent la soie sauvage. Au fond d'une petite maison enfumée et noire de suie, entourée de mille enfants, on assiste à toutes les étapes, du cocon au tissage. Quelle dextérité ! Avec quelques appareils artisanaux, les femmes tirent patiemment le fil de soie (brun celui-là, car sauvage) et constituent des pelotes. Ce n'est pas sans rappeler le filage du coton d'antan. Il faut 3 kg de cocon pour réaliser un *lamba mena,* ces grands tissus qui servent encore aujourd'hui de linceul. Rien de trop précieux pour les ancêtres ! On peut en acheter à Soatanana.

***La réserve privée Ialatsara :*** *à 84 km au sud d'Ambositra, le long de la RN7, 4 km avt la petite ville d'Ambohimahasoa (panneaux). ☎ 020-75-614-42. 📱 033-11-671-69. • madagascar-lemuriens.com • Entrée : 20 000 Ar, y compris pour ceux qui y séjournent. Circuits à la journée ou à la ½ journée, visites nocturnes.* Sympathique réserve de 2 500 ha qui permet de jolies balades au sein d'une forêt naturelle secondaire et d'un lambeau de forêt primaire. Six espèces de lémuriens y ont pour l'instant été recensées avec le superbe propithèque de Milne-Edwards (blanc et noir ; l'un des plus grands lémuriens). Mais elle abrite également le discret *fosa,* le boa de Madagascar (inoffensif !), de nombreux oiseaux, des caméléons, ainsi qu'une flore très variée. Possibilité de prolonger son séjour dans des bungalows installés dans la réserve *(35 000-60 000 Ar pour 2).* Repas sur place à base des produits de l'élevage (canard, oie et poulet fermiers, écrevisses en saison...). Excursions à cheval et treks vers le parc national de Ranomafana ou la forêt primaire pluviale de l'Est peuvent également être organisés à partir d'ici.

## LE MASSIF DE L'ITREMO

L'Itremo est un massif montagneux à 140 km à l'ouest d'Ambositra, du côté d'Ambatofinandrahana. Il faut bien 4h de voiture pour l'atteindre, en saison sèche uniquement. En 2 jours, on fait une belle rando à plus de 1 000 m d'altitude dans un paysage lunaire de cristaux découpés et acérés. Au programme, canyon, sommet, grotte de marbre et panorama infini sur la grande plaine du Moyen-Ouest. L'excursion, bien au point, passe par les tombeaux vazimbas d'Ambalamaty. Ces pygmées « proto-malgaches » se seraient réfugiés dans le massif au XVII^e s, chassés par les Betsileos qui remontaient du sud. L'Itremo demeure ainsi un lieu sacré auquel de nombreux *fady* (interdits) et croyances restent attachés. Il vaut mieux y aller avec un guide (voir « Infos touristiques, circuits et guides » dans « Adresses utiles » à Ambositra).



# FIANARANTSOA

195 000 hab. IND. TÉL. : 75

**Nous restons dans les monts découpés et verts du Betsileo puisque Fianarantsoa en est la capitale. C'est une véritable ville, au cœur d'un terroir très productif, dont le vin et le thé font la renommée. Peut-être trouverez-vous la ville peu accueillante au premier abord, froide (*kaï kaï* en saison sèche !) ou sans charme. Disons que Fianarantsoa est inégale d'un quartier à l'autre. Elle gagne cependant à être connue.**

**Ville carrefour entre le Nord et le Sud, elle se révèle tout aussi agitée que Tana même si elle se couche plus tôt. Foyer chrétien de longue date, riche de nombreux édifices et établissements religieux, « Fianar » a la réputation de former de nombreux intellectuels. C'est aussi un bon camp de base avant de partir pour le Sud-Est ou pour explorer de nombreux environs très différents : Soatanana et son atmosphère religieuse si particulière, Ambalavao et ses maisons traditionnelles, son marché aux zébus, ou encore le superbe massif de l'Andringitra pour les amateurs de treks, d'escalade ou tout simplement de tranquillité.**

## UN PEU D'HISTOIRE

Fianarantsoa est devenue la capitale du Betsileo unifié par la volonté des souverains merinas. Au début du XIX^e s, la ville n'était encore qu'un village au sommet

de la colline d'Ivonea, aujourd'hui *Tanana Ambony* (« la haute ville »). Après la conquête de la région par les soldats d'Imerina, la reine Ranavalona Ire décida de construire une ville intermédiaire entre la capitale et le Sud. Elle confia au gouverneur Rafaralahindrianaly (... inspirez !) la mission de fonder cette tête de pont des colonisations merinas en juin 1830. Il eut, en outre, la charge d'instruire les « sauvages » qui vivaient là et de leur enseigner les bonnes manières civilisées qui avaient cours en Imerina... D'où l'origine du nom de la ville : « le bon apprentissage » !
La ville connut un réel essor lorsque les églises chrétiennes s'implantèrent. Vers 1870, la libéralisation des pratiques de culte autorisa en effet leur diffusion vers le sud. De nombreux édifices religieux et des écoles furent alors construits. Fianarantsoa fut promue pépinière d'intellos, réputation qui perdure aujourd'hui. Par la suite, les colons français développèrent davantage la ville.

## Arriver – Quitter. Comment rejoindre les Parcs nationaux et la côte ?

### En taxi-brousse

Un unique ***stationnement de taxis-brousse*** *(plan B2)*, pour ttes les destinations. Ttes les coopératives ont un guichet en dur ; attention aux rabatteurs qui vendent de faux billets, assurez-vous que la personne qui vous vend un ticket possède un registre avec noms des passagers et sièges correspondants ! Pour les longs trajets, surtout en période de grosses chaleurs, les taxis-brousse partent en fin de journée ou à la fraîche.

➢ ***Ambalavao :*** 1 départ/h 6h-18h (quand le taxi est plein). Prix : entre 2 000 et 3 000 Ar (plus cher le mer en raison du marché de zébus, et le dim car moins de départs).

➢ ***Ranomafana, Mananjary, Manakara et Farafangana :*** depuis Fianarantsoa (4-5h), départs tlj en minibus. Pour Ranomafana (5 000 Ar) et Mananjary (10 000 Ar), nombreux départs 5h30-15h ou 16h. Pour Ranomafana, dépose du taxi-brousse à l'entrée du village et à l'entrée du parc. Pour Manakara (13 000 Ar) et Farafangana (17 000 Ar), un départ à 8h et un à 19h.

➢ ***Tuléar :*** 2 compagnies, *Mofio* ou *Kofifi.* Env 2-3 départs/j. en minibus (un à 8h et un à 19h). Prix : 30 000 Ar.

➢ ***Antsirabe et Tananarive :*** plusieurs coopératives assurent le trajet. Départs tlj à 8h et 19h pour Antsirabe. Prix : 15 000 Ar. Tlj à 7h et 19h pour Tana. Prix : 23 000 Ar. Trajets en minibus.

### En train

***Gare ferroviaire*** *(plan B1)* **:** *à l'est du centre.* Une jolie gare de style Art déco, achevée en 1936 par les Français.

➢ ***Le train FCE*** (ou Fianarantsoa-côte est) est à nouveau sur les rails. Il s'agit d'un train de marchandises avec des wagons pour les passagers, dont un de 1re classe. Un voyage assurément mémorable le long de cette voie construite par les colons au début du XXe s pour ouvrir Fianarantsoa sur le port de ***Manakara.*** Tout bringuebalant, sur 170 km (sur 1 200 m de dénivelée en passant par 21 tunnels et 42 ponts, 17 gares, soit une tous les 10 km !), on y découvre des paysages hallucinants, escarpés, forestiers et spectaculaires. Compter 40 000 Ar en 1re classe (25 000 Ar de ticket et 15 000 Ar de réservation, obligatoire pour les étrangers), 30 000 Ar en 2e classe.

## Orientation et circulation

On peut distinguer 3 niveaux dans le centre-ville de Fianarantsoa.
- En bas, ce sont les quartiers populaires autour d'*Ampasambazaha* et d'*Antarandolo.* Très animés. On y trouve de nombreuses boutiques et de

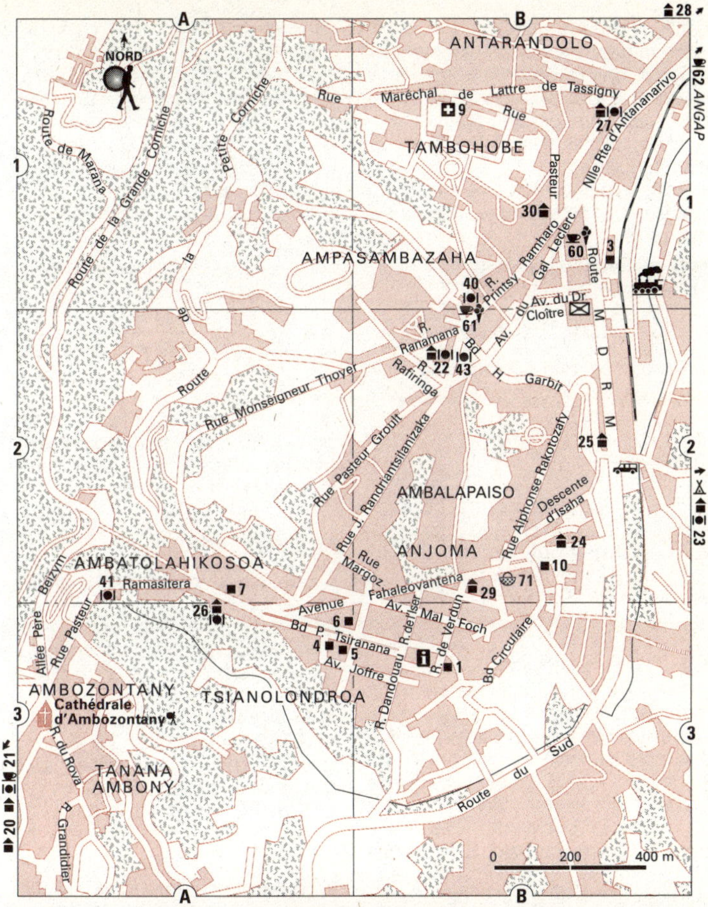


# FIANARANTSOA

## Adresses utiles

- Office régional de tourisme
- Stationnement de taxis-brousse
- 1 Agence consulaire de France et Alliance franco-malgache
- 3 Maison des guides
- 4 BFV-SG
- 5 BOA
- 6 BNI-CA
- 7 Mad Trekking
- 9 Hôpital public
- 10 Pharmacie Soava

## Où dormir ?

- 20 Vàla Maison d'hôtes
- 21 Chambres d'hôtes Peniela
- 22 Hôtel Cotsoyannis
- 23 Arinofy Hotel
- 24 Raza-Otel
- 25 Ianohy Hotel
- 26 Tsara Guesthouse
- 27 Mini Croq Hôtel et Restaurant
- 28 Hôtel Mahamanina
- 29 Hôtel Zomatel
- 30 Villa Sylvestre 1920

## Où manger ?

- 21 Snack-bar Imanoela
- 22 Restaurant de l'hôtel Cotsoyannis
- 26 Restaurant de la Tsara Guesthouse
- 27 Mini Croq
- 40 Chez Dom
- 41 La Surprise Betsileo
- 43 Le Panda

## Où déguster une pâtisserie ? Où manger une bonne glace ?

- 60 Arlequin
- 61 Clair de Lune
- 62 Salon de thé du Soafia

## Marché

- 71 Marché du Zoma

petits marchés quotidiens.
- En montant via Ambalapaiso ou Anjoma, on arrive à la ville moderne, installée le long de grandes avenues. Elle regroupe les banques et plusieurs administrations. C'est le niveau intermédiaire.
- Enfin, en grimpant encore par Ambatolahikosoa, on atteint la Ville haute, *Tanana Ambony*, et sa cathédrale. Siège de l'archevêché, on la surnomme parfois le « Vatican de Fianarantsoa » ! À l'image de Tananarive, qui a servi de modèle, la ville est une succession de monts et de vaux. Et ça tire sur les jambes ! Pour ménager les gambettes, il existe des taxis dont la course se paie à prix fixe pourvu qu'on reste dans le centre.

## Adresses utiles

### Infos touristiques

**Office régional de tourisme** (*plan B3*) **:** *dans l'ancienne salle des fêtes de la commune, une jolie maison entre la mairie et l'Alliance française. ☎ 904-67. 034-36-866-56. Lun-ven 8h-12h, 14h-18h.* Peu d'infos, mais accueil gentil. Quelques produits à acheter.

■ **Maison des guides** (*plan B1,* **3**) **:** *vous trouverez les guides dans le wagon rouge brique stationné juste devant la gare ferroviaire. 032-02-728-97, 033-01-734-96 ou 034-03-123-01. • coeurmalgache@hotmail.com •* Ces guides, qui ont suivi une formation de tourisme, connaissent bien leur ville et ses alentours et sont une mine d'infos. Proposent des trekkings de 3 à 4 jours sur des sentiers vierges (corridors forestiers) entre Fianarantsoa et Ambalavao, avec visite possible des parcs Isalo, Ranomafana et Andringitra. Également des demi-journées à thème pour la découverte de la ville ou encore du tourisme éco-solidaire à la rencontre des villageois avec logement chez l'habitant. Tarifs dégressifs suivant nombre de participants, qui n'incluent pas le transport. Possibilité de location de voitures et minibus (idéal pour se grouper) avec chauffeur.

**Stations de taxis :** en face du tribunal, sur le marché du Zoma et près de l'hôtel *Ianohy*.

### Poste et télécommunications

✉ **Postes :** *la grande poste (plan B1-2) est située en bas, près de la gare. Tlj sf dim 8h-18h. Service de fax. Il existe une annexe près d'Anjoma, en face du tribunal, dans la partie intermédiaire de la ville, ouv à peu près aux mêmes horaires.*

@ **Internet :** plusieurs cybercafés dans le quartier des banques. Mais matériel vétuste et connexions souvent laborieuses...

### Argent

Grosso modo, les banques sont ouvertes du lundi au vendredi 8h-11h30 et 14h-16h (16h30). Elles font des transferts **Western Union,** changent les devises et disposent d'un distributeur de billets pour carte *Visa*.

■ **BFV-SG** (*plan A3,* **4**) **:** *☎ 518-66.*

■ **BOA** (*plan A3,* **5**) **:** *☎ 500-54 ou 55.* Possibilité de retrait au guichet avec la *MasterCard* (prévoir un délai).

■ **BNI-CA** (*plan A-B3,* **6**) **:** *☎ 506-28 ou 29.* Distributeur *MasterCard* et *Visa*.

### Urgences

■ **Agence consulaire de France** (*plan B3,* **1**) **:** *dans les bâtiments de l'Alliance franco-malgache, à côté de la bibliothèque. 034-36-003-75. • michel sommerard@yahoo.fr •*

**Urgences médicales : centre de santé Marie Stops International** *à Ampasambazaha. ☎ 500-38. Tlj sf dim 8h-17h (12h sam). Également le* **Dr Marianne Solange,** *quartier Isaha, près de l'école française. ☎ 505-60. 032-02-258-85. Permanence en principe 7h30-11h45, mais se déplace souvent. Mieux vaut l'appeler directement sur son portable. Enfin,* **hôpital public** *(plan B1,* **9***), Tambohobe. Urgences : ☎ 510-17.*

■ **Pharmacie Soava** (*plan B2,* **10**) **:** *pl.*

*du Zoma, juste à côté du* Plazza Inn. ☎ *510-63.* 📱 *032-53-170-91. Tlj sf sam ap-m et dim, 8h-12h, 14h-18h.* La liste des pharmacies de garde est normalement affichée sur les portes de toutes les officines.

## Agence de voyages, location de voitures et de vélos

■ ***Location de voitures :*** aucune agence spécialisée. S'adresser à la *Maison des guides* ou aux hôtels, qui soit ont leurs propres voitures, soit font jouer leur réseau. La location d'un taxi-brousse « spécial » se négocie (durement !) au stationnement et peut revenir beaucoup moins cher.

■ ***Mad Trekking*** *(plan A2,* ***7****) : Ambatolahikosoa.* 📱 *032-02-221-73, 033-05-221-73 ou 034-14-221-73.* • *mad.trekking@moov.mg* • Cette petite agence gérée par les propriétaires du *Raza-Otel* (voir plus loin « Où dormir ? ») propose la location de voitures (dont des 4x4) mais aussi des excursions ou des trekkings au pic Boby et dans les parcs de l'Andringitra, l'Isalo ou Ranomafana. Réducs possibles pour les clients de l'hôtel.

## Loisirs

■ ***Alliance franco-malgache*** *(plan B3,* ***1****) : Tsianolondroa.* ☎ *515-71.* • *cult.fianar@gmail.com* • *Derrière la mairie ; descendre un peu la rue pour trouver l'entrée. Mar-sam 8h30-12h, 14h-17h. Fermée en août et fin déc.* Journaux et magazines français à consulter sur place, en bibliothèque. L'Alliance organise en outre la majorité des événements culturels de la ville : théâtre, concerts et cinéma. N'hésitez pas, Fianar est une ruche pour les amoureux de la culture *gasy.*

# Où dormir ?

## De très bon marché à prix moyens (jusqu'à 52 000 Ar / env 16 €)

🏠 ***Vàla Maison d'hôtes*** *(hors plan par A3,* ***20****) : dans la Ville haute, tt en haut de la rue principale, après l'église protestante. Si vous êtes chargé, sachez que ça grimpe !* 📱 *032-43-635-98, 032-02-739-63 ou 033-07-602-90.* • *vala.house@yahoo.fr* • *Ouv slt avr-mai, juil-nov et 15 déc-15 janv.* Cette superbe résidence traditionnelle, posée au faîte de la colline au milieu d'un magnifique jardin clos, appartient à un propriétaire privé, mais est gérée par la *Fondation Heritsialonina.* Elle en constitue même une des principales ressources financières puisque les bénéfices lui reviennent. Alors ditesvous qu'en dormant là vous réalisez une bonne action. Avec l'assurance de passer un bon moment, tant l'endroit est paisible et agréable. 4 chambres seulement, dont une avec lits superposés, à partager idéalement en famille ou entre amis car il y a 2 salles de bains communes pour l'ensemble. Chambres claires, simples mais impeccables et de bon confort (bonnes literies). Possibilité de repas sur commande, servis dans la vaste salle à manger.

🏠 ***Raza-Otel*** *(plan B2,* ***24****) : dans le quartier d'Isaha.* ☎ *519-15. Prendre la route qui descend à gauche du* Plazza Inn. *Résa conseillée (slt 3 doubles et 1 familiale).* Jolie maison d'hôtes blanche aux volets gris et parquets cirés, à deux pas du marché, mais un poil en retrait, dans un petit jardin cosy. C'est donc très calme. L'endroit est bien arrangé, dans un style authentique très *gasy.* Sanitaires impeccables et salle des repas vraiment charmante. Ambiance familiale.

🏠 ***Chambres d'hôtes Peniela*** *(hors plan par A3,* ***21****) : dans l'ancien presbytère de la cathédrale (Ville haute).* 📱 *032-40-486-56 ou 032-02-739-63 (Marco).* • *peniela.house@yahoo.fr* • Cet ancien presbytère appartient au temple réformé Antranobiriky, juste en face, qui se trouve être la plus ancienne église du sud de Madagascar (1859), et a été entièrement rénové dans le cadre du programme de sauvegarde de la vieille ville ! Quelle réussite, cette maison traditionnelle est superbe, beaux volumes, parquets en bois qui craquent, épais volets de bois, murs de brique... Une poignée de chambres seulement (dont un studio familial), assez sommaires et de style rustique, qui donnent pour certaines directement sur la galerie extérieure avec vue sur l'église et les collines au loin. Une vue réellement enchanteresse. Attention, chambres pas hyper bien isolées, il peut y faire très frais en hiver. Pour le petit déj, on vous conseille de descendre chez *Manoela* (voir plus bas « Où manger ? »).

***Hôtel Mahamanina*** *(hors plan par B1,* ***28****) : ☎ 521-11. 032-04-931-48. • hotel-mahamanina@moov.mg • Après l'hôtel-resto* Mini Croq*, dépasser la station-service et monter la rue en face ; c'est face aux assurances* Mama. Son slogan : « Un maximum de confort dans la complicité pour un minimum de prix pour votre tranquillité. » Une vingtaine de chambres fraîches, propres et assez confortables. Il y en a pour tous les budgets ou presque, de la chambre avec sanitaires extérieurs (très propres et avec eau chaude) à quelques-unes tout confort avec balcon et quelques familiales. Bon compromis dans cette catégorie, bien que l'on ne soit pas en plein centre. Fait aussi resto mais mieux vaut éviter. Accueil adorable.

***Mini Croq Hôtel et Restaurant*** *(plan B1,* ***27****) : à Antarandolo, sur la route du* Soafia*. ☎ 907-68. 033-12-202-02. • mini.crocq@yahoo.fr • Derrière le resto du même nom, pas visible de la rue. Accès par le parking, dans la cour intérieure. Petit déj inclus.* Dans le genre bloc de béton sans charme, mais dans l'ensemble assez bien tenu. Les chambres donnant sur le couloir sont un peu sombres et leurs salles de bains (pour celles qui en ont) plutôt rudimentaires, seulement séparées de la chambre par un rideau. Côté rue, elles sont bruyantes. Quelques familiales. Un point de chute intéressant tout de même pour sa bonne situation en ville, pas trop loin de la gare. Repas possibles.

***Arinofy Hotel*** *(hors plan par B2,* ***23****) : BP 1426. ☎ 506-38. 032-43-091-99. • arinofy@vitelcom.mg • Prendre la route de l'Université, c'est fléché.* Pas cher et bien calme, car situé en retrait, sur une hauteur de la ville. Petit établissement avec ses plafonds lambrissés et ses sols en béton ciré peints ayant tout de même besoin d'un rafraîchissement ! Une dizaine de chambres seulement, dont une seule avec salle de bains. Celles côté jardin avec balcon sont plus agréables. Les gérants sont très sympathiques et proposent une très bonne cuisine typiquement malgache. Possibilité de camper dans le jardin si l'hôtel est complet (tentes à louer). Services de laverie. Gardien de nuit.

Dans le style très rudimentaire, l'***Ianohy Hotel*** *(plan B2,* ***25****) : face à la gare routière. ☎ 918-32.* Plus ou moins confortables selon les étages, les chambres proposées sont toutes petites, très rustiques, pas très riantes mais vraiment pas chères et bien pratiques si l'on doit se lever tôt pour prendre un taxi-brousse. Annexe face au stationnement sud des taxis-brousse, plus chère, mais plus attrayante.

## De chic à plus chic (52 000-170 000 Ar / env 16-53 €)

***Tsara Guesthouse*** *(plan A2-3,* ***26****) : sur la route en montant vers la Ville haute. ☎ 502-06. 032-05-516-12. • tsaraguest@tsaraguest.com • Résa impérative. Carte* Visa *acceptée (commission à régler en espèces).* Cette adresse de charme associe les matières naturelles avec beaucoup de goût, mêlant mobilier en bambou et batiks accrochés au mur. L'ambiance est subtile, faite de brique et de bois, dans des couleurs rose et ocre. Jamais trop chargée, la déco se fait modeste, mais élégante. Belle réception avec cheminée. Du côté de la varangue, on débouche sur une petite terrasse pavée fleurie avec une belle vue sur la Ville haute et la plaine à ses pieds. Les 16 chambres sont à l'avenant, simples, mais confortables et charmantes. Les plus économiques, délicatement appelées « voyageurs », se situent à l'étage, avec sanitaires extérieurs. Les plus confortables, dites « supérieures », sont dans l'annexe, au fond du jardin.

Parquets et déco personnalisée. Une délicieuse adresse à l'ambiance plutôt chic et feutrée sans être guindée pour autant. Autre info, et pas des moindres, la majorité des bénéfices revient intégralement à la *Fondation Heritsialonina,* créée par le propriétaire, pour la sauvegarde du patrimoine du vieux Fianarantsoa. Une raison déjà bien suffisante d'élire domicile ici.

**Villa Sylvestre 1920** *(plan B1,* ***30****) : rue Pasteur, dans le quartier de Tambohobe. ☎ 511-19. 033-78-721-74 ou 032-85-416-55. • villasylvestre@blueline.mg • Résa indispensable.* Vue de l'extérieur, cette villa traditionnelle ressemble à un blockhaus, ce d'autant que les propriétaires ont largement misé sur la sécurité (accès par le garage fermé dès la fin de journée par un grillage et caméras de surveillance). Mais la surprise est véritablement à l'intérieur, dans les étages. Première étape la réception, puis un étage plus haut, la cour intérieure sur laquelle donne la salle à manger contemporaine et sa longue baie vitrée. Les délicieux petits déjeuners (inclus dans le prix) se prennent dans une autre pièce, baignée de lumière, et qui domine la ville. Les chambres (5 seulement), dans un autre corps de bâtiment, sont parfaitement isolées, vastes, luxueuses (coffre-fort, sèche-cheveux...) et très élégamment décorées, entre modernité et tradition. Autant le dire, l'atmosphère y est feutrée et réconfortante dans cette ville qui grouille. Encore un coup de cœur.

**Hôtel Zomatel** *(plan B2,* ***29****) : sur la place, près du marché du Zoma. ☎ 507-97. • zomatel@zomatel.com •* C'est le bon gros hôtel de luxe de Fianarantsoa, hyper central et immanquable avec sa façade de brique rose fleurie, fief de la clientèle d'affaires et des touristes fortunés. Quoi que... au regard des prestations, on s'y retrouve vite. Grandes chambres modernes, claires et climatisées, salles de bains design, mobilier contemporain, écrans plats... et une insonorisation optimale pour toutes les chambres de la nouvelle annexe. Dans l'ancienne, travaux de rénovation en cours, et tout un dédale de chambres de toutes les tailles, moins chères mais déjà moins plaisantes. Les familiales en duplex sont parfaites. Entre les deux, le patio, le restaurant, l'espace beauté, la boutique et la superbe piscine (accessible aux non-résidents moyennant 10 000 Ar). Une belle affaire en fin de compte !

**Hôtel Cotsoyannis** *(plan B2,* ***22****) : Ampasambazaha. ☎ 514-72. 032-40-209-86. • hotel.cotsoyannis.mg • Parking fermé et gardé.* Gros hôtel calme et bien situé dans la Ville basse, dans un coin populaire et animé. L'endroit cache bien son jeu avec sa façade grillagée et peu avenante, car celle-ci dissimule un petit havre de paix avec une cour verdoyante où se trouve le patio du resto (voir « Où manger ? »), entouré à l'étage par les chambres simplement mais joliment aménagées et confortables. Un peu bruyant.

## Où manger ?

### De bon marché à prix moyens (8 000-13 000 Ar / env 2,50-4 €)

**Snack-bar Imanoela** *(hors plan par A3,* ***21****) : dans la rue principale qui monte au sommet de la vieille ville. 034-61-726-13. • snackimanoela@yahoo.fr • Tlj sf dim mat 7h30-18h.* Tout dans l'endroit séduit : l'accueil, l'esprit (la carte est toute petite, avec sandwich et soupe du jour, produits locaux extra frais), le cadre (une minuscule salle tout en bois et une adorable terrasse surélevée, coquette et fleurie à l'arrière), les prix très doux et l'accueil si chaleureux de la patronne. Tellement dévouée aussi qu'elle peut ouvrir plus tôt ou plus tard selon vos besoins ! L'adresse idéale pour goûter au thé produit dans la région, notamment à celui à la vanille, délicieux. Sert d'excellents petits déj avec jus de fruits frais, pains et cakes maison. Loue aussi quelques chambres (toilettes sèches).

**Chez Dom** *(plan B1,* ***40****) : dans*

*le quartier bas d'Ampasambazaha. 📱 034-01-975-78. Tlj sf dim. Fermé 14h-17h30.* Bien fichu, ce petit bar est très fréquenté par les jeunes expats et les guides de la région. Il propose une carte snack de bon aloi. C'est très européen (pâtes, salades et hamburgers), mais il n'est pas désagréable de changer de régime de temps à autre, n'est-ce pas ? Beau choix de rhums arrangés et jus de fruits maison. Bonne ambiance et bon quartier général pour rencontrer d'autres voyageurs et glaner de bons tuyaux. Accueil sympa.

|●| ***Mini Croq*** *(plan B1, **27**) : Antarandolo. Mar-sam 9h30-14h, 16h30-21h30 ; dim-lun slt le soir.* Un de ces « épi-bars » fréquentables, avec ici une forte influence chinoise. Petits box tranquilles, façon *diner.* Ça reste assez simple et classique tout de même, dans le genre *tsa siou* et *van tane mine.* Spécialités de crabes (crabe farci notamment) et crevettes.

## Prix moyens (13 000-29 000 Ar / env 4-9 €)

|●| ***Restaurant de la Tsara Guesthouse*** *(plan A2-3, **26**) : voir « Où dormir ? ». ☎ 502-06. 📱 032-05-516-12. Service 12h-14h30, 18h30-22h. Résa impérative. Carte Visa acceptée (commission à régler en espèces).* Sans doute l'une des tables les plus élégantes et les plus créatives en ville. D'ailleurs la carte évolue au fil des saisons. Poisson sur fondue de poireaux et légumes à la vanille, magret de canard au miel caramélisé, sauté de crevettes à la banane... ou comment découvrir le terroir malgache autrement. Excellents desserts, dont un mémorable ravier coulant au cacao d'Ambanja. Produits frais, service attentionné et cadre intimiste participent évidemment au plaisir. Et quitte à passer un bon moment, autant prendre un digestif dans les larges fauteuils, dans le jardin. Une bien belle adresse...

|●| ***La Surprise Betsileo*** *(plan A2, **41**) : dans le quartier d'Ambatolahikosoa, tt près de la Tsara Guesthouse. 📱 034-01-998-04, 033-03-388-19 ou 032-04-493-42. • info@lasurprisebetsileo.com • Tlj sf lun en basse saison (janv-mai), 11h-14h30, 18h-22h. Résa souhaitable, surtout en soirée.* Cette imposante maison de brique traditionnelle, posée en bord de route, offre à l'arrière une vue dégagée sur la ville et sa partie ancienne. Les salles, du rez-de-chaussée aux étages, donnent de ce côté-ci et le spectacle est saisissant. Aux commandes, madame au service et son frère en cuisine sont fiers d'avoir redonné vie à leur maison d'enfance et ravis de partager leur culture avec les touristes (dont les groupes heureusement placés à l'étage !). Déco dans le pur style local (objets, tissus, tableaux) et excellente cuisine malgache de saison : camarons, porc à la bière, rouleaux de crustacés... Plats généreux, certains même raffinés, assaisonnés d'une pointe de créativité, et produits du marché extra frais. Quelques plats végétariens et des desserts à se pâmer. Servent également des pizzas dans le garage aménagé, juste à côté. Un peu facile, certes, mais... une belle surprise !

|●| ***Le Panda*** *(plan B2, **43**) : Ampasambazaha. ☎ 505-69. Tlj sf dim 10h-14h, 17h-22h.* Volets jaune canari et murs rouge sang, on ne peut le louper ! À l'intérieur, déco tendance musée d'Histoire naturelle avec une carapace de tortue, une peau de crocodile et un couple de pandas s'accouplant croqués en peinture sur le mur du fond. Carte de mets exotiques très intéressante avec le gibier local, telle la chauve-souris (chair très fine, ne pas oublier de sucer les ailes !), et plusieurs sortes de canards sauvages. Également les cuisses de nymphes en persillade, le pigeonneau rôti, le carpaccio de zébu et le croco recette maison... Accompagner le tout d'un bon côtes-de-fianar pour rester dans les couleurs locales.

|●| ***Restaurant de l'hôtel Cotsoyannis*** *(plan B2, **22**) : Ampasambazaha. Voir « Où dormir ? ». ☎ 514-72. Tlj midi et soir jusqu'à 22h.* Salle à manger agréable. Plancher en bois, brique rouge, baie vitrée donnant sur la verdure et, en hiver, feu de bois dans la cheminée. Accueil sympa et bonne cuisine d'une réjouissante régularité.

Spécialités à la fois européennes et malgaches, et notamment des pizzas cuites au feu de bois. Très bons desserts (hmm ! la crêpe au chocolat noir de Madagascar) et vin servi au verre.

## Où dormir ? Où manger dans les environs ?

**Lac Hotel :** *à* ***Sahambavy.*** *☎ 958-73 et 959-06. • lachotel.com • À env 20 km à l'est de Fianarantsoa, près de la plantation de thé. Doubles 90 000-120 000 Ar (env 28-38 €), nuptiale 190 000 Ar (env 60 €).* Au bord d'un lac (vous l'aviez peut-être deviné !), voici l'adresse idéale pour les âmes romantiques. Les bungalows les moins chers, déjà agréables, sont tapis dans un coin du jardin tout fleuri. Les autres, de bonne taille et à l'intérieur en bois joliment décoré, ont les poteaux dans l'eau et des fenêtres ouvrant de toutes parts sur le lac. Assez idyllique, disons-le, à l'image de la suite nuptiale, avec sa cheminée et sa petite terrasse au-dessus de l'eau. Resto sur place. Idéal pour une pause déjeuner après la visite de la plantation de thé voisine ; on peut ainsi profiter du charme et de la douceur des lieux. Propose des activités nautiques et sportives (embarcations à pédales, canoës, vedettes, pétanque, tennis et VTT) : c'est aussi un haut lieu de villégiature du gotha fianarois. Attention, les groupes sont prioritaires et les individuels souvent relégués dans les annexes.

## Où déguster une pâtisserie ? Où manger une bonne glace ?

***Arlequin*** *(plan B1,* ***60****)* **:** *quand on a la gare dans le dos, prendre la large avenue en face, puis au bout à droite. Boutique à la façade rose pâle et à l'enseigne discrète, juste après l'école* Petit Poucet. *Tlj sf dim ap-m 8h-12h, 14h-18h.* Il s'agit d'une petite boulangerie-pâtisserie de quartier disposant de quelques tables. Bonnes pâtisseries à la française (croissants, pains aux raisins gigantesques), amuse-bouches et autres douceurs sucrées ou salées. Très frais, propre et finalement très bon. Idéal pour un petit déj roboratif ou une pause goûter. Boissons fraîches et chaudes, et glaces *Tiko vita Malagasy* (made in Madagascar, *of course* !).

***Clair de Lune*** *(plan B1-2,* ***61****)* **:** *dans le quartier bas d'Ampasambazaha. Juste à côté de* Chez Dom, *en face du supermarché.* Un joli cadre contemporain avec suspension design et frise de clair de lune qui court en haut des murs pour déguster jus naturels, chocolats chauds, gâteaux (délicieux goûter coco), viennoiseries et glaces. Délicieux parfums maison tels que noisette, chocolat, pistache et vanille.

***Salon de thé du Soafia*** *(hors plan par B1,* ***62****)* **:** *dans l'enceinte de l'hôtel du même nom. Tlj 7h-12h, 15h (16h dim et j. fériés)-19h.* Nettement moins dépaysant que l'*Arlequin,* mais bons petits déjeuners et viennoiseries, sympa pour souffler en regardant ses cartes postales ou ses clichés achetés au labo de Pierrot Men juste à côté. Beau choix de cakes, gâteaux à la crème et yaourts aromatisés. Fait aussi boutique d'artisanat, mais très cher.

## Achats

***Labo Men*** *(hors plan par B1)* **:** *dans l'enceinte de l'hôtel* Soafia. *034-07-729-85. • pierrotmen.com • En principe, lun-sam 8h-12h, 14h-18h.* Le plus célèbre des photographes malgaches est installé à Fianarantsoa. On peut acheter ici pour un prix très abordable des reproductions de ses clichés noir et blanc ou en couleur, sous forme de cartes postales, affiches ou encadrés.

Ses photos illustrent le plus souvent la vie quotidienne malgache et témoignent d'une réalité sociale que l'on pourrait croire parfois insondable... Les contrastes sont toujours très travaillés. Où que l'on aille dans le pays, on finit toujours par tomber sur une photo de Pierrot Men, mais c'est ici que se trouve le plus grand choix. Un must.

## Marchés

**_Le marché du Zoma_** *(plan B2, 71)* **:** *tlj dans le quartier d'Anjoma qui, comme son nom l'indique, désigne l'endroit où a lieu... le Zoma.* Et *zoma* signifiant « vendredi », il est particulièrement intéressant ce jour-là car les rues alentour débordent d'exposants. C'est un grand marché à la malgache avec ses « arrondissements ». Très étendu et bien fourni, il rappelle ce que fut celui de Tana.

– Pour les produits locaux, on peut se rendre au ***marché de Talatamaty*** tous les mardis.

# À voir. À faire

## *La vieille ville*

Outre que la vieille ville (ou *Tanana Ambony* ; parce qu'elle est « en haut » ; *plan A3*) constitue la mémoire historique de Fianar, elle est aussi l'un des endroits les plus agréables et une petite balade s'y impose. Balade à faire de préférence en fin de journée car les points de vue sur la campagne y sont superbes au coucher du soleil. Deux points de vue magnifiques : le bien nommé « ***jardin vue*** » (fléché sur la gauche depuis la rue principale), ancien lieu de détente des gouverneurs avec vue sur la montagne en face, sur le premier site d'installation des Betsileo, et le sommet du village, ancienne ***demeure des gouverneurs*** (décidément, ils savaient trouver leur confort !) et son vaste panorama plein ouest.

Tel un village provençal, la vieille ville, ou ***Ville haute,*** fondée en 1830, est un ensemble de maisonnettes et de boutiques adossées à la colline, ménageant entre elles de secrètes venelles quadrillant le sommet. Sous le vent, on y est un peu au frais. Le tour du quartier se fait facilement, le long des routes pavées qui montent vers l'ancien palais, aujourd'hui totalement disparu, détruit par les Français. Les quelques édifices religieux, tous rassemblés dans cet espace restreint, ne sont pas étrangers à l'atmosphère paisible qui s'en dégage.

La vieille ville, bien vivante, a été réhabilitée grâce au travail et à l'acharnement des membres la *Fondation Heritsialonina,* du nom de l'initiateur du programme de sauvegarde qui ne ménage pas ses efforts. Elle forme aujourd'hui un vaste ensemble homogène. Beaucoup a déjà été réalisé pour la protection de ce joyau, à commencer par l'aménagement de la chaussée, l'entretien des rues et l'éducation de la population de ce quartier populaire, les réfections de toitures et encore la création de latrines familiales (w-c avec compost) améliorant ainsi l'hygiène du quartier et le cadre de vie de ses habitants. Un dispensaire, une maternité ont complété ces travaux, faisant office de réels acquis sociaux. Chacun semble avoir pris conscience de ce patrimoine architectural exceptionnel. Et il y règne d'ailleurs une atmosphère de quiétude et de sécurité qui tranche avec la nouvelle ville. Parallèlement, c'est tout un volet écotouristique qui a été mis en place avec la réhabilitation de bâtiments destinés à accueillir les touristes et la formation professionnelle en hôtellerie, permettant ainsi aux habitants de vivre de cette activité. Mais il reste du pain sur la planche et il y a urgence. Chaque année, trois à cinq maisons s'écroulent sous l'intensité des pluies ou tout simplement pour cause de vétusté. La vieille ville figure à ce titre au rang des 100 sites les plus menacés au monde. Pour en savoir plus, la *Fondation Heritsialonina* (dans la rue principale) présente à son bureau le quartier, ses caractéristiques et le projet de sauvegarde : *☎ 903-49. • madagascarvieilleville.info • Pour les visites, passer directement au kiosque **Betsileo Discovery** (tlj sf dim 8h-18h), dans le haut de la rue principale. Compter 2h (env 7 000 Ar/pers) et de préférence à partir de 15h pour assister au coucher de soleil.* Possibilité de passer aussi par la ***Tsara Guesthouse*** (voir plus haut « Où dormir ? »).

Entre la colline d'Ivonea et le mont Kianjasoa, surplombant la ville par l'ouest, la ***cathédrale d'Ambozontany*** *(plan A3).* L'édifice, de style toscan, date de 1871, époque de libéralisation des pratiques cultuelles. De l'invasion merina aux années 1870, seule la religion protestante était effectivement autorisée par les colons, parce que déjà religion d'État en Imerina. Ainsi, tous les autres édifices religieux construits à cette période sont-ils des temples.

Ne pas manquer l'***ancien temple Randzavola,*** toujours lieu de prière mais devenu également une salle polyvalente. Voir le pupitre, l'harmonie à pédale d'origine, et la magnifique porte en bois sculpté.

Au sommet, le ***palais des gouverneurs merinas*** a été remplacé par une école. De ce *rova* ne subsiste dans la cour de récré que la pierre où l'on décapitait les condamnés. En contrebas, belle vue sur le lac artificiel Anosy, reproduction de celui du palais des Gouverneurs de Tananarive, les rizières et les quartiers sud de Fianarantsoa. Puis, en redescendant, une sorte de chemin de ronde fait le tour et ménage là encore de très belles vues sur la ville et sa région. On y croise de très vieux pieds de figuiers sacrés qui dateraient des temps royaux. Sur la paroi de granit, exposés au soleil mais faisant fi de l'altitude, sisals et figuiers de Barbarie ont poussé à profusion, créant une surprenante vision.

➢ ***Le mont Kianjasoa :*** on peut facilement grimper au sommet de cette montagnette de quelque 1 370 m qui domine la ville. Départ devant la cathédrale d'Ambozontany ; montée (2 km environ) jusqu'au point de vue. Vers le sommet, on franchit un à un les différents fossés qui protégeaient l'ancien village de Fianar. Côté ouest, on aperçoit en bas une rizière arrondie, bien dessinée, qui fut l'hippodrome des colons français. Le mont est le premier site d'installation des Betsileo.

➢ Petite balade sympa vers la ***Vierge à l'Enfant*** qui protège la ville depuis ses hauteurs. Départ dans la Ville haute en passant devant la *Tsara Guesthouse.* Emprunter les très (très) longs escaliers du quartier d'Ambatolahikosoa. En haut des escaliers, continuer par la route de droite, puis prendre le sentier qui s'enfonce dans la végétation et débouche sur un amas de gros rochers surplombant la ville. Très belle vue.



## DANS LES ENVIRONS DE FIANARANTSOA

– À noter que des ***excursions*** et des ***circuits*** vers le *Grand Sud* et le *massif de l'Isalo,* ainsi qu'au *parc de Ranomafana* (aller-retour dans la journée), peuvent s'organiser depuis Fianarantsoa (voir les principaux hôtels), mais les prix pratiqués sont généralement bien élevés.
– Les localités de la zone suburbaine sont accessibles en taxi-brousse. Dans ce cas, le stationnement des taxis-brousse *(plan B2)* se trouve juste à côté de l'agence des Télécoms malgaches.

***Soatanana :*** *à env 40 km à l'ouest de Fianarantsoa.* Ce village est le fief de l'église *Fifohazana* (« le réveil »). Préférer la visite du dimanche à l'heure de la messe. Pour ceux qui se sentiraient assez courageux pour faire le trajet à vélo, il vaut mieux oublier. En effet, la route n'est qu'une succession de côtes et de descentes qui s'avèrent infranchissables sous le soleil. Quant à l'auto-stop, sachez que les seuls véhicules qui empruntent cette route sont les voitures de touristes

souvent pleines ou les camions de transport qui n'ont en principe pas le droit d'accepter des passagers sous peine d'amende. Vous pouvez louer un véhicule ou tenter votre chance en taxi-brousse, mais sachez que le seul en circulation le dimanche (jour de messe, donc jour intéressant pour une visite de Soatanana) ne va que jusqu'à Isorana et en repart tôt avant 12h, ce qui ne vous laissera pas le temps d'assister à la messe en entier ! On y accède en 1h15 environ par une route pas mauvaise mais en pointillés. Il faut suivre la direction d'Ikalamavony. Quelques kilomètres avant Isorana, prendre la bonne piste sur la gauche. Le cadre est magnifique, falaises de granit et terre rouge.
Alors, que peut-on y voir ? Comme son nom l'indique, c'est un beau village, propre, bien rangé avec ses maisonnettes en ordre. Il y a en fait deux Soatanana : à gauche en arrivant se trouve la partie religieuse autour de l'impressionnante basilique. Les rues y sont à angle droit. Tout y est serein. À droite, le village traditionnel betsileo, plus classique mais peut-être de meilleure tenue que d'habitude. Il est évident que la communauté religieuse a une influence sur Soatanana. Ses membres sont quotidiennement vêtus de blanc, des pieds à la tête. Le dimanche, au sortir de la messe, une longue procession s'étire depuis la basilique et traverse le village. Les tout jeunes comme les vieux défilent dans leurs habits de pureté. Leur tempérament est à l'avenant. On y est bien accueilli, d'un mot amical ou d'un sourire. En arrivant un peu tôt, on peut assister à la messe, surtout pour ses chants, dans cette basilique gigantesque en plein milieu de la brousse. Elle n'est pas vraiment jolie ni charmante, mais simplement étonnante avec son autel en hauteur. Pour cette visite dominicale, un guide ne s'impose pas, mais il peut être intéressant pour raconter la réalité des Fifohazanas.

***Les plantations de thé de Sahambavy :*** *à 20 km à l'est de Fianarantsoa. Par la route : prendre la RN7 vers Tananarive sur env 10 km et tourner à droite au village d'Ambalakely ; chemin bien indiqué (panneau « Sidexam »). Pour voir l'usinage, venir en sem 8h-15h. Entrée : 7 000 Ar.* Outre les vignes, les champs de thé font la réputation de Fianarantsoa : les plantations s'étalent sur 300 ha. Petite visite guidée, mais à vrai dire, vaut essentiellement pour la balade au sommet des monts et des collines recouverts d'arbustes à perte de vue.

## Fêtes traditionnelles

– ***Les lanonana :*** fêtes traditionnelles du Betsileo du Sud. Ce sont de grandes fêtes familiales rurales qui se déroulent sur plusieurs jours et rassemblent de nombreux villages. Pas de date fixe, chaque famille, chaque village a ses *lanonana*. Pour y assister, il faut être introduit. C'est probablement auprès des guides locaux qui sillonnent la région que l'on pourra obtenir les meilleures infos sur les prochaines fêtes. Le jeu en vaut en tout cas la chandelle. Toujours bien accueilli, on assiste au plus près à la vie en brousse malgache. Chants et danses rythment les jours et les nuits. C'est très authentique, très typique. Les villages peuvent être assez éloignés ou difficiles d'accès.

# AMBALAVAO ET LE MASSIF DE L'ANDRINGITRA

**Situé à une soixantaine de kilomètres au sud de Fianarantsoa, sur la RN7 qui mène à Tuléar, Ambalavao s'atteint facilement en 1h de taxi-brousse. Remarquez, en quittant Fianarantsoa, le vignoble du célèbre Lazan'i Betsileo (qui signifie « la fierté du Betsileo »). C'est sans doute le moment de vous arrêter si vous voulez goûter au meilleur « gris » du pays (pour info, les vins**

**malgaches voyagent mal). Pas toujours visitable, donc se renseigner sur place. À environ 23 km de Fianar, sur le côté droit de la route, jetez aussi un œil au petit village d'Anjamany, surmonté d'un gros rocher : c'est celui qui était dessiné sur les anciens billets de 500 Fmg, pour ceux qui en auraient gardé. Et puis, à partir du monument (avec sa croix de Lorraine) dédié à deux aviateurs français morts dans un crash à cet endroit lors de la Seconde Guerre mondiale, dans la grande descente, vous n'aurez sans doute plus assez d'yeux pour admirer la vallée d'Ambalavao, qui s'ouvre soudainement comme un décor de western dans un film de John Ford... magique. Parfois, par temps clair, on aperçoit même le massif de l'Andringitra tout au fond. La descente des Hautes Terres vers le sud s'accélère, et la route est tout sauf monotone...**

## *AMBALAVAO (IND. TÉL. : 75)*

Niché au fond d'un cirque montagneux, contrefort du massif de l'Andringitra, Ambalavao vit sous l'influence du Sud, qui commence ici. Il y fait déjà plus chaud, les alentours sont désertiques et rugueux. Ambalavao demeure néanmoins très « Hautes Terres » dans sa physionomie. C'est d'ailleurs là qu'on trouve peut-être les plus belles bâtisses de style betsileo, avec moins de tôle et plus de tuiles, et, çà et là, quelques originalités architecturales. Cette harmonie en fait une ville charmante.

Ambalavao constitue la plaque tournante du commerce du zébu dans la région. Le marché (le deuxième plus grand marché de zébus de Madagascar) se tient surtout le mercredi après-midi, mais aussi le jeudi matin à la sortie de l'agglomération, sur le flanc d'un monticule. D'un corral à l'autre, les bovidés passent et repassent dans des nuages de poussière, excités par les sifflets des *mpiarak'andro* (« ceux qui vont avec le jour »). On estime à 2 000 têtes le nombre de zébus qui transitent par Ambalavao chaque semaine ! Ça vit, et ce commerce assure l'animation de la ville.

En outre, la région est un célèbre terroir de production de vin, de soie sauvage et de tabac à chiquer. Beaucoup de monde le mercredi au marché. Attention aux pickpockets.

### Adresses et infos utiles

• *ambalavao.net* • Le site de la commune d'Ambalavao avec mot de M. le maire. Très bien fichu et illustré de photos. Donne un petit aperçu des activités et infrastructures.

■ ***Bureau d'accueil du MNP :*** *lot III H 50, Ambohitsoa, BP 07, Ambalavao 303. ☎ 340-81. • pnandringitra@yahoo.fr • parcs-madagascar.com • À l'entrée d'Ambalavao. Lun-ven 8h-12h, 14h-18h.* Possibilité d'acheter la carte des circuits. Dans le massif même, on trouve 2 autres bureaux d'accueil *MNP* où sont vendus les tickets d'entrée : le principal au village d'Ambalamanandray, à l'est, qui est aussi un centre d'interprétation et le point de rendez-vous des guides ; l'autre à Morarano, à l'ouest (près du *Camp Catta*).

■ ***JB Trekking :*** *sur le parking de la gare routière. 📱 033-40-279-27 ou 032-46-596-36. • jbtrekking@gmail.com • Tlj sf dim mat. Fermé 12h-14h en basse saison.* Une petite agence qui pourra vous aider dans l'organisation de vos excursions, randos ou la location de voitures ou vélos à prix raisonnables. Très serviable, bon accueil. Propose aussi, comme son nom l'indique, trek dans le massif de l'Andringitra, puis grimpe et escalade au pic Boby. Marches de 2 à 3 jours avec nuit en campement. Bonnes conditions physiques requises. Une équipe sérieuse dont on apprécie la devise : « On marche *mora-mora* (doucement), et on ne recule jamais... »

## Où dormir ? Où manger ?

### Prix moyens (26 000-52 000 Ar / env 8-16 €)

**Hôtel et salon de thé Tsienimparihy :** *☎ 341-28. 033-02-607-22. • hoteltsienimparihy@yahoo.fr • Grand bâtiment orangé sur 3 étages en face du marché. Parking à l'annexe.* Un peu en retrait de la rue et donc du marché qui se tient les mercredi et jeudi matin. Une vingtaine de chambres, à l'arrière, avec eau chaude, à la déco plutôt rudimentaire mais claires et propres. Préférer celles avec vue sur le massif de l'Andringitra. Si celles-ci sont déjà prises, vous pourrez toujours profiter du panorama qu'offre la terrasse commune. Côté rue, une boulangerie-pâtisserie (cakes, *muffins,* snacks) et un resto (table reconnue). Une adresse conviviale.

**Hôtel Le Tropik :** *à l'entrée de la ville en venant de Fianarantsoa, à env 1,5 km du centre. ☎ 341-82. 033-02-012-91. • letropikhotel@mel.moov.mg •* Bloc massif à la façade un peu fermée. Cette vaste structure semble assez froide et impersonnelle au premier abord, mais les chambres aux noms de fleurs, avec petit balcon pour la plupart, se révèlent spacieuses et confortables. Bien tenu. L'endroit est également un resto tout à fait honorable.

**Résidence du Betsileo :** *033-02-863-89 ou 032-44-285-60. Près de la place centrale, au bord de la route principale, vers la sortie du village en direction du sud.* Comme les bouteilles de bière ou de Coca, les chambres ici sont petit modèle ou grand modèle ! Simples et colorées, elles sont confortables et impeccables. Celles au rez-de-chaussée ont l'inconvénient d'être un peu sombres, tandis que celles à l'étage, côté « jardin », ont une jolie vue sur la nature environnante. Tout comme la terrasse du resto.

**Aux Bougainvillées :** *☎ 340-01. 032-43-680-69. • auxbougainvilleesambalavao@gmail.com •* D'ici partent de nombreux groupes pour des trekkings, et l'endroit a désormais tout d'une usine ; l'accueil et l'ambiance fatalement s'en ressentent. Dommage, car cette structure est plantée dans un bien joli décor, abondamment fleuri avec différents petits jardins, et les chambres sont propres, plaisantes et... avec eau chaude ! En revanche, l'entretien laisse à désirer. Ravissants bungalows pour les familles. Resto ouvert sur le jardin, adorable comme tout avec son mobilier disparate aux couleurs pastel et nappes fleuries. Cuisine correcte.

## À voir à Ambalavao et dans les environs

**La fabrique de papier antaimoro :** *à l'hôtel* Aux Bougainvillées*; la fabrique se trouve au fond de la cour. Tlj 7h30-11h30, 13h-17h (7h30-15h dim). GRATUIT pour la visite guidée (mais on ne manquera pas de vous accompagner à la case boutique – très chère – à la fin).* Le papier *antaimoro* fut mis au point en Arabie et introduit par les immigrés débarqués sur la côte sud-est au VIIe s. Les populations antaimoro (autour de la ville de Manakara) ont ainsi hérité de cette technique et l'ont perpétuée. Ce n'est qu'en 1936 que le Français Mathieu « redécouvrit » le papier et entreprit d'en fabriquer à Ambalavao. Sa production se caractérise par l'emploi d'un arbuste, l'*avoha,* dont la fibre très souple permet la fabrication du papier. C'est un papier rustique assez épais, agrémenté, depuis, de fleurs et de plantes fraîches. Il porte, paraît-il, bonheur. La visite permet de saisir toutes ces étapes, et notamment l'apposition des végétaux et leur séchage. On en fait aujourd'hui des albums, des pochettes, des tableaux... produits phares de l'artisanat malgache sur tous les marchés de la Grande Île.

**Le site écotouristique d'Anja :** *à env 12 km au sud de la ville, sur la RN7. Taxis-brousse réguliers depuis Ambalavao. Tlj sf dim 7h-17h30. Entrée du site :*

*env 10 000 Ar. Guide obligatoire : 12-24 000 Ar pour 1-2 pers pour les circuits de 1 à 2h. Autres circuits 3, 4 ou 6h, à définir à l'entrée, au bureau.* Un regroupement de six villages exploite ce petit parc qui héberge, entre autres, plus de 500 lémuriens. La visite se fait obligatoirement avec un guide, qui vous montrera en cours de balade les différents animaux présents sur le site ou encore les grottes qui ont abrité les populations autrefois et qui hébergent désormais les lémuriens la nuit. Une jolie façon d'observer tranquillement et assez facilement ces derniers en liberté précisément parce qu'ils sont habitués à la présence de l'homme mais, faut-il le rappeler, il est strictement interdit de les toucher et de les nourrir, pour leur protection.

**Camping et restaurant du site :** *env 3 000 Ar/pers.* Il est possible de planter sa tente sur place dans un espace avec abri ; douche et toilettes. Également un resto vraiment pas terrible.

## LE MASSIF DE L'ANDRINGITRA ET SON PARC NATIONAL

Si vous souhaitez vous isoler un peu au milieu d'un superbe massif de granit et de gneiss propice à de longues marches, trouver une alternative au coin surchargé du massif de l'Isalo ou bien vous adonner aux joies (très sportives) de l'escalade, alors c'est pour vous. Et puis la simple rencontre avec les Betsileos et les Baras qui peuplent les villages alentour s'avère d'une authenticité assez exceptionnelle et encore préservée.

À savoir : que ce soit dans le parc national même ou autour, on vous laissera rarement vous promener seul. Dans le parc, un guide est obligatoire. Aux abords du parc, notamment dans la vallée du Tsaranoro, les hébergements sur place vous imposent souvent un guide pour découvrir les environs.

Pour toutes les infos sur le parc, le mieux est de commencer par une visite au bureau de *MNP* à Ambalavao (voir « Adresses et infos utiles » à Ambalavao).

Quelle que soit votre voie d'accès au parc, il vous faudra vous acquitter d'un droit d'entrée auprès de l'un des bureaux de *MNP*. Les prix pour les étrangers (adultes) sont les suivants : 10 000 Ar pour 1 jour ; 15 000 Ar pour 2 jours ; 20 000 Ar pour 3 jours et 25 000 Ar pour 4 jours. Beaucoup moins cher pour les Malgaches et les enfants, étrangers ou locaux. Les tarifs de guidage et de portage dépendent du circuit choisi, mais ils se situent entre 10 000 et 20 000 Ar par jour pour un guide, et entre 8 000 et 16 000 Ar par jour pour un « pisteur » ou guide stagiaire. Ces prix peuvent varier à tout moment ; pour plus de précisions, consulter le site de *MNP* :

● *parcs-madagascar.com* ●

Il existe au moins deux façons d'aborder le massif de l'Andringitra : par la vallée de Namoly ou par celle du Tsaranoro.

– ***Par la vallée de Namoly,*** où se trouve l'entrée principale du parc national dirigé par *MNP*, située dans le village d'***Ambalamanandray,*** à 47 km d'Ambalavao. Accès d'Ambalavao : un ou deux taxis-brousse par jour jusqu'à Sendrisoa ; il faut ensuite marcher environ 17 km jusqu'à Ambalamanandray. Sinon, un taxi-brousse direct relie Ambalavao à Ambalamanandray 2 fois par semaine *(mar et jeu, les jours de marché)* ; départ entre 6h et 8h du matin ; retour les mêmes jours à partir de 16h. Si vous disposez d'un 4x4, accès par une piste carrossable à péage ; compter environ 3h d'Ambalavao à l'entrée du parc. Cette option permet de visiter le parc en logeant dans les campings ou dans les gîtes de *MNP* disséminés dans le parc, que l'on découvre en suivant un des six circuits proposés (ces derniers allant de 4h à 2 jours de marche).

**Camping et gîte de MNP :** *à* ***Ambalamanandray.*** MNP *propose 5 terrains de camping aménagés dans le parc et situés sur les circuits de randonnée. Emplacement pour une tente 10 000 Ar/j. ; tente à louer 6 000 Ar/j.* Tous les terrains ont une cuisine, de l'eau courante ou de rivière, des toilettes, et la majorité ont des douches. Pour le matériel de couchage et de cuisine, possibilité de s'adresser aux guides à Sahalava-Namoly ou au village d'Ambalamanandray, mais le bon état de celui-ci n'étant pas garanti, mieux vaut avoir le vôtre. Pour le ***gîte de Namoly,*** *résa en principe 15 j. avt ; lit simple 13 000 Ar, lit double 20 000 Ar.* Dortoirs ou chambres pouvant accueillir 3 à 14 personnes. Douche et w-c communs (eau chaude par panneau solaire). Coin cuisine ou possibilité de louer les services de cuisinières locales, à condition, bien sûr, d'apporter ses propres vivres.

Des guides locaux proposent aussi de venir dîner chez eux. C'est souvent très bon et cela représente une bonne expérience.

***Maison d'hôtes Tranogasy :*** *Ambalakajaha 303. 033-11-264-27 ou 033-14-306-78. • contact@tranogasy.com • tranogasy.com • À côté du centre d'interprétation. Pour 2 pers, bungalows avec sanitaires communs ou privés 36 000-60 000 Ar.* Dans un beau cadre, une petite dizaine de bungalows joliment arrangés. Possibilité de manger sur place. On peut également vous organiser le transfert entre Ambalavao et l'hôtel (140 000 Ar).

– ***Par la vallée du Tsaranoro :*** cette option conviendra tout particulièrement aux adeptes de l'escalade qui trouveront là de nombreux sites où grimper. La vallée du Tsaranoro se trouve en lisière du parc national. À environ 35 km au sud d'Ambalavao par la RN7, la piste est indiquée par un grand panneau sur la gauche. Il reste alors 21 km à parcourir. Les randonneurs courageux pourront les parcourir à pied (la piste tranquille traverse de superbes paysages et elle est tellement cahoteuse que, par endroits, la marche est plus confortable que la voiture !) ; dans ce cas, d'Ambalavao, attraper un des taxis-brousse desservant la RN7 vers le sud. Autre possibilité : prendre d'Ambalavao un des deux taxis-brousse desservant du lundi au samedi le village de Vohitsaoka, à 10 km avant les différentes structures d'hébergement. Les plus argentés s'offriront un transfert en 4x4 (lire plus bas ce que les différents hébergements proposent). Quel que soit votre moyen d'accès, un péage de 5 000 Ar est exigé pour les visiteurs des sites environnants et pour toute personne séjournant dans l'une des structures du coin. Bon, tout cela en vaut la peine, car le paysage est magnifique, on traverse de jolis villages, des cours d'eau avec le massif en arrière-plan, comme dans un décor de western, jusqu'à cette belle vision du pic de l'Idondo, spectaculaire de bout en bout. Ah ! les jeux de lumière, surtout en fin de journée ou lorsque les nuages sont de la partie... Trêve de rêverie, sur place, trois structures :

***Camp Catta :*** *résa à Camp Catta, immeuble Régulier, Ambatomena, à Fianarantsoa. 033-15-347-19. ☎ 923-58 (heures de bureau). • camp.catta@campcatta.com • campcatta.com • Accès soit en taxi-brousse (lire ci-dessus), soit en 4x4 depuis Fianarantsoa ou Vohitsaoka (où s'arrête le taxi-brousse) ; transfert organisé par l'agence située à Fianar ; prix (1-4 pers) : 200 000 Ar depuis Fianar, 150 000 Ar depuis Ambalavao et 55 000 Ar depuis Vohitsaoka. Emplacement tente env 7 200 € ; loc tente (2 pers) 24 000-40 000 Ar selon saison. Bungalows 2 pers à partir de 60 000 Ar. Cuisine accessible : apporter ses provisions. Petit déj délicieux et repas possibles.* Le coin est superbe, et on loge à l'intérieur d'un joli village traditionnel reconstitué, au pied de cet impressionnant Tsaranoro, que l'on peut contempler chaque matin en se levant... Les bungalows de luxe sont en fait des maisons typiques du Betsileo : on a le choix entre les « rustiques » avec douche et w-c extérieurs ou intérieurs (avec eau chaude à disposition), et les « confort », vraiment beaux, avec salle de bains privée. Les maisonnettes peuvent recevoir jusqu'à 4 personnes. Sinon, des tentes pour 2 sous abris. Resto en bois avec coin salon et bons repas se terminant parfois en musique. Piscine écologique sur place. Pour randonner dans les environs, prévoir également un budget (le camp met des guides à votre disposition). Cela va de la simple balade au caméléon en disant bonjour aux makis *cattas* aux treks de plusieurs jours dans la forêt primaire de l'Est, sans oublier les falaises impressionnantes du Tsaranoro juste derrière, pour les accros de l'escalade. Sachez que vous êtes dans un coin où la première voie a été ouverte en 1995 seulement... Également du parapente, dans un site très beau (survol du Tsaranoro, haut de 800 m, entre autres) mais au climat changeant, donc à la fois pour débutants et confirmés, mais en tenant compte de l'aérologie du moment. Pour les accros, l'école de parapente ***Les Gens d'Air,*** basée à Saint-Pierre-de-Chartreuse en France, y organise des stages *(📱 06-72-28-55-42 ; • lesgensdair.com •).* Également ***Parapente Réunion*** *(depuis la France : ☎ 02-62-24-87-84. 📱 06-92-82-92-92 ; • parapente-reunion.fr •).* La meilleure saison pour pratiquer ce sport dans le coin s'étend de septembre à décembre. Enfin, le *Camp Catta* aide au développement de la vallée par des actions concrètes : reboisement, riziculture intensive et mise en route d'une école et d'un dispensaire. Vous pourrez le constater sur place par vous-même, et éventuellement y participer à hauteur de vos moyens ou laisser vos médicaments inutilisés.

⛺ 🍽 ***Tsara Camp :*** *1re structure en arrivant dans la zone du Camp Catta. Résa auprès de* Boogie Pilgrim, *à Tana : île aux Oiseaux, Tsarasaotra (lire dans le chapitre « Tananarive. À voir. Dans le quartier de la Ville basse. Le site ornithologique de Tsarasaotra »). ☎ 22-530-70 ou 22-532-37. Transfert possible (1-4 pers) de Tanambao (bifurcation sur la RN7) 19 € ou de Vohitsoaha 11 €. Séjour en pens complète 51 €/pers.* Attention, là on parle de « camp de luxe ». Il y a certes des tentes, mais ce sont plutôt des tentes militaires et non des canadiennes comme dans les structures précédentes, équipées comme des chambres (elles disposent même de leur douche privée, en revanche les toilettes restent communes), avec bougie et lampe tempête pour l'éclairage, et armoire pour bien ranger vos affaires !



## À faire

➢ ***L'ascension du pic Boby :*** *voici l'un des 6 circuits proposés par* MNP, *appelé* Imarivolanitra *(« proche du ciel »). A/R 28 km ; à faire en 2 j.* Le pic Boby est le plus haut sommet accessible de Madagascar (2 658 m). En fait, ce sommet doit son nom occidentalisé à un groupe de géologues qui s'y rendit en 1956 accompagné d'un chien. Il fut décidé que le mont porterait le nom du premier à l'atteindre, et bien sûr ce fut le chien Boby qui remporta la course ! Selon nous, le mieux, c'est d'aborder le massif par sa face nord, bénéficiant du panorama de toute la vallée, magnifique au lever du soleil. Bassin et rivière très chouettes pour se baigner en route. Traversée de Diavolana (« pleine lune »), appelé aussi « l'extraterrestre » pour son côté plateau lunaire. Mieux vaut faire l'ascension du pic le matin, pour ne pas se faire surprendre par un changement de climat et par la nuit. Beaucoup de marches également ! Compter au moins 2h d'ascension. Arrivé en haut, la récompense : grand calme et beaux points de vue sur l'Andringitra.

# RANOMAFANA

env 10 000 hab. IND. TÉL. : 75

**À environ 65 km au nord-est de Fianarantsoa. Ce petit village perdu dans la montagne, caché au fond d'une grande vallée encaissée et immergé dans la forêt touffue de l'Est, ne serait jamais sorti de l'anonymat si sa source chaude naturelle ne l'avait révélé vers la fin du XIXe s. Le patelin tient son nom de cette source :** ***Ranomafana*** **signifie « eau chaude ». Les colons français en firent un centre thermal. Témoins de cette époque, les bains et le vieil hôtel colonial décrépi. Beaucoup plus tard, le gouvernement malgache reconnut le caractère exceptionnel et fragile de la faune et de la flore de la région. Il créa**

**alors en 1991 le parc national. Ranomafana est depuis devenu un classique du tourisme malgache. En venant de Fianarantsoa, l'entrée du parc se trouve sur la route, à 6 km avant le village. Attention, notez que les nuits peuvent être glacées dans la vallée en saison sèche.**

## Arriver – Quitter

### Depuis Fianarantsoa

➢ ***En taxi-brousse :*** Ranomafana est très régulièrement desservie par les taxis-brousse depuis Fianarantsoa. Si vous comptez faire la visite dans la journée, levez-vous tôt et surtout demandez que l'on vous dépose à l'entrée du parc de Ranomafana et pas au village. De/vers Tana, le mieux est de passer par Fianarantsoa.
Dans l'autre sens, il y a un service régulier de taxis-brousse qui relie Ranomafana à Fianarantsoa, départ ts les mat à 7h.
Sinon, vous pouvez également contacter les *mpanera* au village, ces intermédiaires qui chercheront pour vous des places dans les taxis de passage, moyennant une commission bien sûr. Une fois ces messieurs prévenus, vous pouvez aller vous étendre quelque part et attendre. On viendra vous chercher. Enfin, demandez toujours aux responsables du parc ou de *MNP,* qui vous trouveront peut-être quelques opportunités.

➢ ***En voiture ou en taxi :*** si l'on vient de Fianar et que l'on veut y retourner le jour même, le mieux est de louer une voiture ou un taxi. Dans ce cas, se renseigner auprès de la *Maison des guides* (voir « Adresses utiles » à Fianar). De Fianarantsoa, remonter vers le nord en suivant la RN7 et bifurquer à droite, après le village d'Alakamisy-Ambohimaha, sur la RN45. Les 13 derniers kilomètres (quand la RN45 rejoint la RN25, juste après Vohiparara) sont parfois un peu dangereux. Ils descendent le long du fleuve Namorona, surplombant des chutes d'eau tumultueuses, parfois très hautes, s'écrasant dans un ravin profond. À mi-chemin de Ranomafana, la cascade Andriamamovoka, point de vue vertigineux du haut d'un promontoire aménagé. Depuis Fianarantsoa, il faut compter env 2h30 pour atteindre le village.

➢ ***Par le biais d'une excursion :*** plusieurs hôtels de Fianarantsoa organisent l'excursion, mais à des prix explosifs. Dans ces conditions, il vaut mieux monter sa propre expédition.

### Depuis la côte

➢ ***En taxi-brousse :*** le village est aussi accessible depuis la côte (Manakara ou Mananjary). Compter env 6h de trajet sur une route goudronnée.

## Adresses utiles

■ ***Bureau du MNP :*** *au village. Du petit marché, monter la colline sur 700 m en sortant de la RN ; c'est fléché. ☎ 034-49-402-53 ou 033-14-591-20 (urgences). Lun-ven 7h30h-12h, 14h-18h30. Le sam, permanence à l'accueil du parc.* Ce n'est pas vraiment un bureau d'information, mais on peut y passer pour tout renseignement sur l'ensemble de la politique de gestion des parcs nationaux et sur les projets rattachés.

✉ ***Poste :*** *dans le village, sur la place du marché. Lun-ven 8h-16h, sam 8h-12h.*

@ ***Télécentre communautaire Ranomafana :*** *sur la place du marché ; entrée discrètement nichée entre 2 cahutes. • cicranomafana@gmail.com • Tlj sf dim 7h30-12h, 14h-19h.* Wi-fi. Impression et photocopies.

## Où dormir ? Où manger dans le coin ?

On peut aussi loger et se restaurer assez bon marché dans l'enceinte du parc national (voir plus loin) sans avoir à passer par le village.

## De bon marché à prix moyens (13 000-52 000 Ar / env 4-16 €)

**Manja Hotel :** *situé à 500 m du centre, à la sortie basse du village, à l'opposé du parc national, sur la RN. 033-09-010-22. • hotelmanja@gmail.com •* Quelques chambres tout confort et une dizaine de bungalows en matériaux locaux très abordables, avec ou sans sanitaires. Malgré la route à proximité, le bâtiment en béton peu gracieux au milieu et le fait que l'on soit un petit peu les uns sur les autres, on s'y sent plutôt bien. C'est l'un des rares hôtels qui fournissent une moustiquaire. Plusieurs sanitaires communs (entretien limite) avec eau chaude. Les chambres « haut de gamme » situées sur les hauteurs, à l'arrière, ont une déco très neutre, mais sont impeccables. Bon accueil et service de qualité. Le resto, un bon *hotely gasy,* tout en bois, est à l'image de l'hôtel : propre et sympa. Cuisine simple, familiale et goûteuse.

**La Palmeraie :** *près de l'église ; panneau sur la gauche juste avt d'arriver dans le village. 033-09-637-42 ou 034-97-050-39.* L'endroit est petit, très simple et rustique, et l'ambiance celle d'un logement chez l'habitant. Les chambres les plus onéreuses ont un petit balcon et une salle de bains privée. Patronne souriante. Jardin agréable. Fait aussi resto et petit déj (de l'autre côté de la rue).

**Chez Gaspard :** *au cœur du village. 032-87-115-15 ou 033-01-155-05. • chezgaspard.ranomafana@gmail.com • Réception ouv 6h-21h, fermée dim 8h-11h.* Un petit écolodge géré par la mission catholique. Une quinzaine de bungalows disposés en rang d'oignons le long de la rivière, au confort modeste, mais tenue impeccable. Attention, une poignée seulement disposent d'un grand lit. Accueil adorable... et si le cœur vous en dit, vous pourrez toujours déposer dans la tirelire sur le comptoir une petite participation pour l'extension de l'église voisine !

## De chic à plus chic (52 000-170 000 Ar / env 16-53 €)

**Hôtel Grenat :** *au bord de la RN7, pas loin de la place du village. 034-12-780-84 ou 033-08-909-20. • legrenatram@gmail.com •* On ne peut le manquer avec sa belle façade... grenat. Assez récent, il est composé de bungalows situés à l'arrière, et orientés côté rivière, d'un bon niveau de confort, et même assez élégants pour les derniers bâtis, avec terrasse. En duplex, ils peuvent accueillir jusqu'à 4 personnes. Resto tout à fait correct. Quant à l'accueil, il sait rester naturel et gentil comme tout, même en présence de groupes.

**Setam Lodge :** *au bord de la RN7, à 5 km à l'ouest du village et à 1 km du parc. ☎ 22-324-31 (à Tana). • setam@iris.mg • setam-madagascar.com • Dîner 20 000 Ar.* En bord de route, sur les hauteurs, les maisonnettes s'agrippent à la colline. Vastes, confortables, claires, leur déco reste très sobre. Lits doubles de belle taille et douillets. Petit bémol pour l'insonorisation, plutôt faible. Heureusement, chaque chambre n'a qu'un mur mitoyen et les bungalows, disséminés dans des jardins parfaitement entretenus, sont relativement éloignés les uns des autres. Belle salle de resto (petit menu changeant tous les jours), dont la façade vitrée vous plonge directement dans le paysage de verdure.



# À voir. À faire

**Les thermes :** *ils sont accessibles à ts sans avis médical. Le centre thermal se situe au village, sur l'autre rive de la Namorona. Au marché, aller vers l'hôtel* Thermal. *L'établissement se trouve encore vers la droite, de l'autre côté du pont de bois. C'est fléché. En arrivant, s'adresser à la bicoque en bois.*

La beauté du **parc,** un poil défraîchi mais bien entretenu dans sa partie centrale, rappelle la splendeur passée des thermes : bananiers et *ravinala* le

disputent aux grands pins et à ces superbes plantes d'eau que sont les *viha,* appelées en français « oreilles d'éléphant ».
– Activités et soins proposés : bain d'eau naturellement chaude, massage aux huiles essentielles réalisés par des kinés et piscine d'eau chaude. La source thermale est réputée pour ses propriétés thérapeutiques et cicatrisantes. Les curistes viennent guérir leurs rhumatismes, asthme, obésité, diabète et goutte. La dernière reine malgache, Ranavalona III, fréquentait déjà l'établissement à la fin du XIXe s. Celui-ci a fêté son centenaire en 1999.
– ***Les bains*** et les soins à l'huile se trouvent vers le haut du parc *(tlj 7h-11h30, 14h-16h30 ; mer, ouv slt 7h-11h, fermé l'ap-m pour nettoyage ; sans résa).* De fait, si on n'a rien à redire en général sur la propreté, c'est encore plus appréciable le jeudi ! Chaque cabine privative (vraiment rudimentaire) contient une baignoire dans laquelle coule en permanence l'eau chaude (38 °C). Un bain vous reviendra à presque rien, un massage de 30 mn à 10 000 Ar.
– ***La piscine d'eau chaude*** se trouve en bas, à droite du pont, le long de la Namorona *(tlj sf mar 6h-18h ; entrée : 5 000 Ar).* La piscine est fermée le mardi pour son grand nettoyage hebdomadaire. L'eau est alors complètement renouvelée. Préférer donc le mercredi pour vous y baigner ! Beau plan d'eau. Ne pas emporter de valeurs (aucun casier pour ranger ses affaires).

***L'arboretum :*** *au bord de la route, à 2 km à l'est du village. Lun-sam 8h-17h, dim 14h-17h. Entrée : 5 000 Ar.* Le site se visite en suivant un petit circuit fléché au milieu des arbres autochtones et fruitiers (plus de 150 espèces), tous présentés par de petits panneaux explicatifs pas mal faits. Une belle initiative et un bon complément à la visite du parc.



# LE PARC NATIONAL DE RANOMAFANA

**C'est une forêt tropicale humide et dense qui s'accroche au relief et dévale la vallée. Sur environ plus de 40 000 ha, entre 400 et 1 400 m d'altitude, le parc rassemble une grande diversité d'espèces animales et végétales qui ont, depuis les années 1980, attiré l'attention des scientifiques du monde entier. On répertorie par exemple 12 espèces de lémuriens (sur la trentaine que compte Madagascar !), dont le très rare *hapalémur doré,* découvert en 1986. Cette forêt contiendrait également des centaines d'espèces d'orchidées !**
**De larges zones demeurent encore inexplorées à cause du relief. De fait, la totalité de la diversité biologique du parc n'a pas encore été établie. Dans le cadre de la politique de conservation du patrimoine environnemental, *MNP* a aujourd'hui la responsabilité de protéger cette forêt tout en proposant à la population périphérique, qui vivait encore récemment de ses ressources, des activités autres. L'écotourisme en est une.**

## Comment y aller ?

L'entrée du parc se trouve à ***Ambodiamontana*** sur la RN, à 6 km avant le village de Ranomafana si l'on vient de Fianarantsoa. Si on loge à Ranomafana et qu'on n'est pas motorisé, la desserte du parc est un problème. Pour y aller, attraper au marché un taxi-brousse venant d'Ifanadiana vers 6h30-7h. Pour le retour, il vous faudra attendre à l'entrée du parc un taxi-brousse en provenance de Fianarantsoa. Vous pouvez aussi tenter le stop (ça marche bien généralement) ou demander dans les hôtels si des touristes véhiculés n'y partent pas aux mêmes heures que vous. Sinon, il reste la marche : bon courage pour les 6 km de grimpette !

## Adresse utile

■ ***Bureau du MNP :*** *à l'entrée du parc. Tlj 7h-16h (derniers départs à 15h).* De là partent tous les circuits. Les guides sont présents quotidiennement, toujours prêts à partir. On y trouve des renseignements sur le parc en général et sur son jardin d'éden. Pour effectuer des circuits dans le parc, il faut d'abord s'acquitter du droit d'entrée : 25 000 Ar pour 1 j., 37 000 Ar pour 2 j., 40 000 Ar pour 3 j. et 50 000 Ar pour 4 j. Ensuite, il vous faut un guide. Comme d'habitude, ils sont censés avoir des qualifications un peu différentes (confirmé, stagiaire, porteur...). Seuls les guides confirmés accompagnent les circuits (6 personnes max). Pour les circuits, compter 30 000 à 75 000 Ar pour 2 à 4 personnes. La visite nocturne : 20 000 Ar par personne. Trekking 2 à 4 personnes : 60 000 Ar. Disons-le franchement, nombre de lecteurs se plaignent du guidage parfois fait mécaniquement et sans enthousiasme sur de petits circuits tout tracés et empruntés par pas mal de gens en même temps (et la chasse au lémurien systématique peut s'avérer fatigante quand elle se fait au détriment de toutes les explications plus botaniques). Il est indispensable de bien fixer les règles au départ avec votre guide. Le paiement de l'intégralité de la prestation (entrée + guidage) se fait à l'entrée du parc (guichet unique).

## Conseils pratiques

Il pleut dans la vallée de Ranomafana en toute saison. Plus en saison chaude, un peu moins en saison froide. Pensez toujours à emporter un vêtement imperméable et un répulsif pour les insectes. Un traitement antipaludique est indispensable pour explorer cette zone. Par ailleurs, ce n'est pas une région torride. Dans la journée, un généreux soleil peut briller ; néanmoins, les soirées sont fraîches dans la forêt. Pensez à prendre des vêtements chauds et des chaussures adaptées (avec crampons idéalement), même si, par temps sec, les balades se font facilement en tennis. Par temps humide, présence de sangsues.
D'une manière générale, la meilleure période pour observer les lémuriens se situe entre août et décembre (question de climat), et plutôt de bonne heure. On peut voir des orchidées en toutes saisons, même si certaines espèces démarrent leur floraison en avril.

## Où dormir ? Où manger ?

***Camping du parc :*** *le camping est situé à l'entrée du parc, en contrebas du bureau. 034-12-778-62 ou 034-08-314-04. Env 5 000 Ar/pers (env 1,60 €).* Au bord de la rivière, plusieurs petits abris sous lesquels planter sa tente. Douche (eau froide) et toilettes sommaires, ainsi qu'un point d'eau et des barbecues.

***Gîte Rianala :*** *juste avt le parc, en venant du village. Mêmes coordonnées que le camping. Tlj (théoriquement). Env 10 000 Ar/pers (env 3,10 €).* Si l'on ne vient à Ranomafana que pour la visite du parc, c'est là qu'il vaut mieux loger. 2 dortoirs de 8 lits et 1 chambre de 3 lits, tous donnant sur la terrasse du resto. Très simple, il fait penser à un dortoir d'alpages. Bloc sanitaire correct et, en principe, douche à l'eau chaude. Seul regret : le resto se limite à une terrasse couverte, et la fraîcheur des soirées durant la saison sèche peut refroidir votre enthousiasme. On profite beaucoup mieux du repas et du cadre forestier à l'heure du déjeuner.

# La visite du parc

*Tlj 7h-16h.* Venir tôt, quand les lémuriens descendent chercher à manger. Après, ils se cachent ou dorment.

Les circuits les plus évidents sont regroupés dans la parcelle sud, sur le site dit « Talatakely », où les lémuriens sont les plus faciles à apercevoir. Il existe cinq circuits différents, d'une durée de 2h30 à... 6 jours de marche avec trekking et camping. Périples sans grosses difficultés néanmoins. Une visite nocturne est également possible entre 17h et 19h au belvédère de Talatakely, mais celle-ci consiste surtout à appâter le *fossa,* sorte de petite civette, avec de la viande ou le lémurien microcèbe avec une banane (et non pas attirer le *fossa* avec un lémurien !).
Pour la plupart, ces balades empruntent des chemins balisés dans une forêt déjà secondaire. Pour le circuit de 3h, les avis des lecteurs divergent. D'aucuns vont le trouver vraiment trop balisé (on recroise des chemins déjà parcourus) et se plaindre du manque ou du faible nombre d'animaux aperçus. D'autres vont trouver que la belle nature traversée et les explications du guide (s'il est bon et enthousiaste, bien sûr, notamment sur les nombreuses variétés de plantes et leurs applications médicinales) valent bien le déplacement. Question lémuriens, on arrive quand même à en voir quelques-uns à la fin. En fait, seuls les tours Varijatsy (faisables en 1 journée ou, mieux, avec bivouac) ou Vohibato (bivouac indispensable) vous emmènent, au loin dans la forêt primaire, découvrir des espèces isolées, comme le gros *Eulemur vari.* Les lémuriens sont effectivement les stars de ces visites. Spontanément, les guides cherchent à vous les dégoter. Ils connaissent d'ailleurs parfaitement les chemins et les bons coins où les dénicher. Rien n'est pourtant garanti, et rentrer bredouille sans avoir aperçu la moindre queue d'un seul primate est toujours possible. On multiplie ses chances à la saison des goyaves (mars-avril), quand les adorables bestioles descendent pour satisfaire leurs fringales. Mais, à cette saison, il faut faire particulièrement attention aux sangsues. Un circuit, baptisé Ranotsara, consiste à vous faire faire un peu de sport pendant un minimum de 3 jours ! Notamment, les passages de rivières sont assez sympas ; le circuit mène à la plus grande cascade du secteur, Ranomena, qui fait environ 90 m de haut. Cela dit, ne pas s'attendre à voir beaucoup de lémuriens, mais plutôt des orchidées et quelques oiseaux...



# LA ROUTE DU SUD-EST

**C'est sans doute son enclavement qui a fait l'unité de cette région. En effet, il n'y a eu longtemps qu'une seule mauvaise route pour s'y rendre, et le développement s'en est ressenti. De Mananjary au nord jusqu'à Vangaindrano et Manambondro au sud, on trouve cette atmosphère chaude et humide, faite d'effluves exotiques de café et de girofle flottant dans l'air, une brousse touffue et bien vivante, trépidant au rythme du ricanement de cet oiseau masqué, appelé martin triste. Pourtant, cette riche région mise en valeur par les colons demeure un pôle important d'exportation de cultures de rente, telles que celles du café, de la cannelle et du poivre.**
**Le climat de la côte sud-est n'est pas facile. Comme on le dit, non sans humour, dans la région : « Il y a deux saisons : la saison des pluies et... la saison où il pleut ! » Autant le dire simplement, il y pleut souvent, si ce n'est tout le temps, et ça peut être assez pénible. Les meilleurs mois sont août et septembre : la chaleur n'y est alors pas étouffante, le ciel bleu apparaît et les pistes sont sèches. Ou, du moins, en partie...**

## MANANJARY

env 28 000 hab. IND. TÉL. : 72

**À environ 170 km au nord de Manakara. La ville et la vie de la coloniale Mananjary sont principalement alimentées par le très beau canal des Pangalanes.**

**Moins courue que ses voisines côtières du nord (Tamatave) et du sud (Manakara) mais désormais reliée par une bonne route goudronnée à Manakara et Ranomafana, la ville dégage une atmosphère nonchalante qui ne nous a pas laissés indifférents. Le port aux pirogues, à même le marché, jouit d'une solide animation, surtout le matin lors du départ à la pêche. Il faut aussi flâner dans le centre à l'ombre des somptueux badamiers, autour du vieux quartier tracé à la règle par les colons français. On profite alors du temps qui coule lentement. Si vous le pouvez, partez explorer cette partie peu connue des Pangalanes, mais sachez que le prix des excursions est bien plus élevé qu'à Manakara.**

## LE SAMBATRA

Les Antambahoakas sont d'origine arabe et, outre l'islam, qui compte de nombreux adeptes par ici, ils en conservent plusieurs rites et traditions. Le *Sambatra* est de ceux-là. Il s'agit d'une cérémonie de circoncision collective, qui se tient tous les 7 ans. De très nombreux enfants, jusqu'à 10 ans, se font alors circoncire, ou simplement bénir si la coupe est intervenue entre-temps. Le *Sambatra* donne l'occasion d'une grande fête durant 4 semaines. Très courue, elle rassemble des milliers de personnes venues de tout le pays. La population de Mananjary explose littéralement à cette époque. Ce n'est plus que musique et danse aux quatre coins de la ville ! Le prochain *Sambatra* aura lieu en 2021. Si vous souhaitez y assister, réservez impérativement votre hôtel tant la demande est forte (et préparez-vous psychologiquement aux prix qui suivent l'engouement général).



## Arriver – Quitter

➢ ***En taxi-brousse :*** Mananjary est relié à Tananarive, à Fianarantsoa et à Manakara par taxi-brousse. Arrêt des taxis au *Bazary Be.* Compter 27 000 Ar pour Tana (départ vers 16h, mais venir tôt pour avoir une place ; trajet : env 12h), 12 000 Ar pour Manakara (départ le mat à partir de 8h ; trajet : 5-6h) et 10 000 Ar pour Fianarantsoa (départ le mat à partir de 6h ; trajet : 5-6h). Les taxis depuis et pour Manakara font escale à Irondro, et ceux depuis et pour Fianarantsoa passent par le parc de Ranomafana (8 000 Ar).

➢ ***En avion :*** 2 liaisons/mois dans les 2 sens avec Tananarive, assurées par *Air Madagascar* (les mêmes vols desservent Farafangana).

➢ ***En bateau :*** 2-3 fois/sem une pirogue à moteur de 20-30 places quitte Mananjang pour Mahanoro et permet de rejoindre la route pour gagner le canal des Pangalanes ou Tamatave.

## Adresses utiles

■ Sur place, on trouve 2 ***banques*** (*BFV-SG* et *BOA*), une ***poste,*** un représentant d'*Air Madagascar,* un représentant consulaire *(au Sorafa Hotel. 📱 032-04-268-92. • consulatdefrance.mananjary@gmail.com •),* une ***station-service*** et une ***pharmacie*** *(Pangalana ; ☎ 942-91),* dans la rue principale, à l'angle de la rue de l'hôtel *Chez Stenny.*

## Où dormir ? Où manger ?

### Bon marché

⌂ |●| ***Yvonna Bungalows :*** *Ambodiampaly. ☎ 090-39. 📱 032-02-049-93. À env 2 km du centre, de l'autre côté du canal, sur la route du* Vahiny Lodge. *En arrivant à Mananjary par l'ouest, juste après un petit pont et 500 m avt le grand pont sur le canal, prendre la route de terre cahoteuse sur la gauche ;*

*si leurs panneaux s'entêtaient à disparaître, suivre la direction de la radio Aina. Doubles avec w-c à l'extérieur 12 000 Ar (env 4 €), avec sdb complète 15 000-25 000 Ar (env 5-8 €) selon taille ; eau chaude sur demande. Possibilité de (très bons) repas sur résa.* Loin de la mer, mais dans un quartier populaire à l'ambiance de village. Dans un environnement boisé, soigné et reposant, une douzaine de jolis bungalows avec cloisons intérieures en arbre du voyageur, toit en feuilles du même arbre et murs extérieurs en bambou. Les maisonnettes sont un peu proches les unes des autres peut-être et pas très bien isolées, mais l'ensemble est parfaitement tenu et l'accueil excellent. Un bel endroit d'un très bon rapport qualité-prix.

**Chez Stenny :** *dans le quartier d'Anosinakoho. 032-41-973-34. À env 800 m du marché, dans une petite rue perpendiculaire à la rue principale et à celle longeant la mer. Double avec sdb commune 15 000 Ar (env 5 €) ; bungalows avec sdb privée 20 000 Ar (env 6,50 €) pour 2 pers ou 40 000 Ar (12,50 €) pour 4 pers. Petit déj et repas sur résa.* 3 chambres rudimentaires et un bungalow familial dans un environnement plutôt bruyant (les chiens du coin se soucient assez peu de respecter le silence de vos nuits !), mais l'ensemble reste propret, et la petite terrasse permet de se sentir un peu comme chez soi chez la sympathique Christiane.

**Le Grillon :** *peu après le pont sur le canal, presque en face de la* BFV-SG, *non loin de la station-service. 032-43-670-34.* Déco sans prétention avec une poignée de tables à l'intérieur et une terrasse couverte. Outre les pâtisseries vendues au comptoir derrière des vitrines bien astiquées, l'endroit propose aussi une carte offrant une bonne petite sélection de plats chauds (un poil gras, cependant) à prix doux.

## De prix moyens à plus chic

**Le Jardin de la Mer :** *tt au bout du front de mer vers le sud. 032-04-896-39. • jardindelamer.net • Compter 15-28 €/pers.* Les bungalows à l'intérieur frais et propre sont magnifiquement situés à l'endroit où le canal rejoint la mer. Tous sont équipés de 3 lits (dont 1 sur la mezzanine), d'un ventilo et d'une salle de bains (eau chaude par panneau solaire). Entre les bungalows et la mer, un joli rideau de cocotiers, d'araucarias et de filaos, ces grands résineux qui vrombissent au vent. L'un des rares endroits de Mananjary où l'on peut nager dans l'eau douce du canal sans se soucier des remous. Fait aussi resto (plutôt cher).

**Sorafa Hotel :** *sur le front de mer. ☎ 092-01 ou 090-30. 033-13-453-47. • sorafahotel@moov.mg • Double en dur avec sdb 46 000 Ar, double en bungalow avec sdb 52 000 Ar.* Bien situé, près du centre. Une dizaine de chambres fonctionnelles mais sans caractère particulier. Même s'ils sont très proches les uns des autres, les bungalows sont plus sympas (et plus propres !) que les chambres, avec possibilité d'installer un lit supplémentaire sur la mezzanine. Beau jardin derrière, où l'on peut planter sa tente à condition de manger sur place. Eau chaude capricieuse. Piscine. Carte de pâtes, pizzas, spécialités chinoises et de fruits de mer. Excursions possibles au départ de l'hôtel (notamment pour Manakara).

## Beaucoup plus chic

**Vahiny Lodge :** *à 4 km du centre de Mananjary. 032-02-468-22. • vahinylodge@yahoo.fr • Double 180 000 Ar (env 56 €). Menu 44 000 Ar (env 14 €).* Perdus en pleine nature (mieux vaut arriver de jour !), 6 bungalows spacieux, sobres, avec de beaux meubles en palissandre et plein de détails coquets. Tous possèdent une petite terrasse, et, au milieu de tout ça, piscine et restaurant sous la véranda où sont servis des plats élaborés, souvent à base de langouste et de crabe. En descendant un peu, vous arriverez au bord d'un bras du canal.

## À voir. À faire dans la région

– Ne pas manquer le retour de la pêche en fin de matinée vers 12h, vers l'estuaire, au sud du *Jardin de la Mer* (voir « Où dormir ? Où manger ? »).
➢ Pour les excursions en bateau, s'adresser au *Vahiny Lodge* et au *Sorafa Hotel.*

***Les plages :*** attention ! D'une part, il y a des requins dans l'océan, d'autre part, il y a du courant dans le canal. Cela dit, deux endroits proches se prêtent à une baignade presque sans problème. D'abord, à 4 km au nord, accessible par la piste qui monte vers Mahela, il y a un diverticule du canal qui offre une belle plage, où l'eau se tient tranquille. C'est parfait pour se rafraîchir. Mais attention, il n'y a pas d'ombre. Ensuite, on peut tenter de barboter dans l'estuaire de la Mananjary, au sud de la ville. Il convient néanmoins de bien choisir sa plage. Car les habitants font tout dans ce plan d'eau douce : lessive, toilette et le reste... Le mieux est de traverser l'estuaire en pirogue et de s'éloigner de Mananjary en accostant sur la lagune entre canal et océan. Mais pas trop près du prochain village, Ankatafana, de l'autre côté de la lagune, dont la plage est couverte de crottes ! Seigneur ! Mieux vaut peut-être renoncer, tout compte fait ?

***Le canal des Pangalanes :*** une beauté, un trésor, ce canal ! Aujourd'hui, c'est surtout pour lui qu'il faut passer à Mananjary. Depuis Tamatave jusqu'à Farafangana, il s'étire le long de la côte sur 700 km, tantôt sous forme de lac, tantôt en un canal étroit. Ce sont les Français qui ont entrepris, à la fin des années 1940, de réunir cette succession d'estuaires le long de la côte pour en faire une voie de navigation nord-sud plus sûre que l'océan, très agité et dangereux. Lire aussi le passage qui est consacré au canal des Pangalanes dans la partie « L'Est ».
Malheureusement, creusé dans le sable et non entretenu, le canal s'est peu à peu refermé à certains endroits, de telle façon qu'il est aujourd'hui difficile, voire impossible, d'effectuer la totalité du parcours en bateau. À partir de Mananjary, pourtant, de belles balades sont possibles.
Idées des prix des excursions proposées, comprenant transport et guidage : balade à la demi-journée, 1 à 4 personnes, 175 000 Ar ; balade à la journée : circuit des épices ou excursions vers le nord (35 km) ou vers le sud (20 km) avec la découverte en cours de route de villages traditionnels, 1 à 4 personnes, 500 000 à 560 000 Ar ; balade sur plusieurs jours avec bivouac et tout le matériel : forfait 3 jours + 2 nuits, pour 1 à 4 personnes, environ 2 500 000 Ar.
La partie nord du canal est aujourd'hui fonctionnelle et sert toujours à évacuer les produits d'exportation vers le port international de Tamatave. Les voyageurs au budget serré, peu pressés et sans impératif de dates pourront embarquer à moindres frais, et avec les locaux, sur un des bateaux de marchandises (départ généralement tous les 2 ou 3 jours). La voie d'eau s'apparente à une jolie autoroute un peu monotone. On joint ainsi Mahela, Ambohitsara ou Nosy Varika.
La partie sud vaut nettement plus pour le charme de ses canaux minuscules, souvent recouverts d'une végétation touffue. S'enfonçant dans ce dédale, on part à la rencontre des villages les plus reculés, qui ne vivent que par le canal. La navigation s'avère souvent plus aisée en saison des pluies, quand le niveau d'eau est plus élevé ; en période sèche, il faudra parfois descendre de l'embarcation et marcher un peu. Chercher à rejoindre Farafangana par le canal, ou même Manakara n'est pas une promenade de santé. À noter qu'il est aussi possible de remonter le fleuve Mananjary sur plusieurs dizaines de kilomètres pour rejoindre éventuellement le village des chercheurs d'émeraudes de Morarano. Outre la location de bateaux à moteur dans les hôtels de la ville, on peut louer ces petites pirogues creusées dans l'*albizia,* très résistante, pour une balade sur l'eau (s'adresser au *Jardin de la Mer* ; voir « Où dormir ? Où manger ? »). Évidemment, on ira moins loin dans le même temps, mais ça revient beaucoup moins cher.

# MANAKARA

35 500 hab. IND. TÉL. : 72

**Manakara est la plus grande ville de la côte sud-est. Ville carrefour entre côte et Hautes Terres, Manakara est reliée à Fianarantsoa par la fameuse ligne de train *FCE (Fianarantsoa-côte est)*. Et le récent pont à Manakara Be aide à franchir les Pangalanes. Partant de Fianarantsoa par la route, vous pouvez composer votre circuit en boucle en passant par Manakara, Mananjary et Ranomafana, et découvrir les moyens de transport locaux (pirogues), les différents paysages en plaine et en hauteur, ainsi que les richissimes faune et flore.**
**La capitale du pays antaimoro est une étape reposante et vaut surtout le détour pour les beaux paysages traversés et les excursions en pirogue sur le canal des Pangalanes. C'est dans les environs de Manakara que l'on trouve la végétation la plus sauvage, que les canaux sont plus étroits (et donc seulement accessibles en pirogue) et que la vie des villages s'avère plus active qu'à Tamatave.**



## Arriver – Quitter

➢ ***En taxi-brousse :*** *départ et arrivée des taxis-brousse à l'entrée de la ville.* Liaisons avec ***Mananjary*** (12 000 Ar ; départ tlj vers 9h-10h ; trajet : 5-6h), ***Fianarantsoa*** (via Ranomafana ; 13 000 Ar ; 1 départ le mat, 1 le soir ; trajet : 8-9h), ***Farafangana*** (7 000 Ar ; départ le mat ; trajet : 4h), ***Vohipeno*** (3 000 Ar ; plusieurs départs tlj ; trajet : env 1h) et ***Tananarive*** (30 000 Ar ; départ dans l'ap-m, au plus tard à 16h ; trajet : 12h).

➢ ***En train FCE*** (ou *Fianarantsoa-côte est*) **:** voir les infos sur Fianarantsoa.

## Adresses utiles

■ Sur place, on trouve une ***poste,*** 3 ***banques*** (*BFV-SG, BOA* et *BNI-CA* ; cette dernière possède un distributeur acceptant les cartes *Visa* et *MasterCard*), un ***agent consulaire français*** *(Jean Boudy, lot 52 A Ambalakaraina. 📱 034-31-760-95. • jeanboudy@aol.com •)*, un représentant d'*Air Madagascar* (à côté de l'hôtel *Délices de l'Orient*), une ***pharmacie*** (*Du Levant,* à 300 m de la gare en direction du marché) et même une ***Alliance franco-malgache*** !

## Où dormir ?

### De très bon marché à bon marché (jusqu'à 26 000 Ar / env 8 €)

🏠 ***Les Bungalows du Sud :*** *dans une rue en terre battue, un peu à l'écart du marché. ☎ 211-00. Pour y aller, continuer pdt env 500 m sur la rue du resto Délices de l'Orient.* Dans un joli jardinet fleuri, quelques bungalows en *falafa* (arbre du voyageur) avec toilettes à l'extérieur et des chambres tout confort dans un bâtiment en dur. L'accueil, le sourire et l'humanité d'Anatolie, la patronne, ajoutent au charme de cette calme ruelle. Hélas, on nous a signalé plusieurs vols.

🏠 ***Les Flamboyants :*** *face à l'hôtel Sidi. ☎ 234-42. 📱 032-52-459-51.*

• *leflamboyantmanakara@yahoo.fr* • *Table d'hôtes sur résa.* Chambres confortables, avec moustiquaire et ventilo, avec ou sans salle de bains. Elles sont petites mais fraîches et nettes. Belle terrasse couverte où l'on prend son (bon) petit déj. L'établissement a été agrandi récemment.

**Le Morabe :** *non loin du centre, dans un petit quartier populaire tranquille.* ☎ *210-70.* Cette maison particulière, aménagée comme une pension et ceinturée de plantes vertes, propose une dizaine de chambres sans cachet et assez rudimentaires (certains diront décrépites), mais propres et avec moustiquaire. Au choix : toilettes à l'extérieur pour les moins chères ou douche avec eau froide à l'intérieur. Dilemme, non ? Préférer celles à l'étage, plus claires et spacieuses. Accueil sympathique et discret.

### De bon marché à prix moyens (à partir de 13 000 Ar / env 4 €)

**Délices de l'Orient :** *à 2 km du marché et du resto du même nom, en bord de mer.* ☎ *217-34.* *032-41-747-95.* Une petite douzaine de bungalows propres mais rudimentaires, plutôt bien décorés, dans un cadre plaisant et calme, avec vue sur l'eau et salles de bains privées. Propre. Matelas durs agréables, mais portes un peu grinçantes.

**Leong Hotel :** *dans le quartier de Tanjondava ; en venant de la gare ferroviaire, peu avt le marché.* ☎ *216-88. Fax : 213-86.* Dans un bâtiment moderne situé dans un coin calme de la ville mais à proximité du centre. L'ensemble, sans grand charme particulier, est plutôt frais et confortable. Il y a même de l'eau chaude dans certaines chambres !

## Où manger ? Où boire un verre ?

### De très bon marché à bon marché (jusqu'à 13 000 Ar / env 4 €)

**Délices de l'Orient :** *à quelques pas du marché, dans la rue derrière* Les Flamboyants. ☎ *217-34.* *032-41-747-95.* Plus connu sous le nom des *Délices,* ce petit resto créole pas cher, avec une carte de plats *gasy,* chinois et créoles, est une halte réconfortante après un long voyage. La terrasse sur la rue est agréable de fraîcheur, mais un peu sommaire, et l'accent créole du patron, Sully, est aussi épicé que son rougail saucisse. Organise parfois des soirées musicales et dansantes le vendredi soir.

**La Gourmandise :** *en face du marché, dans la rue de l'hôtel* Sidi, *côté gargotes.* ☎ *215-38.* Derrière les vitrines, les viennoiseries vous appellent dès le petit déj. Plus tard, vous reprendrez un peu de forces avec un millefeuille ou une tarte au coco. Si vous avez trop chaud, ce sera une glace. Pour les petits creux imprévus, des en-cas salés, comme les beignets de bichiques, crabes farcis, poissons et poulets en sauce. En somme, une halte revigorante à toute heure.

**Chez Clo :** *derrière le marché.* ☎ *216-73. Tlj sf jeu.* Encore une adresse polyvalente, mi-salon de thé, mi-restaurant. Une dizaine de tables, tout au plus. Du croissant, palmier ou brioche pour le matin ou le goûter jusqu'aux plats à la carte, tout est bon. Spécialités malgaches et chinoises, mais l'adresse vaut surtout pour les fruits de mer. Plats bien présentés et copieux. Bon choix de glaces. Le meilleur rapport qualité-prix du coin.

**La Belle Vue – Lemasoa 2000 :** *à la sortie du pont rouge, côté droit en allant vers la mer.* ☎ *216-07.* À côté de *La Guinguette,* belle terrasse sur le canal pour contempler l'activité autour du pont en fer avec les piroguiers pagayant au-dessous et les pousse-pousse courant dessus. Les nems maison et la salade *Lemasoa* avec de la viande sont des choix frais et goûteux. Quant aux « inspirations gourmandes du chef », elles incluent un poisson au curry, un poulet au gingembre et des crevettes au poivre vert. Bonus brochettes poisson-viande. La cuisine est tout à fait honorable, même si on peut lui reprocher de manquer un peu de finesse. Accueil charmant et cadre vraiment plaisant. Propose aussi une poignée de chambres.

**La Guinguette :** *à côté de* La Belle Vue. *032-02-683-35. Tlj sf mer.* Belle bicoque en bois, repeinte en vert, offrant une délicieuse terrasse donnant sur le canal. Mme Rose, qui a vécu en France, vous proposera bien sûr son poisson du jour, mais aussi quelques spécialités françaises originales par ici. Prix raisonnables pour une cuisine familiale. Ne pas être pressé.

**Le Capitaine :** *à côté de l'hôtel* Sidi. *Fermé dim midi et lun midi.* Si vous souhaitez rencontrer d'autres *vazaha* autour d'un pastaga ou déguster un plateau de fromages locaux accompagné d'un verre de clos-malaza, voici donc votre point de ravitaillement. C'est aussi le seul endroit où vous trouverez des pizzas, mais aussi du... miel de litchi.

**Chez Élisa :** *petite gargote sympathique à côté de l'hôtel* Sidi. La reine des nuits de Manakara accueille les noctambules jusqu'à 6h du mat' autour d'un rhum arrangé au citron ou au gingembre. Langoustes d'un excellent rapport qualité-prix.

## À voir. À faire

Pour louer un vélo, voir l'atelier *Black Boys* au marché.

**Manakara Be :** quartier situé le long de la lagune, de l'autre côté du fleuve Manakara, enjambé par un nouveau pont. Entre deux eaux, encore riche de très beaux arbres (dont de splendides badamiers), Manakara Be étire ses deux avenues parallèles sur lesquelles subsistent de belles demeures coloniales.

**Au-Trou-du-Commissaire :** *à 8 km du centre ; en direction de la plage, prendre à droite après le pont qui enjambe le canal.* Derrière ce nom pas forcément très engageant (!) se cache une très jolie plage où l'on peut se baigner (la prudence étant toujours de mise, bien sûr). Il y a même un bar-restaurant sur place.

À l'extrémité nord particulièrement, la berge administrative de l'***ancien port*** conserve un charme exotique.

➢ **En pirogue sur le canal :** on peut organiser avec un guide une très agréable balade en pirogue de 1 journée sur un bout du canal. Au programme : visite des villages de pêcheurs de requins, coincés entre mer et lagune, achat de poissons pour un pique-nique en bord de mer et, bien sûr, découverte de la vie qui s'écoule au fil du fleuve. Les villageois sont très accueillants.

## À voir. À faire dans la région

**Farafangana :** *la ville est desservie par* Air Madagascar *et reliée à Tananarive et Mananjary (2 liaisons/mois, mieux vaut donc faire preuve d'un peu d'organisation !).* Si le canal des Pangalanes n'arrive pas jusqu'ici, Farafangana est néanmoins traversée par un canal, ou plutôt un bras de fleuve. Elle se présente comme l'une des bourgades les plus animées de la côte. Cette ville coloniale fut, elle aussi, largement développée par les Français, qui exploitèrent les produits de rente régionaux, au premier rang desquels se trouve le café. Moins charmante que Mananjary ou Manakara, elle séduit néanmoins dans un autre style. Cela dit, il n'y a rien à faire à Farafangana ! Même l'océan est inaccessible, séparé de la terre ferme par le canal. C'est juste Madagascar à vivre en profondeur, et c'est déjà pas mal. Préfecture de région, la ville offre tous les services utiles, bons hôtels, restos, banques, hôpital, poste et télécommunications. La population est accueillante, bien que parfois surprise par la présence de touristes... La route goudronnée est quand même pleine de trous !

**Vangaindrano :** *à 70 km de Farafangana vers le sud, par une excellente et surprenante route, on peut gagner Vangaindrano la Sauvage. L'A/R se fait facilement dans la journée à partir de Farafangana, le temps d'une balade exotique.* Plus originale que ses consœurs de la côte, la ville n'est pas construite sur le mode colonial. Il règne une bonne animation dans son petit bazar. Il faut monter sur les hauteurs pour sentir la vie battre sous les arbres qui recouvrent la ville. Vangaindrano est caractéristique d'une ville enclavée. Elle conserve ainsi son style très paysan, et les Antaisakas qui l'habitent restent attachés aux traditions qui fondent leur identité. Tana et l'État sont tellement loin !

➢ Vous pouvez choisir de poursuivre encore vers le sud, mais pour atteindre Fort-Dauphin par la côte, il vous faudra monter votre propre expédition de survie !

# LE GRAND SUD

## D'AMBALAVAO AU PARC NATIONAL DE L'ISALO

À Ambalavao, les Hautes Terres s'achèvent et le Sud peut s'étaler sur toute la largeur de l'île, ou presque. La fin progressive des rizières, l'apparition soudaine de gros blocs de pierre et la présence, çà et là, de tombeaux, tout nous signifie que nous entrons dans un nouveau territoire... Et puis, au beau milieu de la plus longue route du pays, comme si celle-ci avait toujours été la leur, des troupeaux de zébus occupent parfois complètement la chaussée, ralentissant le trafic étiré des taxis-brousse ou les arrêtant même quelques minutes sur l'étroit cordon d'asphalte tendu au milieu de l'immensité. Dans leur lente progression qui les mène de la région de Tuléar à celle de Fianarantsoa, les troupeaux bivouaquent quotidiennement sur ces immenses « bas-côtés », telles les plaines de l'Ouest américain... Et justement, le massif de l'Isalo (prononcer « Issale ») vers lequel on se dirige est surnommé « le Colorado malgache » !
Avant de l'atteindre, c'est *Ankaramena,* et puis, à partir de *Sandrakely,* on voit surgir en point de mire continu deux énormes rochers arrondis, l'un au-dessus de l'autre, baptisés par les Malgaches « le bonnet d'Évêque » ou encore « le bonnet du Pape » ! On a de l'humour à Madagascar. *Mahasoa* puis *Zazafotsy* (« l'enfant blanc ») sont les derniers villages où l'on peut se ravitailler quelque peu avant d'atteindre Ihosy. Si vous ne vous arrêtez pas à Ihosy, ce que l'on vous conseille, c'est de franchir le paysage de steppe qui suit, à travers le plateau du Horombe, avec ses termitières géantes et ses troupeaux de zébus... avant d'atteindre Ranohira et le fameux « Colorado malgache ».

## LE PARC NATIONAL DE L'ISALO ET RANOHIRA

C'est un immense massif de grès érodé datant du Jurassique (il y a 135 à 205 millions d'années) et qui s'étend sur près de 82 000 ha. Le relief est ruiniforme (du mot « ruine »), et les panoramas sont splendides, surtout lorsque le soleil est de la partie. Canyons profonds, piscine naturelle, grottes, rivières, pachypodiums et lémuriens sont les principales raisons de votre visite. Inutile de préciser que de longues randonnées sont de mise dans ce que les Malgaches ont baptisé, avec un peu d'audace, « le Colorado malgache ». Cependant, les tarifs de guidage connaissent une sacrée inflation depuis quelques années, et les arnaques à touristes sont monnaie courante dans ce domaine (lire attentivement la rubrique « Adresse et infos très utiles »). Si vous ne disposez que d'une journée, contentez-vous de choisir parmi les trois premières excursions de la rubrique « À voir. À faire ».

**Le village de Ranohira est le point de départ des excursions pour le massif de l'Isalo. Le Colorado malgache est d'ailleurs la seule excellente raison de venir séjourner ici, car le village lui-même n'est qu'un bourg un peu zone et sans intérêt, très fréquenté par les cow-boys du saphir en provenance d'Ilakaka... Si vous en avez la possibilité, essayez de camper dans le massif plutôt que d'utiliser les hôtels souvent miteux du bourg. Néanmoins, quelques adresses tiennent la route, certaines possèdent un groupe électrogène, des panneaux solaires et le téléphone marche.**

## Arriver – Quitter

***Arrêt des taxis-brousse de Ranohira :*** *au carrefour, devant l'épicerie* Les Joyeux Lémuriens *et les hôtels* Berny *et* Orchidée.

➢ ***Tuléar :*** 1 départ/j. à 7h30. Compter 5h de route env jusqu'à Tuléar.

➢ ***Liaisons avec le Nord :*** il vaut mieux prendre un taxi-brousse pour Ilakaka et, de là, prendre l'un des nombreux véhicules pour les villes de la RN7 jusqu'à Tana.

➢ ***Ihosy :*** quelques taxis-brousse réguliers tlj, de préférence le mat. Route nickel.

## Adresse et infos très utiles

■ ***Bureau d'accueil du MNP :*** *près de l'hôtel* Berny. *Infos sur • parcs-madagascar.com • Tlj 6h30-16h30 (fermé 12h-14h le w-e). Vous devez acheter un ticket individuel pour accéder au parc : compter 25 000 Ar pour 1 j., 37 000 Ar pour 2 j., 40 000 Ar pour 3 j. et 50 000 Ar pour 4-7 j.* C'est le point de passage obligé pour pénétrer dans le parc. Droit d'entrée et frais de guidage sont donc à régler avant le départ. Même si le parc est grand, n'essayez pas de resquiller. Il y a des contrôles et, si le prix d'entrée est un peu élevé, l'argent est censé aller à la population locale et à *MNP*.

### À propos des guides et des tarifs...

Tout d'abord, sachez qu'un guide agréé par le *MNP* est obligatoire, comme dans tous les parcs et réserves gérés par cette institution. Ce sont en majorité des guides indépendants mais agréés par le ministère du Tourisme. Leurs photos sont d'ailleurs affichées au bureau. Il y a 2 catégories de guides : les confirmés et les agréés, plus les pisteurs, dont quelques spécialistes de la flore et de l'ornithologie.

– *Un conseil :* choisissez bien votre guide agréé et méfiez-vous des guides « spontanés », surtout pour des raisons de sécurité (il n'y a pas d'hôpital ici !). Les guides « stagiaires » n'ont en principe pas le droit de vous accompagner, mais il n'est pas rare qu'en pleine saison les pisteurs fassent la visite. Cela dit, c'est votre droit absolu de choisir avec qui vous partez, personne ne peut vous imposer quelqu'un que vous ne sentez pas (surtout s'il est saoul, ce qui arrive parfois, malheureusement...). Un point étrange, tout le monde est au même tarif.

– *Deuxième conseil très important :* même si vous sympathisez avec l'un des guides qui viennent vous accoster dès votre arrivée, ne vous laissez pas déconcentrer et regardez attentivement les prix affichés au bureau de *MNP*, valables pour un guide emmenant un groupe de 1 à 4 personnes. Il y a plusieurs listes de tarifs (fixes et non négociables) selon qu'on y accède à pied ou avec un préacheminement en voiture.

Voici ceux qu'on a relevés lors de notre dernier passage : le guidage vers la piscine naturelle vous coûtera 20 000 Ar avec accès en voiture (ça sous-entend votre véhicule) et 25 000 Ar en parcourant tout le trajet à pied (l'énergie humaine a son coût !) ; mêmes prix pour la cascade des Nymphes et les piscines Noire et Bleue ; compter respectivement 25 000 et 30 000 Ar pour le canyon des Makis.

NORD
Ambohibe
Manja
9
Massif du Makay
RN 55
Morombe
Cap St-Vincent
Ankiliabo
Bevoay
Mangoky
Beroroha
Lac Ihotry
Andavadoaka
Befandefa
Befandriana
Baie des Assassins
Ambohitsabo
Antanimieva
Ankazoabo
9
Parc national de l'Isalo
Ranohira
Anavelona
Salary
Ilakaka
RN 7
Ankililioka
Massif Ruiniforme
Tsifota
Manombo
Manombo
Sakaraha
Andrevo
Fiherenana
Imaloto
Ifaty
10
RN 7
Tuléar (Toliara)
Ambohimahavelona
Baie de St-Augustin
Bezaha
Benenitra
Sarodrano
St-Augustin
Onilahy
Île Nosy Ve
Réserve spéciale de Beza-Mahafaly
Anakao
Betioky
Canal de Mozambique
Ambatry
Beheloka
Lac Tsimanampetsotsa
Bekily
Gogogogo
Ejeda
Mahafaly
Linta
10
Itampolo
Ampanihy
Tranoroa
Menarandra
Saodona
Androka
Beloha
Bevoalavo
Karimbola
Tsiombe
Lavanono
Marovato
0
25
50 km
Cap Ste-Marie
Faux-Cap (Betanty)

Fianarantsoa
RN 25
RN 12
Zomandao
RN 7
Ambalavao
de l'Isalo
Manakara
Ihosy
Plateau du Horombe
Ivohibe
Menarahaka
27
Vondrozo
Farafangana
RN 12
13
Iakora
Mananara
Mangoky
Ionaivo
Homampy
Betroka
Vangaindrano
Tropique du Capricorne
Ampihamy
Migondy
Midongy
Befotaka
OCÉAN INDIEN
Massif de l'Ivakoany
12A
Beraketa
Manantenina
Mandrare
Beampingaratra
Anosy
Parc national d'Andohahela
Baie de Ste-Luce
Antanimora
Ifotaka
Manafiafy
Réserve privée de Berenty
13
Réserve de Nahampoana
Pic St-Louis
529
Evatra
13
Amboasary
Baie de Lokaro
Ranopiso
Fort-Dauphin (Tôlagnaro)
Italy
10
Ambovombe
Cap Andavaka
Ambinanibe
Route principale goudronnée
Route secondaire goudronnée
Piste principale
Piste secondaire
Lieux traités
Tuléar
À voir dans les environs
Evatra
Repères
Vondrozo

LE GRAND SUD

Quant aux « combinés » en boucle, ils sont plus onéreux : 50 000 Ar pour le canyon des Makis et la cascade des Nymphes ; 55 000 Ar pour le canyon et la piscine naturelle, et 77 000 Ar pour le canyon, la piscine et la cascade.
Attention, soyez particulièrement attentif si vous voulez faire un **trek** et des **bivouacs,** on vous annonce le tarif du guide à la journée (35 000 Ar) et, en cas de nécessité, celui d'éventuels porteurs (20 000 Ar). À cela, ajoutez 10 000 Ar pour le droit de bivouac et l'emplacement, 1 000 Ar pour le bois de chauffe et 10 000 Ar pour les treks en 4x4. Et, ce que l'on ne vous dit généralement pas, c'est que l'on vous comptera en plus, à la fin, le tarif pour chaque site visité ! Voir les tarifs indiqués ci-dessus. Par ailleurs, dans le cas de bivouacs, les repas sont fournis par le guide. Là, le choix se complique car chaque guide propose son package et son tarif. À vous de voir sur place par recommandation ou enquête personnelle, mais faites votre choix avec précaution. Sachez enfin que le contenu du package peut se négocier. Bref, bien prendre en compte toutes ces données avant le départ afin d'éviter toute déconvenue ! À savoir aussi, au-delà de 4 personnes par groupe, les guides appliquent une espèce de « règle de trois » : le tarif du site est multiplié par le nombre de participants et divisé par 4. Autrement dit, chaque personne supplémentaire au-delà de la 4e personne paiera le quart du tarif indiqué. Rien d'anormal là-dedans, mais si vous êtes 8 personnes, vous êtes en droit de demander un 2e guide au lieu de payer le même au double du tarif... Mais pour ça, à vous de voir ce que vous préférez.

## Location de tentes et de duvets

Vous trouverez des tentes et des duvets à louer auprès des guides (compter moins de 7 000 Ar la tente et 3 000 Ar le duvet, par nuit), sauf peut-être en haute saison s'il y a foule. Les tarifs de *MNP* sont fixes. Le matériel de cuisine est théoriquement fourni par votre guide.

# Où dormir ? Où manger ?

## Camping naturel

À notre avis, la meilleure solution pour être proche de la nature et loin du bourg. Se méfier néanmoins des averses en saison des pluies. Si vous n'avez pas d'équipement, vous pouvez en louer auprès de quelques guides, mais attention aux tarifs annoncés (lire ci-dessus). Bien regarder l'état du matériel. On peut aussi camper à l'*Isalo Ranch* (*carte,* ***2*** ; mais le sol est assez dur) et aux *Toiles de l'Isalo* (*carte,* ***4*** ; version camping de luxe), tous deux au sud du village. Lire un peu plus loin.

⛺ Possibilité de camper dans plusieurs ***sites*** plus ou moins éloignés à l'intérieur du parc national : à la ***piscine naturelle,*** au ***canyon des Makis,*** à la ***cascade des Nymphes (Namaza)*** et à la ***grotte des Portugais.*** Pour le camping à Namaza et à la piscine naturelle, un droit est demandé : compter autour de 26 000 Ar par emplacement et par nuit. Les autres sites sont, pour l'instant, gratuits.

### *À Ranohira*

## De très bon marché à bon marché (jusqu'à 26 000 Ar / env 8 €)

🏠 🍽 ***Chez Alice :*** 📱 *032-02-055-68 ou 033-07-134-44.* • *chezalice@yahoo.fr* • *Au carrefour, prendre la piste à droite de l'hôtel* Berny *et après le château d'eau à gauche. Menu 18 000 Ar, d'un excellent rapport qualité-prix, avec une remarquable pâtisserie et un rhum arrangé offert.* Le chemin pour y accéder n'est pas des plus engageant, mais l'adresse vaut vraiment le coup. Dieu sait que Mme Alice, charmante et envoûtante, a beaucoup d'allure avec son fume-cigarette ! Elle propose à ses hôtes une dizaine de paillotes et

## LE PARC NATIONAL DE L'ISALO

bungalows disséminés dans une nature quasi vierge, à flanc de colline face au massif. Belles constructions en pisé et toit de graminées, avec 3 blocs sanitaires bien répartis sur le terrain. Certains bungalows (nettement plus chers) avec sanitaires à l'intérieur, le luxe ! Et même des bungalows familiaux (plus chers). Impeccable, et déco intérieure très chaleureuse avec détails en bois de balsa. Salle de restaurant très sympa avec un coin bar et jeux de salon, le tout dominant l'Isalo. On adore !

**Momo Trek :** *032-44-187-90 ou 032-45-70-336. • momo_trek@yahoo.fr • Derrière le bureau de* MNP, *prendre le chemin qui descend sur 100 m, c'est sur la droite.* Possibilité de camper bon marché. Une quarantaine de tentes à louer pas cher, des matelas et même des duvets. Accès aux douches et w-c inclus. Si vous avez déjà votre matériel, c'est bien moins cher, bien sûr. Également des cases à l'africaine, avec moustiquaire et sanitaires extérieurs pas terribles, ou de confortables bungalows pour 2 à 6 personnes. Un bémol : le bruit du groupe électrogène communal à proximité, qui ne s'arrête qu'à 4h du mat. Mais cela n'empêche pas les routards de s'y retrouver dans une ambiance vraiment festive : ici on fait la fête tous les soirs ! Resto-bar proposant des plats malgaches de bonne qualité. Les treks sont plus chers et pas inoubliables (les mêmes que ceux de *MNP*). Accueil chaleureux de Momo.

## De bon marché à chic (13 000-104 000 Ar / env 4-32 €)

🏠 |●| ***Hôtel Berny :*** *sur la place du village, où se trouve le marché. 📱 032-05-257-69. ● berny-isalo.com ●* Une vingtaine de chambres dans une arrière-cour un peu « foutoir ». 3 choix suivant les budgets : d'abord 4 chambres rudimentaires (mais propreté acceptable), avec sanitaires extérieurs. Puis 4 autres chambres correctes avec salle de bains en pierre du pays. Enfin, une douzaine de chambres récentes dans un bâtiment plus récent au rapport qualité-prix moins intéressant. Confort minimaliste au resto, ouvert sur la place du village, mais au final très sympa (la forte personnalité de Berny n'y est pas pour rien) et pas mauvais du tout. Bonne ambiance. Seule la terrasse reste stratégique pour boire un verre dans le village. La maison gère également la boutique de T-shirts à côté, ainsi qu'un parc nature à 10 km de là (demander).

🏠 |●| ***Hôtel Orchidée :*** *en plein carrefour, dans le centre. 📱 032-44-676-89. ● orchidee-isalo.com ● Réception au resto* Le Zébu Grillé. Les chambres les moins chères (41 000 Ar), spacieuses, avec w-c et douche (eau chaude), se situent dans le bâtiment ancien dit « économique », et les plus onéreuses dans un gros bâtiment moderne sans charme extérieur, mais avec un intérieur en pierre et meublées sobrement en pin. Propreté irréprochable, w-c séparés, moustiquaires. Des chambres familiales. Resto correct, mais ambiance cantoche.

### *Autour de Ranohira*

## Chic (52 000-104 000 Ar / env 16-32 €)

🏠 |●| ***Les Toiles de l'Isalo*** *(carte, **4**) : à la sortie sud du village. Résas à Tana : chez* Jacaranda, *IBF 37, Ambatomena. ☎ 22-245-34 (à Tana). 📱 033-11-025-25. ● hotel-toiles-isalo.com ● Compter 25 € pour 2, petit déj compris.* 10 bungalows en dur, recouverts de paille, avec ventilo, moustiquaire, salle de bains (eau chaude) et w-c, auxquels on accède par un caillebotis. Un peu bas de plafond. Aurait besoin d'une petite rénovation. Jolie salle de resto et très bons repas. Paniers pique-nique possibles. Personnel sympa. Terrain de pétanque. Piscine sympa. Une belle adresse.

🏠 |●| ***Isalo Ranch*** *(carte, **2**) : à 5 km au sud du village, sur la droite ; bien situé, à l'écart de Ranohira. Résas auprès de l'agence* Le Voyageur, *BP 40, Ambohimanarina, à Tananarive. ☎ 26-011-11 (à Tana). ● isalo-ranch.com ● Compter 40 € pour 2, petit déj en plus.* L'une de nos adresses préférées, mais plus chère que la précédente. D'abord, c'est un coin très calme, loin du bourg. Et puis on dort dans de très beaux bungalows à l'africaine avec sanitaires privés, pour 2 ou en famille. 2 bungalows seulement avec sanitaires communs (impeccables). Moustiquaires et eau chaude partout. Électricité solaire. Préférer les bungalows rénovés, et ceux qui se trouvent en première ligne face au piton de Kandrarezo (même prix que les autres et vue sublime). Belle piscine. Fait resto, avec un menu à la carte midi et soir. Transfert gratuit vers Ranohira le matin vers 7h30 pour la visite du parc. Pour les petits budgets, possibilité de camper pour pas cher en dépannage, mais apporter sa tente (sol un peu dur quand même).

### Beaucoup plus chic (plus de 170 000 Ar / env 53 €)

🏠 |●| ***Satrana Lodge*** *(carte,* ***5****) : au sud du village, un peu à l'écart mais très bien indiqué, sur la RN7 direction Tuléar. ☎ 22-219-74. 📱 034-14-260-87. • satranalodge@cortezexpeditions.mg • hotel.isalo.lodge.com • Compter 68-95 € pour 2. Petit déj-buffet raffiné 6 €/pers.* Ici, c'est *Out of Africa* version grand luxe. Depuis la RN7, le petit chemin cahoteux mène sur les hauteurs à la vaste réception parquetée et ouverte sur une nature et des paysages splendides. Là se trouvent le restaurant et la piscine. Puis accès en redescendant la colline aux tentes, aussi confortables que des bungalows en dur. Une quarantaine, toutes orientées face à l'imposant massif de l'Isalo, aux couleurs magnifiques en fin de journée. Toiles épaisses, toits de chaume, parquet, élégant mobilier en bois... tout dans la déco évoque le voyage romantique. Salles de bains modernes accolées à l'arrière des tentes, en dur, mais sans toit pour une meilleure communion avec la nature. Le complexe s'intègre tellement bien dans cet environnement qu'il ne fait plus qu'un avec la nature ! Autant dire que ce charme absolu a un prix... mais amplement mérité. Accueil classe et courtois.

🏠 |●| ***Le Relais de la Reine*** et ***Le Jardin du Roy*** *(carte,* ***3****) : à 14 km au sud de Ranohira. Résas à Tananarive c/o* Madagascar Discovery *Agency, BP 3587, Antananarivo 101. ☎ 22-351-65 ou 22-336-23 (à Tana). • hotels-isalo.com • Résa impérative, à confirmer pour plus de sûreté. Doubles 68-98 €. Plat à la carte le midi et menu le soir.* 2 hôtels de charme, au confort extra, reliés l'un à l'autre par un petit chemin empierré. D'un côté, *Le Relais de la Reine,* avec ses bungalows en grès, à la décoration soignée, très boisée, délicieuse et pleine de charme. Piscine, spa, tennis, billard, et même centre équestre. De l'autre, *Le Jardin du Roy,* avec des prestations de même niveau. Resto pas mauvais du tout, un poil guindé. Petit déj à tomber par terre servi par un personnel stylé et compétent. Une adresse magnifique et de qualité constante.

## À voir. À faire

– ***Attention :*** pour marcher dans l'Isalo, il est nécessaire d'être en bonne condition physique, prévoir une bonne petite laine pour les soirées d'hiver (de juin à septembre), un couvre-chef et emporter beaucoup d'eau avec soi (journées très chaudes et pas d'ombre). Les personnes âgées y regarderont à deux fois, car certains coins ne sont pas faciles d'accès et certains guides ont tendance à ne pas prévenir.
À savoir, en saison des pluies, les visites des canyons, des piscines et de la cascade des Nymphes sont déconseillées après 14h. Prévoir même une fermeture en cas de fortes pluies en raison de risques d'éboulements.

🚶🚶 ***Le canyon des Makis :*** compter environ 2h30 à pied pour y aller (environ 9 km) depuis le bureau de *MNP.* Si vous disposez d'un véhicule (4x4 indispensable), il y a 17 km d'une piste qui démarre au nord du village, puis 1 km à effectuer à pied. Vous découvrirez le village originel de Ranohira (l'autre n'est apparu que pour le business...). Petite marche dans les rizières, puis une miniforêt. C'est là que votre guide tentera de débusquer l'une des sept sortes de lémuriens qui y habitent, comme le *Propithecus verreauxi* (blanc), le *Eulemur fulvus rufus* (marron) ou le *Eulemur catta* (queue annelée noir et blanc), et sans doute quelques lémuriens nocturnes et caméléons sur le chemin... Très chouette. Et au milieu, dans une sorte d'oasis, coule une rivière. Tout au fond, le joli canyon des Makis.

🚶🚶 ***Le canyon des Rats :*** il se trouve à environ 45 mn de marche après le canyon des Makis (mais ils ne communiquent pas entre eux, il faut ressortir du premier pour atteindre le second). Un peu plus difficile d'accès. Ah, au fait, il n'y a pas de rats, ils sont partis depuis belle lurette ! Sympa aussi.

**La piscine naturelle :** depuis Ranohira, aller à 3 km (en voiture ou à pied !) au sud du village et marcher encore 3 km depuis le parking. C'est plus gratifiant bien sûr d'y aller depuis le canyon des Makis, mais il faut dans ce cas compter environ 6h de marche pour 16 km ! Pour les bons marcheurs, donc. Pour la balade normale, ça ne grimpe jamais beaucoup, pas de difficultés réelles. Idéal pour les familles. Un bon guide vous montrera tous les oiseaux et vous livrera toutes les petites histoires de cette merveilleuse nature. En cours de chemin, mini-escalade d'un rocher livrant un panorama grandiose à 360°. La fameuse piscine est joliment entourée de pandanus et de « pulseurs », plus fins, plus élancés, mais, en haute saison, vous risquez de ne pas être seul... Camping à proximité. Un petit effort de plus, grimpez donc la colline surplombant la piscine. Belle vue sur un autre canyon.

**La grotte des Portugais :** pour les adeptes du trekking. Être très bien organisé (eau et vivres, guide, matériel de camping, éventuellement porteurs) car c'est toute une expédition pour s'y rendre. Le *MNP* organise un circuit de 7 jours incluant les autres sites. Ne jamais partir seul ! La grotte aurait abrité des naufragés portugais au XVI$^e$ s. Elle n'a que peu d'attrait. L'intérêt est surtout de traverser des sites très différents.

**La Reine de l'Isalo et la Fenêtre de l'Isalo :** ces deux sculptures naturelles qui figurent, dans l'imagination des Malgaches, une reine et une fenêtre (vous aviez deviné !) se situent respectivement à 12 et 17 km au sud de Ranohira, en bordure de route. Un peu loin pour y aller à pied, donc. Essayez d'aller à la Fenêtre pour le coucher de soleil, c'est plus joli. Et préférable d'y aller en groupe, certains lecteurs ont subi des attaques.

**La Maison de l'Isalo :** *GRATUIT.* Petit musée écologique sur la faune et la flore du parc, et l'histoire du peuplement de la région. Malheureusement, très mal situé (à 9 km du village, sur la gauche !). Les acharnés peuvent néanmoins s'y rendre du lundi au vendredi 7h-17h (éviter la pause déjeuner quand même...).

➢ **Le circuit Malaso :** grand tour d'une demi-journée dans l'Isalo à faire en 4x4 uniquement, avec quelques marches tout de même, mais nettement moins sportif que les autres circuits. Une sorte de safari touristique, quoi ! Voir le *MNP* pour l'organisation et les tarifs.



# DE RANOHIRA À TULÉAR

À une trentaine de kilomètres au sud du parc de l'Isalo, la ***rivière Ilakaka*** a été le témoin d'un phénomène sociologique unique à Madagascar. Alors que le pays est entré dans le XXI$^e$ s sans échapper à une extrême pauvreté, le moindre gisement de pierres précieuses mis au jour est l'occasion d'une grande « ruée vers l'or ». Ici, c'est la « fièvre bleue », celle du saphir, qui a frappé. Des milliers de Malgaches se sont en effet rués en masse autour de la rivière et ont construit en quelques mois un village champignon ! De 20 000 à 50 000 personnes, au bas mot (mais nul ne connaît le chiffre exact), vivraient actuellement dans des abris de fortune, ou plutôt d'infortune, constructions de branchages et de terre, vieilles bâches de récupération, planches pour les plus argentés, et des petits commerçants opportunistes se sont installés dans le village pour profiter de l'occasion en ravitaillant la population à des prix bien supérieurs à ceux en vigueur dans le reste du pays. C'est fou le nombre d'hôtels pour chercheurs de saphir ou acheteurs qui ont surgi (ils s'appellent tous « Saphir » quelque chose...). Une ligne de taxis-brousse a même été créée spécialement pour relier le village aux villes de la RN7 ! Un conseil : ne vous y arrêtez pas, ou seulement pour attraper un autre taxi-brousse, la sécurité n'étant pas assurée dans ce secteur où les maladies, la prostitution et même les règlements de comptes entre acheteurs thaïs et sri-lankais musulmans sont devenus monnaie courante. Pour preuve, vous verrez les Thaïs désormais barricadés derrière des grillages...

Un grand nombre de Malgaches ont donc abandonné leur métier (taxis-brousse, agriculteurs...), quand ils en avaient un, pour venir ici, mais peu ont réellement fait fortune. Les gisements sont généralement contrôlés par de riches particuliers aux 4x4 flambant neufs. Le plus grave, c'est que beaucoup de prospecteurs sont morts, ensevelis par leur propre galerie, ou, par absence de soins, de la dysenterie ou du paludisme. En mars 2004, un nouveau gisement a été trouvé à Bevilani, entre Ilakaka et Sakaraha. Une manne de courte durée pour les villageois qui se sont vite fait racketter par les voleurs de zébus. Depuis, ils continuent à exploiter le sol mais, pour plus de sécurité, ils ont déplacé leurs maisons (ou plutôt leurs cahutes) sur la RN7.

### FAR WEST DANS L'ÎLE ROUGE

*Dès 6h du matin, autour de la rivière Ilakaka, on tamise le contenu des sacs remplis de terre. Un travail de forçat souvent vain. Le saphir présente une palette de couleurs allant du jaune au bleu, celle-ci étant la plus recherchée. Les chercheurs présentent leurs trouvailles auprès de l'un des « experts » tenant comptoir ; les pièces sont alors estimées et achetées à des prix bien inférieurs à leur valeur réelle. Le jeudi, c'est jour des transactions, les boss de Tana viennent chercher leur précieux butin.*

***Sakaraha :*** après la plaine des baobabs apparaît cette petite ville de transit sans intérêt à mi-chemin entre l'Isalo et Tuléar. Plaque tournante du trafic du saphir également. Ne s'y arrêter que pour grignoter quelque chose dans un *hotely-saloon* (et encore), mais ne pas jouer aux cow-boys non plus ! Et, à fortiori, évitez de regarder les beaux cailloux, vous seriez de toute façon repéré... au risque de vous faire racketter plus loin sur la route.

## TULÉAR (TOLIARA)

130 000 hab. IND. TÉL. : 94

▸ Pour le plan de Tuléar, se reporter au cahier couleur.

**Tuléar (280 000 hab. pour l'agglomération), ville de poussière et de chaleur, où le temps se serait arrêté un moment sans pouvoir repartir, accablée par sa propre torpeur. Capitale du Sud-Ouest où certaines âmes errent et d'où les touristes repartent souvent amers... En fait, Tuléar, c'est plutôt une atmosphère, un carrefour. On y croise volontiers tous les Blueberry et Corto Maltese de la terre, en escale ou restés ici à fond de cale. Même la ville, qui doit sa création récente (1895) à un architecte français sans imagination et au gouverneur général Gallieni qui transféra les services administratifs de l'île de Nosy Ve jusqu'ici, fait parfois penser à une bande dessinée. On en repart avec des bulles dans la tête qui semblent sortir d'un Far West imaginaire ou du film *Le Salaire de la peur* !**

**Vous l'avez compris, il n'y a pas grand-chose à faire à Tuléar même. Après un jour ou deux pour se poser, il sera temps d'aller explorer un peu ses charmants environs, Saint-Augustin, Anakao ou Ifaty, pour profiter de la mer, ou partir à la rencontre de ce magnifique peuple de pêcheurs, les fameux Vezos. Tuléar, où ils sont les plus nombreux, est leur carrefour. Ce sera aussi le vôtre. À vous de décider si vous prenez ensuite la route des tombeaux mahafaly et antandroys ou la piste côtière jusqu'à Fort-Dauphin, au sud, ou si**

**vous choisissez de vivre à la manière vezo, en pirogue et à l'aventure jusqu'à Morombe, vers le nord, le long d'une barrière de corail de 100 km.**

## Arriver – Quitter

Un tuyau : pas mal de 4x4 des agences de voyages déposent leurs clients à Tuléar avant de remonter à vide sur Tana. Si votre destination se trouve sur cette route, il peut s'avérer très intéressant de négocier une place dans un de ces véhicules, un peu plus cher qu'un taxi-brousse, mais nettement plus confortable. Cela n'a rien d'officiel, mais on peut se renseigner dans les hôtels les plus touristiques ou dans les cafés de la place de l'OUA... Attention, le trajet est rarement direct, prévoir une étape à Fiana ou à Ambositra. Un 2d tuyau : le *Transpost* fait la navette avec les différentes grandes villes de la RN7. Réserver sa place directement boulevard Gallieni et départ tôt le matin. Pas cher !

### En taxi-brousse et en bus

***Gare routière principale*** *(plan couleur B2)* **:** Sanfily, à l'entrée de la ville. La plupart des départs ont lieu le mat 6h-9h, puis autres départs l'ap-m 14h30-16h max.

➢ ***Pour le Nord :*** départs tlj pour ttes les villes de la RN7, ***Ranohira*** (massif de l'Isalo ; 20 000 Ar ; trajet : 5h), ***Ihosy*** (28 000 Ar ; trajet : 7h), ***Ambalavao, Fianarantsoa*** (30 000 Ar ; trajet : 8h), ***Ambositra, Tananarive*** (45 000 Ar ; trajet : 16h)... Coopératives : *Stato, Kofifi, Mafio, Sonatra...*

➢ ***Pour l'Ouest :*** départs tlj pour ***Morombe*** vers 7h. Trajet : 2 j. Plus long en saison des pluies (3 j.) et parfois impraticable... Départs pour ***Morondava*** (via Antsirabe) théoriquement jusqu'à 2 fois/sem. Trajet en camion double pont passant par Manja. Compter 2 j. et 1 nuit sans arrêt ! Liaison coupée en saison des pluies. Pour ces 2 destinations, voir les coopératives *Kofifivo et Mafio.*

➢ ***Pour l'Est :*** départs pour ***Betioky*** tlj, tôt le mat (12 000 Ar ; 6-7h de trajet) ; pour ***Ampanihy*** (à 14h30 ; 20 000 Ar ; trajet : 1,5 j.) et ***Fort-Dauphin*** (36 000 Ar), théoriquement tlj, l'ap-m. Attention, trajet très long : pour Fort-Dauphin, compter 2-3 j. si tout va bien. Liaison souvent coupée en saison des pluies. Pour les très courageux !

***Bus au départ de la zone de stationnement Sanfily*** *(hors plan couleur par B2)* **: liaisons quotidiennes avec Tana, Ranohira, Ihosy, Fianarantsoa et Antsirabe.** Possibilité de poursuivre vers le terminus de la ligne, Soanierana-Ivongo, pour Sainte-Marie. Pratique ! Bus de nuit déconseillé.

➢ ***Saint-Augustin :*** 1 départ/j. sf ven et dim vers 12h ; venir 1h avt (33 000 Ar).

***Stationnement des taxis-brousse pour Ifaty*** *(hors plan couleur par A1)* **:** nombreux départs tlj. Compter env 5 200 Ar.

### En avion

✈ ***Aéroport*** *(hors plan couleur par B2)* **:** à 7 km de la ville. Pas le choix, pour le centre-ville il faut prendre un taxi. Compter 15 000 Ar. Certains hôtels assurent aussi le transfert (payant).

➢ ***Tana :*** 1 vol/j.

➢ ***Morondava :*** 2 vols/sem (lun et ven).

➢ ***Fort-Dauphin :*** 1 vol/sem (mar).

➢ ***Morombe et Manja :*** très aléatoire, juste quelques fois dans le mois.

## Comment circuler ?

En ***pousse-pousse*** pour les petits déplacements. Il n'y en a « que » 3 000, donc moins (et un peu moins jolis) qu'à Antsirabe ou qu'à Tamatave. **Éviter impérativement ce mode de transport en soirée et la nuit, de nombreux cas d'agression de touristes sont signalés. De fait, les rues sont**

**très peu éclairées.** Faire également attention au prix de la course : le fixer avant, sinon on risque d'avoir des suppléments. Compter de 1 000 à 2 000 Ar la course selon la distance. Pour les courses plus importantes ou nocturnes, prendre un ***taxi.*** Autour de 4 000 Ar la nuit (3 000 Ar en journée). Tous les moyens de locomotion sont un peu plus chers le soir.

# Adresses utiles

## Infos touristiques

**Office de tourisme** *(plan couleur A2) : Bazar Be, en face du grand marché. 032-51-296-56 ou 034-05-296-56. • rfran6@gmail.com • tulear-tourisme.com • (très complet, y compris une rubrique covoiturage). Lun-ven 8h30-12h, 15h-18h et sam mat.* Plein d'infos pratiques à jour sur la ville, et Anakao. Possède également un bureau en ville en face de la *BNI.*

## Poste et télécommunications

✉ ***Poste*** *(plan couleur A2) : lun-ven 8h-11h30, 14h30-16h30 ; sam 8h-11h.*

■ ***Téléphone*** *(plan couleur A2,* ***10****) : c/o* TELMA, *derrière la poste. Lun-sam 8h-12h, 13h-17h ; sam 9h-17h ; dim 9h-13h.* Vente de cartes pour cabines téléphoniques.

@ **Internet : Cyberpaositra** *(à gauche de la poste ; plan couleur A2). Lun-sam 8h-18h. Possibilité d'imprimer. Sinon, aller chez* **Prilimite Ganivala** *(plan couleur A2,* **8***), au rdc du* Central Hôtel *dans l'artère commerçante principale. Lun-sam 8h-12h, 15h-17h45. Agréable et bien placé.*

## Argent, banques

Les banques sont ouvertes du lundi au vendredi 8h-11h (11h30) et 14h-16h (16h30). Une info : il y a moins de monde dans les banques le jeudi, car ce jour-là est *fady* (interdit) pour tout ce qui touche à l'argent pour les Malgaches.

■ ***BOA*** *(plan couleur A2,* ***4****) : à l'angle des rues Estebe et du Gouverneur-Campistron.* Accepte la carte *MasterCard* (délai de 1h à 1 journée et commission) et les devises. Distributeur *Visa.*

■ ***BNI-CA*** *(plan couleur A2,* ***5****) : rue Estebe.* Prend toutes les devises et les chèques de voyage. Distributeur automatique pour les cartes *Visa* et *MasterCard* à l'extérieur.

■ ***BFV-SG*** *(plan couleur A2,* ***9****) : rue Flayelle. ☎ 420-16.* Prend la carte *Visa* (au guichet).

■ ***Urgence financière :*** en cas de besoin urgent d'argent liquide, *Western Union* est représenté par la *BFV-SG,* la *BOA,* la *BNI-CA* et la *Caisse d'épargne de Madagascar* (à côté du marché).

## Représentation diplomatique

■ ***Agence consulaire de France :*** *Jackie Mélard, consul honoraire, rue Refotaka, collège Étienne-de-Flacourt, BP 421. 032-22-133-92. • jack.melard@gmail.com •*

## Santé

■ ***Pharmacie Sanfily*** *(hors plan couleur B2,* ***1****) : route d'Intérêt-Général, peu après la gare routière.* Demander Dr Laurent, la pharmacienne.

✚ ***Urgences médicales : dispensaire de la Fraternité,*** *sur la route d'Ifaty, rue Setaline (hors plan couleur par A1). 032-04-438-33. Le Dr Rajoanah, médecin référent du consulat de France, reçoit en semaine 8h-11h30, 15h-17h30 ; et l'****hôpital public*** *(☎ 418-55) avec, en principe, quelques médecins français.*

## Compagnie aérienne

■ ***Air Madagascar*** *(plan couleur A2,* ***6****) : rue Henri-Martin. ☎ 415-85 ou 422-33. Lun-ven 8h-11h30, 15h-17h ; sam 8h-10h.*

## Location de véhicules

■ ***Location de motos :*** *chez* ***Trajectoire,*** *route de l'aéroport, quartier de Sanfily, pas loin de la station de taxis-brousse (hors plan couleur par B2). ☎ 433-00. 📱 032-07-433-00. Tlj sf sam ap-m et dim 7h30-12h, 14h-17h. Compter 60 €/j. (moto) et 70 €/j. (quad). Tarifs dégressifs.* Le grand spécialiste de la location de motos et de quads. Connu dans tout le pays pour son professionnalisme. Raids et circuits aventure. Caution de 500 € (ou CB en dépôt) et pièce d'identité demandées.

## Transferts en bateau

– *Quelques conseils :* réservez la veille, préférez les transports du matin, la mer étant quelquefois plus mauvaise l'après-midi, et évitez les pirogues, les bateaux des pêcheurs qui vous proposeront leurs services, moins onéreux, mais souvent surchargés et moins sécurisés. En cas de gros vent, prévoyez des sacs étanches ou des protections pour vos bagages et un K-way pour vous, ça mouille.

■ ***Anakao Express*** *(hors plan couleur par A3) : sur le port. ☎ 924-16. 📱 034-60-072-61 ou 62. • anakaoexpress@moov.mg • Compter 100 000 Ar l'A/R par pers ; réduc.*

– Sans oublier les bateaux des hôtels.

## Loisirs

■ ***Alliance française*** *(plan couleur A2,* ***7****) : sur le front de mer. ☎ 426-62. Lun-sam sf lun mat 9h-12h, 15h-18h30.* Pour consulter les journaux et les magazines, il faut acheter un ticket journalier (pas cher) ou une carte de membre. Cours de langue, bonne doc et quelques manifestations culturelles (expos, concerts).

■ ***Librairie Ny Fandrosoana*** *(plan couleur A2) : sur l'artère principale. En venant de la pl. de l'OUA, c'est après le resto* Le Panda *(plan couleur A2,* ***36****), sur le même trottoir. Fermé à l'heure du déj et dim ap-m.* Journaux, magazines, livres de poche, pellicules photo.

# Où dormir ?

## Bon marché (13 000-26 000 Ar / env 4-8 €)

🏠 ***Hôtel Lovasoa*** *(plan couleur A1-2,* ***13****) : rue Vaguier (ou Sacré-Cœur). 📱 034-05-858-61.* Doubles assez rudimentaires, un peu sombres pour celles qui donnent sur le couloir. Les plus chères donnent autour d'un patio et ont l'eau chaude. Matelas fins, moustiquaire. Table d'hôtes, repas à la demande, petit déj possible. Ensemble convenable.

🏠 ***Hôtel All Sham*** *(plan couleur A3,* ***12****) : rue Marius-Jatop, en front de mer. 📱 034-02-267-24.* Chambres basiques, confort sommaire (pas d'eau chaude), literies pas de la première jeunesse, accueil quasi inexistant, mais terrasse privative à l'avant de chaque chambre et la proximité du front de mer en font un petit point de chute finalement pas si désagréable, pas cher et très prisé des routards.

🏠 ***Hôtel Le Palmier*** *(plan couleur B1,* ***11****) : bd Branly, Antanambao. 📱 032-40-209-50 ou 032-04-334-25. • info@lezebuphilosophe.biz • lezebuphilosophe.biz • Résa préférable. Parking sécurisé.* Wi-fi Tenu par un couple anglo-malgache, un bon petit hôtel bien tenu qui propose également une bonne cuisine locale. Chambres avec eau chaude et ventilo, mais demander à voir avant, si possible, car tailles variables. Les plus chères sont évidemment les mieux. Bonne ambiance, y compris au resto *Le Zébu Philosophe.*

## De prix moyens à chic (26 000-104 000 Ar / env 8-32 €)

🏠 ***L'Escapade*** *(plan couleur B2,* ***17****) : bd Gallieni, Sanfily. ☎ 411-82. 📱 034-94-411-82. • escapade@moov.mg • escapadetulear.com • Parking privé.* Wi-fi Derrière le bon restaurant (voir « Où manger ? »), bungalows modestes autour d'un jardin. Et même quelques tortues ! Chambres plutôt mignonnes décorées de jolies peintures murales. Confort correct : salle de bains avec eau chaude, électricité et sanitaires privés, mais pas de moustiquaire. Excellent accueil, ce qui ne gâche rien ! Billard. Une de nos adresses préférées.

**Chez Alain** *(plan couleur B2,* ***18****) : au fond d'une ruelle près de la gare des taxis-brousse. ☎ 415-27. • c.alain@moov.mg • (au resto).* Le quartier n'est pas des plus attrayant, mais l'hôtel est situé dans un beau jardin tropical en retrait de la route. Bungalows et chambres avec Canalsat, presque à tous les prix et au confort très variable (demander à visiter). Quelques bungalows anciens avec douche, assez bon marché (w-c extérieurs impeccables) ; d'autres tout équipés ; des familiaux et quelques chambres autour d'une rotonde, d'un meilleur confort (carrelées, climatisées, avec eau chaude) mais bien plus chères. Également une suite pour les plus fortunés. Bons plats créatifs et spécialités de la mer au resto ; cabaret dansant le samedi soir. Propose aussi des activités. Une bonne adresse.

**Hôtel Saifee** *(plan couleur A2,* ***21****) : rue de l'Église. ☎ 410-82. 032-05-410-82. • saifee_hotel@yahoo.fr • Petit déj inclus dans le prix.* Un hôtel résolument moderne, très lumineux, organisé autour d'un vaste atrium. Une vingtaine de chambres confortables (clim, TV satellite, petit salon), toutes avec leur balcon, et d'une propreté irréprochable. Un bon hôtel, très bien placé en centre ville.

**Hôtel Manatane** *(plan couleur A3,* ***23****) : rue Marius-Jatop, entre le jardin de la Mer et le port. ☎ 412-17. 032-05-309-09. • hoteltulear-manatane.com •* Hôtel nickel, 25 chambres basiques, ventilées, avec salle de bains (eau chaude), TV, vue sur la mer. Préférer celles avec terrasse. Plage privée. Restaurant agréable sur pilotis, parking, location de vélos. Une bonne adresse.

**Hôtel Albatros** *(plan couleur A2,* ***22****) : av. de France, Tsimenatse III. ☎ 432-10. • hotelalbatros@moov.mg • Parking fermé.* Petit hôtel en béton propret, avec vérandas et balcons. Chambres confortables avec 3 catégories de prix, les plus chères étant du niveau des adresses précédentes. Bonne clim et salle de bains carrelée. Tenue impeccable. Resto. Accueil adorable.

**Hôtel Palétuvier** *(plan couleur A2,* ***16****) : bd Lyautey. ☎ 440-39. 032-02-542-83. • madadecouverte.com/le-paletuvier/ • Doubles 76 500-106 500 Ar. Également des suites, plus chères.* Immanquable avec sa large façade blanche et ses balcons en fer forgé finement ciselés. Idéalement situé aussi à quelques encablures du centre-ville, non loin de bons restos (voir plus loin la rubrique « Où manger ? ») et en bord de mer. Chambres sans charme, mais parfaitement tenues, vastes, lumineuses et particulièrement agréables côté mer. Attention, celles côté piscine sont orientées côté rue. Moins sympa selon nous. Néanmoins, une bonne adresse dans sa catégorie.

## Plus chic (plus de 104 000 Ar / env 32 €)

**Le Victory** *(hors plan couleur par B2,* ***14****) : sur la route de l'aéroport. ☎ 904-72 et 440-64. 032-42-820-87. • hoteltulear-victory.com •* Des chambres doubles toutes carrelées, des bungalows spacieux et des familiales tout confort, il y en a pour tous les goûts ! Literie confortable, coffre-fort et minibar. Mobilier classique. Adresse bien tenue, organisée autour de son joli jardin et de sa belle piscine (une vraie ! avec des transats tout autour). Très propre, accueillant. Agrandissements en cours. Fait aussi resto. Organise les transferts et des excursions vers Ifaty. Loin du centre, mais sa proximité de l'aéroport en fait une étape idéale pour qui arrive tard ou repart de bonne heure. La direction a ouvert une annexe en centre-ville, l'*Amazone* (boulevard Lyautey). Bon confort, même gamme de prix, mais moins de charme et plus destiné à une clientèle d'affaires.

**Hotel Hyppocampo** *(hors plan couleur par A3,* ***20****) : av. de France. ☎ 410-21. 032-42-866-83. • hyppocampo-tulear.com •* Sans doute l'une des adresses les plus élégantes en ville, alors même que la devanture évoque davantage un centre d'affaires qu'un hôtel de charme. 8 chambres seulement réparties sur 2 étages, face à la mer, parfaitement isolées, joliment meublées et dotées de tout le confort. Également 2 suites, dont une en rez-de-chaussée avec terrasse, bien plus chères. Micropiscine et un excellent resto de plein air : tables disposées dans le jardin, autour de la piscine. On adore les tableaux dans les parties communes ! Clientèle d'affaires pour beaucoup liée au fait qu'Anita, la patronne, est en charge de la gestion du port. Et ce petit brin de femme bien dynamique a également créé l'orphelinat *Nathanaël,* qu'elle pourra vous faire visiter *(• orphelinat-nathanael.org •).* Une belle œuvre.

## Où manger ?

### Bon marché (8 000-13 000 Ar / env 2,50-4 €)

**Le Panda** *(plan couleur A2,* ***36****) : pl. de l'OUA. Tlj sf dim 11h-14h, 17h-22h.* Petit resto chinois tout en longueur, sans aucun charme, réputé pour son canard laqué, son poisson farci ou ses soupes chinoises *(misao)* vraiment pas chères. Également une carte de plats classiques.

**Le Jardin de Giancarlo** *(plan couleur A-B2,* ***33****) : rue du Général-Leclerc, non loin du Corto Maltese. ☎ 428-18. Tlj sf mer 10h-15h, 17h-21h.* Dans ce *Jardin,* tables et chaises sont disséminées dans un décor qui fait penser à une comédie de boulevard à l'italienne. Un peu kitsch. Côté *al forno,* grand choix de pizzas au feu de bois fines et craquantes (au capitaine, au mérou, etc.), pâtes et spaghettis aux *frutti di mare,* le tout arrosé d'un lambrusco pas si cher étant donné le voyage pour arriver jusqu'ici. Ne pas négliger la mozzarella fabriquée sur place par les missionnaires de Don Bosco de Tuléar. Superbes pâtisseries. Rhums arrangés en fin de repas. Accueil chaleureux.

**Le Madera** *(hors plan couleur par A2,* ***31****) : dans le quartier de Besakoa sud, à 50 m de Radio Say. ☎ 032-73-365-56. Tlj sf lun.* Un peu à l'écart du centre, le petit resto de Mme Josienne est toujours très fréquenté par les locaux. Bonne cuisine typique et vraiment pas chère : tranche de thon grillé sauce rougail, brochettes de poulet. Et, parfois, des plats indiens (sur commande de préférence). Authentique et très frais. Une bonne adresse au déjeuner. Fait aussi épicerie.

**Le Blu** *(ex-Bo Beach ; plan A3 ;* ***30****) : rue Marius-Jatop, à côté du jardin de la Mer. ☎ 444-05. • contact@blutulear.com •* Bar-restaurant dont la large terrasse, idéalement placée, déborde sur la plage privée. C'est le repaire des expats et l'exemple parfait de ce que les matériaux locaux permettent de créer en terme d'aménagements. Billard et bonne ambiance en soirée.

### Prix moyens (plus de 13 000 Ar / env 4 €)

**Étoile de Mer** *(plan couleur A2,* ***35****) : bd Lyautey. ☎ 428-07. 📱 034-07-605-65.* La carte ne fait pas moins de 10 pages, alors commandez un apéro le temps de gérer vos envies... Salades, gratins de fruits de mer, fricassées de poissons, grillades, zébu à toutes les sauces, plats typiquement malgaches, pizzas salées (près d'une trentaine au choix) et sucrées. On vient aussi et surtout pour la délicieuse cuisine indienne à base de mouton ou de poulet. Délicieux beignets également. Avec autant de choix, on peut toujours douter de la fraîcheur des ingrédients. Ici, jamais de souci. Sandrine, une Zanatany aux commandes, veille au grain. Et vu le succès, ça tourne bien ! Une belle étoile dans le ciel de Tuléar.

**Corto Maltese, Bistro Rital** *(plan couleur A2,* ***34****) : à Tanambao, face à l'Eden Hotel. ☎ 433-15. Tlj sf sam et dim.* Accueil tout en sourire et en humour de Renato, au bar, et de Béatrice, qui officie en cuisine. On y mange bien, et cela grâce à Béatrice, notre *mamma* à tous. Carte franco-italienne, de qualité constante, où tout est exquis. Et ambiance vraiment chaleureuse, en terrasse ou en salle. On aime !

**L'Escapade** *(plan couleur B2, **17**) : voir aussi « Où dormir ? ».* Salle de resto agréable à l'étage et terrasse aérée pour une bonne cuisine traditionnelle. Pas mal de choix et une ardoise qui tourne tous les 2-3 jours selon le marché. Spécialités locales telles que pâté de zébu aux œufs, darne de thazard (sorte de gros maquereau) au lait de coco, pâtes diverses, etc. Et un rhum arrangé à l'ail dont vous nous direz des nouvelles ! Jus naturels au rayon *softs*. Service très gentil.

**L'Estérel** *(plan couleur A1, **37**) : rue de la Voirie, Betela. 032-40-026-20. Tlj sf dim, midi et soir jusqu'à 22h.* Voici un cadre tout à la fois frais, coloré et élégant, avec ses nappes et chaises pimpantes. Charmant jardin bien protégé pour déguster la spécialité de la maison : les pâtes fraîches. Vous l'aurez compris, le lieu est tenu par des Italiens ! Autres classiques : la tomate mozzarella (fabriquée par les missionnaires de Don Bosco), le zébu, etc. Une de nos adresses préférées à Tuléar.

**La Maison** *(plan couleur A2, **46**) : bd Gallieni, en face de la poste. ☎ 919-62. Tlj sf dim midi et lun soir.* Agréable décor, une grande terrasse en bois ouverte sur la rue (mais en surplomb), très aérée, avec un coin salon, un grand bar, un billard et le côté resto avec tables nappées. Propositions du jour sur l'ardoise, pas mauvaises du tout. Et des petits plats malgaches à la carte, comme le *misao* royal (nouilles, viande, fruits de mer, légumes... miam !). Pizzas le soir. Assiettes généreuses.

**Le Bœuf** *(plan couleur A2, **45**) : bd Lyautey, à côté du Zaza Club. Ouv 7h-1h. 034-95-690-42.* Ce bar-restaurant propose, dans une ambiance animée, en terrasse, des cocktails, diverses boissons et, comme son nom l'indique, de la bonne viande, mais aussi des plats à base de poisson, des pizzas et du pain maison cuit au feu de bois. Allée de pétanque devant le resto. Infos pour les transports privés vers Mangily.

## Où boire un verre ?
## Où prendre un petit déjeuner ?

**La Terrasse** *(plan couleur A2, **40**) : pl. de l'OUA. 032-02-650-60. Tlj 6h-22h env. (gratuit si consommation, et obligation de consommer ttes les heures ; sinon payant 10 000 Ar/2h).* Q.G. de la ville, toujours idéal pour observer l'animation locale et écouter les derniers potins... Lieu incontournable si on veut se renseigner sur tout et n'importe quoi. Boissons, snacks, glaces, plats et petits déj.

**Le Bœuf** *(plan couleur A2, **45**) : voir « Où manger ? ».* Bar-restaurant à l'ambiance animée. Concours de pétanque tous les soirs.

**Le Blu** *(plan couleur A3, **30**) : rue Marius-Jatop, à côté du jardin de la Mer.* Bar-restaurant (voir « Où manger ? ») dont la large terrasse, idéalement placée, déborde sur le sable, face à la mer. Billard et accès Internet gratuit pour les clients. C'est aussi le repaire des expats : bonne ambiance en soirée.

**Boulangerie Masoandro** *(plan couleur A2, **32**) : dans le quartier de Tenambao, en face de la station Total.* Viennoiseries, jus de fruits et café.

## Où sortir ?

**La Maison** *(plan couleur A2, **46**) : bd Gallieni, en face de la poste.* Esprit varangue pour ce bar sympa. Billard et chouette ambiance. Fait aussi resto (voir « Où manger ? »).

**Le Blu** *(plan couleur A3, **30**) : voir « Où manger ? ».* Un endroit où tout est toujours bon pour faire la fête.

Concerts, matchs de rugby ou de foot retransmis sur grand écran... Bonne ambiance certains soirs.

🍷 ♫ ***Zaza Club*** *(plan couleur A2,* ***47****) : sur le front de mer. Ouv en principe ts les soirs à partir de 22h30. Entrée payante.* La boîte de nuit la plus connue de la ville, et même en dehors. Feu le chanteur Carlos aurait déclaré à un magazine français que le *Zaza Club* était... la meilleure boîte du monde ! Sans blague ? Ambiance très chaude parfois, attention. Et pas mal de belles de nuit.

🍷 ♩ ***Tam Tam*** *(plan couleur A2,* ***48****) : bd Lyautey, à côté de l'hôtel* Le Palétuvier. *Tlj 18h-2h (5h le w-e).* Le dernier lieu à la mode, qui fait restaurant-bar-cabaret. Concert live tous les soirs avec de bons groupes locaux ; chaude ambiance musicale. Resto agréable sur la terrasse.

## Où faire une bonne action tout en s'amusant ?

■ ***ONG Bel Avenir*** *(plan couleur A2,* ***44****) : au* Cinéma Tropic, *bd Gallieni.* ☎ *438-42.* • *belavenir@moov.mg* • Si vous voulez faire une bonne action, rendez-vous au cinoche le week-end à 15h et 17h. Pour un prix dérisoire, vous verrez un film d'action, mais le spectacle est souvent dans la salle. Cette ONG participe à l'éducation environnementale, sanitaire et sociale d'environ 30 000 enfants, chaque année, dans les 46 écoles de la ville. Des expos photos y sont organisées afin de promouvoir leurs actions. On peut y faire ses achats de souvenirs, ou encore participer au tourisme volontaire dans le village de Mangily (après Ifaty), en donnant un coup de main sur place, moyennant des frais de participation de 10 €/jour (nourriture en sus).

## Achats et marchés

***Bazary Be*** *(plan couleur A2,* ***62****) : le grand marché dans le centre-ville. Tlj.* On y trouve parfois de belles langoustes grillées en fin de matinée...

***Marché aux coquillages*** *(plan couleur A2,* ***60****) : sur le front de mer, au bout du bd Gallieni, à côté du jardin de la Mer.* Coquillages, artisanat, et parfois des *aloalo,* les totems mahafaly. Le mieux est en fait de les commander si vous n'allez pas à Betioky, leur lieu principal de fabrication. N'acheter que des reproductions car l'exportation des *aloalo* anciens est rigoureusement interdite ! Quelques vendeurs de bracelets antandroys en argent, faits avec de vieux francs malgaches, l'ancienne monnaie de Mada !

***À la Bonne Épice de Tuléar*** *(plan couleur A2,* ***61****) : en face d'*Air Madagascar. ☎ *412-41. Tlj sf dim ap-m 7h-12h, 14h-18h.* Pour faire le plein d'épices, allez chez la joviale Mme Rihanna, chef des potions magiques ! À vous « vinegraitte » (dans le texte), poudres et autres lotions.

***Galerie Gazik'Arts Sud*** *(plan couleur A2,* ***63****) : route du port, en face de l'hôtel* Albatros. *Tlj sf dim 8h-17h30.* Tout l'artisanat malgache, de la marqueterie aux coquillages en passant par les traditionnels T-shirts. Super accueil.

***T-shirts*** *(plan couleur A2,* ***40****) : pl. de l'OUA.* Vous trouverez toutes les boutiques des marques désormais classiques (*Carambole, Baobab Cie, Maki,* etc.). Parfait pour les cadeaux souvenirs !

***L'Univers de la Pierre*** *(plan couleur A2,* ***64****) : en centre-ville, tt près du marché Bazary Be.* 📱 *032-02-532-02.* • *malaya@moov.mg* • *Tlj sf dim. CB acceptées.* Une maison sérieuse, tenue par André, d'origine bretonne, qui achète ses pierres, les taille et crée ses propres bijoux. Belles collections de pierres précieuses et pierres gemmes (semi-précieuses) de Madagascar et le patron fort chaleureux se fera un plaisir de vous apporter des explications sur chacune d'elles, sans arrière-pensée si vous n'achetez pas ! Beaucoup de choix à tous les prix, et possibilité de passer une commande. Vente avec facture.

## À voir

**Le musée Rabesandratana** *(musée de la Mer ; hors plan couleur par A3)* **:** *au port. 032-40-956-64. Lun-ven et sam mat 8h30-12h, 15h-17h30. Fermé dim et j. fériés. Visite guidée payante : 5 000 Ar ; réduc enfants jusqu'à 12 ans et étudiants.* Avec son squelette de cachalot dans la cour, le musée en lui-même semble bien vieillot. Mais les explications sur le patrimoine maritime de la région (en gros, de Fort-Dauphin à Morombe) peuvent s'avérer passionnantes si l'on tombe sur la bonne personne, car le fruit des recherches des étudiants et chercheurs de l'Institut halieutique se trouve sur place. Même Cousteau a fait la visite.
À noter, une pièce remarquable : un *Conus milneedwardsi,* un coquillage rarissime (une dizaine collectée dans le monde) pour lequel un collectionneur fortuné proposa... sa Land Rover toute neuve ! L'institut eut l'élégance de refuser. Sinon, vous saurez tout sur toutes les variétés d'éponges et de coraux, les mollusques et autres coquillages de profondeur, les concombres de mer aphrodisiaques, le requin-guitare tout mignon (ah bon ?)... Des tas d'autres choses intéressantes à apprendre aussi, mais on ne va pas faire la visite à votre place, sinon on va se faire taper sur les doigts par la charmante conférencière !

### LE CLOU (UN PEU USÉ) DU MUSÉE

*Un cœlacanthe mâle fut capturé en 1995 par des pêcheurs vezos près d'Anakao. C'est un poisson de 1,34 m, dont l'origine préhistorique remonterait à 360 millions d'années avant notre ère. Il serait carrément, d'après certains scientifiques, la preuve de la vie aquatique qui a évolué en allant sur la terre ferme. On pensait qu'il n'en restait que dans l'archipel des Comores. Une découverte tout à fait exceptionnelle !*

**Le Musée régional de l'université de Toliara** *(plan couleur A2)* **:** *rue Flayelle. Lun-ven et sam mat, en principe 8h30-11h30, 14h30-17h30 env. Entrée : 4 000 Ar.* Objets funéraires (reconstitution de tombeaux) et artisanat mahafaly, vezo, sakalava... sympa, sans plus. Possibilité de prendre des renseignements sur les tombeaux mahafaly et antandroys entre Tuléar et Fort-Dauphin, et éventuellement de s'adjoindre les services d'un guide.

**Le jardin de la Mer** *(plan couleur A2)* **:** on peut toujours se balader et prendre l'air du large dans ce parc public aménagé. C'est là que se trouve le marché aux coquillages, et c'est là son principal attrait. En principe, petit droit d'entrée, sous forme d'achat de billets de loterie, lorsque des manifestations locales sont organisées. Pas folichon mais on y trouve des bancs, un resto et une buvette. Concerts de musique malgache le dimanche.



## DANS LES ENVIRONS DE TULÉAR

### SAINT-AUGUSTIN ET SARODRANO

Au sud de Tuléar. Pour y aller, prendre un *taxi-be* depuis la gare routière, à moins que vous ne soyez client de l'une de nos adresses citées plus loin. Louer un taxi à la journée peut être une solution également. C'est à 15 km au sud de Tuléar par la RN7. On nous a signalé des agressions. N'y allez pas seul(e) ! Il faut prendre ensuite la longue piste qui part sur la droite. Avant de continuer plus loin, ne manquez pas :

**L'arboretum d'Antsokay :** *à l'*Auberge de la Table *(voir plus loin).* ☎ *936-59. 034-07-600-15. • antsokayarboretum.org • Tlj 7h30-19h30. Fermé en fév. Entrée : 15 000 Ar, incluant la visite guidée (env 1h).* Sans doute l'arboretum le plus connu de Madagascar, créé dans les années 1980 par un botaniste suisse, M. Petignat, aujourd'hui disparu et repris par son fils. Le magazine *Géo* lui a même consacré un reportage très complet. Au départ, il n'y avait que des arbres. Aujourd'hui, on y trouve sur 4 ha plus de 900 plantes rares ou endémiques du Sud-Ouest malgache collectées par M. Petignat. En majorité des euphorbes, mais également des baobabs, des pachypodiums, etc. Chaque type de plante est répertorié. La visite s'avère très intéressante. Également des tortues *radiata* et *pyxis* (naines). Enfin, ne manquez pas « l'épave-surprise » avant de partir...

Il vous reste ensuite 14 km pour atteindre la ***grotte d'eau douce de Sarodrano.*** Le site a été vaguement aménagé pour les touristes (un muret, une porte rouillée fermée par une pierre et trois bancs en ciment pour contempler la mer). Il faut payer un petit droit et un autre si l'on souhaite s'y baigner ! Uniquement quand le gardien est là, ce qui n'est pas toujours le cas car cette grotte n'a vraiment rien d'exceptionnel. Elle protège en fait une rivière souterraine (selon la croyance, elle regorgerait de poissons aveugles, en fait, de gros poissons d'eau douce assez impressionnants), qui se jette dans la mer. Elle est sacrée, alors faites-y attention, on peut s'y baigner mais sans savonnette.

Si le cœur vous en dit, vous pouvez vous rendre jusqu'au village de ***Saint-Augustin*** habité par des pêcheurs et des éleveurs (moutons, chèvres). Pour y aller, prendre la piste de gauche 500 m après la grotte. Très beau panorama sur la baie en route. Sachez que celle-ci était truffée de pirates et de marchands d'esclaves aux XVIe et XVIIe s ! D'ailleurs, l'auteur de *Robinson Crusoé* s'en inspira largement. À Saint-Augustin, nombreuses possibilités de balades sympas. Plage à 10 mn. Source avec petite piscine naturelle qu'on atteint en 1h15 à pied ou en 45 mn en pirogue. Très bel environnement, mais ne pas aller au banian du fond, qui est *fady*. Les patrons des deux hôtels vous expliqueront fort bien tout ça. Ne vaut pas le détour pour autant. Donc pas de souci !
En une matinée (aller et retour), on peut aussi se rendre à pied au village de pêcheurs de ***Sarodrano.*** Un poil sportif, mais pas de difficultés majeures. Superbe balade. Sinon, dans l'année, quelques « bals-poussière » et, en mars-avril, « Bain royal des reliques » (se renseigner sur les dates exactes).
➢ Pour aller à Saint-Augustin depuis Tuléar, taxi-brousse à 12h (un parfois l'ap-m, mais c'est plus aléatoire). Retour pour Tuléar à 7h du mat (sf les jeu et dim, en principe).



## Où dormir ? Où manger vers Saint-Augustin et Sarodrano ?

### *Sur la route*

***Auberge de la Table (Antsokay), Chez Petignat :*** *à env 11 km de Tuléar sur la RN7, prendre la piste à droite. 032-25-600-15 ou 034-07-600-15. • aubergedelatable.com • Transfert payant possible de Tuléar à l'aéroport, ou l'inverse. 6 bungalows avec douche et eau froide. Doubles 60 000-95 000 Ar, également des triples. Camping possible. Menu 25 000 Ar.* Avant tout une adresse historique ! On y vient pour visiter le remarquable arboretum créé par le père de l'actuel propriétaire (lire plus haut). Visite conseillée tôt le matin, avant les grosses chaleurs. On s'y attable (le nom de l'auberge vient de la forme de la montagne en face) pour déguster la spécialité du lieu, le fromage de chèvre, pas si fréquent que ça sur les tables malgaches. Et puis, si on a un coup de cœur pour l'arboretum, on peut passer la nuit dans de simples mais sympathiques bungalows, peints à la chaux blanche. Piscine. Très calme. Également un autre restaurant en bord de mer à 5 km, *La Marmite.*

### *Vers Sarodrano*

En allant vers Saint-Augustin, 2 km après la grotte, prendre la piste de droite qui part vers Sarodrano, à 5 km. Impossible à atteindre en véhicule normal, passage à gué... selon les marées ! On peut y accéder par la mer depuis Saint-Augustin (10 000 Ar). Belle vue sur la baie et la mangrove, et au bout, la récompense : de superbes dunes, la mer et des rencontres très sympathiques dans le village... Sur place, nos lecteurs les plus robinsons pourront dormir et (fort bien) manger.

**Chez Andrea** *(un personnage à l'italienne comme on les aime)* **:** *032-04-097-19. Bungalow 30 000 Ar. Transfert possible de l'aéroport 60 000 Ar.* Un peu à l'écart du village, c'est un vrai bout du monde rustique, très attachant, avec des bungalows sans confort (la douche au seau commune et les w-c sont... derrière la dune !), mais originaux et décorés avec cœur, selon la personnalité d'Andrea (dessins, statuettes, coquillages...). Pour les vrais amoureux de Mada, donc. De là, possibilité bien sûr de rejoindre Anakao et Nosy Ve en pirogue.

## ANAKAO ET L'ÎLE DE NOSY VE

IND. TÉL. : 94

**Au sud de Saint-Augustin, Anakao est le village de pêcheurs vezos le plus connu de la région, très apprécié pour ses retours de pêche et pour ses possibilités d'excursions, de snorkelling ou de plongée en pirogue vezo. Les amateurs de surf commencent à y élire domicile également (parlez-leur de la fameuse *Flam'ball* !). On y trouve quelques bonnes adresses. Il règne là un petit parfum de bout du monde, pas désagréable. D'ailleurs, sachez que les téléphones portables passent peu, voire pas du tout. Emportez suffisamment d'argent sur place si jamais vous aviez un coup de cœur, pas de banque à Anakao bien sûr.**

### Arriver – Quitter

Sachez que l'on peut à nouveau y accéder par la route depuis la remise en service du bac en 2013 (compter 2h hors embarquement, 25 000 Ar). Mais il est très irrégulier : pannes, emprisonnement de l'équipage dû à un trafic de bois de rose début 2014 (!)... Cela évite quand même un détour invraisemblable (8h de piste !). Une solution pour les fauchés : prendre un taxi-brousse pour Saint-Augustin, puis une pirogue à voile, ou y aller en bateau, ou en pirogue depuis Tuléar. Mais attention, la route entre Tuléar et Saint-Augustin se révèle depuis peu assez dangereuse, taxis et touristes se sont fait agresser. Des piroguiers-taxis vous le proposeront près du marché ou au petit port d'embarquement de Tuléar (port de Mahavatse), mais gare aux conditions de sécurité ! Une mauvaise météo et une mauvaise embarcation peuvent réellement être dangereuses. Il faut généralement partir dans la nuit pour attendre les vents favorables. On peut mettre 3h30, comme une journée entière avec arrêt imprévu pour la nuit. Bref, choisissez bien votre moyen de transport en fonction de votre budget et des conditions du moment !

D'Anakao à Tuléar, pour le retour, partir en fin de matinée, les vents sont souvent meilleurs dans ce sens et le retour rapide. Si vous voulez jouer la carte de la sécurité, adressez-vous à l'un des hôtels que nous signalons sur place (voir plus bas), ou aux bureaux du port de Mahavatse, à Tuléar (voir plus haut « Adresses utiles. Transferts en bateau »).

**Anakao Express** *(hors plan couleur Tuléar par A3)* **:** *sur le port. ☎ 924-16. 034-60-072-61 ou 62. • anakaoexpress@moov.mg • anakaoexpress.com • Compter env 100 000 Ar l'A/R.* Liaison quotidienne selon la météo. Ne tardez pas trop à réserver votre bateau de retour et prenez une marge solide (la veille, même) si vous avez un avion à prendre. Il arrive qu'il y ait des problèmes de réservation... Prévoir des sacs en plastique pour couvrir les bagages et des imperméables.

## Où dormir ? Où manger ?

Attention, grosse affluence en saison et pas mal d'hôtels affichent complet. Il est prudent de réserver.

### De bon marché à prix moyens (13 000-52 000 Ar / env 4-16 €)

**Chez Émile :** *dans le village. ☎ 922-45. 032-04-023-76. Bungalows à partir de 15 000 Ar.* Émile est une célébrité locale, et il est gentil comme tout. Mais bungalows en bois brut simples, très basiques, sans compter l'environnement du village qui peut s'avérer un peu bruyant et pas toujours très propre. Pour les tout petits budgets...

**Chez Soalaza** *(Solange) : sur la plage, pas loin du Longo Vezo. ☎ 920-63. 034-10-726-15. • soalaza@yahoo.fr • Doubles 20 000-50 000 Ar.* Soalaza, prononcé « Sois à l'aise » en malgache. Et c'est vrai qu'on se sent bien dans cette petite adresse sans prétention, accueilli par un chemin de coquillages et la charmante Solange, au calme, avec ses 6 chambres doubles. 2 dans le bâtiment principal, tout bleu et jaune, les 4 autres dans des bungalows, rustiques (douche au seau). Resto, transats, bar avec rhums arrangés appréciés de nos lecteurs et petit déj possible. Une adresse comme on les aime.

### Chic (52 000-104 000 Ar / env 16-32 €)

**Lalandaka :** *à gauche de la plage d'Anakao. ☎ 922-21. • reservation@lalandaka.com • lalandaka.com • Bungalows 55 000-85 000 Ar. ½ pens possible. Transfert 80 000 Ar.* Au milieu des dunes, des bungalows en bois pleins de charme, décorés simplement, avec leurs lits bien moelleux, où l'on se love avec plaisir. Terrasse individuelle, douche privée, toilettes à l'intérieur pour les plus chers. Le soir, on se retrouve autour du bar bien chouette ou allongé dans le hamac, en écoutant le ressac. Excellents repas, petit déj avec pain fait maison. Location de kitesurf, windsurf et surf. Accueil très cordial. Un de nos coups de cœur sur la plage.

**Longo Vezo :** *à 15 mn à pied du village sur la gauche. ☎ 437-64 032-02-695-12 (le soir). • contact@longovezo.com • longovezo.org • Bungalows en bois brut 17-25 € selon nombre de pers et confort. Menu 12 €. Liaisons A/R entre Tuléar et l'hôtel en vedette rapide 36 €/pers.* Des bungalows sur des dunettes et au milieu de la végétation riche en euphorbes, disposés en étage. Douche chaude. Sympathiques hamacs en terrasse. Ici, tout marche à l'énergie solaire. Si par chance Éric est là, faites de la plongée avec lui (voir plus bas). Il faut dire que son nom de famille n'est ni plus ni moins que... Vézo, soit le nom des pêcheurs de la région.

**Peter Pan :** *à droite de la plage d'Anakao, juste après le village. ☎ 921-40. 032-82-614-54. • chez peter.pan@gmail.com • peterpanhotel.com • Bungalows 30 000-60 000 Ar pour 2, pour familles également, chambres économiques 15 000 Ar. Plus le repas, plat 18 000 Ar. Transfert possible en bateau à moteur (80 000 Ar).* Dario et Valerio sont venus en touristes, ont eu le coup de cœur et sont restés. Une âme insouciante que l'on retrouve dans la déco colorée (on repère de loin leur maison rouge derrière une petite barrière de bâtons de bois en forme de crayons) et la gestion « à la cool », mais sérieuse, de leur petite structure. Tout est fait main, et à la force de leurs poignets : bungalows tout simples, et pas bien grands, mais très bien conçus en duplex avec un petit salon face à la mer. Plusieurs chambres vraiment pas chères, dont une avec 6 couchages, parfaite pour un groupe d'amis. Sanitaires communs dans le jardin, ou privés pour les bungalows plus confortables. Et surtout, un resto extra. En cuisine, Valerio concocte des plats selon son inspiration et son marché, et des pâtes à l'italienne (entièrement maison) absolument divines. Soin extrême apporté à la qualité des produits. De fait, nous conseillons vivement la demi-pension. Toutes sortes de sorties possibles à la carte, en pirogue : snorkelling à Nosy Ve, observation des baleines (tarifs à discuter), club de plongée sur place... Là, on se sent choyés comme des enfants avec nos deux Peter Pan.

### Beaucoup plus chic (plus de 170 000 Ar / env 53 €)

**Safari Vezo :** *BP 427, 601 Tuléar. Bureau en ville au port de Mahavatse : ☎ 94-413-81. 📱 032-50-385-20. Sur place : ☎ 919-30. 📱 034-94-919-30. • safarivezo@moov.mg • safarivezo.com • ½ pens obligatoire 66-86 € pour 2 pers. Transfert (cher !) depuis Tuléar pour env 45 € A/R par pers.* Une des belles adresses d'Anakao, malgré quelques bémols. Une vingtaine de bungalows en bois et bambou, avec des salles de bains très élégantes en mosaïque (mais pas très intimes), le tout face à la plage et au milieu d'arbustes typiques du Sud. Douche au seau, groupe électrogène le soir. Au resto, ouvert sur la mer, des produits de la mer, évidemment ! Propose également des excursions en pirogue.

Les plus fortunés iront au ***Prince Anakao*** ou carrément de l'autre côté de la baie, en direction du cimetière, pour découvrir l'***Anakao Ocean Lodge*** *(• anakao-madagascar.com •)*, bien plus cher *(110-145 €, payables en CB)*, mais qui propose parfois des prix intéressants. Très retiré. Parfait pour les *honeymooners*. Prestations haut de gamme bien sûr, spa et délicieuse cuisine de la mer.

## À voir. À faire

Pas grand-chose à faire d'autre que buller... hors et... dans l'eau ! Deux ***clubs de plongée*** sur la plage : le premier club est tenu par Éric, du *Longo Vezo* *(voir « Où dormir ? Où manger ? » ; 📱 032-02-695-12)*. Il est moniteur CMAS et fait passer les niveaux 1 et 2. *L'Atlantis,* est tenu par un couple de Français *(☎ 700-42 ; • atlantismadagascar@gmail.com • atlantismadagascar.com •).*

Proche d'Anakao, l'***île de Nosy Ve*** offre une superbe plage (presque) déserte, de très beaux fonds et abrite une colonie d'oiseaux uniques à Madagascar : des pailles-en-queue, appelés aussi phaétons à brins rouges, qui se cachent dans les buissons à même le sable pour pondre. L'île entière est sacrée et les oiseaux marins sont régulièrement observés par les scientifiques car, avec La Réunion, c'est l'un des seuls sites connus de nidification de ces oiseaux dans tout l'hémisphère sud. Compter environ 15 000 Ar par personne pour l'excursion. Le repas (langouste grillée) est souvent compris, mais, pour la protection des oiseaux, on le déconseille...

> **DES OISEAUX À LA POINTE**
>
> *Avec de la chance, vous observerez à Nosy Ve des pailles-en-queue (phaeton) – ces oiseaux très élégants et très rares, blancs striés de noir. On les reconnaît surtout à leur queue en fourche, formée par deux plumes effilées en pointe. Ils passent le plus clair de leur temps en pleine mer, mais reviennent nicher sur terre à certaines périodes de l'année. L'espèce est en extinction au niveau mondial.*

***Le lac Tsimanampetsotsa*** (qui signifie « sans dauphin », vous voilà prévenu !) : *voir plus loin « De Tuléar à Fort-Dauphin par la côte. Beheloka ». En voiture, compter 1h30 de trajet pour 50 km.* Géré par *MNP*, le seul lac d'eau salée de

Madagascar. Au programme, flamants roses, flamants nains, sarcelles, poissons aveugles, et une riche végétation (baobabs de 1 500 ans !). Prévoir la journée.

# LA CÔTE AU NORD DE TULÉAR

**Bienvenue en territoire vezo ! Bien sûr, on peut relier Morombe par la route, en camion, mais ce serait dommage de ne voir que de la poussière, non ? D'autant que Morombe n'est pas une ville passionnante. Pour les routards aisés, il reste la solution 4x4, mais elle n'est pas accessible à tout le monde. Tant qu'à faire, si vous en avez le temps et que vous vous sentez l'âme d'un apprenti aventurier, pourquoi ne pas voyager à la manière vezo et, pour une fois, renoncer à la piste ? Allez sur leur terrain : l'eau, et plus précisément la mer, le domaine de prédilection de ces nomades côtiers.**
**La côte est vraiment de toute beauté avec ses plages et sa barrière de corail ininterrompue sur 100 km de long. Que diriez-vous de traverser des villages de pêcheurs, des paysages de dunes, de savane et de baobabs, de manger du poisson ou de la langouste à n'en plus pouvoir, de dormir à la belle étoile et de faire des rencontres authentiques comme vous n'espériez plus en faire ? Bien sûr, il vous faudra rémunérer les piroguiers, le mythe de la Nature pourvoyeuse de tout étant un peu dépassé ! Accepter des conditions de voyage à la dure : pirogue et belle étoile (attention aux moustiques ; cela dit, pour les peaux sensibles, quelques structures commencent à se monter). Et puis de nouveaux repères : voyager avec le vent et le soleil, sans autre repère temporel, sans oublier les coutumes et la simplicité des rapports avec les personnes que vous allez rencontrer. Mais n'étiez-vous pas aussi venu pour ça ? Alors bon vent, et comme on dit là-bas : vas-y *vazaha vezo* !**

## LES VEZOS, LES NOMADES DE LA MER

### Territoire et population



Les Vezos sont des pêcheurs côtiers. Leur « territoire » s'étend grosso modo de Morondava, au nord, jusqu'au cap Sainte-Marie et Androka au sud, soit plus de 750 km. Nous avons choisi de vous emmener dans la partie nord, car c'est là où ils sont le plus nombreux et où la navigation s'avère la plus simple...
Preuve que le recensement est un véritable casse-tête à Madagascar, ou raison inhérente à leur mode de vie, on ne sait si les Vezos se comptent au nombre de 50 000... ou de 10 000 à peine. Cette peuplade est un sous-groupe des Sakalavas de l'Ouest. Certains affirment qu'ils seraient venus d'Afrique, mais leur dialecte et leur culture sont plus influencés par l'Asie, histoire de prouver s'il en était encore besoin l'extraordinaire brassage de Madagascar et l'impossibilité de « ranger » les Malgaches dans de petits tiroirs ethniques. À ce sujet, leur surnom de « nomades de la mer » a été inventé par les Français. Pour ceux qui connaissent les îles Toggian aux Célèbes (Sulawesi) en Indonésie, les Vezos nous rappellent un peu les tribus bajaus, qui vivent également la moitié du temps sur l'eau.

### Coutumes et mode de vie

De l'Indonésie, les Vezos ont emprunté l'utilisation des pirogues à balancier. Plus beau encore est le déploiement inopiné de la voile vezo ! Les pêcheurs hissent sur leur pirogue un rectangle de toile blanche en l'accrochant à deux mâts posés en V. C'est un instant magique, car tout cela semble ne tenir à rien du tout. Les amateurs de photo se régaleront de la simplicité de ces esquifs dans la lumière crue du soleil ou de la fin de journée... Mais l'utilisation de leur voile ne s'arrête pas

là. Les Vezos s'en servent pour leurs campements éphémères, en attachant leur rectangle blanc à quatre mâts plantés dans le sable (pour se faire de l'ombre), ou s'en font une tente en forme de tipi à l'indienne, surnommée « maison-voile », pour dormir. Parfois, ils s'enroulent carrément dedans pour se protéger du froid ou du vent. Bref, elle sert à tout...
Les Vezos pêchent souvent à proximité de leur village (ils en ont un), mais sont capables d'effectuer des centaines de kilomètres le long des côtes pour rapporter du poisson. Les villages sont constitués de simples cahutes, généralement d'une seule pièce, où l'on jette une simple natte de jonc sur le sol pour dormir. Si les femmes se font des masques de beauté à base de poudre de bois coloré (souvent jaune ou orange) qui les protègent du soleil, les hommes sont reconnaissables pendant les cérémonies à leur tenue traditionnelle constituée de pièces d'étoffe rouge, dont ils se ceignent la tête et le torse. Enfin, sachez qu'un Vezo doit être enterré à l'endroit précis où il est né, et ce afin de ne pas couper le fil spirituel qui l'unit à ses ancêtres.

## La saison et les rites de la pêche

La pêche dure environ 4 mois, pendant l'hiver austral. En effet, à la saison des pluies, la mer est mauvaise, et les pêcheurs ne pourraient pas sécher ni fumer le produit de la pêche pour le conserver. C'est aussi la raison pour laquelle ils doivent pêcher de façon intensive et parfois se déplacer sur de longues distances. Les stocks de poisson fumé et grillé serviront à tenir durant la « saison morte », mais aussi constitueront une monnaie d'échange contre d'autres marchandises ou seront tout simplement vendus par les femmes sur les marchés.
La pêche traditionnelle se pratique au harpon et au filet (aujourd'hui en nylon). Il faut vraiment assister à un retour de pêche ! Mais la pêche la plus sacrée et la plus emblématique des Vezos est celle de la tortue. Non seulement celle-ci donne du prestige à ceux qui l'exercent, mais elle obéit à des règles et à une répartition particulières. Normalement, la tortue, qui peut atteindre 200 kg, doit être sacrifiée à un endroit précis. La découpe des différentes parties du reptile se fait selon un schéma ancestral. Les morceaux les plus nobles vont aux membres masculins les plus importants de la communauté. À Ifaty, par exemple, on assiste parfois à ces découpages quotidiens sous un grand arbre en plein milieu du village (âmes sensibles, s'abstenir !).
Si ces rites vous choquent, sachez qu'ils font partie intégrante de la culture vezo et qu'ils sont énormément moins dévastateurs que les systèmes de pêche des sociétés étrangères, notamment japonaises. D'ailleurs, les Vezos sont les premiers à souffrir de cette pêche industrielle. Ils doivent aller chercher le poisson de plus en plus loin, et leur propre mode de vie s'en trouve fragilisé. Les Vezos ne cherchent pas à s'enrichir. Au contraire, ils aiment avant tout leur mode de vie et leur liberté. On vous souhaite de pouvoir le partager ou, à tout le moins, de pouvoir l'observer.

## Infos et conseils utiles

– Vous ne pourrez pas partir avec des Vezos en ***saison des pluies*** pour des raisons évidentes : il pleut (si, si), et la mer est souvent mauvaise.
– Les ***points de départ*** possibles pour cette aventure sont en général Anakao, le village vezo le plus connu de la région, et Ifaty, le village balnéaire de Tuléar. Rien ne vous empêche de partir d'autres villages moins balisés (comme Manombo) ou de changer de pirogue de village en village, mais ces 2 endroits restent les plus sûrs pour s'organiser.
– Le plus important est de bien choisir son ou ses ***piroguiers.*** Lire aussi les infos concernant les balades en pirogue dans « D'Ifaty à Salary », plus bas. On le répète : renseignez-vous bien sur les bons et les moins bons. S'embarquer avec un hurluberlu ou un inconscient relèverait également de

l'inconscience de votre part. N'oubliez pas que vous partez plusieurs jours, voire 1 semaine, ou plus si vous tombez amoureux de la région...

– Vérifiez bien si la ***nourriture*** et l'***équipement*** sont inclus dans le prix ou à part. Ça change un budget. Si vous n'avez pas de tente, ça risque d'être dur d'en trouver une... On en loue parfois. On vous rappelle que dormir totalement à la belle étoile sans moustiquaire vous expose dangereusement au risque de paludisme. Bien sûr, vous avez emporté la vôtre. Pas de tente ? Achetez une voile vezo d'occasion ! On peut aussi louer des cahutes dans certains villages ou dormir chez l'habitant avec l'autorisation du chef du village. Toujours laisser quelque chose.

– Si vous avez emporté vos palmes, masque et tuba, c'est bien sûr une super idée pour admirer le lagon, mais ne franchissez pas la barrière de corail : danger ***requins*** !

– ***Tarifs :*** on vous proposera souvent un tarif d'excursion par personne pour la totalité du trajet, que ce soit 1, 2, 3 jours ou plus. En effet, la navigation se faisant en pirogue, celle-ci dépend des vents, et le trajet peut varier de 1 jour ou 2 sur le programme prévu. À l'arrivée, vous paierez le même tarif, quelle que soit la durée. Avis aussi à ceux qui ont un avion à prendre... Exemples de tarifs annoncés, hors équipement et nourriture : pour Ifaty-Anakao, compter environ 65 000 Ar pour 3 jours de navigation maximum ; Ifaty-Morombe, 100 000 Ar pour 4 jours maximum. Attention, si le trajet se fait en 2 ou 3 jours avec un bon vent, c'est le même tarif, d'où l'utilité de notre remarque plus haut... Tarifs non négociables, mais ils sont généralement honnêtes.

# LA BAIE D'IFATY

IND. TÉL. : 94

**À une trentaine de kilomètres au nord de Tuléar, Ifaty doit son nom à la baie d'Ifaty qui regroupe en fait les villages d'*Ifaty* et de *Mangily,* autrefois touristiques, avec leurs avantages et leurs inconvénients. Côté inconvénients, quelques pratiques anticommerciales et, parfois, une atmosphère un peu délétère dans le village d'Ifaty... Côté avantages, les hôtels sont à taille humaine. Relativement espacés, en sortant du village, ils s'allongent benoîtement sur le sable, comme les corps des vacanciers heureux. Et puis on y trouve pas mal de petits restos et de bars locaux bien agréables du côté de Mangily. Sur la plage, les locaux proposent des pique-niques sympas à base de cigales de mer, langoustes, poissons grillés...**
**Ifaty possède aussi des spots de plongée de bonne renommée.**

## Arriver – Quitter

### Depuis et vers Tuléar

***En taxi-brousse ou camion-brousse :*** départ de Tuléar depuis le stationnement des taxis-brousse pour Ifaty *(hors plan couleur Tuléar par A1, **2**)*. Piste très mauvaise. Compter env 2h de trajet pour... 22 km. Vraiment galère ! Mais un gros projet routier et côtier au nord de Tuléar est engagé. À suivre... Attention aux arnaques à touristes, renseignez-vous sur le tarif normal en vigueur car il est parfois multiplié par 5. Compter en principe 3 000 Ar. Nombreux camions-brousse entre 6h et 9h, également des départs entre 14h et 17h. Idem dans l'autre sens. Il est préférable de réserver sa place sur les taxis-brousse ou les 4x4 (voir avec votre hôtel ou directement à la station sur la place du village, sous le gros tamarin – devant *Chez Alex*), mais c'est évidemment nettement plus cher en 4x4 (de l'ordre de 60 000 Ar, à négocier). Ou de passer par une agence, si on en a les moyens.

– ***En taxi, à VTT, à moto :*** on peut louer un taxi « spécial » depuis Tuléar, plus cher mais à plusieurs ça peut valoir le coup. Dans tous les cas, choisir un 4x4 car la piste est très mauvaise, et les villageois se font une joie de vous sortir de l'ornière, contre rémunération bien entendu. Ou se lancer avec panache dans un périple à VTT (à condition d'en trouver un à louer), voire à moto.
– ***Par le biais d'un transfert organisé :*** quelques hôtels plus chic assurent aussi les transferts (payants, bien sûr). Quelques exemples de tarifs : depuis l'aéroport de Tuléar, 40 000 Ar/pers ; min 2 pers ; pour 1 seule pers, 80 000 Ar, en 4x4 ou en minibus.

***Vers le nord***

➢ ***Morombe :*** vous pouvez essayer de sauter dans un camion 4x4 pour cette ville de l'Ouest. Mais il n'est pas garanti qu'il y aura de la place si vous ne partez pas de Tuléar car il ne s'agit que d'un stop à Ifaty (en principe vers 8h-9h). Cela dit, à Mada, la place, on la fait... De Tuléar, compter la journée.
➢ ***Manombo :*** 2 camions tlj en début d'ap-m. Essayer de l'attraper sur la route ! De Manombo, on peut essayer de rejoindre le petit village de pêcheurs de Salary, et ainsi de suite jusqu'à Andavadoaka et Morombe. Prévoir des connexions en pirogue ! Pour les aventuriers en herbe.

## Adresses et infos utiles

– ***Téléphone :*** les portables avec puces *Telma* ou *Airtel* passent bien, quant aux autres cela dépend des jours.
■ ***Plongée et activités nautiques :*** on trouve plusieurs clubs-écoles de plongée sur place. Les prix débutent à 100 000 Ar environ pour une plongée équipée (sinon, forfaits), alors renseignez-vous et comparez. Adressez-vous par exemple à ***Atimoo Plongée*** (*☎ 032-04-529-17. • atimoo.com •*). Instructeurs PADI (jusqu'au 1er niveau). Agréé DAN. Également des sorties baleines, un bateau à fond de verre et une école de kitesurf à l'hôtel ***Le Nautilus*** *(voir « Où dormir ? »).* Ou encore ***Mangily Scuba*** (*☎ 033-73-641-76 ou 032-54-242-94. • ifatyscuba.com •*), sur la plage, accès par le chemin de Kana Sucre. Dirigé par Anne Furr, une Américaine, biologiste de formation, qui connaît très bien le monde sous-marin.

## Où dormir ? Où manger ?

Niveau hébergement, il y a à boire et à manger (au sens propre et figuré) dans cette station balnéaire. Les meilleurs rapports qualité-prix se trouvent dans les rubriques « De prix moyens à chic » et « Beaucoup plus chic ».
Même scénario côté resto. À part *Chez Freddy,* une de nos adresses préférées, on n'a pas dégoté la perle rare. Mieux vaut manger dans votre hôtel (ou un autre).

### *À Mangily*

### De prix moyens à chic (26 000-104 000 Ar / env 8-32 €)

🏠 🍽 ***Villa Maro Loko :*** *à côté du* Vovo Telo. *☎ 034-20-034-43. • villamaroloko@yahoo.com • maroloko.com • 54 000 Ar la double, des familiales également.* Une villa de charme, en hauteur, au cœur du village. Les propriétaires, originaires de La Réunion, se sont donné du mal pour restaurer cet hôtel et lui conférer un standing conforme aux exigences d'une clientèle avide de confort. 6 chambres seulement, côte à côte, équipées de douches à l'italienne (avec eau chaude), ventilateur et électricité solaire, toutes avec terrasse et vue sur la mer. Sur le devant, pieds dans l'eau, le restaurant où Myriam, la chef propriétaire, mitonne une cuisine savoureuse aux couleurs du monde. Tapas et rhums arrangés pour l'apéro : on n'est pas loin du paradis. Club nautique dans l'hôtel.

🏠 |●| ***Sur la Plage, Chez Cécile :*** *au bord de... la plage.* 📱 *034-94-907-00.* ● *surlaplagechezcecile.com* ● *Compter 25 000-85 000 Ar selon confort.* Simple, avec des bungalows en dur, confortables et propres, avec douche (eau froide) et w-c (extérieurs pour les moins chers). Géré par Cécile, une Bretonne de Lorient. Un des points de repère de la plage. Fait aussi resto tous les jours. Cuisine correcte. Les clients de l'hôtel sont prioritaires, mais on vous trouvera toujours une place ! Sorties pirogue sur le lagon avec Daniel, qui pourra aussi vous préparer un excellent barbecue de poisson. Laverie sur demande.

🏠 |●| ***Chez Freddy Village :*** *dans la ruelle derrière* Chez Alex. 📱 *034-19-842-76. À 200 m de la plage. Tlj sf lun midi et soir. Plats sur ardoise autour de 10 000 Ar et buffet sam soir 20 000 Ar/pers.* Freddy était déjà un garçon très souriant, voilà qu'il est devenu un super cuisinier. Même les entrées y sont étudiées, le poisson est fondant à souhait, et les desserts sont du même tonneau. Équipe enjouée. Le samedi, grande soirée buffet à volonté, cocktail maison inclus, avec orchestre-danseurs et musique *malagasy.* Et pour passer la nuit, 4 chambres (2 sommaires ou 2 plus récentes et plus confortables). Moustiquaires, ventilo, douche commune et toilettes au rez-de-chaussée. Sinon en face, au *Relais de Mangily,* des bungalows confortables pour 2-3 personnes avec salle d'eau privée ou non.

🏠 |●| ***Mangily Hôtel :*** *BP 333.* 📱 *032-02-554-28. Proche de Mangily, accès possible à pied. Doubles 45 000-75 000 Ar.* Hôtel petit budget, mais confortable, proposant des bungalows en dur avec terrasse, y compris pour les familles. Resto en surplomb du lagon avec, à la carte, une cuisine au feu de bois : produits de la mer, viandes, pommes de terre malgaches... Au menu des activités : accès direct à la plage, soirées-animations et massages.

🏠 ***Chez Alex, Le Coq du Village :*** *juste à côté du* Vovo Telo. ☎ *903-12.* 📱 *032-04-658-73.* ● *coquillagemangily@yahoo.fr* ● La majorité des bungalows en dur se trouve derrière le resto, dans une grande cour sans charme. Basiques, avec moustiquaire et sanitaires communs. Resto, de toute façon, très moyen. Sinon, bungalows sur la plage, en bois ou en dur, plus chers mais très corrects, avec douche et w-c intérieurs.

## De chic à plus chic (à partir de 43 000 Ar / env 13 €)

🏠 |●| ***Hôtel Solidaire Mangily :*** *dans le village, tt près du marché.* 📱 *034-02-666-60.* ● *hotel@ongbelavenir.org* ● *aguadecoco.org* ● *Bungalows doubles 90 000-100 000 Ar. Possibilité de ½ pens ou pens complète. Repas complet à la carte env 32 000 Ar.* Notre coup de cœur du côté de Mangily. Créé pour financer l'ONG *Bel Avenir* (voir plus haut à Tuléar) et son programme d'éducation environnementale des populations locales. L'entrée du site accueille de ce fait les scolaires pour des animations et travaux pratiques auxquels il est possible d'assister. Plus loin, l'hôtel et ses superbes bungalows, bien espacés les uns des autres, en bois et pisé, magnifiquement meublés et dotés de tout le confort. Au centre, la vaste piscine autour de laquelle sont disposés transats, parasols et quelques tables. Sinon, repas dans le resto : excellente cuisine locale, à base de produits très frais et créative, par un vrai chef cuistot. Également un espace de relaxation, un service de blanchisserie et des transferts (payants) de l'aéroport de Tuléar.

🏠 |●| ***Bamboo Club :*** *un peu plus au nord, après la forêt de baobabs.* ☎ *902-13.* 📱 *034-66-552-31.* ● *bambooclubifaty@gmail.com* ● *bamboo-club.com* ● *Bungalows 43 000-115 000 Ar. Repas complet 37 000 Ar. Transfert sur demande.* 💻 Dans un coin un peu plus au calme, au sein d'une belle végétation, d'agréables bungalows dans le style vezo, alliant pierres, bambou et matériaux locaux, les pieds dans l'eau. Assez charmant. Quelques bungalows familiaux et des doubles au confort sommaire (sans eau chaude) mais qui permettent aux petits budgets de profiter du cadre. Piscine, club-école de plongée, plus plein d'autres activités nautiques et des soins beauté. Bémol :

service long au resto (commandez avant l'apéro, on vous fera signe quand c'est prêt). Serge, l'accueillant gérant, est aussi médecin ; en cas de problème, n'hésitez pas à le consulter...

### *À Ifaty*

Pour une fin de séjour, après avoir crapahuté sur des pistes et pour quelques jours de repos, ou alors en séjour tout inclus, les 2 hôtels suivants peuvent être conseillés. Mais ambiance autarcique et de bout du monde, autant le savoir !

### De plus chic à beaucoup plus chic (à partir de 104 000 Ar / env 32 €)

**Le Nautilus :** *relativement éloigné du village, entre les hôtels* Le Paradisier *et* Lakana Vezo. *032-04-848-81. • contact@nautilusmada.mg • nautilus mada.mg • Compter 45 € le bungalow pour 2. Clim en été et ventilo. Transfert sur demande.* Cette école de plongée CMAS (voir « Adresses et infos utiles ») propose plusieurs types d'emplacements pour ses bungalows : encastrés dans la dune au bord de la plage (les plus originaux et les plus design), en surplomb de la dune, d'un blanc immaculé très relaxant, impeccables et élégants, avec la plage juste en face. D'autres bungalows en retrait (semi-dur et bois) avec terrasse privée, perdus sous les arbres, et donc à l'ombre. Pas la peine de vous dire où partir en plongée ou à la pêche. Prestations très pro de Nathalie (une Zanatany depuis 5 générations) et de Denis. Fait resto à prix chic, avec des plats utilisant tous les produits de la mer ou presque, et un service aux petits oignons. Excellents desserts. En résumé, une bonne adresse pour conjuguer activités sportives et farniente.

**Le Paradisier :** *de Tuléar, avt le village d'Ifaty, avt* Le Nautilus *; y aller en voiture et ne plus bouger ! 032-07-660-09. • paradisier.net • Résa obligatoire. Doubles 71-88 € selon saison.* Envie de calme dans un espace élégant, décoré avec soin ? Disséminés dans un jardin tropical, des bungalows ronds, en pierre, avec mezzanine et terrasse avec vue sur la mer ; d'autres, tous au bord de l'eau, avec vue directe sur l'horizon depuis votre couche. Sensation unique d'être seul au monde dans sa cahute, aménagée avec goût : ici un ventilateur rétro, là une chaise longue pour paresser en paix ou encore ces petits coins salon... Piscine, cours de yoga, resto extra. N'en jetez plus !

## À voir. À faire

➢ ***Balades en pirogue :*** on vous en proposera souvent. Quelques conseils : n'allez pas dans les passes sans un piroguier qui connaisse le coin, il y a des courants dangereux. Pour choisir votre piroguier, prenez des renseignements autour de vous (hôtels, clubs de plongée, ou n'importe quelle gargote), des noms circulent, comme celui de Daniel, qui propose une balade vers la barrière de corail et un pique-nique « langouste » dans un village vezo pour 20 000 Ar (de 10h à 15h) ; prêt de tuba et palmes : 10 000 Ar en plus. Évitez les rabatteurs de plage qui ont l'air d'avoir tiré sur le joint... Pour le tarif, cela dépend de vos talents de négociateur, mais les prix annoncés sont généralement honnêtes, sauf pour les lascars dont on vient de parler. À la journée, négociez en plus la nourriture. Certains vous proposeront des excursions avec bivouac à Anakao (fortement déconseillé malgré tout, en raison des vents), voire dans des villages de pêcheurs comme Ambohimelaky. Pour les périples jusqu'à Morombe et Morondava, se reporter plus haut au chapitre « La côte au nord de Tuléar ».

***Plongée et sorties en mer :*** on vous l'a dit, Ifaty est assez réputé pour ses fonds marins. Mais ne vous prenez pas pour Jacques Mayol dans *Le Grand Bleu.* C'est le dernier pays où il faut avoir ce genre d'attitude puisque, on vous le rappelle, il n'y a pas de chambre de décompression à Madagascar, et l'assistance DAN, en Afrique du Sud, mettra au moins 6h à arriver... pour les clubs qui lui sont affiliés (voir « Adresses et infos utiles »). Signalons aux amateurs que les principaux clubs de plongée et certains hôtels louent des masques et tubas à la journée autour de 25 000 Ar. Enfin, Sainte-Marie n'a plus le monopole des sorties baleines puisque presque tous les clubs proposent d'aller les voir entre juillet et septembre environ, pour un prix même inférieur.

**La réserve Reniala :** *dans la forêt derrière le village, à 1 km de piste en montant vers le nord, à droite. Bureau dans le village. ☎ 417-56. 032-02-513-49. • reniala-ecotourisme.jimdo.com • Tlj 7h-17h30 (8h-18h l'hiver). 2 types de visite guidée : 1h-1h30 (petit parcours) et 2h-2h30 (grand parcours), 13 000-18 000 Ar ; gratuit jusqu'à 12 ans.* Intéressante visite de l'arboretum et du sentier botanique créés par un professeur de biologie français et par son épouse malgache. Nombreux baobabs – dont un, le plus gros, *Adansonia fony,* de 13 m de circonférence –, didiéréacées, pachypodiums, etc. Bref, la flore endémique du Sud-Ouest. Observation des oiseaux et de la faune (lémuriens notamment) sur rendez-vous, la veille de préférence. Le parc Reniala est le parc officiel, mais tout autour se sont montés des parcs, des excursions hors des sentiers battus, plus sauvages, où l'on peut arriver en charrette à zébus. Départ du village, des hôtels, 15 000 Ar par personne.

**Le Village des Tortues :** *juste après Reniala, en sortant du village. ☎ 425-67. 034-19-841-55. Tlj 9h-17h. Entrée : 6 000 Ar ; réduc enfants.* Uniquement pour une bonne action, car les tortues se font de plus en plus rares, et ce village offre de moins en moins d'intérêt. L'ASE (Association de sauvegarde de l'environnement), financée par la SOPTOM (projets identiques montés à Gonfaron en France et au Sénégal), accueille et soigne les tortues du sud du pays : les *radiata* (ou *sokake,* ou encore tortue étoilée) et les *pyxis,* ou *sokapila,* vivant entre Tuléar et Fort-Dauphin. Il y a en moyenne 1 100 spécimens sur place, mais toutes ne sont pas visibles, car en quarantaine. Saviez-vous qu'en vieillissant, la tortue perd ses couleurs ? Pas mal d'enclos et de panneaux sur leur mode de vie.

## Manifestation

– À l'occasion des ***fêtes de Pâques,*** au niveau du *Mangily Hotel,* à l'entrée du village, 3 jours de musique (1er jour), de boxe (2e jour) et de course de charrettes à zébus (3e jour) !

## D'IFATY À SALARY

**Avant Manombo, grandes plantations de coton, récolté durant l'hiver austral.**

***Manombo :*** grand village avec un marché sur la traditionnelle place de l'Indépendance. Remarquez la mission catholique. On peut louer une pirogue pour Salary. Compter à peu près 4h selon le vent.

À 15 km de là, au nord, petit village d'***Ampasilana*** et sa société de culture des algues qui entrent dans la composition de médicaments.

20 km plus loin, on traverse l'adorable village de ***Tsiandambo,*** où les gamins vous crient des « bonjour *vazaha* ! » ou des « *salama !* » à n'en plus finir... ***Salary*** n'est plus qu'à 10 km. On longe une côte de toute beauté, avec un lagon d'un bleu pur, des mangroves et des euphorbes abritant des couas coureurs (à tête bleue) ou servant de points d'observation aux milans, ces adorables petits rapaces tachetés. Sans oublier la simplicité et la gentillesse des habitants.



### Où dormir ? Où manger à Salary ?

***Salary Bay :*** *résas à l'hôtel Cotsoyannis, BP 1229, Fianarantsoa. ☎ 75-514-86. 032-49-120-16. • salarybay.com • Bungalows doubles 75-90 €. Petit déj 7 €. Repas 18 €. ½ pens obligatoire. Transfert sur demande (payant).*

Place au farniente, au lagon et à la barrière de corail, idéal pour un repos bien mérité... Bungalows confortables, dominant la mer et aérés naturellement. La nuit, les couvertures sont bienvenues. Plein de distractions possibles : pirogue, bateau, balades dans les villages vezos, dans la forêt des Mikeas, etc.

**Chez Francesco :** *juste avt Salary Bay. Bungalow env 12 €. Repas env 5 €.* Tenu par un Italien original. Bungalows confortables construits avec une sorte de chaux à base de poudre de coquillages. Sanitaires communs. Repas très copieux avec pain maison et authentiques pâtes Barilla ! Poisson que Francesco rapporte de ses plongées en apnée, auxquelles on peut participer.

# DE SALARY À ANDAVADOAKA

**Andavadoaka est à environ 70 km de Salary. La barrière de corail continue de se dérouler au kilomètre dans l'isolement le plus total...**

À 18 km de Salary, encore un joli village, ***Andravongny,*** superbement situé au pied des dunes et du lagon. Toujours le charme des habitants et des enfants. Ici, c'est une école *Aide et Action* qui constitue, après le village lui-même, la structure la plus précieuse.

Traversée du village d'***Ambatomiloha*** (prononcer « Ambatoumilou »), avec ses dunes et ses collecteurs de langoustes, puis ***Befandefa.*** Dans les terres, flopées de baobabs-bouteilles et de didiéréacées, ces faux cactus dressés vers le ciel et toujours aimantés par la lumière du Sud...

Nous arrivons enfin à ***Andavadoaka,*** où s'achève en beauté la barrière de corail. Le site est sauvagement découpé. Un bout du monde et une belle transition avant de repartir pour de nouvelles aventures. Plage, retour de pêche et farniente au programme. Quelques îles dans les environs, et des pirogues pour s'y rendre. De quoi s'arrêter plusieurs jours.

## Où dormir ? Où manger à Andavadoaka ?

***Bungalows Coco Beach :*** *034-14-001-58. • nassim.tahora@gmail.com • Bungalows avec sanitaires extérieurs env 20 800 Ar et avec douche froide env 26 000 Ar. Plat env 4 € et langouste un peu plus chère.* Avez-vous lu le roman *37°2 le matin* ? On se croirait un peu dans une version tropicale du bouquin. Cela dit, l'entretien laisse un peu à désirer ! Vérandas qui font le tour et vue sur la côte déchiquetée. Joli resto belvédère (mais frisquet en hiver), pour admirer la région en dégustant des huîtres (fraîches et énormes, collectées sur place). Langouste, calamars sautés, thon et poisson selon arrivage... Sorties en mer possibles. À louer sur place, des masques et des palmes. Un gros bémol, tout de même, les transferts sur Morombe sont chers. En 4x4, il faut absolument partager à plusieurs et, en pirogue, ce n'est pas tout à fait donné non plus. Continuez avec votre propre piroguier si possible. Compter entre 2h et 1 journée pour rejoindre Morombe en pirogue selon les vents. En 4x4, compter 2h au milieu des didiéréacées, baobabs et mangroves...

À 2 km, le ***Manga Lodge,*** tenu par des Français, avec 7 bungalows, dont 4 avec 2 chambres, salle d'eau et w-c privés *(prévoir 52 000 Ar pour 2).* Plus proche, ***Chez Antoine,*** pour les petits budgets.



## À (SA)VOIR !

Pour les apprentis anthropologues ou futurs ethnologues, ou pour les amateurs de belles histoires comme nous, il y a une drôle de rumeur qui court dans la région : la présence hypothétique de peuplades isolées fuyant toute forme de civilisation, les Mikeas.

### La légende des Mikeas

Les Mikeas, êtres quasi mythiques, ont la réputation d'être invisibles et de ne sortir que la nuit. Ils seraient astrologues et craints des autres peuplades pour cette raison. Ceux qui les auraient soi-disant aperçus les décrivent comme petits et maigres, à la peau grisâtre, sans pour autant être vraiment des pygmées. Rumeur incroyable : ils pourraient vivre sans eau ! L'eau pourrait peut-être les tuer... Ils se sustenteraient d'énormes tubercules appelés *babou,* souvent enterrés à plus de 1 m de profondeur et qu'ils seraient pratiquement les seuls à pouvoir détecter. Les hérissons et le miel seraient les seuls compléments à leur alimentation, dit-on !
Survivant entre Tuléar et Befandriana, au sud-est de Morombe, dans une grande forêt entre la piste « nationale » et la mer, cette population nomade serait constituée de pêcheurs vezos et de paysans masikoros ruinés. Ici, le retour à l'état originel ne serait donc pas une lubie d'Occidental désœuvré. Peu nombreux (on évoque 2 000 individus), ils se terreraient au milieu d'épineux ou se cacheraient dans les arbres. Leur nom signifierait d'ailleurs « ceux qui se perdent dans les arbres ». Mais aussi « ceux qui ne veulent pas être dirigés ». Un rêve de déserteur, qui aurait été déclenché par les razzias des pirates esclavagistes au XVIe s et renforcé par la colonisation française à la fin du XIXe s.
Les Mikeas fuiraient tout ce qui ressemble de près ou de loin à la sédentarisation et à la vie en société. Ils vivraient en petits groupes, s'évitant les uns les autres, changeant de campement le plus souvent possible et ne souhaitant pas fonder de famille. En fait, aujourd'hui, les Mikeas seraient en grave danger. À cause de la déforestation et de la culture sur brûlis, la forêt se resserrerait autour d'eux. Certains pensent même qu'ils auraient déjà disparu. D'autres... qu'ils n'ont tout simplement jamais existé !

## DE TULÉAR À FORT-DAUPHIN PAR L'INTÉRIEUR

**La sinueuse route nationale 10 qui relie Tuléar à Fort-Dauphin sur 600 km est, vous l'aviez deviné, une piste infernale, pour ne pas dire totalement défoncée ! Certaines routes du pays étant en voie de réhabilitation, rien ne dit qu'un jour... Mais, en attendant, à Madagascar, pour changer de région, c'est souvent comme s'il fallait traverser plus de la moitié de la France... un sacré périple pour ceux qui connaissent les joies du taxi-brousse ! Si vous n'avez pas beaucoup de temps ni beaucoup d'énergie, l'avion est préférable. Mais vous louperez quelques jolies petites choses, notamment un littoral de toute beauté (lire plus loin) qui borde le pays des Mahafaly.**
**Partant de Tuléar, en pays vezo, nous quittons progressivement l'univers des nomades de la mer pour entrer sur un gigantesque plateau aride, terre des Mahafaly. Ce groupe ethnique partage avec les Antandroys (l'une des tribus les plus pauvres de l'île) la tradition des tombeaux funéraires d'un coût très élevé et d'une surprenante imagination. La RN10 et ses pistes adjacentes en laissent apercevoir un grand nombre dans la région de Betioky, la capitale des *aloalo* (totems funéraires), et autour d'Ampanihy, la capitale des tapis mohair. Agriculteurs, les Mahafaly ne forment curieusement sur leur terre que 25 % de la population. Les pasteurs antandroys et baras sont aussi nombreux, tandis que les Antanosy, originaires de la région de Fort-Dauphin et du nord de Betioky, représentent la moitié de la population.**
**Si vous avez la chance de pouvoir vous offrir la location d'un 4x4, ou si vous êtes prêt à jongler entre les épuisants taxis-brousse, les chars à zébus tueurs de lombaires et la marche sous un soleil caniculaire, alors le canal du Mozambique et le littoral sont à vous ! Beheloka, Itampolo, Lavanono, le cap Sainte-Marie ou Faux-Cap, où fraient les baleines de juillet à mi-septembre environ, sont de vrais petits bouts du monde difficiles à oublier. Sinon, faites**

**le choix de rejoindre directement la région de Fort-Dauphin et de changer totalement d'univers. Après cette terre subaride, l'océan Indien et la luxuriance du Sud-Est surgissent comme un mirage, comme une oasis après le désert...**

## LA PISTE DES TOMBEAUX

Si ce n'était le respect dû aux ancêtres, on pourrait presque dire que cette piste (la RN10) se visite « à tombeau ouvert », tant il y en a. Et ce, de Tuléar à Ampanihy, mais également sur les nombreuses pistes de traverse qui vont jusqu'au littoral. On vous en signale un certain nombre dans les itinéraires qui vont suivre.

### Les Mahafaly et les Antandroys

Avant d'être construits, les tombeaux donnent lieu à de grandes funérailles pouvant durer plusieurs mois, avec sacrifices de zébus à la clé. Tout cela coûte cher, très cher même, et contraste terriblement avec la pauvreté de la région. D'ailleurs, ces rituels onéreux ne sont pas sans rappeler quelque peu ceux des tribus torajas aux îles Célèbes (Sulawesi) en Indonésie, pour ceux qui connaissent. Il faut savoir que pour les Mahafaly (« ceux qui rendent heureux »...) et les Antandroys (« ceux des épines », à cause de la végétation semi-désertique de la région), comme pour tous les Malgaches, la vie après la mort et le lien avec les ancêtres ont bien plus de valeur que notre simple passage sur Terre.
Les tombeaux des deux groupes ethniques sont de grandes constructions en dur de 5 à 20 m de côté et de 1 à 1,50 m de haut, parfois plus grandes encore pour les tombes royales. Placés en bordure de route pour être vus et reconnus socialement, ou à l'abri des regards et des photographes dans la nature, les édifices en pierre ont tendance à disparaître, remplacés par le béton, dernier nec plus ultra de la modernité, voire de l'importance sociale. Dommage. Heureusement, les murs sont souvent ornés de peintures vives représentant des scènes de la vie quotidienne ou encore... des militaires en armes et des gendarmes. Parfois, le coût total de la construction est écrit en toutes lettres, ce qui amuse ou déconcerte souvent les touristes. On peut aussi y lire la date de la mort, mais celle de la naissance est souvent indiquée par un « vers 1900 quelque chose », faute d'un état civil performant.

### Sculptures et *aloalo*

Le plus surprenant, ce sont les représentations de taxis-brousse ou d'aéroplanes sculptés dans le béton. Peintes elles aussi, elles surmontent les tombeaux. L'avion est le symbole de l'importance sociale, le défunt ayant effectivement pris l'avion dans sa vie ou rêvant de l'avoir fait ! Très pratique pour monter au ciel... Il n'est pas rare d'y voir écrit le nom de la compagnie aérienne nationale. Sous ces sculptures se trouve l'habitacle où repose le défunt, parfois décoré de petits miroirs. Sachez qu'un tombeau ne renferme qu'un seul défunt à la fois. Tout autour de son cercueil sont disposées des pierres et des cornes de zébus sacrifiés lors des funérailles (là aussi, la quantité compte), ainsi que des ustensiles ayant servi au mort et qui lui serviront dans sa vie future.
Si les pierres levées fixées contre deux murs opposés appartiennent aux Antandroys, les fameux *aloalo* ou totems en bois sculpté sont à l'origine une spécificité mahafaly. Ils étaient autrefois réservés à des clans particuliers par décision royale. Plus tard, ce droit fut monnayé par d'autres tribus et, par la suite, les Antandroys purent également s'approprier cet art funéraire inimitable. Les *aloalo* mesurent entre 1 m et 1,80 m environ, sont peints (à l'origine) et orientés vers l'est. Contrairement aux statues sakalavas, ils ne représentent jamais de scènes érotiques. Au début, ils figuraient seulement des ibis ou des zébus. Aujourd'hui, outre leurs motifs géométriques, les statuettes incarnent des scènes réalistes, la personnalité

du mort ou la nature de ses biens. Exemples : une femme consultant un sorcier, un convoi funèbre, des guerriers en armes, un cycliste, un fumeur de pipe, ou encore un gendarme arrêtant un voleur ! Du beau, du très beau travail. Il faut savoir que les *aloalo* sont considérés comme les « intermédiaires » entre les vivants et les morts. Ils se paient encore parfois entre un et deux zébus pièce !
– Notez que l'on vous demandera souvent de payer pour faire une photo d'un tombeau en invoquant le caractère sacré de celui-ci. Cette mauvaise habitude n'a pas toujours à voir avec les *fady,* mais n'insistez pas. D'autre part, si cela se présentait, n'achetez jamais d'*aloalo* ancien où que ce soit. Vous risquez de sérieux ennuis, et pas qu'à la douane. Bien sûr, c'est totalement sacrilège.

# DE TULÉAR À FORT-DAUPHIN PAR LA CÔTE

**Pour être très sincère, cet itinéraire (895 km) est surtout réservé aux heureux utilisateurs de 4x4 en saison sèche, ou alors pour les courageux et les patients (dans le meilleur des cas 28h de pistes, et même de passages à gué à la Menarandia). En effet, pour rallier ces bords de mer sans dépenser trop, il existe (en principe) un seul taxi-brousse par semaine entre Tuléar et Itampolo (à vérifier à Tuléar). Sinon, il faut partir en pirogue (lire aussi, plus haut, la rubrique « Infos et conseils utiles » dans « La côte au nord de Tuléar »), ou bien combiner des taxis-brousse entre Tuléar et Tsiombe avec des charrettes à zébus et de la marche ! Cela n'en vaut la peine que si vous êtes un peu fortuné (premier cas) ou complètement accro à l'aventure style *on the road,* version très *sixties revival...* Dans ce dernier cas, prévoyez de gros efforts physiques sous le soleil ou beaucoup de temps et de patience, ainsi que des provisions, sans parler du matériel de camping. On peut aussi demander aux chefs de village l'autorisation de dormir quelque part en laissant quelque chose. Mais ne partez pas à l'aventure sans argent ni provisions. Même si les Malgaches ne vous laisseront jamais tomber, ils ont quand même mieux à faire que de vous dépanner, n'est-ce pas ? Avis aux amateurs... et aux inconscients.**
**Pour Anakao, lire plus haut « Anakao et l'île de Nosy Ve ». Il est d'ailleurs assez judicieux de rallier d'abord Anakao en bateau à moteur (3h) pour s'éviter une longue route par Betioky (280 km, 8h de pistes), que l'on peut rejoindre plus tard. D'Anakao, relier le village de Beheloka à environ 30 km au sud. Vous êtes déjà sur le plateau mahafaly. Sur la côte, plein d'euphorbes, de pintades sauvages, de *couas* coureurs, de huppes et de *drongos,* les « rois des oiseaux malgaches », reconnaissables à leur couleur noire et à leurs longs cils très distingués, capables d'imiter certains animaux, et même les chats ! Dans cette région trop pauvre et trop aride pour le riz (qui est d'ailleurs considéré ici comme un luxe), on cultive surtout du manioc et des patates douces, et on élève des zébus et des chèvres.**

## *BEHELOKA*

Très jolie baie avec une eau bleue comme on les aime. Possibilité de ***camper*** en bord de plage. Petit hôtel sur place.

➢ De Beheloka, on peut se diriger vers ***Betioky,*** à environ 100 km à l'intérieur des terres, par une piste balisée surtout par les pintades, les termitières géantes et de nombreux baobabs. Ceux-ci sont souvent reconvertis par la population en réservoirs pour l'eau de pluie, en témoignent ces « fenêtres » et ces « échelles » sculptées dans les troncs. Mais il serait dommage de quitter maintenant la côte. D'autant qu'à environ 25 km au sud de Beheloka on peut admirer des ***tombeaux*** assez incroyables, dont l'un revendique crânement le coût total de sa construction (dans l'ancienne monnaie) : 200 millions de francs malgaches, soit près de 34 000 € selon le taux de change de l'époque ! C'est écrit dessus en gros. Bien sûr, on vous demande souvent un billet pour prendre la photo (et rembourser l'investissement ?)...

Dans le secteur, le ***lac du parc national de Tsimanampetsotsa :*** *tickets en vente sur place ou au bureau MNP de Tuléar. Compter env 10 000 Ar pour 1 j., 15 000 Ar pour 2 j. ou 20 000 Ar pour 3 j.* Une croyance locale voudrait que des poissons blancs lui donnent ce teint blanchâtre, mais, en fait, c'est un lac salé reposant sur du calcaire marneux. Des colonies entières de flamants roses y ont élu domicile. Deux circuits permettent soit de contourner le lac, soit de partir à la découverte des baobabs et des grottes.

Dans le coin, possibilité de loger au ***Domaine d'Ambola :*** *dans un petit hôtel. ☎ 49-306-44. 032-45-326-21. • hotel-domainedambola@orange.fr • Double 40 €. Repas env 10 €.* Au bord du lagon et de la barrière de corail, jolies chambres en dur aux tons rappelant la Grèce, avec salles de bains, jolis meubles, et le tout carrelé. Excellent resto également : fromage de chèvre maison, buffet de crudités, tourte aux langoustes, etc. Tours dans le parc avec charrette à zébus. Se faire expliquer la légende du « lac sans dauphin ». Location de 4x4 et de bateaux *(80 €/j. par pers ; min 2 pers).*

➢ Environ 50 km après le tombeau le plus cher de la région (voir plus haut), on se dirige très doucement vers le village d'Itampolo... Attention, il faut ralentir sur le territoire des tortues *radiata,* avec leurs écailles et leurs rainures, si pratiques pour connaître l'âge de ces charmantes vieilles dames. Heureusement, elles sont épargnées en raison d'un *fady* (interdit) que les Mahafaly et les Antandroys se sont imposé. On en rencontre jusqu'à Faux-Cap. Sur la piste, des *didiereas,* ou « arbres-pieuvres », du sisal, des cactus et des figues de Barbarie, parfaites pour se désaltérer (quand elles sont bien rouges !).

## ITAMPOLO

À 130 km d'Anakao. C'est un petit coin de paradis. Un joli village avec son marché du vendredi, une superbe plage et la possibilité d'apercevoir des baleines de juillet à mi-septembre environ.

Petit hôtel-resto sur place, au bord de la plage, ***Hôtel Sud Sud,*** annexe de ***Chez Alain.*** *☎ 415-27. • c.alain@moov.mg • Quelques chambres et bungalows 25 000-60 000 Ar. Possibilité aussi de camper (10 000 Ar).*

➢ Possibilité de rejoindre ***Ejeda,*** d'accès très difficile, par une piste d'environ 80 km en charrette à zébus. Pour la petite histoire, cette bourgade tirerait son nom de la ville saoudienne de Djedda, ou bien... du mot « adjudant » (*ejeda* en malgache), rapport au souvenir traumatisant qu'aurait laissé ici un officier français. On peut poursuivre la balade le long de la côte jusqu'à Androka et Lavanono selon l'état de la piste, mais vous devrez peut-être rejoindre Ampanihy, puis Beloha, d'où il vous faudra effectuer de nouveau 40 km au sud pour Lavanono avec les moyens du bord : 4x4 (veinard !), stop, charrette à zébus ou marche... Sympathique récompense dans ce trajet éprouvant : plein de tombeaux surmontés d'aéroplanes ou de taxis-brousse d'une naïveté totalement réjouissante !

## LAVANONO

D'Itampolo à Lavanono, 180 km de pistes de sable ; compter 7 à 8h, en saison sèche.
Village de pêcheurs et paradis pour les amateurs de windsurf et kitesurf. Certains viennent de l'île de La Réunion pour voir ce coin préservé et profiter de belles vagues ! Un endroit magnifique.

Attention au camping sauvage, en principe interdit ; renseignez-vous avant sur les *fady* (interdits) en vigueur, nombreux dans les parages.

## LE CAP SAINTE-MARIE

Le cap Sainte-Marie est à 25 km au sud de Lavanono et à 280 km de Fort-Dauphin. C'est la pointe la plus au sud de Madagascar, tout en étant une réserve spéciale gérée par *MNP*, donc ouverte pour l'instant aux seuls chercheurs. Elle devrait finir par être ouverte au public, alors renseignez-vous auprès de cet organisme avant d'y aller. Ce serait une riche idée car, même si la faune et la flore très endémiques doivent y être préservées, la balade le long des falaises après le phare est très chouette. On peut apercevoir des baleines sauter au loin (de juillet à mi-septembre environ) et, à nos pieds, des tortues étoilées de Madagascar *(Astrochelys radiata)* ou quelques rares arachnides, ainsi que des colonies entières de sauterelles de toutes les couleurs. À 5 km environ, sur la piste de Faux-Cap, aller voir le *tombeau antandroy* surmonté d'un avion et d'une voiture fluo ! Traverser ensuite le village de Marovato et, 3 km après, prendre la bifurcation à droite pour Faux-Cap sur 30 km.

## FAUX-CAP (BETANTY)

Faux-Cap doit son nom à une erreur des navigateurs portugais du XVIe s qui pensaient qu'il s'agissait de la pointe méridionale de l'île (pas de bol, c'était le cap Sainte-Marie). Le village est très accueillant et le site magnifique ! Connu pour ses fragments d'œufs d'æpyornis également, mais interdiction de les ramasser...

### Arriver – Quitter

Sans 4x4, on peut essayer d'y accéder depuis Fort-Dauphin avec les rares voitures des collecteurs de langoustes. Sinon, partir en camion-citerne depuis Ambovombe ou Tsiombe, mais c'est aussi aléatoire. Ces 2 types de véhicules vont ensuite à Lavanono, puis reprennent le chemin inverse, donc voir avec eux pour le retour.

### Où dormir ? Où manger ?

**Cactus Hotel :** *bungalow rustique env 7 €. Douche au seau ; sanitaires extérieurs. Menu env 13 000 Ar, plat env 6 500 Ar.* Très jolie situation face à la mer et piscine naturelle en bord de plage.

## À voir dans le coin

Bien sûr, il faut aller jeter un œil (et c'est tout) aux gisements de coquilles d'***œufs d'æpyornis,*** cet « oiseau-éléphant » qui vivait il y a 2 000 ans. Malheureusement, beaucoup de visiteurs ont emporté des morceaux de coquille, sans parler du trafic juteux des œufs reconstitués (certains se sont fait pincer en France), détruisant en cela une partie du patrimoine extraordinaire de Madagascar. N'emportez rien, admirez avec les yeux. Si vous êtes pris avec des fragments sur vous, cela peut vous coûter cher, sans parler des risques de prison pure et simple si c'est avec les œufs entiers.

Ici aussi, les ***baleines à bosse*** font leur numéro de juillet à mi-septembre environ.

Très beaux ***tombeaux*** à environ 30 km en partant vers Tsiombe.

# FORT-DAUPHIN (TÔLAGNARO)

46 000 hab. IND. TÉL. : 92

**La ville et son arrière-pays constituaient jusqu'à il y a peu une région particulière. Blottie sur un bout de littoral étroit, coincée contre l'océan par la chaîne de montagnes anosienne sur laquelle elle s'appuie, prenant en pleine face les alizés marins, Fort-Dauphin bénéficie à la fois d'un climat et d'une végétation très « Sud-Est » (pluies !) et d'une influence « Grand Sud ». En fait, il pleut moins qu'au nord et il fait moins chaud qu'au sud. La région propose ainsi un peu tous les faciès naturels : montagne, forêts luxuriantes, plages et même désert, puisqu'il suffit de 2h de route pour débouler dans la plaine aride d'Amboasary, où le soleil cogne dur. Elle a connu ces dernières années un gros bouleversement avec la découverte d'ilménite, un minerai qui a entraîné le développement de nombreuses infrastructures (routes, etc.).**

## UN PEU D'HISTOIRE

Le nom de la ville vient du fort que les Français construisirent en 1643 sur la corniche, aujourd'hui bien protégé. Ce n'était pourtant pas la première installation européenne. Dès 1504, les Portugais avaient déjà échoué sur la côte et s'étaient établis sur un îlot dans l'embouchure, dite *Ambinanibe,* au sud de l'actuel Fort-Dauphin. Ils y demeurèrent jusqu'en 1535, quand les Malgaches des lieux, les Antanosy, décidèrent que la cohabitation avait trop duré. Ils massacrèrent alors les Portugais. Ce n'est qu'un siècle plus tard, en 1642, que les Français débarquèrent dans la baie de Sainte-Luce (Manafiafy), sous le commandement de Jacques Pronis. Au nom de la Société française de l'Orient, future Compagnie des Indes orientales, mais soutenu par Louis XIII pour fonder des comptoirs de commerce sur la route des Indes, le sieur y créa sa première colonie, qu'il déplacera l'année suivante sur la péninsule de Taolankarana, à une trentaine de kilomètres au sud, pour des raisons de salubrité. C'est sur cette corniche face à l'océan qu'est construit en 1643 le fort Dauphin, baptisé ainsi en l'honneur du jeune roi Louis XIV.
Plus tard, la ville prit ce nom définitivement, et le fort celui de Flacourt, du nom du gouverneur qui rédigea de 1648 à 1658 de célèbres notes biologico-géographico-ethnologiques sur la région de l'Anosy. La colonie se maintint jusqu'en 1674. Minée notamment par les rivalités internes et affaiblie par les assauts antanosy, elle fut abandonnée. Ce n'est que vers la fin du XVIIIe s qu'une nouvelle tentative d'installation fut entreprise par le comte de Maudave. Elle ne dura pas plus de 3 ans. De toute façon, les Français s'emparèrent du pays entier à la fin du XIXe s !

## Arriver – Quitter

### En taxi-brousse

Si vous le sentez, arrivez à ou rejoignez Tana (3 départs/sem ; durée : 5-6 j.) ou Tuléar (trajet : 3 j.) en taxi-brousse, c'est possible, mais vos os pourraient vous le faire payer tout le reste de votre vie. Il faudra passer par quantité de « routes » et de pistes dans un état affolant, et le temps de voyage vous paraîtra assurément très long.

***Stationnement des taxis-brousse*** *(plan A1)* **:** *vers la sortie de la ville, sur la route nationale même, après le grand bazar.*

➢ ***Amboasary*** (env 75 km) ***et Ambovombe*** (env 110 km ; 3h de trajet) **:** départs tlj, plusieurs fois/j. Attention au monde lun, jour de marché (aux zébus surtout, impressionnant !) à Ambovombe. La RN13 est correctement goudronnée jusque-là.

➢ Des taxis-brousse desservent aussi plusieurs localités de la zone régionale, comme la ***vallée de Ranomafana*** (en principe, mar et ven), mais ils ne

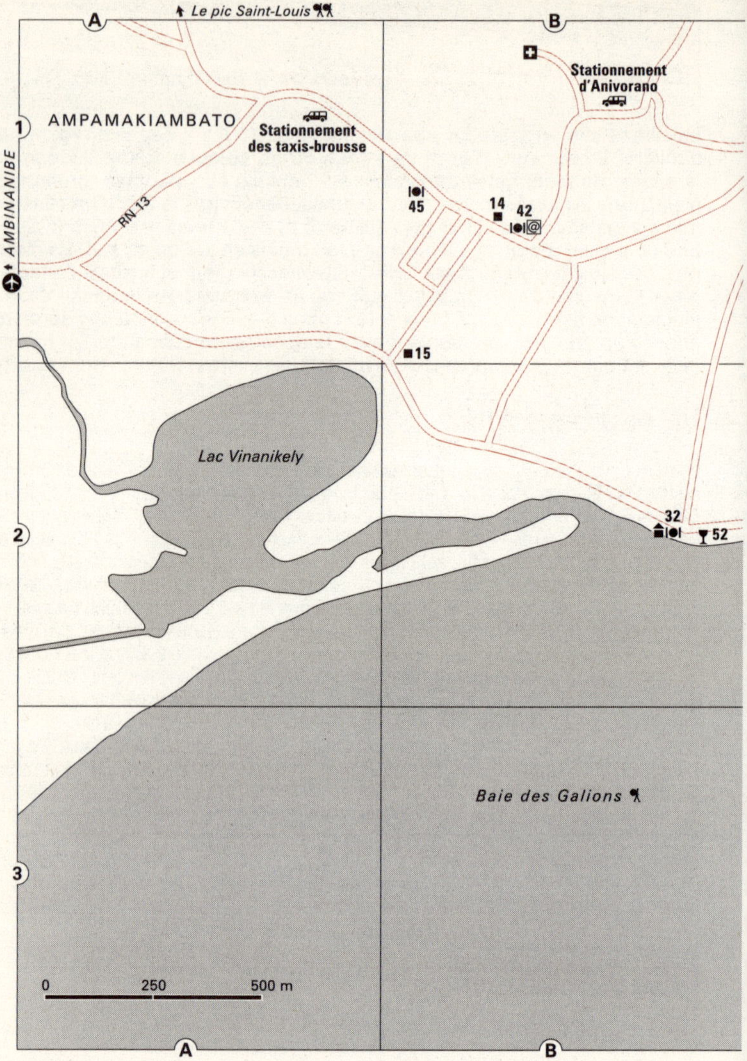


■ **Adresses utiles**

- 🅘 @ Office de tourisme
- 2 BFV-SG
- 3 BOA
- 4 BNI-CA
- @ 5 Fortnet
- 6 Air Madagascar
- 7 Ankoba
- 8 Air Fort Services
- ✚ Hôpital public Philibert-Tsiranana
- 14 Pharmacie Kaleta
- 15 Pharmacie Endor
- 31 Safari Laka
- 34 Lavasoa
- @ 42 Cybercafé

**Où dormir ?**

- 30 Mahavoky
- 31 Gina Village
- 32 La Baie des Singes
- 33 Anita

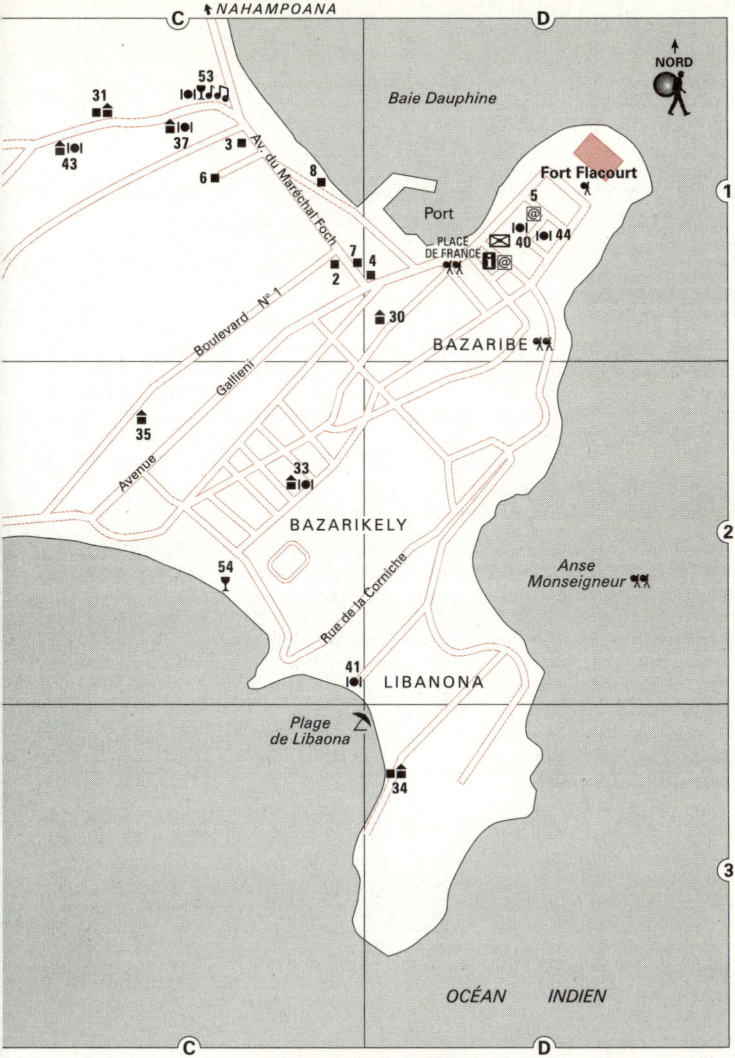


# FORT-DAUPHIN

**34** Chambres d'hôtes Lavasoa
**35** Le Dauphin
**37** Népenthès
**43** Le Tournesol

**Où manger ?**

**32** Chez Marceline
**33** Anita
**40** Chez Henriette
**41** Au Local, Chez Georges
**42** Chez Perline
**43** Le Tournesol
**44** Belle d'Azur
**45** Les Chasseurs
**53** La Terrasse

**Où boire un verre ? Où sortir ?**

**52** Club Ankoba
**53** Mafana Club
**54** Freedom

partent pas toujours régulièrement. Il faudra se renseigner au stationnement. Pour atteindre la **côte nord** jusqu'à Manantenina, il faut partir du stationnement d'Anivorano *(plan B1)*.

➢ ***Sainte-Luce*** (côte sud-est ; voir plus loin « Dans les environs de Fort-Dauphin ») *:* départ du stationnement d'Anivorano également. Trajet : 2h30, 50 km, en 4x4, surtout en saison des langoustes (déc-mai).

### En avion

✈ ***Aéroport :*** *à 4 km à peine à l'ouest du centre-ville.*

➢ ***Tananarive :*** 1-2 vols/j., faisant parfois escale à Tuléar.

➢ ***Tuléar :*** 3 vols/sem.

➢ ***Farafangana, Manakara et Mananjary :*** 1 liaison/sem en *Twin-Otter.*

## Orientation

Le centre-ville se concentre sur la presqu'île qui divise la côte en 2 grandes et belles baies, la baie Dauphine au nord et la baie des Galions au sud. Administrations, banques et hôtels sont rassemblés sur ce caillou. Les quartiers populaires sont derrière. On y trouve, entre autres, le marché, intéressant pour son animation.

## Comment circuler ?

Les taxis sont collectifs, et les prix changent classiquement en fonction de la distance (tarifs souvent affichés dans les véhicules). De l'aéroport, compter env 2 600 Ar/pers pour rallier le centre-ville. Si jamais vous descendez d'un petit zinc débarquant peu de monde, il arrive parfois que les taxis ne se déplacent pas. Il vaut donc mieux, par sécurité, réserver dans un hôtel qui enverra une navette (payante). Sinon, vous devrez négocier votre transport jusqu'au centre-ville dans une voiture particulière ou avec une navette présente.

## Adresses utiles

### Informations touristiques

ℹ @ ***Office de tourisme*** *(plan D1) : à côté de la chambre de commerce, sur la pl. de France. Lun-ven 8h-12h, 14h30-17h30.* Grand plan de la ville très détaillé, cartes de la région, explications sur l'Andohela, panneaux présentant les différentes excursions et la liste des membres de l'office de tourisme (hôtels, restos, tour-opérateurs, location de 4x4). Internet et photocopies.

### Poste et télécommunications

✉ ***Poste*** *(plan D1) : pl. de France. Lun-ven 8h-12h, 14h-17h.* Représentant de *Western Union.*

■ ***Téléphone :*** on trouve des cabines *(Telma)* dans la rue, et l'on se procure des cartes pour appeler (5 000 ou 10 000 Ar), dans les épiceries ou à la poste *(plan D1)*. On peut aussi, grâce à son portable (débloqué), acheter une puce locale chez *Orange* ou *Madacom.* Faire le calcul, ça peut être intéressant.

@ ***Internet :*** ***Fortnet*** *(plan D1,* ***5****), derrière la poste. Lun-sam 8h-20h. Connexion très correcte bien qu'un peu chère. Forfaits possibles.* ***Cybercafé*** *(plan B1,* ***42****), dans le quartier populaire de Tanambao, en face de* Chez Perline.

### Argent, banques

Pour les retraits aux guichets avec les cartes de paiement, prévoir un délai qui dépend du téléphone (souvent le matin pour le soir).

■ ***BFV-SG*** *(plan C1,* ***2****) : av. du Maréchal-Foch. ☎ 212-86. Lun-ven 7h30-11h30, 14h-16h.* Devises à échanger. Distributeur automatique acceptant la carte *Visa*.

■ ***BOA*** (plan C1, **3**) **:** *au bout de l'av. du Maréchal-Foch. ☎ 212-18. • boa.mg • Lun-ven 8h30-11h30, 14h-16h30.* Devises et carte *MasterCard* acceptés. Prévoir la journée pour un retrait avec la carte *MasterCard.* Distributeur automatique acceptant la carte *Visa.*

■ ***BNI-CA*** (plan D1, **4**) **:** *av. du Maréchal-Foch. ☎ 211-15. Lun-ven 8h-12h, 14h-16h30.* Devises acceptées. Distributeur automatique acceptant la carte *Visa.*

■ ***Urgence financière* :** en cas de besoin urgent d'argent liquide, *Western Union* (pour les transferts rapides d'argent liquide) est représenté par la *BFV-SG* et la *BOA* (lire ci-dessus), ainsi que par la *Caisse d'épargne.*

## Urgences

■ ***Agence consulaire de France* :** *Patrick Viau, villa Mamoasoa, Ampasixabo. 034-07-202-25. • consulatfortdauphin@hotmail.fr •*

***Urgences médicales* :** à l'***hôpital public Philibert-Tsiranana*** (plan B1). *☎ 212-58 (sf w-e).* Également le ***dispensaire luthérien*** à côté de l'hôtel *Mahavoky.*

■ ***Pharmacies* :** ***pharmacie Kaleta*** *(plan B1,* ***14****), route nationale. ☎ 901-27. Tlj 8h-12h, 14h-18h.* ***Pharmacie Endor*** *(plan B1,* ***15****), quartier Tanambo. ☎ 929-03-74. Tlj.*

## Compagnie aérienne

■ ***Air Madagascar*** (plan C1, **6**) **:** *au-dessus de l'av. du Maréchal-Foch. ☎ 211-22. 032-12-880-00. Lun-ven 8h-11h30, 14h30-17h ; sam 8h-11h.*

## Tour-opérateurs et guides

■ ***Air Fort Services*** (plan C1, **8**) **:** *en plein centre. 034-11-212-34 ou 034-46-122-80. • contact@airfortservices.com • airfortservices.com •* L'agence la plus dynamique de Fort-Dauphin. Gère la superbe réserve de Nahampoana. Mais on peut s'y rendre aussi par soi-même (voir plus loin). Billets pour toutes directions, location de voitures et bus, intéressants circuits. Gère également le *Talinjoo Hôtel* (*• talinjoo.com •*).

■ ***Lavasoa*** (plan D3, **34**) **:** *au-dessus de la plage de Libanona, vers l'ancienne école américaine. 033-12-517-03. • lavasoa.com •* Tour-opérateur monté par un couple de Français qui propose une dizaine d'excursions dans la région (balades sur Isa Loatra, une île déserte, Lavanono, un spot de surf, mais aussi un circuit dans la forêt primaire, etc.). Bonne source d'infos pour explorer le Sud malgache. 5 très belles chambres d'hôtes en surplomb de la plage (voir « Où dormir ? »). A également monté un *Camp Pirate* dans la superbe baie de Lokaro, avec hébergement et restauration sur place. Compter 140 € le transfert A/R pour 2, environ 30 € la nuit en bungalow double avec moustiquaire. Repas sur place possible (environ 12 €).

■ ***Safari Laka*** (plan C1, **31**) **:** *au* Motel Gina. *☎ 212-66. 033-02-011-05. • motelgina2005@yahoo.fr •* Balades dans la baie de Lokaro (lire « Dans les environs de Fort-Dauphin »), le lieu fétiche du patron qui se bat depuis des années pour sa protection.

■ ***Ankoba*** (plan C1, **7**) **:** *bureau à côté de la banque* BFV-SG. *☎ 215-15. En France, 06-70-76-22-76. • ankoba.com •* Spécialisé dans les tours en bateau et la pêche à la palangre. Sorties baleines et club de planche à voile et de surf.

– Moins chers, mais sans doute moins pros, on peut louer les services de ***guides à la sauvette.*** Pour des raisons de sécurité, demandez-leur la carte professionnelle délivrée par le syndicat local. Prudence quand même, on nous a signalé quelques cas d'agression de touristes ces dernières années, notamment au pic Saint-Louis. Il semblerait cependant que ce problème soit devenu très rare aujourd'hui. Renseignez-vous avant de partir.

## Location de véhicules, motos et quads

Il va vous falloir faire un effort financier : compter dans les 250 000 Ar par jour pour un 4x4, sans le carburant. Quelques hôtels disposent de véhicules, mais la location reste surtout le fait d'agences spécialisées. Pour faire des économies, seule solution : négocier un taxi-brousse entier pour la journée ou plus.

■ **Air Fort Services** (plan C1, **8**) : *voir plus haut.*

■ **Trajectoire :** *à côté de Safari Laka (plan C1, **31**).* *032-07-601-22. Loc de motos.*

## Où dormir ?

Attention, le nombre de chambres est limité, réserver sa chambre 2 ou 3 jours à l'avance n'est pas du luxe.

### Bon marché (13 000-26 000 Ar / 4-8 €)

**Mahavoky** (plan D1, **30**) : *033-12-513-36.* 12 chambres avec sanitaires communs dans une ancienne école américaine datant du XIXe s. Avec ses grands escaliers, ses immenses planchers de bois qui craquent et ses couloirs très larges, on aurait aimé pouvoir se la jouer *Autant en emporte le vent* (l'alizé, en l'occurrence), mais les lieux sont devenus quand même très vétustes. Les douches communes délivrent encore un filet d'eau chaude. Visiter les chambres, certaines plus grandes que d'autres, avec ou sans balcon. Et même des vues sur la mer ! Petite restauration. Pour les budgets serrés, définitivement. Accueil gentil néanmoins. Annexe au centre, pas chère non plus, mais pas mieux !

### De bon marché à prix moyens (13 000-52 000 Ar / 4-16 €)

**Gina Village** (plan C1, **31**) : *entre centre-ville et grand marché. ☎ 902-69. 032-42-954-75. • ginavillage@yahoo.fr •* Un de nos coups de cœur. Une dizaine de bungalows aux toits en *ravinala,* décorés avec goût, très clairs et très colorés. Eau chaude, moustiquaire et ventilo. Petite terrasse privée, joli jardin fleuri, hélas en surplomb de la route passante. Pas de petit déj, mais accueil adorable. Un peu bruyant cependant en raison de la route à proximité. Ne pas confondre avec le *Motel Gina,* plus tristounet.

**Népenthès** (plan C1, **37**) : *Ampasikabo. 032-04-455-54. • delphin_andreas@yahoo.fr • Petit déj en sus.* Dans le centre, accroché à la colline, quelques jolis bungalows tenus par une famille très sympa. Environnement verdoyant. Excellent confort, le tout carrelé, avec salle de bains et eau chaude. Et bons petits repas pris dans une atmosphère authentiquement familiale. Organise des excursions (baie de Lokaro, virée en bateau, etc.). Notre meilleure adresse, malgré son accueil quelquefois absent.

**Le Tournesol** (plan C1, **43**) : *un peu après le Gina Village, dans la rue principale. ☎ 905-64.* 8 plaisants bungalows avec petite terrasse, autour d'un agréable minijardin. Très propre, salle de bains carrelée, ventilateur, TV, eau chaude, etc. Et, pour une fois, une déco aux tons chauds ! Fort bon resto également (voir « Où manger ? »). En revanche, musique le soir, et tard !

**Anita** (plan C2, **33**) : *dans le quartier populaire de Bazarikely, sur la presqu'île. 032-40-323-36.* D'abord, il y a 8 chambres correctes, avec douche commune (et eau chaude), bon marché (plus on monte, moins c'est cher mais moins elles sont agréables !). Et puis des bungalows corrects, avec ou sans eau chaude et/ou mezzanine, tous avec ventilo. Bien situé, à deux pas de la plage et à trois du centre-ville, l'hôtel manque néanmoins d'un peu d'espace, et ses 6 bungalows sont vraiment serrés les uns contre les autres. Toutefois, si vous vous passez de la mezzanine, le coût est plus que raisonnable pour des bungalows assez confortables (les moustiquaires sont fournies !). Bon resto également (voir « Où manger ? »), dans une salle à manger rénovée.

**La Baie des Singes** (plan B2, **32**) : *sur la baie des Galions. 032-43-562-61.* Pas vu la queue d'un ! En revanche, pas mal de makis pour ces

bungalows répartis sur 3 niveaux, aux escaliers un peu raides, mais descente d'autant plus rapide sur la plage sympa à deux pas. Au 1er niveau, bungalows en bois. Au 2e, tout est en brique, et au 3e, les salles de bains sont carrelées, avec petite terrasse privée. Quelques problèmes de tuyauterie quand même. Préférer ceux au sommet, les plus chers, en dur avec eau chaude et une petite vue pas désagréable. Resto, discothèque.
– Signalons, sur la plage de Libanona, près du resto ***Au Local, Chez Georges*** *(plan C2, **41**)*, 3 chambres à louer, avec toilettes communes. Notre préférée est à l'étage avec un petit balcon et les flots bleus pour horizon.

## Plus chic (plus de 104 000 Ar / 32 €)

■ ***Chambres d'hôtes Lavasoa*** *(plan D3, **34**)* **:** *à Libanona Beach. ☐ 033-12-517-03. • lavasoa.com •* Notre adresse préférée dans cette catégorie, pleine de charme. Surplombant une belle plage, littéralement accrochées à la colline, 5 adorables chambres en bois et en dur (dont 1 studio avec cuisine), toutes avec terrasse et panorama privilégié sur la baie, vous vous en doutez. Parfait pour les familles. Environnement verdoyant, décoration de charme, confort et, en prime, l'accueil affable d'Anne et d'Éric. Le tout hyper bien tenu. Beaucoup d'activités : treks dans le Grand Sud, location de 4x4, expéditions diverses et une annexe dans la baie de Lokaro *(Camp Pirate)*... Voir aussi les « Adresses utiles ». Seul petit inconvénient, pas de repas sur place, il faut sortir chaque soir. Mais ça reste une de nos adresses fétiches !
– Juste à côté, *Air Fort Services* (voir « Adresses utiles ») a construit un hôtel de charme avec une vue superbe. Au cas où !

■ **Le Dauphin** *(plan C2, **35**)* **:** *bd de l'OUA (bd N° 1), BP 54. ☐ 032-05-416-83 ou 033-23-210-07. • fortdauphin@madagascar-resorts.com • madagascar-resorts.com • Carte Visa acceptée (+ 5,25 %).* Possède la fameuse réserve de Berenty (lire « Dans les environs de Fort-Dauphin »). On vous indique cet hôtel en particulier pour son jardin où les plantes et les arbres y sont vraiment agréables, particulièrement les badamiers offrant leur généreux ombrage à la terrasse et les *ravinala* toujours magistraux. Les bâtiments, sans style, s'en trouvent un peu avantagés. Les chambres s'avèrent assez inégales et décorées dans un style très années 1950, façon kitsch, donc en visiter plusieurs ; la plupart avec AC. Resto tantôt bon, tantôt décevant. Dispose d'un hôtel encore plus chic, *Croix du Sud,* plus moderne mais tout aussi impersonnel, juste à côté.

# Où manger ?

## De très bon marché à bon marché (jusqu'à 13 000 Ar / 4 €)

I●I ***Anita*** *(plan C2, **33**)* **:** *resto de l'hôtel du même nom (voir « Où dormir ? »). ☎ 904-22. ☐ 032-40-323-36. Tlj 7h-22h env.* Dans ce cadre simple, de bois peint, l'ambiance est celle d'un petit resto de quartier malgache, assez convivial, sans protocole ni solennité. Carte clairsemée mais qualité relativement régulière : renseignez-vous, il n'y a pas de tout. En général, fruits de mer, viande, « omelette baveuse », plats malgaches (manioc pilé avec viande) ou indiens (sur commande), voire du *nasi goreng* (riz frit indonésien). Prévoir l'apéro en plus, car le service peut être très long.

I●I ***Chez Marceline*** *(plan B2, **32**)* **:** *au bord de la plage d'Ahoba, en contrebas de l'hôtel* La Baie des Singes *(voir « Où dormir ? »). ☐ 032-40-287-15.* Sous une varangue et une planche de surf, à l'abri du vent (et Dieu sait que ça souffle !), on goûte quelques plats piochés sur l'ardoise. Priorité au canard et au zébu, en magret, brochette ou pavé. En attendant, observons les rouleaux de la mer. Avant de succomber à une crêpe au chocolat ou une brochette de fruits. Accueil à l'avenant. Très prisé par les routards de passage.

**Chez Perline** (plan B1, **42**) : *dans le quartier populaire de Tanambao, avt le stationnement des taxis-brousse. 033-11-433-06. Tlj de 7h jusque tard.* Petit bar-resto avec une toute petite salle, sans fard ni fioritures, genre case en tôle peinte. Le repas est copieux et bon marché. On trouve ici, notamment, l'une des langoustes les moins chères de la ville. Perline et ses cuisinières proposent, en outre, du poisson sous toutes ses formes. Service un peu long cela dit, et parfois désinvolte.

**Chez Henriette** (plan D1, **40**) : *dans le quartier du Bazaribe, dans une impasse derrière la poste (demander). Ne pas confondre avec celui de Tanambao. Tlj 7h-20h, ou plus tard sur résa.* Un petit resto *gasy* assez roots. Chaque jour, des plats sur commande, différents de la veille. Des brochettes, par exemple, toutes simples, servies avec riz et achards, mais aussi côtelettes et salades. C'est un peu selon le marché du jour et à la demande, à condition de commander au moins 1h avant... Bon accueil.

**Belle d'Azur** (plan D1, **44**) : *en face de* Chez Henriette. *☎ 212-92. Tlj midi et soir jusqu'au dernier client.* Accueil sympa et cuisine franco-sino-malgache très honorable. Fruits de mer sur commande. Quelques spécialités : cuisse de canard au poivre vert, langue de zébu sauce maison, langouste, etc. Petite terrasse pas désagréable.

### De bon marché à prix moyens (jusqu'à 29 000 Ar / env 9 €)

**Le Tournesol** (plan C1, **43**) : *un peu après le* Gina Village, *sur la gauche. ☎ 216-71.* Salle de resto un peu froide avec terrasse, un jardin et quelques tables, le tout en surplomb de la route principale. Carte assez pléthorique mais, ô joie ! bien exécutée. Goûtez, par exemple, aux calamars, le péché mignon de la maison, ou aux langues de zébu cuisinées à toutes les sauces (piquante, au poivre vert...), servies avec de délicieuses pommes sautées, vous ne le regretterez pas. Sinon, huîtres au four, thon au coco, dinde royale ou canard au vin, etc. Voir aussi « Où dormir ? ».

**La Terrasse** (plan C1, **53**) : *c'est le resto de l'hôtel* Panorama, *dans la rue principale. ☎ 216-56. Tlj jusqu'à 22h.* Surplombant la baie, bel emplacement, mais rideaux souvent tirés à cause du vent... Bon resto, un poil chicos, où l'on sert des spécialités de la mer, pour notre chance, à petits prix. Télé un peu trop présente. Loue aussi quelques bungalows en contrebas.

**Les Chasseurs** (plan B1, **45**) : *Tanambao II, un peu avt la gare routière. ☎ 216-47.* L'une de nos meilleures expériences culinaires à Madagascar. Vu son emplacement, on dirait un peu le routier du coin. Mais Serge, qui a monté ce resto avec des copains réunionnais (chasseurs, bien sûr), vous servira du gibier en saison (c'est-à-dire hors période cyclonique) dont vous nous direz des nouvelles, selon arrivage, évidemment, mais cuisiné dans des sauces divines... Également, sur commande, des huîtres, un plateau de fruits de mer ou encore des moules.

**Au Local, Chez Georges** (plan C2, **41**) : *très bel emplacement sur la jolie plage de Libanona. 032-40-328-36.* Dans une grande case en bois, avec une petite terrasse sous un badamier, face à la mer, on vient déguster quelques produits frais en toute décontraction. Crabe, crevettes, thon ou langouste sont cuisinés couleur locale. Quelques plats de viande pour ceux à qui ça manquerait. Fait aussi le petit déj. 3 chambres à louer juste à côté.

## Où boire un verre ? Où sortir ?

**Freedom** (plan C2, **54**) : *tlj jusqu'à 23h.* Petite bicoque surplombant merveilleusement la baie des Galions. Belle collection de rhums arrangés, à déguster les pieds dans le sable.

**Club Ankoba** (plan B2, **52**) : *sur la plage en contrebas de l'hôtel* La Baie des Singes. *Tlj 9h-17h30 env.* Petit bar de plage sympa sous les filaos. Parfait pour prendre la brise marine en pleine face ou partir soudainement faire un tour sur une planche à voile, puisque ce club en loue. Propose aussi des sorties surf (bureau en ville, près de la *BFV-SG* ; *plan C1*, **2**). Fait resto (voir *Chez Marceline* plus haut).

**Mafana Club** *(plan C1,* ***53****) : entrée à droite de l'hôtel* Panorama. *Mer-sam.* Grand bar, musique techno et tropicale, jolie vue sur la baie. Billard. Pas mal fréquenté par les belles de nuit...



# À voir. À faire

## Petit trek urbain

Partir de l'***avenue du Maréchal-Foch,*** rue commerçante de Fort-Dauphin, sans charme malgré quelques bâtiments de style colonial. La plupart se regroupent plus loin, sur la ***place de France.*** De là, on peut respirer au grand vent de la baie Dauphine, sa plage désertée, ses épaves attaquées par les éléments, et profiter de la vue sur le port, tranquille.

Poursuivre vers le ***fort Flacourt*** *(plan D1),* aujourd'hui caserne de l'armée malgache. Jeter un œil aux ruines qui datent du XVIIe s et grouper la visite avec celle du petit ***musée ;*** assez réduit, cela dit, cartes et photos anciennes sur l'histoire du fort et de la région Anosy *(mar-sam 8h-11h, 14h-17h ; dim ap-m jusqu'à 18h ; entrée pas chère).*

En descendant, on traverse ensuite ce quartier authentique de ***Bazaribe*** *(plan D1),* avec sa petite mosquée récente mais pas vilaine. Poursuivre le long de la corniche, en haut de la petite falaise qui offre une vue plein ouest sur le large.

En haut de la côte, descendre à gauche face à l'***anse Monseigneur,*** du nom de celui qui en pinçait pour le coin sans doute. Il faut dire que c'est beau. Étrangement, ce bout de péninsule n'est plus habité. Tout au fond, dans la forêt de résineux, les anciennes maisons des évangélistes américains. Ce terrain étant privé, vous serez obligé de bifurquer en bas de la descente, à droite, vers la ***plage de Libanona.*** Ça tombe bien, c'est la plus belle plage de Fort-Dauphin. Du moins, la plus agréable, car protégée en partie du vent du large et des vagues trop fortes. Son nom évoque le Liban, du temps où Madagascar abritait une forte communauté originaire du pays du cèdre... Si vous vous y baignez, attention à vos affaires, il y a un peu de passage !

Remonter vers le promontoire du restaurant *Miramar* qui sépare Libanona de la ***baie des Galions.*** On suit alors cette grande anse où les vagues sont puissantes et permettent de faire du surf. Malgré la vue, le chemin du bord est très mal entretenu et assez sale. Tourner alors dans une rue à droite qui ramène vers le centre. Il est aussi possible, et sympa, de faire le tour de la presqu'île par le bas, sur la platière marine, à marée basse.

***Le pic Saint-Louis :*** vous ne pouvez pas le rater, c'est le sommet qui domine Fort-Dauphin. Attention, ça souffle ! Son ascension est un classique des tours locaux, nécessitant un guide (certaines agences en préconisent même deux, au vu des différents rackets de touristes organisés lors de la grimpette). Pour les voyageurs indépendants, sachez qu'il existe désormais des guides officiels reconnus par les autorités touristiques locales. Abordé dans la rue par ceux-ci, demandez-leur toujours leur carte.
Classique la balade, oui. Mais pas anodine : d'abord parce que, dans un sens comme dans l'autre, elle s'avère un peu sportive ; ensuite, parce que le parcours et le panorama final sont tout bonnement géniaux. Partez tôt le matin pour être revenu avant que le soleil ne cogne (et donc évidemment par beau temps !). Le parcours est plus ou moins balisé par des bandes de plastique nouées aux arbres. De toute façon, il s'agit de suivre la crête ! Il vaut mieux, en effet, effectuer

l'ascension dans le sens crête-sommet que dans l'autre. Car côté nord, ça grimpe dur, dur, dans un mauvais chemin assez sportif. Il y en a pour 2h de montée et pour moins de 1h de descente.
Faites-vous déposer chez les religieuses de Marillac : le départ est bien indiqué et suit pour commencer l'excellent chemin fleuri qui monte à la statue de la Vierge. Dépassez-la et poursuivez. On oscille alors sur la crête, franchissant quelques casques de granit. La végétation évolue, mimosa, puis steppe herbeuse plus haut et enfin petites forêts denses, de *ravinala,* de palmiers et de fougères arborescentes qui dévalent le flanc jusqu'au fond de la vallée. À cette heure matinale, la rosée mouille mais rafraîchit l'effort. Soudain, on arrive au pied du pain de sucre. Commence alors la montée finale du plaisir : on s'élève vers le sommet, sortant de la végétation, baigné de soleil par le nord. Tout là-haut, à 530 m, perché sur le rocher stupidement graffité, on perçoit l'espèce de « petite baie de Rio », de la pointe Evatra jusqu'au cap Ranavalona et plus ! La descente par la face nord est moins drôle, par un mauvais chemin, genre lit de rivière caillouteux. Les genoux travaillent ! Arrivée à l'usine *SIFOR,* à 3 km de la ville. Prévoir éventuellement une voiture.

## Fête

– ***Feria Oramena :*** *oct, pdt 3 j.* Festival de la langouste, en plein air. Dégustations.

## DANS LES ENVIRONS DE FORT-DAUPHIN (TÔLAGNARO)

Si l'on s'en donne les moyens, la région regorge de sites plus beaux les uns que les autres. Profitez-en, mais faites gaffe à votre budget !

★★★ ***Balade sur la pointe Evatra et la baie de Lokaro :*** une super balade, un enchantement, notre préférée. Le mieux est de passer par un tour-opérateur local (91 000 Ar) qui vous fournira la logistique la plus sécurisante et le repas. Prévoir la journée ou un circuit avec bivouac. Et puis, bien sûr, maillot de bain, casquette, bouteilles d'eau et un coupe-vent pour le retour à la tombée de la nuit. Accès très difficile par la piste, même en 4x4, et la balade est nettement plus intéressante sur l'eau. Gare aux piroguiers sans expérience et bien regarder l'état de la pirogue, surtout si la météo est agitée, cela peut être dangereux... En bateau à moteur, départ à 7h, retour à 16h. En pirogue à pagaie et voile, prévoir 2 jours avec logement à Evatra, très succinct, avec douche au seau. Immersion dans la vie malgache absolue.
– Départ sur le ***lac*** d'eau douce ***de Lanirano*** qui alimente la ville. Un canal étroit et adorable dévoile un monde aquatique où cohabitent « oreilles d'éléphant », pandanus, aigrettes et quelques (invisibles) crocos. Traversée du *petit* et du *grand lac d'Ambavarano,* où l'eau saumâtre régale les anguilles, tilapia et autres marguerites. C'est le territoire des mangroves qui commence.
– Belle arrivée au charmant village d'***Evatra*** à l'embouchure, là où le lac communique avec la mer, là où deux reines, selon la légende, se seraient rencontrées un jour. En général, on se restaure ici, d'autant qu'on y vend de belles langoustes fraîches... Cependant, attention à la petite forêt juste derrière le village : elle est *fady,* donc ne pas s'en approcher. À partir du village, marche de 10 km avec toute une série de criques plus mignonnes les unes que les autres, où l'on se baigne avec plaisir. Conseillé de partir vers la gauche pour bénéficier de la belle vue au retour. Crique de sable noir, baie de pêcheurs, avec ses vieilles pirogues, puis montée sur le col. Plein de jolies bébêtes. Vue prodigieuse sur le village et l'embouchure ! Le lac rejoint la mer, et avec le village au premier plan, c'est un

vrai décor de rêve par beau temps. Rien que pour ça, il y a de quoi y laisser sa pelloche de 36 ou sa carte mémoire.
- Continuer sur la ***grotte des Sacrifices,*** où l'on pratiquerait encore l'exorcisme de nos jours selon certaines sources... Dans le secteur, plein de népenthès, ces plantes dites « carnivores », et des pervenches de Madagascar, utilisées contre la leucémie par les grands labos occidentaux. Jeter un œil à la *crique des Amoureux,* sa piscine naturelle et son rocher brûlant appelé de façon charmante « le crématoire » ! Dans la crique suivante, coraux en fleurs, puis l'on arrive sur la colline surplombant la baie de Lokaro. Superbe point de vue sur l'immense arrondi de la baie. Quand le soleil tape à la verticale, on ne sait plus où l'on se trouve : vision de marais salants ou de baie exotique, tous les sens sont sens dessus dessous ! Quelques zébus bronzent parfois au soleil, remplaçant les touristes au sabot levé.
- Après quelques baignades le long des criques, retour par la forêt humide secondaire et le village d'***Anena.*** Surtout, ne pas manquer le retour de nuit. Si la lune est du voyage (encore mieux, si elle est pleine), la navigation sur le canal est tout simplement irréelle. Regardez fixement la partie inférieure des berges, et vous aurez carrément l'impression de naviguer dans l'espace ! On ne distingue plus la terre du ciel, Disneyland peut aller se rhabiller... Magique, on vous dit !

**★★ *Ambinanibe*** *(hors plan Fort-Dauphin par A1)* **:** c'est-à-dire la grande embouchure. Elle vaut pour ses dunes et le panorama sur le vaste plan d'eau appelé Andriambe. Facilement accessible en voiture en une trentaine de minutes, mais aussi à VTT, le site est parfait pour une balade au crépuscule, un pique-nique ou une sortie baignade. Spot de surf aussi. Quoi qu'il en soit, on n'a pas forcément besoin d'un guide pour se rendre à Ambinanibe. Il suffit de tourner à gauche, à une dizaine de kilomètres du centre-ville, un peu plus loin que l'aéroport, sur une piste de sable. Au milieu de l'embouchure, à 10 km de Fort-Dauphin, l'***îlot Portugais*** abrite encore les ruines de la Tranovato, fortin de pierre construit par les premiers colons portugais au XVIe s. Ce serait la plus ancienne construction européenne du pays. Pour voir ça, vous devrez demander une autorisation (150 000 Ar, moins cher en groupe) à la société *SHTM* (voir l'hôtel *Le Dauphin* à Fort-Dauphin, • *madagascar-resorts.com* •), à laquelle appartient le site.

🏠 Pour les amoureux, le ***Vinanibe Lodge*** *(• madagascar-resorts.com •)* offre des bungalows fort sympathiques.

➢ ***Balade sur la piste du Nord et ses jardins tropicaux :*** avec un VTT, vous pouvez vous lancer sans guide sur la piste du Nord, vers Manafiafy, qui traverse de beaux paysages de forêt et quelques villages antanosy. En saison sèche, quand la piste est praticable, c'est très sympa. Sur 14 km, on croise aussi trois ***parcs naturels*** à visiter : le premier, ***Saiadi,*** propriété de la *SHTM* (hôtel *Le Dauphin,* • *madagascar-resorts.com* •), est à une dizaine de kilomètres de Fort-Dauphin. Beau jardin botanique, cher (prévoir 57 500 Ar par personne), qui présente plusieurs espèces locales. Plus loin, on arrive à la récente ***réserve de Nahampoana*** (lire ci-après). Enfin, encore un peu plus loin, il y a ***Mandena,*** qui est une ***réserve forestière.*** Pour visiter ses parterres de népenthès, plantes tubulaires carnivores, il faudra demander une autorisation aux Eaux et Forêts en ville.

**★★ *La réserve de Nahampoana*** *(hors plan Fort-Dauphin par C1)* **:** *prendre la route qui part derrière le* Panorama, *le long de la mer ; on peut aussi prendre un taxi ; sinon, transfert avec* Air Fort Services *(voir la rubrique « Adresses utiles » de Fort-Dauphin), qui gère la réserve. Entrée : env 26 000 Ar, guide et tour en barque inclus. Transfert au même prix/pers, à partir de 2 pers.*
Nahampoana est un très beau jardin tropical, agrémenté de quelques colonies de lémuriens. Par son côté intime et la richesse de ses essences, une vraie balade coup de cœur ! À l'origine, en 1901, c'était un « jardin d'essai » (botanique), comme en témoigne la jolie photo rétro affichée sous la varangue de la maison coloniale (la maison date de 1912). À l'indépendance, l'État

malgache récupéra le tout pour en faire des plantations d'arbres fruitiers, des pépinières et des cultures d'agrumes.
Réserve privée depuis 1997, le sympathique propriétaire a conservé l'esprit du lieu en réimplantant un grand nombre de plantes et d'arbustes. Cerisier du Brésil, eucalyptus d'Australie, euphorbes, didiéréacées, sisal, camphre, girofle, etc., cohabitent avec d'autres types de cultures traditionnelles. Côté lémuriens, on y rencontre les réjouissants et peu farouches makis *catta, sifaka, hapalémur* mangeurs de bambou et microcèbes, qui se partagent les 50 ha de la réserve. Après cette bonne prise de contact, balade jusqu'à une petite cascade avec les montagnes en toile de fond et retour en barque par le minicanal des Pangalanes où vivaient autrefois des crocodiles (aujourd'hui sagement parqués dans un coin de la réserve à l'entrée). Sympa comme tout.

Pour ceux qui souhaiteraient profiter du calme ambiant de ce jardin bien ordonné, possibilité de dormir dans l'une des 3 chambres de l'édifice colonial. Compter 35 € pour 2, petit déj inclus. Également 6 chambres (avec salle de bains et terrasse). Fait aussi resto (passer commande le matin). Service très cool. Pour patienter, visite nocturne de la réserve.

***La réserve privée de Berenty :*** elle appartient à la famille de Heaulme, installée à Madagascar depuis plusieurs générations. Créée en 1936, elle avait pour ambition de protéger un type de forêt dense à galerie, dominée par les tamariniers, qui occupait jadis les berges du fleuve Mandrare. L'agriculture a fait, depuis, son œuvre de destruction. Réjouissons-nous donc de cette initiative qui conserve ces écosystèmes uniques sur quelque 240 ha. Cependant, toute réserve qu'elle est, Berenty est aussi un parc touristique qui donne l'occasion aux visiteurs de vivre un temps au cœur de la forêt sèche, tout en maintenant des conditions de logement très confortables.
Soyons clairs : le site est enchanteur et presque unique aujourd'hui depuis la fermeture de l'autre réserve (celle de Kaleta) ; faune et flore y sont variées et très intéressantes. Cela dit, on peut penser que tout cela fait un peu mise en scène. Particulièrement aux abords du restaurant, des bungalows et magasins de souvenirs. On a même reconstitué pour nous un village antandroy, du nom de cette population du Grand Sud. Certains seront ravis de disposer de toutes ces prestations et d'en apprendre autant. D'autres seront déçus. La réserve vaut sûrement pour ces lémuriens makis à la queue annelée de noir et de blanc qui viendront, habitués, vous réclamer quelque pitance. Comme dans d'autres réserves de l'île, il est possible de les approcher, voire de les toucher !
Mais foin de ces hésitations, le principal problème de Berenty, c'est qu'elle n'est accessible que par le biais de • *madagascar-resorts.com* • Conséquence, cela revient très cher. En fait, le seul moyen de payer uniquement les 40 000 Ar de droit d'entrée par personne est de prouver que vous venez avec une voiture de Tana ! Nous, on trouve ça carrément abusif. Pour les amateurs d'authenticité, autant se payer un trek au fond de la forêt primaire.

➢ ***Randonnées vers la grotte du cap Andavaka :*** c'est une randonnée vraiment chouette, mais elle nécessite un guide. Vous aurez probablement à passer par une agence de Fort-Dauphin qui vous organisera un circuit complet de 1 journée, toujours assez cher. Il démarre par 3h de route vers le cap en question, distant de quelque 70 km, dont 1h de piste bringuebalante dans le bush sauvage en direction de l'océan. Laissant la voiture, on effectue la marche d'approche sur la platière sédimentaire, à même la mer, sautant de caillou en caillou, croisant pêcheurs et collecteurs de langoustes. Prévoir une protection contre le soleil !
La grotte, surprenante, apparaît après 45 mn, creusée dans la falaise. La roche, attaquée par le haut et érodée par le bas, s'effrite et s'effondre peu à peu. Les blocs énormes jonchent le fond de cette vaste « caverne à ciel ouvert ». Vingt mètres plus haut, les arbres de la surface lancent leurs racines, qui ressemblent alors à des rampes de pompier. L'érosion du sol n'a pas été régulière et, par-ci par-là, plusieurs cheminées étroites trouent le plafond vers le ciel. On a beau se trouver en climat sec, l'ombre et la fraîcheur de la grotte maintiennent une humidité très agréable quand

on vient de cuire pendant plusieurs heures de trajet. Cette humidité profite surtout à une incroyable végétation de forêt pluviale, qui n'a absolument pas sa place ici, mais a pu se développer dans ce microclimat. C'est génial de retrouver ici lianes et fougères arborescentes. On se croirait dans le décor d'une jungle reconstituée pour un mauvais film. Progressant à travers le chaos de pierres, on parvient dans le fond, où quelques lémuriens makis ont élu domicile.
En ressortant par la magistrale porte qui ouvre sur l'océan infini, on peut poursuivre la balade et gagner le haut de la falaise. On boucle ainsi le tour à travers la végétation de surface, dont l'adaptation à la sécheresse lui donne toujours des formes étranges et impressionnantes.

**Le parc national d'Andohahela :** *entrée du parc 10 000 Ar la journée + les frais de guidage (7 000 Ar).*
Institué en 1997, ce parc rassemble, à l'image de la variété régionale, trois types de forêts. La forêt pluviale vers l'est, le bush épineux vers l'ouest et, entre les deux, une zone intermédiaire où pousse en exclusivité mondiale le fameux palmier trièdre. L'inventaire de la faune et de la flore a révélé une grande richesse du parc, qui compte 1 800 espèces végétales, 150 oiseaux, 13 lémuriens. Il faudrait y ajouter caméléons, tortues, crocodiles et serpents. Enfin, s'étendant sur 76 000 ha, Andohahela constitue le plus important château d'eau de la région. On y trouve également des piscines naturelles creusées dans une roche de couleur rose. Deux petits circuits sont organisés, un moyen et un grand. À voir avec votre guide à l'arrivée.
*MNP* a balisé les sites de visite. Le meilleur endroit pour se renseigner sur l'accès au parc n'est pas le plus pratique : il s'agit du *Centre d'interprétation* posté à 45 km et 1h15 de Fort-Dauphin, sur la RN13. Derrière ce nom se cache un point d'information, ainsi qu'un petit musée sur les groupes de populations locales, les Antandroys et les Antanosy *(tlj 7h-15h).* On peut plus facilement se renseigner à Fort-Dauphin au bureau *MNP* derrière la boutique *Au Bout du Monde.* Les taxis et loueurs de 4x4 font tous le site de Tsimilahy dans le parc national. Compter environ 50 000 Ar en taxi pour la journée ou s'adresser à un tour-opérateur local.

➢ ***Balade dans la vallée de Ranomafana :*** dans ce coin, noter qu'on peut faire facilement une balade sympa en voiture dans la vallée de Ranomafana, qui borde le parc par l'est. À 13 km de Fort-Dauphin, tourner à droite au village Soanierana. Il y a des flèches : Ifarantsa et Isaka-Ivondro. Vous vous engagez alors sur ce qui est peut-être la plus belle piste du pays, qui autorise à rouler à vive allure ! En chemin, on croise de très belles et surprenantes sépultures antanosy. Elles se composent de plusieurs hautes stèles agrémentées de nombreuses cornes de zébu. Il ne s'agit pas de cimetière. En fait de sépultures, ces petits obélisques ont surtout pour fonction de commémorer l'âme d'un ancêtre inhumé ailleurs. Auparavant, on trouvait sur ces mausolées de très beaux poteaux funéraires sculptés. Le vol les a aujourd'hui rendus rares. Poursuivant, on franchit le col Manangotry et on atteint le village antanosy d'Isaka-Ivondro. Belles vues sur la forêt. On peut improviser une balade en prenant un guide dans le village même.

***Sainte-Luce :*** là où plusieurs bateaux européens accostèrent dans l'histoire. La baie était, en effet, parfaite pour faire halte sur la route des Indes. Les Français s'y installèrent, avant de migrer vers le sud sur le site de l'actuelle Fort-Dauphin. À une cinquantaine de kilomètres vers le nord, Manafiafy, de son nom malgache, fait l'objet d'une balade montée par plusieurs tour-opérateurs de la place. On peut difficilement faire sans eux. Généralement, on s'y rend en 4x4, mais l'accès en bateau est possible (voir l'agence *Air Fort Services* : • *airfortservices.com* •). La route n'est pas mauvaise en saison sèche, malgré quelques passages difficiles ; compter quand même 2h30 pour atteindre la baie. Le temps d'une journée, la rencontre d'un village de pêcheurs, une très belle forêt dense, une jolie plage abritée.

➢ Enfin, signalons que depuis Fort-Dauphin s'organisent des ***circuits*** vers le Grand Sud, Faux-Cap, le cap Sainte-Marie, le spot de surf de Lavanono et Tuléar.

# LE MOYEN-OUEST

« L'Ouest, le vrai », disait un auteur américain, un certain Sam Shepard, même s'il ne parlait pas du même. Entre Antsirabe et Morondava, une route de crête sillonne, sur près de 490 km et en 10h, des paysages dignes du Far West. La RN34, une route goudronnée, dernier avatar de l'époque coloniale, est le mirage réconfortant qui pousse à quitter la fraîcheur d'Antsirabe et des Hautes Terres pour se jeter dans les bras d'une honnête fille, Miandrivazo, nom signifiant « j'attends ma maîtresse »... Les noms rappellent un passé un rien macho, mais qui fait référence à une royauté disparue. Preuve supplémentaire, s'il en était besoin, Dabolava, ce village d'orpailleurs sur la route de notre intrigant Far West. Dans cette région qui cultive le tabac, Miandrivazo est le dernier avant-poste d'un Ouest sauvage gouverné par les pistes, les rivières et les fleuves, telle la superbe Tsiribihina qui se descend avec un bonheur plus intense qu'une *THB* bien glacée. Et Dieu sait qu'il fait chaud ! La nature aimant varier les plaisirs, on enchaîne sur les fameux Tsingy, ces églises naturelles aux clochers de karst classées par l'Unesco, et qui font ici office de Grand Canyon, clou d'un spectacle que médiatisa un certain Nicolas Hulot.
Et puis en route pour la vaste zone protégée d'Antimena et la ville de Morondava, la nonchalante. On croise parfois, se traînant sur la piste, des camions pleins à ras bord dans un remake du *Salaire de la peur.* Repos bien mérité pour les routards cow-boys dans la « station balnéaire » de l'Ouest, avant de descendre un peu plus au sud, à Belo-sur-Mer. Ce village est le plus intéressant chantier naval de goélettes de la côte, dont le savoir-faire hérité de marins bretons ouvre toutes les perspectives sur une nouvelle aventure maritime. Bienvenue au Menabe, qui signifie « le grand rouge » à cause de ses fleuves charriant la latérite, et bienvenue au pays des Sakalavas, celui des « longues vallées », qui sut tenir tête à la dynastie merina avant de les accueillir ensuite. Mais c'est aussi le pays des nomades vezos, de la savane et des baobabs, bref, un territoire qui emprunte les espaces de l'Ouest américain et les paysages d'Afrique...

## MIANDRIVAZO

10 000 hab. IND. TÉL. : 95

Seulement 220 km séparent Antsirabe, l'une des villes les plus froides de Madagascar, de Miandrivazo, l'une des plus chaudes. C'est dire si l'on change d'altitude et de relief aussi rapidement que de climat. Miandrivazo est une bourgade encaissée et paisible, point de départ de la descente de la Tsiribihina ou simple étape dans votre périple par la route jusqu'à Morondava. Agréable en tout cas pour profiter du coucher de soleil sur la rivière.

### Arriver – Quitter

#### En taxi-brousse

➢ ***Antsirabe :*** départs tlj 3h-6h. Compter 5-6h de trajet. Prévoir 15 000 Ar.
➢ ***Morondava :*** départs tlj. Compter 6-8h de trajet. Mais attention, les taxis-brousse arrivent souvent pleins de Tana ou d'Antsirabe. Renseignez-vous pour trouver un autre moyen de transport.
➢ ***Tana :*** départ tlj vers 15h. Prévoir 20 000 Ar. Attention, c'est long ; compter au moins 9h.

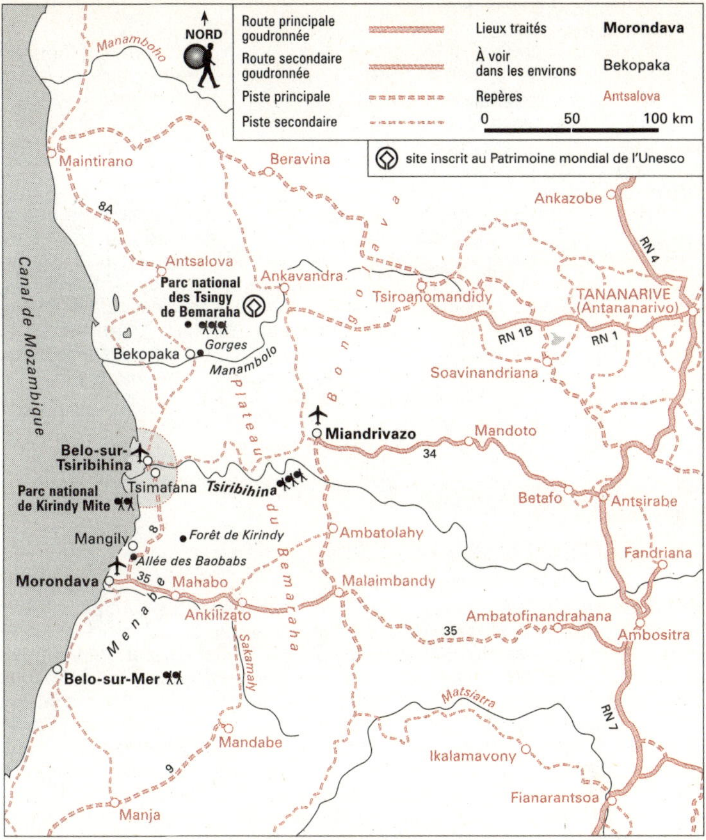


## LE MOYEN-OUEST



### Où dormir ? Où manger ?

#### Prix moyens

**Hôtel-restaurant Baobab :** *à côté de l'ancienne station-service. 032-24-620-45. Doubles 35 000-42 000 Ar. Plats 8 000-10 000 Ar.* Chambres avec balcon pour 2 ou 4 personnes, de toutes les tailles et toutes carrelées, avec salle d'eau. Dans la salle de resto, des tables avec nappes en tissu, apprêtées avec soin.

**La Pirogue :** *à 2 km du village, sur la route de Morondava. 032-07-508-37. • lakanahotel@yahoo.fr • Chambre 30 000 Ar, bungalows 35 000-42 000 Ar.* Sur les hauteurs, ce petit complexe bénéficie d'une jolie vue sur la Tsiribihina. Chambres plaisantes avec toilettes et douche, ventilateur et moustiquaire. Mais, pour quelques ariary de plus, les bungalows disposent d'une terrasse. Le tout ne manque pas de cachet. Évidemment, il est préférable d'être véhiculé pour y séjourner.

**Chez la Reine Rasalimo :** *à*

*quelques centaines de mètres du centre, un peu sur les hauteurs.* 📱 *032-53-040-26.* • *rasalimo@iris.mg* • *Double 35 000 Ar, bungalow 42 500 Ar. Env 9 000 Ar le repas.* Belle terrasse au calme et à l'écart de l'agitation. Chambres restaurées récemment, et bungalows spacieux. Service souriant et cuisine réussie.

**_Horizon Hotel :_** *à 2 km du village, sur la route de Morondava, face à* La Pirogue. 📱 *032-58-952-37.* • *moryclement891@gmail.com* • *Chambre double en bungalow individuel 30 000 Ar. Plat et petit déj sur commande.* Ces bungalows, récents, à l'image des maisons locales, entourant la terrasse salle à manger, sont agréables, propres, avec douches, w-c, moustiquaire, ventilo. Calme assuré.



## Chic

**_Hôtel Princesse Tsiribihina :_** *au début de la route de Morondava, 800 m après* La Pirogue, *à flanc de colline sur la gauche.* ☎ *022-262-97.* 📱 *032-04-828-45.* • *espacemada@espacemada.com* • *espacemada.com* • *Double 100 000 Ar. Repas 25 000 Ar.* Une douzaine de chambres avec terrasses et salles de bains privatives (eau chaude solaire). Certaines pour 3 ou 4 personnes. Restaurant et piscine, calme assuré. Peuvent organiser votre descente sur le fleuve puisque c'est le siège de la très sérieuse agence *Espace Mada* (voir plus loin).

# LA DESCENTE DE LA TSIRIBIHINA

**Vous vous êtes arrêté à Miandrivazo pour cela, non ? La Tsiribihina, dans l'esprit, est plus proche de l'Afrique équatoriale que du Nil, mais le fleuve invite à une balade totalement contemplative, en pleine nature. En pirogue ou en bateau à moteur, le périple de 150 km peut se faire dans les deux sens et dure plusieurs jours, dans des conditions parfois assez sommaires. Mieux vaut être prévenu ! En 2013, des règlements de comptes entre guides et piroguiers, avec comme victimes collatérales les touristes qu'ils transportaient, ont conduit les autorités à prélever des taxes sur les descentes qui permettent de payer des patrouilles de gendarmerie sur le fleuve.**

**Ambiance _African Queen_ plus que jamais garantie, sur des eaux ocre la plupart du temps et au courant rarement impétueux. Deux systèmes de gorges et beaucoup de points de vue : par endroits, la Tsiribihina s'étale sur près de 1 km de large ! D'immenses bancs de sable laissent toute latitude aux bivouacs pour s'installer et à l'imagination pour s'envoler…**

**C'est en tout cas un moyen vraiment authentique et dépaysant de rallier Belo-sur-Tsiribihina. Certaines agences proposent des prolongations de parcours jusqu'aux Tsingy ou Morondava (ou les deux) avec des formules incluant le transport en 4x4, l'hôtel, les repas, voire un départ d'Antsirabe… C'est bien sûr plus cher. À vous d'étudier et de comparer les prestations.**

## Préalables à savoir

– On ne peut pas partir en ***saison des pluies*** (de mi-décembre à début avril). En saison sèche, il y a des départs fréquents, et presque tous les jours en haute saison (de juin à septembre environ).

– Les nuits se font en ***bivouac*** sur les berges ou les bancs de sable. Prévoir une lampe torche, une petite laine et un sac à viande.

– Il n'y a ***pas de toilettes à bord*** des bateaux à moteur (et encore moins des pirogues, mais vous l'aviez deviné !). Du coup, certaines plages sont souillées et ce n'est franchement pas glorieux. Chacun doit veiller scrupuleusement aux règles d'usage en termes de déchets : on enterre sa production et on brûle les papiers ! Et, heureuse initiative, certains chalands disposent désormais de w-c secs sur les bivouacs, afin de laisser les sites propres.

– Les ***téléphones portables*** ne passent que sur certains endroits du fleuve, couverture d'environ 20 %.

– Prévoir éventuellement des « ***cadeaux*** » à remettre aux instituteurs ou médecins dans les dispensaires.



## Comment faire la descente ?

### En pirogue traditionnelle

C'est le moyen le moins cher et le plus « naturel », donc à la dure. La descente prend de 3 à 5 jours, en fonction de l'endroit où l'on termine le périple. Des conflits entre guides et piroguiers ayant affecté des touristes en 2013, on conseille de bien se renseigner sur les conditions de sécurité avant le départ et de prendre les précautions suivantes :

– D'abord, **NE JAMAIS PARTIR SEUL !** Mais ne pas être trop nombreux non plus pour baisser le tarif (risque de surcharge), 3 personnes par pirogue constitue une bonne base.

– Ensuite, ***bien choisir son guide sur place*** (à Miandrivazo ou à Antsirabe). On pourra vous proposer cette descente à l'aéroport d'Ivato, à Tananarive. C'est risqué. Des embrouilles se sont déjà produites. Un guide est toujours plus efficace dans SA région. Antsirabe est le point de départ de la route pour Miandrivazo et un point de ravitaillement conseillé, avec possibilité de trouver éventuellement un bon guide qui possède du matériel de camping. Sinon, sur place, on trouve les guides au port à pirogues, mais évitez à tout prix les rabatteurs à l'arrivée en ville, intermédiaires et autres guides informels. Quel que soit l'endroit, mieux vaut se renseigner sur les compétences et la réputation du guide. Si on fait affaire à Miandrivazo, demander sa carte au guide et faire vérifier à la police qu'il est bien recensé.

– ***Discuter le tarif*** en se faisant bien préciser ce qui est inclus et ce qui ne l'est pas. Pour la traversée totale (3 à 4 jours), compter environ 330 000 Ar par personne (minimum 2 personnes) pour la version tout compris (couchages, taxes, matériel de cuisine et de bivouac, etc.). Le retour Belo-sur-Tsiribihina à Morondava, lui, n'est pas compris (à négocier). C'est devenu un peu cher, mais il ne faut pas se laisser impressionner par les premiers prix annoncés. S'assurer que les différents éléments sont bien rémunérés : piroguier, cuisinier et que le guide ne garde pas tout pour lui. N'oubliez pas non plus le pourboire pour l'équipage et pour le piroguier. Sachez qu'il mettra au moins le double de temps pour revenir à Miandrivazo !

– Autre point : si c'est l'aventure, c'est aussi un périple qui demande une ***bonne condition physique*** et un minimum d'***organisation.*** Bien vérifier que le guide a tout l'équipement et les provisions nécessaires. Vous pouvez en emporter aussi, au cas où. Il faut avoir une tente (possibilité de la louer auprès du piroguier), un sac de couchage (il fait parfois un peu froid la nuit), et une moustiquaire est indispensable. Emporter également de l'antimoustiques, une lampe de poche, un chapeau, beaucoup d'eau, des pastilles *Micropur DCCNa*® ou une paille filtrante et, si possible, louer une glacière. Bref, la base ! Ne sous-estimez pas vos besoins en eau, il fait souvent très chaud.

### En bateau à moteur

C'est nettement plus confortable que la pirogue, bien sûr, mais à peu près 2 ou 3 fois plus cher. La quinzaine d'embarcations effectuant la descente sont des barges à moteur, d'une capacité de 10 à 15 passagers environ, plus l'équipage (4 à 6 personnes). Certaines d'entre elles servaient autrefois à transporter le tabac que la région produit encore. Elle a son charme, cette petite croisière fluviale à l'africaine sur des teuf-teuf flottants ! Mais les puristes trouveront que le bruit dérange la faune au bord du fleuve. C'est un choix à faire si l'on souhaite un peu de confort. Généralement couverts, les bateaux permettent d'être à l'ombre en journée, quand il faut mettre un chapeau et de la crème solaire sur une pirogue. Sans parler de l'espace et des prestations qui vont avec, bien sûr. Le voyage dure 3 ou 4 jours, selon les options retenues (visites de villages, randonnées jusqu'à des cascades, etc.), au gré des larges virages que le bateau doit effectuer pour éviter les bancs de sable. C'est l'une des raisons pour lesquelles on met parfois autant de temps en bateau à moteur qu'en pirogue.

## À qui s'adresser ?

Attention, les prix des guides locaux n'incluent pas systématiquement le transfert en 4x4 pour relier Belo-sur-Tsiribihina à Morondava (une demi-journée de transport). Réservez-le dès le départ (si la prestation est assurée !), sinon charrette à zébus et taxi-brousse obligatoires ! La différence de tarif pour la descente, entre les guides locaux et les agences, n'est pas énorme, environ 135 000 Ar pour une même prestation, de 3 jours/2 nuits pour 2 personnes, tout compris. Pour profiter des transferts et d'une formule tout compris (Tsiribihina + Tsingy + Morondava), mieux vaut donc s'adresser aux tour-opérateurs malgaches dès Tananarive ou Antsirabe. Voici une sélection de nos meilleurs contacts :

■ ***Évasion sans Frontière :*** *22, rue Andrianary-Ratianarivo, Ampasamadinika à Tananarive.* ☎ *22-616-69.* • *info@mada-evasion.mg* • *mada-evasion.com* • *Lun-ven 8h30-18h et sam mat.* Agence spécialisée dans le voyage sur mesure et à la carte (expédition, trek ou descente de rivière comme la Tsiribihina, mais aussi les grands classiques). Agence très engagée dans le développement durable. Une équipe très pro, des chauffeurs compétents et sécurisants, et des guides chevronnés.

■ ***Espace Mada :*** *50, rue du Général-Ramanantsoa, Isoraka, BP 4161, Tananarive 101.* ☎ *22-262-97.* • *espacemada@espacemada.com* • *espacemada.com* • Ce tour-opérateur travaille avec des guides chevronnés qui arpentent la région depuis plus de 20 ans. Descente uniquement en chaland.

■ ***Menabe Evasion :*** *BP 3609, Tananarive 101.* 📱 *032-02-304-78 ou 06-05-36-60-89 (en France).* Descente en 4 jours, circuits combinés possibles.

## C'est parti !

➢ On part directement de ***Miandrivazo*** de bon matin, après le remplissage de la pirogue ou de l'embarcadère de Masekapy à 1h30 de voiture pour les barges à moteur en saison sèche. Dans les deux cas, on emprunte d'abord la rivière Mahajilo, qui se jette en douceur dans la Tsiribihina. Et c'est vraiment parti pour environ 140 km, après avoir béni l'embarcation avec du rhum !

★★★ ***La traversée des gorges :*** le périple vous fera traverser deux systèmes de gorges taillées dans le calcaire et pouvant atteindre 50 m de haut, les ***gorges de Bemaraha*** le 1er jour, puis celles de ***Menabe.*** Un autre monde. Baobabs, kalanchoés, pachypodiums bicolores constituent la flore, ainsi que des lambeaux de forêts primaires peuplées de lémuriens comme le *Propithecus verreauxi*, le *Eulemur fulvus* et le *Microcebus* nocturne. Beaucoup d'oiseaux (hérons, guêpiers, canards siffleurs, à bosse...), mais aussi des chauves-souris géantes, des tortues bleues, des caméléons et quelques crocodiles, mais ils sont plus rares (pas de danger si l'on ne va pas les chercher !).

★★ ***Le site d'Anosinampela :*** *env 1h avt la sortie des premières gorges. Droit d'accès : 5 000 Ar.* Tous les bateaux bivouaquent à cet endroit, sur l'autre rive. Ce site protégé abrite une cascade à 100 m seulement de la rivière, des piscines naturelles, des *tsingy* et une grotte de 1 km de long. Seuls les circuits de 4 jours permettent d'accéder à l'ensemble. Sinon, on se contente d'une trempette dans la première piscine naturelle, aux eaux turquoise, ce qui n'est déjà pas si mal ! En principe, pas de problème pour se baigner dans le fleuve et dans les cascades, la bilharziose étant encore absente de la région. Pour plus de sûreté (ce serait dommage de finir dans l'assiette d'un croco !), demandez tout de même à votre guide les meilleurs endroits.

C'est aussi ***à la rencontre des gens du fleuve*** que la descente vous emmène. La vie s'écoule doucement au fil de la Tsiribihina et vous pourrez découvrir, dès le début du périple, la culture du riz, du tabac, l'élevage de zébus ou la pêche, mais aussi la toilette, la cuisine ou la lessive traditionnelle. Au ras de l'eau sur la pirogue ou perché sur le toit couvert de la barge, on se sent vraiment au centre de cette vie sur le fleuve. Votre guide peut également vous faire visiter les villages cachés sur les berges.

➢ Le dernier jour, on arrive au poste d'***Antanambao,*** situé en bordure du fleuve, à 6 km d'Antsiraraka. Les trajets de 3 jours en pirogue s'arrêtent ici. Les autres circuits poussent plus près de Belo-sur-Tsiribihina, en fonction du temps dont on dispose et de son budget.
D'Antanambao, il faut alors se lancer dans un périple de 1h30 en charrette à zébus pour ***Antsiraraka*** (à négocier avant le départ avec votre piroguier). On déconseille de faire ce trajet à pied à la saison des pluies car on traverse des marigots où les crocodiles trouvent parfois refuge ! Si c'est ici que vous quittez votre piroguier, n'oubliez pas de signer la décharge (voir plus haut). Autre solution : accoster un peu plus loin qu'Antanambao, au village de ***Tsaraotana.*** De là, possibilité de gagner Antsiraraka en 4x4 (mais il faut réserver à l'avance), si vous souhaitez vous économiser l'épreuve des charrettes à zébus.

À Antsiraraka, ni électricité, ni téléphone, ni eau courante mais quelques ***hôtels*** relativement confortables : ***Hôtel Mahasinto, Le Relais des Baobabs*** (infos sur la location de 4x4), ou encore ***Au Coin des Tamarins*** et ***Le Masoandro,*** les seuls à posséder un groupe électrogène.

➢ Dans tous les cas, le voyage se termine à ***Belo-sur-Tsiribihina*** ou, 3,5 km en amont, à ***Tsimafana.*** Tout dépend de la berge sur laquelle on peut accoster. Pour ceux qui sont descendus plus tôt et qui transitent par Antsiraraka, on peut rejoindre Tsimafana en 4x4 ou en taxi-brousse (une fois par jour, tôt le matin, et il est prudent de réserver sa place le plus tôt possible la veille). Le trajet dure 3h30 et se révèle assez inconfortable.

## BELO-SUR-TSIRIBIHINA

env 4 000 hab.

**À ne pas confondre avec Belo-sur-Mer, au sud de Morondava. Comme son nom l'indique, ce gros village se trouve dans le delta de la Tsiribihina, sur la rive droite (côté nord). C'est le point d'arrivée de ceux qui font la descente de la rivière en bateau et le passage obligé pour ceux qui souhaitent se rendre aux Tsingy, que l'on arrive par le fleuve ou par la piste depuis Morondava. À coup sûr, il vous faudra à un moment ou à un autre emprunter le bac pour traverser le fleuve. Toute une expérience en soi !**

### LE BAIN DES RELIQUES OU *FITAMPOHA*

Belo-sur-Tsiribihina conserve les reliques des plus grands rois sakalavas du Menabe, dans des cornes ornées de perles. Ces reliques sacrées, appelées *dady* chez les Sakalavas du Sud, sont les garantes de la puissance royale. À la suite de nombreux conflits à la fin du XIXe s et excédé par leur résistance, un Français, le commandant Gérard, fit massacrer le village royal d'Ambiky, ainsi que le roi sakalava Toera. Gallieni condamna l'opération en privé, et un député français porta quand même l'affaire devant le Parlement français. Mais au bout du compte, en 1904, Gallieni obtint les précieuses reliques en signe de reddition...

Tous les 5 ans en principe (la dernière a eu lieu en août 2012), une grande cérémonie honore ces rois qui ont résisté aux Merinas comme aux Français : c'est le bain des reliques ou *Fitampoha.* Elle dure 1 semaine, sauf les lundi et mercredi considérés comme des *fady,* jours néfastes. Neuf porteurs sont chargés de sortir les reliques de leur *zomba* (sanctuaire) puis de les transporter jusque sur la rive de la Tsiribihina, sous les chants et les tambours traditionnels. Placées ensuite sous une tente spéciale, la *rivotra,* elles sont exposées pendant une semaine. Au terme des 7 jours, les porteurs, coiffés d'étoffe écarlate, entrent dans l'eau du fleuve et y baignent les reliques royales. Le soir, grande fête de clôture de la cérémonie, où l'on remercie les ancêtres.

### SENS DESSUS DESSOUS

*Après les cérémonies du Fitampoha, au cours desquelles les reliques des plus grands rois sakalavas du royaume Menabe sont honorées, se déroule en principe le* valabe, *sorte de grand relâchement de la sexualité. Ainsi, le temps de la cérémonie, les liens matrimoniaux disparaissent !*

## Arriver – Quitter

### Par la route et le bac

➢ ***Liaisons avec Morondava :*** quand on arrive de Morondava par la piste, l'embarcadère du village de Tsimafana, sur la rive gauche du fleuve, constitue le terminus et point de départ des taxis-brousse. De là, pour se rendre à Belo-sur-Tsiribihina, de l'autre côté du fleuve, prendre le bac ou un teuf-teuf, puis marcher env 1 km jusqu'au village si vous n'êtes pas en 4x4. Pour quitter Belo et rejoindre Morondava, si vous êtes à pied, départs des taxis-brousse de Semarie surtout le mat, jusqu'à 15h grand max. En 4x4, compter 4h de trajet entre Belo et Morondava.

➢ ***Liaisons avec les Tsingy :*** se reporter au chapitre qui les concerne, un peu plus loin.

#### *Traversée du fleuve en bac ou en teuf-teuf*

Il arrive qu'on attende le bac un bon moment (parfois même plusieurs heures) ; les opérations d'embarquement et de débarquement peuvent être délicates, selon le nombre de véhicules, les manœuvres qu'il leur faut faire et le niveau d'eau du fleuve (influence de la marée). Quoi qu'il en soit, ne pas arriver trop tard dans l'après-midi. Temps de traversée 35 mn minimum, mais gare aux marées et à l'emplacement de l'embarcadère (il bouge selon les saisons !). En saison sèche, les bacs doivent parfois rester à quai. En principe un bac public, pas cher mais souvent en panne, et plusieurs bacs privés, plus chers mais plus efficaces. Compter environ 50 000 Ar par véhicule (et non par personne) en bac privé. Pour les éventuels piétons, 45 mn de traversée en teuf-teuf (1 500 Ar) ou monter sur un bac (encore moins cher)... Ne pas oublier de bénir son véhicule avec du rhum, conformément à la tradition !

#### *Conseil*

En route pour les Tsingy, si vous êtes en 4x4 avec chauffeur et que le bac a du retard, on vous suggère de traverser le fleuve en teuf-teuf en tant que piéton et d'aller déjeuner tranquillement à Belo, en attendant que le véhicule puisse traverser à son tour, avec le bac. Gain de temps et moins de stress !

### En avion

➢ ***Liaison avec Morondava :*** 1 fois/sem, en principe le jeu, s'il y a assez de clients pour remplir le petit 19 places.

➢ Pour les liaisons avec ***Tananarive,*** prendre la correspondance à Morondava.

## Adresse utile

■ ***Agent Air Madagascar :*** *au resto* Mad Zebu, *dans le village.* *032-44-162-08. Tlj.* Ici, il vaut mieux confirmer votre vol, car il n'y a évidemment pas de réseau informatique. Vente de billets uniquement pour les vols au départ de Belo.

## Où dormir ? Où manger ?

### De très bon marché à bon marché

***Hôtel Suzanna :*** *à 200 m de l'église. 032-02-007-51. Grandes chambres 2 grands lits 10 000-15 000 Ar, avec sanitaires privés.* Au rez-de-chaussée de cette maison coloniale pleine de charme, carrelage, eau froide et ventilo, ou plus plaisantes à l'étage avec de beaux planchers. Accueil jovial de la propriétaire qui tient la petite épicerie devant l'hôtel. Propose des excursions pour les Tsingy.

***Hôtel Ravinala :*** *dans la rue principale. 032-75-572-62. Doubles 10 000-15 000 Ar avec ou sans fenêtre.* Allure massive pour cet hôtel récent, sans guère de charme, tenu par un Indo-Pakistanais. Mais les chambres sont confortables, toutes carrelées, avec douche, toilettes et ventilo. Celles donnant sur le balcon sont plus agréables, mais plus bruyantes car sur la rue, et aussi les plus chères.

***Hôtel Karibo :*** *à l'entrée du village. 032-51-872-13. • karibotelrestaurant@yahoo.fr • Double 20 000 Ar.* Dans cet hôtel récent, agréable, une dizaine de chambres doubles, ventilées, avec moustiquaire, sanitaires privés (eau tempérée) et TV. En terrasse, restaurant avec carte variée et alléchante. Essayer notamment les brochettes de zébu mariné sauce olives noires ou le tilapia poêlé. Accueil chaleureux. Vous l'avez compris le meilleur rapport qualité-prix de cette petite ville.

***Restaurant Mad Zebu :*** *chez l'agent* Air Madagascar, *dans la rue principale. 032-40-387-15. Menu 26 000 Ar les 3 plats.* Sinon carte assez courte, qui change souvent, comme les cuisiniers. Terrasse pour observer l'animation du village.

***Hôtel du Menabe :*** *dans la rue principale. 032-42-635-35. • hoteldumenabe.free.fr • Doubles 25 000-35 000 Ar. Plats 10 000-12 000 Ar.* Imposant bâtiment coloré datant de l'époque coloniale. Chambres très simples, équipées de ventilateur, moustiquaire, douche froide (quand il y a de l'eau) et w-c. Ne pas hésiter à visiter avant. On peut facilement se retrouver dans une chambre minuscule sans confort. Repas sur commande.

# LE PARC NATIONAL DES TSINGY DE BEMARAHA

**À environ 200 km au nord de Morondava. Unique au monde, inscrit au Patrimoine mondial de l'Unesco, les références et les superlatifs ne manquent pas pour décrire ces formations karstiques en forme d'aiguilles, dont les moyens d'accès sont au moins aussi épiques que l'histoire géologique de ces célèbres pics ! Moins faciles à atteindre que ceux du massif de l'Ankàrana dans le nord de l'île, ce sont néanmoins les plus spectaculaires.**

## UN PEU D'HISTOIRE

Tout commence il y a 200 millions d'années. Le plateau du Bemaraha est entièrement recouvert par la mer. Les coquillages et les coraux morts se soudent entre eux lentement, formant des couches successives pendant plusieurs dizaines de millions d'années... Vous en doutez ? Alors, regardez, ces coquillages fossilisés dans la roche des Tsingy, bien que l'on soit à plus de 100 km de la mer (ne pas confondre avec les coquilles d'escargots disséminées un peu partout !). Par la suite, une plaque gigantesque commence à émerger. Le calcaire sèche et se fissure, provoquant la création de canyons et de diaclases (cassures). Enfin, il y a 5 millions d'années, un autre type d'érosion vient parachever le tableau : celle de la pluie. Légèrement acide, celle-ci ruisselle le long de la roche, ronge le calcaire et crée ces fameux lapiaz, ces arêtes acérées de couleur grise appelées *tsingy* en malgache.
Même si cette avalanche d'époques peut donner l'impression que les portes de l'Éternité se trouvent ici, les chercheurs prévoient que l'érosion en surface et en sous-sol fasse un jour disparaître cette fantastique « cathédrale naturelle »...
Sachez aussi que le premier *vazaha* à s'y être aventuré reprit l'idée du fil d'Ariane pour être sûr de revenir vivant de ce labyrinthe ! Les Tsingy ont également abrité les mythiques Vazimbas, les premières tribus de Madagascar, chassées par les habitants des hauts plateaux lorsque la royauté merina s'empara du centre de l'île. On peut voir des tombeaux vazimbas cachés dans les falaises de la rivière Manambolo, au pied des Tsingy, et dans quelques grottes. Attention : il est *fady* (interdit) de les montrer du doigt, sauf en recourbant soigneusement son index ! Leurs descendants vivent encore sur les rives du fleuve, et on a parfois l'impression de se retrouver dans un décor du type *Délivrance,* le film de John Boorman, mais c'est histoire de se faire quelques frissons...

## FAUNE ET FLORE

Les Tsingy de Bemaraha sont l'un des plus grands sites protégés de l'île, soit 157 000 ha regroupant en fait le parc national (celui qui nous concerne, sur 72 340 ha) et une réserve naturelle intégrale plus au nord.
Côté faune, on y recense 13 espèces de lémuriens, dont le *Eulemur rufus,* le propithèque de Deckeni et le aye-aye, mais sans garantie de voir ce dernier (nocturne). Idem pour le *fosa,* une sorte de puma qui vit la nuit. Près d'une centaine d'espèces d'oiseaux terrestres ou aquatiques, dont l'*ankoay,* l'aigle pêcheur endémique de la région. Également une quinzaine d'espèces de chauves-souris, visibles à la tombée de la nuit. Si vous avez de la chance, vous apercevrez une ou deux mangoustes. Enfin, pas mal d'amphibiens et de reptiles, dont le fameux caméléon *Brookesia* (mais qui n'est visible qu'en saison des pluies, sauf coup de chance !).
Les Tsingy ont surtout développé une flore très originale, capable de survivre dans des conditions difficiles : climat très sec sur les parties calcaires contrastant avec des parties humides dans les canyons et près des points d'eau. Dans la partie ouest de la réserve, présence d'une forêt dense sèche caducifoliée (perte des feuilles en saison sèche pour économiser l'eau), tandis que la partie est est essentiellement constituée de savane. Pour les botanistes en herbe, plein de sujets d'émerveillement potentiels (et de belles photos à faire !). Au sommet des Tsingy, plantes adaptées à la sécheresse et plantes naines : *Commiphora,* kalanchoés, toutes sortes d'euphorbes, de pachypodiums, ou encore les aloès, ces fleurs rouge sang qui surgissent au milieu de cette forêt de karst gris. Également, superbe contraste entre le gris des Tsingy et le vert de la forêt, les Tsingy faisant office de véritables châteaux d'eau pour la région. En fin de compte, 86 % des 833 espèces végétales répertoriées sont endémiques de la région. Beaucoup se sont adaptées aux conditions particulières du site : certaines plantes produisent ainsi des épines au lieu de feuilles ou restent naines pour limiter la perte d'eau.

## Infos et conseils utiles

– ***Période d'ouverture :*** les Tsingy sont ouverts toute l'année (hors saison, l'accueil se fait alors directement dans les bureaux administratifs du *MNP*)… contrairement à la piste d'accès à Bekopaka qui n'est praticable qu'en saison sèche (de mai à novembre). Il y a 2 sites principaux, les petits Tsingy et les grands Tsingy, ces derniers étant plus sportifs, mais encore plus spectaculaires. Bonne nouvelle : depuis que la piste qui y mène (compter 1h pour 17 km en 4x4) a été légèrement « aplatie », l'accès aux grands Tsingy est désormais possible assez tôt dans la saison, c'est-à-dire dès le mois de mai, voire dès le mois d'avril certaines années (bien se renseigner avant de partir auprès du *MNP* ou d'un tour-opérateur). En saison des pluies, les crues du Manambolo inondent les Tsingy, ce qui rend, en pratique, toute visite impossible jusqu'à la période de décrue.

– ***Restrictions :*** attention, les sujets au vertige et les personnes de forte corpulence ne pourront pas faire certains circuits dans les grands Tsingy (passerelles suspendues et certains passages vraiment très étroits ; lire la rubrique « À voir. À faire »).

– ***Équipement :*** le *MNP* vous fournira les baudriers et mousquetons, mais il est indispensable de vous munir d'une lampe frontale (apporter la sienne ; pas de possibilité d'en acheter sur place) pour avancer dans certains coins plus sombres ; d'une crème antimoustiques (nombreux après la saison des pluies) ; de crème solaire ; d'une casquette, de bonnes chaussures de marche et de vêtements longs de préférence, pour éviter de se râper bras et jambes contre le relief ou en traversant la savane épineuse ; prévoyez aussi un sac plastique pour rapporter vos déchets ; 2 à 3 l d'eau par personne pour une bonne journée de trek ; enfin, un petit sac à dos pas trop volumineux pour passer dans les passages étroits des grands Tsingy. Attention, le casque ne fait malheureusement pas partie de l'équipement fourni par le *MNP*. Pas de quoi s'affoler, mais soyez prudent. Les guides prennent toutes les précautions nécessaires, mais faites de même, tout simplement parce que, pour le moment, il n'existe aucune structure de premiers soins à Bekopaka en cas de bobo.

– ***Interdictions :*** ne pas vous éloigner des sentiers pour éviter de dégrader ce qui vous entoure, ne pas marcher sur les pointes karstiques ni faire basculer les « têtes de crête » en équilibre. Cela risquerait d'abord de vous faire tomber (qui plus est sur des pointes acérées !), et puis ça abîme le site. Tous les déchets non biodégradables doivent être emportés. Interdiction de rapporter le moindre spécimen de roche ou de flore, bien sûr. Enfin, l'usage veut qu'on ne montre pas les gens ni les choses du doigt dans la région, ou alors en recourbant soigneusement l'index comme le font les guides…

– Les gardes du parc proposent une balade nocturne (de 17h30 à 19h, 10 000 Ar), malheureusement souvent décevante. Parfois on peut y voir le microcèbe, le primate le plus petit du monde !

– Pas d'électricité à Bekopaka en dehors de celle qui est produite par les générateurs. Pensez donc à emporter une lampe frontale (dont vous aurez de toute façon besoin pour aller dans les Tsingy), des boules *Quies* (à cause des groupes électrogènes la nuit) et des jumelles.

– Ne jetez pas vos bouteilles d'eau vides. En arrivant ou en quittant Bekopaka, enfants et adultes vous les demandent quand vous traversez les villages ; les récipients sont multifonctions et précieux par ici.

– Enfin, ***un conseil :*** répartissez votre découverte des « petits » et des « grands » sur 2 ou 3 jours ; sachez que si vous enchaînez 3h de balade dans les premiers et 3h dans les seconds, il faut compter 1h de marche dans la savane en plein soleil entre les deux.

## Arriver – Quitter

Que vous veniez de Morondava ou de Miandrivazo par la rivière Tsiribihina, dans les 2 cas vous aboutirez d'abord au village de Belo-sur-Tsiribihina, à

environ 92 km des Tsingy... Selon le mode de transport dont vous disposez (4x4 ou taxi-brousse), on ne pourra pas exactement parler d'égalité des chances au départ !
En effet, si l'on part de Morondava sans prendre de tour organisé, prévoir au moins 2 jours pour aller à Bekopaka et autant pour rentrer à Morondava. Ajouter à cela le temps d'exploration du site, soit minimum 2 jours, et l'on arrive vite à 6, 7, voire 8 jours d'expédition, contre 3 ou 4 jours si vous êtes en 4x4. Il faut le savoir avant de se décider !

## En taxi-brousse

– Autant le savoir, les routes sont complètement défoncées. Ça ralentit sacrément le trajet.
– Renseignez-vous à Morondava, car certains taxis-brousse effectuent parfois le trajet direct jusqu'à ***Maintirano via Bekopaka*** (le village d'accès aux Tsingy) au bout de 1,5 jour, avec 1 nuit à Belo-sur-Tsiribihina ; 1 taxi-brousse ts les 2 ou 3 j. env en saison.
– Cependant, la plupart des taxis-brousse venant de Morondava s'arrêtent à Belo-sur-Tsiribihina. Il faut ensuite prendre le lendemain l'unique taxi-brousse qui part de Belo vers 7h ou 8h (à vérifier sur place). Mais ne rêvez pas : il ne fait pas la totalité du trajet. Il s'arrête en effet souvent à ***Andimaka,*** soit à peu près 25 km avant Bekopaka... s'il ne tombe pas en panne en route ! Reste ensuite le stop, la location de charrette à zébus ou la marche à travers les collines pendant toute une journée (mais partez toujours avec un guide, car on se perd très rapidement sur 25 km ; et emportez beaucoup d'eau !).

## En 4x4

Pour aller à Bekopaka, compter env 1 journée de Morondava ou 5h minimum depuis Belo-sur-Tsiribihina.

## Traversée en bac

Dernière expérience plus ou moins sympathique : le bac (ou une pirogue pour les piétons) pour franchir la Manambolo, la rivière au pied de Bekopaka. Il faut souvent l'attendre longtemps. Compter env 11 000 Ar par véhicule ou 5 000 Ar par piéton pour 5 mn de traversée. Ça y est, vous êtes arrivé ! Pour en repartir, les consignes sont bien sûr à appliquer dans le sens inverse.

## Adresse et infos utiles

■ ***Bureau du MNP :*** *à **Bekopaka,** en surplomb de la rivière Manambolo. Infos sur place : 033-44-401-32. • bmr@parcs-madagascar.com • parcs-madagascar.com • Ouv slt en saison sèche, d'avr-mai à nov-déc, tlj 7h30 (7h août-nov)-16h. Entrée : de 25 000 Ar pour 1 j. à 50 000 Ar pour 4 j. ; grosse réduc enfants (200 Ar/j.). Guide obligatoire. Tarifs, selon circuits, 12 000-50 000 Ar/j. pour un groupe jusqu'à 6 pers, incluant les droits de camping éventuels sur le site. Notez que c'est plus cher si l'on souhaite assister à un coucher de soleil sur les Tsingy.* Quelques tentes à louer (voir « Campings » dans la rubrique suivante). Il y a parfois une bonne brochure en vente.

## Où dormir ? Où manger à Bekopaka ?

Pour aller dans le village de ***Bekopaka,*** il faut traverser la rivière Manambolo juste avant. Si vous êtes en individuel, passer avec une pirogue (compter 2 000 Ar). On peut camper avant la traversée ou à l'arrivée (lire plus bas), ou bien marcher 30 mn jusqu'au village, ou encore céder aux sirènes du progrès d'un véhicule motorisé qui vous emmènera, moyennant finance, chez les hôteliers de Bekopaka.
Notez qu'il vaut mieux avoir réservé sa chambre en saison ! Les réservations se font directement sur Internet, via un hôtel de Morondava quand c'est précisé, ou en laissant un message sur un

portable que le propriétaire a l'occasion d'interroger. Certains hôtels de Bekopaka ont un relais radio qui permet la transmission des informations.

## Campings

**Camping :** *pour camper, pas besoin d'aller loin. S'installer en surplomb de la Manambolo en payant 10 000 Ar/tente au bureau du* MNP *à proximité. Également une dizaine de tentes à louer pour 2 pers env 25 000 Ar, matelas, draps et couverture fournis.* Le site est plutôt sympa grâce à cette vue sur la rivière. Côté équipement : 4 douches froides, 3 w-c, une table en pierre et un coin pour faire du feu. Quelques gargotes autour du camping et petites épiceries dans le village.

Également le ***Camp Croco*** du tour-opérateur *Mad Caméléon : juste avt de traverser la Manambolo. Infos auprès de* Mad Caméléon *à Tana : ☎ 22-630-86. Une vingtaine de tentes sur caillebotis équipées de vrais lits, pour 2-3 pers ; compter 30 000 Ar la nuit ou 15 000 Ar pour planter sa tente. Eau chaude solaire dans les douches ; repas sur demande.* Tentes espacées et pas mal de végétation ; bien tenu et agréable, sauf que la localisation du campement fait qu'on « profite » un peu du passage des 4x4 (traversée du fleuve sur le petit bac).

– On vous rappelle qu'il est possible de camper dans les Tsingy dans le cadre d'un circuit organisé par le *MNP* (voir « Adresse et infos utiles » plus haut).

## Bon marché (13 000-26 000 Ar / env 4-8 €)

**Chez Ibrahim :** *résas à l'hôtel* Le Renala, Au Sable d'Or *à Morondava. 032-04-976-88. • contact@renala.net • Chambre simplissime 10 000 Ar.* Chaque chambre est un simple bungalow avec moustiquaire, mais propre ; l'avantage est que les bungalows ne sont pas complètement accolés les uns aux autres. Sanitaires extérieurs corrects. Ne pas demander la lune, d'ailleurs ici elle sert à mieux voir la nuit, mais pas à se loger...

***Petit resto The Sifaka of Bemaraha :*** *en face de* Chez Ibrahim. Repas (plats malgaches) tout à fait corrects. On dîne à la lumière d'une bougie, au rythme des voisins qui passent dire bonjour ou des enfants qui jouent devant. L'ensemble est très simple mais bien tenu.

## Prix moyens (26 000-52 000 Ar / env 8-16 €)

***Tanankoay :*** *033-13-658-45 ou 034-18-251-93. • tanankoay@yahoo.fr • Plusieurs possibilités d'hébergement selon budget ou envie du moment : tente aménagée (avec natte, matelas et moustiquaire) 10 000 Ar ; bungalows 15 000-68 000 Ar. Petit déj 8 500 Ar. Menu unique 19 000 Ar.* Sols en ciment teinté, rideau en raphia brodé qui sépare chambre et salle de bains. Eau chaude solaire. Quant aux matériaux utilisés pour la construction, demandez à Tony quelle étonnante mixture il a créée... La chaleureuse et dynamique Pascale a encore l'accent chantant de son pays natal (du côté de Perpignan), et Tony est un ancien guide très reconnu dans la profession. Au resto, de la doc sur l'île Rouge, bien sûr, et des jeux de société. Le tout est bien tenu, l'environnement bien fleuri, et l'ambiance sympa et détendue. Super accueil, donc. Jardin botanique (gratuit pour les clients, payant pour les autres).

***Tsingy Lodge :*** *033-11-507-56 ou 032-40-703-98. • tsingy-lodge.com • Compter de 35 000 Ar avec sanitaires communs à 110 000 Ar en pens complète, avec sanitaires privés. Repas 18 000 Ar.* 5 bungalows construits par des Sakalavas avec des matériaux locaux. Aménagement simple : lit, moustiquaire, table et chaise. Bruno et Faratiana, qui ont longtemps travaillé au *MNP*, sont discrets et charmants. L'ensemble est entretenu avec soin et fleuri ; dîners soignés. Une adresse plus discrète que les autres (ne serait-ce que par le nombre de lits), pour ceux qui recherchent avant tout le calme.

## De chic à plus chic (plus de 52 000 Ar / env 16 €)

**L'Olympe du Bemaraha :** *032-07-202-46. • olympedubemaraha-madagascar.com • Compter 80 000-145 000 Ar pour 2.* Là encore, un hébergement en bungalow récent, en surplomb de la vallée et du fleuve. Les bungalows et leur aménagement ont été acheminés en pièces détachées de Morondava, en charrette ! Tout y est : chambre de 2 à 4 places, salle de bains avec eau solaire tiède, petite terrasse. Idéal pour les groupes ; à proscrire pour ceux qui veulent profiter d'un calme absolu. Éviter ainsi ceux qui sont trop proches du beau resto panoramique, qui peut accueillir jusqu'à 120 personnes en même temps, ou de la piscine. Pour les petits budgets, au pied de la colline, le même établissement propose une dizaine de chambres plus simples mais confortables avec sanitaires communs *(compter 40 000 Ar).* Attention néanmoins aux rongeurs qui subtilisent parfois la nuit vos billets et passeports si ces derniers ne sont pas enfermés en lieu sûr ! Une bonne affaire pour cette ville. Les repas sont à éviter.

# À voir. À faire

Le *MNP* a mis au point plusieurs circuits, mais certains condensent ou prolongent les circuits de base que nous vous présentons ici. Cela dit, le *MNP* est en train d'en créer de nouveaux (voir la fin de la rubrique), renseignez-vous sur place. On vous rappelle qu'il faut régler un tarif de guidage journalier valable pour 4 à 6 personnes, qui s'ajoute à un tarif d'entrée tout aussi journalier mais facturé par personne (voir le texte sur le *MNP* dans « Adresse et infos utiles »). Faites vos comptes avant de partir...

***Les gorges de la Manambolo :*** deux circuits. Le premier consiste en un simple aller et retour de 1h30 en pirogue avec le *MNP* au départ de Bekopaka, le matin seulement. Petite balade sympa. Le second circuit dure 4h et consiste à faire l'aller en pirogue en 1h et le retour à pied en 3h par la falaise. L'occasion d'admirer d'en bas des gorges abruptes pouvant atteindre 80 m de hauteur et d'en haut la Manambolo. Très jolies différences de couleurs dans la roche calcaire. Quelques tombeaux vazimbas dans les falaises à ne désigner qu'avec le doigt soigneusement recourbé, on vous le rappelle. Lire plus loin pour un circuit « aventure » sur la Manambolo.

***Le circuit d'Andadoany (les petits Tsingy) :*** très facilement accessibles. Moins spectaculaires que les grands Tsingy. D'ailleurs, on le conseille à ceux qui auraient quelques doutes sur leur résistance au vertige, mais seraient néanmoins tentés par les grands Tsingy, car cela permet de tester un peu son sens de l'équilibre... C'est une balade toute proche du bureau du *MNP,* quasiment en circuit fermé, et réalisable en 2h. Un autre circuit, appelé *Tantely,* en est une version condensée de 1h, tandis que le circuit *Ankeligoa* le prolonge de 1h.
On traverse un labyrinthe de Tsingy vu d'en bas avant de monter progressivement par des échelles fixées dans la roche calcaire. Le clou de la visite, c'est bien sûr le point de vue depuis les petits belvédères surmontant les forêts d'aiguilles karstiques de 15 à 20 m de haut. Amusant comme ça sonne creux, non ?

***Le circuit d'Andamozavaky (les grands Tsingy) en 4h :*** on vous l'a dit, vérifiez bien qu'il est accessible à la période où vous souhaitez y aller. Déception garantie dans le cas contraire, et voyager dans ces conditions pour ne pas les voir, c'est un peu rageant.
ATTENTION, les personnes de forte corpulence risquent de ne pas pouvoir descendre dans les passages très étroits qui mènent au fond des Tsingy (début du circuit). Certains passages ne font pas plus de 30 cm de large. Demandez conseil au bureau du *MNP.* Ensuite, les sujets au vertige pourraient connaître quelques

frayeurs par endroits, notamment lors du franchissement d'une passerelle de 20 m de long et suspendue à 70 m de hauteur. Également quelques passages délicats de temps en temps le long de certaines parois pendant la montée aux sommets. Dans ce circuit, les Tsingy peuvent atteindre jusqu'à 100 m de haut. On ne monte pas toujours aux sommets, mais, en raison de risques de chute qu'il faut envisager, on ne part que si l'on est équipé du baudrier fourni par le *MNP* (pas de casque malheureusement). Outre de nombreux passages par des échelles fixées dans la roche, baudriers et mousquetons sont, en effet, obligatoires pour monter à l'assaut des clochers de karst. Ne le faites pas si vous êtes vraiment trop émotif ! Il n'y a pas de possibilité d'évacuation rapide dans le secteur, comme vous vous en doutez ! Cela dit, si l'on respecte les consignes (on accroche ses mousquetons l'un après l'autre le long des câbles fixes dans les parois) et qu'on se sent capable de dépasser une petite appréhension, il ne s'agit pas de l'Everest non plus. Les parcours sont variés et très bien entretenus, n'ayez aucune crainte. Une découverte totalement réjouissante et absolument spectaculaire !
Le site se trouve à 17 km au nord de Bekopaka. Compter 3 ou 4h de marche ou 1h en 4x4. Autre possibilité : partir l'après-midi pour profiter du coucher du soleil sur les Tsingy, camper sur place et visiter le site le lendemain... en commençant par un magnifique lever de soleil. On traverse ensuite de superbes diaclases (cassures dans le karst qui créent des labyrinthes), puis la forêt sèche de l'Antsingy et un canyon. Visite d'une grotte (où entre le soleil avant 14h) et retour par un autre canyon assez impressionnant. À voir aussi, quelques colonies de lémuriens. Magnifiques flamboyants à la fin de la saison sèche et, avec beaucoup de chance, des caméléons *Brookesia* dès les premières pluies...

**Le circuit Ranotsara (les grands Tsingy) :** plus court que celui d'Andamozavaky. Compter 3h de marche seulement après les 17 km d'accès. Sujets au vertige, ne rêvez pas : il se termine par une passerelle suspendue, certes nettement moins longue que celle du circuit précédent, mais pas forcément moins impressionnante puisqu'elle longe un sommet. L'intérêt principal est justement ce sommet d'où l'on peut admirer (si le temps s'y prête, bien sûr) un chouette coucher de soleil. Le circuit d'Andamozavaky a tout de même notre préférence. Toutefois on vous déconseille de combiner les deux circuits le même jour, bien qu'ils soient reliés, maintenant, par un nouveau circuit, nommé Broadway (compter 8h30 de marche en tout). Pour ceux qui s'obstineraient, sachez que le passage est vraiment épineux (au sens propre !) entre les deux circuits (pantalon, on vous dit, portez un pantalon !). Si vous décidez cela en cours de route, les tarifs de guidage s'additionnent.

**Le circuit Anjohy Manitsy :** c'est un circuit de 1 ou 2 jours (dans ce cas, nuit sur l'aire de camping d'Ankidroadroa), qui combine tous les circuits précédents, sauf les grands Tsingy. On progresse à travers des cavités souterraines. Visite du canyon et de la « cathédrale de poterie » d'Ankeligoa, de la grotte et du canyon d'Anjohikizo, de la grotte d'Anjohy Manitsy et des petits Tsingy. Possibilité d'observer les *tsingy may* (formes aplaties des Tsingy et plateau calcaire squelettique peu fissuré) et en principe quelques lémuriens.

**Le circuit Berano :** départ d'Antsalova au nord du parc. Circuit de 3h seulement qui plaira aux apprentis spéléologues. Passage dans des galeries souterraines, grottes et canyons. Observation de *tsingy may* surmontés de kalanchoés. L'autre intérêt est de faire un peu de pirogue en visitant les galeries.

➢ **Circuits sportifs dans la région :** sérieusement, un mot d'ordre, ces circuits ne sont destinés qu'aux vrais marcheurs, avec une organisation de tour-opérateur. Ne JAMAIS se lancer là-dedans sans organisation. Le meilleur tour-opérateur pour s'organiser s'appelle *Mad Caméléon* et se trouve à Tana *(☎ 22-630-86 ; ● madcameleon.com ●).*

♥♥♥ ***La descente de la rivière Manambolo,*** par exemple, est l'un de ces périples à la mesure du pays. D'autant que ça permet d'enchaîner sur les Tsingy. Mais il faut faire le trajet à l'envers. Prendre un *taxi-be* ou un avion de Tana jusqu'à Tsiroanomandidy, à l'ouest de la capitale. Sur place, quelques hôtels, dont le *Prestige* et le *Manambolo.* De là, (re)prendre l'avion (liaisons très aléatoires) pour Ankavandra et louer une pirogue – plus difficile à trouver en haute saison. Pour les plus motivés, *Mad Caméléon* propose même un trek de 2 jours entre Tsiroanomandidy et Ankavandra. Sur place, un hôtel peut éventuellement vous aider à organiser votre périple. Sinon, passer par *Mad Caméléon* (voir coordonnées téléphoniques plus haut). On paie pour les 3 jours de traversée, mais également les 7 jours de remontée des piroguiers. Assez cher et assez roots (on est pratiquement sûr de croiser des crocos !), mais de toute beauté. Certains disent que c'est même beaucoup plus beau et sauvage que la Tsiribihina...

– Possibilité également de combiner cette expédition avec le ***circuit Anjohy Manitsy*** du *MNP,* qui dure 2 jours (voir plus haut).

– Autre expédition aventureuse : prendre un avion de Tsiroanomandidy à Antsalova (liaisons aléatoires), embaucher guides et porteurs, et partir à pied vers les Tsingy sur 75 km ! Se renseigner auprès du *MNP* à Tana, « projet Bemarana », ☎ *22-415-54.*

– Enfin, renseignez-vous auprès du *MNP* concernant la mise en place de nouveaux circuits vers les premiers sites classés Ramsar (Convention internationale de protection des zones humides) à Madagascar. Ces sites sont accessibles en 4x4 de mai à mi-novembre environ. Hébergement et restauration chez l'habitant ou camping possible, notamment à Masoarivo. Ils se trouvent à l'ouest de Bekopaka en direction de la mer. Les sites classés sont le ***site lacustre de Befotaka-Soamalipo (Andranobe)-Ankerika*** (lac de 1 400 ha, paradis ornithologique et réserve de crocodiles du Nil) et le ***lac Antsamaka*** (principal point d'observation des oiseaux de la région, lieu de migration de flamants roses, hérons, aigrettes...). En projet également, un circuit dans la ***forêt de Tsimembo*** en bordure du premier site lacustre cité (30 000 ha de forêt sèche typique de l'ouest, 215 espèces végétales, 80 espèces d'oiseaux, 8 sortes de lémuriens et le fameux *fosa*) et au ***lac Bemamba*** (promenade en pirogue, plages sauvages, mangroves et villages de pêcheurs). Enfin, visite du dernier marché de la région qui a lieu les mercredi et dimanche dans le ***village de Soatana.*** Possibilité d'assister parfois à des exhibitions de *moraingy,* la boxe malgache.

## MORONDAVA

env 50 000 hab. IND. TÉL. : 95

**Allez, disons-le tout de suite, la région de Morondava est un peu le jardin aux baobabs de Madagascar, classée en « aire protégée d'Antimena » depuis 2007. Un jardin aride par définition, entrecoupé de paysages de savane et bordé par une jolie côte, faite de mangroves et de plages... La capitale du Menabe est aussi insolite que cet arbre, dont les racines semblent avoir poussé cul par-dessus tête et que l'on surnomme « les racines du ciel ». Morondava ressemble assez à une ville du type Far West, où tout est fermé entre 11h30 et 14h, mais les pieds dans le sable, tout droit sortie d'un *Lucky Luke* ! Ville curieuse, entre un centre-ville grouillant et une langue de sable, *Nosy Kely,* où se concentrent les hôtels. Elle cherche à devenir un pôle balnéaire malgré un enclavement certain. La mer grignote d'ailleurs toujours un peu plus de terrain, puisque dans les années 1960, elle arrivait à un petit kilomètre de l'actuel rivage... Voyez d'ailleurs les bâtiments qui ont dû être abandonnés au fil des ans. Les atouts de Morondava se situent en fait dans ses environs, bien qu'ils ne soient pas faciles d'accès. Heureusement, la descente de la Tsiribihina est un excellent moyen de se rendre à Morondava, après un crochet par les célèbres Tsingy**

**inscrits au Patrimoine mondial de l'Unesco. Et puis, au sud, Belo-sur-Mer possède un charme que beaucoup de villages côtiers lui envient...**

# Arriver – Quitter

## En taxi-brousse

Réserver, en hte saison surtout. Attention, pdt la saison des pluies, trajets plus longs, encore plus épuisants qu'à l'habitude, voire parfois impossibles. Quelques numéros de compagnies : *Sonatra (033-08-974-24)* ; *Kofiaf (033-09-909-05)* ; *Mami (032-02-199-62)* ; *Kofifi (032-04-704-60)* ; *Transam (032-02-726-34)* ; *Mafio (032-04-976-56).*

***Gare routière :*** *attenante à la rue principale, à droite quand on se dirige vers la mer.* En général, ts les départs ont lieu vers 8h30 pour l'ensemble des destinations, mais l'horaire varie en fonction du remplissage.

➢ ***Antsirabe via Miandrivazo :*** arrivée vers 19h.

➢ ***Tananarive :*** arrivée vers 23h/minuit. En saison des pluies, trajet imprévisible.

➢ ***Fianarantsoa via Ambositra :*** arrivée vers 21h.

➢ ***Morombe et Tuléar :*** 2 départs/sem en saison sèche. Départ le mat en camion taxi-brousse. Compter 1 j. pour atteindre Manja (on peut dormir sur place) et 1 j. pour Morombe ou Tuléar. De préférence affréter un 4x4, plus confortable et plus rapide.

➢ ***Tuléar via Fianarantsoa et la RN7 :*** tlj nov-mai ; arrivée indéterminée à destination. Plutôt pour ceux qui vont faire des étapes sur le parcours.

➢ ***Belo-sur-Tsiribihina (Tsingy) :*** plusieurs départs/j. avec *Kofibe, Sonatra* ou *Kofiaf*. Venir dès 7h de préférence ou, mieux, réserver. Compter env 5h. Également 1 liaison en 4x4.

## En bateau

➢ ***Belo-sur-Mer :*** voir « Comment y aller depuis Morondava ? » à Belo-sur-Mer.

## En avion

■ ***Air Madagascar :*** *à 4 km du centre sur la RN35 menant à Miandrivazo. 032-07-222-14. Lun-ven 7h30-11h30, 14h-17h ; sam 8h-10h.*

➢ ***Tananarive :*** 1 vol/j. En général le mat. Vol supplémentaire à 13h30 lun et jeu.

➢ ***Tuléar :*** 2 vols/sem, lun et ven en matinée.

➢ ***Isalo :*** 2 vols/sem, lun et sam en matinée.

➢ ***Belo, Morombe :*** 1 liaison/sem, jeu mat en *Twin-Otter.* Annulation si pas de client.

# Adresses et infos utiles

## Infos touristiques

***Office de tourisme :*** *à l'extrémité de la rue principale, kiosque sur la plage face aux réservoirs d'essence. 032-40-766-82. Lun-sam 8h-12h.* Pour des infos générales sur la région.

■ ***MNP :*** *immeuble* Ny Havana, *Andarabe. 033-28-469-09. Dans le centre, à 150 m du carrefour de la* BFV-SG. *Lun-ven 7h30-12h, 14h30-18h.* Infos sur l'aire protégée d'Antimena (auprès de l'association *Fanamby*), le parc d'Andranomena et celui de Kirindy Mite.

■ ***CNFEREF :*** *à la sortie de Morondava, pas loin d'*Air Madagascar. *032-40-165-89. • cfpfmva20051@yahoo.fr • Lun-ven ; pause à l'heure du déj.* Infos et doc pour la forêt de Kirindy. En principe, résas d'hébergement possibles.

## Poste et télécommunications

***Poste :*** *à l'extrémité de la rue principale, à l'entrée de Nosy Kely. Lun-ven 8h-15h30, sam 8h-11h.*

@ ***Internet :*** ***Cycem 1,*** *dans la rue principale face au* Bistrot Madabar, *à la sortie de la ville. Tlj sf dim 7h30-12h, 14h30-19h. Ou* ***Cyber Espace,*** *à l'entrée de Nosy Kely. Horaires identiques.*

## Argent, banques

Les banques sont ouvertes du lundi au vendredi 7h30-12h, 14h30-16h environ.

■ ***BFV-SG :*** *dans le centre, au carrefour de la chambre de commerce.* Délivre des espèces avec la carte *Visa* (maximum 300 000 Ar). Représentant de *Western Union.*

■ ***BOA :*** *en retrait de la rue principale, derrière la* Pharmacie de l'Espoir. Distributeur *Visa.*

## Urgences

■ ***Agence consulaire de France :*** *Michel Rolland.* ✆ *034-42-806-59.* • *consulathonodefrance@yahoo.fr* •

■ ***Dispensaire Fanantenana :*** *à la sortie de la ville, dans un chemin à droite avt* Air Madagascar. *Consultations lun-ven ; sam mat et autres j. en cas d'urgence.* Tenu par des sœurs. Petits soins, vaccins, infos palu. Acheter ses médicaments en ville si possible et en profiter pour laisser quelque chose, éventuellement vos surplus de médicaments si vous quittez l'île ensuite.

■ ***Pharmacies :*** ***Pharmacie du Centre,*** *située, comme son nom l'indique, dans la rue principale. Toujours dans le centre, la* ***Pharmacie de l'Espoir,*** *la bien nommée, également correctement fournie.*

## Location de véhicules et excursions

Pour un 4x4, compter 250 000 Ar par jour, carburant normalement compris. Mais bien le vérifier sur le contrat, ça change la facture finale (compter 1 € le litre quand même)... Pour un quad, 80 000-350 000 Ar en fonction de la puissance. Infos à l'hôtel *Le Renala.*

■ ***Guide :*** ***François Vaihiako,*** *à l'hôtel* Bougainvilliers *(Nosy Kely).* ☎ *521-63.* ✆ *032-04-703-54.* • *visk_fr@yahoo.fr* • Peut vous trouver des berlines ou des 4x4 pour toutes sortes d'excursions (baobabs, Tsingy, Kirindy, Morombe et le Sud, les marchés dans la région, etc.) ou organiser des sorties en pirogue à Betania, dans la mangrove, etc. Efficace et de très bon conseil. C'est le responsable des guides de Morondava.

■ ***Hôtel Morondava Beach :*** *dans le village touristique, face au* Baobab Café. ☎ *523-18.* ✆ *032-40-213-99.* • *mbeach@blueline.mg* • Cet hôtel peut réserver les hébergements dans les Tsingy (campings et hôtels). Peut aussi vous trouver un 4x4 pour y aller.

■ ***Madatouring :*** *dans le village touristique, à côté du resto* Couleur Café. ✆ *032-41-851-02.* • *madatouring.com* • Excursions par la piste ou en bateau (forfait tout compris) dans la région entre Morondava et Belo-sur-Tsiribihina (baobabs, plages...).

■ ***Nofy Be :*** *au centre du village touristique.* ✆ *033-18-888-99.* • *nofy-be.com* • Safaris plongées, sortie à la journée et excursions de 3 jours en goélette traditionnelle vers Belo-sur-Mer et les îles, capacité 8 personnes en couchettes et pension complète (forfait tout compris).

## Transports

■ ***Taxi :*** indispensable pour un trajet de/vers l'aéroport. Compter 15 000 Ar. En ville, les courses ne sont vraiment pas chères (à partir de 2 000 Ar).

■ ***Stations-service :*** ***Vonimbola,*** *face au marché, et* ***Jovenna,*** *à la mairie, ainsi que 2 autres sur la RN35 à quelques km.*

## Loisirs

■ ***Librairie catholique :*** *derrière la station-service* Vonimbola, *à côté du collège* Immaculée-Conception. *Lun-sam 8h-12h, 14h30-18h.* Papeterie, journaux, magazines et cartes postales.

# Où dormir ?

Les adresses se répartissent dans 2 secteurs : le centre-ville, plus populaire mais assez bruyant, et la presqu'île de Nosy Kely. Appelée aussi « village touristique » et parallèle au canal du Mozambique, elle abrite les hôtels de meilleur standing (le plus luxueux, le *Royal Palissandre,* se trouve au bout de la presqu'île).

## De très bon marché à bon marché (jusqu'à 26 000 Ar / env 8 €)

**Central Hotel :** *sur la route principale, en ville. Proche de la gare routière, un avantage. 032-05-621-02. • hocentral@moov.mg* • 2 bâtiments, au-dessus de boutiques et de la galerie *Jiaby*. Réception au 1er étage de la partie récente, composée d'une vingtaine de chambres, climatisées ou ventilées. Pour la partie ancienne, seulement une dizaine, plus simples mais avec douche (pas d'eau chaude), ventilateur et w-c. Cour agréable, surtout quand les arbres sont en fleurs. Les chambres à l'arrière sont moins bruyantes, mais les autres ont un petit balcon donnant sur l'animation de la ville. À vous de choisir (plus cher dans la partie neuve).

## De bon marché à prix moyens (13 000-52 000 Ar / env 8-16 €)

**Le Cheval de Mer :** *dans le village touristique. 032-02-447-63. • santioe1001@gmail.com* • Chambres confortables, ventilées avec, pour certaines, balcons, dans bungalows avec douche et w-c. Petits prix pour Morondava, résa conseillée. Accès à la mer. Bon accueil.

**Trecicogne :** *tt au bout du village touristique. ☎ 92-425. 032-04-687-60. • trecicogne@moov.mg* • Un peu à l'écart des autres hôtels, au cœur du village de pêcheurs de Nosy Kely, cette agréable construction en dur et en bois fait face au canal. Chambres confortables mais assez étroites, avec douche commune ou sanitaires privés (eau froide ou chaude), clim ou ventilo. Également des triples. Tenu par un couple italo-malgache. Jeux à disposition. Resto sur place, pour le petit déj et plus, au-dessus du canal, sinon, ce sont aussi les proprios du resto *La Capannina* (voir « Où manger ? Où boire un verre ? »).

## De prix moyens à chic (26 000-104 000 Ar / env 8-33 €)

**Les Bougainvilliers :** *juste à l'entrée de Nosy Kely. ☎ 521-63. • madadecouverte.com* • Une dizaine de bungalows confortables dans un jardin au bord de la plage et quelques chambres doubles avec douche mais w-c commun, dans un même bâtiment. Calme et accueil chaleureux. Belle terrasse les pieds dans l'eau pour prendre un verre. Animation le w-e. Excursions et location de véhicules avec François Vaihiako (voir plus haut dans « Adresses et infos utiles »). Une adresse agréable.

**Sun Beach Hôtel :** *dans le village touristique, avec accès à la plage. 032-40-242-75. • sunbeach.morondava@gmail.com* • Une dizaine de chambres confortables climatisées avec eau chaude, sanitaires privés. Accueil très agréable de ce couple franco-malgache qui vous fournira des conseils pour votre voyage, et même des infos sur le gibier de la région que vous pourrez déguster au restaurant de l'hôtel. Voir « Où manger ? Où boire un verre ? ».

**Le Renala, Au Sable d'Or :** *dans le village touristique. 032-04-976-88. • renala.sabledor@moov.mg* • Chambres et appartements climatisés avec eau chaude ou grands bungalows en bois, également climatisés, avec vue sur la mer pour quelques-uns. Minibar, téléphone et une agréable terrasse. Un peu sombres et propreté un peu limite. Plage juste devant. Voir « Où manger ? Où boire un verre ? » pour le restaurant.

## De plus chic à beaucoup plus chic (à partir de 104 000-175 000 Ar / env 33-55 €)

**Hôtel Chez Maggie :** *dans le village touristique. 032-47-326-70. • chezmaggie.com* • C'est un Américain qui a repris cette affaire montée par une Écossaise (devinez son nom !).

LE MOYEN-OUEST

Structure assez intimiste, dans la verdure et autour d'une piscine. Des logements de tous standings et présentant un certain charme, de la chambre au bungalow avec mezzanine. Quelques défauts d'entretien, mais on y passe malgré tout un séjour relaxant. Restaurant et accès direct à la plage.

**Baobab Café :** *dans le village touristique. ☎ 520-12. • baobabcafe-hotel.net • Carte Visa acceptée (commission 7 %).* L'une des adresses les plus connues de Morondava, avec son bar-restaurant sur pilotis, au bord du canal (voir « Où manger ? Où boire un verre ? »). Une trentaine de chambres tout confort et chaleureuses ; les plus récentes surplombent piscine et canal. Toutes avec salle de bains, eau chaude, antimoustiques, ventilateur, clim et TV satellite. Celles du rez-de-chaussée sont un peu sombres. C'est en tout cas une affaire bien rodée depuis le temps, mais l'ambiance est parfois un peu impersonnelle. Piscine et billard. Peut vous organiser les excursions habituelles (baobabs, Kirindy, Tsingy, Belo...). Pas mal de belles de nuit aussi, hélas.



## Où séjourner dans les environs ?

**Centre Tsaravahiny :** *dans le village de* ***Mangily,*** *à 9 km de la piste entre Morondava et Belo-sur-Tsiribihina. 033-12-036-53 ou 032-04-324-10 ou 034-06-583-22. • smdominique@hotmail.com • À 4 km à l'ouest du « baobab amoureux » et à proximité de l'allée des Baobabs. Demander s'ils peuvent venir vous chercher : à l'aéroport de Morondava, à l'allée des Baobabs ou autre, en voiture, en charrette à zébus ou même à pied ! Une nuit en bungalow ou camping à partir de 25 000 Ar/pers ; 15 000 Ar en dortoir. Repas (résa obligatoire) env 15 000 Ar.* Si vous souhaitez découvrir la vie d'un village de brousse et soutenir en même temps une action de développement, arrêtez-vous dans ce centre créé par l'association *Belgique-Madagascar,* qui finance la construction d'écoles, d'un dispensaire et de puits dans la région. Il est tenu par de jeunes Malgaches, qui vous feront découvrir la pêche aux crabes traditionnelle ou la vannerie. Notez que les bungalows, les emplacements (sur pilotis) pour les tentes et les sanitaires (en commun) sont très sommaires. Mais on vient ici pour la bonne cause. Et la cuisine est très réussie, ce qui ne gâche rien. Tous les revenus servent à financer des projets de développement et la vie quotidienne des villageois.

## Où manger ? Où boire un verre ?

### De très bon marché à bon marché (jusqu'à 13 000 Ar / env 4 €)

On peut manger pour vraiment pas cher au marché, mais aussi dans une des nombreuses petites gargotes juste derrière (il y en a notamment une qui attire toujours du monde, vous la repérerez vite !).

**Chez Fab :** *en retrait de la rue principale, juste à côté du palais de justice, dans le centre (panneau). 032-54-336-26. Tlj midi et soir.* Au menu de cette gargote connue des *vazaha,* poissons, fruits de mer, crevettes (en sauce, en brochettes, en beignets...), plats de poulet, de riz cantonais, soupes *misao,* pizzas... Simple, propre et bon.

**Sam Suffy, Chez Isidore :** *à Andakabe, dans une petite rue à droite avt la station-service* Jovenna *en venant de Morondava. 032-04-706-10 ou 032-40-165-77.* Petit bar malgache typique et correct, un peu éloigné de Nosy Kely. Un ti-punch maison en main, on papote au bar en attendant sa commande servie en terrasse, dans des cahutes fleuries. Carte réduite, mais le tout pour vraiment pas cher.

### Prix moyens (13 000-29 000 Ar / env 4-9 €)

**Bistrot Madabar :** *dans la rue principale, vers la sortie de la ville. 032-04-703-99. Tlj sf mer 8h-minuit env.* Jolie salle avec un mur peint représentant le forum de Rome, un bar qui ondule et une agréable terrasse. Carte pléthorique : petit déj, salades, crêpes, pizzas, gibier et les classiques franco-malgaches honnêtement exécutés. Bien aussi pour boire un jus naturel, une *THB* ou manger une glace. Cybercafé en face. Loue aussi des motos (150 cm³) et des VTT.

**La Capannina :** *à l'entrée du village touristique, en face de la discothèque* Maison Rouge. *☎ 527-49.* Grande paillote au bord du canal et de sa jolie mangrove. Grillades de fruits de mer, crabe en carapace farci aux épices (un délice), pâtes fraîches et pizzas. Également un bar à cocktails, *La Terraza,* très apprécié, où l'on trouve un assortiment de rhums arrangés. Cocktail de bienvenue offert si on loge au *Trecigogne.* Animation en fin de semaine. Parmi les adresses les plus constantes de Morondava.

**Couleur Café :** *dans le village touristique. 032-41-851-08. Tlj sf jeu midi-soir.* On aime bien le lieu, une accueillante construction en bois, ouverte à tout vent, avec terrasse donnant sur la plage. À ne pas manquer au coucher du soleil. Tenu par un couple franco-malgache, ce resto-crêperie-glacier-bar à cocktails (on doit en oublier !) rencontre un vif succès auprès des *vazaha* expatriés. Cuisine correcte à toute heure de la journée. On a bien aimé la crêpe aux œufs et champignons de baobab ainsi que le crabe au gingembre et à l'ail. Bon petit déj dès 7h30.

**Sun Beach Hôtel :** *dans le village touristique. 032-40-242-75.* Au choix une belle salle de resto dès l'entrée de l'hôtel ou terrasse dans le jardin au calme. On vient ici surtout pour la cuisine de M. Cuccu, un chef réputé à Morondava. Une belle carte avec gibiers et spécialités de fruits de mer. La qualité étant là, les prix sont un peu plus élevés que les restos voisins. Fait aussi hôtel à prix assez chic (voir « Où dormir ? »).

**Le Renala, Au Sable d'Or :** *dans le village touristique.* Grande salle de resto tout en bois et légèrement en contrebas de la plage, lieu de rendez-vous de tous les groupes. Jolies nappes en tissu. Bonnes spécialités de fruits de mer (goûter aux gambas grillées, par exemple), mais aussi quelques plats d'inspiration malgache et, en saison, préparations originales à base de gibier. Le tout servi dans un espace assez luxueux pour Morondava, mais prix un peu élevés. Service agréable. Fait aussi hôtel à prix assez chic (voir « Où dormir ? »).

### Plus chic (plus de 29 000 Ar / env 9 €)

**Baobab Café :** *dans le village touristique. ☎ 520-12.* Prendre l'apéro au bar, puis s'installer dans la salle de resto avec son allure de pont de 1re classe, au bord de la mangrove. Une petite oasis de luxe à Morondava. Coup de chance, la cuisine est plutôt à la hauteur du lieu. On vous conseille, en entrée, le carpaccio de la mer, d'une fraîcheur bienvenue dans cette contrée aride. Toutes sortes de produits de la mer ou de la mangrove, comme les pinces de crabes sautées à l'ail, le pot-au-feu de la mer ou encore le poisson au coco. Le temps d'un dîner et d'un songe romantique, on se croirait parfois sur un paquebot ayant jeté l'ancre... Fait aussi hôtel (avec piscine) et organise toutes sortes d'excursions (voir « Où dormir ? »).

## À voir. À faire

**La presqu'île de Betania :** *au bout du village touristique, de l'autre côté de la passe. En tenant compte de la marée, traverser la passe en pirogue ou s'adresser au guide François Vaihiako (voir plus haut « Adresses et infos utiles »).* On peut se balader dans le village de pêcheurs ou jusqu'au bout de la presqu'île. Sympathique resto *Au Bon Cap.* On peut éventuellement dormir sur place en s'arrangeant avec le chef du village pour planter sa tente. Dispensaire des sœurs catholiques sur place.

***Les plages :*** dans le village touristique, se baigner entre la digue nord et la passe. Toujours rester au nord de cette dernière et éviter sa plage qui peut être dangereuse (à cause des courants bien sûr) et surtout franchement sale. Sinon, il y a une belle plage à Kimony, à 5 km au nord de la ville, derrière l'aéroport.

– À part jeter un œil sur les boutres, farnienter un peu ou traîner au joli marché en ville, pas grand-chose d'autre à faire. Mieux vaut partir dans les environs.

## ENTRE MORONDAVA ET BELO-SUR-TSIRIBIHINA

**Entre Morondava et Belo-sur-Tsiribihina, plusieurs sites peuvent être visités, dans cette immense aire d'Antimena, protégée depuis 2007. Elle comprend, entre autres, la réserve d'Andranomena, le lac Bedo, gérée par l'association Fanamby, basée au *MNP,* et la forêt de Kirindy, gérée, elle, par le *CNFEREF.* Mais son emblème reste la célèbre allée des Baobabs. Pour y aller, faire une excursion organisée, prendre un taxi loué à l'heure ou un taxi-brousse pour Belo-sur-Tsiribihina et descendre en route. Mais attention au retour ! Ça peut être l'occasion de passer la nuit au village de Mangily (voir « Où séjourner dans les environs ? » plus haut). Le mieux est encore de voir tout cela lors de son transfert entre les deux villes, en prenant son temps.**

***L'allée des Baobabs :*** *à env 22 km de Morondava. Sur la RN35, bifurcation à gauche RN8 à env 16 km, en direction de Belo-sur-Tsiribihina.*
Bon, tout le monde vous en parlera, et vous en avez certainement rêvé devant les photos. Eh bien, ça y est, vous y êtes ! Cette allée des Baobabs est en effet la plus photographiée de tout Madagascar, voire du monde, tout simplement. Y aller pour le coucher ou le lever du soleil, c'est quand même nettement mieux (et moins caniculaire), mais il y a plus de monde...
Comment résister au plaisir de cet alignement majestueux des *Adansonia grandidieri, za* et autre *fony,* trois des sept espèces de baobabs que compte Madagascar, quand l'Afrique entière n'en compte qu'une seule ? Et comment résister au plaisir d'un cliché lorsqu'une charrette à zébus minuscule emprunte avec humilité ces espèces de Champs-Élysées naturels ? Romain Gary n'aurait sans doute pas renié ces monstres surnommés poétiquement « les racines du ciel ». C'est vrai qu'il y a de quoi être baba devant ces baobabs...

***Les « baobabs amoureux » :*** *6 km plus loin, sur la piste du village de Mangily.* Ces deux baobabs s'enlacent pour le plus grand plaisir des touristes... qui n'ont rien trouvé de mieux que de laisser des graffitis amoureux dans l'écorce désormais mutilée !

***Le baobab sacré :*** *plus loin sur la piste de Belo, à plus de 1h de l'allée des Baobabs.* Au bord d'un marigot, cet arbre est vénéré par la population. Attention aux *fady !* On peut observer les petites bouteilles contenant des offrandes et des étoffes rouges et noires. Il faut neuf personnes se donnant la main pour en faire le tour.

***La forêt de Kirindy :*** *embranchement à env 60 km de Morondava, puis encore 5 km. Entrée : 25 000 Ar/pers pour une validité de 3 j. d'exploration. Guide obligatoire : 20 000-40 000 Ar/2h pour 4/8 pers, tarifs plus élevés en nocturne. Rens possibles au bureau du CNFEREF, situé à la sortie de Morondava (voir « Adresses et infos utiles »). Parfois, avec de la chance, possibilité de monter dans l'une des voitures qui se rendent à Kirindy. Logement possible sur place : en camping,*

*15 000 Ar la tente (apporter la sienne, rien sur place) ; dortoir 27 000 Ar la nuitée et bungalows 37 000-72 000 Ar. Sanitaires communs ou privés rudimentaires. Repas possibles, ou bien apporter ses vivres.*
Cette réserve abrite une forêt sèche, longtemps gérée par des Suisses, où l'on tente d'enseigner et d'appliquer des règles écologiques et de préserver les espèces d'arbres en voie de disparition comme le « faux camphrier », qui entrait dans la fabrication de la statuaire érotique des Sakalavas-Vezos, malheureusement pillée depuis. On peut voir une reproduction de ce type d'art funéraire sur place, et des panneaux explicatifs bien faits sur la faune.
La forêt de 12 500 ha est aussi propice à l'observation de six espèces de lémuriens nocturnes : le *Lepilemur ruficandatus,* les *Microcebus myoxinus* ou *murinus,* le *Phaner furcifer,* le *Cheirogaleus medius* et le *Mirza coquereli*. Deux espèces diurnes seulement : le *Propithecus verreauxi* et le *Eulemur fulvus rufus.* Plus rares, le *fosa* (sorte de petit puma) et la tortue kapidolo, celle-ci ne daignant sortir qu'à la saison des pluies... tout comme les autres reptiles, d'ailleurs.



## BELO-SUR-MER

IND. TÉL. : 022

**On aime beaucoup ce petit village de pêcheurs, à environ 80 km au sud de Morondava. C'est même l'un de nos coups de cœur de la région, qui se mérite. Pour s'y rendre, ce n'est pas facile (ou alors c'est onéreux) : par une piste difficile, en saison sèche uniquement, ou par la mer. Mais la récompense est au bout : une baie adorable avec ses bancs de sable face au coucher du soleil, et, de mi-juin à mi-septembre, des baleines qui croisent au large. Village tout de bois et de palissades, les pieds dans le sable, des constructeurs de boutres et de goélettes, dont le savoir-faire vient de commerçants musulmans et de marins bretons. On y trouve aussi des salines et, pour décapsuler le tout, une réserve de baobabs-bouteilles ! Sans parler du charme des habitants et de leur savoir-vivre, qui nous arrêtent inévitablement pour quelques jours de farniente, au calme. En revanche, autant le savoir, la plage n'est pas faite pour se baigner ; servant à tous les besoins domestiques, elle est franchement sale. Il faut dire qu'à Belo on vit sans eau courante et quasiment sans électricité.**

### LES TRAVAILLEURS DE LA MER

Si Victor Hugo avait connu Belo-sur-Mer, en aurait-il parlé dans son roman *Les Travailleurs de la mer,* qui date de 1866 ? C'est exactement à la même époque que des marins bretons enseignèrent aux Vezos leur savoir-faire. Superbe et captivante, la construction de boutres et de goélettes est une activité artisanale qui raconte d'elle-même comment les hommes et l'histoire ont façonné la conception et la construction de ces embarcations indispensables à l'économie de toute la côte ouest, d'Anakao, au sud, à Diégo-Suarez, tout au nord.
Belo-sur-Mer est le chantier naval le plus important et le plus intéressant de toute l'île. Il ne se passe pas un jour, sauf peut-être en saison des pluies, sans que l'on coupe un morceau de bois destiné à constituer, petit à petit, le squelette d'un bateau.
On parle souvent de boutres pour désigner tous les voiliers transportant des marchandises à Madagascar, mais les goélettes ont cependant une origine et une conception différentes. À elles deux, ces embarcations assurent plus de 50 % des activités maritimes de Madagascar ! Riz, sel, sucre, huile, tissus, matériaux de construction et maintenant produits manufacturés transitent par ce mode de transport très développé et vital pour les échanges commerciaux. Celui-ci trouve

son origine dans le manque de routes praticables et l'enclavement des villages côtiers, mais subsiste aussi pour des raisons économiques : les moteurs et le carburant coûtent très cher, quand le vent, lui, ne coûte rien ! Et puis il y a la pêche, bien sûr, activité traditionnelle des Vezos.



## Boutres...

Mais quelle est la différence entre un boutre et une goélette ? L'origine des mots nous l'indique, puisque boutre vient de *botry,* et plus précisément de *botry karany,* qui désigne le surnom des Indo-Pakistanais arrivés au XVIIIe s, mais rappelle surtout l'origine arabo-swahili de ce type de bateau. Pour preuve, tous les mots techniques malgaches concernant le boutre sont dérivés du swahili ! On reconnaît un *botry karany* à sa coque « pincée » à l'avant, parfois à son « tableau » à l'arrière, et surtout au fait qu'il n'a pas de pont et qu'il est surmonté d'un mât unique portant une voile de type latino-arabe, de forme triangulaire.

## ... ou goélettes ?

À la différence du boutre, la goélette, ce caboteur à faible tirant d'eau, est pontée et possède deux mâts sur lesquels on fixe un gréement aurique (trapézoïdal) appelé aussi voile à corne, et des voiles quadrangulaires. Curieusement, ce sont des marins bretons qui ont enseigné aux Vezos ces méthodes de construction. Ces charpentiers de marine, venus à la demande de Radama II, roi éminemment favorable à la culture et au savoir-faire occidentaux, ouvrirent des chantiers navals au XIXe s. Parmi eux, Ludovic Joachim, un ingénieur qui débarque avec sa famille à Morondava. Il est chargé de former les habitants de la région aux techniques de construction et de navigation. Mais l'hostilité à la politique d'ouverture de Radama II et l'assassinat pur et simple du roi, en 1863, l'obligent à fuir avec sa famille. Il se cache un temps, puis s'installe discrètement à Tuléar... avant de revenir progressivement vers Morombe, Belo-sur-Mer et Morondava. Sous la colonisation française, Albert, le neveu de Joachim, obtient même des subventions de Gallieni pour former les marins malgaches. Il peut enfin les initier tranquillement aux règles de l'art de la goélette. En signe de reconnaissance, Albert, alias Bebea, mort en 1932, fut enterré à Belo-sur-Mer, dans « la terre des ancêtres » des Malgaches. Grâce à lui et à sa famille, les Vezos se transmettent encore aujourd'hui de père en fils ce savoir-faire.

### GOÉLETTES BRETONNES

*Les techniques de construction navale ont été enseignées aux Vezos par... des Bretons. D'ailleurs, nos marins ont laissé quelques mots dans le vocabulaire malgache. Ainsi, « carlingue » donne* karalengo, *« barrot » devient* baro *et « mât de misaine »...* lomà lamizene *! Pas besoin d'aller chercher bien loin. D'ailleurs, le mot « goélette » ne vient-il pas lui-même de « goéland » ? Bien sûr, à Belo, on est loin de nos goélettes paimpolaises.*

## Comment y aller depuis Morondava ?

### Par la piste

De juin à octobre, on peut louer un 4x4 à Morondava. Le trajet, assez éprouvant, se fait en 3h30. Sinon, attraper un camion de transport de sel faisant la liaison avec Morondava et terminer en charrette à zébus. Le reste de l'année, pas d'accès possible, la piste traversant plusieurs cours d'eau profonds. Pas de taxis-brousse en tout cas ! S'adresser aux hôtels de Nosy Kely, notamment au *Renala,* à François Vaihiako, guide à l'hôtel *Bougainvilliers,* et, pour le retour, à Dédé à Belo-sur-Mer, au resto *Chez mon ami*.

### Par la mer

➢ ***En pirogue à voile ou en boutre :*** s'adresser aux pêcheurs ; le moyen le moins cher d'y aller (moins de 50 000 Ar), à partir du canal ou de la presqu'île de Betania à Morondava. Cela dit, la prudence s'impose vraiment, notamment pour sortir de la passe à la sortie de Morondava. Attention aussi à l'absence de vent : il faut compter 5-6h de trajet, au mieux. Donc à ne faire que si vous êtes sûr de vous et suffisamment équipé. Noter qu'il n'y a pas de toilettes à bord.

➢ ***En pirogue à moteur :*** avec des pêcheurs habitués à ces traversées. Compter 3-4h de trajet et 400 000 Ar A/R. Munissez-vous de K-way et protégez vos bagages, ça mouille ! Rens dans les petits hôtels ou chez *Mon Ami* au centre de Belo-sur-Mer.

■ ***Nofy Be :*** *au centre du village touristique. ☐ 033-18-888-99. • nofy-be.com •* Excursions de 3 j. en goélette traditionnelle vers Belo-sur-Mer et les îles, capacité 8 pers en couchettes et pens complète (forfait tt compris 300 €).

➢ ***En navette :*** l'*écolodge du Menabe* fait la navette pour ses clients (sur résa) ; l'hôtel *Renala* de Morondava propose aussi des liaisons avec séjour tout compris pour 1 à 6 pers (2-3-4/j.). Dans ts les cas, compter 2h-2h30 de trajet.

■ ***Madatouring :*** *dans le village touristique, au niveau du resto* Couleur Café. *☎ 935-02. • madatouring.com •* Navette rapide de 26 places, le *Kintan'ny Maraina,* affrétée par cette agence. Mais ne fonctionne pas toujours.

Enfin, sachez qu'il peut faire frais, voire froid en mer quand on va vite. Pensez à emporter un pull ou un coupe-vent.

## Où dormir ? Où manger ?

Les adresses les moins chères se trouvent dans le centre du village. Plus authentique certes, mais attention aux réveils très matinaux, les coqs ne vous feront pas de cadeau !

### De très bon marché à bon marché (jusqu'à 26 000 Ar / env 8 €)

🏠 🍽 ***Chez Lova :*** *dans le cœur du village. Petits bungalows tt simples mais bien tenus avec sanitaires communs, env 13 000 Ar.* Lova, outre sa gentillesse, est d'abord un cuistot. Il vous servira de bons petits plats, dans son restaurant en terrasse, propre et accueillant. Notre préférence : la salade de crabes de mangrove. Poisson, langouste selon arrivage et pintade en saison. Excursions en pirogue sur demande.

⛺ 🏠 🍽 ***Ampanareta Village Camp :*** *tt au sud du village, sur la plage, après l'ancienne* Marina de Belo, *en ruine depuis le passage du dernier cyclone. ☐ 033-06-951-32. • amparetra@gmail.com • Vaste espace pour camper 3 000 Ar/pers avec ou sans tente, sanitaires communs, dortoir pour 6 pers et quelques bungalows très confortables 75 000 Ar. Repas en table d'hôtes 20 000 Ar ou cuisine indépendante à votre convenance.* Les propriétaires italiens vous accueillent chaleureusement sur cet immense domaine, avec accès direct à la plage et la mer. Une partie de leur recette est reversée au village pour aider l'école.

🏠 🍽 ***Chez Doroté :*** *dans le village, avt l'église au bord de la plage. ☐ 033-01-863-54. Chambres 16 000-20 000 Ar. Plats 8 000-12 000 Ar selon taille.* Plusieurs petits bungalows avec moustiquaire, douches et w-c communs extérieurs, mais entretenus régulièrement. Le tout est calme, sympathique et en plein dans le village. On peut aussi commander un repas à... la femme de Doroté. En effet, Doroté est un homme et non une ex-animatrice de TF1 ! Excursions et transfert sur Morondava en pirogue.

## Prix moyens (26 000-52 000 Ar / env 8-16 €)

**Hôtel Corail :** *au sud du village, sur la plage, juste après l'église. 033-01-181-11. • coralisa@yahoo.com • Bungalows 46 000-60 000 Ar selon capacité et saison ; chambres à partir de 30 000 Ar. Menu 25 000 Ar, sinon à la carte.* Structure récente, avec une petite collection de bungalows dotés de douches, mais avec sanitaires communs. Dommage, les logements ne donnent pas directement sur la mer. On préfère les 3 chambres à l'étage de la maison, très grandes, avec salon commun ouvert sur le coucher de soleil.

## De chic à plus chic (52 000-170 000 Ar / env 16-53 €)

**Tsara Belo :** *au sud du village, derrière l'Écolodge du Menabe, à l'abri du vent. 033-02-911-64. • rodyvava@gmail.com • Double 95 000 Ar. Repas env 25 000 Ar.* Bungalows spacieux et confortables de 60 m², équipés de panneaux solaires, pour 2-5 personnes, avec salle d'eau, sanitaire et terrasse privée. Rodolphe et Valérie, ces chaleureux Bretons, toujours prêts à engager la conversation au bar ou à leur table d'hôtes, proposent des sorties en mer : pêche sportive, découverte des îles, de la mangrove et des salines. Une bonne adresse pour se détendre et profiter de ce village du bout du monde.

**Écolodge du Menabe :** *au sud du village, sur la plage, après l'église. 033-09-436-32. • menabelo.com • Double 75 000 Ar. Repas env 25 000 Ar.* Ce centre de plongée propose, dans un jardin ombragé avec vue sur la mer, de confortables bungalows comprenant, pour la plupart, 2 chambres. Bien équipés, spacieux, munis de moustiquaires et d'une terrasse. Manque un peu d'entretien. Fait également table d'hôtes (ne manquez pas les gâteaux maison !). Tout se passe, évidemment, les pieds dans le sable et dans une bonne ambiance. Toutes sortes d'excursions.

# À voir

***Les chantiers navals de boutres et de goélettes :*** comment ça, vous n'avez pas lu l'introduction ? À contempler pendant des heures sur la plage ! Bien sûr, se balader dans le village au passage. Une bonne occasion de nouer des contacts en regardant ces hommes se transmettre leur savoir-faire. Il faut voir ces structures de bois, comme des squelettes de baleines, quilles magnifiques sur lesquelles sont fixés les membres (ou *taroma*), les varangues et les allonges, tandis que l'on continue d'enduire les planches en *nato* (« bois dur », résistant et léger) avec de l'huile de vidange, auparavant de l'huile de requin ! Exposées au feu, elles passent ensuite dans une machine à tordre les planches pour les assouplir. La pose des planches sur la coque se fait tout en force, avec plusieurs personnes et avec maints coups de masse sur des clous plus gros que le plus gros de vos orteils. Une fois les planches assemblées en « bordé », on doit calfater le bordage avec une potion magique, un mastic local composé de suif de zébu, de résine végétale, de l'incontournable huile de vidange et de polystyrène expansé ! Pour les autres parties et pièces du boutre ou de la goélette, on utilise des bois généralement différents et choisis avec un soin particulier. Un voilier est constitué de 400 à 800 pièces.

La région de Belo-sur-Mer est riche en essences ligneuses facilement exploitables, mais le matériau le plus difficile à trouver, c'est surtout l'argent. Alors, un voilier doit servir le plus longtemps possible. Généralement de 20 à 40 tonneaux, celui-ci a une durée de vie minimale de 10 ans. Une fois que tout est réuni, il faut compter environ 6 mois pour construire un voilier. Mais toutes ces étapes (la coupe du bois, l'ouverture du chantier, l'assemblage des pièces les plus importantes et la mise à l'eau) obéissent à des rites et à des cérémonies sacrés destinés à assurer sa protection. Après, vogue la galère. Les hommes dépendent des vents et du bon vouloir de Zanahary, le dieu des Malgaches...

## Où plonger ? Où partir en bateau ?

– *Nofy Be* *(voir plus haut « Comment y aller depuis Morondava ? »)* propose des sorties sur un boutre traditionnel à partir de Morondava. Également des excursions de plongée.
– Bien sûr, possibilité de partir en pirogue (à voile ou à moteur), sans aucune difficulté, il suffit de demander à quasiment n'importe qui dans le village ou de s'adresser aux hôtels, qui proposent des excursions snorkelling dans les îles.



## DANS LES ENVIRONS DE BELO-SUR-MER

🕵🕵 ***Les salines d'Antsira :*** *à 8 km au nord du village en arrivant de Morondava. Certains le font à pied, en charrettes à zébus, ou en voiture par la piste I.*
*Antsira* signifie « là où il y a du sel », comme dans... Antsirabe ! Plein de didiéréacées, ces arbres-pieuvres tentaculaires, avant de rejoindre un immense plateau sablonneux à perte de vue. Incongruité des lieux, cet espace servait de piste d'atterrissage pour les avions privés. Rejoindre les jolis tas de sel avec des lunettes de soleil, étant donné la réverbération éblouissante de ces monticules de pure lumière blanche. D'ailleurs, sur les photos, le sel assombrit considérablement... le ciel. Pas de récolte en saison des pluies, mais sachez qu'on collecte environ 20 000 t par an.
Le principe est simple : la mer monte et, en se retirant, stagne dans des canaux artificiels. On pompe l'eau jusqu'à des bassins d'évaporation très peu profonds qui font office de grands cristallisoirs. On ratisse ensuite le sel avec de grands râteaux, on le lave et on le trie pour enlever l'argile, tout cela à la main ! La production est mise en sacs et part pour Morondava afin d'être iodée. Heureusement, car sans iode on risque tout simplement d'attraper un goitre. Les sacs de sel partent ensuite aux quatre coins de l'île. Une visite très instructive.

🕵🕵 ***La forêt de baobabs-bouteilles :*** *derrière les salines, côté Morondava. Demander l'autorisation de visiter. Petit droit d'entrée parfois exigé 5 000 Ar.* Pas besoin de vous faire un dessin ! Ces baobabs-bouteilles sont absolument superbes, et les amateurs de photo se régaleront de la forme de ces arbres insolites et de leur couleur légèrement orangée. Allez, on s'en débouche un ?

🕵🕵 ***Le parc national de Kirindy Mite :*** *à l'est et au sud de Belo. Accès par la mer essentiellement ou en voiture de Morondava. Infos au* CNFEREF *de Morondava. 10 000 Ar la journée, auprès du* MNP *de Belo (en face de l'église) ou des hôteliers. Compter 5 000 Ar pour un guide (jusqu'à 4 pers).* Au programme : deux lacs (***Sirave*** et ***Ambondro***) où trouvent refuge des flamants roses à certaines périodes de l'année, une dune de taille respectable (vous aurez compris une fois la grimpette terminée !) et, de là-haut, une forêt dense sèche à perte de vue, d'où émergent les cimes de baobabs. Une vision assez unique. À noter que c'est un parc terrestre, mais aussi le 2e parc marin de Madagascar par sa superficie.

# L'EST

**L'est de Madagascar est un univers à part entière. Loin des terres torrides et semi-désertiques du Sud et de l'Ouest, et de celles, plus rafraîchissantes, des Hautes Terres, la nature change totalement de visage. Madagascar montre encore un autre profil. Le canal des Pangalanes en est la petite veine (souvent congestionné, il relie ce Sud-Est, dont nous avons parlé auparavant – voir notre chapitre « Les Hautes Terres. La route du Sud-Est » –, justement pour des raisons d'accès). La végétation courte et sèche de l'Ouest et du Centre laisse la place à une longue chevelure en bataille, une végétation flamboyante arrosée par les pluies et battue par les vents, et parfois par un cyclone sans pitié. Toujours verte, toujours jeune, aussi jeune que l'ethnie de la région (celle des Betsimisarakas), cette côte, lieu de mille récits et de mille légendes, fut aussi celle des pirates. Ils hissèrent pavillon dans une petite oreille protectrice, la baie d'Antongil, au bord de cette forêt quasi impénétrable, Masoala, qui la sépare de la côte de la Vanille, et sur l'île de Sainte-Marie, réputée pour la douceur de ses habitants, mais aussi pour la voracité de ses moustiques ! Exubérance des sentiments et règne des éléments, tels sont les secrets de cette côte est, de cette nature qui en est le pirate véritable. Avec son climat qui ne doit pas faire peur (hormis les cyclones peut-être !), on y revendique de toute façon avec humour deux saisons distinctes : la saison des pluies et... la saison où il pleut ! Si on le peut, il faut essayer d'y aller entre septembre et décembre. Sinon, reprendre à son compte ce vieil adage optimiste qui nous disait : après la pluie vient le beau temps !**

## LES BETSIMISARAKAS OU LES « NOMBREUX INSÉPARABLES »

Les Zanas Malatas, descendants métis des pirates installés dans la région à la fin du XVII^e^ s, profitèrent de leur double appartenance pour s'implanter localement tout en commerçant avec les Européens. Né vers 1691, fils du pirate Thomas White et de la princesse malgache Rahena, Ratsimilaho se proclame chef des Antavaratras (« ceux du Nord ») et attaque avec succès tous les clans de la côte est, dont les puissants Tsikoa de Fénérive. Les vaincus, couverts de boue et de honte, sont désormais appelés les Betanimenas, soit « beaucoup de terre rouge » ! Quant aux vainqueurs, nouvellement fédérés, ils se jurent fidélité en se faisant appeler les « nombreux inséparables », ou Betsimisarakas. Leur premier royaume s'étend alors de la baie d'Antongil à Tamatave, où ils installent désormais leur capitale en 1711.

### Le commerce des esclaves

Selon une tradition bien malgache, Ratsimilaho se rebaptise lui-même Ramaromanompo, ou « celui qui a de nombreux sujets ». Il épouse la fille d'un roi sakalava de la côte ouest et, fort d'une armée de 10 000 hommes, il règne paisiblement jusqu'à

Andapa
SAMBAVA, DARAINA
5A
Antsohihy
NORD
Antsambalahy
Antalaha
Marofinaritra
RN 32
Ampokafo
Ambohitralanana
Befandriana
Cap Est
RN 6
Ratsianarana
Maroantsetra
Parc national de Masoala
Sofia
Nosy Mangabe
Boriziny
Makira
5
Ampanavoana
Péninsule de Masoala
Androna
Parc marin de Tampolo
Parc marin de Tanjona
Baie d'Antongil
Mandritsara
Vinanivao
Cap Masoala
Parc marin de Masoala
Plateau d'Analamaitso
Mampikony
Mananara Nord
Bemarivo
Parc national Mananara-Nord
Sahasoa
Parc marin de Nosy Antafana
Sandrakatsy
Antanambe
Miarinarivo
5
Manompana
Baie de Titinga
Ambodiatafana
Marovoalavo
Île Sainte-Marie
3A
Soanierana-Ivongo
Pointe à Larrée
Lokintsi
Andilamena
Ambodifotatra
RN 5
Anribe
Vohilengo
Vavatenina
Lac Alaotra
Fénérive Est
Imerimandroso
RN 22
Mahambo
RN 33
RN 3A
Ambatosoratra
44
Foulpointe (Mahavelona)
Ambatondrazaka
OCÉAN INDIEN
Tamatave (Toamasina)
Andaingo Gara
RN 2
Anjorozobe
44
Amboasary Gara
Ankanin'ny Nofy
Tampina
Morarano Gara
Parc national Mantadia
Manambato
Ampanotoamaizina
Marorovoay
TANANARIVE (Antananarivo)
Ambila-Lemaitso
Andasibe
RN 2
Brickaville (Ampasimanoiotra)
Moramanga
Andevoranto
Mantasoa
Réserve de Mandraka
Réserve spéciale Indri-Indri
11A
Canal des Pangalanes
Vatomandry
Mangoro
Anosibe an'Ala
0 25 50 km
MANANJARY
Mahanoro
Route principale goudronnée
Route secondaire goudronnée
Piste principale
Piste secondaire
Lieux traités Andasibe
À voir dans les environs Ambodiatafana
Repères Vinanivao

# L'EST

sa mort en 1751. Il laisse à ses deux héritiers un royaume qui va se morceler. Zanahary et Betia (ou Bety) s'installent respectivement à Foulpointe et à Sainte-Marie. Zanahary est assassiné en 1767 après de nombreuses luttes intestines. Son fils Lavy prend le relais et guerroie avec brutalité afin de fournir en esclaves les commerçants français des Mascareignes. Les raids betsimisarakas atteignent même les Comores et quelques points de l'Afrique de l'Est où ils sèment la terreur ! Le roi Lavy meurt en 1791, mais les hostilités continuent. En 1805, un bateau portugais, venu calmer les ardeurs des Betsimisarakas, puis un bateau français en font les frais. Il faut attendre que le roi merina Radama Ier signe un traité avec les Anglais, abolissant l'esclavage en 1817, et qu'il s'impose peu à peu dans la région, pour que ces attaques se fassent plus rares. C'est le début de bien des conflits interethniques, qui perdurent encore de nos jours. L'ex-président de la République malgache (entre 1975 et 2001), Didier Ratsiraka, est issu de l'ethnie des Betsimisarakas. Son successeur au pouvoir (destitué depuis), Marc Ravalomanana, était un Merina.



# LA ROUTE DE L'EST : DE TANA À TAMATAVE

**La RN2 est le fil conducteur de ce trajet tout en lacet qui relie Tananarive, capitale de l'île, à Tamatave, principal port commercial de Madagascar. Elle est empruntée par de nombreux conducteurs de semi-remorques qui se mettent parfois en travers de la route après une imprudence... Si la modernité a « démocratisé » les transports, prudence, car les taxis-brousse et les camionneurs se croient aujourd'hui sur un grand toboggan ! Ah, il est loin le temps où les rois refusaient de l'aménager pour des raisons stratégiques et où les étrangers cheminaient comme des princes dans les *filanjana,* les fameuses chaises à porteurs !**
**Le chantier des voies de communication de la côte est mis en œuvre sous la période coloniale. Pour la route, en dehors des services du génie civil français, le travail fut surtout réalisé par le SMOTIG (Service de main-d'œuvre pour les travaux d'intérêt général), une espèce de STO à Madagascar. En effet, le gouvernement colonial obligeait chaque Malgache de sexe masculin en âge de travailler à intégrer le SMOTIG. C'était comme le service militaire, mais réservé aux « indigènes » uniquement...**
**Parallèlement à l'aménagement du canal des Pangalanes, la France entreprit de construire une ligne de chemin de fer de Tana à Tamatave. Les deux chantiers ont été entrepris par des mains de coolies chinois, amenés ici à la fin du XIXe s... Décimés par les conditions de travail et par la malaria, beaucoup décidèrent de fuir le pays. Les actuels Chinois de la côte sont pour beaucoup des commerçants issus d'autres migrations plus récentes.**
**Comme toutes celles descendant des hauts plateaux en direction de l'est, cette route quitte peu à peu l'érosion des Hautes Terres pour traverser des paysages de plus en plus luxuriants. Et même de toute beauté à mesure que l'on s'approche de la côte, longeant comme souvent une réserve naturelle particulièrement riche. Ici celle d'Andasibe-Mantadia.**

## LE PARC NATIONAL ANDASIBE-MANTADIA (EX-PÉRINET)

**Encore surnommé « réserve de Périnet » (l'ancien nom français), le parc regroupe en fait la réserve spéciale Indri-Indri (appelée aussi réserve**

**d'Analamazaotra !) et le parc de Mantadia, 23 km plus au nord. Pas facile de s'y retrouver dans cette série d'appellations. La réserve est réputée pour ses colonies d'indris (des lémuriens !) au cri puissant et à la taille impressionnante, mais la forêt (800 ha) y est indubitablement moins intéressante que celle de Mantadia (15 000 ha). À vrai dire, la réserve est un peu trop touristique à notre goût. Mais il ne faut pas négliger le charme de ses environs ni le côté incongru du village d'Andasibe, ancien centre industriel du bois, avec ses faux airs de décor de western.**

## Comment y aller ?

➢ ***En bus :*** la compagnie *Traveline (TLM)* assure les liaisons entre ***Antananarivo*** (*Palm Hotel,* près de l'ambassade de France) et ***Andasibe*** (en face de l'hôtel *Feon'ny Ala*) lun et ven, départ à 7h, trajet 2h30 (pause à Moramanga). 29 000 Ar le trajet simple. On peut même arriver de ***Tamatave,*** mar et sam, départ à 7h, arrivée à 11h30 (15 mn de pause à Brickaville). Pour plus d'infos : • *travelinemadagascar.com* •

## Adresses utiles

■ ***Bureau de MNP :*** *à l'entrée de la réserve d'Analamazaotra.* 📱 *033-49-401-50.* • *asb@parcs-madagascar.com* • *Tlj 6h30-16h. Entrée : de 25 000 Ar pour 1 j. jusqu'à 50 000 Ar pour 4 j. (visite diurne comprise), donnant droit à la visite de la réserve, du parc national Mantadia et du parc aux Orchidées.* Propose des circuits avec différents niveaux de difficultés. Guides de l'*AGA Mitsinjo* et *Tambala* (des associations) présents dès l'ouverture. Il peut être préférable de réserver un guide si vous arrivez la veille (voir plus loin).

■ ***Mitsinjo :*** *150 m après le* MNP. ☎ *56-832-33.* • *mitsinjo@hotmail.com* • *Compter 13 000-39 000 Ar pour le guidage (2h-2 j.), entrée comprise.* Cette association gère la station forestière d'Analamazaotra (700 ha) indépendamment du *MNP.* Elle a pour mission la conservation du patrimoine de la biosphère en relation avec les communautés locales (sensibilisation, lutte contre la déforestation, reboisement, etc.). Les guides interviennent aussi bien dans la station forestière que dans le parc national et certains sont spécialisés (oiseaux, reptiles, champignons, etc.). Descente de la rivière en pirogue.

## Quelques infos utiles

– ***Meilleure saison :*** en mai, puis de septembre à décembre. Période plus chaude et moins humide. Après, il fait encore plus chaud, et il pleut des cordes ! En hiver austral, prévoir une grosse laine (il fait vraiment froid) et, en toute saison, un vêtement imperméable (1 650 mm de précipitations par an), une lotion antimoustiques, de bonnes chaussures étanches pour les quelques sangsues qui sortent après les pluies, ainsi qu'une lampe frontale (sinon une torche) pour les visites nocturnes.

– ***Pour voir les indris :*** de septembre à décembre, partir vers 7h du matin afin de mieux les voir et d'entendre leurs cris caractéristiques. En hiver (de juin à août environ), on peut partir vers 8h seulement, car le froid les maintient plus longtemps dans le sommeil (comme vous, non ?). En saison des pluies, un départ vers 9h est suffisant. L'après-midi, ils sont plus difficiles à voir.

➢ ***Circuits de la réserve Indri-Indri :*** 3 circuits pour voir les indris (de 1 à 2h ou de 2 à 4h), dont un circuit spécial de 4 à 6h pour voir les autres lémuriens diurnes. Le circuit nocturne de 2h pour voir les nocturnes se déroule totalement hors du parc, le long de la route goudronnée (par peur de braconnage dans le parc et non par crainte des *fosa* comme certains guides se plaisent à raconter). Tarifs de guidage selon la durée du circuit choisi, de 24 000 à 64 000 Ar (pour 1 à 3 personnes). Attention aux entourloupes systématiques sur les tarifs et temps de visite des guides de l'*AGA* (avec la complicité du personnel du *MNP*). Soyez vigilant !

## Où dormir ? Où manger ?

### Campings

Le *MNP* gère un ***terrain de camping :*** *face à l'entrée de la réserve. C'est gratuit si l'on a son propre matériel. Sinon, 2 grandes tentes de 20 places à louer env 10 400 Ar/pers.* Accès gratuit à des douches et des toilettes à proximité. Confort basique. Pas de surveillance.

***Mitsinjo :*** *5 200 Ar/nuitée et par tente.* Les abris-tentes sont bien conçus avec un coin cuisine, l'eau et l'électricité. Location de tentes. L'association propose aussi des chambres chez l'habitant, non loin de la gare : ambiance conviviale garantie.

### Bon marché

***Buvette-snack Le Forestier :*** *petite cabane à l'entrée de la réserve. ☎ 56-823-81. Fermé le soir.* Carte de sandwichs, pizzas et plats on ne peut plus classiques. Pas le grand luxe. Petit déj sur commande.

***Hôtel Orchidée :*** *à **Andasibe**, dans le village. ☎ 56-832-05. Tt au bout de la rue principale qui part face à l'église du FJKM.* Un petit hôtel style western dans un village du même genre, avec des planchers qui craquent, puisque tout est en bois. En tout cas, c'est propre et il y a des moustiquaires. Douche chaude (mais pas toujours) et w-c communs. Au resto, en bois lui aussi, soupes et plats de viande européens ou malgaches (à commander 1h30 à l'avance). Une bonne petite adresse mais un peu loin de l'entrée de la réserve (3 km).

### De bon marché à chic

***Bungalows Feon'ny Ala :*** *le 1er hôtel en direction du parc (à 300 m de la bifurcation avec la RN2), facile en taxi-brousse. ☎ 56-832-02.* Une petite adresse au milieu de la végétation, tout à fait charmante. Très jolie terrasse devant le resto au bord d'un étang. Avec ou sans sanitaires, les bungalows en forme de paillote ne sont pas mal non plus, bien que les uns sur les autres (une vingtaine environ, pouvant accueillir de 2 à 5 personnes). Pour l'eau chaude, il vaut mieux qu'il n'y ait pas de groupes, sinon pénurie le matin... Au resto, spécialités chinoises, mais également des plats classiques à base de poulet, viande ou poisson comme le tilapia, excellent et élevé localement. Une bonne adresse.

***Mikalo :*** *juste après la réserve, à env 1,5 km. ☎ 56-832-08. 📱 033-11-817-85.* L'établissement a quitté la vieille gare qu'il avait investie. Les nouveaux bungalows sont plus confortables, mais plus chers aussi, et, dans l'ensemble, le site a beaucoup perdu de son charme. Les bungalows familiaux en dur, plus anciens, sont assez tristes. Préférer les plus récents, intelligemment construits en bois. Quant à la cuisine, elle est honorable et à bon prix.

### Plus chic

***Vakôna Forest Lodge :*** *à 6 km du village d'Andasibe sur la route qui mène au parc de Mantadia. ☎ 22-624-80 (à Tana). 📱 033-02-010-01 (à Andasibe). • vakona@moov.mg • hotelvakona.com • Compter 65-75 € pour un bungalow double.* Une adresse chic appartenant à une famille de *zanatany* (« fils du sol », désignant les Blancs nés ici) très connue dans la région et qui possède les mines de graphite voisines. Ceux qui disposent d'un bon budget pourront se reposer dans cet agréable complexe hôtelier au milieu de la végétation. Bungalows en dur confortables à défaut d'offrir une architecture originale. Aménagement intérieur décevant. Coffre et moustiquaire. Profiter de la piscine, mais aussi du vaste restaurant où trône une cheminée monumentale, bien agréable après ou pendant une averse, pour se plonger dans un bon bouquin... Bonne cuisine et service aux petits soins. Accueil souriant. Pour se distraire, billard, canoë, équitation, squash et ping-pong. Ne pas manquer de visiter la réserve locale et les îles aux lémuriens (lire plus bas dans « À voir. À faire »).

## À voir. À faire

**La réserve spéciale Indri-Indri :** l'indri en est la vedette, bien sûr. Bon, comme pour toutes les visites de réserve, il n'est jamais garanti que l'on en verra beaucoup et tout le temps... Dans cette forêt secondaire (pins, eucalyptus, *Camelia japonica...*), on compte environ 60 groupes d'indris (soit à peu près 850 individus), mais seule une dizaine d'entre eux fréquentent la réserve et un seul est réellement accessible : un processus de familiarisation avec ce groupe a été entamé il y a plus de 25 ans. Attention, il ne s'agit pas de les apprivoiser ni même de les appâter avec de la nourriture, mais seulement d'habituer quelques indris à la présence de l'homme. Cette démarche demeure fragile : après les événements de 2002, le nombre de visiteurs ayant considérablement chuté, les indris sont redevenus farouches. Il a de nouveau fallu une année pour regagner la confiance du groupe. Pour l'approcher avec succès, et peut-être même l'observer au sol, une fois par semaine seulement quand les indris descendent manger de la terre riche en oxyde de fer, mieux vaut être là dès l'ouverture du parc.
Sachez que l'indri est le plus grand des lémuriens, avec une taille pouvant atteindre 70 cm, voire 1 m (avec paradoxalement une toute petite queue en moignon de 3 cm), pour un poids de 6 à 15 kg. Ici, le mâle a le ventre marron et la femelle le ventre blanc (le reste du corps étant noir et blanc). Ailleurs, comme dans la réserve d'Anjanaharibe-Sud (près d'Andapa, en SAVA, la côte de la Vanille), ils sont totalement noirs. Avec son allure de grand dadais agrippé à son arbre et ses cris de contact, de ralliement, d'alarme ou bien d'amour qui ressemblent souvent à des plaintes humaines (audibles à 3 km à la ronde !), c'est l'un des lémuriens les plus intrigants parce que justement celui qui a peut-être le comportement le plus humain... d'autant qu'il peut vivre jusqu'à 80 ans. Cependant, leur population ne semble pas augmenter : les indris ont de plus en plus de mal à défendre leur progéniture contre les prédateurs (aigle et *fosa*) ou le braconnage (ce qui explique que la réserve soit fermée la nuit et que les visites nocturnes aient lieu le long de la route). Lire aussi le texte qui lui est consacré à la rubrique « Lémuriens » dans « Hommes, culture, environnement ».
– ***À voir aussi :*** outre l'indri, on peut voir, ou tenter de voir, trois espèces de lémuriens diurnes (*Fulvus fulvus, Hapalemur gris* et *Rubriventer*) et six espèces nocturnes (l'*avahi laineux*, l'*Hapalemur microdon*, le *Microcebus rufus*, l'*Allocebus* et le aye-aye – mais ne rêvez pas pour ce dernier, il est très difficile à trouver). Au programme également, trois espèces de *tanrecs* (cousin éloigné du hérisson et endémique) et l'incroyable *caméléon de Parson,* de couleur verte et capable d'avaler un petit oiseau. Pour les ornithologues amateurs, plus de 100 espèces d'oiseaux et donc de quoi camper un moment sur le site. La flore de cette forêt humide tropicale secondaire est bien moins intéressante que celle de Mantadia, malgré ses magnifiques fougères arborescentes, ses *ravinala* (arbres du voyageur) et ses eucalyptus. Se promener aussi du côté du *lac Vert* (en forme de croissant), du *bassin piscicole* et du *lac Rouge.*

**Le parc aux Orchidées :** *200 m après l'entrée de la réserve. Entrée gratuite avec le ticket du MNP.* Intéressant seulement en période de floraison, vers le mois d'octobre. Visite rapide (15 mn).

**Le centre d'interprétation :** *dans les locaux du* MNP-PNAM, *à l'entrée de la réserve.* Explications en français sur l'indri, la faune, la flore et l'écologie.

**Le parc national Mantadia :** *l'entrée des gardes (contrôle des tickets) se trouve à env 20 km au nord-est de la réserve Indri-Indri. Pas de taxis-brousse, malheureusement. Sinon, tenter le stop (dur, quand même) ou discuter avec les guides qui ont parfois des solutions, mais ça finit souvent par une loc de taxi à prix plutôt élevé ! Droit d'entrée inclus dans le ticket de la réserve, mais rémunération supplémentaire à prévoir pour votre guide.*
Contrairement à la réserve Indri-Indri, il s'agit d'une forêt primaire. Elle couvre même 12 000 ha. Faire le *circuit* des très belles *chutes sacrées* (2h) et piquer une tête dans la piscine naturelle du *circuit Rianasoa* (30 mn aller-retour). Pour les passionnés d'ornithologie et pour ceux qui veulent apercevoir le propithèque à diadème, *circuit Isakoka,* du nom de l'un des oiseaux endémiques de la région (3h de marche en boucle). À voir : toutes les espèces de lémuriens de la réserve spéciale Indri-Indri, plus le vari (noir et blanc), au cri d'alerte presque aussi impressionnant que celui de l'indri, et donc le très coloré propithèque à diadème (plus visible en septembre et octobre). Parcours plus sportif que dans la réserve (ça grimpe et pas de vrais chemins de rando), mais c'est l'occasion de marcher hors des sentiers battus (c'est vraiment le cas de le dire)... Prévoir eau et vivres et l'équipement habituel, notamment contre les sangsues en période de fortes pluies.

**La réserve privée de Vakôna :** *à l'hôtel du même nom (lire plus haut), à 6 km d'Andasibe. Entrée payante ; réduc pour les clients de l'hôtel ; gratuit jusqu'à 8 ans. Acheter son ticket à la réception avt de venir.* À voir, une bonne cinquantaine de crocos au bord d'un lac ou dans des enclos derrière (les gros risquent en effet de manger les petits s'ils cohabitent !). Sachez qu'on ne les nourrit qu'une fois par semaine d'octobre à mars et une fois par mois le reste de l'année (ils hibernent...). Voir aussi le couple de *fosa* (sortes de petits pumas), pas si fréquents à apercevoir, la volière des canards sauvages et finir la visite par les îles aux lémuriens en revenant vers l'hôtel. Traversée en canoë (pourboire attendu)... Six espèces de lémuriens. Une petite visite sympa. Possibilité également de visiter sur demande les mines de graphite voisines.

**Andasibe :** pour son allure western. Voir surtout la rue principale. Maisons tout en bois dues à l'activité de cette industrie dans le passé. On croirait que John Wayne va sortir d'un *hotely* en dégainant à tout moment ! Jeter un œil au petit *Musée rural* juste à côté de la mairie en surplomb du village. Entrée payante. Instruments de travail et quelques infos d'ethnologie.

## QUITTER LE PARC

### En taxi-brousse et/ou taxi ou en bus

➢ ***Moramanga et Tana :*** pour Moramanga, départ des taxis-brousse ttes les heures 6h-16h env depuis le village d'Andasibe, ou les intercepter sur la route goudronnée qui mène à la RN2. De là, reprendre un taxi-brousse pour Tana. Ce qui met le parc à près de 4h de Tana. On peut aussi louer un taxi : s'adresser à Andasibe ou à la buvette *Le Forestier,* à l'entrée de la réserve. 10 fois plus cher que le taxi-brousse, bien sûr.
Et depuis peu, liaisons en bus, avec la compagnie *Traveline (TLM),* entre Andasibe (en face de l'hôtel *Feon'ny Ala*) et Antananarivo (*Palm Hotel,* près de l'ambassade de France) mar et sam, départ à 11h30. Compter 29 000 Ar le trajet simple. Pour plus d'infos : • *travelinemadagascar.com* •

➢ ***Tamatave (Toamasina) :*** ATTENTION, il vaut mieux remonter sur Moramanga car les taxis-brousse venant de Tana sont souvent pleins. Essayer tout de même en se postant (prudemment) sur la RN2, mais c'est très difficile. Sinon, liaisons en bus, avec *Traveline (TLM),* entre Andasibe (en face de l'hôtel *Feon'ny Ala*) et Tamatave (*Miray Hotel,* rue de Hovas Bazar Be) lun et ven, départ à 9h30, arrivée à 14h30 (30 mn de pause à Brickaville). Compter 39 000 Ar. Pour plus d'infos :

• *travelinemadagascar.com* •
Solution de la dernière chance : essayer le stop ou le « ami-ami » avec des touristes véhiculés !

# TAMATAVE (TOAMASINA)

348 000 hab. (pour l'agglomération) IND. TÉL. : 53

**Premier port commercial de l'île, capitale de la province de l'Est et de l'ethnie des Betsimisarakas, Tamatave pourrait être appelée « la Venise malgache » tant il tombe d'eau au mètre carré. Mais à cause du très mauvais état de ses rues et de sa chaussée défoncée, on dirait plutôt un bout du Vietnam... Impression saisie au vol grâce à la touche totalement asiatique des centaines de pousse-pousse qui, à pied ou à vélo, sillonnent la ville au milieu des bâtiments désagrégés, lézardés, bombardés par les pluies... Tamatave est la ville idéale pour apprendre physiquement la définition d'une pluie tropicale : des trombes d'eau qui pénètrent immédiatement la fibre des vêtements et vous trempent jusqu'aux os ! Parfois, cela s'arrête. Rarement longtemps... On peut trouver un petit charme colonial et provincial à la ville, même s'il faut faire preuve d'un peu d'imagination. Tamatave a – malgré tout – l'ingrate réputation des grands ports, fréquenté par des marins de toutes nationalités, ainsi que d'anciennes méchantes bagarres autour de filles légères aussi hautes en couleur que la nature environnante. D'ailleurs, quelques *vazaha* semblent être arrivés avec la *mala reputación* de ces lieux chargés d'histoire...**



## UN PEU D'HISTOIRE

Lire auparavant « Les Betsimisarakas ou les "nombreux inséparables" » en introduction à « L'Est ».

### Escarmouches franco-anglaises

Au début du XIXe s, les Anglais occupent l'île Bourbon (La Réunion) et l'île de France (l'île Maurice). Ils n'aiment pas beaucoup les Français qui pratiquent encore, avec la complicité de certaines ethnies malgaches, le commerce des esclaves, aboli chez eux depuis 1807. Napoléon dépêche Sylvain Roux à Tamatave pour représenter les intérêts français dans les comptoirs de la future Compagnie française des Indes orientales. Pour fournir les colonies voisines en esclaves, Roux transfère le comptoir de Foulpointe à Tamatave. En 1811, les Anglais envoient une corvette attaquer le fort de la ville. Les Français capitulent. Tamatave revient dans le giron français en 1816, suite au traité de Paris de 1814 donnant en échange aux Anglais la jouissance de Zanzibar (aujourd'hui, une destination très branchée !).

### Le roi Jean René et la visite de Radama Ier

Dans la confusion, Jean René, métis et ancien interprète de Sylvain Roux, devient roi de la côte est et s'établit à Tamatave. Il concilie intelligemment les intérêts du royaume et ceux des Français, toujours avides d'esclaves pour leurs colonies. Mais, en 1817, Radama Ier arrive aux portes de Tamatave à la tête de 25 000 hommes, bien décidé à

#### UN NOM SALÉ

*Lorsqu'en 1817, Radama Ier arrive aux portes de Tamatave pour soumettre le royaume des Betsimisarakas, il goûte l'eau de mer, dont il découvre l'existence et déclare vivement : « Toa masina ! », autrement dit « C'est salé ! ». C'est ainsi que Toamasina devint le nom malgache de Tamatave.*

soumettre le royaume des Betsimisarakas. Les deux rois choisirent d'échanger leur sang dans une mise en scène symbolique dont les Malgaches ont le secret. En fait, le pacte entre frères de sang se résumait ainsi : Jean René reconnaissait à Radama Ier le titre de roi de Madagascar tandis que ce dernier laissait au premier la souveraineté de la côte est.

## Un port d'accès pour la colonisation

Un an avant la mort du roi Jean René, en 1826, le Français Napoléon de Lastelle implante à Tamatave les premiers chantiers navals, les premières machines à vapeur, de nouveaux animaux et de nouvelles plantes, tout en développant le commerce. Alors que Ranavalona Ire monte sur le trône et contrôle la côte est, il recueille un naufragé, un certain Jean Laborde, qui va compter pour beaucoup dans l'histoire du pays et celle de la reine. D'autres voyageurs célèbres débarquent à Tamatave, comme l'aventurière autrichienne Ida Pfeiffer, qui consigne des opinions peu sympathiques sur la ville dans son journal.

Au XIXe s, les escarmouches sont de plus en plus nombreuses entre la royauté merina et les Européens. En 1829, 1845 et 1883, les Français, parfois alliés aux Anglais, bombardent Tamatave, s'en emparent, mais doivent à chaque fois la restituer. C'est à partir de 1885 que la ville commence à passer sous contrôle de la France comme, un peu plus tard, tout le reste de l'île. L'image la plus forte et la plus symbolique concernant Tamatave, c'est bien sûr l'envoi en exil, en 1897, de la dernière reine de Madagascar, Ranavalona III, sur l'île de La Réunion, puis à Alger : embarquée sur le port de Tamatave, elle ne reviendra pas et, avec elle, c'est la souveraineté du pays qui disparaît.

À la même époque, l'administration française décide du creusement d'un gigantesque canal, qui, en plus de la ligne de chemin de fer Tana-Tamatave, faciliterait le transport des différentes productions du pays qui transitent par le port : ébène, palissandre, vanille, poivre, cannelle... Lire plus loin l'introduction sur « Le canal des Pangalanes ».

## Tamatave, premier port de Madagascar

En 1927, un terrible cyclone dévaste la ville, faisant des centaines de morts et emportant tout sur son passage. On retrouvera des bateaux jusque dans l'intérieur des terres ! Régulièrement, un cyclone rappelle encore à la ville sa situation fragile : entièrement tournée vers l'océan Indien, Tamatave en recueille tous les fruits, bons et mauvais. Néanmoins, une nouvelle ville a vu le jour, faite de constructions en dur, d'une ligne de chemin de fer plus ou moins en sommeil et surtout d'un port commercial névralgique qui, aujourd'hui, malgré son état et le manque de moyens, contrôle à peu près 70 % des échanges avec l'étranger. Les cargos repartent chargés de toutes les productions de l'île (crevettes, vanille, riz, girofle, litchis, etc.) et alimentent la capitale et le reste de l'île en produits extérieurs. C'est d'ailleurs bien pour cette raison que l'ancien président Ratsiraka tenta de bloquer l'accès au port dans sa lutte pour le pouvoir en 2002.

# Arriver – Quitter

## En avion

✈ **Aéroport** *(hors plan par B1)* : *à 5 km au nord du centre. Pour rejoindre le centre-ville, prendre un taxi dont le tarif forfaitaire ne doit pas excéder les 13 000 Ar.*

➢ ***Tananarive :*** 1-3 vols/j.

➢ ***Sainte-Marie :*** 1 vol/j. sf dim-lun.

➢ ***Maroantsetra et Antalaha :*** 1 vol mar et ven.

➢ ***Sambava :*** 1 vol dim.

➢ ***L'île de La Réunion :*** les compagnies aériennes *Air Madagascar* et *Air Austral* proposent chacune 1-2 vols/sem reliant Tamatave à Saint-Denis.

## Par la route

➢ ***Vers le nord,*** la RN5 est totalement asphaltée et ininterrompue jusqu'à Sonierana-Ivongo. Une piste infâme, l'une des pires de tout le pays, prend le relais. Si tous les ponts ont été rénovés, il faut encore emprunter pas moins de 13 bacs pour atteindre Maroansetra, sauf pour les deux-roues qui peuvent être chargés sur des pirogues. La moto et le vélo, voire le quad, demeurent les engins les plus adaptés à ce merveilleux périple. Prendre des véhicules dernier cri, sinon dangereux ! Attention, lors de la récolte des litchis dans la 1re quinzaine de décembre, la région (de Tamatave à Sonierana) est en totale effervescence et ne vit plus que pour cela. Des embouteillages importants sont à craindre, ainsi qu'une carence en moyens de transport : taxis-brousse comme voitures de loc.

➢ ***Vers le sud,*** la route asphaltée (RN2 puis RN11A) qui descend jusqu'à Vatomandry est excellente. La piste qui lui succède pour atteindre Mahanoro demeure praticable en tte saison.

***Gares routières*** *(plan B1) : proches les unes des autres, au nord-ouest de la ville. Y aller en taxi ou en pousse-pousse (plus cher).*

➢ ***Vers le nord immédiat*** *(gare d'Ampasimadinika),* départs tlj 5h-16h env, avec la coopérative *Kofito* *(📱 032-40-334-02).*
- ***Foulpointe (Mahavelona) :*** compter 4 000 Ar et 1-2h de trajet (1h en voiture).
- ***Mahambo :*** compter 5 000 Ar et 2h-2h30 de trajet (1h30 en voiture).
- ***Fénérive :*** compter 6 500 Ar et 3h de trajet (2h en voiture).
- ***Soanierana :*** compter 8 000 Ar et 4h de trajet (3h en voiture).

➢ ***Vers le nord lointain*** *(gare d'Ampasimadinika),* les liaisons s'avèrent souvent très difficiles et très longues, parfois impossibles en saison des pluies. À ne tenter que si vous avez beaucoup de temps et de patience, et si vous êtes un brin aventurier. Pour les acharnés, départs en 4x4 Land Cruiser ou 504 bâchée vers 7h30, env 3 fois/sem avec la coopérative *Kofifen* *(📱 032-02-195-64).*
- ***Baie de Titinga :*** compter 15 600 Ar et 8h de trajet (6h en 4x4).
- ***Antanambe :*** compter 39 000 Ar et 11-12h de trajet (8-9h en 4x4).
- ***Sahasoa :*** compter 41 600 Ar et 12-14h de trajet (9-10h en 4x4).
- ***Mananara-Nord :*** compter 54 600 Ar et 15-18h de trajet (12-13h en 4x4).
- ***Maroansetra :*** compter 88 400 Ar et 2 j. de trajet, avec 1 nuit à Mananara-Nord.

➢ ***Vers l'intérieur des terres*** *(gare d'Ambolomadinika),* départs 7h30-17h. Préférer la compagnie *Vatsi* *(☎ 310-47).* Sinon, réserver auprès de *Kofimanga* (3 passagers slt par banquette dans leurs minibus) ou à la *Kofito National* la veille, à 100 m de la gare.

➢ ***Andasibe et la réserve spéciale Indri-Indri :*** descendre à Moramanga et reprendre un bus. Compter 13 000 Ar et 5h min de trajet. En bus, avec la compagnie *Traveline,* départ à 7h (*Miray Hotel,* rue de Hovas Bazar Be) mar et sam, arrivée à 11h30 à Andasibe, en face de l'hôtel *Feon'ny Ala* (15 mn de pause à Brickaville). Compter 39 000 Ar. Pour plus d'infos : • *travelinemadagascar.com* •

➢ ***Tananarive :*** en bus, avec la compagnie *Traveline,* départ à 7h (*Miray Hotel,* rue de Hovas Bazar Be) lun et sam, arrivée à 15h à Tana (au *Palm Hotel,* près de l'ambassade de France). Pause à Brickaville (15 mn) et Moramanga (30 mn). Compter 76 000 Ar. Pour plus d'infos : • *travelinemadagascar.com* •

➢ ***Vers le canal des Pangalanes,*** départs très irréguliers (hormis pour Brickaville) de la gare d'Ambolomani. Préférer *Trans Express* *(☎ 307-36),* voire *Ofipoto* *(📱 032-40-131-17).*
- ***Brickaville :*** compter 3 900 Ar et 2h de trajet. Départs tte la journée.
- ***Vatomandry :*** compter 7 800 Ar et 4h de trajet.
- ***Mahanoro :*** compter 11 700 Ar et 5-6h de trajet.

## En bateau

➢ Des boutres rejoignent plus ou moins régulièrement ***Mananara-Nord*** et ***Maroansetra*** (90 000 Ar). Bien que la mer demeure assez calme de septembre à mars et que les conditions

Adresses utiles
Gares routières
1 BMOI
2 BFV-SG
3 BOA
4 BNI, Western Union et Librairie Fakra
5 Cyber Butterfly
6 Air Madagascar
7 Air Austral et Air Mauritius
8 Alliance française
9 Cybersky
11 Agence consulaire de France
22 MCB
24 Espace médical
25 Chez Eve
32 Piscine du Bateau Ivre
Où dormir ?
21 Hôtel Les Flamboyants
22 Hôtel Joffre
23 Lionel Hôtel
24 Sharon Hotel
25 Central Hotel
Où manger ?
32 La Récréa et Le Bateau Ivre
33 Fortuna
Où déguster une pâtisserie ou une glace ? Où boire un verre ?
41 Bruno Glacier
22 La terrasse de l'hôtel Joffre
40 Melba
Zoo d'Ivoloina, FOULPOINTE
Boulevard La Bourdonnais
Rue J.-J. Rousseau
Rue Leconte de l'Isle
Bd de la Liberté
Boulevard Pasteur
Rue Dupetit
Rue Victor
Boulevard
Rue Bernardin de Saint-Pierre
Rue du Lieutenant François
Boulevard Augagneur
Boulevard de l'OUA
Rue Guynemer
Avenue
Bd de la Fidélité
Avenue de
Rue du Amiral
Bazary Be
Rue Nationale
Boulevard
Rue Paul
TANAMBAO II
Boulevard Denis Papin
Boulevard de la Victoire
Rue Frère Marcel
Rue de Rigny
Rue du Cimetière
Rue du Manangazera
Rue de Lattre de Tassigny
Rue de la Poudrière
Rue de l'Île de France
ANDRORANGA
ANJOMA
Rue du Maréchal
Boulevard de

C
D
NORD
OCÉAN INDIEN
Rade de Tamatave
1
2
3
Bd Joffre
Bd Ratsimilano
11
Thouars
Hugo
Letimbre
Noël
23
Mahy
Boulevard Ratsimilaho
Libération
Joffre
Bir-Hakeim
32
PLACE DE LA RÉPUBLIQUE
l'Indépendance
2
Lieutenant
Rue Bérard
Grandidier
5
Billard
40
9
Boulevard
Bertho
de la
R. de l'Aviateur Goulette
4
7
22
R. Lt Hubert
33
Boulevard Ratsimilaho
Port
1
25
Doumer
Joffre
Batterie
Rue Flacourt
Desfossé
Rue Amiral
du Roux
3
Commerce
Bd Villes Jumelées
de l'Ile de la Réunion
France
Rue Romain
Rue
Bd S. Albert
Blevec
Pierre 1er
Rue Lambert
Rue
Rue
Rue
de
de
l'Ivondro
Boulevard de l'Ivondro
Pointe Hastie
Baie de l'Ivondro
0 100 200 m

TAMATAVE

de sécurité aient été renforcées ces derniers temps, la traversée n'est pas sans risque car il est fréquent que la réglementation en vigueur ne soit pas respectée. La mer est vraiment dangereuse juin-août. Il y a souvent des accidents, et parfois des morts...

➢ Pour l'***île Sainte-Marie,*** il existe une solution un peu plus économique. Prendre un taxi-brousse pour Soanirana-Ivongo tôt le mat depuis la gare routière nord-est (8 000 Ar ; 4h de trajet). De là, prendre la navette *Cap Sainte-Marie* vers 10h30 ou la *Gasiraka* (même prix : 40 000 Ar). Traversée : 1h. Voir plus bas la rubrique « Adresses utiles. Agence de voyages... » pour y aller en voiture privée. Bon à savoir : en cas de mauvaise mer, si on ne veut pas attendre plusieurs jours, *Sainte-Marie Tours* rembourse les billets, contrairement à *Cap Sainte-Marie.*

## Comment se déplacer ?

### En pousse-pousse

Tamatave est une ville de pousse-pousse (et même des premiers cyclo-pousse). Ici, les conditions de vie des conducteurs de pousse-pousse sont encore plus dures qu'ailleurs, car il pleut très souvent et les rues sont littéralement défoncées. Les gars marchent pieds nus dans les flaques en se prenant la pluie dans la figure... Néanmoins, vous les faites vivre en utilisant leurs services. Le tarif n'est vraiment pas cher, mais négociez toujours le prix au départ, comme d'habitude, sans mégoter toutefois, sauf annonce particulièrement hors de proportions. Le soir, TOUJOURS demander à la réception de votre hôtel, pour éviter tout risque de racket ou d'agression. Pour info, les prix pratiqués par les conducteurs de pousse-pousse à pied sont bien sûr un peu plus élevés que ceux de leurs collègues cyclistes. Il est donc fortement conseillé de prendre ceux qui ont un badge officiel agrafé sur la poitrine.

### En taxi

Une bonne idée, car il pleut souvent. Tarif fixe en journée vraiment bon marché, en principe 50 % plus cher le soir et la nuit.

## Adresses utiles

### Infos touristiques

■ ***Chez Eve :*** *juste à côté du* Central Hotel *(plan C3, **25**).* Pas mal d'infos et de tuyaux pour les routards.

### Poste et télécommunications

✉ ***Poste*** *(plan B2) : av. de l'Indépendance, en face d'*Air Madagascar. *Lun-ven 7h30-17h30, sam mat.* Vente de timbres et de télécartes.

@ ■ ***Internet et téléphone longue distance : Cyber Butterfly*** *(plan C2, **5**), bd Joffre, en face de* Courts. *Tlj sf dim 8h30-18h (pause déj).* ***Le Cyber,*** *au* Bazary Be *(plan B2), derrière la banque* BNI. *Tlj sf dim mat.* Connexion lente mais pas chère, et appels internationaux via Internet beaucoup moins chers que d'une cabine. *La **poste centrale** (plan B2) possède également un service internet* (Cyberpaositra). *Lun-sam.* ***Cybersky*** *(plan C2, **9**), en face du salon de thé* Saify et Fils. *Tlj sf dim ap-m 8h30-19h.*

### Argent, banques

Les banques sont ouvertes du lundi au vendredi 7h30-11h30 et 14h-15h (ou 16h) environ.

■ ***BFV-SG*** *(plan C2, **2**) : angle av. de l'Indépendance et bd Joffre.* Distributeur automatique pour la carte *Visa* ou retrait au guichet (commission de votre banque à prévoir) ; change les devises également.

■ ***BOA*** *(plan C3, **3**) : 2, rue du Commerce.* Change avec la carte *MasterCard* (commission), mais prévoir une demi-journée de délai environ. Devises acceptées.

■ ***BNI*** *(plan C2, **4**) : bd Joffre.* Devises uniquement. Distributeur automatique pour les cartes *Visa* et *MasterCard* à l'extérieur.

TAMATAVE ET SES ENVIRONS

■ ***MCB*** *(plan C2-3,* ***22****)* **:** *bd Joffre, à 20 m de l'hôtel* Joffre. Retraits en 1h avec les cartes *Visa* et *MasterCard*, moyennant une commission. Change aussi les devises.
■ ***BMOI*** *(plan C3,* ***1****)* **:** *bd Joffre, face à l'*Eden Hotel. Change les devises et distributeur automatique pour la carte *Visa*. Retraits limités, mais en principe renouvelables (attention néanmoins à votre plafond de retrait hebdomadaire, fixé avec votre banque).
■ ***Western Union*** *(plan C2,* ***4****)* **:** *bd Joffre, à côté de la* BNI. *Tlj jusqu'à 17h.* En cas de besoin urgent d'argent liquide. Également représenté par la *BFV-SG*.

## Urgences

■ ***Agence consulaire de France*** *(plan C1,* ***11****)* **:** *Christian Fuard, bd La Bourdonnais. 033-14-896-67 ou 032-04-108-28. • agence.consulaire_tamatave@yahoo.fr •*
■ ***Espace médical*** *(plan B2,* ***24****)* **:** *av. de la Libération, à côté du* Sharon Hotel. *☎ 315-66. 032-07-088-23. Consultations 24h/24.* Soins, transports médicalisés et évacuations sanitaires.

## Compagnies aériennes

■ ***Air Madagascar*** *(plan B2,* ***6****)* **:** *av. de l'Indépendance. ☎ 323-56 ou 327-38. Lun-ven 8h-11h45, 14h-17h45 ; sam 8h-11h45.*
■ ***Air Austral et Air Mauritius*** *(plan C2,* ***7****)* **:** *représentés par Ario, rue De-Lattre-de-Tassigny. ☎ 300-26. Fax : 300-20. Lun-ven 8h30-12h, 14h-17h30 ; sam jusqu'à 12h.*

## Agence de voyages, location de voitures (avec chauffeur), traversée vers Sainte-Marie

■ ***Ariane Tourisme*** **:** *33, rue du Lieutenant-Lubert-Anjoma. ☎ 914-95. • arianetour@yahoo.fr •* Bonnes voitures avec chauffeur pour un tour de la ville coloniale ou une balade jusqu'au canal. Patronne dynamique.
■ ***Voyages Bourdons*** **:** *40, bd Joffre, en face de la* BFV-SG. *☎ 338-84. • bourdontm@iris.mg •* Agence réceptive pour *Air France* et *Air Madagascar*. Location de 4x4 : compter 208 000 Ar (sans l'essence) pour gagner Maroansetra et 338 000 Ar (avec l'essence) pour aller à Tana.
■ ***Cap Sainte-Marie*** **:** *500 m avt la gare routière, à Tanambao V (plan A1). ☎ 53-351-48. • contact@cap-sainte-marie.com • cap-sainte-marie.com •* Assure le transport (bus et bateau) entre Tamatave et Sainte-Marie. Voir plus haut la rubrique « Arriver – Quitter. En bateau ». Une autre compagnie, ***Gasiraka,*** assure le transfert (même prix : 40 000 Ar).

## Loisirs, divers

■ ***Librairie Fakra*** *(plan C2,* ***4****)* **:** *bd Joffre. Fermé dim et lun mat.* Journaux, magazines, livres de poche (neufs et occasion) et cartes postales.
■ ***Alliance française*** *(plan B3,* ***8****)* **:** *13, bd Paul-Doumer. ☎ 334-94. 033-15-325-86. • aftamatave.org • Mar-sam 8h30-18h sf le midi.* Dans une très jolie case créole qui date de 1885. Une des plus belles de Madagascar. Consultation sur place possible. Buvette et jardin sympa.
■ ***Piscine*** **:** *au resto* Le Bateau Ivre *(plan C2,* ***32****), sur le bd Ratsmilako. Fermé dim en fin de journée et lun. Gratuit pour les clients du resto. Sinon, 2 600 Ar l'entrée.*
***Supermarché Score*** **:** *à gauche d'*Air Madagascar. *Tlj sf dim ap-m.*
■ ***Central Color*** **:** *11, rue De-Lattre-de-Tassigny.* Spécialiste photo, toutes sortes de tirages et de transferts argentiques et numériques à bon prix.

# Où dormir ?

## Très bon marché (moins de 13 000 Ar / env 4 €)

Pas grand-chose de correct. Pour les ultra-fauchés, aller dans le quartier de la gare routière *(plan B1)*, un peu excentré. Un peu de prudence le soir. Moustiquaire obligatoire. Si vous êtes campeur, rendez-vous au parc Ivoloina, qui loue des emplacements

TAMATAVE ET SES ENVIRONS

(voir « Dans les environs de Tamatave (Toamasina) »).

## De bon marché à prix moyens (13 000-32 000 Ar / env 4-10 €)

**Lionel Hôtel** (plan C1, **23**) : *façade jaune rue du Lieutenant-Noël, à l'angle du bd Joffre. 032-02-543-56. Petit déj sur résa.* Chambres avec douche et ventilateur, les plus chères avec w-c et moustiquaire. Les chambres familiales ont la clim et la TV. C'est propre et on y est bien accueilli. Mais l'hôtel est vraiment bruyant, et pas mal de belles de nuit. En dépannage.

## De prix moyens à chic (32 000-52 000 Ar / env 10-16 €)

**Ocean 501** (hors plan par A1) : *route de l'aéroport, quartier de Salazamay. ☎ 450-35. 032-64-147-43. • ocean501@moov.mg •* Jolie villa en bord de mer avec une plage devant (être prudent quand la mer se forme). On est au calme par rapport au centre-ville. 8 chambres seulement, agréables et propres, avec ventilo. La plus grande « en suite », avec terrasse donnant sur la mer, est d'un excellent rapport qualité-prix. Quelques tables dans le jardin face à la mer pour rêvasser un peu...

**Hôtel Les Flamboyants** (plan B2, **21**) : *av. de la Libération. ☎ et fax : 323-50.* Une vieille adresse de Tamatave toute rénovée. Certaines chambres avec balcon, ventilo ou clim. Attention à vos valeurs, ne les laissez pas dans les chambres.

**Hôtel Darafify** (hors plan par A1) : *quartier d'Ampanalana, à 3 km au nord de la ville, sur la route de Salazamay. Prendre à droite avt de rejoindre l'aéroport. ☎ 960-80. 034-60-468-82. • contact.darafify@gmail.com •* Un des très rares hôtels de Tamatave de plain-pied sur la plage qui fait, dès lors, la joie des familles le week-end. Restauration délicieuse (voir « Où manger ? »). Mais attention, aucun gardien pour surveiller vos affaires.

## Chic (52 000-104 000 Ar / env 16-32 €)

**Central Hotel** (plan C3, **25**) : *16, bd Joffre (à droite de l'hôtel éponyme). ☎ 340-86. • central-hotel-tamatave.com • Double env 61 500 Ar.* Une douzaine de chambres (certaines avec balcon) dans un immeuble moderne ; double exposition pour la n° 101 ; éviter, en revanche, les quelques chambres sans fenêtre directe sur l'extérieur. La tentative de déco est louable (lits à baldaquin notamment), mais ça manque encore de charme et de matériaux locaux (pourquoi pas des nattes et des objets sur les murs blancs ?). Eau chaude, moustiquaire, TV, clim (parfois défectueuse), coffre et téléphone dans chaque chambre. Assez impersonnel au final.

**Hôtel Joffre** (plan C2-3, **22**) : *sur le bd du même nom, tt le monde connaît ! ☎ 323-90. • hotel.joffre@moov.mg • hoteljoffre-tamatave.com • Résas à confirmer. CB acceptées (commission de 5 %).* De cet hôtel, plus d'un demi-siècle vous contemple... Un certain cachet, malgré un petit côté tristoune, ambiance fin de règne. Certaines chambres sont plus agréables, plus propres et plus lumineuses que d'autres, et plus chères aussi, demandez à en voir plusieurs. Préférez, si vous le pouvez, les chambres avec baignoire, mais surtout avec balcon et vue sur la rue. Mais si tout le monde connaît le *Joffre*, c'est aussi grâce à son restaurant qui a gardé le charme de l'époque coloniale où l'on peut savourer d'honnêtes recettes françaises importées jadis de « la lointaine métropole », comme les œufs mimosa, le tournedos Rossini ou le magret de canard.

## Beaucoup plus chic (à partir de 170 000 Ar / env 53 €)

**Sharon Hotel** (plan B2, **24**) : *av. de la Libération. ☎ 304-20 à 26. • sharonhotel@moov.mg •* Certainement l'établissement le mieux tenu de la ville. Planchers en palissandre, clim et coffre dans les chambres. Piscine dans le jardin, jacuzzi, hammam et salle de fitness. Une pizzeria et un resto d'inspiration française.

## Où manger ?

### À emporter

Ceux qui veulent pique-niquer ou prévoir de quoi se rassasier sur la route peuvent passer au ***Point Chaud,*** boulevard Joffre (presque en face du salon de thé *Saify et Fils*), qui est ouvert tous les jours : une boulangerie-pâtisserie pas mal du tout, où vous trouverez aussi un peu de salé.

### Prix moyens (à partir de 13 000 Ar / env 4 €)

|●| ***Fortuna*** *(plan C2-3,* ***33****) : 11, rue de la Batterie, au dos de l'hôtel* Joffre. *☎ 338-28. Tlj sf lun 7h-21h30.* Établissement chinois qui a l'originalité de proposer en matinée une variété de soupes en guise de petit déj. Le reste de la carte est pléthorique. En face, *Le Pacifique* demeure une valeur sûre pour ceux qui préféreraient un cadre plus populaire et encore moins cher.

### De prix moyens à plus chic (à partir de 20 000 Ar / env 6 €)

|●| ***La Récréa*** *(plan C2,* ***32****) : sur le front de mer. 📱 032-02-585-09. Tlj 11h-23h env.* Terrasse avec vue sur la mer, les bateaux et le port au loin. Petit coucou posé dans le jardin. Sympa mais venteux ! Également une petite salle à l'abri du vent. Carte de fruits de mer encore abordable (calamars, *camarons,* poisson...). À noter, une fondue bourguignonne pour 2 personnes, pas si fréquent... Bonne cuisine, quoique parfois un peu grasse et au choix limité.

|●| ***Le Bateau Ivre*** *(plan C2,* ***32****) : sur le front de mer, juste à côté de* La Récréa, *à hauteur de la rue Bir-Hakeim. ☎ 302-94. Tlj. Excellent menu 8 €.* Tenu par un Mauricien et sa délicieuse épouse anglaise. Les tables sont rafraîchies par la brise de la mer. Spécialités de poissons. Petit orchestre rétro le soir. Grande piscine.

|●| ***Mora-Mora*** *(hors plan par A1) : quartier de Tanamakoa ; sur la route d'Ivoloina. 📱 032-02-775-99. Tlj sf mar.* L'une des rares crêperies de toute l'île : de bonnes crêpes de sarrasin et du cidre ! Bon, il faut mettre le prix. Propose par ailleurs une carte restreinte de plats malgaches, chinois et français (filet de bœuf sauce banane-oignons, brochette de zébu ananas-miel, escargots...). Vous l'avez compris, l'étape idéale pour bien manger sans être obligé de choisir à l'avance un type de cuisine.

|●| ***Restaurant Darafify*** *(hors plan par A1) : voir « Où dormir ? ». ☎ 326-18. On y accède par le bord de mer puis par le jardin.* Quelques tables en terrasse, avec vue sur l'océan Indien. Du vert, du bleu et... du bon dans l'assiette : beignets de *camarons,* crabe farci, plats malgaches... La cuisine est réussie et le service sympa.

TAMATAVE ET SES ENVIRONS

## Où déguster une pâtisserie ou une glace ?
## Où boire un verre ?

☕ 🍦 ***Bruno Glacier*** *(plan B2,* ***41****) : angle av. de la Libération et rue Guynemer. Tlj 8h-18h.* Grand choix de glaces et de pâtisseries.

☕ 🍦 🍷 ***Melba*** *(plan C2,* ***40****) : bd Joffre ; même trottoir que l'hôtel éponyme. Tlj 7h-12h, 15h30-18h30.* Bien pour prendre un petit déj ou pour boire un verre dans la journée en lisant son journal, à l'intérieur ou sur la petite terrasse. Tout est maison, y compris les glaces et les yaourts.

🍷 ***La terrasse de l'hôtel Joffre*** *(plan C2-3,* ***22****) : voir « Où dormir ? ».* Sympa à l'heure de l'apéro et assez chic.

## À voir. À faire

On peut flâner dans la ville pour tuer le temps et observer l'animation qui règne, notamment le dimanche, sur l'***avenue de l'Indépendance*** *(plan B-C2),* bordée de palmiers et qui part en ligne droite de la gare vers le front de mer. Prolonger la balade sur la ***plage*** vers Darafify plus au nord. Le quartier du port de la pointe Hastie est vraiment industriel et présente un intérêt limité avec ses semi-remorques pollueurs. En revanche, très beaux banians sur la ***place Bienaimé.*** À la fin de l'année, la ville se pare de beaux flamboyants, et l'on trouve de superbes fruits sur les étals des marchés, notamment des litchis...

***Bazary Be*** *(plan B2) : marché de la ville ; accès par le bd Joffre. Plus important jeu-sam.* Un peu d'artisanat dans les échoppes sur le côté. Plein de fruits en saison.

***Bazary Kely :*** *près de la gare routière (plan B1).* Plus populaire ; uniquement des fruits et légumes.

***Le Centre d'études et de recherches ethnologiques et linguistiques*** *(CEREL) : 1, rue des Manguiers, av. de la Libération. Tlj sf lun 9h-11h, 14h-16h. Entrée : env 2 000 Ar.* Un petit musée qui dépend de l'université de Tamatave. Collection de costumes, gris-gris, bijoux...

TAMATAVE ET SES ENVIRONS

## Manifestation

– ***Tanambe Midôla :*** *ts les ans fin août.* Grand festival de la ville, avec orchestres folkloriques betsimisarakas, rencontres sportives, etc.

## DANS LES ENVIRONS DE TAMATAVE (TOAMASINA)

***Le parc zoologique Ivoloina*** *(hors plan par A1) : au nord de la ville ; 4 km de piste en très mauvais état, sur laquelle on s'engage à partir du km 6 de la RN5. On peut prendre un taxi-brousse de la gare routière, mais il faudra faire à pied les 4 km de piste et prévoir de repartir avt 17h. ☎ 53-308-42 ou 53-012-17. • mfgmad@moov.mg • Tlj 9h-17h (dernière entrée). Entrée : 20 000 Ar. Guide non obligatoire. Petit livret botanique consultable sur place. Possibilité de se baigner dans la piscine naturelle. Aires de pique-nique. Camping possible 3 900 Ar ; pas d'accès à un point d'eau...*
À vrai dire, ce parc créé en 1963 est la seule véritable attraction autour de Tamatave. Une petite réussite. Plein de monde en goguette le week-end. La majorité des animaux d'Ivoloina a été saisie après des captures illégales. On peut y voir notamment 13 espèces de lémuriens en liberté ou en cage, dont un couple de ayes-ayes. C'est tentant, vu que ce célèbre nocturne est très difficile à voir dans la nature. Le problème, c'est qu'étant nocturne il a tendance à dormir caché sous des branchages pendant la journée... Il faudra donc attendre un improbable réveil pour espérer l'apercevoir ! Outre ces lémuriens, il y a aussi des caméléons et des tortues *radiata* et *pyxis* (tortues naines).
Sur les panneaux explicatifs, on (ré)apprend que les tortues sont les plus vieux reptiles vivants du globe, que certaines tortues étoilées de Madagascar *(Astrochelys radiata)* ont vécu jusqu'à 137 ans, et que leur reproduction s'accélère avec la pluie ! Quelques grenouilles-tomates également (bien mûres...), des serpents... L'ensemble est tenu au cordeau (panneaux de présentation de chaque espèce, y compris pour les plantes) et les animaux très bien soignés. Pour sensibiliser le public, petit *centre d'éducation* à l'environnement très bien fait : qu'est-ce que la forêt épineuse, le milieu marin malgache... ? Très beaux panneaux peints en plus. Attention, y aller avant la tombée de la nuit parce qu'il n'y pas d'électricité.

# AU NORD DE TAMATAVE

**À partir de Foulpointe, la baignade ne pose plus de problème sur la côte nord-est, et plus on s'approche de Maroantsetra, plus les criques recèlent de plages paradisiaques. À moins de vouloir prendre un bain de foule... on évitera Foulpointe (station balnéaire surfaite attirant les Malgaches fortunés, pour un week-end ou pour les vacances) pour lui préférer Mahambo.**

## MAHAMBO

IND. TÉL. : 57

**À 30 km au nord de Foulpointe et à 90 km de Tamatave s'ouvre une autre baie, avec une plage plus calme, un lagon plus grand et plus de végétation aux alentours. On préfère d'ailleurs Mahambo pour cette raison, mais aussi pour les adresses, plus variées et bien plus tranquilles. Attention cependant aux *mokafohy,* ces petites mouches très urticantes. Le meilleur remède est de s'enduire de citronnelle.**

### Où dormir ? Où manger ?

**La Pirogue :** *en bord de plage. 033-08-768-10 ou 033-08-768-10. • pirogue-hotel.com • Chambres et bungalows de plain-pied sur la plage 93 500-135 00 Ar, et même un bungalow de luxe 295 000 Ar. Eau chaude.* Assurément la plus belle adresse du coin. Un grand jardin tropical face à la plage, hélas pas toujours très bien entretenu. Intérieurs bien arrangés, avec une décoration ethnico-balnéaire fignolée et originale. Mobilier typique du pays, pirogues accrochées et pierres fossilisées. Coin cuisine dans les chambres (une excellente idée quand on en a assez du resto). Resto sur place, quand même, avec beaucoup de plats de poisson, *camarons,* etc. Langoustes fraîches, pêchées dans le vivier du jardin. Attention, le dimanche, c'est banquet à volonté, les groupes trustent tout le buffet, et c'est bien moins bon qu'en semaine. Côté activités, tours en mer en Zodiac ou en pirogue, cannes à pêche, masques et tubas, ping-pong, et même des mobylettes à louer. Possibilité de transfert depuis Tamatave, mais c'est assez onéreux.

**Ylang Ylang :** *légèrement en retrait de la plage (à 60 m). ☎ 331-00. • mamitiana@moov.mg • Double 40 000 Ar. Plat 6 500 Ar.* Bungalows bien aménagés, avec une vraie salle de bains, mais pas d'eau chaude. Cuisine correcte. Investi par les surfeurs lors des stages de *Summer Session.* Accueil passable.

### À faire

– ***Summer Session Surfing School :*** *033-02-411-76 ou 032-02-411-76. • summer-session.com •* Formés en France et en Nouvelle-Zélande, les moniteurs assurent tous types de sessions pour apprendre le surf, du simple cours de 2h au package de 7 jours avec transport et hébergement en pension complète.

# LE CANAL DES PANGALANES

**Si les balades sur ce canal coûtent encore fort cher, elles sont de toute beauté. Le canal des Pangalanes est un univers à part, un miroir aquatique jonché d'« oreilles d'éléphant » et de *ravinala,* parcouru par de silencieuses pirogues, des chalands de marchandises, des pêcheurs en eau saumâtre,**

**et débouchant sur des forêts et des villages pleins de secrets... Sans jeu de mots, on décerne un plus à ce canal.**

## UN PEU D'HISTOIRE

Situé sur la bande côtière de Foulpointe à Farafangana, le canal des Pangalanes était autrefois un cordon de lagons peu profonds, abrités derrière une ligne de dunes côtières. Ces lagons finirent par être totalement isolés de la mer et alimentés en eau douce grâce aux innombrables cours d'eau qui descendent vers la côte.
Le 30 mai 1896, le général Gallieni décréta la construction d'un canal. Pourquoi ces travaux gigantesques dans des lieux marécageux infestés de crocodiles et de moustiques ? Le mot « pangalanes », francisation du mot malgache *ampangalana* (« où l'on prend en charge »), désignait les étroits bancs de sable qui séparaient le chapelet de lagons entre eux. Les Betsimisarakas transportaient leurs produits (fruits, légumes, poissons...) vers Tamatave ou Andevoranto par ces lacs, et la production des régions sud de l'île transitait aussi par là quand elle devait partir à l'exportation du port de Tamatave (bois, épices, sisal...). Mais il fallait débarquer les marchandises sur les bancs de sable, les transporter vers les rives du lac suivant pour les embarquer de nouveau vers les rives à venir, et ainsi de suite... Il fallait donc une voie de communication plus pratique, d'autant que l'administration française de la région résidait à Andevoranto (ville plus importante que Tamatave à l'époque !).
Mais Gallieni, en fin stratège, ne pensait pas seulement à l'acheminement des marchandises, il voulait aussi pouvoir exercer un meilleur contrôle administratif et militaire sur toutes les régions alentour. Une voie maritime était exclue, car le tumultueux océan Indien empêchait toute idée d'un grand port. Gallieni fit donc venir de Chine des coolies, réputés très résistants aux travaux pénibles, qui vinrent prêter main-forte aux Betsimisarakas réquisitionnés.

### PAS COOL POUR LES COOLIES

*4 000 ouvriers asiatiques furent mobilisés pendant 15 ans pour exécuter les travaux pharaoniques de creusement du canal. En raison d'une forte mortalité due à des conditions de vie très dures, ces coolies demandèrent à rentrer en Chine. En 1904, on n'en dénombrait plus que 500.*

Ouvert officiellement à la navigation le 1er septembre 1901, le canal des Pangalanes devint une voie fluviale longue de 665 km, s'étendant de Foulpointe à Farafangana, et inaugura une période florissante d'échanges commerciaux dans l'est du pays. Aujourd'hui, les portions du canal au nord de Tamatave et au sud de Mananjary ne sont plus navigables, envahies par les jacinthes d'eau qui obstruent le passage. Les gros bateaux ne passent plus, et son usage est désormais exclusivement local. En attendant que le gouvernement se décide à entreprendre les gros travaux qui s'imposent. Mais il permet au moins de rompre l'isolement d'une population de pêcheurs et, quand l'océan se déchaîne, de se rabattre sur la pêche au tilapia dans l'eau saumâtre des lacs.

## Comment y aller ?

Le canal ne connaît pas encore de fréquentation touristique suffisante pour que les moyens de transport soient assez nombreux ou à prix suffisamment démocratiques. En attendant, il faut se débrouiller avec les moyens du bord pour ne pas dépenser trop, ou disposer d'un budget conséquent pour obtenir un certain confort. Pour cette raison, nous présentons les différentes possibilités de faire « tsanga-tsanga » (se promener) sur le canal par catégories de prix, un peu comme nos hôtels. Avec les tour-opérateurs, les 2 prestations sont d'ailleurs liées et il faut réserver depuis Tana ou Tamatave.

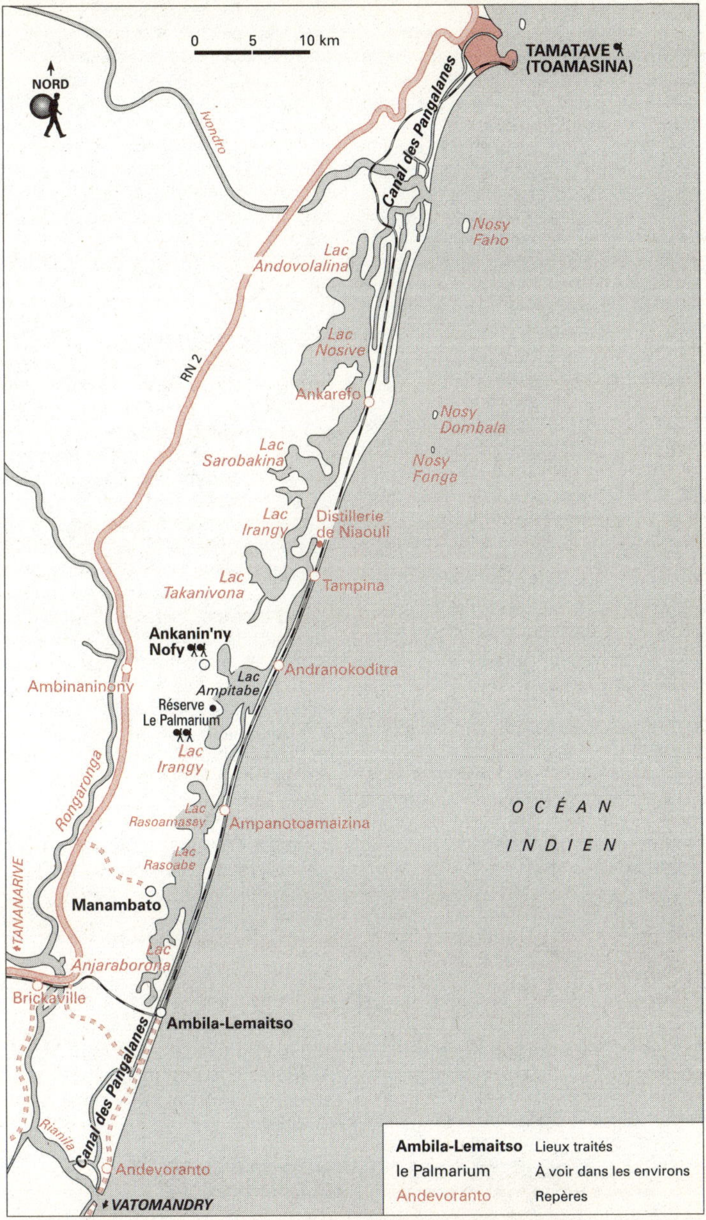


LE CANAL DE PANGALANES

## Bon marché

➢ ***En bateau-brousse :*** se rendre au port fluvial de Manangareza à Tamatave. De là, des barges bateaux-brousse partent irrégulièrement, chargées de marchandises parfois jusqu'au ras de la ligne de flottaison, et assurent aussi le transport de passagers. Trajets à négocier sur place. Mode de transport très lent mais éminemment contemplatif et très sympa pour s'intégrer à la vie indolente des villages qui bordent le canal. Revers de la médaille : il faut faire vraiment attention aux problèmes de sécurité dus à ce type d'embarcation, rarement de première jeunesse, et se loger en camping sur les rives ou négocier les nuits dans chaque village, dans des conditions de confort réduit. Emporter des vivres et de l'eau, un bon sac de couchage, une tente, une moustiquaire, un vêtement de pluie, de bonnes chaussures, etc. Toujours demander autorisation et conseil aux autorités du village ou aux pilotes des bateaux. Parler un peu le malgache est indispensable ! Bref, c'est une petite aventure.

## Prix moyens

■ ***Calypso Tours :*** *à l'*Eden Hotel, *bd* Joffre *à Tamatave (face à la* BMOI*).* ☎ *et fax : 53-312-90.* • *calypstour@netcourrier.com* • Sortie à la journée sur le canal avec des guides compétents et très sympathiques.

■ ***Bateau La Comète :*** *villa Andly, face à l'hôpital* Kely *à Tamatave.* ☎ *40-022-42.* Croisières sur le canal, tarifs en fonction du trajet souhaité. Aux commandes, un charmant couple franco-malgache.

– Bien sûr, tous les ***hôtels*** (ou presque) cités plus loin proposent des transferts payants et des excursions. Ce n'est pas donné, on le répète (les tarifs sont valables pour le bateau entier et non par personne), mais en se groupant on peut réduire les frais car ils transportent jusqu'à 15 personnes.

## Plus chic

■ ***Boogie Pilgrim :*** *tour-opérateur à contacter à Tana, centre commercial Tana Water Front, bât. Trio Property.* ☎ *22-248-47.* • *contact@boogiepilgrim-madagascar.com* • *boogiepilgrim-madagascar.com* • Transferts et excursions en pirogue à fond plat ou en bateau à moteur sur le canal, au départ de l'hôtel du tour-opérateur, *Le Bush House* (voir « Où dormir ? Où manger dans le coin ? » à Ankanin'ny Nofy). Spécialisé dans l'écotourisme.

■ Des ***agences*** organisent également des circuits au départ de Tamatave. Contacter notamment les agences *Sun Travel* et *Voyages Bourdons* ou le représentant de l'*Hôtel des Pangalanes* à la boutique *Hibiscus* (☎ *53-321-77),* en ville. Le gros bateau de la *Softline* *(bureau à gauche de l'hôtel* Joffre *à Tamatave ;* ☎ *53-329-75),* surtout destiné aux groupes de touristes, est la version luxe de la croisière des Pangalanes, mais renseignez-vous sur son fonctionnement.

# ANKANIN'NY NOFY (LAC AMPITABE)

**À 60 km au sud de Tamatave, sur le canal des Pangalanes. Son nom signifie « nid de rêve », du temps où le premier président de la République malgache, Philibert Tsiranana, aimait venir se reposer au bord du lac entre deux épreuves politiques. On le comprend, c'est magnifique.**

## Où dormir ? Où manger dans le coin ?

### Chic

🏠 |●| ***Le Palmarium :*** *BP 257.* 📱 *033-14-847-34 ou 032-41-330-39.* • *palmarium.biz* • *Doubles env 120 000-130 000 Ar.* La réserve locale (lire plus loin) est aussi un hôtel-resto de bonne qualité : 2 chambres avec sanitaires extérieurs ou privés (eau chaude et moustiquaire fournies), ainsi qu'une dizaine de bungalows (dont 3 plus récents) en bois et en dur, spacieux et clairs, disposant chacun d'un hamac sur la terrasse. Sympa, d'autant que la réserve est vraiment chouette et l'accueil de Sylvain excellent. Transferts possibles mais pas donnés, voire à prix scandaleux.

**Ony Hotel :** *entre le lac Rasoamasay et le lac Loakangady. ☎ 53-011-26. 033-11-587-25. • onyhotel.free.fr • Double env 25 €. Repas (menu) env 9 €. Compter env 70 € (2 pers), 108 € (3-5 pers) et 145 € (5 pers et plus) pour un transfert A/R à Manambato (35 mn) jusqu'à 15 pers dans le bateau. Plus cher avec la navette rapide.* Une belle adresse cernée par 3 lacs ! Bungalows (doubles ou familiaux) de bon confort, équipés de douche et de w-c, avec de l'eau chaude s'il vous plaît. Beaux bâtiments tout en bois et matériaux locaux face à 2 plages de sable blanc. Grande salle à manger en bois ouverte sur les eaux tranquilles. Excursions sur demande pour tous les villages du canal. Bon accueil et bon esprit. Sans doute l'une des plus sympathiques adresses du coin. Accès gratuit à la réserve de l'hôtel (mais prévoir un petit pourboire pour le guide...). Tenue par Luc, un Malgache accueillant.

**Hôtel des Pangalanes :** *non loin des précédents. 034-41-996-73 ou 032-78-529-48. Repas env 18 200 Ar.* Une structure au bord de l'eau, comme ses voisins, avec des bungalows en matériaux locaux on ne peut plus classiques ; également 2 bungalows vraiment sur l'eau (sans salle d'eau), au même prix que les autres. Transferts assez chers, comme souvent ici. Accueil pas très aimable, hélas.

**Le Bush House :** *hôtel du tour-opérateur Boogie Pilgrim. ☎ 22-248-47. 033-05-530-71. • bushhouse-madagascar.com • Compter 70 000-85 800 Ar/pers en ½ pens. Navette tlj en hte saison (avr-nov) de Manambato, près de Brickaville, jusqu'à l'hôtel d'Ankanin'ny Nofy en bateau couvert, ou transfert sur demande en vedette rapide, et dans l'autre sens vers Tamatave (tarif pour le bateau entier).* Un très beau site sur le lac Ampitabe, dans lequel s'intègre cette jolie structure en semi-dur et en bois. 2 chambres et une dizaine de bungalows plutôt élégants, dont 1 grand bungalow familial. Tous ont une salle de bains avec eau chaude et une moustiquaire. Les bungalows ne sont pas identiques, et certains sont un peu tristounes, alors comparez avant. Les chambres sont bien mais malheureusement mal situées (elles jouxtent le resto et le salon). Salle de resto et de petit déj en bordure du lac, avec jeux, hamac et bouquins à disposition. Ambiance assez cosy. Repas aux petits oignons, notamment à base de légumes très bien cuisinés. Côté activités et excursions (payantes, bien sûr) : canoë, planche à voile, treks dans la forêt, plages, visite des villages et d'une belle réserve privée (*Le Palmarium,* à lire ci-dessous)... Et ne repartez pas sans avoir grimpé jusqu'à la maison du gérant : la vue est vraiment sublime !

## À voir

**Le Palmarium :** *réserve naturelle privée, située sur une presqu'île de 50 ha. On peut y aller à pied depuis l'hôtel* Le Bush House. *Entrée et guidage payants : compter 5,50 € (moins cher pour les clients de l'hôtel).* S'il y a un jardin d'Éden dans le coin, il est sans doute ici. Et, pourtant, on pourrait presque appeler cette réserve une « collection personnelle » tant les différentes espèces de plantes et d'animaux ont été collectées avec soin et sont entretenues avec passion. On découvre beaucoup de choses : une grande variété de palmiers, de plantes xérophytes (adaptées à la sécheresse), de beaux acacias aux fleurs jaunes, des lianes spectaculaires... On découvre aussi le cannelier (dont la cannelle est l'écorce séchée), l'arbre dit « à vazaha » (demandez pourquoi !) introduit ici pour stabiliser les rives du canal, la fève de cacao et beaucoup d'orchidées (dont la vanille).
Mais le clou de la visite, ce sont les lémuriens : une dizaine d'espèces en liberté, totalement habituées à la présence de l'homme et qui se mêlent joyeusement

entre elles. C'est même à qui se fera le plus remarquer ! L'occasion pour vous de réviser vos gammes en matière de lémuriens... Vous y verrez notamment le *Propithecus verreauxi coquereli* (ou sifaka), le vari (ou *Varecia varegata*), l'*Eulemur coronatus,* le *macaco* et, chez les nocturnes, le *Cheirogalus,* l'*avahi,* ou encore le *Microcebus.* Il y a aussi des hybrides entre *macaco* et *coronatus.* Et puis, on peut débusquer des indris, pas toujours faciles à apercevoir cela dit.

## MANAMBATO

**À environ 20 km de Brickaville, au bord du lac Rasoabe qui communique avec le lac Rasoamasay. Au point kilométrique 286,5, bifurcation de 7 km par une route secondaire. Rien à voir avec la localité homonyme dans la province de Diégo-Suarez. Ici, grande plage au calme.**

### Où dormir ? Où manger ?

**Les Acacias Bungalows :** *200 m après le petit embarcadère. ☎ 22-404-29 (à Tana). 033-12-338-35. • info@acaciasbungalows.com • acaciasbungalows.com • Bungalows doubles 40 000-55 000 Ar selon confort et vue ; bungalow familial 75 000 Ar. Menu 24 000 Ar ou carte.* Constructions en bois dans un jardin au bord du lac (gare aux moustiques !). Toutes ont une douche, des w-c et une moustiquaire. Parfait pour être au calme. Excursions pour les villages du coin ou au bord de l'océan Indien. Possibilité de balades en pirogue ou en canoë, et de transfert bien sûr. Un vrai paradis.

## AMBILA-LEMAITSO

**À 15 km à l'est de Brickaville (en taxi privé, course à 30 000 Ar). Bac à traverser (arriver avant 18h). Petit village à l'intersection de la ligne de chemin de fer quand elle remonte brusquement vers Tamatave, arrêtée par la mer. Encore assez fréquenté, c'est l'ex-station balnéaire prisée des Tananariviens aisés. Plage et lagune s'offrent à vous.**

### Où dormir ? Où manger ?

**Tropicana :** *au bord du canal. Quelques bungalows doubles ou familiaux 20 000-30 000 Ar.* Ne pas demander la lune. Sanitaires communs. Groupe électrogène. Repas bon marché sur commande (mais bien vérifier sa note !).

**Le Nirvana :** *un peu plus loin sur la même rive. 030-25-852-69 (12h-13h, 18h-19h). Bungalow 80 000 Ar.* Bungalows refaits à neuf au bord de l'eau, avec douche et w-c. Joli coin de canal. Possibilité de repas et de balade en pirogue ou canoë. Hélas, mauvais entretien général.

## VATOMANDRY

**Petite ville fondée au XVIII^e^ s, important port de commerce d'où l'on transportait les marchandises à dos d'homme jusqu'à... Tananarive ! Ce fut également**

**un lieu d'insurrections pendant les soulèvements et la répression coloniale de 1947. Très exposée, comme toute la côte est, la ville a pris de plein fouet un cyclone en 2003.**

## Arriver – Quitter

À 155 km de Tamatave et 275 km de Mananjary.

### En taxi-brousse et bateau

D'ici, on peut partir en taxi-brousse tlj jusqu'à l'intersection de la RN2 ou gagner ***Tananarive*** env 3 fois/sem selon saison. Attention, une fois sur la RN2, pas évident d'attraper un autre taxi-brousse. En tt cas, ça peut être un peu long. Demandez un peu d'aide ! Si vous souhaitez continuer sur le canal en direction du ***sud,*** demandez conseil autour de vous, mais ne vous faites pas trop d'illusions.

### En avion

➢ ***Tamatave :*** *Air Madagascar* assure en principe 1-2 liaisons/sem en saison pour Tamatave via Mahanoro. À vérifier quand même.

## Où dormir ? Où manger ?

***Chez Fontsy :*** *en bord de canal, à l'embouchure. En principe, bungalows 24 700-40 300 Ar avec sanitaires intérieurs. Repas sur commande.*

***Grand Hôtel :*** *en bord de route à Vatomandry. Chambre env 20 800 Ar.* Assez bruyant à cause des camions qui démarrent à 5h du matin, mais pratique pour reprendre un taxi-brousse le lendemain.

# L'ÎLE SAINTE-MARIE (NOSY BORAHA)

20 000 hab.

**Sainte-Marie, pleine de grâce, prions pour que vous restiez éternellement belle, douce et accueillante... On a forcément le verbe amoureux pour cette jolie langue de terre tout en longueur et en langueur. Et c'est sûrement cette prière que firent les navigateurs portugais lorsqu'ils la découvrirent, le jour de l'Assomption, jour où ils bénirent avec passion la Vierge Santa Maria pour avoir échappé à un naufrage annoncé. Comment ne pas rendre hommage au courage de ces pirates célèbres qui cherchèrent à se protéger des chaînes de la société, se métissèrent avec la population et respectèrent une reine aux liens privilégiés avec la terre de France ? Aujourd'hui encore, à Sainte-Marie, ses 20 000 habitants fêtent le 14 Juillet et prient dans la plus ancienne église de Madagascar pour que l'île soit préservée des effets néfastes de la crise économique, qui ne cesse d'enfoncer le pays, ou des effets pervers du tourisme de masse. Et c'est vrai que le fait d'être à l'écart des soubresauts politiques et économiques permet aux habitants de Sainte-Marie d'amortir quelque peu la brutalité des réalités de la Grande Terre. Ce n'est pas dire que tout va bien, mais les insulaires ont su garder leur étonnant sens de l'accueil et leur sourire.**

### SAINTE-MARIE, TOUJOURS FRANÇAISE ?

*L'île possède un statut particulier. Elle ne fut pas colonisée, mais « donnée » à la France, hors colonisation, par La Bigorne. Avec ce statut particulier, elle n'a pas fait partie de la décolonisation. Or, il n'existe aujourd'hui aucun document officiel prouvant que la France ait « rendu » la petite île à la grande. Juridiquement et administrativement, ce sujet épineux n'a officiellement jamais été tranché.*

**Sainte-Marie a tout pour plaire : une côte ouest à l'abri du mauvais temps où les baleines à bosse viennent féconder et mettre bas durant l'hiver austral (spectacle à ne louper sous aucun prétexte), des plages superbes sur la paradisiaque île aux Nattes, un intérieur très varié, de petits hôtels agréables et à tous les prix, et surtout, une population d'îliens véritables, les Saint-Mariens, fiers et sourcilleux de tout ce qui touche à leur identité mais d'une gentillesse à faire pâlir d'envie ses concurrentes. Une île qui monte, une sorte de paradis, un vrai, à découvrir au plus vite, sous le charme duquel on tombe fatalement.**

## LE PARADIS DES BALEINES !

C'est la grande attraction de fin juin à la mi-octobre (parfois jusqu'à la fin du mois), époque où les baleines à bosse bossent (osons !), surtout sur la côte ouest de l'île puis sur la côte est en fin de saison. Des « éclaireuses » arrivent dès le mois de juin, pour ceux qui seraient en avance sur ce programme. Ces premières baleines sont appelées « immatures », car nées l'année précédente et sexuellement pas encore reproductives. Elles sont en général isolées. Puis viennent les groupes constitués de deux, trois et parfois jusqu'à une dizaine d'individus. Tous les ans à la même époque, ces baleines effectuent leur migration depuis les mers du Sud. Quand elles arrivent, certaines sont pleines (en fait celles qui ont été fécondées l'année précédente) tandis que d'autres viennent sevrer leur baleineau et éventuellement se faire féconder. Ainsi on peut assister à de vraies bagarres entre mâles, qui cherchent à devenir le dominant du groupe et attirer les faveurs de madame. L'île Sainte-Marie devient alors une véritable chambre à coucher. Les femelles qui sont venues mettre bas, repartiront ensuite avec leur baleineau, accompagnées par une escorte, mâle le plus souvent, qui se positionnera en tête de peloton pour féconder la baleine à la prochaine saison. La gestation dure 11 mois et demi, et les baleines à bosse peuvent vivre une cinquantaine d'années. On estime que plusieurs milliers de baleines passent par le chenal entre Sainte-Marie et la grande terre durant l'hiver austral.



### Voir les baleines

On peut les voir de la côte sud de Madagascar (Faux-Cap, cap Sainte-Marie...), mais elles restent le plus souvent au large. La plupart des baleines à bosse de l'océan Indien passent par l'étroit chenal entre la Grande Terre et Sainte-Marie et y font halte un certain temps. En effet, le peu de profondeur (35-40 m en moyenne) et la tranquillité des eaux constituent un site idéal pour la reproduction et pour les premières semaines de vie des baleineaux. En raison de cette activité reproductrice autour de Sainte-Marie, c'est ici que l'on dispose du temps le plus long pour les observer, du plus grand nombre de cétacés réunis dans un même site et de la meilleure organisation pour les observer. Et c'est tout bonnement extraordinaire, malgré parfois la présence de la pluie ! En fait, Sainte-Marie est un lieu assez unique au monde pour cela.

À bord d'un bon bateau, on peut suivre avec émerveillement des baleines seules, en groupe ou accompagnées de leur baleineau tout juste sorti de leur ventre... craquant. Si, de plus, l'une d'entre elles vous fait l'honneur extrême d'effectuer quelques remarquables bonds hors de l'eau, votre sortie sera inoubliable ! Sachez que ces baleines à bosse ont bien une bosse, qu'elles mesurent environ 15 m et pèsent plusieurs dizaines de tonnes pour les plus

#### BALEINE FACÉTIEUSE...

*Avec ses 15 m et ses 40 t, la baleine à bosse est joueuse. Melville s'extasiait déjà devant ses exploits. Le spyhop consiste à émerger doucement à la verticale comme un périscope, le flippering est une rotation du corps à l'horizontale, nageoires claquant sur l'eau. Mais la figure la plus spectaculaire reste le saut, où la baleine bondit telle une fusée dans un délire d'écume et de tonnerre.*

grandes, qu'elles sont très joueuses (pour notre plus grand plaisir), et que certaines d'entre elles ont été baptisées de petits noms car ce sont les mêmes qui reviennent chaque année. Ainsi, Batman et son masque noir, ou La Buse et sa queue amputée font désormais partie des célébrités locales ! Allez, ne manquez pas cela...
Pour une sortie, compter environ 40 € par personne. À noter que la deuxième sortie est souvent moins chère (autour de 30 €, parfois moins selon les opérateurs), mais demandez à votre hôtelier car tout le monde n'offre pas ce tarif préférentiel. Comme vous êtes venu pour ça à Sainte-Marie, nous vous conseillons vivement de faire au moins deux sorties baleines et non une seule. On ne veut pas pousser à la consommation, mais d'abord c'est bien moins cher, et c'est fou ce que les expéditions peuvent être différentes : lumière, état de la mer, nombre de baleines vues, attitudes, figures effectuées... Aucune sortie n'est la même que la précédente, et, franchement, on ne regrette jamais d'être sorti une deuxième fois. On connaît des gens qui sont là durant une semaine et qui sortent tous les jours ! Si c'est le cas, on vous proposera toujours un tarif très intéressant. Voir la liste des opérateurs plus loin dans la rubrique « Où faire une sortie baleines ? »).

## *CétaMada,* une association dynamique

Il existe une association malgache de protection des mammifères marins autour de Madagascar : *CétaMada.* Cette association diffuse un « code de bonne conduite », transformé en arrêté ministériel en 2000, et qui fait autorité sur toute l'île de Madagascar (et pas seulement à Sainte-Marie). Il a été adopté par quasiment tous les hôteliers et tour-opérateurs locaux. Celui-ci a pour objectif de sensibiliser les opérateurs sur place, mais aussi les touristes, et de signaler les conduites à risque pour les baleines. Les opérateurs partenaires de *CétaMada* accueillent des écovolontaires qui animent les safaris baleines, proposent des conférences dans leurs hôtels et participent à la collecte de données scientifiques. Le président de l'association, Henry, est aussi le sympathique patron des *Villas de Vohilava* (voir « Au sud d'Ambodifotatra. Où dormir ? Où manger ? »), que l'on peut aller rencontrer sur place. Le siège de l'association se situe sur le port du Barachois en face de l'arrivée des bateaux venant de la Grande Terre.
Pour plus de détails, consultez le site de l'association : ● *cetamada.com* ● Et, surtout, bien vérifier que vous utilisez un prestataire adhérant à cette charte (ils ont un drapeau « CétaMada »). Dernière info : une partie du prix de la sortie en mer (10 000 Ar) est reversée à l'association pour la faire vivre, financement des recherches, combat pour la protection du chenal de Sainte-Marie, organisation de conférences dans les hôtels et dans les écoles, achat du matériel... Enfin *CétaMada* propose chaque semaine une sortie gratuite pour les enfants des villages de l'île, afin de les sensibiliser à leur propre patrimoine.

### *Scientifiques en herbe !*

Tout le monde peut participer à la collecte de données scientifiques en photographiant durant la sortie la face interne de la nageoire caudale (la queue quoi !), véritable carte d'identité de la baleine. En donnant vos photos à l'association (on les télécharge immédiatement à votre retour), les meilleures sont mises en ligne afin de grossir le catalogue mondial de données des baleines à bosse de l'hémisphère sud. On peut ainsi identifier certains individus dont on suit les pérégrinations.

### *Photographier les baleines*

Amis photographes, pour optimiser votre sortie baleines, voici ce qu'il faut avoir et savoir :
- un reflex numérique et un zoom 200-300 mm ;
- un sac étanche (indispensable) et non un caisson (inutile) ;
- une serviette (pour atténuer l'effet des embruns car la mer peut être formée) et un ciré (parfois fourni par l'opérateur) ;

– ne sortir son appareil que lorsque votre guide vous donne le signal ;
– placer l'appareil en permanence sous votre veste, entouré d'une serviette ;
– se stabiliser dans un coin du bateau (si possible) ;
– bien analyser la périodicité d'apparition en surface des animaux ;
– garder les deux yeux ouverts durant les prises de vue (un œil dans l'objectif, l'autre sur l'horizon) ;
– dézoomer, puis zoomer au dernier moment et mitrailler en rafale ;
– avoir une grosse carte mémoire et mettre en mode « fine » ;
– après chaque sortie, nettoyer l'appareil avec un chiffon légèrement humide pour enlever les embruns (salés).

Malgré tous ces conseils, sachez que l'on n'est jamais à l'abri d'endommager son appareil !

### Ambre gris de cachalot

On a tous entendu parler d'ambre, cette résine fossilisée provenant des conifères. Mais il existe un autre ambre, celui de cachalot. L'ambre gris est une sécrétion de cachalot recrachée par l'animal. Sa formation est suffisamment étrange pour être narrée : le mammifère se nourrit entre autres de calamars en grandes profondeurs, mais il ne parvient pas à digérer les becs de ces animaux. Ceux-ci sont emmagasinés dans l'estomac du cétacé qui constitue une sorte de poche de calculs qui, lorsqu'elle atteint une certaine taille, est recrachée par le cachalot.
Les pêcheurs chanceux en trouvent sous forme de grosse boule flottant sur l'eau (de 10 à 400 kg !) ou échouée sur la plage. Le soleil fait peu à peu durcir cette « résine », qui dégage une étrange odeur, mélange de crottin de cheval et de bouse de vache (ce que les nez appellent « des notes animales » !). Fortement musqué, l'ambre est utilisé comme puissant fixateur par les parfumeurs. Il est très cher car impossible à synthétiser (environ 25 000 Ar le gramme). Ainsi, certains petits malins tentent de faire passer pour de l'ambre de la bouse de zébu... véritable !



## UN PEU D'HISTOIRE

Les Portugais étaient, on le sait, de sacrés découvreurs d'îles et de baies de toutes sortes (Diégo-Suarez, Antongil et, beaucoup plus loin, Rio de Janeiro, à la même époque). Mais les premiers habitants de Sainte-Marie seraient en fait des juifs descendant d'Abraham, si l'on en croit Flacourt, qui note que les Saint-Mariens « célèbrent et chôment le samedi ». Les cartes anciennes parlent en effet de Nosy Ibrahim. Mais ce sont les Malgaches qui ont eu le dernier mot en lui donnant le nom de Nosy Boraha (pourtant peu utilisé, même par eux) issu d'une histoire onirique dont ils ont le secret.

> **PAS TOUCHE AU REQUIN**
>
> *Un certain Ibrahim ou Abraham, naufragé, aurait été sauvé de la noyade et ramené vers la côte saint-marienne par un requin-guitare (ou raie-guitare), appelé sorokay. Cet impressionnant poisson, qui peut atteindre 3,50 m, est aujourd'hui sacré sur l'île. Il n'est jamais pêché ni consommé par ses habitants, et ce au plus loin que les mémoires remontent.*

### Les rois de la flibuste !

En 1643, Sainte-Marie est peuplée de 600 habitants. Un rêve. Jacques Pronis colonise l'île avec une petite garnison française. Mais le rêve tourne au cauchemar : les hommes sont décimés par « les fièvres », c'est-à-dire la malaria. Les Betsimisarakas reprennent le dessus, mais à partir de 1685 tout ce que l'océan Indien compte de pirates, de forbans, de canailles vérolées et d'autres rois de la flibuste et du pillage organisé décident de s'installer dans la petite anse protégée

de Sainte-Marie. Ils guettent les navires qui reviennent des Indes et s'éloignent en même temps suffisamment des terres et des rois malgaches.
Les plus grands noms du piratage côtoient harmonieusement la population locale : on y croise les Français Plentain, La Buse (célèbre à La Réunion), l'Américain Thomas Tew, le Gallois David Williams et puis l'Anglais Thomas White, probablement le père du premier roi betsimisaraka, qui donna lui-même naissance à la future reine de Sainte-Marie, la reine Bety. Ces gaillards, recherchés par toutes les polices du monde, eurent l'honneur de se faire enterrer sur place tant ils s'étaient bien intégrés. Le cimetière des pirates du chef-lieu de l'île est le gardien de leur mémoire... leur mémoire morte, en quelque sorte.

## La Bigorne offre Sainte-Marie à la France

Le caporal Jean Onésime Filet, dit « La Bigorne », était aussi un sacré routard. Après quelques aventures aux Indes orientales pour la Compagnie du même nom, il fut blessé et dut gagner l'île Bourbon, alias l'île de La Réunion. Embarqué cette fois dans une histoire d'adultère avec la femme d'un officier, il s'échappa à bord d'un frêle esquif et échoua à Sainte-Marie. Recueilli par la reine Bety, il l'épousa et obtint pour le compte du roi de France la souveraineté totale de l'île, le 30 juillet 1750. Mais l'émissaire envoyé par la Compagnie des Indes pour signer l'acte officiel, un certain Gosse, se comporta vraiment en sale... gosse ! Il pilla la tombe du roi des Betsimisarakas, le père de Bety, et fut logiquement massacré avec ses compagnons par les habitants en 1754. Après les représailles françaises, la reine dut s'exiler sur l'île de France (l'île Maurice) où elle finit ses jours. Quant à La Bigorne, il géra habilement les comptoirs français de la côte est avant de s'éteindre en 1773.

## Retour à la mère patrie

L'île est à l'abandon quand elle passe sous contrôle betsimisaraka. En 1818, Sylvain Roux, envoyé pour le compte de la désormais célèbre et négrière Compagnie des Indes orientales, pose à nouveau le drapeau français sur l'île. Il fait de cette base arrière la retraite idéale pour les attaques françaises contre le port de Tamatave. Mais il n'a pas retenu les leçons de l'échec de Jacques Pronis, et sa garnison meurt également sous le joug de la malaria ! La mauvaise réputation de Sainte-Marie en matière de moustiques vient peut-être de là... Roux meurt lui-même de la maladie sans savoir qu'il a été révoqué auparavant. D'autres se lèvent alors, dont un certain Albrand qui possède à l'époque une plantation de 40 000 caféiers et de 30 000 girofliers... Une longue, très longue épitaphe lui rend hommage à Ambodifotatra.
Par la suite, l'administration française s'amuse à rattacher Sainte-Marie à La Réunion, à Diégo-Suarez, puis à Madagascar, ce qui était sans doute trop simple pour y avoir songé plus tôt.

### FRANÇAIS DE DROIT !

*Au moment de l'indépendance en 1960, les Saint-Mariens pouvaient choisir la nationalité française ou malgache, en souvenir de leur histoire intimement liée à la France. De fait, tous les Saint-Mariens nés avant 1960 ont toujours ce droit. Mais la plupart choisirent finalement de devenir malgaches ! Toutefois, les enfants de parents restés français peuvent toujours réclamer de droit cette nationalité, et l'on ne peut la leur refuser.*



# Arriver – Quitter

## En avion

✈ Minuscule et sympathique ***aéroport*** de poche.

➢ ***Tananarive :*** en principe, env 4 vols/sem. Avec *Air Madagascar,* certains avec escale à Tamatave. Trajet direct : 50 mn. À certaines périodes, slt 3 vols/sem.

➢ ***Tamatave :*** 4 vols A/R par sem avec *Air Madagascar.*

➢ ***La Réunion :*** liaisons épisodiques (Saint-Gilles/Sainte-Marie notamment). En hte saison, env 3 vols/sem. À vérifier !

## En bateau et minibus

➢ ***De et vers Tamatave :*** à Tamatave, le bureau de la compagnie ***Cap Sainte-Marie*** se situe derrière le *Sharon Hotel.* Sur l'île Sainte-Marie, infos et départs de tous les bateaux depuis le petit port du Barachois, à Ambodifotatra, en plein centre. Facile à trouver. Le bateau *Gasikara be* est tout neuf et il est le seul membre de l'office de tourisme de Sainte-Marie. On peut aussi passer avec *Melissa Express* qui possède un espace VIP.

– ***4 bateaux*** en tout assurent 1 liaison/j. (quand l'un d'eux n'est pas en panne !). En général, pour des raisons de sécurité, les bateaux partent tous ensemble. À noter qu'en juillet, la mer peut être mauvaise, voire très mauvaise. À éviter si vous êtes sensible. Ou prévoir de l'eau, des médicaments contre le mal de mer et un bon sac...

➢ ***De Tamatave,*** transfert vers Soanirana-Ivongo à 6h, départ du bateau à 11h, arrivée vers 12h à Sainte-Marie.

➢ ***De Sainte-Marie,*** départ à 6h, arrivée à Soanirana-Ivongo à 7h puis transfert jusqu'à Tamatave, arrivée autour de 11h. Prix : env 60 € l'A/R (env 30 € l'aller).

Voici 3 des bateaux :

– *Gasiraka be :* 📱 *034-06-015-57 ou 032-04-055-56.*

– *Melissa* : à Tamatave, 📱 *032-44-743-03.* À Sainte-Marie, 📱 *033-18-732-69 ou 034-66-792-57.*

– *Cap Sainte-Marie :* à Tamatave, ☎ *53-351-48 ou* 📱 *032-05-218-08.* • *cap-sainte-marie.com* • À Sainte-Marie, 📱 *032-05-118-08.* Leur minibus est le plus spacieux.

# Infos et conseils utiles

– ***Santé :*** traitement antipaludique obligatoire. Voir notre rubrique « Santé » dans « Madagascar utile ».

– ***Meilleure période :*** de septembre à décembre, car c'est là qu'il pleut le moins. Éviter la période cyclonique de mi-janvier à fin mars.

– ***Haute saison :*** de juillet à septembre, vacances scolaires européennes et saison des baleines obligent. Mais de juillet à mi-août c'est la saison des pluies, autant le savoir. Faire ses réservations d'avion et d'hôtels le plus tôt possible ! Un monde fou, et les avions sont pleins très vite, d'autant que les liaisons en bateau n'offrent que peu de garanties de sécurité, surtout en cette saison des pluies (bateaux annulés pour cause de mauvais temps, surtout en juillet).

– ***Taxe de séjour et vignette touristique :*** la vignette touristique est payable chaque jour (somme modique). La taxe de séjour est en plus. Pas chère, et vous ne la payez qu'une fois pour tout le séjour, même si vous changez d'hôtel (conservez votre facture comme justificatif de paiement).

– ***Consul honoraire :*** *M. Jean-Jacques Ravello, au* Lakana Hotel *(carte Sud de l'île, B1,* ***34****), BP 2.* 📱 *034-01-060-10 ou 032-07-090-22.* • *lakana@moov.mg* • C'est aussi le vice-président de l'association *CétaMada* et le président de l'office de tourisme.

– ***Fête de la Baleine :*** *1er w-e de sept.* En plus de la Journée de la baleine *(20 juin)* et du Festival des baleines *(courant juil).*

# Comment circuler ?

L'île s'étire en longueur sur une soixantaine de kilomètres. Une section bitumée relie l'aéroport (à la pointe sud) jusqu'à la « capitale » de l'île, Ambodifotatra, puis se poursuit vers le nord jusqu'à Loukinsty. Depuis peu, elle a été prolongée jusqu'aux piscines naturelles, ce qui facilite grandement les déplacements dans cette partie de l'île même si certains

SAINTE-MARIE – CARTE D'ENSEMBLE

regrettent la piste qui présentait plus de « cachet ».

## En taxi-brousse, tuk-tuk et avec les navettes des hôtels

Quelques ***minibus et 404 bâchées*** assurent les liaisons sur la côte ouest de l'île et, depuis peu, une trentaine de ***tuk-tuk jaunes*** assurent les liaisons du nord au sud. Les tarifs sont fixes et fonctionnent par tronçons parcourus. Exemples : de l'aéroport à Ambodifotatra, environ 5 000 Ar en minibus et 15 000 Ar en tuk-tuk ; d'Ambodifotatra à Loukintsy, 6 000 Ar en minibus, 25 000 Ar en tuk-tuk (qui facturent jusqu'à 100 000 Ar pour les piscines naturelles, 125 000 Ar au départ de l'aéroport).

***Attention,*** on vous indique les tarifs malgaches, mais souvent on vous demandera le double, ou même le triple. Négocier. Très peu de taxis ***le soir*** et bien plus chers, notamment ceux qui desservent les boîtes en fin de semaine. Les tuk-tuk sont en revanche nombreux et peuvent transporter la nuit (avec majoration du prix de 50 %). Enfin, tous les ***hôtels*** ou presque assurent des ***navettes*** payantes depuis l'aéroport, chères mais absolument indispensables pour aller dans les hôtels au nord de Loukintsy et pour ceux de la côte est.

## En taxi « spécial » et voiture de location

C'est la solution de luxe, qui consiste à louer un taxi pour vous seul. Généralement des 4L ou des breaks Peugeot. On les trouve plutôt à Ambodifotatra. Compter, par exemple, 20 000 Ar d'Ambodifotatra à l'aéroport ou l'île aux Nattes. N'hésitez pas à négocier en cas d'inflation soudaine... On trouve désormais quelques voitures en location sans chauffeur depuis que la route a été refaite (voir avec votre hôtel).

## À VTT et à pied

Le moyen le plus sympa et le moins cher pour découvrir Sainte-Marie, mais aussi le plus sportif ! Sainte-Marie fait 58 km de long et, au maximum, 5 km de large. Mais rassurez-vous, le développement économique de l'île se concentre dans la partie sud. C'est là qu'on trouve commerces, hôtels et villages. On peut donc se contenter de circuler sur cette portion-là de l'île, entre l'île aux Nattes et la capitale, Ambodifotatra, et vers le nord jusqu'à Loukintsy. Après, c'est plus l'aventure. De l'aéroport à Loukintsy, sur la côte ouest, la trentaine de kilomètres se boucle en 4h de pédalage (quand même !). Les pistes de l'est sont sans doute plus coriaces, sympa à faire en 4x4.

On peut louer des VTT à Ambodifotatra ou dans pratiquement tous les hôtels. On trouve également de petits loueurs tout au long de la route principale. Si votre hôtel n'en loue pas, on vous indiquera où en trouver de bons. Compter environ 10 000-15 000 Ar/j. (après négociation). Bien vérifier l'état du vélo (freins et pneus) avant de partir, c'est important. Pour les vrais VTTistes qui comptent faire beaucoup de piste, sachez qu'Ago, de *Randonnée Sainte-Marie,* en ville, loue d'excellentes bécanes.

## À moto et à scooter

La moto cross est un moyen de locomotion sympa pour découvrir l'île, et notamment l'est si on aime le trial. Mais interdiction de jouer les casse-cou, avec les enfants et les habitants qui marchent au milieu de la route, les confrères qui n'ont pas de lumière et les chiens et les poules qui traversent ! Éviter de rouler la nuit. Sur les pistes de l'est, prévoir quelques séances de pataugeoire parfois épiques. Et proscrire les shorts et les tongs ! Si vous souhaitez rester sur le bitume, vous pouvez vous contenter d'un scooter.

Pour louer un scooter ou une moto cross (100 à 150 cc), s'adresser aux hôtels. Ils sauront qui est le loueur le plus fiable au moment de votre passage. Ils en louent parfois eux-mêmes. Sinon, aller à Ambodifotatra. Ça reste un peu cher, mais un peu moins qu'à Nosy Be ou qu'à Tuléar. Compter alors env 25 000 à 30 000 Ar/j. Pour une moto cross, compter autour de

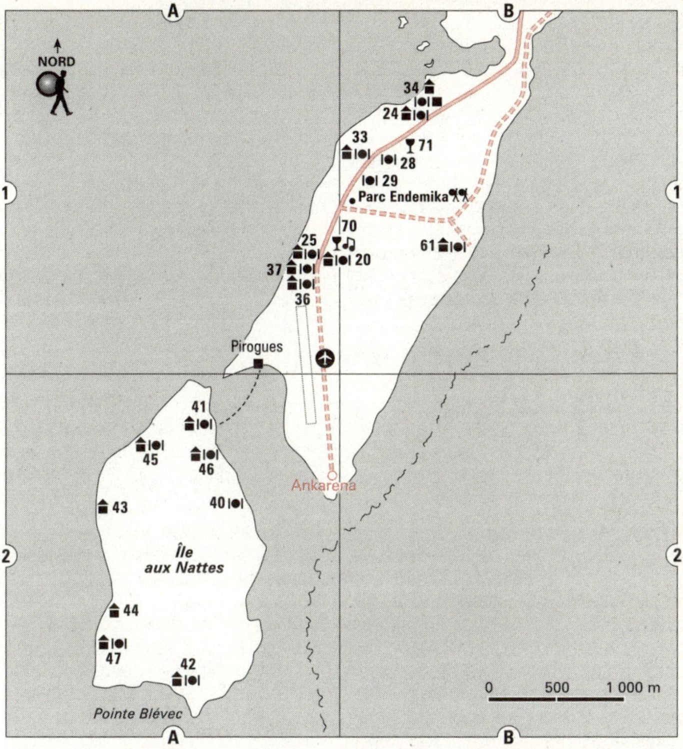


## LE SUD DE L'ÎLE SAINTE-MARIE

**Adresse utile**

**34** Consul honoraire (Lakana Hotel)

**Où dormir ? Où manger ?**

**20** Le Cardinal
**24** Chez Pierrot
**25** Bungalows Chez Mireille
**28** Gargote Chez Claudine
**29** Gargote Le Requin, Chez Doussy Line
**33** Les Villas de Vohilava et resto La Varangue
**34** Lakana Hotel
**36** Ravoraha
**37** Princesse Bora Lodge
**40** Chez Tity
**41** Bar de la Marine
**42** Les Lémuriens
**43** Meva Paradis
**44** La Robinsonnade
**45** Maningory
**46** Baboo Village
**47** Analatsara, maison et table d'hôtes
**61** Hôtel Club Paradise

**Où boire un verre ? Où sortir ?**

**70** La Case à Nono
**71** Relax Space



50 000 Ar/j. Tarifs à négocier, surtout pour plusieurs jours. À noter que vous pouvez louer des bécanes moins cher que celles proposées par votre hôtel, mais au risque de vous heurter à quelques déconvenues : pneus poreux, réservoir totalement vide, chaîne qui cède... et là, accrochez-vous pour avoir un SAV ! Alors qu'un hôtel tient à ses clients. Il vous proposera une bécane

en général en bon état et vous dépannera en cas de pépin.
Dans tous les cas, bien regarder l'état de l'engin pour éviter les litiges ultérieurs. Pas mal de modèles chinois sur le marché, pas toujours très solides. Les loueurs vous assurent pour les dommages vis-à-vis d'un tiers, mais pas pour les dégâts éventuels causés à la moto ; il faut alors payer la casse directement. Ne laisser ni caution ni passeport et ne rien payer à l'avance pour éviter les embrouilles. De manière générale, faites gaffe aux bécanes, les réparations coûtent cher !
Essayer de trouver un casque car les loueurs n'en ont pas toujours, même s'il est obligatoire. Nous vous conseillons très vivement d'en dégoter un. La section bitumée de l'île a déjà été le théâtre de nombreux accidents graves. C'est bête à dire, mais les ornières et les pistes pourries étaient la garantie d'une vitesse réduite. Depuis la belle route, ça roule souvent trop vite !
Et attention, faites surveiller votre moto contre pourboire. On peut aussi facilement vous siphonner le réservoir...

## Où faire une sortie baleines ?

Vous l'avez compris, le grand truc durant l'hiver austral (fin juin à début octobre), c'est de faire des « sorties baleines ». La plupart des hôtels en proposent. Soit avec leur propre bateau, soit en liaison avec le bateau d'un autre hôtel. Bien vérifier que votre prestataire adhère à la charte de bonne conduite *CétaMada.* Il y a 10 établissements qui en font partie.



■ ***Princesse Bora Lodge, Les Villas de Vohilava,*** l'hôtel ***Le Libertalia,*** le ***Lakana Hotel*** et ***Maningory*** (sur l'île aux Nattes) sont parmi les membres les plus actifs de l'association *CétaMada* (voir « Au sud d'Ambodifotatra. Où dormir ? Où manger ? »). Ils assurent des sorties en mer d'excellente qualité, toujours accompagnées par des éco-guides. Ils sont évidemment très impliqués dans le processus de protection des baleines puisqu'ils ont mis au point le code de bonne conduite qui a permis de fédérer des hôteliers derrière une démarche à la fois écologique, scientifique et pédagogique. Tous les hôtels adhérant à l'association (liste ci-dessus non exhaustive) proposent de très belles sorties dans des conditions optimales, à bord du bateau-labo utilisé par les spécialistes (son, photo-identification, études comportementales...). En général, on fait la sortie baleines avec son hôtel, c'est plus pratique.

## Où plonger à Sainte-Marie ?

Il y a quelques clubs sur l'île mais qui changent régulièrement de gestion ou qui travaillent irrégulièrement. En voici deux sérieux qui tiennent bien la mer. Durant l'hiver austral, en période de baleines, il n'est pas rare que le chant des cétacés berce vos plongées. Étonnant !

■ **Le Lémurien Palmé :** *à 150 m du centre d'Ambodifotatra, en allant vers le nord, sur la gauche. Bien indiqué.* ☐ *032-04-816-56.* ● *info@lemurien-palme.com* ● *lemurien-palme.com* ● *Compter env 40 € la plongée (tt équipé).* L'un des 2 seuls clubs vraiment fiables de l'île actuellement, dans la durée. Matériel impeccable et infrastructures nickel. Baptêmes, formations PADI, sorties en mer. Sorties baleines également. On peut d'ailleurs observer un squelette de cachalot reconstitué par *CétaMada* devant le centre. Une navette assure les transferts gratuitement pour les clients. Un bon choix si vous résidez en ville, à proximité ou dans la partie nord de l'île.

■ **Bora Dive :** *2 points d'accueil. À l'hôtel* Princesse Bora Lodge *et aux* Villas de Vohilava *(voir la rubrique « Au sud d'Ambodifotatra. Où dormir ? Où manger ? »).* ☐ *032-07-090-90.* ● *info@boraresearch.com* ● *dive-research.com* ● *Compter env 40 € la plongée (tt équipé). Transfert gratuit depuis les* *hôtels du sud de l'île (de l'île aux Nattes jusqu'en ville).* Superbe club où tout est prévu pour votre bien-être. Matériel parfait, encadrement au top. Tarifs dégressifs en fonction du nombre de plongées. Pour les débutants, on part de la plage, ce qui est rassurant (après une petite initiation dans la piscine). Plongées enfants (matériel adapté) et plongées de nuit depuis la plage (extra !). Au fait, si vous faites une formation chez eux, tarifs préférentiels sur leur hébergement.

## Les plus belles plongées à Sainte-Marie

Moins réputée que Nosy Be, Sainte-Marie possède pourtant son lot de sites merveilleux, accessibles à tous les niveaux.

***Autour de l'île aux Nattes : la Pagode*** (12-15 m) est une plongée peu profonde et facile, accessible aux nouveaux plongeurs. Grandes formations de corail qui évoquent des pagodes. Au programme, raies, mérous, murènes ou langoustes. Et puis plusieurs épaves à explorer, dont celle d'un ***remorqueur*** à la pointe sud (le Bateleur, 12 m). ***Le Mai*** est une autre épave (30 m) autour de laquelle évoluent *snappers,* barracudas, thons... et surtout des raies aigles ou pastenagues, d'où son surnom « Raies palace ».

Le spot de plongée le plus fréquenté au sud reste ***l'île aux trésors*** car on peut y voir une multitude de coraux en forme de pièces. Un couple de murènes marbrées y réside, d'énormes langoustes, bancs de fusiliers, poissons-crocodiles et barracudas à queue jaune.

***Près de La Crique : Coco Bay*** (20 m) est une plongée sur un rocher granitique effondré. Sans difficulté. Gorgone orange et rose. Passage de poissons pélagiques. ***La Paroi des mérous*** est réservée aux plongeurs confirmés (courants). Mérous de 40 kg, barracudas, poissons coralliens. ***Le Jardin de corail*** (18 m) permet d'observer de superbes coraux et des poissons de récifs.

***La Cocoteraie :*** *au nord de l'île.* Pour les acharnés, car très loin et difficilement accessible. On trouve dans ce secteur une ***épave*** (15 m) que tous les plongeurs peuvent visiter et dans laquelle on peut rentrer. Belles langoustes, poissons-crocodiles, corail mou, fusilier et énormes mérous.

***Plongée de nuit dans le lagon :*** *sur la côte sud-ouest de l'île.* Dans quelques mètres d'eau, une expérience unique, où la vie sous-marine est très différente de celle diurne. Magique.

D'autres plongées intéressantes comme ***le Serapis,*** en face de la ville, une épave chargée d'histoire avec des canons datant de 1781. Également ***Big eyes*** (18 m, accessible au niveau 1) à l'ouest, en face de la passe de l'île aux Nattes ou encore ***Open water,*** qui propose une très grande variété de poissons et surtout le fameux poisson porc-épic avec ses gros yeux.



# Où se faire masser ?

■ ***Vanille Beauté :*** *en face du resto* La Varangue *à Vohilava (carte Sud de l'île, B1,* ***33****). 032-47-767-59. Tlj 10h-20h. Compter env 10 € pour 50 mn de massage.* Si vous êtes dans le secteur, profitez-en pour vous faire masser dans une case bien arrangée. Une petite équipe sympa qui propose des massages de qualité à des prix tout à fait raisonnables. Également quelques formules (avec gommage, « duo »...). Vente d'huiles essentielles, savons et autres produits de beauté.

■ ***Jungle Spa :*** *situé à l'hôtel* Princesse Bora Lodge *(carte Sud de l'île, A1,* ***37****). ☎ 040-03. 032-07-090-48. Tlj 12h-20h. Env 20 € pour un massage.* Le *Jungle Spa* de l'hôtel *Princesse Bora* est ouvert à tous, même aux clients des autres hôtels, et ça vaut vraiment le coup car c'est un lieu magique. Cette immense case africaine abrite de très belles et originales salles de massage. Atmosphère tout en douceur et en finesse. Gommage sous des douches chaudes, bains aromatiques dans des pirogues traditionnelles, et sauna, tout cela dans une niche de verdure tropicale. Pour les massages, vous êtes entre des mains expertes. Un moment rare. Huiles essentielles élaborées dans le labo local, que l'on peut visiter.

■ ***Hakuna Beauté :*** *situé au* Lakana Hotel *(carte Sud de l'île, B1,* ***34****).* *032-07-090-22. Compter env 16 € le massage.* Géré par l'équipe experte du *Jungle Spa,* ce salon, dans une paillote au bord de l'eau, s'avère particulièrement agréable.

# AMBODIFOTATRA

env 20 000 hab. (pour l'agglomération) IND. TÉL. : 57

**Chef-lieu de Sainte-Marie, c'est la « capitale », comme on dit ici. En réalité, ça ressemble plus à un gros village ou à une modeste bourgade. On y trouve les principaux services de l'île, un marché et quelques petits hôtels (pour dépanner). C'est aussi le point de départ et d'arrivée des bateaux assurant la liaison avec la Grande Terre. Quelques visites sympas à faire autour, et une bonne ambiance de petite bourgade, bien animée le matin, autour du marché.**

– On indique les adresses par rapport aux points cardinaux, et toujours dans le sens sud-nord par rapport à la route.



## Adresses et infos utiles

### Services

ℹ ***Office de tourisme de l'île Sainte-Marie*** *(OTSM)* ***:*** *en face de l'arrivée des bateaux venant de Soanirana-Ivongo, dans le même bâtiment que* CétaMada. *☎ 901-57. 032-50-923-16. Lun-ven 8h-12h, 14h-17h ; sam mat.* Personnel jeune et sympathique. Infos données avec le sourire et quelques docs à consulter sur place.

✉ ***Poste :*** *à côté de la caserne, à l'entrée de la ville. Lun-ven 7h30-11h30, 14h30-17h30 ; sam 8h-11h.*

@ ***Internet :*** beaucoup d'hôtels proposent désormais l'accès gratuit au wifi. *Sinon,* ***Cyber Café Solidaire,*** *au rdc de l'hôtel* Freddy. *☎ 907-03. Dans une ruelle parallèle à la rue principale. Dépasser le port, prendre la 1re à droite, puis 1re à gauche et c'est un peu plus loin, sur la gauche. Lun-sam 8h-19h.* Un des plus fiables de l'île et surtout les bénéfices sont directement reversés à un projet d'hôpital dans le nord de l'île. Et au sud, aux *Villas de Vohilava,* au bar-restaurant ***La Varangue*** *(carte Sud de l'île, B1,* ***33****),* connexion gratuite en wifi.

■ ***Banques :*** ***BFV-SG,*** *☎ 400-34. Lun-ven 7h30-11h30, 14h-16h.* Change les devises. Distributeur à l'extérieur, accessible 24h/24, acceptant la carte *Visa.* Assure les transferts d'argent avec *Western Union. Également une* ***Bank of Africa*** *(dans la rue principale, en plein centre ; ☎ 403-88 ; lun-ven 8h-11h45, 14h30-16h45).* Change les espèces. Distributeur extérieur acceptant la carte *Visa,* accessible 24h/24. Attention, souvent beaucoup d'attente le matin.

■ ***Alliance française :*** *à env 1 km au nord en sortant de la ville, dans un bâtiment moderne, sur la gauche. 032-05-119-66. Lun-ven 8h30-12h, 14h-18h.* Propose un programme culturel intéressant et quelques magazines à disposition. Concerts de temps en temps. Dans la courette, allez donc rendre un amical salut à la tombe d'Albrand, fondateur de la colonie de Sainte-Marie.

■ ***Pompe à essence :*** *au centre de la bourgade. Ouv aux heures de bureaux et le sam.* Attention, c'est la seule de l'île. Il arrive qu'elle ferme soudainement par manque de carburant. Bien vérifier que le compteur soit remis à zéro avant que l'on vous serve. Conseil : faites le plein, même pour un litre ou deux, à chaque fois que vous passez en ville, c'est plus prudent. Sinon, sur la route, vous trouverez toujours des gens prêts à vous dépanner, mais ce sera un peu plus cher, évidemment.

## Urgences

En cas d'urgence, se faire évacuer sans attendre sur Tananarive ou, mieux, La Réunion. Prendre contact avec le ***consul honoraire,*** Jean-Jacques Ravello, au *Lakana Hotel (carte Sud de l'île, B1, **34**),* il est de bon conseil. Sinon, pour les bobos, le petit hôpital compte tout de même un chirurgien. Mais appelez d'abord l'un des médecins ci-dessous.

■ ***Petits soins médicaux et consultations :*** *demander à son hôtel ou aller voir le **Dr Rémi,** face à la maison du maire. 📱 032-40-137-40.* Généraliste de bon conseil. Sinon, s'adresser au ***dispensaire*** à côté de l'école *EPP Vohilava.*

➕ ***Hôpital d'Ambodifotatra :*** *près du centre de la ville. 📱 032-04-897-95. La Dr Coco y consulte lun-ven (sf mar), 9h-11h30. 📱 032-04-897-95.* Bonne praticienne, mais tarifs assez élevés (comme en France !). Sympa avec les enfants en tout cas.

■ ***Médicaments :*** *dans le village, au dépôt de médicaments **Chez Soamaeva,** situé dans une ruelle perpendiculaire à la rue principale, sur la droite (juste après le magasin* Chan Kan*). ☎ 402-08. Lun-sam 7h30-12h, 14h30-18h. Également à **Santé Plus,** à la sortie nord du village sur la gauche, juste après la boîte* La Polina.

## Compagnie aérienne

■ ***Air Madagascar :*** *juste après avoir passé le port, prendre le chemin à droite, juste après l'agence* Telma *; c'est à 50 m, sur la gauche. ☎ 400-46. 📱 032-07-222-08. Lun-ven 7h30-12h, 14h30-17h ; sam 8h-10h30.* Il peut être utile d'y passer pour donner le nom de votre hôtel. En cas de changement d'horaire (ce qui arrive souvent) ou de retard important, ils pourront vous prévenir... ou pas.



# Où dormir ? Où manger ?

Quelques hôtels parmi les moins chers de l'île, mais on n'est pas au bord de la plage. Dormir ici s'avère un bon choix quand on prend un bateau tôt le lendemain matin. Sinon, pas vraiment d'intérêt à passer la nuit dans le secteur, sauf si vous souhaitez vous imprégner de la vie de l'île.

## Bon marché

🏠 🍴 ***La Banane :*** *dans le centre du village, tt près du port. 📱 032-02-280-26. Compter 13 000 Ar le lit en dortoir et env 20 000-28 000 Ar la chambre.* Pas le grand luxe, et l'extérieur ne paie pas de mine, mais c'est pratique pour un départ matinal et les fauchés seront bien contents de trouver cette adresse propre, à prix écrasés. Quelques lits en dortoir et des doubles. Le petit bungalow dans le jardinet est plutôt sympa et un rien plus cher. Moustiquaire. Déco minimaliste et un billard. Par ailleurs, on y mange pas mal du tout.

🍴 ***Gargotes*** et ***hotely*** très bon marché dans les ruelles face à la banque *BFV-SG.* Plusieurs petites adresses sympas face à l'embarcadère. Pas de nom, ça change aussi vite que ça apparaît ! Une adresse tout de même stable : *Chez Lalise,* derrière la rue principale, dans la ruelle de terre parallèle à celle-ci, dans la partie bazar du marché. Demandez, tout le monde connaît. Une maison verte au toit de taule, en contrebas de la rue. Quelques tables en terrasse. Bon point de rendez-vous pour un petit plat de *ravitoto* ou *romazava* le midi, pour trois fois rien.

**Restaurant du Quai :** *juste en face du port.* Petit resto chinois apprécié des *vazaha.* Spécialités de *tee pan,* plats cuits sur des plaques chaudes. Plein de soupes et quelques plats malgaches.

## Prix moyens

**Hôtel Freddy :** *à deux pas du centre du village. Passer le port et prendre la 1re ruelle sur la droite, puis 1re à gauche. C'est un peu plus loin sur la gauche. ☎ 907-03. 032-83-079-50. • billetfred@yahoo.fr • Compter 30 000-50 000 Ar selon saison.* Un bon petit hôtel à deux pas du centre et au calme. La plupart des quelques chambres sont à l'étage (évitez celles du rez-de-chaussée), toutes avec AC, eau chaude et moustiquaire, et assez spacieuses. Pas un hôtel de charme, mais fonctionnel et impeccable. Accueil souriant. Le *cyber café* au rez-de-chaussée est bien pratique.

**La Bigorne :** *dans la rue principale, sortie nord du village, à droite. ☎ 401-23. 032-76-653-08. • labigorne@yahoo.fr • Bungalow double env 30 000 Ar. Également un à 50 000 Ar.* Des bungalows tout en bois sombre, bien équipés, avec salle de bains, eau chaude, moustiquaire et ventilo. Ils sont un peu coincés les uns contre les autres et sans vue dégagée, autant le savoir, mais sont vraiment très propres et accueillants. Pour ceux qui souhaitent séjourner en ville, c'est une bonne solution. Sur le devant, resto tout en bois avec jolie terrasse proposant une cuisine correcte. Benoît est très accueillant et on se fond vite dans la vie de la famille.

**Resto La Paillote :** *au centre du village. Juste après avoir passé le port, sur la droite. 032-40-500-06. Tlj midi et soir.* Voici un joli restaurant, à la présentation soignée, ouvert sur la rue, où l'on déguste des plats de la mer bien élaborés mais également de simples pizzas. C'est aussi un bar avec un billard, ce qui est bien sympa.

## Plus chic

**Restaurant L'Idylle Beach** *(carte d'ensemble de l'île,* **19***)* **:** *à env 800 m à la sortie nord du village, sur la gauche. 032-48-684-81. Tlj sf lun soir et mar. Compter 35 000-40 000 Ar le repas.* Bruno et sa femme vous accueillent avec grand professionnalisme dans leur adorable maison de bois, coquettement peinte en violet et saumon, arrangée avec goût et posée juste devant la mer. Il y a même une petite partie salon sur la terrasse, façon *lounge.* Au piano, madame, qui concocte une savoureuse cuisine, originale et goûteuse, que l'on peut aisément qualifier de semi-gastro. On hésite entre les lasagnes de zébu, le carpaccio géant de poisson ou le camembert pané d'Antsirabe. De toute manière, c'est rien que du bon, joliment servi. Service très pro. Bruno loue son hobiecat, garé juste devant la plage, et propose différentes activités de sports nautiques. Parfait pour digérer. Propose également 2 chambres de qualité pour ceux qui souhaitent passer une nuit confortable en ville avant leur départ en bateau tôt le matin.

## Où prendre un petit déjeuner ?

**Choco Pain :** *dans le centre, presque au niveau du port, juste en face de la BFV-SG. ☎ 909-09. Ouv à 5h du mat, mais fermé 12h-14h30 (dommage !).* Le seul café où l'on peut acheter pains au chocolat et croissants avant le départ du bateau pour Soanirana-Ivongo. C'est aussi le meilleur endroit de l'île pour prendre son petit déj ou un verre avant d'aller au marché, à la banque, etc. Une sorte de café du Commerce ou de bar des Sports.

## Où sortir ?

**La Polina :** *un peu au nord du centre de la ville. Mer, ven et dim de 21h à l'aube. Entrée pas chère.* Dans un bâtiment de béton pas folichon. Bonne ambiance populaire.

L'ÎLE SAINTE-MARIE

## Achats

Un peu après le centre de la bourgade, plusieurs petites ***échoppes d'artisanat,*** où l'on vous propose de belles créations en raphia, cuillères en corne, voitures en cannette de Coca, mais aussi de belles baleines taillées dans le bois, chouettes souvenirs à rapporter.

***Peinture sur raphia ou sur vêtements :*** ***Gandhi Vernet*** *(032-40-162-37).* Envie de rencontrer un artiste peintre ou de vous offrir un souvenir personnalisé de votre voyage ? Passez donc voir Gandhi. Il peint sur des toiles bien sûr, mais aussi sur du raphia, des T-shirts... Un de ses sujets de prédilection : Sainte-Marie et ses baleines, évidemment. Mais vous pouvez aussi (et surtout) lui commander un T-shirt, un chemin de table en raphia coloré ou autre.

## À voir

***Le cimetière des pirates*** *(carte d'ensemble de l'île)* **:** *de la ville, prendre la digue qui va vers le sud et, juste après celle-ci, tourner dans le chemin à gauche. À l'angle avec la route, au début du chemin, des jeunes gens un peu insistants (euphémisme !) vous vendent un billet d'entrée 10 000 Ar/pers (parfois bien plus !), comprenant les services d'un guide. Contrairement à ce que certains affirment, ce n'est en rien obligatoire. Seule la taxe municipale de 2 000 Ar est obligatoire. Elle s'achète tt au bout du chemin, à 500 m après l'embranchement, au pied de la colline qui monte au cimetière. Cela dit, rien ne vous empêche de prendre un guide, et puis ça fait bosser les gars du coin, mais on n'y est pas contraint, autant le savoir.* Au bout du chemin, on passe, à marée basse, une toute petite digue, composée de cailloux glissants au milieu de la mangrove (faites gaffe, c'est vraiment casse-gueule !). À marée haute, on traverse sur une pirogue (qu'il faut payer en plus, sauf si vous êtes avec un guide). Encore 3 mn pour gravir une colline et on atteint le cimetière. Ne pas oublier de s'enduire de lotion antimoustiques car ce sont eux les véritables pirates du coin ! Il n'est pas bien grand ce cimetière, mais les tombes sont pittoresques, certaines même assez cocasses. Dommage qu'il ne soit pas entretenu. On y trouve même une tombe de la piratesse Mme veuve Rivet, décédée en 1862. Sépulture de Jean-Marie Thomas, avec un boulet de canon sous la croix, qui était un commandant de voilier de la Compagnie des Indes. Tout au bout, gros bloc de corail taillé. En dessous, une fosse commune. La lecture de ces tombes a quelque chose d'assez émouvant dans un site finalement plein de charme. Tout au bout, superbe point de vue sur l'île aux Forbans et panorama général sur les environs.

### PIRATES ET PRIÈRES

*Sur la tombe d'un certain Le Chartier, avec tête de mort et os croisés, figure cette épitaphe : « Joseph, Pierre Le Chartier, né à Ducey département de la Manche le 10 avril 1788. Arrivé sur la flûte* La Normande *le 1er novembre 1821. Mort à Sainte-Marie le 14 mars 1834. Par son ami Hulin. Passans priez pour lui. » Outre faire des fôtes d'orthographe, on pouvait donc à l'époque trucider son prochain, lui voler tout son bien, le qualifier d'« ami » et se placer sous la loi divine sans sourciller. Une tête de mort rigolarde orne la tombe.*

***Le siège de l'association* CétaMada** **:** *au port du Barachois. Tlj sf dim 9h-11h30 et 14h-16h30. Abrite également l'office de tourisme.* Projection toute la journée de films documentaires sur les baleines et les mammifères marins en général. Toutes les informations sur les activités de l'asso. Vente d'artisanat saint-marien fabriqué sur place et dans des ateliers de l'île sur le thème des baleines et au profit des communautés insulaires. Doc et livres pour enfants. Dans le jardin, devant le bâtiment, un squelette de baleine.

**Les vestiges historiques :** *juste au sud du village, sur les hauteurs. GRATUIT.* Jeter un œil à l'ancien *fort de la Compagnie des Indes orientales,* transformé par la suite en « maison de force » (un bagne) et actuellement occupé par l'armée malgache. Il voisine avec la *tombe de Sylvain Roux* et surplombe l'*îlot Madame* avec ses entrepôts et son ancienne *résidence du Gouverneur.* La *stèle* en mémoire du sieur Albrand se trouve à la sortie nord du village. Lire l'épitaphe, d'une longueur rarissime !

**L'église catholique :** *un peu avt l'entrée de la ville, sur la droite, bien visible. Y aller dim, évidemment (pdt l'hiver austral, messe normalement 6h-8h ; pdt l'été austral, 8h30-10h30), pour saisir les chants et la ferveur des Saint-Mariens.* C'est l'église la plus ancienne de Madagascar. Elle daterait de 1837. Sa façade a été rénovée, mais ce n'est pas ce qu'il y a de plus séduisant. Voir plutôt l'autel constitué de panneaux de fonte coulés dans les arsenaux de la marine française et qui a été offert par la princesse Eugénie. Quelques stèles commémoratives très pittoresques.

### UN CIMETIÈRE DE PIRATES, UN COUP DE FORBANS !

*Le cimetière de Sainte-Marie est un peu abusivement appelé « des pirates ». Qui a déjà vu un pirate mourir dans son lit et être enterré dans une tombe, bien au chaud ? La vérité est qu'ils finissaient en général à la baille, avec les requins ! Le reste n'est que folklore.*



## À faire à partir d'Ambodifotatra

➢ **Balade en 4x4 ou à VTT, à la découverte de l'île :** *avec* **Randonnée Sainte-Marie.** *Le kiosque se situe dans le centre, juste après le port, sur le côté gauche de la route. ☎ 032-73-799-23 ou 032-84-441-39. • vttsaintemarie.com •* Agostino, un Italien fort sympathique, propose des ***excursions en 4x4 à la journée*** dans le nord et l'est de l'île. Il connaît tous les recoins et les bonnes adresses de Sainte-Marie. On découvre ainsi des secteurs inaccessibles autrement, notamment le grand lagon de l'est de l'île et ses grandes plages, la lagune d'Ampanihy en pirogue ou le nord de l'île avec ses superbes criques et ses piscines naturelles. Il connaît la faune, la flore, les coutumes locales, l'histoire de Sainte-Marie et celle de la piraterie. Bref, il vous fera vraiment entrer dans l'histoire de son île. Le 4x4 se loue en entier et pour la journée (5 personnes max), autour de 300 000 Ar avec le chauffeur-guide et le carburant. On déjeune en général au *Paradis d'Ampanihy* (excursion est), *Chez Médine et Vincent* (excursion nord) ou chez Nono à *La Mangrove Gourmande.* Le repas n'est pas compris dans la sortie (compter environ 25 000 Ar/personne). Si vous n'êtes pas trop en fonds, possibilité d'apporter son pique-nique.

Agostino, fana de vélo, propose également à la journée une ***sortie à VTT,*** avec du super matériel. Nécessité d'en avoir déjà fait car on emprunte vraiment des pistes pourries, et c'est assez sportif. Également des randos en ***kayak*** à la journée, à la conquête de la mangrove. Extra. Pour ces excursions, compter environ 60 000 Ar par personne. Ago part même pour une seule personne, c'est dire s'il est mordu. Très sympa.

– À noter qu'aux bungalows ***Jardins d'Éden*** (*☎ 034-09-265-76),* Vinjay propose également le tour de l'île en 4x4, sur le même principe, pour 4 personnes (repas en plus). Voir « Au sud d'Ambodifotatra. Où dormir ? Où manger ? ».

➢ ***La petite boucle de l'Est :*** une balade à vélo ou à moto. En venant du sud, on tourne à droite au panneau indiquant « Boraha Village », on remonte la piste de l'est, puis la piste revient vers l'ouest et vers la ville. Pas d'indications, mais ce n'est pas bien compliqué. Demandez quand même votre chemin de temps en temps.

➢ ***La grande boucle de l'Est :*** pour les motards chevronnés. Partir tôt le matin et prévoir la journée. Éviter d'y aller le lendemain d'un jour de pluie. Depuis le centre du village d'Ambodifotatra, prendre la route qui monte entre le resto *William Kid* et la banque *BOA*. Là-haut, demander la piste pour Anafiafy par la côte est. Au nord d'Anafiafy, la piste repique vers l'ouest jusqu'un peu au nord de l'hôtel *La Crique (carte d'ensemble de l'île, **54**)*. On est déjà en fin de journée et l'on retrouve le bitume (ouf !). On rentre tranquillement par la route, au moment du coucher du soleil.

➢ ***Tour de l'île en avion :*** *s'adresser au* Princesse Bora Lodge *(carte Sud de l'île, A1, **37**). 032-07-090-48.* Pour un survol de l'île dans un Cessna 206, piloté par Fifou, le proprio de l'hôtel. Compter 90 € par personne si vous êtes cinq. Une expérience mémorable.

## Fête

– ***14 Juillet :*** fêté par tous les Saint-Mariens ! Le bal a lieu la veille dans la salle des fêtes d'Ambodifotatra. Très chouette et populaire, bien sûr !

# AU SUD D'AMBODIFOTATRA

**Partie de la côte sud-ouest de l'île, prisée comme le tabac, à cause de ses plages ! La plupart des adresses se trouvent le long de la piste, côté plage. Avantage de ce secteur : on est près de la plage, on est tranquille et pourtant pas trop à l'écart de l'animation.**

## Adresse utile

■ ***Consul honoraire*** *(carte Sud de l'île, B1, **34**) :* *Jean-Jacques Ravello, qu'on trouve au* Lakana Hotel *(voir « Où dormir ? Où manger ? »). 032-07-090-22 ou 034-01-060-10.* N'hésitera pas à vous aider en cas de vrai pépin. Il préside aussi l'office de tourisme.

## Où dormir ? Où manger ?

### De très bon marché à bon marché

Il existe encore quelques petites adresses adorables et pas chères, où les fauchés et ceux qui se suffisent de peu trouveront leur bonheur.

***Le Cardinal*** *(carte Sud de l'île, A-B1, **20**) : sur la droite de la route en allant vers le nord, mais en retrait de celle-ci (donc pas côté plage). 032-40-750-74. Compter env 15 000 Ar pour 2.* Juste 3 bungalows, simples et impeccables, absolument adorables, en matériaux traditionnels et toit de palmes. L'ensemble des cases constitue comme un minuscule village, dans un environnement tranquille comme tout. Chacune avec un lit, une ampoule, une moustiquaire et basta. Sanitaires communs propres (douche froide au baquet et un w-c). Prix particulièrement écrasés. Et puis madame Honorine fait très bien la cuisine, qu'on déguste sous une petite paillote. Poisson et zébu bien préparés.

**Chez Alain, Manaos** *(carte d'ensemble de l'île,* ***21****) : avt* La Palourde *et* Le Vanivola *sur la gauche en venant du sud (attention, pas de panneau très visible et on peut passer devant sans le voir !). 032-40-019-94 ou 034-89-350-24. Compter 13 000-15 000 Ar le bungalow, avec sanitaires communs.* L'adresse la moins chère de l'île, d'autant que l'on peut y camper (7 000 Ar l'emplacement), ce qui est assez rare, tenue par Alain et Annoncia. Sur un espace arboré et bien nettoyé. Sinon, 4 bungalows vraiment sommaires (le moins cher est le plus petit), répartis sur la grande pelouse. Tout à fait correct pour le prix, en bord de mer, avec moustiquaire. Douche froide et toilettes communes réduites à leur plus simple expression (comprenez vraiment minimalistes). Accueil très sympa qui fait l'unanimité chez nos lecteurs. Et puis c'est bien qu'il y ait encore une adresse super roots sur l'île, même un peu vétuste. Repas possible sur demande, car Annoncia cuisine vraiment pas mal. Super petit déj. N'en jetez plus !

**Hôtel La Palourde** *(carte d'ensemble de l'île,* ***22****) : en bord de route, côté mer. 032-02-157-80 ou 034-06-092-25. Bungalows pour 2 pers 20 000-25 000 Ar. Un familial à 35 000 Ar.* Une poignée de petits bungalows traditionnels, tout ce qu'il y a de plus simple, avec sanitaires vraiment modestes (eau froide) et un familial pour 6 personnes, spacieux et avec cuisine. C'est du basique, mais du pas cher. Plage difficilement baignable devant. Petite nourriture correcte.

**Le Mangoustan, Chez François** *(carte d'ensemble de l'île,* ***23****) : en bord de mer, à env 4 km au sud de la ville. 032-04-760-28. Compter 12 000-20 000 Ar selon les bungalows. Un familial à 25 000 Ar.* Quelques structures modestes, certes, mais à bon prix, pour les petits budgets qui se contentent de peu. Bois et *falafa,* salle de bains réduite à sa plus simple expression dans chaque bungalow (certaines vraiment vieillottes). Bon accueil et petite cuisine sans prétention. Le bungalow familial, pour 4 personnes, n'est pas si mal et c'est le seul avec eau chaude. Fait location de vélos et motos à bon prix.

## Prix moyens

**Chez Pierrot** *(carte Sud de l'île, B1,* ***24****) : à* ***Ampanagory,*** *à mi-chemin entre l'aéroport et Ambodifotatra, sur la gauche. 034-02-040-55 ou 032-02-040-55. • chezpierrot@moov.mg • Compter 50 000-60 000 Ar selon saison.* Des huttes-bungalows, avec sanitaires et moustiquaire, en dur, dont une maison familiale au calme, organisées autour d'un vaste terrain herbeux et bien entretenu, les pieds dans l'eau... Un très bon rapport qualité-prix dans le secteur, calme et sympathique. C'est simple, vraiment propre et fonctionnel, à l'ombre des palmiers. Petit resto servant des plats de qualité et soirées musicales de temps à autre. Il y a la mer, mais pas de vraie plage sur le devant, comme souvent sur cette partie de la côte. Au bord de l'eau, quelques transats vous attendent, pour profiter du coucher du soleil à l'heure de l'apéro.

**Bungalows Chez Mireille** *(carte Sud de l'île, A1,* ***25****) : dans le sud de l'île, côté plage. 032-04-864-95 et 034-13-652-49. • mireille.vohilava@hotmail.fr • Compter env 50 000 Ar.* Les 4 bungalows, en dur et en bord de mer, sont un peu à l'écart de la route principale. Bien équipés (ventilo, salle de bains avec eau chaude et moustiquaire). Très propre. Un bon rapport qualité-prix dans cette catégorie. Mireille tient également son petit resto avec autant de constance que ses chambres, et tout le monde en est vraiment ravi.

**Restaurant Plaisirs** *(carte d'ensemble de l'île,* ***26****) : en bord de route, côté mer. Pas de tél. Tlj. Il faut passer quelques heures avt pour commander.* Gentille petite gargote de bord de mer avec son bout de terrasse les pieds dans l'eau, toute simple, agrémentée le soir d'un timide néon qui éclaire 2 palmiers couchés sur le devant. Vous êtes accueilli par le grand sourire de Charlin qui propose soupe chinoise, poisson grillé ou à la sauce curry, cigales de mer, poulpe vinaigrette, mais aussi et surtout de belles langoustes en fonction des jours (on peut passer commande) à prix fort raisonnable. Service sympa comme tout.

**Restaurant À Bord'Eaux** *(carte d'ensemble de l'île,* ***27****) : en venant de la ville, juste après la digue, prendre immédiatement le 1er chemin sur la gauche, vers le cimetière des pirates, et faire env 100 m, c'est sur la droite. 032-80-264-10. Menu tt compris à prix attractif, midi et soir. Sert également le petit déj et des jus naturels.* Coquette paillote avec nappes colorées et fleurs, serviettes en tissu. Un vrai effort de présentation, tout comme les assiettes, particulièrement soignées. Carry de crevettes, poulet sauce coco, parmentier de poisson fumé, Hervé concocte des choses simples et réussies, dans un cadre agréable, même si l'on n'est pas en bord de mer.

**Gargote Chez Claudine** *(carte Sud de l'île, B1,* ***28****) : en bord de route, côté mer. 032-02-514-33. Tlj midi et soir sf lun.* Jolie petite gargote de bord de route, avec son bout de terrasse toute simple et coquette tout à la fois. On y prépare à la demande (passer 1 ou 2h avant), crevettes, calamars, langouste ou poisson. Les plats de Claudine sont vraiment goûteux, et ses sauces subtiles (excellent poulet sauce coco, tout comme les crevettes à l'ail). Bonnes frites également. Une adresse propre et régulière, à prix doux.

**Gargote Le Requin, Chez Doussy Line** *(carte Sud de l'île, B1,* ***29****) : au bord de la piste. 032-44-267-91.* Minuscule resto populaire tenu par la riante Doussy Line, qui prépare une petite cuisine familiale sans chichis, dans son bout de gargote (crevettes, poissons grillés, crustacés, langoustes). Allez la voir pour passer commande 2h avant, elle éclatera de rire. Elle est comme ça, Doussy Line, elle se marre tout le temps.

**Restaurant-cabaret Bellevue** *(carte d'ensemble de l'île,* ***30****) : en bord de route, côté mer. 032-58-571-05. Tlj midi et soir, sur commande slt. Menu pas cher.* Une salle coquette comme tout, arrangée avec goût et tenue par Saskia, une Hollandaise mariée à un musicien malgache, dont le trio, s'il est là, jouera forcément pour vous quelques morceaux couleur locale (le chapeau tourne). Bonne petite cuisine sans chichis et bout de terrasse devant l'eau. Autant pour le midi que pour le soir. Les vendredi et samedi, toujours des musiciens pour faire le zébu (enfin, le bœuf). Propose également un bungalow sur la plage.

## De chic à plus chic

Dans cette rubrique, on trouve quelques adresses idéalement situées, sur la côte ouest, en bord de mer, et qui allient charme, tenue impeccable et possédant une vraie âme, car appartenant à des gens qui sont là depuis fort longtemps. Bref, de vrais amoureux de Sainte-Marie.

**Les Jardins d'Éden** *(carte d'ensemble de l'île,* ***31****) : en venant de la ville, juste après la digue, prendre immédiatement le 1er chemin sur la gauche, vers le cimetière des pirates et suivre le chemin jusqu'au bout, sur env 500 m (c'est un peu après le terrain de foot). Ne vous laissez pas stopper par les (faux) guides du cimetière des pirates. L'accès à ce chemin est gratuit ! Tt au bout, au bord de la mangrove, une pirogue de l'hôtel vous fait traverser le petit bras d'eau (gratuit). 034-09-265-76. • jardinsdeden-saintemarie-madagascar.com • 3 bungalows 75 000-85 000 Ar, petit déj compris.* Des bungalows, pour une fois pas situés en bord de mer, mais à flanc de colline, dans un jardin soigné, et c'est assez rare pour être souligné. Vinjay (mauricien) et Marie-France (malgache) sont vraiment adorables et proposent d'élégants bungalows (salle de bains avec eau chaude, moustiquaire, terrasse aménagée...), avec une vue remarquable sur les îlots qui parsèment la mangrove et le large. Celui qui offre le moins de vue est moins cher. Pour se restaurer, vaste terrasse ouverte (toujours la vue !), et une cuisine qui s'ouvre sur tous les horizons culinaires de l'océan Indien, à prix modérés. Par ailleurs, Vinjay pourra vous guider gracieusement au cimetière des pirates voisin (juste la taxe communale à payer), car c'est à 5 mn à pied. Il organise en outre des virées en 4x4 autour de l'île, à la journée.

**Les Villas de Vohilava** *(carte Sud de l'île, B1, **33**) : à 3 km de l'aéroport. ☎ 020-57-900-16. 032-04-757-84 ou 034-74-505-37. • vohilava.com • Notre coup de cœur, mais résa conseillée ! Prévoir 65 € la nuit pour la villa 2 chambres (4-6 pers) et 95 € pour la villa 4 chambres (jusqu'à 10 pers), ce qui constitue une vraie affaire compte tenu du prix/pers ! Tarif majoré de 10 € en hte saison. Attention, prix fixe quel que soit le nombre de pers par villa. Propose également des bungalows Junior ou Senior très grands, 30-40 € selon saison. Packages séjour plongée avec* Bora Dive. Une très jolie structure au bord de l'eau avec ponton. Les villas, toutes de bois vêtues, sont immenses et équipées de 2 à 4 chambres, cuisine, salon, hamac en terrasse et jardin face à la plage. Ramato se charge du ménage. Elle peut également cuisiner pour vous. Ce service est inclus dans le prix de la villa. Il ne vous reste qu'à lui donner l'argent pour les courses. Transfert aéroport possible (payant). Juste à côté des villas, et faisant partie de ce même ensemble, le ***resto La Varangue,*** une table de grande qualité. On prend son repas sur la terrasse couverte que perce un audacieux palmier. Vraiment extra le soir en devinant la mer. Au menu, *camarons* (grosses crevettes), super filet de zébu et excellent assortiment de poissons crus, sans oublier pizzas et langoustes cuites au feu de bois. Joli cadre et cuisine pleine de goût. On aime ! C'est aussi un bar cosy à l'ambiance relax, où l'on vient prendre des nouvelles des uns et des autres, tout en disputant une partie de billard et en dégustant des cocktails d'enfer. Revues à disposition, petit salon télé (vidéos et bouquins, y compris pour les enfants) et langoureuse terrasse face à la mer pour siroter un *mojito* et préparer sa prochaine escapade. Ça tombe bien, Henry, le patron, fort sympathique et pas avare de conseils, organise d'excellentes sorties baleines. Il est d'ailleurs très investi dans le sujet puisque c'est le président de l'association *CétaMada* (voir notre chapitre sur les baleines). On se sent vraiment bien ici, ce n'est rien de le dire.

**Lakana Hotel** *(carte Sud de l'île, B1, **34**) : au bord de l'eau, et même sur l'eau. 032-07-090-22. • sainte-marie-hotel.com • Compter 85 000-126 000 Ar selon saison et type de bungalow, et env 230 000 Ar pour la villa (4-6 pers).* Le proprio de l'un des plus anciens établissement de l'île est également le consul de France (en cas de pépin, ça aide !). Vos hôtes, Jean-Jacques et Joëlle, proposent des bungalows disséminés dans un jardin luxuriant. Ceux situés sur le devant sont un rien plus chers que les autres, mais tous constituent un excellent rapport qualité-prix, avec sanitaires intérieurs. Également une maison familiale pour 4 à 6 personnes. Mais le nec plus ultra, ce sont sans doute ces adorables petits bungalows qui jalonnent un ponton au-dessus de l'eau. Vraiment charmants, tout en bois verni et toit de palmes, avec moustiquaire et croquignolette terrasse. Pour ces hébergements, les sanitaires se trouvent sur la terre ferme (au bout du ponton), mais sont malgré tout privatifs (chaque bungalow a le sien). Un site assez magique à vrai dire. Ajoutons la grande qualité du resto, servant des plats originaux et goûteux (Ah... on vient de loin pour le civet de poulpe !), le beau salon cosy pour se relaxer et le jardin tropical pour prendre le soleil sur les transats. Bref, carton plein ! Excellent accueil, ça va de soi. Et puis, si vous êtes un peu tendu, essayez donc le salon de massage, *Hakuna Beauté,* dans une paillote, juste à côté, en bord de mer (environ 16 € le massage). Excellent.

**Le Libertalia** *(carte d'ensemble de l'île, **35**) : à 1 km au sud d'Ambodifotatra. ☎ 923-03. 032-02-763-23. • lelibertalia.com • Compter 105 000-162 000 Ar selon saison, petit déj compris. Villa pour 4-8 pers 216 000-288 000 Ar selon saison, avec cuisine. À la période des baleines, ½ pens conseillée. Pensez à réserver.* Une douzaine de bungalows en tout, face à la mer. Les hébergements sont très bien conçus (brique, bois et végétaux), tout confort (eau chaude, ventilo, moustiquaire...), et chacun avec son adorable petite terrasse. Pour peaufiner

L'ÎLE SAINTE-MARIE

la carte postale, un gros rocher un peu à l'écart, comme planté dans la mer, relié à la terre par un charmant ponton de bois, est équipé de transats pour un petit plouf. Transats que l'on retrouve sur l'impeccable pelouse devant l'établissement. Loue aussi des motos et vélos à prix raisonnables. Prêt de boules. Et puis il faut signaler l'excellent accueil de vos hôtes, Martine et Didier, toujours dispo pour vous conseiller. Ce dernier, un des membres fondateurs de *Céta-Mada,* propose d'excellentes sorties baleines, sur son super bateau !

**Ravoraha** *(carte Sud de l'île, A1, **36**)* **:** *le tt 1er établissement en sortant de l'aéroport, sur la gauche. Tellement près qu'on peut parfaitement y aller à pied. Si vous venez de la ville, c'est complètement au sud, juste avt l'aéroport, sur la droite. 032-40-513-90. • ravoraha.com • Compter 40-55 € le bungalow pour 2 selon saison, plus 17 €/pers pour la ½ pens (obligatoire). Grand bungalow pour 7 pers (pas loué pour moins de 4 pers) 55-73 € l'ensemble, et toujours env 17 €/pers pour la ½ pens. Également une chambre petit budget et un bungalow dans les arbres.* Ensemble de bungalows hyper soignés, disposés en arc de cercle autour d'une impeccable pelouse et devant une plage baignable en permanence (assez rare finalement). Moustiquaire, coffre, salle de bains avec eau chaude (solaire), ventilo, jolie terrasse privée. Que du bon, tout comme le resto, ce qui ne gâche rien !

## Extra chic

**Princesse Bora Lodge** *(carte Sud de l'île, A1, **37**)* **:** *la 1re adresse en quittant l'aéroport, en bord de plage. ☎ 040-03. 032-07-090-48. • princesse-bora.com • Pour les « Charme », compter 165-195 € pour 2 en ½ pens, et pour les « Luxe » ou les « Executive Beach » (avec AC) 190-415 € pour 2 en ½ pens. Carte Visa acceptée. (dans des zones dédiées).* Une adresse de charme, assez rare en fait. On vient vous chercher en charrette à zébus à l'aéroport (!), puis on vous accueille chaleureusement. Le fringant propriétaire, Fifou pour les intimes, est un *zanatany,* fils d'une grande famille de l'île et passionné de baleines. Ici, l'atmosphère réconcilie passé et modernité, depuis les confortables bungalows en dur et en bois (en bord de mer) aux repas servis avec classe et simplicité, en passant par la longue et superbe piscine qui longe la plage. Un grand souci du détail et du confort. Quant aux suites, c'est vraiment le grand jeu. Les généreuses baies vitrées sur 3 côtés accentuent le sentiment d'espace. Grande baignoire en *tadelakt* dans la suite elle-même, pour des bains aromatisés (sur demande). L'ensemble, en tout une vingtaine de bungalows, possède un charme fou, mais ce n'est pas simplement un lieu, c'est aussi une atmosphère, toute de délicatesse et de bonne humeur. Bar face à la mer et belle collection de rhums arrangés (et cave à vins bien fournie). Apéro au bout d'un long et superbe ponton au coucher du soleil, avec transat de luxe, simple ou double pour un câlin tranquille. Service au top. Signalons aussi, ouvert également aux non-résidents, le super resto ***Beach Grill,*** aux tarifs vraiment raisonnables. Carte élaborée, mais aussi des pizzas tout simplement, vraiment excellentes et cuites au feu de bois. Sinon, le chef prépare le zébu avec délicatesse et les brèdes comme un magicien. Le plateau de la mer (pour 2) n'est pas en reste. Durant l'hiver austral, on vit ici au rythme des baleines. À noter que l'on vous fait toujours un super tarif pour la 2e sortie. Le *Princesse Bora Lodge* possède par ailleurs un ***Jungle Spa,*** construit sous la forme d'une grande case ronde africaine. Concernant les vins, une fois par semaine, dégustation gratuite « Sur la route des cépages », faisant le lien entre Sainte-Marie et les anciens comptoirs des Indes. On peut même y découvrir un bon vin malgache ! Dernière info, c'est aussi un excellent club de plongée, le ***Bora Dive*** (voir la rubrique « Où plonger à Sainte-Marie ? »), proposant toutes sortes de plongées (notamment de nuit) et formations.

## Où boire un verre ? Où sortir ?

**La Case à Nono** *(carte Sud de l'île, A-B1, **70**)* **:** *un peu au sud des Villas de Vohilava. Ouv en principe jeu, sam et veilles de j. fériés à partir de 21h30 env (mais venir à partir de 23h, c'est plus animé). Entrée à prix dérisoire.* La boîte la plus connue de Sainte-Marie. Bonne ambiance, franchement amicale, à coups de punch, bière et musique. Le lieu est tenu par Nono, un personnage sympathique, qui surveille son petit monde de près, et qui joue le rôle de grand frère pour tous les jeunes. Il fait plein de choses pour les gamins de l'île (matchs de foot le dimanche, basket, volley...). C'est son fiston qui met la musique, DJ Gino ! Très bon enfant.

**Relax Space** *(carte Sud de l'île, B1, **71**)* **:** *en bord de piste, côté route, sous une grande paillote ouverte. ☎ 901-61.* Une petite halte plutôt agréable. On s'y arrête pour une bière bien fraîche.

**Le Pirate :** *à Andapanongoy.* Un bar tout en bois.

## À voir

**Le parc zoologique et botanique Endemika** *(carte Sud de l'île, B1)* **:** *sur la piste principale. Tlj sf dim 8h-12h, 14h-17h. Entrée : 15 000 Ar adulte et 5 000 Ar enfant. Visite guidée.* Une heureuse initiative, gérée par Éric de l'hôtel *Mirana Plage.* Si l'entrée de ce petit parc peut paraître un poil chère, c'est que non seulement l'argent sert à entretenir le parc, mais il permet aussi d'organiser des visites gratuites pour les écoles de l'île et de les sensibiliser à la richesse de la faune et de la flore de Sainte-Marie. On le soutient donc sans hésiter ! Sur 0,5 ha, on a réuni ici une bonne partie de la faune et de la flore endémiques de l'île. Agréable petit parcours guidé, au cours duquel on découvre quelques beaux serpents (boas constricteurs), des caméléons aux couleurs improbables, notamment le *Furcifer oustaleti,* quelques spécimens de lémuriens comme le *Varecia variegata* ou le *Hapalemur griseus* (le plus petit du genre), des tortues (la *Heochelone radiata* notamment), sans oublier la grenouille-tomate (la petite *matela betsilo*)... Côté flore, on retrouve les arbres et plantes dont les graines ou fruits font la joie de nos petits plats : girofle, curcuma, avocatiers, canneliers, caféiers... ainsi que moult espèces d'euphorbes, de plantes médicinales, d'orchidées (il en existe près de 650 variétés à Mada). Une petite balade vraiment instructive. Petit bémol : on regrettera peut-être de voir les lémuriens en cage.



# L'ÎLE AUX NATTES

IND. TÉL. : 57

**L'impression de plonger dans une carte postale... Cette petite île toute ronde, située à 5 mn de pirogue au sud de sa grande sœur, est ourlée d'une frange de sable blanc. C'est un peu le point d'exclamation de Sainte-Marie. D'ailleurs, comment éviter le cliché à propos de cette petite île paradisiaque ? Impossible ! Commencez par vous rendre à la pointe sud de l'île Sainte-Marie, derrière l'aéroport, et louez les services d'une pirogue pour traverser (2 000 Ar par personne et par passage ; le double la nuit). La rêverie commence. Au fait, savez-vous pourquoi on l'appelle l'île aux Nattes ? On y trouvait un bois de charpentier, le *nanto,* dérivé du *nato,* et qui lui a donné le nom de *Nosy Nanto,* transformé curieusement en... île aux Nattes.**

**Pas d'électricité ni de véhicules motorisés sur l'île (quoique certains commencent malheureusement à vouloir y faire pénétrer des motos !). Les hébergements se situent tous en bord de mer, mais il faut marcher un peu le long de la plage pour accéder aux plus éloignés.**

## Où dormir ? Où manger ?

Des hébergements pour tous les budgets, et une boîte de nuit, la *Case à Beby,* au cœur de l'île, pour guincher sec certains soirs ! Comme on est un peu loin de tout et que les bungalows sont facilement accessibles, on conseille de confier vos valeurs au coffre (quand il y en a un) de votre hébergement. Attention, tous les hébergements ne disposent pas de l'électricité 24h/24. Mais ils ont tous un groupe électrogène, qui fonctionne en général jusqu'à 22h au moins.

### Bon marché

**Chez Tity** *(carte Sud de l'île, A2,* **40***) : non loin de Baboo Village, vers l'est. 034-04-065-80. • cheztity@gmail.com • Quelques huttes simplissimes avec sanitaires extérieurs (vraiment vétustes) et très bon marché (env 15 000 Ar). Pour les bandes de fauchés, il y a aussi une villa à louer.* Mais soyons honnêtes, c'est moins pour son hébergement que nous vous invitons à faire halte ici que pour sa table. Jean-Claude « Be », champion de chasse sous-marine, ancien chanteur et dessinateur, est surtout un bon cuisinier. Il prépare d'excellents poissons, qu'on prendra soin de commander en débarquant sur l'île.

**Bar de la Marine** *(carte Sud de l'île, A2,* **41***) : juste à l'arrivée des pirogues. 032-69-384-44. Quelques chambres sur l'arrière, env 25 000 Ar pour 2 ; et un bungalow familial pour 4 avec sdb privée, env 50 000 Ar.* On indique cette adresse surtout pour son bar-resto bien agréable, niché dans une maison en bois, sous les cocotiers. Zébu ou poisson, tout est bon. Le soir, mieux vaut commander.

### De prix moyens à chic

**Les Lémuriens** *(carte Sud de l'île, A2,* **42***) : l'adresse la plus au sud de l'île. 032-42-357-67. • les-lemuriens.com • Bungalows doubles env 30-37 €. ½ pens possible (de tte manière, on n'a pas bien le choix, y a pas d'autres restos dans les parages).* Pour être isolé, on est isolé ! Devant une bien jolie plage bordée de cocotiers, encadrée de gros rochers granitiques, on est au calme total. De petites huttes en forme de A, impeccables, charmantes et soignées, avec terrasse et moustiquaire, disposées en arc de cercle sur une jolie pelouse. En revanche, pas de sanitaires intérieurs. 2 salles de bains modernes et très propres, pour l'ensemble des 6 bungalows. Excellent resto et petit snack. Nombreuses excursions proposées et prêt de kayak pour se balader sur le lagon.

**Meva Paradis** *(carte Sud de l'île, A2,* **43***) : sur la côte ouest de l'île. 032-46-802-81. • mevaparadis.com • Double 35 € en hte saison.* Une poignée de bungalows au bord de la superbe plage qui ondule gentiment. Tranquillité totale. Ils sont un poil vieillots, simples, tous avec salle de bains et moustiquaire. Ensemble correct et on s'y sent bien si l'on choisit un bungalow juste devant la plage. Entretien du jardin pas toujours très régulier.

**La Robinsonnade** *(carte Sud de l'île, A2,* **44***) : sur la côte ouest, à env 20 mn à pied du départ des pirogues. ☎ 911-70. 032-40-445-99. • larobinsonnade.2ya.com • 12-20 € pour les bungalows petits et moyens (3-4 pers), 40 € pour celui dans les arbres.* Si les bungalows au sol au fond du jardin (entretien un peu moyen) sont simples et sans grand charme, il n'en est pas de même pour l'originale structure perchée dans un arbre et qui domine la plage. Tout en longueur, il abrite un grand lit et 2 petits. Vraiment sympa. Moustiquaire et chouette salle de bains peinte de scènes sous-marines et douche en souffle de baleine ! Possibilité d'y prendre ses repas.

### Plus chic

**Maningory** *(carte Sud de l'île, A2,* **45***) : sur la côte ouest. ☎ 902-58. 032-07-090-05. • maningoryhotel.com • Bungalows 36-51 €, un familial env 56 €. Transfert inclus dans le prix.* Une très jolie structure ourlée de

L'ÎLE SAINTE-MARIE

sable. D'abord, une douzaine de beaux bungalows en bois avec eau chaude, moustiquaire et des chaises sculptées dans le style *zafimaniry* sur chaque terrasse. Quelques bungalows directement face à la mer (les demander de préférence), les autres légèrement en retrait (un peu plus chic, donc un peu plus chers). Et puis, une bonne idée, cette grande salle de resto ouverte sur la plage avec ses sièges en pirogue tranchée. Excellente cuisine. Chaque jour, 2 plats différents. Pêche au gros (spécialité d'Alain, le proprio, vrai passionné) et excellentes sorties baleines (adhérent de *CétaMada*). Bon resto là encore. Une adresse de qualité, tant pour le logement que pour la table.

### Beaucoup plus chic

**Baboo Village** *(carte Sud de l'île, A2, **46**) : à deux pas de l'endroit où débarquent les pirogues. ☎ 905-63. 032-04-791-26. • baboo-village.com • Bungalows doubles 64-92 € selon saison. ½ pens (en plus) imposée à certaines périodes. Cartes de paiement acceptées (commission).* Des bungalows joliment décorés. Dilemme : ceux au bord du ponton – les 4 plus beaux – n'ont pas de toilettes à l'intérieur (situées juste derrière et privées). Ils offrent tous une petite terrasse-ponton. Ceux disposant de tout le confort sont situés un peu sur l'arrière (coffre, moustiquaire, douche chaude). Très propre, fonctionnel, plein de charme, superbe parquet, déco de goût, linge de maison élégant. Déco chaleureuse pour le bar-resto. De gros baobabs sculptés dans du métal dans les allées. Pas vraiment de plage directement devant, mais vue extra depuis les pontons. Bar sympa. Kayak et matériel de snorkelling à disposition des clients.

**Analatsara, maison et table d'hôtes** *(carte Sud de l'île, A2, **47**) : dans la partie sud-ouest de l'île. 032-02-127-70 ou 034-29-969-99. • analatsara.com • Bungalow 66 €/pers en ½ pens, avec ttes les boissons incluses. Également des villas entières à louer à la sem (avec femme de ménage et cuisinière à disposition – on donne ce qu'il faut pour faire les courses).* Jean-Pierre loue 3 maisons d'hôtes vraiment superbes. Architecture originale, arrangement intérieur astucieux, déco recherchée : tout a été pensé et c'est vraiment réussi. Également une grande maison pour 6 personnes, construite sur le même modèle que les autres, louée à la semaine. On est au bord de la plage, et le site est superbe. Par ailleurs, même si l'on n'y réside pas, on peut faire honneur à la table d'hôtes pour déjeuner, on ne le regrettera pas. Cuisine fraîche et réussie, à base de poisson évidemment.



## À voir. À faire

**La plage :** débitée quasiment au kilomètre, superbe et parfois déserte sur la côte ouest. Déprimant de beauté. À marée haute, très peu de sable disponible à certains endroits ! Enfin un truc désagréable à dire.

➢ **Balade à l'intérieur de l'île :** très beau, et ça change de la plage. Plein de petits hameaux et de rencontres sympas à faire. On se perd un peu entre les différents sentiers proposés, mais on retrouve bien vite son chemin en demandant aux villageois. Possibilité de rejoindre le *phare Blévec,* du nom de l'administrateur qui succéda à Sylvain Roux, offrant un joli point de vue.

## AU NORD D'AMBODIFOTATRA

**Si le Sud a plus la cote (à cause de sa côte et de son animation), le Nord n'est vraiment pas à négliger, d'autant que la route depuis Ambodifotatra – qui s'arrêtait à**

**Loukintsy jusqu'à récemment – est désormais bitumée jusqu'aux piscines naturelles. Tiens, saviez-vous que Loukintsy signifie Louis XV en malgache ?**
**Si vous décidez de pousser le plus au nord possible, prévoyez éventuellement un hébergement là-haut. Dans cette partie-là, on est vraiment loin de tout.**

## Où dormir ? Où manger ?

### De bon marché à prix moyens

■ |●| ***Hôtel Le Rocher, Chez Émilienne*** *(carte d'ensemble de l'île,* ***50****)* **:** *un peu au nord de l'*Hôtel Atafana*, sur la gauche (côté mer).* ☎ *912-98.* 📱 *032-57-568-42 ou 034-03-658-09.* ● *lerocher.emilienne.free.fr* ● *Compter 30 000 Ar pour 2 et 40 000 Ar pour 3.* Bungalows avec sanitaires intérieurs (douche chaude et moustiquaire). C'est simple et tout à fait correct. Jolie terrasse avec la plage devant, même si elle n'est pas véritablement baignable à cet endroit-là. Cette adresse, tenue par Émilienne et sa famille, est un des plus anciens hôtels de cette côte. Elle tient bien la route malgré les cyclones qui la ravagent régulièrement. Rebâtie après chaque catastrophe, elle grimpe doucement en confort. Petit salon coquet, avec terrasse, quelques bouquins à dispo et un peu d'artisanat. Accueil souriant. Constitue un bon compromis tranquillité-prix-confort. À deux pas, minuscule village de pêcheurs, ce qui permet d'être au contact de la population.

■ |●| Pour les plus aventureux qui ont une âme de Robinson, certains de nos lecteurs ne tarissent pas d'éloges à propos de ***Chez Médine et Vincent*** *(carte d'ensemble de l'île,* ***51*** *;* 📱 *032-41-094-18),* dans le nord de l'île (lire « À voir. À faire »), aussi bien pour l'accueil que pour la cuisine. Bungalows rudimentaires, autant le savoir, mais pas chers du tout. Pas d'électricité et calme total. Attention, on n'est pas en bord de mer mais à environ 2 km de la côte.

### Chic

■ |●| ***Hôtel Atafana*** *(carte d'ensemble de l'île,* ***52****)* **:** *au bout du petit village d'Antanandava, en contrebas de la route et à 12 km de la capitale.* ☎ *908-24.* 📱 *032-70-252-50 ou 032-43-620-55.* ● *atafana.net* ● *Pour y accéder, on traverse un adorable village de pêcheurs. Compter env 60 000 Ar pour 2 et bungalows familiaux à 80 000 Ar, donc vraiment attractifs. Possibilité de ½ pens (env 110 000 Ar pour 2).* Au bord de l'eau, une jolie structure plantée dans un agréable jardin ouvert, vaste et impeccablement tenu, ombragé par les cocotiers et les *atafana* (badamiers), avec un joli bout de plage baignable sur le devant. Bungalows bien conçus, en *falafa,* bois et *ravimpotsy.* Douche chaude et w-c pour tous, assez spacieux, arrangés avec simplicité et vraiment propres. Quelques bungalows familiaux également (pour 4-6 personnes) avec eau chaude et coin salon. Devant la plage, attention, quelques coraux, mais un passage permet d'accéder à l'eau sans risque. Très tranquille.

■ ***La Crique*** *(carte d'ensemble de l'île,* ***54****)* **:** *après le village de Loukintsy, par un bout de piste (bien fléché sur la gauche).* ☎ *902-45.* 📱 *034-03-117-25 ou 24.* ● *lacrique-saintemarie.com* ● *Tt le monde connaît. Navette aux arrivées d'avions (payante). Résa impérative. ½ pens possible et conseillée (car il n'y a rien d'autre dans le secteur), mais la nourriture est vraiment moyenne. Bungalow pour 2 sans sanitaires env 55 000 Ar, avec sdb env 100 000 Ar. Bungalow familial (4 pers) 119 000 Ar, prix intéressant. Quelques bungalows pour 5 pers également, intéressant pour les familles. Si vous ne venez que pour déjeuner, sachez que le resto est cher pour ce qui est proposé et la carte bien maigrichonne. Dommage !* Cette adresse connue comme le loup blanc attire les vacanciers qui ne souhaitent pas trop se casser la tête. Une affluence qui a malheureusement quelque peu standardisé l'accueil.

Les sympathiques bungalows (une dizaine en tout) sont alignés en rangs d'oignons sous les palmiers, sur une pelouse impeccable, face à la superbe crique en question, dotée d'un arrondi tracé au compas. C'est d'ailleurs plus une vraie plage qu'une crique. Conçus en semi-dur et en matériaux du pays, les bungalows s'avèrent particulièrement confortables, avec moustiquaire, douche, eau chaude et toilettes, sauf pour le moins cher, avec sanitaires extérieurs (eau froide seulement). Les plus : coffre à la réception, terrains de volley et de pétanque, ping-pong, location de VTT. Les gros moins : la propreté sommaire et le resto. Et comme on est loin de tout, on est un peu coincé. Isolement total, autant le savoir.

**Antafondro Lodge** *(carte d'ensemble de l'île, **55**) : à env 13 km de la capitale. ☎ 905-83. 032-70-060-73 ou 034-31-589-23. • antafondrolodge-madagascar.com • Compter env 60 000 Ar pour 2 et env 90 000 Ar pour 3-4 pers (intéressant).* De beaux bungalows en dur, disséminés sur un petit flanc de coteau et descendant doucement vers la jolie plage de sable. De bon confort, ils constituent un intéressant rapport qualité-prix. Tous avec sanitaires (douche chaude), moustiquaire et terrasse. Pas mal de goût dans la déco, mais l'ensemble manque vraiment d'ambiance. Éviter les grands bungalows familiaux situés de l'autre côté de la route, en contrebas, et qui pour le coup ne présentent aucun intérêt (pas de vue). Si vous faites une réservation par téléphone, bien préciser que vous voulez être au bord de l'eau. Resto à prix un peu élevé en revanche.

## Plus chic

**Natiora** *(carte d'ensemble de l'île, **53**) : env 500 m après avoir passé le village de Loukintsy, bien fléché à gauche de la route, puis par un chemin caillouteux qui descend en bord de mer. ☎ 906-56. 032-71-964-56. • natiora.com • Doubles 40-100 € selon saison. Également des bungalows plus grands pour 4-8 pers à prix intéressant.* Une belle adresse constituée par une poignée de bungalows devant une petite plage vraiment adorable, parsemée de gros rochers, qui donnent du rythme au paysage. Jardin soigné et quelques palmiers couchés... On se sent bien dans cet environnement, tout comme dans les bungalows qui offrent tout le confort attendu (eau chaude, moustiquaire, terrasse...). Bonne cuisine au resto, à tendance malgacho-italienne. Ceux qui opteront pour les bungalows familiaux disposeront d'une cuisine (pratique) et d'un grand salon.

**Sainte-Marie Lodge** *(carte d'ensemble de l'île, **56**) : à env 15 km au nord d'Ambodifotatra. 034-19-059-52. • hotel-saintemarielodge-madagascar.com • Compter 28-38 €/pers en B & B, selon période. Nombreuses formules. Possibilité de transfert depuis le port ou l'aéroport (payant).* C'est loin, d'accord. On est très isolé, OK. Mais si l'on vient là, c'est qu'on a choisi de passer quelques jours loin de tout (y venir pour au moins 3 nuits !). Et pourquoi pas, car le choix est bon. Le site est remarquable, et les 3 maisons dans l'esprit boutique-hôtel possèdent un vrai charme, entourées de pelouses plantées de cocotiers, et vos hôtes, Bertrand et Catherine, sont adorables. Des chambres « classiques », donc, réparties à l'étage de la demeure principale, mais aussi dans 2 autres maisonnettes, toutes élégantes et la plupart avec vue sur mer. Une grande suite (60 $m^2$) et un bungalow familial également. L'ensemble est doté de tout confort, avec ventilo, coffre et salle de bains stylée. Plein de petits détails dans la déco. Au grand salon commun, TV, bibliothèque et grands canapés. On s'y sent bien et les repas sont délicieux (heureusement, car aucun resto dans les alentours !). Terrain de volley sur la pelouse et piscine.

# À voir. À faire

➢ ***Balade jusqu'à la pointe Albrand*** *(carte d'ensemble de l'île) :* compter environ 30 km à partir de Loukintsy. Partir très tôt le matin pour rentrer dans la journée, mais

L'ÎLE SAINTE-MARIE

on peut aussi dormir dans le secteur sur la route du retour (mais peu d'adresses dans la catégorie « Bon marché »). En tout cas, formellement déconseillé de revenir à la nuit tombée. Quelques cascades en chemin. Aller d'abord jusqu'au village d'***Ambatoroa*** à 18 km au nord de Loukintsy et demander l'autorisation de visiter le petit *cimetière de marins* avec ses jolies statuettes. Interdiction formelle de toucher *(fady).* Prendre le chemin qui part vers la côte ouest sur 9 km ou celui qui part 4 km plus loin. S'arrêter d'abord au ***phare Albrand.*** Demander au gardien (s'il est là) l'autorisation d'admirer le magnifique point de vue dominant la région. Continuer ensuite vers ***Ambodiatafana,*** sa *piscine naturelle* en bord de mer et ses nombreux bassins, dont certains sont immenses. La mer passe au-dessus des rochers qui enferment l'eau. Surtout intéressant à marée haute, sinon vous risquez d'être un peu déçu. Ne pas s'y baigner sans l'accord des locaux à cause des *fady* en vigueur. De même, il est interdit de marcher sur les rochers avec des chaussures (mais on peut le faire pieds nus), et encore plus de s'épancher ou de manger autour des piscines naturelles. Bon, voilà, il ne vous reste plus qu'à faire demi-tour ou à loger *Chez Médine et Vincent,* un petit hôtel très couleur locale, pas cher et tenu par la fille d'un ancien marin, à environ 5 km des bassins, donc à l'intérieur des terres, sur la piste du retour.

# DANS L'EST DE L'ÎLE

**La grande boucle de l'Est est une belle balade à faire à moto (voir « À faire à partir d'Ambodifotatra » où l'on propose de faire cette boucle dans l'autre sens). Sinon, après Loukintsy, dépasser l'hôtel *La Crique* et, quelques kilomètres plus loin, prendre la piste qui part à droite (panneau « Paradis d'Ampanihy »). Faire environ 8 km dans les trous ou dans la boue, selon le climat du jour ou de la veille ! Prudence vivement recommandée et bien se renseigner sur l'état des pistes avant de se lancer. Traversée d'une belle végétation et de villages sympathiques. Intéressant pour ceux qui veulent sortir un peu des sentiers battus. Prévoir la journée.**



## Où dormir ? Où manger ?

### Bon marché

**⌂ |●|** ***Le Paradis d'Ampanihy*** *(carte d'ensemble de l'île,* ***60****) : à gauche avt le village d'Anafiafy. ☎ 906-87. Compter env 20 000 Ar le bungalow.* Pour une fois, on ne voit pas la mer. Les bungalows sont répartis dans un grand espace vert. Bien aménagés, même les moins chers, avec moustiquaire mais douche au seau et à l'eau froide (à l'intérieur) et w-c (à l'extérieur). Également quelques-uns avec douche, et d'autres familiaux. Cadre superbe et ensemble très propre. Bon choix de menus et de plats à la carte, comme le crabe farci ou le poisson sauce coco, la spécialité de la maison. Excursion en pirogue jusqu'à la presqu'île d'Ampanihy à travers un canal puis une mangrove (canaux au milieu d'une forêt de palétuviers) et la récompense au bout : une plage au bord de l'océan Indien.

### De plus chic à beaucoup plus chic

**⌂ |●|** ***Hôtel Club Paradise*** *(carte Sud de l'île, B1,* ***61****) : sur la côte est de l'île, à env 3 km de la route principale. 📱 032-82-223-58. Du sud de l'île, prendre à droite à l'angle du parc Andemika et suivre la piste cahoteuse sur env 500 m ; à la fourche, prendre à droite puis jusqu'au bout (env 800 m). Bien que situé sur la côte est, pour cette adresse, un véhicule n'est pas indispensable. De l'embranchement, compter 15 mn de marche, pas plus. Transfert sur demande (payant). Compter env*

*35 € le bungalow. Également 2 familiaux (2 chambres) 45-56 €. Compter en plus 16 €/pers pour la ½ pens (que l'on vous conseille).* Une poignée de bungalows, tenus par Carine et Thierry (et leurs filles), avec l'accent de Marseille. Une partie des bungalows est directement devant la plage (les autres un peu sur l'arrière). Plagette de sable blanc immaculé sur le côté, tenue impeccable, hyper tranquille. Environnement de toute beauté. Bungalows en dur et toit de palmes sympathiquement arrangés, coquets même, avec bout de terrasse pour chacun. Sanitaires, moustiquaire, coffre. Sur le devant, quelques cocotiers penchés, pour faire comme sur la carte postale. Un beau resto, également, ce qui évite de refaire de la route, puisqu'on est bien servi sur place, les pieds dans l'eau. Et puis, si vous trouvez qu'il y a trop de sel dans la mer, la petite piscine vous attend.

**Boraha Village** *(carte d'ensemble de l'île,* **62***) : à* ***Ambodevampeny****, au sud-est de l'île. ☎ 912-18. 032-54-547-68. • boraha.com • À proximité du village d'Ambodiforaha, accessible par une piste assez roulante appelée la « petite boucle de l'Est ». Du sud, avt d'arriver au village, prendre vers l'église (à droite de l'embranchement) et poursuivre tt droit sur 3,6 km. Transfert (payant) possible, de l'aéroport ou de la ville. On vous conseille la formule en ½ pens car il n'y a aucun resto autour. Compter alors 37-43 €/pers selon saison.* C'est une belle structure dans le genre chic, située dans un coin encore préservé. La douzaine de bungalows, tout confort (belle salle d'eau), en bois et en dur, fait face au lagon (ça souffle pas mal de ce côté-là). Jolie déco intérieure, avec petites fleurs, cadres aux murs, dessus-de-lit de qualité, douche agréable et terrasse privée sur laquelle vous attendent des transats et un hamac. Un certain luxe, mais chaleureux et familial tout de même. Superbe ponton, genre magazine de déco, depuis lequel on peut se baigner car il n'y a pas vraiment de plage à cet endroit. Côté cuisine, ça se défend pas mal également (euphémisme !). Mention spéciale pour le crabe à l'entonnoir, pour lequel on vient de loin. Un endroit bien conçu, un havre de paix et de confort. Plein d'excursions proposées : sur l'île aux Forbans, la baie d'Ampanihy, etc.



# LA CÔTE DU GIROFLE

**La côte du Girofle s'étend de la pointe à Larrée (le plus proche point continental de l'île Sainte-Marie) à la baie d'Antongil. Elle cache les plus belles forêts du pays, dont le noyau dur est resté inchangé depuis la nuit des temps : ce qu'on appelle la forêt primaire, constituée de troncs et racines gigantesques et d'enchevêtrements inextricables de lianes, telle qu'elle a toujours hanté l'imaginaire occidental. La côte possède par ailleurs quatre parcs marins.**
**En dehors du mois de mai, le meilleur moment pour la visiter oscille entre mi-août et mi-décembre, novembre se révélant idéal : il ne pleut pas encore (et les pistes ont séché), la mer se réchauffe sensiblement (mais attention aux rouleaux à certains endroits), le riz arrive à maturité pour sa seconde récolte (les paysages saturent alors de champs vert fluo qui accrochent divinement les premiers et derniers rayons du jour), les chemins regorgent de litchis, les villages s'emplissent d'une forte odeur de girofle, les lémuriens se montrent plus actifs en forêt (les bébés tentent leurs premières escapades hors du dos maternel), et les moustiques sont quasiment absents du paysage... Penser aux vivres car peu de gargotes en cours de route et aux lampes électriques (pas d'électricité dans certains coins).**

## Comment y aller ?

Véritable cul-de-sac, la région ne connaît aucun accès routier en dehors de la RN5, en passant par Tamatave. Si celle-ci peut mériter sa cotation nationale jusqu'à Soanierana, il en va différemment après. C'est un autre voyage qui commence, vers le bout du bout du monde, sur une des pires pistes de tout le pays, que peu de quatre-roues fréquentent, seulement des 4x4, dont quelques sporadiques taxis-brousse (voir « Arriver – Quitter » à Tamatave). Et, bien que tous les ponts aient été refaits à neuf, ce périple exige encore de franchir 13 cours d'eau à l'aide de bacs, la plupart motorisés. Tout cela explique que la récolte de litchis s'arrête à Soanierana alors que la production demeure extrêmement importante jusqu'à la péninsule de Masoala. Du coup, le prix du kilo est divisé par 10 (à 4 cents environ) quand on ne vous en fait pas carrément cadeau !

On trouve sur ce parcours les plus belles criques et plages de toute la côte est, renvoyant Foulpointe à un vulgaire bac à sable. Vous ne manquerez pas d'être habité par des désirs de bâtisseur : construire la maison de vos rêves ! L'idéal est de faire la route à vélo ou à moto, car ces décors éloignés de toute civilisation requièrent une certaine flânerie et de multiples arrêts. De toute façon, une voiture ne va pas plus vite, voire moins : les deux-roues traversent les embouchures sur des pirogues et ne sont donc pas dépendants des bacs qui peuvent se montrer défaillants, en attente de la marée ou en manque de carburant.

## LA BAIE DE TITINGA

**Une très agréable baie dont la partie nord se referme sur elle-même, ce qui la protège du vent et des vagues. Des promenades à pied ou à vélo sont réalisables, notamment dans la *forêt d'Ambodiriana* (protégée avec l'aide de l'association réunionnaise de Saint-Leu *ADEFA*), où l'on trouve une belle diversité de végétation, ainsi que des varis noir et blanc.**



### Où dormir ? Où manger ?

**Au Bout du Monde :** *à **Sahabevava,** au sud de la baie. 032-41-278-78. • ivoyage.fr/auboutdumonde • Bungalow 20 800 Ar.* Dans un jardin agréablement entretenu, face à la mer, cet établissement profite de son isolement pour s'étaler sur 450 m de plage. Le proprio est un ancien cyclo-globe-trotter, impatient de vous expliquer pourquoi il a finalement choisi de poser ses valises ici, au bout du monde... Cependant, si le farniente vous fatigue, Gilbert a prévu de vous faire découvrir la vie locale, ainsi que toutes sortes de randonnées à pied, sur ou sous l'eau. Prise en charge depuis Tamatave (à 6h de route).

**Au Bon Ancrage** *(Chez Wen-ki)* **:** *à **Manompana,** au nord de la baie. 032-04-673-53 (prévoir plusieurs j. pour la réponse). Double 10 400 Ar.* Le lieu est véritablement idyllique : la mer, particulièrement calme, car protégée du vent par la péninsule qui vient harmonieusement remplir l'horizon, et le jardin paradisiaque, sobre mais magnifique, tiennent lieu d'écrin à de petits bungalows réalisés avec soin. Pas d'électricité non plus, mais qu'importe ! Le cadre, idéal pour une famille, suffit à son bonheur.

## ANTANAMBE

**Une petite baie sympathique, au sein de laquelle niche un village de pêcheurs. Le *MNP* ne s'y est pas trompé et a installé un bureau en vue d'établir un accès direct au parc de Mananara-Nord qui puisse favoriser un pôle touristique. Malheureusement, le gardien des lieux est peu**

**coopératif, comme pour faire venir la vedette de Mananara dans l'optique d'aller visiter Nosy Antafana.**

## Où dormir ? Où manger ?

🏠 🍽 ***Tanymarina :*** *juste derrière le MNP.* 📱 *033-01-100-59.* • *info@tanymarina.com* • *(prévoir plusieurs j. pour la réponse). Double 30 000 Ar.* Plus connu sous le nom des propriétaires : *Chez Grondin,* une famille réunionnaise installée dans ce paradis perdu depuis 1993, un bail quoi ! Le cadre est un véritable havre de paix. Les bungalows sont beaux, les parties communes avec bar et salon particulièrement réussies. La restauration, menu unique selon les produits du jour, est de qualité. Des randonnées sont organisables à la carte. La meilleure adresse pour rayonner sur le parc de Mananara-Nord.

# SAHASOA

**Encore une agréable baie arc-boutée autour d'un village de pêcheurs. C'est le point de départ le plus proche pour visiter le parc marin de Nosy Antafana, sur lequel il est possible de camper (se renseigner auprès du responsable de l'antenne locale du *MNP*).**

## Où dormir ? Où manger ?

🏠 🍽 ***Gîte du MNP :*** *au centre du village. Chambre 10 000 Ar.* Assez récent et rustique.

## À voir

🏛🏛 ***Le parc national de Mananara-Nord :*** ☎ *53-327-07 (à Tamatave).* 📱 *033-12-692-30 (à Mananara).* • *mnn@parcs-madagascar.com* • *parcs-madagascar.com* • *Tarifs : 10 000 Ar/j. par pers, 25 000 Ar pour 4 j.* Le parc est constitué d'une part d'un parc marin autour de l'atoll d'Antafana et d'autre part de trois parcelles terrestres à l'intérieur d'un écrin forestier labellisé « Réserve de la biosphère » par l'Unesco depuis 1989. Quatre circuits vous attendent, suivant votre niveau et vos envies. Il existe au départ de Sahasoa un premier circuit terrestre relativement difficile qui traverse la forêt d'Ivontaka-Sud (à 3h de marche). Un autre, moins physique, traverse des champs de girofle et de vanille (vous y verrez peut-être des lémuriens, notamment des indris). Le circuit Varary quant à lui requiert un bon niveau d'endurance, sur deux jours, au milieu des paysages agricoles. Enfin, le plus facile d'accès, Nosy Antafana, est constitué par un ensemble de trois îlots ceints par un récif corallien de 1 000 ha. Amateurs de plongée, vous vous régalerez. C'est aussi un sanctuaire pour la roussette (chauve-souris) et nombre d'oiseaux qui viennent là se reproduire. Un site de camping a été aménagé sur l'île *(5 000 Ar/tente),* mais bien évidemment il faut apporter sa nourriture avec soi, et ce n'est pas à Sahasoa qu'il est possible de se ravitailler. Par mer calme, on peut atteindre l'atoll en pirogue en 1h depuis Sahasoa. En revanche, depuis Antanambe et Mananara, il faut faire appel à une vedette du *MNP,* qui coûte horriblement cher en fuel (325 000 Ar) ! Compter de 1 à 3h selon l'état de la mer. Mieux vaut donc contacter à l'avance la direction du parc pour la réserver.

# MANANARA-NORD

30 000 hab. (pour l'agglomération)

**Mananara-Nord est une ville de passage, une halte à mi-chemin entre Tamatave (à 290 km) et Maroantsetra (à 112 km). Les 30 km de piste la séparant de Sahasoa sont parmi les pires du pays ! On parle de réhabiliter la route, mais même les acteurs locaux du secteur touristique préféreraient conserver une piste en sable pour répondre à la demande de touristes aventureux (voir *Mad Aventure* à Tamatave)...**

## Arriver – Quitter

### En taxi-brousse (y compris 4x4 pick-up ou Land Cruiser)

■ ***Ko.Fi.Fen :*** *officine sur le rond-point.* *032-02-195-64.*

***Vers le nord***

➢ ***Rantabe :*** compter 13 000 Ar et 6-7h de trajet.
➢ ***Maroantsetra :*** compter 37 700 Ar en 4x4 et 9-10h de trajet.

***Vers le sud***

➢ ***Sahasoa :*** compter 15 600 Ar et 3h de trajet.
➢ ***Antanambe :*** compter 13 000 Ar et 4h de trajet.
➢ ***Soanierana :*** compter 40 000 Ar dans la benne d'un 4x4 (60 000 Ar dans la cabine) et 30h de trajet. Nuit à Antanambe, dans des hôtels miteux. Mais pas le choix si vous voulez repartir le lendemain aux aurores sans louper le départ !
➢ ***Fenoarivo :*** compter 44 200 Ar et 10-14h de trajet.
➢ ***Tamatave :*** compter 54 600 Ar en 4x4 et 18-20h de trajet.

## Adresses utiles

■ ***MNP :*** *à l'entrée sud de la ville, sur la route de Tamatave.* *033-12-692-30.* Vous trouverez là toutes les informations et la logistique nécessaires pour visiter le parc national de Mananara-Nord (voir plus haut à Sahasoa).

■ ***Trait d'Union Vert :*** *association de 5 guides régionaux créée à l'initiative de Marie-Louise.* *033-12-768-97. On peut la joindre aussi via les hôtels* Chez Roger *ou* Aye-Aye. Marie-Louise sillonne la région depuis des années, notamment en compagnie de chercheurs anglo-saxons, si bien qu'elle connaît les meilleurs sites forestiers et aquatiques à découvrir.

## Où dormir ? Où manger ? Où boire un verre ?

***Chez Roger :*** *au nord du rond-point, dans la rue de l'église du* FJKM. *033-14-265-33. Double 45 000 Ar, bungalow 26 000 Ar.* Un ensemble sobre, mais de vastes chambres toutes carrelées qui s'avèrent les plus confortables de la ville. Et en ce qui concerne la restauration (à un prix tout doux), nul doute qu'il s'agit là d'une des meilleures tables de toute la côte jusqu'à Diégo ! Certes, la concurrence est aux abonnés absents...

***Les Trois Arcs :*** *à l'ouest du rond-point où stationnent les taxis-brousse, en direction de l'*OTIV. *Double 13 000 Ar.* 2 beaux bungalows « en suite », propres et agréables (mais mal situés), ainsi que quelques chambres en dur. Restauration en face.

***Le Port :*** *même rue que* Chez Roger. *Double 13 000 Ar.* De petites chambres en dur, toutes de blanc carrelées.

***Aye-Aye :*** *en face de l'aéroport, en bord de mer.* *033-12-156-24. Bungalows double 20 800 Ar, familial (5 pers) 44 200 Ar.* L'hôtel le plus « luxueux » de la ville géré par

Jacques, alias « Rapido ». Eau froide, toilettes sales, mais bon accueil.

**Restaurant chinois :** *continuer la route après Chez Roger, puis 2e à gauche.* Petite salle kitsch, mais bon repas. Et ça change !

**Yoyo Beach :** *sur le front de mer, en direction de l'aéroport.* Une buvette bien placée et parfois très animée (le week-end).

## À voir. À faire

La ville possède une très belle plage bordée de récifs coralliens directement accessibles. Excursions possibles aux alentours : cascades (d'Ambavala, de Sandrakatsy), îles (Nosimborona, Nosy Manasy), balades en pirogue sur les rivières, cimetière sacré d'Andakandreky, etc.

**L'île aux ayes-ayes :** *11 700 Ar l'entrée, à laquelle s'ajoute un bon pourboire pour le groupe de pisteurs débusquant activement les fameux lémuriens nocturnes.* Vous êtes assuré d'en voir plusieurs et parfois de très, très près. Un site unique à Mada !

**Imorona :** beau spot de snorkelling (plongée avec masque et tuba) à 10 km au sud en direction de Tamatave.

**Le parc national de Mananara-Nord :** une randonnée sur 1 ou 2 jours (8 à 10h de marche au total) est possible pour rejoindre Sahasoa depuis Mananara, en traversant la réserve périphérique et le noyau dur de la parcelle d'Ivontaka-Nord.



# MAROANTSETRA

env 24 000 hab. IND. TÉL. : 57

**Maroantsetra (« beaucoup de sagaies ») tire son nom d'une ruse du roi Radama Ier, qui fit planter par son armée un nombre considérable de sagaies à l'entrée du village dans le but de faire croire à un surnombre à ses adversaires...**

**Aujourd'hui, Maroantsetra est une ville du bout du monde, quasi inaccessible par voie terrestre en saison des pluies. Même en saison sèche, nombre de 4x4 refusent de venir jusqu'ici. Pas vraiment de téléphone (d'où l'émergence du réseau cellulaire) ni d'Internet, des coupures d'électricité régulières, le pont reliant le centre-ville à la presqu'île s'est écroulé un beau matin de 2006. Tout se dégrade ici... Pourtant les habitants gardent le moral et beaucoup espèrent des lendemains dorés au regard des grands potentiels touristiques de la région : un repaire de pirates, des plages de rêve, une baie visitée par les baleines durant l'hiver austral, des parcs marins avec de beaux récifs coralliens, la plus belle forêt primaire de l'île, une faune exceptionnelle (ayes-ayes, uroplates, aigles serpentaires, *fosa,* vari roux, caméléons nains).**

**Attention, Maroantsetra est la ville la plus arrosée de tout Madagascar. Il y tombe 6 m d'eau par an ! Alors, si vous venez, essayez de le faire entre septembre et décembre...**

### TERRA INCOGNITA

*La forêt primaire de Makira recèle encore bien des parcelles inconnues, constituées d'une flore et d'une faune, jamais pénétrées par l'homme. Les cartes qui y réfèrent possèdent des taches encore blanches qui nous rappellent que certaines zones sont encore inconnues.*

## Arriver – Quitter

Maroantsetra est au bout de tout. Le moyen de locomotion le plus sympathique pour y parvenir à partir de Sonierana-Ivongo est le deux-roues, motorisé ou non. De l'autre côté, il est impossible de rejoindre à vélo Antalaha depuis Maroantsetra. La voie directe (via Ampokafo) n'est réalisable qu'à pied jusqu'à Marofinatra, puis en taxi-brousse jusqu'à Antalaha (en 4 jours). En revanche, il est possible d'atteindre le cap Masoala en bateau et, de là, de remonter en deux-roues jusqu'à Antalaha par la piste côtière.

### En bateau

➢ Pour ***Sainte-Marie*** compter 12 à 14h et 44 200 Ar, le double pour ***Tamatave.*** Départs assez fréquents pour la ***péninsule de Masoala,*** hebdomadaires pour ***Tamatave*** (via Sainte-Marie), beaucoup plus irréguliers pour ***Antalaha.*** On ne répétera jamais assez que le bateau demeure à Madagascar un moyen de transport dangereux. En 2003, le *Safia* coula au milieu de la baie d'Antongil, entraînant la mort d'une cinquantaine de personnes. Pour les entêtés : la traversée s'avère très « rock'n'roll », entassé sur des sacs de marchandises, au milieu des émanations de pétrole, sans gilets de sauvetage, mais dîner *gasy* inclus dans le prix !

### En avion

✈ ***Aérodrome :*** *à 7 km au nord-ouest de la ville.*

➢ Vols pour ***Antalaha, Tamatave*** et ***Tana*** 2 fois/sem env.

### En taxi-brousse (y compris 4x4 pick-up ou Land Cruiser)

🚐 ***Ko.Fi.Fen*** *(plan A-B1) : stationnement à l'hôtel du Centre. 📱 033-11-640-95.* Départs fréquents pour Mananara-Nord et Tamatave. Il est plus sûr d'aller réserver la veille au soir et de se faire confirmer l'heure de départ (7h-11h). Attention à ne pas devenir le dindon de la farce si vous souhaitez aller à Mananara : les départs sont fréquemment ajournés en raison du manque de clients. Il faut alors se ruer sur le taxi en partance pour Tamatave, en sachant que vous perdez toute priorité pour les sièges avant.

➢ ***Mananara-Nord*** *(taxi collectif) :* compter 40 000 Ar la place à l'arrière d'un bâché, 60 000 Ar à l'avant ou en 4x4, compter 24h env (4 j. durant la saison des pluies). Route très dangereuse, les ponts et multiples bacs risquent de céder à chaque passage.

➢ ***Tamatave*** *(taxi collectif) :* compter 90 000 Ar la place dans un bâché, ou trajet en 4x4.

## Adresses utiles

■ ***Bureau MNP-WCS*** *(plan B1,* ***1****) : derrière le marché, après la poste sur la gauche. ☎ 22-632-53 ou 54 (à Tana). • pnmasoala@moov.mg •* Si les entrées du parc de Masoala et de la réserve de Nosy Mangabe sont raisonnables (10 400 Ar), les tarifs des guides sont parfois exorbitants (pour Mada), notamment quand il s'agit de traverser la péninsule à pied pour rejoindre le SAVA, la côte de la Vanille. Un autre trek éprouvant consiste à faire le tour de la presqu'île de Masoala en 15 jours (voir Antalaha) ! On peut se contenter de celui qui rallie Ambanizana à Andranobe ou à Antalaviana, et qui permet de voir le vari roux, ainsi que le bamboo lemur crépusculaire, le lémur fauve ou des oiseaux, tel le helmet vanga... On peut aussi rejoindre Ambanizana en bateau. Et puis, bien sûr, il y a la visite incontournable de Nosy Mangabe. Sans oublier l'observation des baleines en août et septembre (avant, la mer est trop agitée).

✉ ■ ***Poste et téléphone*** *(plan B1) : derrière le marché.* Communications téléphoniques à l'intérieur de la poste (il faut passer par un opérateur pour les appels dans les 2 sens ; pas d'indicatif).

■ ***BOA*** *(plan B2,* ***2****) : lun-ven slt*

*le mat.* L'unique banque en ville délivre de l'argent avec une carte *MasterCard* moyennant commission et au taux de Tana. Prévoir un bon délai (48h) suivant la communication avec Tana. Devises acceptées (commission).

■ ***Représentant Air Madagascar*** *(hors plan par B1,* ***3****) :* c/o Société Ramanandraibe Exportation, *à l'entrée de la ville.* 033-07-316-00. *Lun-ven.* Reconfirmation (obligatoire) et vente de vols intérieurs.

■ ***Station-service Solima :*** pour ceux qui seraient venus en 4x4. Se méfier néanmoins des éventuelles pénuries !

■ **Location de 4x4 : Ko.Fi.Fen** *(contacter les chauffeurs stationnés à l'*hôtel du Centre*).* 033-11-640-95.

■ **Location de bateaux : Adrien** *(plan B2,* ***4****) est le loueur le plus apprécié.* 033-12-334-01. *Sinon, contacter* ***Explorer Madagascar*** *(plan B2,* ***7****), ou encore* ***3M Loisirs*** *(plan B2,* ***6****). Tarifs : pour la réserve de Nosy Mangabe, 44 200-135 200 Ar/pers l'A/R selon nombre de passagers ; pour les plages de Navana et d'Iharaka : 92 300-244 400 Ar/pers l'A/R selon nombre de passagers ; pour les lodges du parc Masoala : 148 200-460 200 Ar/pers l'A/R selon nombre de passagers ; pour le cap Masoala : loc du bateau 1 352 000 Ar l'A/R, max 4 pers ; pour l'observation des baleines : 67 600-189 800 Ar/pers l'A/R selon nombre de passagers. Si vous désirez passer 1 ou plusieurs nuits sur place, la mobilisation du bateau coûte 32 500-41 600 Ar/nuit.*

■ ***Accrobranche avec Mad'arbres :*** *rens auprès du bureau de* Chez Arol *(plan A2,* ***8****).* 033-12-343-17. • *madarbres@yahoo.fr* • *Ouv sept-nov.* Exécuter au cœur de la péninsule de Masoala des évolutions aériennes à la cime des arbres, en toute sécurité, suivant un parcours permettant de découvrir la nature sans lui porter atteinte. Accessible à tous et à toutes les bourses.

## Où dormir ? Où manger ?

### Très bon marché

|●| ***Au Bon Goût*** *(Chez Aïcha ; plan A-B1,* ***30****) : rue principale, près de la pharmacie.* Pâtisseries orientales sucrées et salées pour les petites faims.

⌂ ***La Pagode*** *(plan A-B1,* ***21****) : rue principale, un peu plus bas que l'*hôtel du Centre. 032-42-185-25. Les meilleures chambres de la ville dans cette catégorie, hélas sanitaires pas très propres.

### Prix moyens

⌂ |●| ***Coco Beach*** *(plan A2,* ***22****) : sur la presqu'île, à droite après le pont.* 033-12-057-19. Bungalows avec douche (froide) mais sans w-c (préférer ceux de *La Pagode*). Pour les autres, bien plus agréables, avec eau chaude et w-c. L'ensemble demanderait un meilleur entretien, voire de réelles améliorations. L'établissement vit sur ses acquis... qui se dégradent, à l'image de la ville. En revanche, la restauration, au bord de l'eau, est de qualité et à des prix raisonnables. Le steak au poivre de la région est divin ! Balades sur la rivière en pirogue à moteur.

### Plus chic

⌂ |●| ***Masoala Resort*** *(hors plan par A2,* ***23****) : sur la presqu'île, poursuivre au-delà du Coco Beach. Joindre Mme Véro au* Relais Masoala de Tana *:* 032-07-901-84. *Ou passer par* Cortez Expéditions *:* ☎ 22-632-53. • *relaisdemasaola@cortezexpeditions.mg* • *Bungalows 85 000-105 000 Ar avec eau chaude (quand ça marche !) et AC.* Face à Nosy Mangabe et à la baie d'Antongil, des bungalows tout équipés sous les palmiers qui ont mal vieilli. Terrasse, grande salle de bains, moustiquaire, et le charme du bois au milieu d'un environnement séduisant. Jolie salle de resto où l'on vous sert un menu

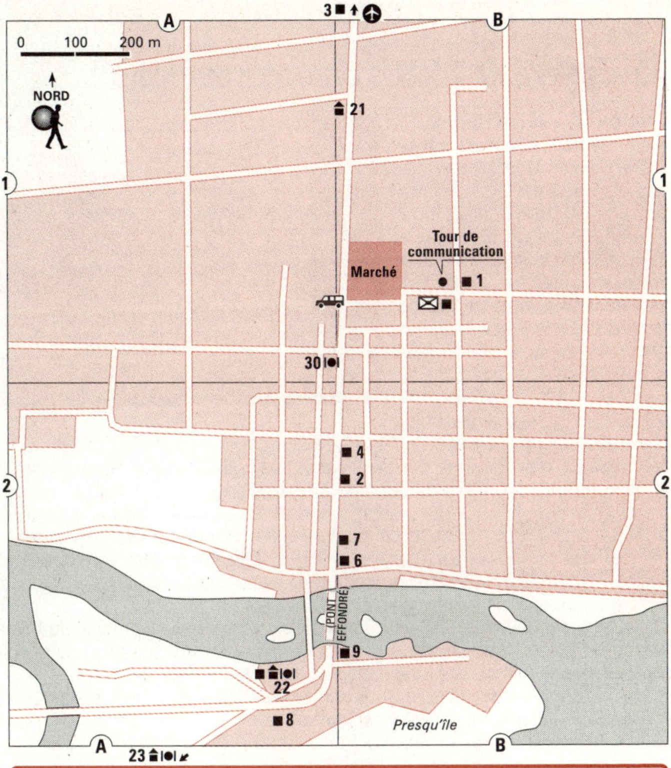


MAROANTSETRA

| ■ Adresses utiles | Où dormir ? Où manger ? |
|---|---|
| Ko.Fi.Fen | **8** Accueil du lodge Chez Arol |
| **1** Bureau MNP-WCS | **9** Accueil du lodge Tampolodge |
| **2** BOA | **21** La Pagode |
| **3** Représentant Air Madagascar | **22** Coco Beach et Accueil du Masoala Forest Lodge |
| **4** Adrien | **23** Masoala Resort |
| **6** 3M Loisirs | **30** Au Bon Goût |
| **7** Explorer Madagascar | |
| **8** Mad'arbres | |

unique, selon l'humeur et les achats du chef. Excursion en pirogue sur l'île de Nosy Mangabe ou sur les canaux environnants. Et une piscine toute belle pour ceux qui préfèrent flemmarder...

Les routards de passage ne tarissent pas d'éloges sur les chambres d'hôtes de l'***Hippocampe,*** avec Max et sa femme Fatima aux commandes. *032-64-418-99 ou 06-61-40-76-45 (en France). • madahippocampe.com/ • Compter 40 € la nuit.* Max est incollable sur les poissons. Souvenirs de son passage par l'aquarium d'Étretat... Bungalows spacieux et resto très bon. En revanche, leur autre adresse dans le parc de Masoala peut être évitée.

# DANS LES ENVIRONS DE MAROANTSETRA

## *LA RÉSERVE SPÉCIALE DE NOSY MANGABE*

Compter 30 mn en bateau à moteur. Certains hôtels, le bureau *MNP-WCS* de Maroantsetra et les guides peuvent vous trouver un bateau et, parfois, vous louer de l'équipement de camping si vous souhaitez dormir sur place. Prévoir des vêtements étanches. Allez, en route vers le fief du pirate John Avery !

Quelques vestiges historiques sur l'île, comme le cimetière ou les rochers de la plage des Hollandais, qui servirent de boîte postale au cours du XVIIe s, si l'on en juge les inscriptions gravées dessus...

Côté faune, la star nocturne des lieux est le aye-aye ou *Daubentonia madagascariensis,* introduit en 1967 afin d'enrayer sa disparition. Un animal quasi mythique qui a longtemps effrayé la population, avide de légendes sur son compte (lire la rubrique « Lémuriens » dans le chapitre « Hommes, culture, environnement »). Ses confrères sur l'île se nomment lémur fauve *(Eulemur fulvus),* vari (ou *Varecia variegata*) et le microcèbe roux, un nocturne. À noter, la présence des *Uroplatus fimbriatus,* ces geckos à l'incroyable camouflage, les caméléons *Brookesia,* les grenouilles *Mantella* et des serpents (inoffensifs), dont un est sûrement endémique de Nosy Mangabe. Côté flore, il n'y a plus de forêt primaire en raison de la colonisation humaine, mais cette forêt humide reste très dense.

Et puis, entre juillet et septembre, vous aurez peut-être la chance d'apercevoir des baleines à bosse snobant les eaux de Sainte-Marie !

### BOUCLES D'OREILLES DES PIRATES

*Ce n'est pas une légende, les pirates portaient bien des boucles d'oreilles. Ces anneaux avaient la réputation d'éviter la noyade et d'améliorer la vue. De plus, si les matelots mouraient loin de chez eux, ces boucles en or étaient destinées au prêtre, afin de payer leurs funérailles.*



## *LE PARC NATIONAL DE MASOALA*

Avec 230 000 ha, le parc de Masoala, créé en 1997 sur la presqu'île du même nom et dont cinq parcelles sont inscrites au Patrimoine mondial de l'Unesco depuis 2007, recouvre la plus grande surface protégée, mais aussi l'un des derniers grands espaces naturels et sauvages du pays. Différents parcours balisés sont en projet, mais il est déjà possible de parcourir certaines pistes en boucle aux alentours de Tampolo, ou bien d'emprunter le chemin côtier jusqu'au cap Masoala. Cette forêt primaire encore peu visitée est l'une des seules au monde à se jeter dans une mer calme, si bien qu'une faune rare est encore préservée sur tout le littoral. Le parc est encore peu fréquenté des Français, alors qu'il est déjà très connu pour la beauté de sa forêt, la richesse et la diversité de sa faune comme de sa flore chez les chercheurs anglo-saxons (présents avec *WCS*) et les touristes helvètes. Ces derniers affluent en nombre depuis que le zoo de Zurich *(• zoo.ch •)* a recréé sous serre l'écosystème de Masoala, en y regroupant tous ses animaux disséminés jusqu'alors dans les zoos du monde entier. Parmi les plus connus, on retrouve le vari roux (propre à Madagascar et donc unique au monde), le aye-aye, le *fosa,* la grenouille-tomate, le hibou rouge, l'aigle serpentaire ou l'eurycère de Prévost (un bel oiseau au bec bleu). Sans oublier la présence des baleines dans la baie d'Antongil de juillet à septembre. Par ailleurs, le site comporte trois parcs marins qui assurent la préservation de récifs coralliens, d'herbiers marins et de mangroves : Tampolo à l'ouest (plan « sous-marin » plastifié), Masoala au cap sud (décor de rêve aux abords d'un site hautement sacré), Tanjona à l'est. Mais tout n'est pas paradisiaque : avec une moyenne de 8 m de précipitations annuelles, Masoala est l'un des endroits les plus trempés du monde !

## Masoala, bois de rose en danger !

En 2009 et 2010, le parc national de Masoala a défrayé la chronique du monde écologique. Comme l'Indonésie, Bornéo, le Brésil et bien d'autres pays tropicaux possédant encore une forêt primaire, Madagascar n'est pas à l'abri des coupes sauvages et du trafic de bois. Ici, il s'agit de bois de rose, essence précieuse et théoriquement protégée. En 2009, profitant de la crise politique et de la faiblesse du pouvoir, les coupes et la revente de bois de rose ont explosé. Selon certaines sources, des centaines d'arbres ont été coupés chaque jour, partant par conteneurs entiers pour la Chine, principal client, peu regardant sur l'origine du bois. Selon le zoo de Zurich (voir plus haut), très impliqué dans la protection du parc et qui s'est ému de cette catastrophe, plusieurs milliers de personnes sont sur place pour organiser ce trafic à une échelle difficilement évaluable. Lors du sommet de Copenhague en décembre 2009, ce scandale a été dénoncé, ce qui a provoqué une grande émotion au plan international. Pourtant, les ONG sont désarmées. En effet, la Haute Autorité malgache (qui fait office de gouvernement en cette période de transition politique) a légalisé l'exportation des coupes faites illégalement les années précédentes, selon la théorie suivante : puisque c'est coupé, mieux vaut en tirer profit ! Selon des sources locales fiables, l'exportation de ce bois déjà coupé sert de faux-nez aux coupes actuelles, qui ont redoublé. Il semble que personne ne maîtrise vraiment la situation mais, ce qui semble certain, c'est que durant la vacance du pouvoir (2009-2013), un grand nombre de personnes ont profité grassement de la situation. Les coupes de bois de Masoala ne sont pas près de cesser et sont en train de défigurer de manière irréversible ce joyau de l'humanité.



## Atteindre et parcourir la péninsule

À partir de Maroantsetra, on accède aux environs du parc marin de Tampolo en bateau à moteur (en 1h30 avec une vedette louée, en 4-5h avec un bateau local ; 10 400 Ar) ou bien en pirogue et à pied (en 2 j.). Le dernier jour de marche, à partir d'Ambanizàna, on pénètre dans le parc national : il faut donc s'acquitter de l'entrée et prendre un guide. Parmi la population locale, certains ont reçu une formation de guide-pisteur : ils connaissent les chemins et les difficultés et savent trouver et montrer la faune et la flore locales ; en revanche, ils ne parlent pas le français et ne donnent donc aucune information. La limite sud du parc s'arrête à Ratranavona. Il est possible de poursuivre le chemin côtier jusqu'au cap Masoala (le site est magnifique), puis de remonter jusqu'à Antalaha par la piste du littoral (voir à Antalaha). En plus des lodges locaux, on trouve à Antalaha, Sambava, Andapa ou Diégo des agences qui organisent très sérieusement le tour de la péninsule à pied, à vélo, en kayak ou en bateau.

## Où dormir ? Où manger ?

Il existe à l'heure actuelle 2 abris pour tentes (compte 3 000 Ar) aux villages d'Ambanizàna et de Marofotatra (qui possèdent aussi de petites épiceries), ainsi que 3 lodges répartis aux alentours du parc marin de Tampolo, mais qui ont un bureau d'accueil sur la presqu'île de Maroantsetra. Ils sont souvent pleins en novembre.

**Masoala Forest Lodge :** *accueil au fond du jardin du Coco Beach (plan A2,* ***22****).* • *info@masoalaforestlodge.com* • *masoalaforestlodge.com* • *Début mai-début janv. Tarifs tt inclus 1 275-2 446 €/pers selon durée du séjour (3-7 nuits).* À Antalaviana, au sud du parc marin (compter 2h de transfert en bateau), un écolodge de bungalows luxueux en chaume, cachés dans la forêt le long du rivage, avec un accès privé à la plage et une vue imprenable sur la forêt et la mer. Les 7 bungalows comprennent une tente safari équipée d'une moustiquaire et d'un paravent, d'une salle de bains attenante, de l'eau chaude, de meubles en bois de palissandre et d'un éclairage solaire. Repas bio.

**Chez Arol :** *accueil à Maroantsetra (plan A2, **8**), bureau à 50 m à droite après le pont quand on vient du sud, en face de la gargote* Rive Droite. *032-40-889-02 ou 033-12-902-77. • ecolodgechezarol@gmail.com • arollodge.free.fr • Lodge à Ambodiforaha, 1,5 km au nord du parc marin de Tampolo. Doubles 40 000-80 000 Ar, sans ou avec sdb, eau chaude. Menu 10 €. Formules avec nuit dans un hôtel de Maroantsetra.* Peu nombreux et très bien réalisés (notamment ceux avec toutes les commodités), les 8 bungalows sont particulièrement agréables à vivre. Ils sont implantés en quinconce dans un petit jardin, coincé entre la plage et le parc de Masoala. Les repas sont délicieux et originaux. Un four à pain permet de savourer d'excellentes tartes maison ou des viennoiseries le matin. Cet écolodge (qui fonctionne avec la participation de la population locale), bâti par Armand, le guide le plus réputé de Maroantsetra, et Olivier, un Français passionné d'ornithologie, possède un accès direct au parc de Masoala. C'est assurément le lodge le mieux situé des 3, notamment pour apercevoir les varis roux. Une station fixe à hauteur de la canopée est en préparation. Diverses formules à la carte de 1 à 7 jours (tout inclus) sont proposées à partir de 900 000 Ar : elles comprennent le transfert en bateau, la pension complète, les visites et activités dans les environs (Makira, Nosy Mangabe, baleines en saison, observation de la faune et de la flore, trek, snorkelling, plongée avec bouteilles, accrobranche). Activités flexibles, selon les intempéries et les opportunités.

***Tampololodge (Explorer Madagascar) :*** *032-42-713-37, 034-31-747-97 ou 034-93-602-21. • tampolodge@yahoo.fr • tampolodge.marojejy.com •* Bureau de liaison à Maroantsetra *(plan A2, **9**)*, et organisation de séjour à Masoala en pension complète comprenant les visites guidées du parc et des villages, des excursions en bateau (notamment sur la rivière Tampolo), du trekking entre le cap Masoala et Tampololodge, la visite de la réserve de Nosy Mangabe sur la journée, les transferts en bateau. Lodge italien installé au nord du parc marin de Tampolo, là où jadis se trouvaient les installations du *Radeau des Cimes* (une expédition scientifique qui surfait sur la canopée afin de glaner de nouvelles substances pharmaceutiques).

# LA CÔTE DE LA VANILLE

**SAVA est l'appellation administrative de cette côte. On la doit aux initiales des quatre grandes villes de la région : Sambava, Antalaha, Vohémar et Andapa. La dernière en est le grenier à riz tandis que l'avant-dernière se spécialise plutôt dans l'élevage de zébus. Les deux autres, quant à elles, se disputent le titre de capitale de la vanille. Car le nord-est de l'île est bien le pays de la vanille, cet or brun qui fait la richesse de la région et qui est l'une des exportations**

### LA VANILLE, UNE ORCHIDÉE DE MARQUE

*Cette orchidacée venue du Mexique fut introduite à la fin du XIXe s par des planteurs réunionnais qui trouvèrent sur cette côte un climat chaud et humide idéal. Si elle pousse là aussi en liane sur les arbres ou sur des tuteurs, la pollinisation est effectuée à la main en lieu et place de l'activité naturelle des insectes ! Un sacré travail.*

principales du pays. D'où la volonté de l'État de réhabiliter les infrastructures locales, à commencer par les routes. Le plus bel asphalte du pays s'étale de Vohémar à Antalaha et de Sambava à Andapa ! Cependant, la région reste un cul-de-sac : une seule piste la relie à l'extérieur (de Vohémar à Ambilobe) et elle devient vite impraticable en saison des pluies (de juin à août et, surtout, de décembre à avril). Cette côte est alors livrée à elle-même et aux terribles cyclones qui viennent régulièrement la défigurer : Hudah, Gloria, Yare, Gafilo, Indlala ou Jaya, autant de noms associés par les locaux aux ravages subis entre 2000 et 2007. Bien demander alors un 4x4 en très bon état et un chauffeur efficace. Cependant, la région offre encore parmi les plus belles balades en forêt du pays : Daraina et ses chercheurs d'or au nord, Marojejy et Anjanaharibe au centre, la péninsule de Masoala au sud. Ces escapades de quelques heures ou de plusieurs jours s'adressent au dilettante comme au stakhanoviste de la marche, au chercheur comme au sportif, au solitaire comme à la famille. Ce fort potentiel de randonnées demeure néanmoins très peu fréquenté : c'est un secret encore bien gardé qui fait tout le charme du coin.

# ANTALAHA

env 75 000 hab. IND. TÉL. : 88

**La capitale mondiale de la vanille, comme on dit pompeusement, est une petite ville paisible tout occupée au traitement de son produit phare et à la construction de boutres. Paisible, lorsqu'il n'y a pas de cyclone... En mars et avril 2007, Indlala et Jaya ont fait des ravages par ici : près de 200 morts et disparus, 200 000 sinistrés, plus de 50 000 ha de rizières détruits, ainsi que 300 t de vanille exportable réduites à néant.**

## Arriver – Quitter

### En avion

✈ ***Aéroport :*** *à 12 km au sud de la ville.* *033-12-222-40.*

➢ Vols directs pour ***Tananarive*** lun et jeu.

### En taxi-brousse

➢ ***Ambodirafia (cap Est) :*** *gare routière du Sud, tt au bout de la rue principale.* Compter 5 200 Ar et 3h30-4h30 pour effectuer 32 km, en raison des nombreux arrêts et des 2 bacs à emprunter à Ambodipont et à Ambohitralanana (2h30 en 4x4, 3h à VTT).

➢ ***Marofinatra (en direction de Maroantsetra) :*** *quartier d'Andampy, au sud-ouest de la ville.* Compter 5 200 Ar et 3-4h de trajet (2h30 en 4x4).

➢ ***En direction du nord :*** *gare routière du Nord !* La grande majorité des taxis-brousse ne vont que jusqu'à Sambava (compter 5 200 Ar et 2h30 de trajet), mais il existe parfois des directs jusqu'à Diégo (quand la jonction Vohémar-Ambilobe le permet).

### En bateau

Des navires font très irrégulièrement (selon le temps et le nombre de passagers) la liaison avec ***cap Masoala, Maroantsetra*** (compter 44 200 Ar et 24-36h de trajet) ou ***Tamatave*** (75 400 Ar et 48h). Attention, le bateau demeure encore à Madagascar un moyen de transport très dangereux.

## Adresses utiles

■ Plusieurs distributeurs en ville. ***Banque BNI :*** *immanquable, près du front de mer. Lun-ven 7h30-11h, 14h30-16h.* Fait du change et possède un distributeur de billets *MasterCard.* Mais aussi à la ***BFV-SG,*** la ***BOA*** et à la ***poste*** (service *Western Union*).

■ **Air Madagascar :** *av. de l'Indépendance, à 20 m du front de mer, 3 rues avt la jetée. 📱 033-12-222-40. Lun-ven 7h-11h, 15h-17h.*

■ **Alliance française :** *bureau en face du port.*

■ **Agence consulaire :** *Edwige Amphoux. 📱 032-07-161-65.*

■ **MNP :** *sur le rond-point. ☎ 88-951-26. 📱 032-41-800-81. Fermé le w-e.* En raison du faible nombre de touristes et sous prétexte de devoir se déplacer loin de chez eux, les guides pratiquent ici des prix assez exorbitants pour le pays. Une solution pour se rendre à Maroantsetra par l'intérieur : faire le chemin sans guide jusqu'à l'entrée du parc (traversée en 2h) où l'on en trouvera un, puis poursuivre seul dès la sortie. Prévoir aussi les repas du guide dans le budget (2 000 Ar/repas) mais pas les nuits ni leurs transports.

■ **Tropic-Rando :** *☎ 88-909-44. 📱 032-42-946-14. • patrice.chasteau@moov.mg •* Durant 15 ans, Patrice a exercé ses talents de moniteur diplômé à VTT, en kayak ou canyoning à La Réunion. Dorénavant, ce Toulousain haut en couleur a jeté son dévolu sur la péninsule de Masoala, qu'il propose de découvrir à VTT ; certains de ces vélos sont améliorés avec un petit moteur d'appoint ! Il peut louer son matériel ou organiser tout un périple jusqu'à Maroantsetra qui, outre le VTT, peut se compléter de remontées de rivière en pirogue, de la découverte de massifs sous-marins (Tanjona, Masoala...), de treks en forêt, etc. Le tout à des prix très raisonnables.

## Où dormir ?

### De très bon marché à prix moyens (jusqu'à 52 000 Ar / env 16 €)

**Le Cocotier :** *près du rond-point principal. 📱 032-04-297-30. Moustiquaire et ventilo. Restauration gasy sf dim.* Le cadre fleuri est très plaisant au premier coup d'œil, mais il s'avère rapidement un cache-misère.

**Vitasoa :** *rue du Havre, à 60 m du front de mer, 3 rues avt d'atteindre la jetée. 📱 032-07-520-90. Fax : 88-956-67.* Chambres et bungalows neufs, carrelés de blanc, avec eau chaude et ventilo. La meilleure adresse dans cette catégorie. Fait aussi resto.

**L'Hôtel du Centre :** *dans une rue parallèle à la mer, proche du* Fleur de Lotus. Chambres impeccables, accueil adorable. Sanitaires communs rutilants. Très bon rapport qualité-prix.

### Chic (à partir de 52 000 Ar / env 16 €)

**Océan Momo :** *route du Stade, en bord de mer. 📱 032-02-340-69. • oceanmomo@blueline.mg •* Vastes bungalows confortables et arrangés avec goût. Très propre. Resto spacieux, un peu cher, mais l'accueil, le service particulièrement prévenant et les assiettes copieuses en valent la peine. L'adresse la plus chic d'Antalaha.



## Où manger ?

**Fleur de Lotus :** *rue qui part vers la jetée. 📱 032-04-539-05.* Comme son nom l'indique, la cuisine est... chinoise, correcte et pas chère du tout.

**Salon de thé – resto Chez Joice :** *50 m après l'église en venant du nord. 📱 032-07-765-14. Tlj.* Bons petits déj. Croissants et pains au chocolat chauds. Jus de fruits frais.

## À voir

**Construction de boutres :** *sur le front de mer.*

**Les ateliers de traitement de la vanille :** il faut avoir un véhicule pour aller les voir dans la région. Mieux vaut faire ça à Sambava. Y aller avant le mois de juin, fin de la saison, car pas de visite ensuite...

**La péninsule de Masoala** mérite qu'on s'y déplace, en dehors même de la visite du noyau dur du parc national (voir « Dans les environs de Maroantsetra »), difficilement accessible à moindres frais. La péninsule se prête à diverses randonnées, et les haltes dans les villages sont l'occasion de côtoyer le quotidien des populations locales (pêche, récoltes de la vanille, des litchis, du girofle...). Des *hotely* très propres offrent gîte et couvert pour 2 600 à 5 200 Ar. Un guide agréé *MNP* et un porteur coûtent respectivement 24 000/30 000 Ar et 15 600 Ar par jour, auxquels s'ajoute une prime de déplacement de 32 500 Ar. Ces tarifs s'avèrent excessifs pour le pays, surtout quand on sait qu'il n'est pas obligatoire d'être accompagné en dehors du parc national.

➢ D'abord, il est possible de rejoindre à pied ou en deux-roues (4 jours) l'extrémité de la péninsule par la piste côtière qui longe le littoral. On traverse ainsi la parcelle détachée d'*Andranoanala,* aux alentours du cap Est (accessible en taxi-brousse), et le *parc marin de Tanjona,* plus au sud, qui donnent un avant-goût des beautés terrestres et sous-marines du parc. Plus on avance et plus le temps semble s'être arrêté sur ce bord de mer défiguré par les cyclones, qui égrène de petits villages épars, composés de cases ceintes de barrières de *hasina* comme 300 ans auparavant. On se loge sans difficulté tout du long : à Ratsianaranana, à Ampanavona *(Chez Marie-Jo),* à Vinanivo *(Chez Marie-Hélène)* et au cap Masoala *(Chez Mme Aimée).*

➢ *Depuis le cap Masoala,* il est parfois possible de rejoindre *Maroantsetra* en bateau. Sinon, il faut poursuivre à pied par le chemin côtier qui traverse le parc national. Un guide est alors obligatoire et salvateur : il s'agit de franchir sur une petite semaine (Rantranavona, Antalavia, Tampolo, Ambazana, Mahalevona, Maroantsetra) une forêt primaire en milieu tropical humide. Le moindre accident peut devenir fatal. C'est la raison pour laquelle la plupart des agences organisant ce tour possèdent un bateau d'assistance, qui assure par ailleurs l'intendance. Car, bien évidemment, il ne faut guère compter trouver de quoi s'approvisionner sur cette partie du périple.

➢ Beaucoup moins aventureuse, mais cependant réservée aux très bons marcheurs, une variante *au départ du cap Est* consiste à rejoindre *Maroantsetra* en remontant le *fleuve Onive* en pirogue, depuis Ambohitralanana jusqu'aux villages d'Antanandavahely ou de Sakafary (3 à 5h selon la saison), puis de poursuivre à pied jusqu'à Ampokafo (3 jours). Bien qu'en partie dévasté par les cyclones successifs et la déforestation intensive (le fleuve demeurant le meilleur véhicule pour charrier les bois rares), ce tronçon demeure le plus sauvage et le plus beau à l'intérieur de la péninsule, permettant notamment d'accéder aux magnifiques *chutes de Bevontsira.* Attention, en amont comme en aval des chutes, la piste est infestée de sangsues qui tombent des arbres à votre passage et s'infiltrent là où elles peuvent pour trouver un peu de chair fraîche (voir la rubrique « Santé »). Il n'y a pas de village avant Ampokafo : il faut donc être équipé pour s'alimenter (on trouve toujours quelqu'un pour pêcher des anguilles ou des écrevisses) et dormir (sous tente).

➢ Enfin, il est possible d'atteindre *Maroantsetra* par la piste « normale » qui part de *Marofinatra* (accessible en taxi-brousse en 3 à 4h depuis Antalaha). De là, prévoir 4 jours de marche, même si les locaux font le trajet en moins de 48h. Les étapes habituelles sont Antakotako (en 4h30), puis Ampokafo (en 4h), Fizono (en 5h) et Andranofotsy (en 5h30) : de là, il faut prendre une pirogue pour gagner Maroantsetra (1h30 ; 5 000 Ar). Les deux étapes d'Antakotako à Fizono se font les pieds dans l'eau, soit en remontant les rivières, soit en longeant des rizières. Il n'y a pas de sangsues et très peu de moustiques. Entrée et guide obligatoire pour traverser le corridor du parc national.



## SAMBAVA

52 000 hab. IND. TÉL. : 88

**Grosse ville, véritable plaque tournante du commerce de la vanille et du café dans la région, Sambava possède aussi la plus grande cocoteraie industrielle du pays. La ville ne mérite pas pour autant une grande halte (sauf pour**

**acheter de la vanille en saison). La rivière Sambava découpe la ville en deux. Le centre et les principaux commerces se trouvent au sud du pont.**

## Arriver – Quitter

### En avion

➢ ***Antananarivo :*** 3 vols/sem.
➢ ***Tamatave :*** vols jeu et dim.
➢ ***Maroantsetra :*** 1 vol jeu.
➢ ***Diégo :*** 1 vol mer.

### En taxi-brousse

***Gare routière du Nord :*** *à Antanifotsy, au nord de la ville.* Départs tlj, en matinée pour les longues distances.
➢ ***Manantenina :*** compter 3 900 Ar et 2h de trajet (1h en 4x4).
➢ ***Andapa :*** compter 6 500 Ar et 3h de trajet (2h en 4x4).
➢ ***Vohémar :*** compter 7 800 Ar et 3-4h de trajet (2h en 4x4).
➢ ***Daraina :*** compter 15 600 Ar et 5h de trajet (3h30 en 4x4 en saison sèche).
➢ ***Ambilobe :*** compter 31 200 Ar et 10h de trajet (7h30 en 4x4 en saison sèche).
➢ ***Diégo :*** compter 40 000-60 000 Ar (benne 4x4, bus ou cabine) et 22h de trajet (moins en saison sèche).

***Gare routière du Sud :*** *à Ambodisatrana, au sud de la ville.*
➢ ***Antalaha :*** départs continus. Compter 5 000 Ar et 2h de trajet, route goudronnée.

## Adresses et infos utiles

■ ***Office de tourisme :*** *à côté de l'hôtel* Florençia, *sur la route principale, dans la partie sud de la ville, pas loin de la gare routière.* Pratique.
■ ***Banques :*** *ttes représentées sur la route principale, dans la partie sud de la ville. Ouv généralement lun-ven 8h-11h, 14h-16h.* ***BFV-SG,*** *distributeur, change et devises. À la* ***BNI,*** *distributeur. On trouve aussi des distributeurs à la* ***BMOI,*** *juste à côté, et à la* ***Caisse d'épargne,*** *à côté de la gare routière du sud.*
■ ***Air Madagascar :*** *bureaux en face du poste de police sur la route principale. ☎ 920-37 ou 58 (aéroport). Lun-ven 8h-11h30, 14h30-17h.*
■ Plein d'infos aussi chez ***Mimi Hôtel-Restaurant-Pâtisserie*** (voir « Où dormir ? Où manger ? »).
■ ***Taxis :*** plus de 300 en ville (que des 4L !).
■ ***Alliance française :*** *sur la route secondaire de la partie sud de la ville. 032-05-119-16. Mar-sam 9h-12h, 14h30-19h.* La plus grande Alliance du coin. Plus de 5 000 ouvrages, une scène pour les spectacles et des magazines.

## Où dormir ? Où manger ?

Eau chaude et télé (2 chaînes malgaches) quasi partout. Les hôtels les plus importants possèdent un groupe électrogène (coupures d'électricité fréquentes) et la clim dans toutes les chambres. En revanche, les moustiquaires sont rares. Toutefois, il n'y a pas vraiment de moustiques à la belle saison, d'octobre à décembre. Possibilité de se restaurer dans les hôtels où on loge, à condition le plus souvent d'avoir passé commande au préalable. Pas d'animation le soir.

### Très bon marché (jusqu'à 13 000 Ar / env 4 €)

|●| ***Coco Vanille :*** *route principale. 032-40-433-07.* Glacier-snack proposant une honnête restauration rapide (nems, *sambo,* brochettes, pizzas, croque-monsieur et grand choix de glaces). Sur place ou à emporter.
|●| ***Chez Antoine :*** *sur la route principale, au pied du* Victoria Hotel *(quartier d'Ambodisatrana).* Cuisine *gasy.*

LA CÔTE DE LA VANILLE

|●| ***La Dynastie :*** *route principale. 📱 032-02-603-59. Ouv midi (sf dim) et soir (jusqu'à 22h).* Carte très variée proposant la meilleure cuisine chinoise de la ville (rien de mirobolant cependant). Un peu d'attente quand c'est plein.

|●| ***La Boule d'Or :*** *dans le sud de la ville, sur la route secondaire, près de l'office de tourisme et de* Colis Express. Une pizzeria ! Tiens, ça change un peu du riz. Et les pizzas ne sont pas mauvaises du tout.

## Bon marché (13 000-26 000 Ar / env 4-8 €)

🏠 |●| ***Florencia :*** *quartier d'Ambodisatrana, en centre-ville. 📱 032-02-466-21.* 2 bâtiments, eau chaude et chambres bien rénovées et propres. À la bonne franquette. Ventilo, moustiquaire et même la télé ! Salle de restauration en terrasse sur le toit.

🏠 ***Nouméa Hotel :*** *quasi en face du* Cocotier Hotel, *sur la route secondaire. ☎ 967-33. 📱 032-02-635-86 (Andry). • noumeahotel@mel.moov.mg •* Chambres cubiques toutes blanches qui rappellent celles du pourtour méditerranéen. Pas de moustiquaire. Accès à la plage.

## De prix moyens à chic (26 000-104 000 Ar / env 8-32 €)

🏠 |●| ***Mimi Hôtel-Restaurant-Pâtisserie :*** *dans le nord de la ville. 📱 032-07-610-28. • mimi.hotel.resto@gmail.com •* 📶 L'établissement de Mme Sahondra Justine, aussi appelée « Mimi », est l'un des incontournables de Sambava. Hôtel de 16 chambres, de plain-pied ou à l'étage avec terrasse. Eau chaude, TV, ventilo, moustiquaire. 4 bungalows également, plus chic (50 000 Ar la nuit). Fait aussi resto, et quel resto ! L'un des plus courus de la ville *(8h15-14h30, 18h-21h30).* Cuisine malgache, chinoise et européenne. Quand on vous disait que Sambava était un carrefour ! Et les plus gourmands ne manqueront pas le salon de thé, avec croissants et autres gourmandises *(7h30-13h30, 15h-20h30).* Quant au fiston, il saura vous conseiller pour les balades alentour et vous proposer des tours, locations de voitures, transferts, etc.

🏠 |●| ***Las Palmas :*** *route secondaire, près de la mer. ☎ 920-87. 📱 032-40-073-72. • laspalmas.hotel@gmail.com •* 2 chambres climatisées dans le bâtiment principal et 6 bungalows (avec ou sans clim) disposant d'une mezzanine pouvant accueillir un lit supplémentaire. Le tout dans un jardin plutôt agréable. Restauration sur commande. Seul hic : cet hôtel a déjà fait l'objet de plusieurs vols importants.

🏠 ***Victoria Hotel :*** *quartier d'Ambodisatrana, en centre-ville. ☎ 922-80. 📱 032-02-129-11 (Andry). • victoriahotelsava@yahoo.fr • Moustiquaire, Canalsat, ventilo ou clim.* Établissement récent avec un salon-bar accueillant. Les chambres portent le nom de bois rares, dans lesquels est fait le mobilier de certaines. L'aménagement intérieur et les salles de bains des chambres les plus chères sont très réussis. Admirez celle en bois de rose !

🏠 |●| ***Le Carrefour :*** *route secondaire, bord de mer. ☎ 922-60.* Les chambres du bâtiment principal donnent sur un jardin entretenu, face à la mer. Elles sont agréables, très bien équipées (clim, TV, eau chaude, mais pas de moustiquaire) et certaines sont vraiment spacieuses. Éviter les chambres les plus éloignées de la réception : l'eau chaude tarde à y parvenir. Les chambres de l'annexe sont peu amènes. Restauration correcte.

# À voir. À faire

➢ ***Balade sur la rivière Bemarivo :*** *rens à l'office de tourisme ou auprès du* Mimi Hôtel *(demander Bruno, le fils de Mimi). Durée 8h-15h. Prix : 135 000 Ar (dégressif à plusieurs).* Visites de plantations de cacao, poivre vert, vanille, café, noix de coco, avec étapes en pirogue.

**Les coopératives de vanille et achat :** allez à la société *Tsaramandroso,* au nord de la ville, ou demandez conseil autour de vous. On peut également acheter de la vanille pas chère auprès de la société de conditionnement sur la route d'Andapa, 1 km environ après l'hôpital.

**La cocoteraie de Soavanio :** *route d'Antalaha.* L'une des plus grandes cocoteraies du monde, dont le produit est un hybride entre le cocotier nain de Malaisie et le cocotier géant d'Afrique ! Le résultat, c'est un rendement exceptionnel. S'adresser à l'hôtel *Las Palmas* pour visiter. Visite payante assez chère cela dit.

– **Marché :** *plus important mar.* On y trouve un peu de vanille.

**La plage :** ne pas se baigner sur la plage en ville. Aller à *Ambandrozonana,* à 3 km au sud.

## DE SAMBAVA À ANDAPA

**Balade jusqu'à Andapa :** partir de la gare routière d'Antanifotsy. Bonne route goudronnée et vue sur de magnifiques paysages. Si l'on osait, on dirait que ça nous rappelle un peu... les Vosges ! À l'arrivée, du haut du relais de TV, vue sur la plaine d'Andapa et les rizières. Rien d'autre à faire que de contempler, si ce n'est de visiter le parc national de Marojejy ou de partir en trek jusqu'à Maroantsetra à travers la réserve spéciale d'Anjanaharibe Sud (5 ou 6 jours de marche dans l'une des dernières forêts vierges de l'île). Ce parc et cette réserve sont des refuges uniques pour l'écosystème malgache le plus varié, en raison de grandes variations topographiques et de différences sensibles de température et de précipitations. *Entrée : 10 400 Ar pour 1 j. (dégressif sur plusieurs j.). Compter 15 600-20 800 Ar/j. pour un guide, 7 800-10 400 Ar pour un porteur, un cuisinier, un lit en bungalow, une place de tente ou encore l'usage de la cuisine.*

**Le parc national de Marojejy :** *à 60 km de Sambava et à 40 km d'Andapa. • info@marojejy.com • marojejy.com • Accessible à partir du village de Manantenina : un pont permet d'y aller (l'autre a cédé...) en voiture ; sinon, compter 2h de marche jusqu'à l'entrée à travers un très beau décor de rizières et plantations de café et de vanille. Prévoir des sacs légers (moins de 20 kg) + la nourriture pour le groupe, et arriver tôt le mat (7h). N'oubliez pas les gros pulls (les nuits sont fraîches). Tarifs : 10 000 Ar/j. par pers ; 25 000 Ar pour 4 j.*
Marojejy est peut-être le plus beau parc de l'île, comme s'il concentrait ceux de Ranomafana et de l'Andringitra sur le même site ! Cette « merveille de la nature », comme se plaisait à l'appeler son découvreur, le naturaliste Humbert, possède la propriété unique sur l'île d'être parcourue par une forêt primaire sur 2 000 m d'altitude. Dès lors, le parc présente une diversité rare en milieu tropical humide, allant des forêts de basse altitude aux fourrés de haute montagne en passant par une végétation de mousses et de lichens, abritant une flore et une faune extrêmement variées : 275 espèces de fougères, 35 de palmiers, 149 d'amphibiens et reptiles, 118 d'oiseaux... Et, parmi les 11 espèces de lémuriens, le fameux propithèque soyeux ou *Simpona.* Une rencontre moins heureuse est également possible avec des scorpions, tarentules, scolopendres, sangsues (mais rien de bien méchant, en fin de compte).
Un excellent parcours a été tracé depuis l'entrée (à 180 m d'altitude) jusqu'au plus haut sommet (à 2 132 m). Trois camps permettent des haltes intermédiaires (compter 2 à 3h entre chaque étape). La montée au camp 3, puis au sommet, s'avère très raide et glissante par endroits, nécessitant de jouer les équilibristes à travers un enchevêtrement de branches et de racines couvertes de mousse et de boue. Saleté garantie ! Heureusement, les points d'eau (cascades et rivières) sont nombreux, et les camps sont équipés d'une douche au seau. Les bungalows sont étanches. L'ambiance qui règne entre guides, porteurs et cuistots est

particulièrement chaleureuse. Pour augmenter ses chances de voir un *Simpona* (un groupe tourne autour du camp 2), demander un second guide (dit « pisteur »), qui partira en éclaireur (tandis que le premier restera pour fournir des explications). Dans ce rôle, Nestor est réputé le meilleur.

**La réserve spéciale d'Anjanaharibe-Sud :** *entrée au village d'Andasibe-Mahaverika, 20 km au sud-ouest d'Andapa ; accès très difficile pour s'y rendre en taxi-brousse ou 4x4 (compter 1 j. de trajet, 4 j. en tout A/R compris). Infos auprès de • info@marojejy.com • anjanaharibe.marojejy.com •*
Peu connue et pratiquement pas visitée, cette réserve est l'un des derniers sanctuaires totalement vierges de forêts de moyenne et de haute altitude. Le massif recèle quelques espèces très rares, dont les deux lémuriens *Simpona* (propithèque soyeux) et *babakoto* noir (indri presque uniformément noir), ainsi que le *takhtajania* : ce petit arbre est un véritable fossile vivant apparu sur Terre il y a 120 millions d'années, à l'époque des dinosaures. Hébergement sous tente uniquement. Il est possible, compte tenu des divers trafics de pierres, que le bureau local *MNP* ne donne pas l'autorisation de s'installer au camp *Indri* et demande de loger dans le village d'Antsahoabaely. On déconseille fortement cette dernière solution !

# ANDAPA

IND. TÉL. : 88

**La cuvette d'Andapa est le grenier de la région : riz, fruits, légumes... Sa plaine couverte de rizières et entourée de hautes parois rappelle les cirques de La Réunion. On retrouve même en ville des cases avec varangue. Par ailleurs, la communauté chinoise, très présente, défend activement la langue française et tente d'encadrer au mieux la jeunesse de la ville, notamment en lui faisant prendre conscience des richesses des forêts avoisinantes, pour lui donner un avenir plus prometteur que celui auquel l'enclavement naturel du site semble la condamner.**

## Adresses et infos utiles

– Attention, aucune ***banque*** ne fait de change.

■ ***MNP :*** *☎ 070-27. 032-07-555-72 (Jacques, chef du volet écotourisme). • angapandapa@moov.mg • Fermé le w-e : c'est juste un bureau de liaison.* Pour tout savoir sur le parc national de Marojejy ou sur la réserve d'Anjanaharibe-Sud.

■ ***Trekking Aventures Tropicales :*** *rue du Commerce, à Ankevaheva. 032-40-118-81. • info@marojejy.com • marojejy.com •* Éric Matthieu est LE spécialiste de la région en matière d'excursions, et ses compétences s'étendent jusqu'au cap Masoala. Une somme de connaissances qui force le respect.

## Où dormir ?

### Bon marché (13 000-26 000 Ar / 4-8 €)

***Beanana :*** *☎ 070-47. 032-07-161-13. • hsbeanana@yahoo.fr • beanana.marojejy.com •* L'hôtel de M. Lopao est l'un des meilleurs rapports qualité-prix de tout le pays. Les chambres, confortables et joliment décorées (photos de Marojejy) sont régulièrement rénovées. Le service est excellent. Pas de restauration sur place.

# DARAINA

env 10 000 hab. IND. TÉL. : 88

**Cet ancien village de chercheurs d'or, à 50 km de Vohémar en direction de Diégo-Suarez, n'est qu'une petite bourgade de brousse, sans électricité ni eau courante (douches et toilettes au seau). Villageois accueillants et ambiance de marché tous les mardis en saison sèche avec du *moraingy,* des bals, etc. Paradis des écotouristes dans les forêts avoisinantes (on peut notamment y voir le *sifaka* à couronne dorée, des crocodiles...). Il est de bon ton à son arrivée d'aller saluer le maire ou le chef du district. Ils se chargeront d'encaisser la taxe (5 200 Ar) pour la visite des réserves du coin comme de faire appeler Beandalona, le meilleur guide de la région : un vrai coureur de bois parmi les plus intéressants rencontrés sur la Grande Île (10 400 Ar par site visité). Mieux vaut avoir un traducteur avec soi, car cet autodidacte ne parle pas le français et ses informations sur la faune, la flore et les chercheurs d'or valent vraiment le coup d'oreille.**

## Arriver – Quitter

### En bus ou en taxi-brousse

Éviter de venir ici à la saison des pluies, ou alors bon courage ! La piste est infernale, totalement défoncée, même si les paysages sont parfois très beaux. Compter 10h au minimum, voire plusieurs jours quand il pleut ! Sinon, en saison sèche, taxis-brousse réguliers dans les 2 sens pour Vohémar, Ambilobe et Diégo-Suarez.

➢ ***Sambava :*** compter 15 600 Ar et 4-5h de trajet (3h30 en 4x4).
➢ ***Vohémar :*** compter 7 800 Ar et 2h de trajet (1h30 en 4x4).
➢ ***Ambilobe :*** compter 10 400-15 600 Ar selon saison et 4h de trajet.

LA CÔTE DE LA VANILLE

## Adresse utile

■ ***Fanamby :*** *sur les hauteurs, à l'entrée du village.* ☎ *22-636-61 (à Tana).* 📱 *032-04-557-22.* • *fanamby@fanamby.org.mg* • *association-fanamby.org* • Cette ONG œuvre, en collaboration avec 4 communes des environs, à la préservation de 7 sites forestiers et marins.

## Où dormir ? Où manger ?

🏠 |●| Se restaurer dans les *hotely* rudimentaires ***Nouvel Hôtel, Escale, Zanatany.*** *Chambre 5 200 Ar. Plat 2 600 Ar.* Plats malgaches très simples, en particulier viande de zébu sautée.

🏠 ***Chez M. Lao Pann :*** *derrière le village, tt le monde connaît. Prévoir 120 000 Ar la chambre avec 3 couchages et un coin salon.* Sanitaires à 50 m, soignés et très propres. De loin la meilleure prestation du coin.

## Où dormir ? Où manger dans les environs ?

Ceux qui désirent plus de confort et/ou veulent prendre un bon bain de mer au creux d'une baie abritée peuvent gagner ***Vohémar.***

### Prix moyens (26 000-52 000 Ar / env 8-16 €)

🏠 🍽 ***Hôtel Sol y Mar :*** *en bord de plage, au bout de la rue principale.* 📱 *032-41-969-90.* • *solymar-hotel.vohemar@blueline.mg* • *Repas 18 200 Ar.* Autant la déco balnéaire des parties communes est fignolée, autant l'entretien des chambres laisse à désirer. Menu restreint mais de bonne facture. Personnel accueillant. Pas de groupe électrogène digne de ce nom et eau chaude (plutôt eau froide...) selon les coupures électriques. Toute petite plage agréable.

### Chic (jusqu'à 104 000 Ar / env 32 €)

🏠 🍽 ***La Baie d'Iharana :*** *juste derrière Sol y Mar.* 📱 *032-07-131-46 ou 032-05-221-68.* Si le jardin en bord de mer est soigné et plaisant, les chambres sont dénudées et sans saveur, bien que confortables. Les salles de bains sont très réussies pour le pays, mais les volumes ne sont guère généreux. Préférer bien évidemment celles à l'étage avec balcon donnant sur la baie. Restauration classique.

## DANS LES ENVIRONS DE DARAINA

À condition de disposer d'un 4x4, il est possible d'enchaîner dans la journée les deux forêts les plus proches, Bekaraoka et Binara. Ces deux forêts primaires présentent la particularité d'allier espèces végétales de milieux tropicaux humide (pandanus, bambou...) et sec (baobab, épineux...). Il est possible d'y camper.

👁👁 ***La forêt de Bekaraoka :*** forêt dense et sèche à 40 mn de 4x4 en saison sèche ou à 3h de marche, au nord de Daraina. La forêt est devenue un vrai gruyère tant les chercheurs d'or ont creusé d'excavations. Possibilité d'en rencontrer certains, mais aussi d'approcher des *Propithecus tattersalli* qui descendent jusqu'à vous, bien que totalement sauvages. Les quelques lémurs fauves sont au contraire très craintifs. Des ayes-ayes sont parfois visibles en fin de journée et la nuit. On trouve enfin une multitude de reptiles et d'insectes. Ne pas rater l'énorme baobab dont le tronc affiche un périmètre de 9 m.

👁👁 ***La forêt de Binara :*** forêt dense, humide, à 2h de marche de Daraina vers le sud-ouest ; à 30 mn en 4x4 sur une piste carrossable en saison sèche. Il faut ajouter une bonne heure de marche supplémentaire, sous le cagnard, pour atteindre le cœur de la forêt dense (canopée à 25 m). La forêt est riche en espèces végétales, notamment en arbres fruitiers. Chute d'eau et cascade sacrée avec possibilité de baignade dans une piscine naturelle. Lémuriens très distants. En revanche, moustiques, araignées-léopards ou scorpions (jusqu'à 12 cm !) sont très présents : un de leurs congénères est enfermé dans un bocal du *Nouvel Hôtel*.

👁👁 ***La forêt du littoral d'Anosibe :*** accessible en 1h30 de 4x4, à l'est de Daraina. Coincée entre un grand lac et l'océan Indien, cette forêt est un sanctuaire pour nombre d'oiseaux. Elle se traverse en 1h de marche et, de l'autre côté, on atteint la mer, ses îlots et une grande plage de sable immaculé où viennent pondre les tortues marines autour du Nouvel An.

👁👁 ***Les crocodiles de Mafkovo :*** Mafkovo se trouve sur le chemin Vohémar-Daraina, à 20 km de Vohémar. Site de pique-nique et d'observation des crocodiles sacrés sur la rivière de Manambato. Les villageois accueillants vous raconteront l'histoire étonnante de ces crocodiles sacrés et de leur village...

# LE NORD-OUEST

## DIÉGO-SUAREZ (ANTSIRANANA)

92 000 hab. IND. TÉL. : 82

**Troisième port de l'île après Tamatave et Majunga, capitale du nord de Madagascar, ancienne garnison française, Diégo a perdu de sa superbe, mais elle dégage un sacré sentiment de nostalgie. Plus que dans toute autre ville malgache, la trace des bâtiments et des installations de l'ancien colonisateur procure un sentiment d'abandon presque fantomatique. Le charme de la décadence ! Le quartier du port reste une marque quasi indélébile de ce passé militaire. De l'adorable place Joffre et sa vue sur la baie (la deuxième plus grande du monde après Rio) aux navires échoués qui rouillent dans la rade en passant par l'ancien *hôtel de la Marine,* tout semble ne plus être qu'un musée à ciel ouvert et à l'abandon... Et pourtant, le centre se reconstruit, des cybercafés fleurissent, des pubs, des bars apparaissent, un *Grand Hôtel* flambant neuf domine la rue Colbert depuis quelques années, des boutiques d'artisanat ouvrent leurs portes. Diégo bouge et renaît, mais doucement, tout doucement. *Mora-mora...* Enrichie de cette histoire, la ville abrite la population la plus cosmopolite de l'île : Antakàranas et Sakalavas se mêlent aux Comoriens, Arabes, Karanes, Chinois et Français, sans oublier les marins de toutes les couleurs qui y font escale régulièrement. Et là, c'est jour de fête ! Les environs recèlent de superbes lieux d'excursion en voiture, en 4x4 ou de balades pédestres. Un enchevêtrement de baies, une plage dans un village de pêcheurs, la montagne d'Ambre et le massif de l'Ankàrana vers le sud. Bref, à nos yeux, Diégo-Suarez possède une atmosphère assez unique à Madagascar, même si quelques problèmes de sécurité commencent à apparaître.**

### LES 4L JAUNES DE DIÉGO

*Des centaines de 4L jaunes, impeccables et pimpantes, déambulent en permanence en ville. Ce sont les 4L-taxis, dont la municipalité a décidé qu'elles devaient être jaunes, rien que jaunes. Et ça a de la gueule, toutes ces petites taches de soleil qui affichent souvent, sans sourciller, leurs 300 000 km. Increvable, la 4L !*

### UN PEU D'HISTOIRE

Jadis comptoir musulman, plaque tournante du commerce des esclaves et du khat (feuille aux vertus euphorisantes venue du Yémen, encore très mâchée dans le coin, coincée en boule dans la joue), Diégo-Suarez a eu longtemps le regard tourné vers l'Afrique et les Comores, ce qui explique en partie son cosmopolitisme actuel.

## Libertalia, une mystification ?

Avec une situation géographique aussi exceptionnelle, la baie de Diégo-Suarez ne pouvait pas rester longtemps... en rade de l'histoire. Au XVIIe s, la région aurait été rapidement truffée de pirates. L'un d'eux, un Français dénommé Misson, s'acoquina avec un père dominicain défroqué, Caraccioli. Ils auraient uni le vice à la vertu au travers d'une république éphémère, indépendante et humaniste, appelée *Libertalia...* Était-ce une façon de dire à tout le monde « Fichez-nous la baie » ?

### UNE VILLE À DEUX NOMS !

*En 1500 et 1506, les navigateurs portugais Diego Dias et Fernan Soares s'installèrent dans la deuxième plus grande baie du monde (156 km de long). Nos deux compères baptisèrent la ville de leurs deux noms associés (par modestie ?). Bon, Diégo-Suarez est resté ancré dans tous les esprits malgré la malgachisation des noms européens depuis l'indépendance (Antsiranana dans le cas présent).*

Quoi qu'il en soit, la république de Libertalia, comme son nom l'indique, aurait été une communauté ouverte à tous. Des Comoriens et des esclaves africains libérés auraient prêté main-forte aux pirates européens. Ils auraient bâti une ville dotée d'un parlement, auraient cultivé la terre, élevé du bétail, et même créé une langue universelle... Trop beau pour être vrai ?
Le naturel revenant au galop, les pirates auraient continué d'écumer les mers de l'océan Indien en engrangeant un sacré magot. Ces flibustiers, un peu « les Robin des mers », auraient affranchi les esclaves avant les États européens et évité au maximum le flot lourd de l'hémoglobine... Bref, tout serait allé pour le mieux pendant une trentaine d'années. Mais, comme nul n'est prophète en son pays (surtout quand ce n'est pas le sien), Libertalia aurait été dévastée et pillée par des tribus malgaches qui ne supportaient pas cet État dans l'État, ni tant de richesses à leurs portes. En tout cas, nul ne sut ce qu'il advint de Misson, ce pirate devenu visionnaire. Et pour cause : toute cette histoire serait peut-être sortie de l'imagination de Daniel Defoe, l'auteur de *Robinson Crusoé.* D'ailleurs, c'est ce qu'un colloque a affirmé en 2000, mais on avait trop envie de vous raconter cette belle histoire ! Et puis, aujourd'hui encore, en observant le brassage et le comportement des différentes communautés de Diégo-Suarez, on se demande si l'idée ne perdure pas malgré tout.

## La France débarque !

En 1885, la France s'empare de la ville. La rade de Diégo-Suarez offre une situation stratégique idéale pour l'installation de la marine française et ouvre la voie à la colonisation de la Grande Terre. Joffre, avant qu'il ne devienne un maréchal célèbre de la Première Guerre mondiale, y sera en poste à la fin du XIXe s. La ville a gardé la trace de son passage. Diégo connaît alors une forte expansion, bâtie sur un plan quadrillé au cordeau : les artères sont tracées à la règle. Avec l'armée, ça ne rigole pas ! L'arsenal est construit, les casernes et les résidences des officiers fleurissent.
En 1942, les Forces françaises libres et la Royal Navy reprennent le contrôle de la ville passée à l'administration pétainiste, comme tout le reste de l'île d'ailleurs. C'est en 1972, avec l'arrivée de Didier Ratsiraka, que la Légion étrangère quitte définitivement Diégo-Suarez... L'indépendance de Madagascar est alors érigée en principe absolu. Les bâtiments de l'époque coloniale se dégradent vite avec le temps. On peut voir aujourd'hui ce qu'il serait correct d'appeler des vestiges. Mais l'arsenal a été reconverti en chantier naval, et la ville s'est dotée d'une usine de conditionnement du thon, créatrice de nombreux emplois !

0 10 20 km
Cap d'Ambre
Lotsohina
Le Coq
273
carte des Trois Baies
Nosy Hao
Nosy Vaha
Nosy Fasy
Nosy Faty
Nosy Foty
Windsor Castle
397
Nosy Antaly Be
Nosy Suarez
Nosy Diego
Baie des Dunes
Cap Miné
Baie des Pigeons
Ramena
Diégo-Suarez
Baie de Sakalava
Nosy Lonja
(Pain de sucre)
Baie des Courriers
Nosy Hara
Nosy Lakandava
Nosy Anjombavola
Mangoaka
Montagne des Français
426
RN 6
Nosy Tendro
Nosy Valiha
Nosy Tanga
Nosy Manomoka
Nosy Mendazona
Baie de Befotaka
Joffreville (Ambohitra)
Montagne d'Ambre
1 475
Tsingy rouges
Nosy Lowry
Nosy Bory
Bobakilandy
Parc national de la montagne d'Ambre
Irodo
Ankarongana
Anivorano Nord
Lac sacré (Lac Antanavo)
Nosy Lava
Réserve spéciale d'Analamera
Nosy Mitsio
Matsaborimanga
Réserve spéciale de l'Ankarana
Andrafiabe
Entrée du parc
Mahamasina
Ambatoharanana
Lokia
Ambararata
Sirama
Mahavavy
RN 6
RN 5A
Ampapamena
Ambilobe
Nosy Be
Baie d'Ambaro
Nosy Faly
Hell-Ville (Andoany)
Nosy Komba
Ankify
Ambanja
Canal de Mozambique
Grottes d'Anjohibe
Amborovy
Baie du Boina
Majunga (Mahajanga)
Katsepy
Mitsinjo
Mahavavy
RN 4
Bongolava
Marovoay
Soalala
Lac Kinkony
RN 6
Ankarafantsika
Réserve forestière d'Ampijoroa
Ambondromamy
Ambato-Boeny
MAEVATANANA, TANANARIVE
RN 4

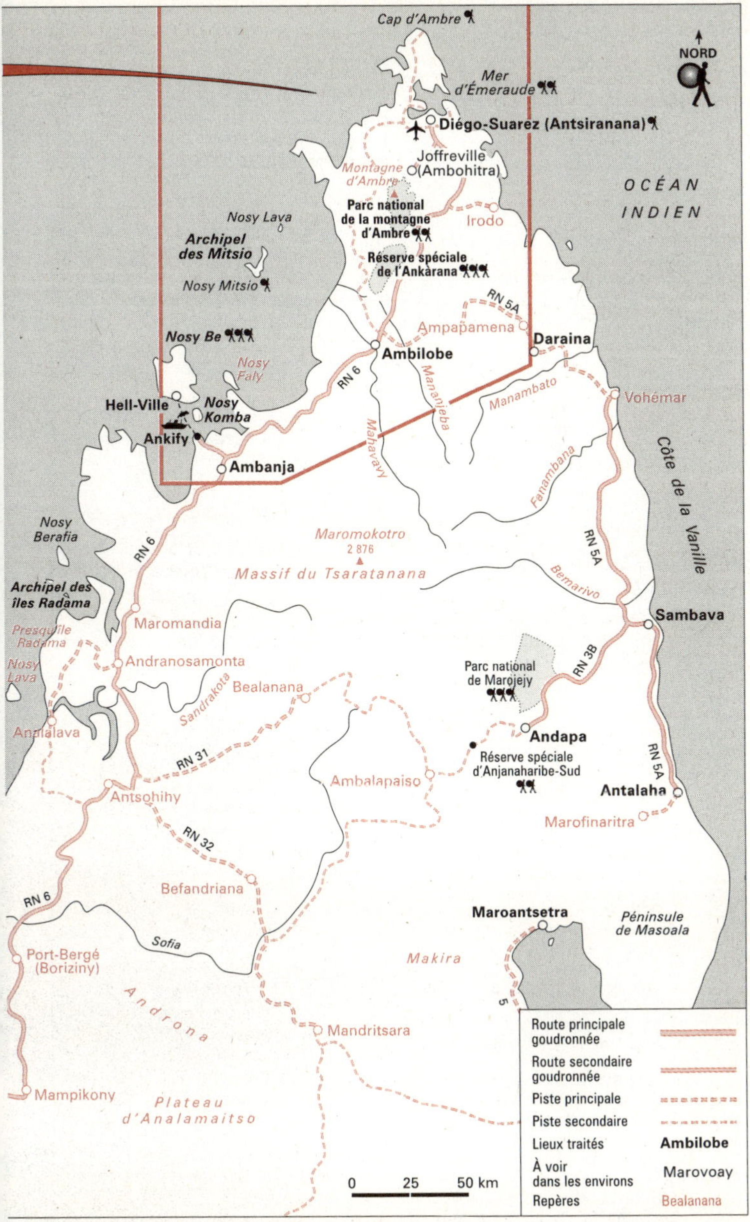


## LE NORD-OUEST

## Arriver – Quitter

### En avion

✈ ***Aéroport*** *(hors plan par B3) : à 11 km au sud du centre-ville.*

■ Avec ***Air Madagascar*** *(plan B2, 9) : av. Surcouf. ☎ 217-01 ou 211-93. Lun-ven 7h30-11h, 14h30-17h ; sam 8h-11h.*

➢ ***Tananarive :*** 1 vol/j.

➢ ***Nosy Be :*** 3 vols/sem en saison. Sinon, il faut passer par Tana.

➢ ***Sambava :*** 1 vol/sem direct. Sinon, passer par Tana.

➢ ***Tamatave :*** pas de vol direct, passer par Tana.

➢ ***Majunga :*** pas de vol direct, passer par Tana.

➢ ***Île de La Réunion :*** 2 vols/sem.

■ Avec **Ewa Air :** *● ewa-air.com ●*

➢ ***Dazoudzi*** *(Mayotte).*

#### *Pour rejoindre le centre-ville*

– Certains hôtels assurent une ***navette*** si vous avez réservé chez eux. Sinon, c'est la ruée des chauffeurs de ***taxi*** ! Bien négocier la course en se renseignant auprès de passagers malgaches (env 10 000 Ar), ou, mieux, partager un taxi à plusieurs. Ne pas se précipiter dans le premier taxi. En revanche, les taxis se précipiteront sur vous, ça c'est sûr.

– Sinon, un ***minibus*** bordeaux passant à 100 m de l'aéroport sur la route principale vous emmène au centre-ville. Du centre-ville à l'aéroport, ces minibus sont stationnés rue du point Six, près du nouvel hôpital devant un hôtel rouge. Env 500 Ar dans un sens comme dans l'autre. Ils partent quand ils sont pleins. Ne pas oublier de demander l'arrêt pour l'aéroport, puisqu'ils vont au-delà ! Se renseigner à l'office de tourisme.

### En taxi-brousse

🚐 Tous les départs des taxis-brousse se font du ***parcage du Sud*** *(hors plan par B3), à 7 km au sud de Diégo. Prévoir 1 € pour y aller.*

➢ ***Joffreville et la montagne d'Ambre :*** voir plus loin.

---

■ **Adresses utiles**

- ℹ ORTDS
- 🚐 Parcage du Sud
- **1** Téléphone
- **3** Pharmacies
- **4** Chancellerie détachée
- **5** BFV-SG
- **6** BOA
- **7** BMOI
- **8** BNI-CA
- **9** Air Madagascar
- **11** Alliance française
- **12** Boutique Leong-Hoi (journaux et magazines)
- **13** Le King de la Piste
- **14** Madagascar Écotours
- **26** Agence de l'hôtel Paradis du Nord
- **31** BFV-SG, Évasion sans Frontière et piscine du Grand Hôtel
- **33** Cap Nord Voyages

**Où dormir ?**

- **20** Suffren Hotel
- **21** Hôtel Belle Vue, Chez Layec
- **22** Chambres d'hôtes Perle de la Baie
- **23** Mexi'Coco
- **24** Kikoo Hotel
- **25** Hôtel Mora-Mora
- **26** Hôtel Paradis du Nord
- **27** Hôtel Impérial
- **28** La Rosticceria
- **29** Hôtel Émeraude
- **30** Hôtel Le Colbert
- **31** Le Grand Hôtel
- **32** Hôtel Allamanda

**Où manger ?**

- **25** Mora-Mora
- **28** La Rosticceria
- **41** Haimah
- **42** Tsara Be
- **47** La Capannina
- **48** Le Venilla

**Où manger des viennoiseries ? Où boire un verre ?**

- **23** Mexi'Coco
- **31** Boulangerie du Grand Hôtel
- **42** Tsara Be

**Où sortir ?**

- **31** Pub La Taverne
- **60** Le Vahiné

**À voir**

- **11** Ancien marché couvert
- **70** Hôtel de la Marine
- **71** Statue du maréchal Joffre

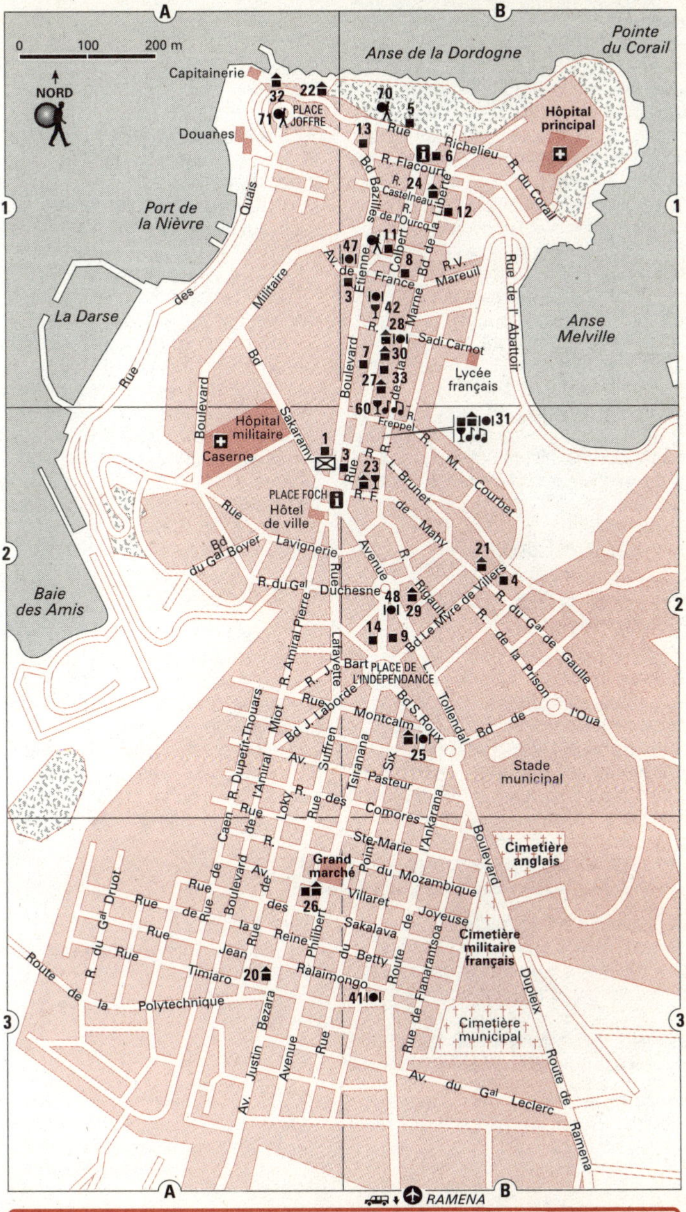


DIÉGO–SUAREZ

➢ ***Nosy Be :*** départ des *taxis-brousse* pour Ambanja tte la journée, très régulièrement (4h30-5h de route), assez chers, avec stop à Ambilobe. Il y a aussi des taxis-brousse directs pour Ankify (port de départ pour Nosy Be), à prendre de préférence le mat. Bonne route, très belle au demeurant (rizières, savane, collines !). Si vous n'avez pas pu trouver un direct pour Ankify, en prendre un pour Ambanja, puis un autre pour Ankify, et ensuite le bateau (voir à Nosy Be plus loin). On rappelle qu'il est important d'être à Ankify avt 15h. La mer monte souvent au cours de l'après-midi, le vent se lève et les bateaux se font rares. D'ailleurs, même si on vous propose de vous faire traverser, sachez que les conditions de sécurité peuvent être très mauvaises, surtout durant l'hiver austral (juin-août). La traversée peut alors comporter de vrais risques. Bien se renseigner.

– Autre solution : *minibus* (18 places) tlj sf lun, direct pour Ankify. Départ à 6h du mat, à vérifier *(devant l'hôtel L'Orchidée, face à Air Madagascar ; ☎ 210-65 ; réserver sa place à l'hôtel la veille dans la journée).* Certains hôtels font aussi des transferts, mais c'est assez cher.

➢ ***Côte de la Vanille :*** départs peu fréquents. Bonne route jusqu'à Ambilobe, puis très, très mauvaise piste jusqu'à Vohémar. Compter env 8h de route en saison sèche et 14h (sans compter les pannes, évidemment) en saison des pluies ! Il faut parfois s'arrêter à Ambilobe pour attendre un taxi-brousse ou un camion.

➢ ***Majunga et Tananarive :*** slt en saison sèche, ou presque. Très long, très fatigant, il faut le savoir. Départs des minibus devant le cinéma *Supervision II,* place de l'Indépendance. Plusieurs compagnies à proximité du cinéma. Compter 24-26h. En saison des pluies, les rares taxis-brousse qui s'y risquent mettent à peu près 3-4 j. ! Souvenirs garantis !

## Orientation

La ville n'est pas si étendue. Elle se divise en 2 parties : à partir de la place de l'Indépendance et de la place Foch, l'ancien quartier colonial s'étend jusqu'au port, où l'on trouve les vieux bâtiments de l'époque française, le port lui-même, le quartier militaire, puis celui de la Glacière, résidentiel. Dans cette partie de la ville, les noms des rues sont évocateurs : place Joffre, rue Richelieu, rue Colbert, rue Villebois-Mareuil... Au sud, le quartier de Tanambao est le quartier populaire par excellence, où se trouvent le marché et les hôtels bon marché, et où les noms de rues sont typiquement malgaches.

## Comment circuler en ville ?

– ***À pied*** pour les courtes distances.
– ***En taxi jaune*** *(4L) ou en rickshaw* si vous traversez la ville de part en part. Le tarif par personne est environ 4 fois moins élevé qu'à Tana, mais le chauffeur peut prendre d'autres passagers. Les tarifs doublent la nuit.

## Adresses et infos utiles

Presque tout est fermé à l'heure du déjeuner. Dans le cas contraire, les horaires sont précisés.

### Informations touristiques

**ℹ *ORTDS*** *(office régional de tourisme de Diégo-Suarez ; plan B1)* **:** *angle rues Colbert et Flacourt. 📱 032-07-711-11. • office-tourisme-diego-suarez.com • Lun-ven 8h-12h, 14h30-17h30. Également un petit kiosque en bois sur la pl. Foch (plan A-B2). Horaires similaires ainsi que sam mat.*

– Procurez-vous les dépliants sur les circuits à thème de l'***Association Ambre,*** vendus à l'Alliance française, dans les grands hôtels et chez *Ino*

*Vaovao.* Très bien faits, par thèmes, on découvre les installations portuaires, l'architecture de la ville, l'histoire du centre historique pas à pas...

■ ***Bureau du MNP :*** *route de l'aéroport, à 3 km de la ville.* ☎ *213-20.* • *parcs-madagascar.com* • *Lun-ven 7h30-11h30, 14h30-18h.* Modestes infos sur le parc national de la montagne d'Ambre (avec possibilité de réserver le gîte sur place) et sur la réserve de l'Ankàrana. Bref, pas vraiment indispensable d'y passer.

## Représentation diplomatique

■ ***Chancellerie détachée*** *(plan B2, **4**) : rue Benyowsky.* ☎ *210-43 ou 293-66. Accueil du public lun-ven 8h-11h (ven, slt pour les urgences).*

## Poste et télécommunications

✉ ***Poste*** *(plan A2) : pl. Foch. Lun-ven 7h30-18h.*

■ ***Téléphone*** *(plan A2, **1**) : derrière la poste. Lun-ven 7h30-12h, 14h30-18h ; sam mat.* C'est la boutique de *Telma (Telecom Madagascar).* Vente de télécartes ou de la puce prépayée *Telma Mobile*, pour votre téléphone portable.

@ ***Internet :*** *plusieurs cyberespaces, notamment dans la rue Colbert ou à proximité.* ***Clic and Goal Cybercafé,*** *au début de la rue Colbert, sur la gauche.*

## Argent, banques

Les banques sont ouvertes du lundi au vendredi 7h (7h30)-11h (11h30) et 14h (14h30)-16h (17h).

■ ***BFV-SG*** *(plan B1, **5** et plan B2, **31**) : un 1er bureau av. de l'Indépendance, un autre au rdc du Grand Hôtel.* ☎ *211-83.* Distributeur acceptant la carte *Visa.* Dans la banque, change de devises (commission).

■ ***BOA*** *(plan B1, **6**) : sur la placette entre les rues Flacourt et Richelieu.* ☎ *214-37.* Distributeur extérieur acceptant la carte *Visa.* Retrait possible seulement au comptoir avec la *MasterCard.* Attention, le délai peut être de 15 mn à une journée ! Service de transfert d'argent *Western Union.*

■ ***BMOI*** *(plan B1, **7**) : 54, rue Colbert.* ☎ *213-26.* Distributeurs d'argent acceptant la carte *Visa.*

■ ***BNI-CA*** *(plan B1, **8**) : angle av. de France et rue Colbert.* ☎ *221-46.* Distributeur *Visa* et *MasterCard* (quand il fonctionne). Service de transfert d'argent *Western Union.* N'accepte pas les grosses coupures.

## Santé

✚ L'*hôpital militaire Miaramila (plan A2)* et l'*hôpital principal (plan B1)* sont vraiment peu reluisants. Mieux vaut contacter l'***Espace médical*** pour les petits soins *(📱 034-05-096-96 ; av. Lally-Tollendal).* On y trouve un médecin permanent. Les hôtels connaissent aussi des médecins. En cas de vrai pépin, prévoir un rapatriement sur Tananarive ou La Réunion.

■ ***Pharmacies :*** ***pharmacie Mora*** *(plan B1, **3** ;* ☎ *214-97), dans la petite rue à gauche de l'Alliance française, et* ***pharmacie de l'Espérance*** *(plan B2, **3** ;* ☎ *219-29), 80, rue Colbert, près de la pl. Foch. Lun-ven 7h30-11h30, 14h30-18h30 ; sam mat.* 2 bonnes adresses.

## Excursions

Pour quelque excursion que ce soit nécessitant les services d'une agence, nous vous conseillons d'aller en voir plusieurs pour comparer leur sérieux, leurs prestations et leurs tarifs avant de vous décider.

Quelques idées de prix : pour 1 journée de location de 4x4 avec chauffeur-guide, compter de 150 000 à 170 000 Ar sans le carburant (4 à 6 personnes par véhicule). À cela il faudra ajouter l'essence, les entrées dans les parcs, l'hébergement et les repas. Certaines agences peuvent vous proposer l'ensemble de ces prestations, c'est selon. Il est évident que cela revient moins cher par personne quand le véhicule est plein.

■ ***Évasion sans Frontière*** *(plan B2, **31**) : bureau au* Grand Hôtel, *rue Colbert.* ☎ *217-23.* 📱 *032-11-003-96.*

Excellent accueil de Remy. Prestations de qualité, vraiment à l'écoute et mise en place de circuits à la demande. Propose plusieurs excursions dans toute la région, dont l'Ankàrana.

■ ***Agence de l'hôtel Paradis du Nord*** *(plan A3, **26**) : face au grand marché, au 1er étage de l'hôtel. ☐ 032-04-859-64. • leparadisdunord-diego.com •* Demander Éric. Plein de véhicules de toutes sortes pour coller à votre budget.

■ ***Cap Nord Voyages*** *(plan B1, **33**) : 51, rue Colbert. ☐ 032-07-188-74. • cap.nord.voyages.com •* Tous types de circuits, notamment en 4x4. Un peu plus cher que d'autres, mais véhicules de grande qualité et très confortables.

■ ***Le King de la Piste*** *(plan B1, **13**) : bd Bazilles, près de l'*hôtel de la Poste*. ☐ 032-04-908-10. • kingdelapiste.de •* Tous circuits dans la région. Tenu par un Allemand présent à Diégo de longue date. Pas donné.

■ ***Madagascar Écotours*** *(plan B2, **14**) : 14, av. Surcouf (face à Air Madagascar). ☐ 032-02-305-62. • madagascarecotours@yahoo.fr • Juste à côté de l'hôtel* Rascasse. Propose des circuits en voiture légère (et même en 4L !) si l'on n'a pas besoin d'un 4x4. Cela dit, les tarifs ne sont pas forcément moins chers. Possibilité de faire des sorties de pêche en mer.

## Loisirs et location de véhicules

■ ***Diégo Cycles** : pl. du Marché, à un angle de rue (près de l'hôtel* Paradis du Nord*). ☎ 223-38. Prévoir env 10 400 Ar/j.* Location de VTT style Décathlon. Saluez Joseph de notre part !

■ ***NewSea Roc** : 26, rue Colbert. ☎ 218-54. ☐ 032-04-724-46. • newsearoc.com • Au fond du couloir, partagé avec la* Case Aventures. Mathieu est aux manettes de cette jeune équipe. Spécialisé dans l'escalade sur la petite île de Nosy Hara, îlot désert sur lequel on part 3 jours minimum pour vivre en Robinson, entre pêche, escalade et baignade. On dort sous tente. Plutôt pour les grimpeurs confirmés. Bien vérifier le matériel.

■ ***Diégo Découvertes** : 7, av. du Général-de-Gaulle. ☐ 032-40-091-87.* Organise des excursions VTT et circuits dans les environs. Accessible à tous. Une manière vraiment agréable de découvrir la région.

■ ***Diégo Location 4x4** : rue des Points-Six. ☎ 901-45. ☐ 032-04-649-59.* Location de 4x4 double cabine et châssis longs (5 à 7 personnes) avec chauffeur ou des petits Santana sans chauffeur.

■ ***North Mada Kite** : hôtel* Victoria*, rue Rigault. ☎ 225-44. ☐ 034-11-225-44. • northmadakite@gmail.com •* Une école récente pour les fanas de kite.

## Presse

■ ***Alliance française*** *(plan B1, **11**) : 24, rue Colbert. ☐ 032-05-119-97. • dirafdiego@moov.mg • Lun-sam 8h30-12h, 14h45-18h15.* Dans un magnifique bâtiment de type Eiffel, ancien marché colonial. Médiathèque et initiation au malgache. Activités culturelles nombreuses.

■ ***Journaux et magazines** : à la boutique **Leong-Hoi** (plan B1, **12**), bd de la Liberté, dans le quartier Kabary. Tlj sf dim ap-m et à l'heure du déj.* On y trouve quelques hebdos et magazines féminins avec 1 ou 2 semaines de retard.

## Piscine

■ Au ***Grand Hôtel*** *(plan B2, **31**) : 46, rue Colbert. Lun-ven. Payant.* Très propre et vraiment sympa.

# Où dormir ?

## Bon marché (13 000-26 000 Ar / env 4-8 €)

⌂ ***Suffren Hotel*** *(plan A3, **20**) : 6, rue Suffren (ou Justin-Bezara). ☎ 212-82.* Petit hôtel populaire à la façade couverte de plantes vertes. Chambres bon marché en enfilade avec douche froide, w-c, ventilo et moustiquaire. Accueil vraiment pas top, mais adresse passable pour les budgets serrés. C'est son seul argument.

DIÉGO-SUAREZ ET SES ENVIRONS

## Prix moyens (26 000-55 000 Ar / env 8-17 €)

**Hôtel Belle Vue, Chez Layec** *(plan B2,* ***21****) : 35, rue François-de-Mahy. ☎ 210-21. • bellevuedie@blueline.mg • Réception à l'étage. Résa conseillée, car pas mal d'habitués et de lecteurs ravis. Tarifs clairement affichés au bas de l'escalier.* Une bonne adresse, à condition d'éviter les chambres du bas, vraiment lugubres. Hébergements pour presque tous les budgets, avec ou sans salle de bains et w-c. Moustiquaire et ventilo. Une sorte de pension de famille un peu surannée. Bon accueil, chambres très correctes (pour celles du haut) et calme assuré. Agréable terrasse avec vue sur la mer au loin. Petit déj compris à commander la veille au soir. Plein de services sympas (transferts, location de voitures, excursions, etc.).

**Chambres d'hôtes Perle de la Baie** *(plan A1,* ***22****) : rue Richelieu, au pied de la pl. Joffre, entre l'hôtel* Allamanda *et l'hôtel* de la Marine. *033-18-826-73. • perledelabaie@gmail.com •* Dans une ancienne demeure blanche, en front de mer, surplombant le port. Choisir l'une des chambres du haut, bien plus agréables que celles du bas, surchauffées et peu amènes. Celles du haut, donc, les meilleures et de loin, ouvrent sur un généreux salon avec vue sur la baie. Quelques chambres simples, très propres, tenues par un *vazaha* de Mayotte. Meilleur rapport qualité-prix-vue ! Au large, les cargos qui attendent en rade dans la rade. Petit déj et repas possibles. Accueil franco-malgache. Propose aussi des excursions en mer.

**Mexi'Coco** *(plan B2,* ***23****) : 1, rue François-de-Mahy. ☎ 218-51. 032-45-558-82. • mexicoco-diego.com •* C'est d'abord un petit snack-bar-resto très mignon, à la mode tex-mex, qui propose sur l'arrière 4 belles chambres, soignées et au calme. Très bien décorées, hyper propres et situées dans une arrière-cour. Toutes avec douche chaude, clim et petite terrasse. Sympa aussi pour boire un verre.

**Kikoo Hotel** *(plan B1,* ***24****) : angle rue Castelneau et bd de la Liberté. 032-04-185-83. • kikoohotel.com •* Petit hôtel au calme, aux chambres propres et colorées, aux murs couverts de fresques naïves. Bien que petites, elles s'avèrent agréables. Toutes avec salle de bains, AC, TV satellite. Quelques-unes avec petite terrasse. Préférez les chambres standard aux « coloniales », un peu moins insonorisées. Pour le petit déj, plein d'échoppes et beignets pas chers dans la rue.

**Hôtel Mora-Mora** *(plan B2,* ***25****) : 7, rue Montcalm (angle rue Sylvain-Roux). ☎ 226-55. Au-dessus du petit resto (voir « Où manger ? »).* Quelques chambres agréables absolument impeccables et de bon confort (eau chaude, clim...). Atmosphère familiale.

**Hôtel Paradis du Nord** *(plan A3,* ***26****) : face au grand marché, dans la partie populaire de la ville. ☎ 214-05. 032-07-075-86. • paradisdunord@moov.mg • Réception à l'étage.* Chambres ventilées et climatisées, avec douche chaude, w-c et TV. Un peu cher quand même car, bien que propres, les chambres sont banales, sans vue et juste fonctionnelles. En fait, on vient surtout ici pour les excursions organisées par Éric, le patron chinois (voir « Adresses et infos utiles. Excursions »). L'hôtel fait également resto (spécialités chinoises).

## Chic (78 000-117 000 Ar / env 24-37 €)

**La Rosticceria** *(plan B1,* ***28****) : 47, rue Colbert. ☎ 236-22. 032-07-096-10. • hotel-diego.com • Réception à l'étage.* Après avoir fait le plein de victuailles de la péninsule au rez-de-chaussée, à l'étage, on trouve quelques chambres pimpantes et impeccables. Ambiance pension italienne, très aérée, avec sols carrelés. 4 chambres sur la rue avec petit balcon, 2 autres sur la cour. Toutes avec clim, minibar, coffre, eau chaude et décorées de jolies ombrelles. Une excellente adresse, centrale, vraiment sympa et à prix doux. Fait aussi resto (voir « Où manger ? »).

**Hôtel Émeraude** *(plan B2, **29**) : angle rues Rigault et Gauche. ☎ 225-44. 📱 032-02-783-81. • hotelemeraude-diego.com* • Hôtel de semi-luxe, très bien équipé, aux chambres particulièrement spacieuses et lumineuses, toutes avec sanitaires (douche ou baignoire). Salles de bains impeccables et soignées. Un vrai effort de confort et d'entretien : AC, minibar, TV satellite, coffre... Belle adresse qui organise aussi des excursions, y compris en mer.

**Hôtel Le Colbert** *(plan B1, **30**) : 51, rue Colbert. ☎ 232-89. • hlcdiego.com • Carte Visa acceptée.* Très central. Le 1er hôtel moderne implanté à Diégo après l'indépendance. Toutes les chambres ont AC, eau chaude, TV satellite, coffre et minibar. Certaines ont une baignoire. Resto au rez-de-chaussée. Navettes pour l'aéroport (payant). Juste à côté, agence *Cap Nord Voyages.*

**Hôtel Impérial** *(plan B1, **27**) : 65, rue Colbert. ☎ 233-39. • hotelimperial-diego.com* • Hall lumineux et généreux. Chambres spacieuses, claires et bien équipées (eau chaude, AC, coffre, TV satellite...). Plus c'est haut, plus c'est cher, mais confort identique. Grande et belle salle de bains.

### Beaucoup plus chic (plus de 215 000 Ar / env 67 €)

**Le Grand Hôtel** *(plan B2, **31**) : 46, rue Colbert. ☎ 230-63. • grand-hotel-diego.com* • L'adresse chic, même un peu clinquante de Diégo. Confort extrême, avec TV satellite, minibar, coffre et clim, et objets de déco malgaches. On préfère les chambres plus au calme avec vue sur la jolie piscine sur l'arrière. Centre de relaxation et restos. Agence de voyages *Évasion sans Frontière* dans le hall, banque, boulangerie et casino dans le lobby. Très central.

**Hôtel Allamanda** *(plan A1, **32**) : rue Richelieu, au pied de la pl. Joffre, donc assez à l'écart du centre. ☎ 210-33. • hotels-diego.com* • 💻 Des chambres-appartements en dur, au rez-de-chaussée ou en étage, dans de petits édifices assez fades d'aspect, mais avec vue directe sur la baie de Diégo. Un ensemble de chambres standard, tout confort, avec salles de douche lumineuses, TV, minibar, coffre, clim et ventilo, mais aseptisé et sans charme particulier. En revanche, c'est absolument impeccable. Des suites également. Un environnement rassurant, mais pas très excitant donc. Piscine et resto *Le Melville.*

## Où manger ?

### De très bon marché à bon marché (jusqu'à 13 000 Ar / env 4 €)

On trouve des ***étals*** derrière la discothèque *Boîte Noire* et le bar *Planet Diego.* Ils s'installent le soir à même le trottoir. Brochettes, plats de riz, crabes et bière fraîche sont servis par des femmes hautes en couleur... C'est LE lieu de réunion pour une dernière fringale, des conversations et des rires à l'emporte-pièce. On y mange très bien, et l'ambiance est garantie, au coude à coude avec la population. Super et vraiment pas cher.

**Haimah** *(plan B3, **41**) : rue Tsimiaro (face à la station-service Jovenna). Petit resto musulman sans enseigne, sur le côté de la station-service (demander, c'est connu).* Plats pas chers, simples et bons. Mouton, cabri massalé ou riz au coco par exemple. Bon thé sucré (pas d'alcool ici). Très roots mais propre. Commander à l'avance.

**Mora-Mora** *(plan B2, **25**) : 7, rue Montcalm (près de l'angle avec Sylvain-Roux). ☎ 226-55. Voir « Où dormir ? ». Tlj sf mar.* Un petit resto mauricien propre sur lui, qui sert une cuisine pas chère et savoureuse. Plats du jour qui partent très vite le midi, inscrits sur un grand tableau blanc. Steaks, nems, *sambo,* brochettes et plats malgaches d'un excellent rapport qualité-prix. Terrasse agréable et protégée. Dommage que ce resto soit un peu excentré par rapport à la rue Colbert.

### Prix moyens (13 000-29 000 Ar / env 4-9 €)

I●I ***La Rosticceria*** *(plan B1,* ***28****) : 47, rue Colbert. ☎ 236-22. Non loin de l'hôtel Colbert. Tlj sf dim midi.* Incongruité de la rue, jolie petite terrasse coincée entre 2 colonnades antiques et cette salle, où boiseries et ventilos participent à l'ambiance feutrée du lieu, tendance coloniale. Resto italien, tenu par un charmant monsieur, qui fait le plein tous les soirs. Un peu plus cher qu'ailleurs, mais une sélection d'*antipasti, bruschette,* calamars *alla siciliana, pasta* et autres pizzas vraiment irrésistibles, et un tiramisù... *buonissimo !* Carte de vins italiens bien fournie (chers, puisque importés). Fait aussi hôtel (voir « Où dormir ? »). On aime.

I●I ***La Capannina*** *(plan B1,* ***47****) : bd Étienne, derrière l'Alliance française. 032-79-241-65. Tlj sf mar soir et mer.* Sous une grande paillote sympathique et colorée, avec de jolies nappes, on mange l'une des meilleures pizzas au feu de bois de Diégo. Mais il n'y a pas que cela : filet de zébu, crevettes citron, poissons grillés...

I●I ***Le Venilla*** *(plan B2,* ***48****) : rue Surcouf, face au garage Renault. ☎ 229-25. Tlj sf dim.* Plus de 20 ans que *Le Venilla* excelle à servir une clientèle fidèle. Une terrasse agréablement éclairée et donnant sur la rue, une salle généreuse qui sert à l'occasion de piste de danse. Cuisine de qualité à la fois française et malgache, réalisée avec beaucoup d'attention. Des goûts bien présents dans les assiettes, qui ravissent les papilles. Cailles rôties aux pruneaux, brochette de zébu arlequin, portefeuille de magret de canard... Grillades et poissons en priorité. Vins locaux ou sud-africains. Service stylé.

I●I ***Tsara Be*** *(plan B1,* ***42****) : rue Colbert. ☎ 940-97. Tlj sf dim midi.* Large carte, généreuse dans l'esprit, créative dans ses réalisations. Des petits plats plutôt plus chers qu'ailleurs et une gentille animation, en plein sur la rue centrale. La terrasse ne désemplit pas aux heures des repas et à l'apéro. À la carte, des soupes, des grillades, poulet sauté au coco, tartare de poisson du jour, wok de crevettes...

## Où dormir ? Où manger dans les environs ?

⌂ ***Le Panorama :*** *route de Ramena, à 4 km de la ville, face au pain de sucre avec le navire norvégien coulé à sa gauche et les anciennes salines. ☎ 225-99. Compter 117 000 Ar la nuit pour 2.* 12 petits bungalows bien séparés les uns des autres, perdus sous une abondante végétation de pistachiers, papayers et autres bougainvillées. Tout confort, parquet, coffres, petites salles de bains impeccables et coquettes. Jolie petite terrasse pour bouquiner. L'ensemble converge vers une piscine qui s'inscrit bien dans le style général, agréable et discrète, que jouxte un confortable coin salon.

⌂ I●I ***Royal Sakalava :*** *face à la baie du même nom. ☎ 82-926-36. • royalsakalava.com • Doubles en ½ pens 55-65 € (63-81 € pens complète).* Une adresse sympa pour se poser au bord de l'eau, dans des bungalows en dur, à 2 ou en famille (3 bungalows familiaux). C'est surtout l'occasion de commencer avec le kitesurf, dans l'école de l'hôtel. L'un des plus beaux spots au monde ! Fait aussi resto, pas mauvais du tout. Accueil très sympa.

## Où manger des viennoiseries ? Où boire un verre ?

I●I À la ***boulangerie du Grand Hôtel*** *(plan B2,* ***31****)*, pardi ! *Rue Colbert. Tlj 6h30-12h30, 15h30-21h.* À gauche de l'entrée principale de l'hôtel, une boulangerie comme en France avec des pains au chocolat croustillants à souhait et quelques gâteaux traditionnels. Propreté irréprochable, presque clinique.

I●I On recommande également la ***boulangerie de l'Amicale.***

🍷 Le ***Mexi'Coco*** *(plan B2,* ***23****)* et le

resto ***Tsara Be*** *(plan B1, **42**)* sont aussi des lieux sympas pour boire un verre à l'heure de l'apéro (voir « Où dormir ? » et « Où manger ? »).

## Où sortir ?

La vie nocturne de Diégo est réputée pour être très animée. C'est un port, ne l'oublions pas ! Beaucoup de prostitution dans les bars et boîtes de la ville, mais beaucoup d'ambiance également... Et puis si vous tombez un soir où il y a un gros bateau au port, toutes les filles sont de sortie, nippées sur leur 31, voire leur 32.

🍷 ♩ ♫ ***Le Vahiné*** *(plan B1-2, **60**)* **:** *rue Colbert. Entrée par la rue perpendiculaire, à 20 m. Ça bouge à partir de 23h.* Incontournable, LA boîte de nuit la plus folle de la ville. Ambiance très chaude presque tous les soirs. On y danse le *salegy* (né à Diégo-Suarez) et d'autres danses malgaches, ainsi que les inévitables tubes internationaux. Bien sûr, les filles ne sont pas là que pour danser. Elles chassent le *vazaha* ostensiblement. À peine entré, déjà accroché !

🍷 ♩ ♫ ***Pub La Taverne :*** *rue Colbert, face au* Grand Hôtel *(plan B2, **31**). Au fond du couloir.* Une boîte nickel, qui court après la mode, avec écran géant, DJ en vitrine, jeux de lumière au kilomètre... Le grand jeu, mais pas encore prêt à détrôner *Le Vahiné.*

■ ***Casino :*** *en face de l'Alliance française (plan B1, **11**).* Des jeux de roulette et 45 machines à sous. Un peu surréaliste ici. Rien ne va plus à Diégo !

## Achats

Plusieurs boutiques dans la rue Colbert, plutôt bien approvisionnées en artisanat et souvenirs touristiques. Entre autres, ***Ino Vaovao*** *(69, rue Colbert ; ☎ 82-228-38).* Artisanat, cartes postales, T-shirts. On y trouve aussi les fascicules de l'Association Ambre, *À la découverte de Diégo-Suarez.*

Pour les besoins quotidiens, un petit supermarché ***Score*** (avec épicerie et petite boulangerie-traiteur à l'entrée) dépannera les *vazaha* expatriés.

# À voir

Bien sûr, avec un tel passé (réel ou imaginaire, voir « Libertalia, une mystification ? »), une balade quasi historique s'impose au cœur des quartiers qui ont fait la réputation de Diégo-Suarez, aujourd'hui en état de décrépitude avancée.
***Conseil :*** il est préférable de se balader à deux ou trois, mais évitez de le faire seul, dans les rues isolées. Quelques (rares) agressions ont eu lieu. Soyez un peu sur vos gardes, sans tomber dans la parano. Une fois la nuit tombée, même dans le centre, faites gaffe aux pickpockets. Ne vous trimbalez pas avec appareil photo et sacoche-banane.

***Du centre-ville au quartier du port :*** partir de la *rue Colbert,* avec ses jolies constructions décaties et ses maisons coloniales délabrées... Voir notamment l'Alliance francaise, installée dans le très beau bâtiment de l'***ancien marché couvert*** *(plan B1, **11**),* ou l'immeuble de la banque *BMOI.* Au bout de la rue, jeter un œil au *Faritany,* siège de l'administration territoriale, puis partir à gauche et s'arrêter devant l'***hôtel de la Marine*** *(plan B1, **70**).* Cet ancien palace aux délicates arches outrepassées, aux généreuses colonnes, est peut-être le plus beau symbole de l'architecture en pleine décadence de la ville. Les palmiers poussent toujours à l'intérieur, mais les chambres laissent passer quelques courants d'air... Ne pas pénétrer à l'intérieur car il y a un danger d'écroulement de certaines parties. Rue Joffre, aller voir le belvédère, sur la place, avec sa ***statue du maréchal Joffre*** *(plan A1, **71**).* Une plaque lui rend hommage : « 1859-1931 / Maréchal de France / Tombouctou 1894 /

Diégo-Suarez 1903 / La Marne 1914. » Comme tout cela est loin... Vue sur une partie de la baie, l'activité portuaire et les bateaux échoués ou ancrés dans la rade. Rejoindre le port et passer devant la *PFOI (Pêche et Froid océan Indien),* appelée aussi « pompon rouge », en raison du logo de l'entreprise, grosse pourvoyeuse d'emplois pendant la saison de la pêche au thon, de mars à juin environ. Mais on respire ses effluves (presque) toute l'année ! Marcher le long de l'espèce de cimetière de bateaux, plus bas... Au bout, justement, la *SECREN,* le chantier de réparation navale de Diégo et l'un des plus importants de l'océan Indien.

**Le quartier militaire et la Glacière :** c'est la partie de la ville qui surplombe le port. Attention, pas de photos ici car l'ancien quartier résidentiel de la marine française a été investi par l'armée malgache. Rejoindre le promontoire côté mer. L'ancien *foyer de légionnaires, La Caravelle,* offre un nouveau point de vue sur la baie. On imagine l'animation qui devait régner ici et dans l'autre foyer, le *Surcouf,* au temps des légionnaires. C'était très, très chaud, paraît-il... Quel contraste aujourd'hui ! Passer devant le *camp Lubert* et le *tennis de l'Amirauté.* On arrive dans le quartier de la Glacière, parsemé de flamboyants et de bougainvillées, ancienne résidence des officiers français. Redescendre ensuite dans le quartier populaire d'Anketa, où se trouve l'une des très nombreuses mosquées de Diégo-Suarez.

**Le panorama sur la baie de Diégo :** aller dans le quartier de l'Université à l'est de la ville. Vue sur le pain de sucre et la plage de Ramena au loin. Très beau, selon la lumière.

**Le jardin tropical** (plan B1) **:** *à 200 m de l'Alliance française. ☎ 032-59-034-34. Tlj 7h-18h. Ticket (entrée multiple le temps du séjour) : 9 000 Ar ; réduc ; gratuit moins de 12 ans.* En plein cœur de la ville, un site de 1 ha arboré depuis près de 100 ans par des agriculteurs urbains et ouvert à la visite depuis fin 2013. Au programme de cette promenade rafraîchissante : plus de 150 espèces végétales (parcours guidés plantes médicinales et aromatiques) dont des orchidées, alambic en cuivre de Grasse, balançoire, mais aussi des lémuriens (quand ils sont là !), des crocodiles, des caméléons, des écrevisses... Pour le moins inattendu !

**Les cimetières français et anglais** (plan B3) **:** *route de Ramena, quasiment l'un en face de l'autre.* Une situation qui rappelle l'affrontement en 1942 des militaires britanniques contre les forces françaises basées à Madagascar et acquises à Vichy.

– **Le marché** (plan A-B3) **:** *tlj, sur la place du même nom, dans le quartier populaire de Tanambao, au sud du centre.* Haut en couleur et vraiment sympathique.

## Excursions dans la baie de Diégo-Suarez

Avec une côte aussi découpée, il y a évidemment des tas de coins à découvrir. Attention, certains sont assez difficiles d'accès ou nécessitent la location d'un 4x4. Les balades ci-dessous peuvent faire l'objet d'une excursion à la journée, ou simplement un aller-retour en taxi. On peut les combiner de différentes manières et même en faire une partie à pied.



## RAMENA

env 4 000 hab. IND. TÉL. : 82

**À une vingtaine de kilomètres de Diégo-Suarez, Ramena est un minuscule village de pêcheurs hyper tranquille, qui tente de garder une certaine authenticité. Minuscules ruelles de sable, où la vie se caractérise avant tout par une**

**certaine nonchalance. La plage n'est pas désagréable même si elle n'a rien de particulier, et on y trouve des bateaux sur lesquels on peut partir faire un tour... Pas mal pour se mettre les doigts de pied en éventail quelques jours ou rayonner dans le coin à la recherche de plages isolées. Ou pour aller admirer le magnifique bleu transparent de la mer d'Émeraude (voir plus loin).**

## Arriver – Quitter

Prendre un ***taxi-brousse face au stade municipal, route de Ramena*** à Diégo. Départs 6h-9h en général. Partir tôt de préférence, pour éviter les tours de ville pour chercher les clients ! Attention, si vous ne pensez pas rester dormir sur place, demandez au chauffeur à quelle heure repart le dernier taxi-brousse pour Diégo (en général vers 16h30). Compter 30 000 Ar. Trajet 30 mn/1h. Si vous louez un taxi pour la journée, compter env 65 000 Ar.

Les taxis s'arrêtent au minuscule port, où l'on trouve quelques gargotes en enfilade. C'est là que se font les départs en barque pour la mer d'Émeraude.

## Où dormir ? Où manger ?

### De bon marché à prix moyens (13 000-60 000 Ar / env 4-19 €)

***Chez Grand-Mère Jeannette*** *(connue aussi sous le nom de Mama Maurice) : derrière* L'Oasis, *suivre le chemin de sable et demander ; c'est au cœur du village. 032-02-836-18. Compter 40 000 Ar env.* Jeannette a construit quelques chambres en dur dotées de tout le confort, dans une assez grande maison dans son jardin. Côté resto, l'adresse est courue, prévoir de l'attente.

***La Case en Falafy, Chez Bruno :*** *au milieu du village (tt le monde connaît). 032-02-674-33. • case-en-falafy.com • Bungalows pour 3-7 pers. Mieux vaut réserver.* Certainement le meilleur rapport qualité-prix à Ramena. Bungalows en brique et en *falafa* disséminés dans un jardin élégamment fleuri avec piscines. Ils sont un peu les uns sur les autres, mais assez bien conçus, avec douche chaude, w-c, moustiquaire, parquet et petit balcon. Grande propreté. Gentille atmosphère de vacances et de nombreuses activités proposées. Excellent resto. Un bon compromis confort-authenticité-proximité du village. Si c'est complet, Bruno vous propose d'aller ***Chez Serge*** *(032-49-822-71).* Bungalows en dur, avec toit de palmes, autour d'un grand jardin avec piscine.

***Villa Palm Beach :*** *à gauche, avt la plage. 032-02-409-04. • villapalmbeach@gmail.com •* 6 chambres, toutes avec salle de bains, dans une villa rose plutôt sympa, bien aménagée, à quelques mètres de la plage. Si le nom de *Villa Palm Beach* semble quelque peu immodeste au regard de la réalité, la demeure est agréable, d'une grande propreté, et la décoration sobre et fraîche. Les chambres les moins chères sont au rez-de-chaussée. Demander en priorité celles à l'étage. Atmosphère assez conviviale autour du petit salon (musique, TV satellite) ou sur la terrasse au 1er étage. Service de laverie, quelques bouquins à disposition (et même le *Routard* !). Fait aussi resto, petite carte sur ardoise.

***Le 5 Trop Près :*** *en bord de plage. 032-07-740-60. • le5troppres@gmail.com •* La seule adresse à proposer des chambres donnant directement sur la plage. Avec douche, ventilo, moustiquaire et un bout de terrasse. Chambres simples, propres, aux murs peints en bleu. Pas un charme fou mais au calme. Le resto propose d'excellents poissons grillés et une bonne salade de crabe. Il faut dire que les pêcheurs apportent ici leur pêche aussitôt sortie de l'eau.

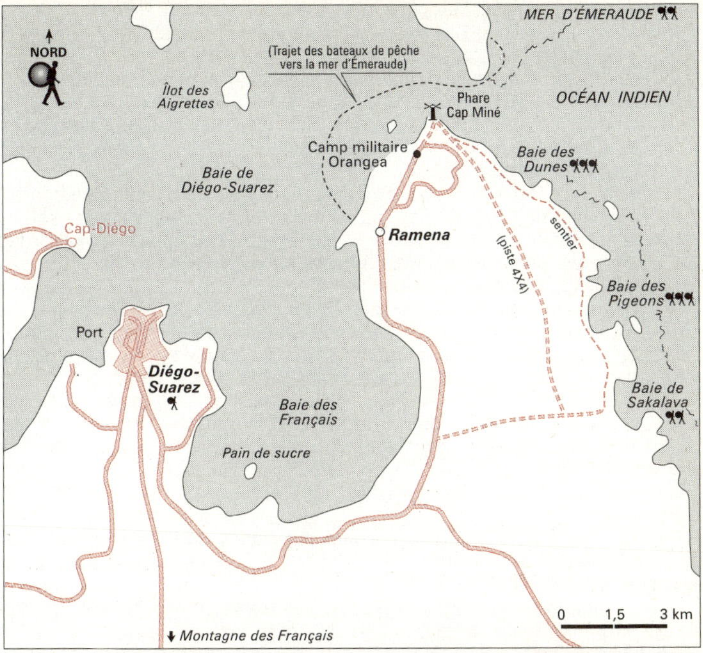


## LES TROIS BAIES DE DIÉGO-SUAREZ

### Plus chic (plus de 104 000 Ar / env 32 €)

**Hôtel Les Cocotiers :** *quelques km avt d'arriver à Ramena. ☎ 907-43. 032-02-386-73. Repas env 18 200 Ar.* Claude, très avenant, tient ce joli petit hôtel situé dans un cadre très agréable. Celui-ci se compose d'une vaste maison de matériaux traditionnels, avec tout autour des chambres coquettes, agréables, ventilées, propres et avec terrasse. Quelques bungalows aussi. L'endroit est serein, vraiment chouette, avec piscine d'eau de mer. Mer que l'on trouve d'ailleurs juste devant. Plage baignable et mangrove. N'oublions pas la cuisine franco-malgache de qualité. Une belle adresse. Également un moniteur de planche à voile sur place (normalement) ; location de matériel et cours possibles. Organisation d'excursions aussi.

## À voir. À faire

Si vous partez en balade, prévoir de l'eau et une lampe si vous rentrez de nuit. Elle tombe vite !

***La plage de Ramena :*** la plage de ce village de pêcheurs est plutôt jolie, bien que pas toujours très propre.

***Balade vers le cap Miné, la baie des Dunes, la baie des Pigeons et la baie de Sakalava*** *(carte des Trois Baies)* **:** on appelle cet ensemble ***les Trois Baies.*** Elles se situent à la suite les unes des autres en allant vers le sud. On démarre la balade en général à partir du village de pêcheurs de Ramena. Plusieurs manières de les explorer : ceux qui ne veulent pas marcher feront l'excursion en 4x4 pour longer les Trois Baies. On peut aussi se faire déposer à Ramena en taxi depuis Diégo-Suarez (bien moins cher qu'en 4x4) et donner rendez-vous au chauffeur dans la baie de Sakalava, à l'hôtel *Baie de Sakalava.* Ou l'inverse, jusqu'à Sakalava depuis Ramena, et revenir à pied. Attention, plusieurs cas d'agressions nous ont été rapportés, soyez prudents et faites-vous éventuellement accompagner par un guide fiable.

De Ramena, on pénètre tout d'abord dans la zone militaire d'Orangea (petit droit d'accès à payer par personne et par véhicule ! On vous réclame le ticket à la sortie, ne le perdez pas !) pour se diriger vers le ***cap Miné.*** À partir du cap, il faut soit un 4x4, soit continuer à pied, en partie par la piste, en partie en passant par les plages quand c'est possible (compter 3h pour gagner la baie de Sakalava, sans compter les arrêts baignade). Beauté époustouflante et sauvage des côtes, végétation de palissandres, flamboyants, baobabs, vestiges de l'armée et plages ourlées de sable blanc. Emporter son casse-croûte et une bonne réserve d'eau, et faire la balade de préférence le matin (quand le soleil tape moins). Le cap Miné est encore aujourd'hui une base militaire, qui a connu son heure de gloire durant la période française, comme ne le montre pas le délabrement actuel des bâtiments. Après la zone de casemates en ruine, on parvient au phare, assez ruiné lui aussi. Une famille vit là avec ses poules et ses biquettes. Vue extra sur la mer d'Émeraude au loin. La passe, impressionnante, est battue par les puissants vents dominants.

En poursuivant la piste, on arrive à la ***baie des Dunes,*** sauvage en diable, tranquille, avec ses grosses vagues. C'est dans ce secteur que viennent pondre les tortues en juillet, près de concrétions rocheuses, sortes de mini-*tsingy.* Puis on aborde la ***baie des Pigeons,*** jolie plage qui présente un aspect différent, dont les environs sont truffés de casemates abandonnées, de quelques rampes de lancement et de soutes à munitions vides, traces de la présence française sur ces terres. Baignade possible mais attention aux vagues tout de même, qui peuvent être puissantes, voire dangereuses à certaines périodes (bien se renseigner). On continue à longer la côte, pour atteindre la baie de Sakalava.

**☛☛ *La baie de Sakalava :*** *si vous venez de Ramena à pied, vous voilà donc arrivé (lire plus haut). Si vous vous rendez directement de Diégo-Suarez à la baie de Sakalava, prendre un taxi « spécial ». C'est sur la route de Ramena, puis au km 13, on emprunte la piste à droite sur 5 km (panneau « Hôtel Baie de Sakalava »).* Immense plage assez sauvage, au fond d'une baie assez fermée et à faible tirant d'eau. Pas pratique pour se baigner mais formidable pour la planche à voile et le kitesurf. On peut y loger (voir « Où dormir ? Où manger dans les environs ? » à Diégo-Suarez). Si vous voulez faire une rando de Sakalava jusqu'au cap Miné, demandez donc à votre taxi de vous laisser dans la baie de Sakalava et de vous reprendre au cap Miné justement. Le trajet à pied entre Sakalava et le cap Miné peut se faire en 2h30 environ (sans compter les arrêts baignade), en partie par la plage, en partie par la piste. C'est la même balade que celle décrite plus haut, mais en sens inverse. Sympa et sans aucune difficulté notable. Prendre de l'eau *(bis repetita).*

**☛☛ *La mer d'Émeraude :*** une mer dans la mer, un lagon d'un magnifique bleu turquoise transparent que l'on aperçoit depuis la côte. Pour s'y rendre, il faut louer une embarcation depuis la plage de Ramena (lire plus haut). On peut aussi la réserver dans une agence à Diégo-Suarez (même tarif). Cette excursion est un classique du genre dans le secteur. Elle coûte en théorie autour de 17 € par personne, la traversée dure 1h et le repas sur place est compris. Attention à la météo quand même ! Il est conseillé de partir assez tôt le matin. Être à Ramena vers 8-9h, pas après, pour des questions de marées et de mer formée qui peut être très délicate dans la passe. Il y a en général moins de vent en saison des pluies. Si vous prenez un marin directement à Ramena, essayez d'en trouver un vraiment expérimenté et ne pas partir si la mer est visiblement agitée ! Il y a déjà eu des accidents. Sur place, baignade puis déjeuner (prévoir de la crème solaire). Votre pêcheur accompagnateur vous fera cuire le poisson qu'il aura pris pour vous.

*Le cap d'Ambre :* le bout du bout de la Grande Terre... Les Comores ne sont qu'à 400 km ! Ce n'est ni facile ni économique d'y accéder : uniquement en saison sèche et en 4x4.

– *Course de bateaux à voile typiques du village :* dim, de mi-août à mi-oct. Belle initiative pour promouvoir les bateaux traditionnels et ne pas prendre les bateaux à moteur. Le gagnant remporte un bateau tout neuf !

# DE DIÉGO-SUAREZ À NOSY BE

**La plupart des excursions ci-dessous se situent le long ou à proximité de la RN6, qui relie Diégo-Suarez à Nosy Be. Les routards ont le choix : certains décident de faire les excursions à la journée et en boucle à partir de Diégo-Suarez en louant les services d'un taxi. D'autres louent un 4x4 avec chauffeur pour 2 ou 3 jours et descendent doucement vers le sud en s'arrêtant à la montagne d'Ambre, puis font un petit détour par les Tsingy rouges (là, 4x4 nécessaire), poursuivent jusqu'à la réserve spéciale de l'Ankàrana (où ils peuvent passer la nuit) et terminent à Ankify pour prendre le bateau pour Nosy Be. Pour bien préparer votre parcours, choisir votre circuit et le moyen de locomotion le plus adapté, bien lire les différents textes ci-dessous.**

– *Excursion à la journée :* on peut passer une journée à la montagne d'Ambre (pas nécessaire d'avoir un 4x4). Y aller en taxi-brousse. Si vous comptez y adjoindre les Tsingy rouges, un 4x4 est nécessaire (17 km de piste difficile à l'écart de la route nationale). On peut alors partir tôt de Diégo, se balader toute la matinée dans la montagne d'Ambre (balade de 4h), déjeuner à Joffreville, puis partir dans l'après-midi pour les Tsingy rouges situés un peu plus au sud, avant de revenir à Diégo. Si vous êtes moins en fonds, et que vous avez le temps, partez en bus (plein de monde), via la ligne 1, véhicule rouge, à prendre rue du Pont-Six, à Diégo, terminus à Joffreville, à la bifurcation. Départs fréquents tous les jours. Trajet 1h. Puis taxi-brousse, 2h de trajet entre Joffreville et la montagne d'Ambre, 1 km de marche ensuite jusqu'au bureau *MNP.* Prévoir alors une nuit sur place.

– *La réserve spéciale de l'Ankàrana :* plus au sud. Inutile d'avoir un 4x4 pour y accéder. Tous les taxis-brousse passent par là. On y trouve quelques modestes hébergements (voir plus loin). Bien pratique. Les balades se font à pied et l'entrée du parc est en bord de route. Certains choisissent de faire l'excursion à la journée depuis Diégo, d'autres de partir 2 jours et de la faire à la suite de la montagne d'Ambre.

## LE PARC NATIONAL DE LA MONTAGNE D'AMBRE

**À une quarantaine de kilomètres au sud de Diégo-Suarez, le parc national de la montagne d'Ambre, premier du genre créé à Madagascar en 1958, est une forêt humide recouvrant un massif volcanique. Situé à une altitude comprise entre 850 et 1 475 m, il est comparable aux forêts de l'est de l'île, attirant comme un aimant tous les nuages, ce qui en fait un îlot de fraîcheur bien agréable après la chaleur de Diégo-Suarez. Généreux, il redistribue à la**

**région 85 % des 3,50 m de précipitations qu'il reçoit tous les ans... Avec ses 7 espèces de lémuriens, 1 000 espèces de plantes, 24 sortes d'amphibiens, 36 espèces de papillons et 77 sortes d'oiseaux, son « jardin botanique » de plus de 1 km de long, ses 5 lacs de cratère, ses cascades et le jeu délicat du soleil dans ses fougères arborescentes, la montagne d'Ambre est un peu la « forêt d'Émeraude » du Nord. En revanche, s'il y a l'appel de la forêt, celle-ci est dense, et les animaux peuvent être un peu difficiles à apercevoir. Le parc est organisé en plusieurs balades tranquilles, de 30 mn à plusieurs heures, à partir d'une piste centrale. Il est obligatoire d'être accompagné par un guide et de veiller à respecter les consignes de sécurité, des agressions sur des groupes de touristes ont eu lieu en 2013.**
***Joffreville (Ambohitra)* est le village le plus proche du parc, à 4 km de l'entrée et à 32 km de Diégo-Suarez. Le maréchal Joffre transforma ce site, d'où le nom, longtemps resté *fady* (interdit), en garnison et station climatique des colons de Diégo. Les Réunionnais vinrent en faire une terre maraîchère. Joffreville, devenu presque un village ou plutôt une grande rue fantôme avec ses trottoirs défoncés et ses jolies maisons coloniales parfaitement décrépites, est un bon point de départ pour la visite de la montagne d'Ambre. On peut même y passer la nuit, car on y trouve quelques adresses fort sympathiques. Au-dessus du village, vous ne pourrez échapper à la vision d'un haut bâtiment de béton à l'abandon, vraiment affreux. Il s'agit d'un ancien centre de formation des instituteurs, ayant subi les affres d'un cyclone.**

## Arriver – Quitter

### En taxi

Si vous êtes plusieurs, le plus simple est de partager un taxi à partir de Diégo-Suarez. Cela ne revient pas très cher en divisant à 3 ou 4. Lire la rubrique « Adresses et infos utiles » à Diégo. Compter environ 45 mn de route, 10 mn de piste et 250 000 Ar env. Il n'est pas nécessaire de louer les services d'un 4x4 avec chauffeur pour se rendre dans ce parc. De toute manière, les voitures ne peuvent pénétrer que 4 km à l'intérieur de celui-ci, jusqu'à la station des Roussettes (où l'on trouve le camping et le gîte).

### En taxi-brousse

Les courageux prendront un taxi-brousse du parcage du Sud *(gare routière du Sud à Diégo ; hors plan Diégo par B3).* Il y en a peu et ils ne partent que lorsqu'ils sont pleins. Ils s'arrêtent à ***Joffreville.*** De là, compter 40 mn à pied jusqu'au bureau du *MNP* à l'entrée du parc. Attention au retour en taxi-brousse (aléatoire !). Prévoir 1 nuit sur place.

## Adresse utile

■ ***Bureau du MNP :*** *à l'entrée du parc, à 3 km du village de Joffreville. Tlj 8h-17h. Entrée : 25 000 Ar ; dégressif sur plusieurs j.* Un guide agréé est obligatoire pour effectuer les balades dans le parc. Les tarifs dépendent des randos que vous souhaitez effectuer et sont valables pour 4 personnes maximum. Exemple : pour 2h, compter environ 35 000 Ar, pour 6h environ 50 000 Ar. Possibilité de treks et de visites nocturnes également. Bien se mettre d'accord sur les prestations et les tarifs avant de partir.

## Conseils pratiques

– On peut faire l'aller-retour dans la journée depuis Diégo à condition d'avoir un véhicule avec chauffeur ou, moins cher, un taxi qui vous attend.

Cela dit, on trouve plusieurs hébergements pour tous les budgets sur place, du camping dans le parc à l'adresse chic. Autre option : partir tôt de Diégo-Suarez, passer juste une demi-journée dans le parc (balade de 3-4h), puis poursuivre la route vers le sud.
– Prévoir un vêtement de pluie, même en saison sèche. Il pleut surtout l'après-midi. Des chaussures de marche ne sont pas inutiles à cause de quelques sangsues voraces qui sortent après les grosses pluies !
– Si vous campez, faites vos provisions (eau et vivres) au départ de Diégo. Il n'y a pas grand-chose, pour ne pas dire presque rien, à Joffreville.
– Au bureau *MNP*, bien choisir votre guide (vérifier qu'il parle correctement le français et qu'il possède quelques connaissances sur la faune et la flore). Ils sont normalement tous agréés. Choisir avec lui les balades qui vous intéressent, en fonction du temps dont vous disposez, sur la grande carte située dans le bureau des guides. Compter env 40 000 Ar.

## Où dormir ? Où manger ?

### Dans le parc

#### Très bon marché (moins de 13 000 Ar / env 4 €)

**Camping des Roussettes :** *à 4 km de l'entrée, à l'intérieur du parc. Résas au bureau* MNP, *à l'entrée. Compter 1 300-5 200 Ar la tente selon que l'on s'installe sous un petit abri ou pas.* Espace sympathique et dégagé, à l'ombre des épineux. Accès à des sanitaires (avec eau froide) et éventuellement à la cuisine du gîte si celui-ci n'est pas loué (utilisation payante). Prévoir l'antimoustiques ! Un peu délabré quand même.

**Gîte d'étape :** *à côté du camping, gîte agréable entouré de conifères. 032-02-456-33. Résas à Diégo. Compter env 6 500 Ar/pers.* 3 chambres de 2 à 4 personnes (lits superposés), dans une maisonnette soignée, pouvant accueillir jusqu'à 12 personnes ; 2 douches (on se fait chauffer l'eau avec le gaz fourni sur place), un salon et une cuisine. Bonne literie. Salon avec cheminée. Venir avec ses vivres. Draps et couvertures fournis. Éclairage à la bougie (en principe, fournies également).

### À Joffreville (Ambohitra)

#### Prix moyens (26 000-52 000 Ar / env 8-16 €)

**Chambres d'hôtes Le Relais de la Montagne d'Ambre :** *dans le haut du village, à proximité de la piste qui mène à l'entrée du parc, tt le monde connaît. 032-04-281-22. Repas env 15 000-20 000 Ar.* Grande et vénérable bâtisse au charme indéniable, haute de plafond, qui propose 3 chambres, vastes, simples et impeccables. Bibelots, bouquets de fleurs en plastique, statuettes ou images pieuses. Attention à ne pas marcher sur la petite tortue qui se balade dans la maison. Par les généreuses fenêtres, on aperçoit la baie au loin. Il se dégage de ce lieu une grande tranquillité. Le jardin soigné abrite 3 petites paillotes sous lesquelles on peut prendre un excellent repas (spécialité de poulet au coco). Accueil, cuisine, tout est parfait.

**Auberge Sakay Tany, Chez Zaïna et Alexis :** *dans le village (facile à trouver). 032-04-281-22. Chambres 26 000-36 400 Ar.* En surplomb d'un jardin agréable, un ancien monastère de type auberge de montagne, qui possède un charme désuet, abritant quelques chambres simples, dépouillées et un rien décaties à l'étage (cloisons de bois). Salle de bains commune. Une grande chambre pour 4 personnes également. Énergie solaire. Correct. Service de laverie. Fait table d'hôtes. Repas à prendre sous la paillote ou dans la salle commune le soir quand il fait trop frais. Jardin peu soigné sur le devant, dommage.

**Gargote chez Mme Sibo Denise :** *juste à côté de l'auberge Sakay Tany.* 4 tables et une cuisine 100 % locale et pas chère.

### Chic (52 000-104 000 Ar / env 16-32 €)

**Monastère Saint-Jean-Baptiste :** *à l'entrée de Joffreville sur la gauche. Résas : BP 407, 201 Antsiranana. ☎ 82-213-20. 032-04-795-24.* • *gitesaintbenoit.com* • À condition de réserver avant, c'est une solution de logement assez originale... Les sœurs bénédictines mettent à disposition des touristes 8 chambres pour 2 personnes en demi-pension. Pour les groupes (minimum 6 personnes), maison-dortoir en contrebas. Les sœurs vous accueillent avec gentillesse et sans prosélytisme : pas d'interdit pour les couples, on peut partager la même chambre. La construction est récente (sans charme particulier), mais il y a un grand jardin d'où la vue sur Diégo-Suarez est carrément extra ! Les chambres (lits doubles), presque monacales (le contraire eût été étonnant), sont confortables, toutes avec douche (eau chaude), mais toilettes communes. Déjeuner pique-nique possible et dîner pantagruélique. Également une boutique d'artisanat avec des objets réalisés par les femmes des villages environnants. Bref, une bien bonne adresse. Nos amitiés à mère Charles et sœur Marie-Jeanne !

### Beaucoup plus chic (plus de 170 000 Ar / env 53 €)

**Nature Lodge :** *2 km avt Joffreville sur la droite. 034-20-123-06 ou 05.* • *naturelodge-ambre.com* • *Résas à Tana auprès du* Grill du Rova *(voir « Où manger ? » à Tana). Résa conseillée pour le resto si l'on souhaite y dîner sans y dormir. Double 80 €, petit déj 5 € avec confitures maison. Repas 12 €.* Une structure assez originale, installée sur un plateau venteux, avec une très belle vue sur la baie de Diégo, notamment au coucher du soleil. Une douzaine de bungalows coquets, joliment décorés, avec balcon, tout en matériaux locaux. Ils sont non seulement spacieux (35 m²) et confortables (salles de bains en dur impeccables), mais ils dégagent un petit air africain avec leurs toits de chaume qui n'est pas pour nous déplaire. La salle de resto, immense, est tout aussi bien décorée. Cuisine honnête. Petit boulodrome pour se détendre.

## À voir. À faire

Que voir dans cette forêt dense et humide de 18 200 ha ? Mais une foule de choses ! Enfin, faut sacrément chausser son monocle ! L'uroplate a élu domicile ici, un petit lézard de nuit qu'apprécieront les chanceux bivouaqueurs, mais le plus impressionnant, c'est le *Brookesia minima,* le plus petit caméléon du monde. Accessibles à tous, des cascades pleines de *tromba* (esprits), des arbres déracinés, des canyons, des lacs, une faune et une flore foisonnantes... un rêve pour les Indiana Jones en puissance.
Un effet optique rigolo : fixez fortement pendant 1 mn la grande cascade d'eau en saison des pluies quand elle est abondamment fournie, déplacez votre regard sur les côtés, bizarrement l'eau remonte !
Les sentiers sont bien entretenus, les balades sans difficulté et bien agréables. Elles partent toutes d'une piste centrale qui traverse le parc du nord au sud.

### Quelques exemples de circuits possibles

➢ ***Le circuit court*** *(env 2h)* **:** il inclut la *cascade sacrée,* la *cascade Antakàrana* et la *voie de Mille Arbres.*
➢ ***Deux circuits moyens*** *(env 3h30)* **:** le *circuit court* plus la *cascade Antomboka* ; ou le *circuit court* plus le *petit lac.*
➢ ***Le grand circuit*** *(env 5h)* **:** le *circuit court,* la *cascade Antomboka* et le *petit lac.*
➢ ***Trek au sommet* :** pour cette rando, compter 1 journée bien pleine. Il est préférable de dormir sur place la veille au soir, au camping ou dans le gîte du parc (voir plus haut). On passe par le *petit lac,* le *lac maudit,* le *grand lac,* puis ascension vers le sommet.

## LES TSINGY ROUGES

À 50 km au sud de Diégo-Suarez, sur la RN6, prendre à gauche une piste de 17 km (compter 45 mn) sans aucune indication. Mais votre chauffeur connaît. Cette piste est tour à tour correcte et abominable, avec de grosses ornières. Un 4x4 est nécessaire. On conseille d'y arriver aux alentours de 15h, pas après, pour profiter d'une lumière descendante mais encore présente. *(Entrée : 15 000 Ar.)*

Tout au long de la piste, on observe d'importantes plantations d'eucalyptus et quelques ouvertures sur l'océan Indien au loin. Juste avant d'arriver, deux points de vue sur des ensembles de *tsingy* rouges, qu'on découvre du haut d'un canyon.

Puis on gare le véhicule et l'on descend à pied en une dizaine de minutes dans le lit d'une petite rivière aux eaux rougies par la terre latérite, pour accéder à un petit groupe de *tsingy* rouges de toute beauté, surtout quand on profite de la belle lumière de l'après-midi. Ce n'est pas la même impression de les observer le matin (lumière blanche, crue et zénithale) que de les admirer alors qu'ils rosissent, rougissent, « ocrissent » et « orangissent » selon la magie des instants.

Ces *tsingy,* très différents de ceux de l'Ankàrana, sont issus d'une érosion appelée aussi « lapiaz », dont la transformation est due à la pression et à la température de la terre. Dans ce cas précis, le soulèvement de l'écorce terrestre et l'érosion ont été simultanés. Sur cette matière argileuse et tendre, le mélange de différents oxydes et le travail du temps et des éléments ont donné naissance à un ensemble de quelques centaines de petites cheminées de fée. Les couleurs vanille, jaune, ocre, rose et rouge, avec toutes les nuances intermédiaires, se mêlent en une parfaite harmonie. Autant de petites flèches de cathédrale surréalistes, aux sommets arrondis et délicats, qui se serrent les coudes sur le flanc fragile de la rivière. Superbe.

## ANIVORANO-NORD ET LE LAC SACRÉ

À 75 km au sud de Diégo-Suarez, le village d'Anivorano, sur la RN6, est le point de départ d'une piste de 4 km jusqu'au lac Antanavo, lac sacré et siège d'une légende qui l'a rendu précisément sacré. La piste est praticable à pied ou en 4x4. De Diégo-Suarez ou d'Ambilobe, demandez au taxi-brousse de vous déposer à Anivorano-Nord. On peut grignoter à la gargote de l'*hôtel du Lac* sur la route nationale. Prévoir de dormir à l'entrée du parc de l'Ankàrana (voir « Où dormir ? Où manger ? »). Si vous en avez la possibilité, venez de préférence un samedi ou un lundi car il y a régulièrement des cérémonies avec sacrifices de zébus, chants, danses et prières (renseignez-vous

### LA LÉGENDE DU LAC

*Un jour, un Antemoro à bout de force s'égara par ici. Une vieille femme, par pitié, lui donna de l'eau. L'homme lui conseilla de s'éloigner pour éviter le sort jeté par lui sur le village, qui devait transformer les habitants en... crocodiles ! Depuis, les descendants de la vieille femme régissent les festivités du lac. Car celui-ci est vraiment infesté de crocodiles, que l'on nourrit comme des hôtes sacrés.*

à Diégo). Si le lundi c'est raviolis, en revanche le mardi c'est *fady* (interdit). Et comme dans l'Ankàrana, les Merinas n'ont pas l'autorisation d'accès. Droit d'entrée à payer à l'entrée de la piste (maison sur la droite). On risque également de vous imposer un guide et de vous faire payer les photos que vous prendrez...

## AMBRONDROMIFEHI

Le village des saphirs. À 89 km au sud de Diégo, ce petit village de 26 habitants à l'origine a vu sa population passer à... 30 000 lors de la ruée vers le saphir. Le premier filon fut trouvé en 1994 par les ouvriers s'occupant de la réfection de la route. Tout comme le massif de l'Isalo dans le Sud, l'Ankàrana a vu déferler des milliers de Malgaches à la recherche de la précieuse pierre, espérant ainsi sortir de la pauvreté. Cette fièvre du saphir a mis en péril l'environnement écologique, mais a surtout été une fois de plus le révélateur de la grande pauvreté qui règne à Madagascar.
C'est la richesse des nuances des bleus qui crée la valeur d'un saphir, mais la Rolls, c'est le saphir étoilé. Certaines pierres présentent des inclusions de rutile qui révèlent au soleil des éclats de lumière étoilée de toute beauté. Considérée comme la pierre du voyageur, selon les adeptes, elle favorise la vie spirituelle, développe la maîtrise de soi et la ferveur sexuelle. C'est bien noté !
Au bord de la route, des petites cahutes de planches proposent des pierres brutes (peu d'intérêt pour le touriste de passage car il faudra les faire tailler). Il est très difficile de les analyser quand on n'est pas vraiment connaisseur. Elles sont achetées par de gros joailliers thaïlandais, sud-africains ou sri-lankais qui les taillent et les revendent.

## LA RÉSERVE SPÉCIALE DE L'ANKÀRANA

Le massif de l'Ankàrana est le deuxième endroit à Madagascar, après la réserve du Bemaraha (au nord de Morondava), où l'on peut voir des *tsingy*, ces formations karstiques offrant la vision assez stupéfiante de centaines d'aiguilles et de pics calcaires et aiguisés, dressés vers le ciel. Outre cette « cathédrale » naturelle, l'érosion aquatique souterraine a provoqué la création de plus d'une centaine de grottes où se réfugièrent les rois et la population des Antakàranas, l'ethnie de la région, lors de différents conflits interethniques. Certaines d'entre elles abritent encore des tombes royales, et le massif est toujours l'objet de nombreuses cérémonies et *fady* (interdits).

### LE ROYAUME DES ANTAKÀRANAS

Il s'étendait des îles Mitsio à l'ouest à Sambava à l'est, en passant par le cap d'Ambre, jusqu'à Ambanja la sakalava (ethnie dont seraient issus les Antakàranas). Au début du XIXe s, lorsque le roi merina Radama Ier tenta de conquérir le nord de l'île, les rois locaux et une partie de la population se réfugièrent dans les grottes du massif. D'où la présence de tombes royales sacrées, où se déroulent encore d'importantes cérémonies et où de nombreux *fady* gardent une très grande vigueur. Ainsi, aujourd'hui, les Merinas n'y ont-ils toujours pas droit d'accès en raison de la guerre de Radama Ier !

Pour la petite histoire, sachez que l'ancien président français Sadi Carnot fit offrir un sabre en or à son aïeul. En échange, celui-ci leva l'interdit qui pesait sur l'Ankàrana pour les Français !
Aujourd'hui, les Antakàranas représentent 60 % de la population régionale, dont 85 % sont musulmans. Le roi actuel jouit d'un réel prestige et garde une véritable autorité morale. Après avoir exercé ses talents au ministère de la Population, il coule une retraite paisible à Ambilobe, où il conserve précieusement le sabre en or de Sadi Carnot...

## La fête du *Tsanga Tsainy*

C'est la plus grande fête des Antakàranas. La cérémonie consiste à ériger le mât royal et à faire flotter dessus le drapeau blanc frappé d'un croissant de lune rouge et d'une étoile à six branches. Auparavant, les pèlerins doivent se rendre aux îles Mitsio, où se réfugia le roi Tsimiharo Ier durant l'invasion des Merinas, et dans les grottes royales de l'Ankàrana. Par la suite, on entoure deux arbres soigneusement choisis, l'un mâle et l'autre femelle, d'une chaîne d'argent symbolisant l'union. Puis les deux arbres sont abattus. Deux groupes de danseurs miment la guerre entre les deux dynasties, les Zafinimenas et les Zafinifotsy. On verse des breuvages sur le mât sacré, et c'est la bousculade pour tenter de le porter jusqu'au lieu de la cérémonie, dans le village d'Ambatoharanana (à 27 km d'Ambilobe). Les femmes antakàranas marchent devant le cortège comme de coutume, afin que les hommes puissent symboliquement les protéger. La procession traverse plusieurs villages sur plus de 50 km.
Le lendemain de l'érection du mât (symbole phallique évident) dans la terre (symbole de la fécondité), on procède à une grande circoncision collective. Cette cérémonie a pour but de renforcer l'unité du peuple et de la monarchie antakàrana. Elle a toujours lieu un vendredi, en saison sèche, théoriquement tous les 5 ans. Mais avec le « succès touristique » qu'elle connaît, on parle de la mettre en scène... tous les 2 ans ! Renseignez-vous sur place. C'est d'ailleurs le seul moyen de visiter la grotte royale principale de l'Ankàrana (la veille de la cérémonie). Règles à observer : les hommes doivent porter le *kitamby* (un pagne) et les femmes doivent défaire leurs tresses. Interdiction de porter chapeau et chaussures.
Les grottes royales se visitent, en principe, uniquement à l'occasion de la fête du *Tsanga Tsainy.* Votre guide doit être de sang royal, et il vous faudra être vêtu d'un *lamba,* et non de « vêtements qui s'enfilent par les jambes ». Mais pour une autorisation de visite spéciale, il faut aller à Ambilobe et s'adresser à Tsimiharo III, le roi actuel des Antakàranas. Il habite une maison modeste du centre et sera ravi de vous recevoir.

## Arriver – Quitter

➢ ***Par l'est :*** possible en tte saison, c'est le moyen d'accès le plus facile et celui choisi par la très grande majorité des visiteurs mais la route n'est plus en très bon état. Entrée principale au bord de la route nationale, au village de ***Mahamasina,*** à 108 km au sud de Diégo-Suarez et à 30 km au nord d'Ambilobe. La route est bonne. Il n'est pas nécessaire de louer les services d'un 4x4. Compter env 4h en taxi-brousse depuis la gare routière du Sud à Diégo-Suarez et 3h en voiture particulière.

Dans tous les cas, bien réfléchir à la manière choisie pour vous y rendre, en fonction de vos moyens et de votre parcours. Quelques exemples de solutions (déjà dit dans la partie Diégo, on radote !) : on peut visiter l'Ankàrana en 1 journée en faisant l'A/R depuis Diégo-Suarez (louer un taxi-brousse pour la journée, car il ne sera pas facile d'en trouver pour le retour). C'est une bonne solution pour son bon rapport qualité-prix-souplesse d'itinéraire, surtout quand on est plusieurs. Nombreux sont ceux qui choisissent de visiter le parc en route vers Nosy Be. Dans ce cas-là, il est préférable de passer la nuit dans une des petites adresses à l'entrée du parc (voir « Où dormir ? Où manger ? »). Possibilité de se faire récupérer par le taxi-brousse en se mettant d'accord à l'avance.

➢ ***Par l'ouest :*** attention, accessible slt en 4x4 et en saison sèche. Impossible en taxi-brousse. Après Anivorano Nord, prendre la piste à droite après le pont ; de là, 25 km de mauvaise piste jusqu'à Matsaborimanga (entrée *MNP*). Intéressant pour la visite des grottes d'Andrafiabe et de la grotte aux Crocodiles. On peut aussi gagner la partie ouest en partant de l'est, en traversant celle-ci à pied de part en part. Nécessité d'être un bon marcheur, d'être sérieusement organisé et de bivouaquer dans la réserve. Pour cela, il est indispensable d'organiser l'excursion avec une agence spécialisée depuis Diégo-Suarez (lire la rubrique « Adresses et infos utiles » dans ce chapitre).

## Adresse utile

■ ***Bureau du MNP :*** *dans le village de* ***Mahamasina,*** *juste à l'écart de la route. Tlj 7h30-17h, voire plus tard. Entrée : 25 000 Ar pour 1 j., 37 000 Ar pour 2 j.* Guide agréé obligatoire. Les tarifs des guides, valables pour 6 personnes, sont en fonction du circuit choisi, à déterminer à l'entrée : compter de 40 000 à 100 000 Ar. Il y en a toujours plusieurs à l'entrée. En choisir un de catégorie A (qui parle bien le français tant qu'à faire).

## Conseils pratiques pour visiter et bivouaquer dans le parc

– Prévoir beaucoup d'eau, en haute saison, il fait très chaud !

– Pas de porc dans l'enceinte du parc, sous peine d'amende.

– ATTENTION : si vous décidez de camper, il faut savoir qu'il y a des SCORPIONS dans l'Ankàrana, et particulièrement autour de la grotte d'Andrafiabe ! Vraiment dangereux si l'on est piqué et que l'on ne réagit pas rapidement. Mettre des chaussures montantes, les suspendre le soir, éviter les endroits assez humides et bien inspecter sa tente. Faites vraiment gaffe, certains touristes se sont fait piquer et ont dû se faire évacuer en urgence, sans parler des douleurs intenses...

– Apporter ses propres vivres et son eau, beaucoup d'eau (achetée à Diégo-Suarez ou, à défaut, à Ambilobe). Quelques *spinoza* (fruits ronds et jaunes) sur la route, mais cela ne suffira pas ! Sinon, les agences de voyages peuvent vous fournir des paniers pique-nique, et puis il y a une épicerie au village en dépannage.

– Pour la visite des grottes sacrées pendant le *Tsanga Tsainy,* bien respecter les *fady* que vous indiqueront les guides. Apporter un *lamba* et une torche.

## Où dormir ? Où manger ?

### De bon marché à prix moyen (13 000-52 000 Ar / env 4-16 €)

Certains guides du parc ont intelligemment construit quelques huttes afin de pouvoir loger les touristes. Toutes proposent le même niveau de confort. Elles sont en matériaux traditionnels, avec des lits sommaires (simple ou double), une moustiquaire et une lampe à huile. Sanitaires communs (douche froide au baquet). On peut aussi s'y restaurer. Cuisine faite à la demande. C'est généralement simple et bon. Les adresses de Laurent, d'Aurélien et de Goulam sont situées à deux pas de l'entrée du parc, de chaque côté de la route nationale.

**Chez Laurent :** *sur la gauche quand on vient de Diégo. 032-07-992-89.* Quelques huttes dispersées dans un grand pré. Son épouse prépare un formidable poulet coco. On aime bien.

**Chez Aurélien :** *juste au niveau de l'entrée du parc, facile en taxi-brousse. 032-02-786-00.* Quelques bungalows en dur, grands et pas bien chers (mais literie pas terrible non plus !), avec toilettes, électricité et eau courante. Attention, quelques cas de « surbooking ». Repas possibles. Service très sympathique.

**Chez Goulam Lodges :** *à env 300 m après l'entrée du parc, sur la gauche. 032-02-691-06.* Un peu moins bien. En dépannage.

## À voir. À faire

L'Ankàrana est riche en faune et flore, mais il faut prendre son temps pour profiter véritablement de l'observation des animaux. La qualité du guide est alors essentielle, car c'est lui qui saura dénicher les bestioles, petites ou grandes.

L'Ankàrana en chiffres : 11 espèces de lémuriens, dont 4 diurnes (*Eulemur coronatus,* le bamboo lemur, *Propithecus diadema perrieri* et *Eulemur samfordi* – le barbu brun !) ; également 7 nocturnes (*Lepilemur, Hapalemur, Microcebus, Phaner falcifer, Avahi occidental, Cheirogalis medius* et le aye-aye, plus rare). Sans oublier 13 espèces de chauves-souris, 92 espèces d'oiseaux, dont le *mésite,* l'un des oiseaux les plus rares au monde, et des caméléons « géants ». Grande diversité pour la flore également, dont l'*Adenia* (l'arbre des Tsingy, qui garde une réserve d'eau), des pachypodiums et quelques espèces de baobabs... Que vous y passiez quelques heures ou 2 jours, vous aurez l'occasion d'observer une petite partie de cette riche flore.

**Ankàrana Est :** la partie la plus visitée, car la plus facilement accessible. Plusieurs circuits possibles à pied, de 3 à 8h. Si vous dormez sur place, il est conseillé de prendre contact la veille au soir avec votre guide pour décider de ce que vous voulez faire. En fonction de la saison, les balades varient en intérêt. En saison chaude, mieux vaut partir tôt, pour une meilleure observation des animaux. Nombreux sont ceux qui se contentent du petit circuit.

➢ ***Le petit circuit*** *(env 2h30)* **:** on explore la grotte des Chauves-Souris, les Tsingy Meva. La *grotte des Chauves-Souris* est calcaire, et surtout remarquable par sa taille. On peut s'y engouffrer quelque peu pour observer les milliers de bestioles qui y résident. Avoir une torche, mais ne pas éclairer les animaux violemment, ni de manière continue. Les *Tsingy Meva* sont situés juste au-dessus de la grotte. Ces *tsingy* très acérés, de couleur grise, ont été formés par l'action de l'oxygène et du gaz carbonique. On se faufile entre ces formations avant de déambuler à leur sommet (petite passerelle de bois). Belle vue sur la région. Non loin de là, la *Perte des Rivières* (pas accessible entre janvier et avril) est une sorte de gouffre dans lequel disparaissent, à la saison des pluies, quatre rivières. Malheureusement on ne peut observer le phénomène car pas accessible à la saison des pluies, justement. Reste la vision du gouffre.

➢ ***Un autre circuit*** *(3h env)* mène à la *Tourelle des Tsingy* et aux *Tsingy Rary.*

➢ ***Un grand circuit*** *(8h de marche)* permet d'accéder au *lac Vert* et aux *grands Tsingy* (voir « Le parc national des Tsingy de Bemaraha » dans « Le Moyen-Ouest »).

➢ Et un petit dernier, ***un circuit*** avec des passerelles suspendues et des *tsingys* énormes !

**Ankàrana Ouest :** à partir de l'Ankàrana Est, randonnée de 4h aller jusqu'au *lac Vert* et aux *grands Tsingy,* et autant pour le retour. On y va vraiment pour cela. Penser à emporter au moins 3 l d'eau par personne et par jour, il fait très chaud ! Avec une bonne organisation, possibilité de visiter des canyons, l'immense grotte d'Andrafiabe (vestiges royaux, mais attention aux scorpions !), celle des

Crocodiles et les grottes appelées Squelette et Cathédrale. Il y a en tout une centaine de grottes dans le massif, mais seules huit sont visitables, en raison du caractère souvent sacré de celles-ci.

# AMBILOBE

IND. TÉL. : 82

**Une ville carrefour, comme on dit quand on n'a pas grand-chose à raconter. C'est l'intersection de la route qui rejoint Vohémar et la côte de la Vanille par une piste infernale ! Pas une halte indispensable, mais on peut être contraint d'y dormir.**

## Arriver – Quitter

***Parcage Sirama des taxis-brousse :*** *dans la rue de l'Amical Hotel.*

➢ ***Nosy Be ou Diégo-Suarez :*** compter 3h. Taxis-brousse 6h-16h env (pas après 15h en saison des pluies). Certains vont directement à Ankify, l'embarcadère pour Nosy Be. Les autres s'arrêtent à Ambanja (1h, 8 000 Ar), d'où il vous faudra reprendre un véhicule pour Ankify, voire « chartériser » une 4L.

➢ ***Vohémar et la côte de la Vanille :*** durée imprévisible, de 10h à... plusieurs j. en saison des pluies ! Principalement en saison sèche. Départ à côté de l'*hôtel de l'Ankàrana.* Camions « kosovo » ou taxis-brousse. Route très pénible. Sinon, la compagnie *FIFIDI* propose le trajet en 4x4 fermé pour 30 000 Ar, au même prix qu'un 4x4 bâché ! Intéressant quand on sait à quel point la piste est poussiéreuse.

➢ ***Tana :*** taxi-brousse 1 fois/j. On le prend sur la RN6, juste après le rond-point.

## Où dormir ?

### Très bon marché (autour de 13 000 Ar / env 4 €)

***Hôtel de l'Ankàrana :*** *à l'entrée de la ville en venant de Diégo.* ☎ *062-49.* Hôtel un peu sur la route, très simple, voire rudimentaire, mais en dur. Chambres à peu près propres avec douche (et w-c pour certaines), autour d'une cour. Éviter celles donnant sur la route. Bon accueil. Pas de resto ni d'électricité.

### De bon marché à prix moyens (jusqu'à 32 000 Ar / env 10 €)

***Hôtel National :*** *au centre du village.* ☎ *065-41.* 📱 *032-42-577-84.* Ce n'est pas bien grand, mais c'est propre, dans une grande bâtisse blanche. On préfère les chambres, plus modestes et plus petites, certes, donnant sur la courette plutôt que celles sur rue. Bonne tenue générale. Seul inconvénient peut-être, la mosquée juste en face si l'on ne veut pas être réveillé par l'appel à la prière...

## Où dormir ? Où manger dans les environs ?

***Hôtel Diana :*** *à 3 km au sud d'Ambilobe.* 📱 *032-44-644-51. Double env 20 800 Ar.* Bungalows en bois et brique, très simples, dans un jardin sablonneux. Pas une grande adresse franchement. Ventilo, moustiquaire, douche froide et toilettes à l'intérieur. Le resto est en face, de l'autre côté de la route. Cuisine correcte. Accueil pour le moins nonchalant. Une adresse un peu trop à l'écart du centre-ville, donc pas très pratique. En dépannage seulement.

🏠 |●| ***Tsingy Relais :*** *en pleine brousse, au nord-ouest d'Ambilobe. ☎ 065-65. 📱 032-02-759-30. À Isesy (7 km au nord d'Ambilobe), tourner vers Ambatoharanana et rouler sur env 11 km de piste. Pour y aller, depuis le parcage d'Ambilobe, essayer de trouver un taxi-brousse qui va vers le village d'Ambatoharanana. Compter env 41 600 Ar/pers en ½ pens et 52 000 Ar en pens complète.* Pour dormir, une quinzaine de chambres dans des bungalows traditionnels simples mais absolument impeccables, avec moustiquaire et sanitaires communs irréprochables. Culture de plantes médicinales et de cactus, et élevage de zébus. Belles mangues en saison.

🏠 |●| ***Iharana Bush Camp :*** *en bordure de la réserve de l'Ankàrana. ☎ 20-22-31-210. • iharanabushcamp.com • Double 92 €/pers en ½ pension. Repas 16 €.* Ecolodge tout confort avec des cottages en matériaux locaux, mezzanine et vue sur le ciel étoilé ! Environnement de rêve et dépaysement garanti.

# AMBANJA

env 30 000 hab. IND. TÉL. : 86

**Autre ville carrefour sans véritable intérêt, hormis le fait qu'on y trouve une adresse pour dormir bien pratique à partir de laquelle on peut explorer la région.**

## Arriver – Quitter

### En taxi-brousse

➢ ***Ankify :*** 30 mn de trajet. 3 000 Ar.
➢ ***Ambilobe :*** 1h de trajet. 8 000 Ar.

## Où dormir ? Où manger ?

🏠 |●| ***Palma-Nova :*** *dans Ambanja, juste à l'ouest du centre. ☎ 500-41. 📱 032-04-611-21. • libertalia-aventure.com • Prendre à droite entre le parcage de Diégo et celui de Tana. À env 1 km de la nationale. Compter 20 000-50 000 Ar selon confort.* Une chouette adresse, tenue par le jeune Nathanaël, un Franco-Vietnamo-Malgache dynamique et sympathique. Son petit hôtel, autour d'une courette arborée, propose des chambres très variées, avec ou sans sanitaires, ventilo ou clim. Les moins chères sont un peu sombres et un rien tristounes. En fait, celles qu'on préfère sont celles de la gamme intermédiaire, avec ventilo et sanitaires, vraiment très bien. Resto de qualité, cuisine variée et plats copieux (spécialités asiatiques). Location de VTT et plein d'excursions possibles (voir ci-dessous).

## À faire dans la région

Plusieurs excursions sont possibles dans ce secteur encore peu exploré. Nathanaël, de l'hôtel *Palma-Nova,* propose plusieurs balades variées dans un rayon de 50 km autour de sa ville, plus ou moins sportives. Se renseigner sur place ou par e-mail. Voici quelques exemples.

➢ ***Balades dans les plantations :*** *circuit d'une ½ journée à vélo dans les plantations Millot.* Ambanja est une région de plantations de poivre, de cacao (le fameux chocolat Robert que vous dégusterez sûrement), de vanille, de menthe poivrée, d'ylang-ylang, où évoluent buffles au milieu des jacinthes d'eau et caméléons prêts à vous sortir le grand jeu des couleurs. Visite d'une coopérative de producteurs de cacao (production équitable). Explications de la cabosse à la fève séchée.

➢ ***Excursions dans la vallée de Sambirano :*** *1-3 j., dans le sud-est d'Ambanja.* Excursion qui peut associer le VTT et une descente en pirogue selon le temps disponible. On remonte la vallée à vélo, on fait halte dans les villages, on se baigne dans les rivières. Ceux qui partiront 3 jours feront également de la marche sur les contreforts du massif Manongarivo.

➢ ***Vers la presqu'île d'Ambato et Nosy Faly :*** *excursion de 2-3 j. dans la presqu'île qui ferme la baie d'Ankify au nord.*

## ANKIFY

IND. TÉL. : 86

**La dernière bourgade avant d'embarquer pour Nosy Be. Pas un intérêt énorme, mais quelques hôtels sympas si vous loupez le dernier bateau ! On rappelle qu'il est préférable d'embarquer avant 15h, à cause de l'état de la mer.**

### Où dormir ? Où manger ?

🏠 🍽 ***Le Baobab :*** *1 km à droite après l'embarcadère. 📱 033-07-208-87. • baobabankify@moov.mg • Compter 117 000-169 000 Ar pour 2 selon confort.* Les pieds dans l'eau, des bungalows tout ronds, en dur avec toit en *ravenala.* Un peu de laisser-aller (plus d'eau chaude, les robinets sont cassés), électricité, ventilo et grand resto sous une vaste paillote dominant la baie. Vue sur Nosy Be et le ballet des bateaux à moteur. Sympa.

🏠 🍽 ***Ankify Lodge – Le Dauphin Bleu :*** *à 4 km du port d'Ankify. ☎ 926-11. 📱 032-45-334-61. • ankifylodge.com • Double env 154 000 Ar.* Quelques bungalows seulement, chacun avec terrasse et salle de bains, surplombant la baie et disséminés sur un généreux espace vert. On dîne sur la terrasse de la demeure principale, une grande maison blanche coloniale et à colonnes, d'où l'on embrasse un généreux panorama. Calme total. Le soir, groupe électrogène (silencieux).

# L'ÎLE DE NOSY BE

*70 000 hab. ; IND. TÉL. : 86*

◗ Pour la carte de Nosy Be, se reporter au cahier couleur.

**Nosy Be, ses îles nombreuses et ses dépliants touristiques comme des cartes postales... Tout à la fois décriée pour ses problèmes de prostitution et considérée comme la perle de Madagascar, l'île recèle incontestablement un vrai potentiel touristique. Bien que Nosy Be en elle-même possède relativement peu de plages (quelques-unes quand même !), la mer y est magnifique et les îles environnantes superbes, avec des fonds parmi les plus beaux du pays (la pêche au gros y est encore miraculeuse !). Le sud-est de l'île abrite le parc national de Lokobe, que l'on peut explorer à pied, et le nord de l'île recèle les plages les plus belles et les plus isolées, à découvrir sans hésiter.**

**L'île est devenue le port d'attache d'un grand nombre de *vazaha* souhaitant se fixer à Mada après avoir fait le tour du pays ou un tour du monde en bateau... Cependant, tout n'est pas rose : la crise économique, une gestion déplorable des ressources de l'île et les problèmes politiques de Madagascar en général ont provoqué un reflux touristique dommageable. Le prix de l'essence fait que les tarifs des transports y sont très élevés et les modes de déplacement compliqués. Mais il faut voir au-delà de ces inconvénients car Nosy Be permet de passer un moment vraiment délicieux sous le soleil. Le bleu des cieux éblouit toujours autant le routard de passage, qui trouve ici un havre de paix s'il choisit bien son lieu de résidence. Avec l'île Sainte-Marie, une halte de quelques jours à Nosy Be constitue une fin de séjour vraiment sympa après 2 ou 3 semaines de circuit épuisant sur la Grande Terre.**

## Infos et conseils utiles

– ***Climat :*** tropical et humide, avec 340 jours de soleil par an, qui dit mieux ? La saison sèche dure de mai à octobre. Durant l'hiver austral (de juin à août environ), les températures sont les plus basses, mais elles restent très agréables (environ 29 °C !). En saison des pluies, et notamment aux mois de janvier et février, elles peuvent atteindre 35 °C. C'est à cette période qu'il pleut le plus (on mesure jusqu'à 2 500 mm d'eau par an), mais c'est souvent en fin d'après-midi, après 18h, ce qui ne ruine pas la journée.

– ***Haute saison :*** elle s'étale principalement de juillet à novembre, avec quelques pointes à Pâques et autour de Noël. À cette époque, et particulièrement en août, les touristes sont plus nombreux. On vous conseille donc de réserver tôt vols intérieurs et hôtel à cette période.

– ***Meilleure saison :*** en fait, si vous le pouvez, le mieux est de venir durant les intersaisons. D'avril à juin, il y a moins de monde, les températures sont agréables et la visibilité sous l'eau est meilleure. Très bonne période également de septembre à novembre.

– Si vous souhaitez voir quelques ***poissons*** (et on est là pour ça !), apportez votre masque, vos palmes et votre tuba. On en trouve assez difficilement sur place ou on vous les loue fort cher. Pensez au soleil qui tape fort et couvrez votre dos d'un T-shirt !

– Attention aussi aux *mokafohy* (prononcer « moucafouille »), de petites « ***mouches de feu*** » qui n'ont qu'un seul tort, celui de vous dévorer l'épiderme ! Elles sont minuscules, blanches mais bien visibles tout de même. Il y en a sur certaines plages et pas sur d'autres. Et sur les plages où il y en a un jour, il n'y en aura pas forcément le lendemain, allez savoir pourquoi ! Si vous êtes piqué, mettez du citron ou de la citronnelle sur les piqûres pour éviter les démangeaisons. Le problème est que ça démange à retardement et qu'on s'aperçoit parfois un peu tard qu'on a été dévoré. Dans tous les cas, ne pas gratter (prévoir des moufles), les piqûres écorchées peuvent s'infecter.

– Pour les passionnés abonnés à *Science & Vie* ou tout simplement pour les curieux, ne manquez surtout pas les ***protoptères,*** ces minuscules poissons sur le rivage, dans les rochers. Dotés à la fois de branchies et de poumons, ils sont aussi à l'aise dans la mer que sur terre et se déplacent à l'aide de leurs nageoires ventrales ! Vieux de plus de 350 millions d'années, ils rappellent en fait le moment fondamental du monde animal où les animaux marins ont commencé à peupler la terre ferme... On en trouve aux abords des zones de mangrove.

– ***Rabatteurs de plage :*** il arrivera qu'on vous propose une excursion en pirogue ou une balade dans les îles, dans le parc de Lokobe, etc. Cela peut être très sympathique, mais sachez que vous n'avez aucune garantie de sécurité contrairement à un tour-opérateur local. Il y a déjà eu des accidents dus à l'inexpérience de ces « guides », à la mauvaise gestion de la météo et à l'absence de gilets de sauvetage. Prenez vos précautions et étudiez bien les prix par rapport aux prestations fournies. Il est souvent préférable de passer par une agence locale. Pour quelques euros de plus, on gagne en sécurité. En tout cas, toujours vérifier la présence de gilets de sauvetage dans votre pirogue.

## Arriver – Quitter

### En bateau

***De l'embarcadère d'Ankify***

D'Ambanja, se rendre à Ankify si possible le matin (surtout en saison sèche, de mai à octobre) car les alizés montent vite dans l'après-midi. Voir la rubrique « Arriver – Quitter » à Diégo-Suarez pour étudier votre trajet jusqu'à l'embarcadère. De là, vous avez plusieurs solutions.

– ***La navette ou « coque » :*** c'est le plus rapide. Ce sont des bateaux rapides d'une capacité d'une douzaine de personnes qui partent quand ils sont pleins. Il y en a beaucoup et régulièrement, surtout en saison sèche, et surtout le mat (6h-12h). À partir de 15h, c'est moins sûr, et vous risquez d'attendre un moment. À moins qu'on vous demande de payer les places non occupées sur le bateau. Sachez par ailleurs que durant l'hiver austral, à partir du milieu de l'après-midi, le vent se lève et la mer devient mauvaise. Demandez votre ticket pour éviter de payer plus cher : le prix est indiqué dessus (env 10 000 Ar). Compter 30-45 mn de traversée.

– ***Le « teuf-teuf » :*** c'est un bateau en acier très lent (2h de trajet) et bondé. Son départ dépend des marées, et il tombe en panne fréquemment. Compter 5 000 Ar. On ne le conseille pas vraiment, ou alors si vous n'avez pas le choix.

– Quant au ***bac,*** il n'a que l'avantage de prendre quelques voitures. Mais comme on suppose que vous n'êtes pas venu avec votre vieille bagnole... Également très lent et pénible. 1 départ/j. en moyenne. On déconseille.

Si vous avez loupé la dernière navette, reportez-vous à nos adresses à Ankify. On peut aussi séjourner à Ambanja (30 km, accessible en taxi-brousse).

### En avion

➢ Liaisons régulières depuis ***Tananarive*** (1-2 vols/j.), ***Diégo-Suarez*** (3 vols/sem en moyenne) et ttes les villes de Madagascar, mais également depuis l'***île de La Réunion*** (normalement 2 vols/sem) avec parfois escale à Mayotte, et enfin les ***Comores*** (1 vol/sem).

➢ Liaisons régulières avec ***Paris*** (via Tana) par *Air Madagascar* et *Air Austral.*

## Arrivée à Nosy Be

***Port de Hell-Ville*** *(plan Hell-Ville, B2)* **:** *au sud-est du centre-ville.* Les taxis y sont légion à l'arrivée des bateaux. Ils ne manqueront pas de vous alpaguer. Si vous souhaitez vous rendre directement à Ambatoloaka, le « village balnéaire » de l'île, à 10 km de là, prendre un taxi « spécial ». Essayez de le partager avec d'autres passagers, ce sera moins cher. Il existe un tarif officiel pour tous les trajets, demandez-le (même si les taxis l'ont rarement avec eux).

✈ ***Aéroport de Fascène*** *(hors plan Hell-Ville par A1 ; carte couleur Nosy Be)* **:** *à 11 km au nord-est de Hell-Ville, route tte goudronnée.* Pour la liaison avec Hell-Ville et Ambatoloaka, pas de taxis collectifs, mais très nombreux taxis. Se renseigner auprès d'autres passagers sur les tarifs officiels en vigueur. Ils sont très variables en fonction de votre destination. Compter environ 20 000 Ar pour Hell-Ville et le double pour Ambatoloaka, le « village balnéaire », à une vingtaine de kilomètres. Essayer de partager le taxi et, surtout, bien se faire préciser que le tarif convenu est pour le taxi entier et non par personne ! On nous signale quelques

tentatives d'arnaques de cet acabit.
– Enfin, si vous avez réservé dans un hôtel, certains assurent le transfert, mais c'est toujours payant.

## Comment circuler à Nosy Be ?

Les routes sont assez mauvaises entre Hell-Ville et les autres villages, sauf la route vers Ambatoloaka et Andilana, ainsi que celle vers l'aéroport qui sont les deux axes principaux de l'île. Celle du mont Passot est désormais goudronnée, mais les constructions en cours n'embelliront certainement pas le site ! Pour tous les trajets, on essaiera toujours de vous vendre un « spécial », autrement dit un taxi pour vous tout seul, car vous êtes un *vazaha,* donc forcément un touriste argenté... Demander à voir les tarifs officiels que tout chauffeur doit avoir avec lui. Ce qui n'empêche pas de négocier tout de même les « spéciaux ». Cela dit, les taxis collectifs existent, on peut les intercepter sur les routes, mais c'est assez aléatoire et toujours un peu compliqué à gérer. À vous de savoir les saisir et de préciser votre trajet et son prix avant de monter (on donne plus loin des tarifs indicatifs). Le soir et la nuit, les tarifs doublent, et particulièrement en haute saison. Et puis les taxis sont tout simplement difficiles à trouver, alors quand on n'a pas le choix, on peut vous faire payer n'importe quelle somme.
*N.B.* : s'il est de bon aloi de négocier pour un taxi « spécial », pour une course ou à la journée, par pitié, ne négociez pas les taxis collectifs. On n'est pas à 50 centimes près, tout de même ?

### En taxi collectif

Entre Hell-Ville, Ambatoloaka, Dzamandzar et Andilana essentiellement, car les autres villages de l'île sont mal ou pas desservis du tout. Pas chers mais peu nombreux. Se rendre sur la place centrale de Hell-Ville, face au marché *(plan Hell-Ville, A1).* On en trouve assez facilement jusque vers 20h, après ils sont plus rares. Les taxis collectifs attendent de faire le plein de clients avant de partir. Quelques idées de tarifs par personne : port/Hell-Ville 1 000 Ar ; port-Ambatoloaka 3 000 Ar ; Hell-Ville/Ambatoloaka 2 000 Ar. Tarifs doublés la nuit.
En 2012, des tuk-tuk (tricycles à moteur) ont fait leur apparition à Hell-Ville. Ils circulent dans un rayon d'environ 5 km autour de la ville, pas plus. Ils fonctionnent comme les taxis collectifs, mais c'est deux fois moins cher.

### En taxi « spécial »

C'est un taxi pour vous tout(e) seul(e). Plus pratique, plus rapide, mais plus cher aussi, évidemment. Tarif doublé la nuit. Quelques exemples de prix, qui s'entendent pour la voiture entière : aéroport/Hell-Ville 20 000 Ar ; port/Ambatoloaka ou Hell-Ville/Ambatoloaka env 20 000 Ar ; Hell-Ville/Andilana 40 000 Ar ; Hell-Ville/Dzamandzar 30 000 Ar. Si vous voulez tout faire et tout voir rapidement, mieux vaut prendre un ***taxi à la journée*** (tarif « officiel » dans les 120 000-150 000 Ar selon la voiture). C'est intéressant de faire le tour de l'île, à condition d'être 4 personnes. On profite alors du taxi entre 8h et 18h. Les taxis « spéciaux » sont assez chers car il faut savoir que les chauffeurs ont un chiffre d'affaires minimal à réaliser dans la journée pour pouvoir payer le tarif de location fixé par le propriétaire du véhicule. Une fois payé, les bénéfices sont pour eux, mais il leur faut à tout prix atteindre ce seuil...

### En voiture, à moto, à vélo

On trouve quelques loueurs de véhicules à Hell-Ville et à Ambatoloaka. On les indique dans les « Adresses utiles » consacrées à ces 2 villes. L'état des routes s'est grandement amélioré ces dernières années. Mais faire attention dans les chemins (nombreux trous), surtout dans le nord de l'île. À moto, soyez très prudent et portez un casque (obligatoire de toute manière). Il est conseillé d'avoir pris une assurance avant le voyage. Par ailleurs, il est **FORMELLEMENT DÉCONSEILLÉ** de circuler à moto la nuit (quelques cas d'agressions, même s'ils sont rares, ont été à déplorer par le passé).

## HELL-VILLE (ANDOANY)

env 40 000 hab. IND. TÉL. : 86

**« Ville de l'enfer » ? En fait, le chef-lieu de Nosy Be doit son nom européen à l'amiral Hell, ancien gouverneur de l'île de La Réunion, qui signa un traité de protectorat en 1840 avec la reine sakalava Tsiomeko, alors sérieusement menacée par l'expansion de la monarchie merina et réfugiée à Nosy Be. La France conserva sa suprématie sur Nosy Be jusqu'en 1957.**

**Jadis jolie petite ville coloniale, Hell-Ville n'est pas vraiment belle aujourd'hui, mais on la trouve attachante. Décatie, oui, nonchalante, oui, mais pourtant assez attrayante. C'est le matin qu'il faut la découvrir, au maximum de son animation. Dès 12h, tout ferme, et la petite cité s'assoupit complètement en début d'après-midi, avant de reprendre un brin de vie (on a bien dit un brin) le soir. On y croise quelques vieux *vazaha* qui y traînent la savate. C'est ici que se trouvent les uniques services administratifs de l'île et les hôtels les moins chers, mais pas vraiment d'intérêt d'y séjourner. Pas de plage.**

### DES RUSSES AU CIMETIÈRE

*Étonnant, le cimetière de la ville accueille l'équipage d'un bâtiment militaire russe, du temps de la guerre avec le Japon au début du XXe s. Les membres d'équipage moururent de vieillesse sur l'île (ou d'autres maux moins avouables), n'ayant jamais su que les hostilités s'étaient achevées sans eux !*

## Adresses utiles

### Services

**ORTNB** *(office régional de tourisme Nosy Be ; plan B2)* **:** *face à l'église. ☎ 920-62 ou 611-88. • ortnb@moov.mg • nosybe-tourisme.com • Lun-sam 8h-12h, 15h-18h et dim mat (en théorie).* Modeste carte de l'île et liste des hôtels. Bon accueil et de vrais efforts pour informer, à saluer.

✉ ***Poste*** *(plan A-B2)* **:** *rue principale, au début du cours de Hell, dans un ancien édifice colonial bien délabré. Lun-ven 7h30-11h30, 14h30-17h.*

■ ***Téléphone Telma*** *(plan A-B2,* ***1****)* **:** *derrière la poste. Lun-ven 8h-12h, 14h-17h ; sam mat.* Vente de télécartes prépayées, de portables et de puces *Telma* pour portables.

@ ***Internet :*** *dans la rue centrale,* **Cyber Chic** *(plan A1-2,* ***3****), bd de l'Indépendance. Tlj sf dim 8h-20h. Bonnes machines.* **Kelly Service** *(plan A1,* ***2****), dans la petite galerie commerciale Ankoay, au fond à droite. Tlj 7h-22h.* Sinon, le resto *Le Nandipo* ainsi que *L'Oasis* (voir « Où manger ? ») disposent du wifi. Il suffit de consommer.

■ ***Alliance française*** *(plan A1,* ***4****)* **:** *pl. du Marché, juste à droite de l'entrée principale du marché. ☎ 613-45. 📱 032-05-119-97. • afnosybe@yahoo.fr • Lun 14h-18h ; mar-ven 8h-12h, 14h-19h ; sam 8h-12h, 14h-18h.* Séance de cinéma régulièrement. L'une des bibliothèques les mieux fournies du pays ! Bon accueil.

### Argent, banques

En principe, les banques sont toutes ouvertes du lundi au vendredi (mais jamais le samedi) 7h30-11h30 et 14h30-15h30 ou 16h. Les distributeurs sont accessibles 24h/24.

■ ***BFV-SG*** *(plan A2,* ***6****)* **:** *cours de*

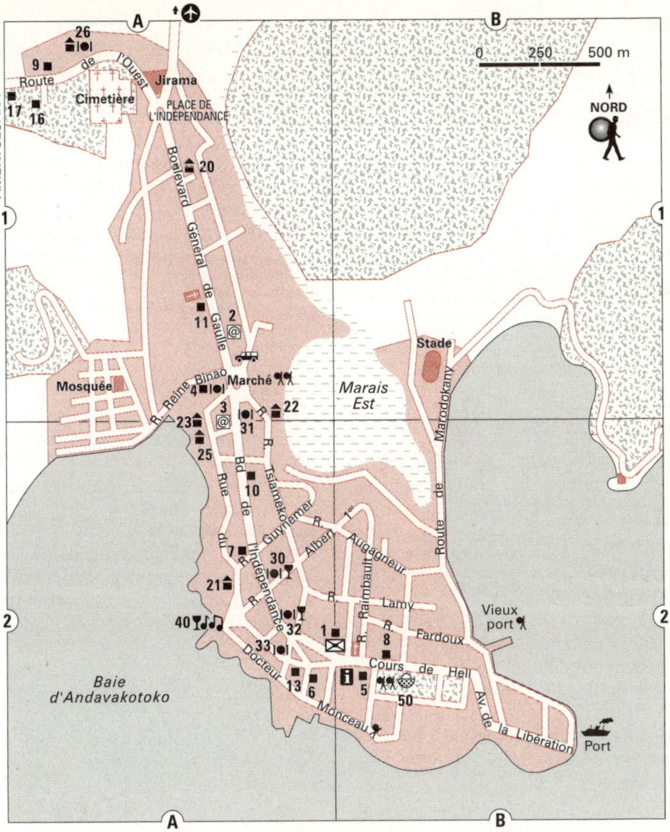


# HELL-VILLE

## Adresses utiles

- ORTNB
- 1 Téléphone Telma
- @ 2 Kelly Service
- @ 3 Cyber Chic
- 4 Alliance française et marché
- 5 Agence consulaire de France
- 6 BFV-SG
- 7 BOA
- 8 BNI-CA
- 9 Air Madagascar
- 10 Air Austral
- 11 Pharmacie Tsarajoro
- 13 Évasion sans Frontière
- 16 Zig-Zag, location de 2CV
- 17 Nosy Easy Rent

## Où dormir ?

- 20 Royal Pacifique
- 21 Hôtel Diamant 10
- 22 Hôtel Belle Vue
- 23 Hôtel Tsinjo
- 25 La Plantation
- 26 Les Bungalows d'Ambonara

## Où manger ?

- 4 Gargotes
- 26 Les Bungalows d'Ambonara
- 30 Le Nandipo
- 31 Café del Mar
- 32 L'Oasis
- 33 Le Papillon

## Où boire un verre ? Où grignoter ? Où sortir ?

- 30 Le Nandipo
- 32 L'Oasis
- 40 Terrasse du restaurant de la Mer et Number One

## À voir

- 50 Brodeuses

*Hell.* ☎ *610-16.* Distributeur de billets acceptant la carte *Visa*. Change de devises. Service *Western Union*.

■ ***BOA*** *(plan A2,* ***7****) : bd de l'Indépendance.* Change de devises. Distributeur acceptant les cartes *Visa* et *MasterCard*. Service *Western Union*.

■ ***BNI-CA*** *(plan B2,* ***8****) : cours de Hell.* ☎ *611-17.* Change de devises. Distributeur de billets acceptant les cartes *Visa* et *MasterCard*. Service de transfert d'argent *Western Union*.

■ ***Noor Change :*** *bd du Général-de-Gaulle, juste en face de la pharmacie* Tsarajoro *(plan A1,* ***11****). Lun-ven 8h-12h, 14h30-17h et sam mat.*

## Compagnies aériennes

■ ***Air Madagascar*** *(plan A1,* ***9****) : route d'Ambatoloaka, à la sortie de la ville, sur la droite.* ☎ *613-57 ou 612-18.* 📱 *032-05-222-51. Lun-ven 8h-11h, 14h30-17h.* Liaisons avec Paris via Tana (1 fois/sem), Tananarive (1 fois/j.), La Réunion (2 fois/sem) et les Comores (1 fois/sem).

■ ***Air Austral*** *(plan A2,* ***10****) : rue Gallieni.* ☎ *612-32.* • *nosybe@australair.mg* • *Lun-ven 8h30-12h, 14h-17h30 ; sam 9h-12h.* 2 vols/sem pour Mayotte et La Réunion (et continuation vers Paris). Vols réguliers avec l'île Maurice.

## Urgence

■ ***Agence consulaire de France*** *(plan B2,* ***5****) : Danielle Jolis, cours de Hell, face à l'église.* 📱 *032-07-127-37.* • *danyjolis@yahoo.fr* • Pour les urgences médicales et judiciaires, on peut appeler ce numéro de portable à toute heure pour se faire conseiller.

■ ***Pharmacie Tsarajoro*** *(plan A1,* ***11****) : bd du Général-de-Gaulle.* ☎ *613-82. Lun-ven 7h30-12h, 15h-18h30 ; sam mat.* La meilleure de la ville. Le dimanche, pharmacie de garde indiquée sur la porte.

✚ ***Urgences médicales :*** le mieux en cas de problème est d'appeler l'un des 3 médecins suivants, parmi les plus compétents de l'île. ***Dr Georgin,*** 📱 *032-04-092-41.* ***Dr Liva,*** 📱 *032-02-397-74.* ***Dr Paul,*** 📱 *032-04-968-07. Il y a bien un « hôpital », mais il est vraiment à éviter. Sinon, on peut toujours s'adresser à l'****Espace médical,*** *à Androkaroka, à 5 km au nord de Hell-Ville, sur la droite.* 📱 *032-04-431-15. Slt pour les premiers soins. Toujours un médecin de garde et ils disposent de quelques lits.* En cas de pépin sérieux, on vous rappelle qu'il faut envisager un rapatriement sur Tananarive, voire sur l'île de La Réunion ou l'Europe. Pour plus de conseils, n'hésitez pas à appeler la consul honoraire, toujours disponible en cas de pépin : 📱 *032-07-127-37.*

## Agence de voyages

■ ***Évasion sans Frontière*** *(plan A2,* ***13****) : rue Passot, face à L'Oasis.* ☎ *062-44.* 📱 *032-11-005-96.* • *esf.nosybe@blueline.mg* • Sans aucun doute la meilleure agence de l'île. Vente de billets, propositions d'excursions (notamment la classique Nosy Komba-Tanikely), circuits terrestres vers le nord et autres...

## Location de voitures

■ ***Zig-Zag, location de 2CV*** *(plan A1,* ***16****) : à 1 km du centre de Hell-Ville, sur la route d'Ambatoloaka.* 📱 *032-04-159-84.* • *zznosybe@gmail.com* • *zigzag-madagascar.com* • *Prendre le chemin sur la gauche juste en face d'Air Madagascar et faire 50 m ; c'est la maison sur la droite. Compter env 35 €/j. Prix dégressifs si on loue pour 1 sem. Caution demandée.* Denis propose quelques jolies 2CV décapotables (le luxe !), entièrement rénovées. Vraiment sympa. Il organise également une intéressante boucle Nosy Be-Diégo-Nosy Be, l'aller en 4x4 par les parcs et le retour en croisière par les archipels du Nord.

■ ***Nosy Easy Rent*** *(plan A1,* ***17****) : à la sortie nord de la ville, sur la gauche, un peu après Air Madagascar.* 📱 *033-11-611-00.* • *nosyeasyrent.com* • *Pour une petite voiture type Logan (5 portes), compter env 65 €/j. incluant 150 km/j., ce qui suffit largement. Tarifs dégressifs. Loc de 4x4 également.* Véhicules assurés au tiers (compris dans le tarif).

## Où dormir ?

Il n'y a pas de plage à Hell-Ville. Évidemment, les hôtels y sont les moins chers de l'île. En fait, tout le monde (ou presque) se loge ailleurs, à Ambatoloaka, plus au nord sur la côte ouest, ou près de la plage d'Andilana, pour la mer et le soleil. On les comprend. Si vous avez un budget serré et que vous utilisez des taxis collectifs pour vous déplacer dans l'île, il est plus économique de loger ici. On peut choisir d'y rester une journée et une nuit pour voir vivre cette petite ville tranquille.

### De bon marché à prix moyens (jusqu'à 52 000 Ar / env 16 €)

**Royal Pacifique** *(plan A1, **20**) : bd du Général-de-Gaulle, puis dans une ruelle en face de la boulangerie. 032-04-028-30. Chambres 20 000-35 000 Ar.* Certaines chambres plus chères pour 4 personnes, assez confortables. La plupart avec sanitaires, simples et correctes. Éviter celles du rez-de-chaussée, vraiment limite. D'autres avec salle de bains à l'extérieur. Correct et fonctionnel, sans plus. Surtout pour ceux qui sont à quelques centaines d'ariary près. Pas grand-chose à en dire de plus. Ah si ! sur les murs, des fresques cubistes, façon Picasso.

### De prix moyens à un peu plus chic (26 000-80 000 Ar / env 8-25 €)

**Hôtel Belle Vue** *(plan A1, **22**) : face au marché. ☎ 613-84. • bellevuehotel_nosybe@yahoo.fr • Nombreuses chambres très différentes les unes des autres et tarifs du simple au triple : 25 000-80 000 Ar. D'autres bien plus chères encore, et 2 suites de belle taille.* Si vous le pouvez, réservez une chambre avec vue sur le marais entouré par une belle végétation tropicale. Ce ne sont pas forcément les plus onéreuses, car elles n'ont pas les toilettes (mais avec douche). En fait, celles dans la gamme intermédiaire de prix sont très bien. Bon état général de l'hôtel, récemment rénové. Toutes avec une douche carrelée à l'intérieur et, selon le prix, avec ventilateur ou AC, eau froide ou chaude et w-c privés ou communs. Les moins sympathiques (et les moins chères) se trouvent en contrebas, sans lumière. Accueil souriant. Resto.

**Hôtel Tsinjo** *(plan A1-2, **23**) : rue du Docteur-Monceau. 032-84-150-55. • tsinjohotel@yahoo.fr • Doubles 30 000-70 000 Ar.* Des chambres proprettes et fonctionnelles, dans un édifice en dur dominant la grande baie marécageuse. Salle de bains dans toutes, ventilo et avec ou sans AC. En revanche, évitez vraiment celles tout en bas, avec des fenêtres donnant sur un mur, vraiment tristes et humides. Salle de resto.

**Hôtel Diamant 10** *(plan A2, **21**) : rue du Docteur-Monceau, à deux pas du centre. ☎ 614-48. 032-07-739-14. Compter 50 000-60 000 Ar et une familiale (4 pers) env 70 000 Ar.* Cubique et coloré, voici un établissement nickel, aux chambres impeccables, toutes avec salle de bains, clim et minibar. Les moins chères sont au rez-de-chaussée, sans vue. Bonne option, surtout si vous demandez une des chambres avec vue sur la baie que l'on surplombe. Accueil adorable. Terrasse tout en haut avec vue, mais malheureusement pas du tout équipée.

**La Plantation** *(plan A2, **25**) : rue du Docteur-Monceau. 032-07-934-45. • plantation_b@yahoo.fr • Chambres 55 000-65 000 Ar selon confort.* Elles se situent dans un bâtiment en béton un peu sur l'arrière, sans charme. 3 chambres au rez-de-chaussée (avec ventilo et sans vue), et 3 autres au 1er étage (avec AC et vue sur mer). Même si elles sont un peu plus chères, ce sont celles-ci qu'il faut préférer pour la vue dégagée qu'elles proposent. Elles ont toutes un balcon commun. Parquet, moustiquaire, frigo et eau chaude, voilà pour le confort. Il y en a 4 autres bien moins chères, mais dans une sorte de passage en rez-de-chaussée, très sombres et à éviter.

### Chic (80 000-104 000 Ar / env 25-32 €)

**Les Bungalows d'Ambonara** *(plan A1, 26) : à la sortie de la ville, avt* Air Madagascar. ☎ *613-67.* • *nosy-be-holidays.com* • *Résa fortement conseillée. Compter env 30 €.* La meilleure adresse de Hell-Ville. Une dizaine de bungalows à différents tarifs, plus ou moins spacieux. Ils sont un peu serrés dans un espace étroit, dans un jardin tropical agréable (ancienne plantation de café), tous équipés de salle de bains en pierre, avec eau chaude ou froide, ventilo et moustiquaire. Beaucoup de goût dans la déco. Coin salon sympa avec coussins au sol, bar et salle de resto où le bois domine avec la végétation en toile de fond. Une adresse élégante et chaleureuse et l'une des bonnes tables de l'île (voir « Où manger ? »). Accueil agréable du couple franco-malgache qui tient cette affaire avec intelligence. Plein d'infos à glaner auprès d'eux sur Nosy Be. La jolie petite piscine nichée dans la verdure est bien sympathique, et constitue une bonne compensation à l'absence de plage à proximité.

## Où manger ?

### Très bon marché (moins de 13 000 Ar /env 4 €)

Nombreuses ***gargotes*** autour du marché de Hell-Ville *(plan A1, 4)*. Attention à l'hygiène, quand même. Également des ***stands de brochettes*** (se dit *maskit*) le soir sous le magasin *Fidaly*, face au marché. ***Gargote Angèle,*** un petit resto de rien du tout, populaire et tout simple. De la rue principale, prendre le chemin de terre à l'angle de l'hôtel *Rahim.* Faire environ 50 m, c'est sur la gauche, dans une bicoque en tôle. Pour une plongée dans la réalité locale.

### Prix moyens (13 000-29 000 Ar / env 4-9 €)

***Le Nandipo*** *(plan A2, 30) : dans la rue Albert-Ier, une petite rue perpendiculaire au bd de l'Indépendance.* *032-04-482-32. Tlj, en continu de 7h jusque tard. Compter 10 000-15 000 Ar le plat.* Repaire des *vazaha* de Hell-Ville à l'heure de l'apéro (c'est-à-dire presque toute la journée !) et à toute heure pour casser une graine. Le jeune patron espagnol, sympa comme tout, a réussi à créer une atmosphère chaleureuse dans cette maison de bois ouverte sur la rue, décorée sur le thème de la guerre d'Espagne. Il propose une carte éclectique où les pizzas au feu de bois côtoient les plats en sauce plus hexagonaux (bourguignon, langue de zébu, civet de sanglier...). Une bien bonne table où l'on retourne toujours avec plaisir. Et puis le lundi, c'est pas raviolis, mais paella ! Et le vendredi, c'est couscous. Joli petit bar bien décoré lui aussi. La salle du fond est également adorable, sous une paillote.

***Café del Mar*** *(plan A1-2, 31) : bd de l'Indépendance.* *034-46-753-22. Tlj midi et soir, sf dim. Plats 10 000-15 000 Ar.* Cédric, mélange subtil de racines réunionnaise, malgache et thaïlandaise, concocte avec application une cuisine qui lui ressemble, alliant les saveurs d'ici et les épices de là-bas, avec la finesse et la subtilité asiatiques. Des plats goûteux, servis avec professionnalisme dans une grande salle carrée et rouge. Que du bon.

***L'Oasis*** *(plan A2, 32) : cours de Hell.* *032-07-137-76. Lun-sam 6h30-21h, ainsi que dim mat pour les croissants (mais pas de service ce jour-là).* Un resto-boulangerie-pâtisserie dont les plats du jour sont meilleurs que le reste de la carte, souvent moyen. Pas moins cher qu'ailleurs. Sympa surtout pour un croissant et pour prendre un verre, car c'est souvent là que se donnent les rendez-vous en ville.

## Plus chic (plus de 29 000 Ar / env 9 €)

**Le Papillon** (plan A2, **33**) : *cours de Hell, juste au niveau du petit square. 032-73-057-42. Tlj le midi, et le soir ven-sam. Plats 15 000-25 000 Ar.* Une bien belle adresse, tenue de main de maître par un Italien qui fait venir de là-bas quelques produits introuvables ici. L'élégante salle ouverte sur la rue constitue un parfait écrin pour déguster des pâtes fraîches et des plats à base de poissons, travaillés avec précision. La carte évolue en permanence. Tout simplement la meilleure table en ville.

**Les Bungalows d'Ambonara** (plan A1, **26**) : *voir « Où dormir ? ». Repas env 30 000 Ar.* Dans un cadre de bois et de verdure élégant, l'une des meilleures tables de l'île, de l'avis de tous, nous compris. Notez la qualité de la déco, notamment ces têtes de zébu sculptées, eu égard à la spécialité du restaurant... Spécialités de zébu, donc, vraiment excellentes, mais aussi poulet, canard, crevettes à l'ail et un peu de poisson. Bonnes sauces. Service impeccable et accueil chaleureux du couple franco-malgache qui tient cette adresse. Finir par un rhum arrangé, autre spécialité locale (on peut même acheter des bouteilles toutes prêtes), accoudé au joli bar ou dans le confortable coin salon. Bonne atmosphère.

## Où boire un verre ? Où grignoter ? Où sortir ?

**Le Nandipo** (plan A2, **30**) : *032-44-394-12. Tlj, en continu jusqu'à env 23h-minuit.* L'autre rendez-vous pour boire un verre en ville (en plus de *L'Oasis,* qui n'est pas ouvert le soir), où les *vazaha* se retrouvent pour un oui ou pour un non. Surtout pour un non d'ailleurs. Vraiment sympa pour siroter une mousse ou jeter un œil aux infos sur la télé branchée sur une chaîne française.

**Terrasse du restaurant de la Mer** (plan A2, **40**) : *dans la rue qui longe la baie.* Superbe point de vue sur... la mer, aussi incroyable que cela puisse paraître ! Sympa pour y disputer une partie de billard autour d'une bière. On peut aussi y grignoter un petit morceau.

**L'Oasis** (plan A2, **32**) : *cours de Hell (voir « Où manger ? »). 032-07-137-76. Ferme vers 21h.* C'est le quartier général pour tout : viennoiserie, salon de thé, tabac... C'est ici qu'on se retrouve à toute heure de la journée pour boire un verre.

Côté **boîtes de nuit,** renseignez-vous une fois sur place car, ici, les boîtes à peine fanées éclosent à nouveau comme les violettes après la rosée du matin. Le *Moulin Rouge* (en face du marché) tourne plutôt le vendredi soir, mais tard. On peut aussi tenter le coup au *Number One* les vendredi, samedi et dimanche soir (situé sous le *restaurant de la Mer* ; *plan A2,* **40**), seule boîte vraiment malgache (bière pas chère du tout), mais qui ne s'anime pas avant minuit. Seule valeur à peu près sûre tous les soirs et dans un autre genre : le *Djembé,* mais c'est à Ambatoloaka *(ouv lun, mar et sam)...* Et pour être complet, toujours à Ambatoloaka, juste en face du *Djembé, La Sirène (ouv mer, jeu, ven et dim),* avec sa grosse soirée du jeudi, qui fait toujours le plein. Sans oublier le *Safarai* et le *Taxi Be* (concerts de groupes locaux).

## Achats

Des **broderies** évidemment (sur le cours de Hell, voir plus loin).

**Parfum de Mangue :** *dans la rue principale, non loin du restaurant* Le Saloon. Artisanat de toute l'île, cartes postales, sculptures, beaux bouquins sur Mada.

# À voir

**Les brodeuses** (plan B2, **50**) : *sur le cours de Hell, derrière la préfecture.* Tous les jours, les brodeuses sont là, avec leurs belles collections de nappes brodées. Leur spécialité s'appelle le point Richelieu, une broderie ajourée unique à Madagascar. Ne pas négocier comme un sauvage ! Une nappe demande à peu près 3 semaines de travail. Elles sont vraiment superbes et sont utilisées comme nappes ou comme voilage de porte. Possibilité de commandes.

**Le marché** *(plan A1, **4**)* **:** *au carrefour principal. Tlj.* C'est le matin qu'il est le plus vivant et que les produits sont encore frais. Plein d'épices, de senteurs, de couleurs et... d'animation. Achards de citron ou de mangue dans de jolies bouteilles de J & B, poivre noir ou vert, cannelle, vanille, etc. Sans compter les odeurs de poisson mêlées à celles de la viande, dévorée par les mouches.

**La rue du Docteur-Monceau** *(plan A-B2)* **:** petite balade pas désagréable le long de la corniche, même si la rue n'est pas toujours propre. Vieilles maisons coloniales décaties comme il se doit. Rejoindre le cours de Hell et passer devant la vieille *prison* avec ses canons de la fin du XIX$^{e}$ s, après la poste.

**Le vieux port** *(plan B2)* **:** *à proximité de l'embarcadère, sur la gauche quand on vient du centre-ville, en longeant la baie.* Un coin où les touristes ne vont pas. On peut y voir les beaux et vénérables boutres traditionnels en bois, chargés comme des mules, toujours utilisés pour transporter le sable et le granit jusqu'à la Grande Terre. Dans la journée, on peut observer l'intense boulot des dockers.

## AMBATOLOAKA ET MADIROKELY

IND. TÉL. : 86

**Ambatoloaka (prononcer « Ambatoulouk ») est le « village balnéaire » de l'île, situé à 10 km à l'ouest de Hell-Ville. Il est posé au bord d'une longue plage animée et plutôt jolie, même si elle ne possède pas un charme délirant. En revanche, pas toujours très propre autrefois, elle a été complètement assainie – grâce aux efforts de chacun des acteurs locaux – et c'est tant mieux. Quant au village, il a poussé de manière anarchique, à la faveur de l'explosion touristique. Il se compose en fait d'une unique rue parallèle à la plage. On y trouve de bonnes et même d'excellentes adresses pour séjourner et pour manger. Plein de paillotes et de gargotes, d'hôtels et de bungalows, au coude à coude autour de chemins plus ou moins défoncés ! Quelques adresses donnant directement sur la plage (assez chères) et d'autres, fort sympathiques, un peu sur l'arrière ou en surplomb du village, légèrement à flanc de colline. Dans la journée, c'est assez mort. Le soir, l'ambiance est vivante et un peu glauque tout à la fois. Pas familial pour un sou puisque c'est le rendez-vous des vieux *vazaha* célibataires venus ici tromper leur solitude dans les bars (euphémisme). Quelques trognes burinées y traînent la savate dès potron-minet, autour d'un rhum qui ne les arrange pas.**

**Dans le prolongement d'Ambatoloaka, on parvient à Madirokely (prononcer « Madiroukel »). En fait, c'est la même plage, juste délimitée par une toute petite bande de rochers qu'on ne voit même plus à marée haute. Madirokely n'est pas vraiment un village, mais on y trouve quelques adresses pour se loger. Curieusement, bien que ce soit la même plage, pour y accéder par la terre il faut largement contourner les habitations de bord de mer et faire un détour car la route est coupée par des constructions même pas terminées. Madirokely (à droite en regardant la mer) est un coin bien plus tranquille qu'Ambatoloaka. En effet, en fin de semaine les bars d'Ambatoloaka peuvent diffuser de la musique assez forte jusque très tard, et tout l'environnement en profite. Important à savoir pour le choix de votre hébergement.**

## Adresses utiles à Ambatoloaka

### Santé

■ ***Pharmacie Toko :*** *dans le centre du village.* ☎ *930-75.* 📱 *032-55-682-06. Tlj 8h30-12h30, 15h-20h.* Pratique et de bon conseil.

### Internet

@ ***Cyber Nosy Tech :*** *à l'entrée du village, à côté de* La Sirène. *Lun-sam 8h-20h, dim 9h-14h.*
@ ***Baobab Café :*** *au cœur d'Ambatoloaka. Tlj, tte la journée.* Ce resto propose quelques ordis.
@ ***Quelques bars*** du centre du village proposent le wifi.

### Location de motos

Avoir son permis, car conduire sans permis à Nosy Be (c'est-à-dire sans savoir piloter une bécane) peut être vraiment dangereux. Assurance au tiers comprise, mais pas d'assurance personnelle. Exigez un casque et portez-le. On le répète, **NE CONDUISEZ JAMAIS DE NUIT.**

■ ***Location de motos :*** ***Mada Services,*** *dans le village de Dar-es-Salam, sur la rue principale, juste avt d'arriver à Ambatoloaka, sur la gauche.* 📱 *032-07-761-24. Des bécanes en bon état. Un autre loueur,* ***Location Jeunesse,*** *à Ambatoloaka même, dans la rue principale, côté mer.* 📱 *032-04-663-87. Loc de scooters (90 et 110 cc). Compter env 20 000-25 000 Ar selon les engins. Prix dégressifs selon la durée de loc.*

### Sorties en mer et excursions diverses

Plusieurs agences dans la rue principale. Comparez les prix avant de vous décider. Ci-dessous, quelques adresses qui, outre les balades classiques autour de l'île, organisent également des excursions différentes et originales.

■ ***Nosy Be Original*** *(carte couleur Nosy Be,* ***65****) :* *au nord d'Ambatoloaka, juste à côté du* Vanila Hotel *(à Bemoko).* 📱 *032-48-857-55 ou 032-40-524-88.* Une équipe dynamique organise tous types d'excursions autour de Nosy Be exclusivement. Journée voile extra sur un beau ketch de 18 m vers Nosy Komba et Nosy Tanikely. Le bateau peut accueillir jusqu'à 15 personnes (compter 45 € par personne ; moitié prix pour les enfants de moins de 12 ans). Autre must, le parc national de Lokobe à la journée (transfert, guidage, pirogue et rando dans la forêt). Propose aussi une journée balade et baignade à Nosy Sakatia, comprenant un bon déjeuner.

■ ***Océan de Sagesse :*** *bureau dans le chemin principal d'Ambatoloaka.* 📱 *032-07-125-75.* • *excursions-nosybe.com* • Sorties sympas en bateau à moteur, avec bivouac sur la plage (pêche, balade pédestre). Propose des excursions classiques autour de Nosy Be, bivouacs et autres excursions traditionnelles respectant l'environnement pour un écotourisme responsable et des vacances nature. Tenu avec sérieux par Thierry, qui connaît bien son affaire et son île. Bonnes prestations et conseils avisés. Possibilité de bivouac de 2 à 5 jours sur des îles voisines également (îles Mitsio, Nosy Iranja...).

■ ***Alefa :*** *à Madirokely, près de l'hôtel* Aviavy, *en bord de plage.* 📱 *032-40-055-20 ou 032-07-127-07.* • *pirogue-madagascar.com* • Cher mais original. Tenu par Nicolas et Dominique. Organisation de circuits de 3 à... 24 jours, vraiment extra, à la découverte des villages de la côte, inaccessibles autrement que par la mer. Un peu plus « aventure » que les autres (comprenez vraiment roots). Bateau et grandes pirogues traditionnelles (boutres malgaches), baignade, pêche et bivouacs sur les plages de la Grande Terre. Une démarche très proche de la nature, à la dure, basée sur la rencontre avec la population.

■ ***Madavoile :*** *sur la colline, chez* Manina *(appelez, c'est plus simple).* ☎ *065-55.* • *madavoile.com* • Croisières en catamaran ou monocoque (à voile ou à moteur) sur les îles environnantes, pendant plusieurs jours.

■ ***Baleines Rand'eau :*** *sur la plage*

*de Madirokely, non loin du* Royal Beach. *Pour s'y rendre, de la route principale, prendre le chemin sur la droite au niveau de la boîte* La Sirène *et poursuivre le chemin sur env 200 m et c'est sur la droite. 📱 032-24-509-87.* • *info@baleinesrandeau.com* • *baleinesrandeau.com* • Une jeune équipe de passionnés organise plusieurs types de sorties en mer à la journée, déjeuner compris : des ***randos snorkelling guidées*** sur Nosy Sakatia et Nosy Tanikely ; des ***sorties baleines*** durant l'hiver austral (d'août à fin octobre) ; et des ***sorties requins-baleines*** (entre octobre et décembre) où l'on nage avec masque et tuba à proximité du plus gros des poissons de la création, parfaitement inoffensif. Impressionnant !

## Clubs de plongée

Nombreux clubs sur Nosy Be même, mais aussi sur Nosy Sakatia. La plupart des sorties se font à la journée, et les clubs proposent en général 2 plongées. Compter alors environ 70-75 € avec équipement fourni. Forfaits dégressifs pour plusieurs plongées.

■ ***Forever Dive :*** *sur la plage de Madirokely. 📱 032-07-125-65.* • *foreverdive.com* • *Prendre le chemin juste en face de la boîte* La Sirène *et le suivre sur env 300 m ; il y a un panneau sur la droite (juste avt l'hôtel* Royal Beach*). Compter env 72 € pour 2 plongées (avec l'équipement).* Le club le plus agréable de l'île assurément. Il est tenu par Sylvia, une Suissesse vraiment très sympa et très compétente, qui tient à ce que son affaire reste à taille humaine. Elle ne prend qu'un maximum de 4 personnes à la fois, et elle part même pour 1 seule personne ! On navigue à bord d'un adorable petit bateau tout rose fuchsia (on peut être plongeuse et soigner son look !), pour rejoindre l'un des 20 spots qu'elle propose.

■ ***Tropical Diving :*** *à l'hôtel* Coco Plage. *📱 032-49-462-51 ou 032-02-493-16.* • *tropical-diving.com* • *Compter env 70 € pour 2 plongées.* Un club sérieux, qui a fait ses preuves au fil des années.

■ ***Sakatia Diving :*** *au* Sakatia Lodge, *sur Nosy Sakatia (voir « Où dormir ? Où manger ? » dans « Les îles autour de Nosy Be. Nosy Sakatia »). 📱 032-41-165-16.* Tenu par P'tit Jacques, un jeune Sud-Africain francophone. Bon matériel et plongées bien encadrées. Également de la pêche sportive (sans bouteilles évidemment !) au harpon (réservée aux spécialistes).

## Pêche sportive

■ Plusieurs adresses de qualité dans ce domaine. On peut s'adresser à ***Loïc Fishing World.*** *📱 032-07-125-13.* • *fishingworld@moo.org* • Bon accueil de Loïc. Jusqu'à 4 personnes par bateau. Également avec le proprio de l'hôtel ***Le Grand Bleu*** *(voir « Où dormir ? Où manger dans le reste de l'île ? »). 📱 032-02-194-84.* • *legrandbleunosybe.com* •

# Où dormir ?

## À Ambatoloaka

Quelques bonnes adresses dans le village et au bord de la plage, malheureusement certaines sont un peu les unes sur les autres.

### Prix moyens (26 000-60 000 Ar / env 8-19 €)

⌂ ***Bungalows Coucher du Soleil :*** *en surplomb du village d'Ambatoloaka. ☎ 928-42. 📱 032-02-087-21. Prendre le chemin qui monte à l'angle du resto* Chez Angéline *(chemin principal) et grimper un peu ; prendre le 1er chemin sur la gauche et c'est à 100 m sur la gauche. Bungalows 55 000-68 000 Ar.* Une poignée de bungalows, tous avec sanitaires privés, ventilo, coffre et moustiquaire. Super terrasse commune, avec vue sur le village, les palmiers et la mer. On est à l'écart de l'animation débridée, donc au calme, sans pour autant être éloigné de la plage. Certains bungalows sont sans eau courante. On utilise alors la douche froide « à la malgache », style Robinson Crusoé, et c'est très bien comme ça. Une vraie adresse de charme à prix doux.

## Chic (60 000-104 000 Ar / env 19-32 €)

**Hôtel Benjamin, Chez Armand :** *au cœur du village, prendre le chemin au niveau du resto* Chez Angéline, *puis 1re à droite. C'est au bout sur la gauche.* 032-02-408-13. • *hotelbenjamin-nosybe.com • Env 36 € le bungalow.* Faites le plein de charme ! Dans un coin en retrait, légèrement en surplomb du village, quelques bungalows un peu serrés les uns contre les autres. Cela dit, ils sont élégants : beaucoup de bois, mobilier bien choisi et petite terrasse. Douche avec eau chaude, w-c et ventilo. On s'y sent bien. Pas de moustiquaire de lit, mais il y en a aux fenêtres. Également une belle villa à louer, la *Villa Razambe,* juste au-dessus des bungalows, avec une belle piscine, accessible uniquement aux clients de la villa, et un bel intérieur en bois avec cuisine très bien équipée et prolongée par une généreuse varangue dominant la mer *(env 220 €/j. ; cuisinière à disposition, on ne paie alors que les courses).* 4 chambres doubles en tout, mais on peut aussi louer des chambres annexes juste à côté.

**Jardin d'Éden :** *au cœur du village de* **Dar-es-Salam.** 032-04-381-38. • *patrice.valadas.free.fr • À 5 mn de la plage de Madirokely. Bungalows pour 2 à 30 € et maison pour 4 à 40 €. Au mois, compter 450 €. Petit déj 4 €.* Simplement 2 bungalows et une petite maison pour 4 personnes à prix très raisonnables, nichés dans un adorable jardinet, parfaitement au calme. Vraiment propret. Très mignons, tout en bois et *falafa,* élégants et bien équipés : frigo, coffre, ventilo au plafond, petite terrasse et jardin bien arboré. La maison est aussi assez chouette, avec une grande terrasse et cuisine tout équipée. Un excellent rapport qualité-prix.

**Location de maisons et de villas : Villa Gaïa,** *sur les hauteurs d'Ambatoloaka, non loin du* Coucher du Soleil *et à quelques centaines de mètres de la plage.* 032-04-772-06. • *contact@villa-gaia.com • villa-gaia.com • Compter env 25 € la nuit (pour au moins 1 sem) et env 30 € la nuit (pour au moins 4 nuits). Compter 130 € pour la villa entière à la nuit (4 chambres).* Une villa de charme à louer. Possibilité de louer à la chambre, un seul étage ou la villa tout entière. Tout confort, avec piscine (4 x 8 m) et vue splendide. Service d'une ménagère-cuisinière à disposition, compris dans la location. Ne pas oublier non plus la **Villa Razambe** (voir plus haut *Hôtel Benjamin, Chez Armand*).

## Plus chic (104 000-170 000 Ar / env 32-53 €)

**Chez Gérard et Francine :** *tt au bout du chemin principal, à l'extrémité gauche de la plage.* 032-07-127-93. • *gerard-et-francine.com • Résa impérative. La plupart des chambres à 47 € et une à 36 € (sanitaires extérieurs), petit déj compris.* Une dizaine de chambres, avec sanitaires privés rénovés (1 seule sans sanitaires), parquet et meubles en palissandre, toutes équipées de ventilateur, coffre individuel, minibar et moustiquaires aux fenêtres. Elles ouvrent sur un jardin tropical et une terrasse fort agréable, ombragée par de beaux arbres et qui descend vers la plage... Un bel endroit où l'on se sent bien, bercé par les flots, relativement bien protégé de l'agitation du village car situé tout au bout de la plage. L'une des meilleures adresses d'Ambatoloaka et la plus connue dans cette catégorie, dégageant un vrai charme et qui tient toujours parfaitement la route au fil des années. Idéal pour les familles, car l'établissement n'accepte pas les « invitées ».

**Clair de Lune :** *entre Dar-es-Salam et Ambatoloaka, à 400 m de la plage (accessible à pied), un peu sur les hauteurs.* 032-04-197-18. • *clair-de-lune-nosybe.com • Du resto* Chez Angéline, *grimper le chemin caillouteux sur env 400 m. Compter 54 € le bungalow pour 2 et 84 € pour 4, petit déj compris, ainsi que le transfert aéroport pour une résa de 3 nuits min (et A/R pour une résa de 6 nuits).* C'est notre coup de cœur ! Quelques bungalows en escalier sur un terrain vallonné, arboré et parfaitement entretenu. Chaque bungalow en semi-dur dispose de sa terrasse avec sa chaise longue, de ventilo et moustiquaire. Déco intérieure joliment étudiée, des masques aux tentures en passant par les mosaïques des salles de bains individuelles. Chouette petite piscine entourée d'un bout de pelouse, et billard sous un kiosque. Bonne adresse familiale, régulière en qualité, dont personne n'est jamais reparti déçu. Bonne atmosphère, grâce à votre hôte, Louis, qui procure un chaleureux accueil.

**Coco Plage :** *dans la partie gauche de la plage. 032-40-401-30. • cocoplage-nosybe.com • Chambres 40-50 € selon situation.* Une douzaine de chambres, collées les unes aux autres, dont certaines donnant sur la plage, avec douche, toilettes, coffre, minibar et clim (mais pas de moustiquaire). Déco plutôt agréable, faite de bois et de couleurs sobres. Également 2 suites à prix plus élevés. Bon, on est tout de même un peu les uns sur les autres. Et puis c'est assez cher pour ce que c'est, le charme de l'endroit n'étant pas flagrant. Les chambres dites « côté jardin » donnent en fait sur une courette ouverte. Celles situées dans la longue maison de bord de mer sont bien plus agréables, mais un peu plus chères aussi.

**Les Boucaniers :** *à l'extrémité gauche de la plage, puis prendre sur la gauche, c'est indiqué. 032-02-675-20. Compter 50-60 € la chambre, 6 € le petit déj.* Une adresse de charme et de style qui propose des chambres en étage, les unes à côté des autres mais très bien aménagées bien que pas très grandes. Tout confort ou presque : eau chaude, moustiquaire et ventilateur. Les chambres avec vue, à l'étage, sont les plus chères. C'est vrai que ça fait un peu navire. Un charme certain, un vrai esprit navigateur de luxe, avec des volées d'escaliers qui donnent le ton. Et puis un espace bar-piscine plein d'élégance, bien que tout petit là encore (piscine de poche). On aime bien aussi le petit coin bibliothèque et la terrasse-vigie avec ses 2 hamacs dominant la mer. Les plantes vertes mettent la touche finale à cette déco pensée. Dommage qu'il manque un peu d'âme à ce bel écrin.

## Beaucoup plus chic (plus de 170 000 Ar / env 53 €)

**Bungalows Le Transat, Chez Christophe et Sophie Le Tallec :** *à Dar-es-Salam, entre Ambatoloaka et Madirokely, en bord de plage. 032-07-126-65. • mada.letransat@gmail.com • Prendre le chemin en face de la boîte* La Sirène *; au 3e virage, suivre le chemin privé qui longe la plage, c'est au bout. Compter env 60 € pour 2 et 10 €/pers supplémentaire, petit déj compris.* Une petite bande de pelouse bien entretenue, quelques palmiers et la plage juste devant. Seulement 3 bungalows (2 pour 5 personnes et 1 pour 3), véritables maisons en fait, dotés de tout le confort moderne : salle de bains stylée, ventilo, coffre, moustiquaire, frigo. Mezzanine. Noter que les chambres sont des espaces ouverts, et si vous êtes 4, l'intimité est toute relative, autant le savoir. Terrasse sur le devant. Au calme.

**Villa Catherine :** *au cœur d'Ambatoloaka, en bord de plage. 032-04-533-15 ou 06-17-44-29-14 (en France). • marcelchastan01@gmail.com • Compter 45-70 € selon chambre et orientation.* Dans une bien élégante maison traditionnelle, moitié en dur, moitié en bois, dotée d'une belle terrasse avec coin salon, le tout juste devant la plage. Au rez-de-chaussée, 2 chambres : une petite et une autre donnant sur l'arrière. Ce sont les moins chères. Les plus belles se situent à l'étage, donnant sur une terrasse avec vue extra pour certaines. Toutes équipées d'une coquette salle de bains, moustiquaire, AC et ventilo, coffre. Possibilité d'utiliser les services d'une cuisinière (à payer en plus).

**Hôtel Sarimanok :** *directement sur la plage d'Ambatoloaka. 032-05-909-09. • hotel-sarimanok-nosy-be.com • Doubles 55-95 €, sans petit déj. Également quelques familiales.* Ici, pas de bungalows de bord de plage mais une structure moderne, un peu froide sans doute quant au hall d'entrée, mais les chambres sont à l'étage, encadrant la piscine de taille honorable, elle-même cernée de transats et surplombant directement la plage. Elles sont vraiment spacieuses, décorées de manière très moderne et chaleureuse tout à la fois (AC, ventilo, frigo, écran plat, coffre...). Parfait pour ceux qui recherchent un lieu un peu tendance et très confortable, et qui ne peuvent pas se passer d'une piscine (assez rare dans le secteur).

### *À Madirokely*

Peu d'adresses sur cette partie de plage tranquille. Assez idéal pour se relaxer.

## Chic (52 000-130 000 Ar / env 16-41 €)

**Hôtel Chez Senga :** *sur la plage même. 032-40-378-01 ou 032-04-714-98. • hotelsenga@moov.mg • Compter 45 000-80 000 Ar.* Dans une petite structure en béton, pas spécialement jolie, mais les 3 chambres sont vraiment très correctes, surplombant directement la plage, même si elles n'ont pas vue directe sur celle-ci (à part une). Salle de bains privée (eau froide), ventilo et moustiquaire, avec une petite coursive tout autour. Également un petit bungalow en *falafa* à côté de l'hôtel, qui pourra convenir pour une famille (eau froide), et 3 autres en *falafa,* au cœur du village, vraiment très modestes, autant le savoir. On profite alors de toute l'animation villageoise (assez bruyant). Douche au baquet.

**Marlin Club B and B :** *sur la plage de Madirokely. 032-07-125-95 (Claudio). De la route principale, prendre à droite le chemin perpendiculaire au niveau de la boîte* La Sirène *et poursuivre la piste sur env 350 m, c'est directement sur la plage. Compter 35-45 € (sans ou avec AC).* 6 bungalows face à la plage, divisés en 2 structures de 3 chambres. Bien équipés, ils possèdent tous leur salle de bains, AC, ventilo, frigo, coffre, terrasse et transats. Très tranquille, avec un bout de pelouse devant et de beaux palmiers. Une bonne adresse à prix équilibrés.

## Plus chic (130 000-192 000 Ar / env 41-60 €)

**Villa Tsara Vintana :** *directement sur la plage de Madirokely. 033-11-397-64. • villa@tsaravintana.net • tsaravintana.net • Sur la route principale, prendre le chemin en face de la boîte* La Sirène *et le suivre sur env 200 m. Chambre 2 pers 50 € ; pour 2 chambres, env 80 €. Pour la maison entière (4 chambres), prévoir 150 €/j. Ménage compris.* Superbe maison en dur et en bois, seulement séparée de la plage par un joli jardin ombragé de palmiers. Très bien équipée. Chambres spacieuses et ventilées, où le bois et les couleurs chaudes dominent. Palissandre, mosaïques, briques... Salles de bains dessinées avec goût. Agréable varangue qui donne sur une pelouse, prolongée par la plage. Possibilité de louer les services d'une cuisinière (en plus). Également un studio dans une autre maison à deux pas. Bon confort.

## Beaucoup plus chic

**L'Heure Bleue :** *au bout de la plage, sur un promontoire. 032-02-203-61. • heurebleue.com • Résa indispensable. Compter 75-120 € selon saison pour un bungalow pour 2, ajouter 26 €/pers en ½ pens (bien cher tt de même !). Petit déj inclus.* Une excellente adresse à l'écart de la foule et au calme, bien que chère. De jolis bungalows en bois, très confortables, équipés de douche et toilettes, d'eau chaude (superbes lavabos !), de moustiquaire, d'un minibar, et même d'un coffre individuel. Du luxe familial. Quelques bungalows pour 4 personnes également, avec une chambre en mezzanine. Ils offrent surtout une très belle vue plongeante sur la plage et se situent à l'écart de l'animation. Jolie vue également depuis la terrasse sur pilotis qui s'avance vers la mer, pour prendre son petit déj ou son repas (uniquement le soir). Impeccable et classe. La piscine tout en longueur, agrémentée d'une terrasse en teck, ajoute au charme.

## Où manger ?

Nosy Be est l'occasion idéale de manger des fruits de mer, et notamment de la langouste, mais théoriquement pas en basse saison (la pêche est interdite de janvier à avril, mais c'est peu respecté). La meilleure est la petite rouge (la « royale »). Vient ensuite la verte, qui n'est pas mal quand même. La plus grosse, mais la moins fine, est la langouste grise (elle peut faire de 1 à 3 kg !). Évidemment, depuis le développement du tourisme, les prix se sont envolés. Il n'empêche, c'est délicieux... On trouve également des crevettes, des *camarons,* et parfois des huîtres ! Elles sont minuscules et vraiment délicieuses. Pour les poissons et crustacés, ne pas hésiter à demander à voir les bestiaux avant de les faire cuisiner. Ah, vous entendrez sans doute Solo, le soir, devant les restos du coin. C'est un joueur de *kabosse* qui vous fredonnera une adaptation assez drôle d'un tube de Polnareff ou de *La Marseillaise*...

### *À Ambatoloaka*

### De bon marché à prix moyens (jusqu'à 20 000 Ar / env 6 €)

I●I Pour manger dans de vraies ***gargotes malagasy*** pas chères, aller par exemple ***Chez Mama,*** sur la placette principale. Gargote sous une modeste paillote mais dont la régularité de la cuisine ne se dément pas au fil des années, toujours avec des plats bon marché. Plats de poisson, poulpe, calamar, etc. Demi-portions possibles. Et puis, d'autres gargotes plus ou moins touristiques qui là encore se distinguent par leur stabilité dans la qualité. Aller notamment chez ***Papa Bebeto*** *(fermé le dim)* dont on n'a pas eu à se plaindre jusque-là. Il est à cheval entre la gargote et le petit resto popu, aux prix contenus et à la bonne hygiène. Un petit niveau au-dessus, tant au niveau de la qualité que des prix, ***Chez Éric*** *(📱 032-02-288-49),* également bien apprécié par nos lecteurs (bonne langouste et cuisine bien faite, plutôt goûteuse). Les autres plats ne sont pas en reste (crevettes au coco, poulet curry...). Ces adresses restent assez économiques, et l'ambiance toujours sympa.

### Prix moyens (13 000-29 000 Ar / env 4-9 €)

I●I ***Chez Teresa :*** *dans la rue principale du village, sur la gauche. 📱 032-58-853-03. Slt le soir, tlj sf mar.* Une bien jolie adresse, dans une maisonnette rouge, tenue par un couple d'Italiens (des Toscans pour être précis) absolument adorables. Il y a Teresa bien sûr, qui vous accueille avec sa voix haut perchée, et son mari, tout aussi sympathique. Ils font tout pour que vous passiez un bon moment. On craque pour les *linguine* à la langouste (avec une langouste entière dedans !) et les lasagnes qui rivalisent avec les gnocchis aux trois fromages, mais aussi les *antipasti mare* et le carpaccio de poulpe. Tout est goûteux, si bien qu'on prend vite ses habitudes sur l'étroite terrasse ou dans la pimpante salle intérieure. Et le patron ne vous laisse pas repartir sans avoir fait honneur à son *limoncello* ou à un bon rhum arrangé.

I●I ***Chez Angéline :*** *dans la rue principale du village, sur la gauche, juste après Chez Teresa. 📱 032-57-986-35. Tls sf lun.* Sous une vaste paillote, l'endroit s'anime tranquillement le soir, mais on y sert aussi à déjeuner. Dans les assiettes, de bons plats sans défaut, comme cet espadon au vin blanc, le mérou au four et également un rougail-saucisse des familles, pour faire un clin d'œil à La Réunion. Pizzas et pâtes maison. Également des huîtres à certaines périodes.

I●I ***Baobab Café :*** *au cœur du village, tt au bout d'Ambatoloaka. 📱 032-49-163-01. Tlj midi et soir.* Encore une belle adresse, à l'étage d'une paillote stylée, à la lumière tamisée. De jolies assiettes : thazard grillé aux herbes, langue de zébu sauce gribiche ou encore cabri au massalé. Une carte éclectique, qui suit l'inspiration du chef, qui n'en manque pas. Résultats convaincants et réguliers en qualité.

Accueil selon l'humeur du jour.

**Zeburger :** *au cœur du village, sur la gauche. 032-76-821-40. Tlj, en théorie, midi-minuit.* Minuscule et sympathique terrasse à l'étage d'une paillote adorable, en balcon sur la rue, tenue par Fabrice, un Italien charmant. Des pâtes et des burgers (de zébu évidemment), et également un bon plat du jour ficelé avec adresse.

## Où boire un verre ? Où sortir ?

À vrai dire, on peut boire un verre où l'on veut. C'est Ambatoloaka qui concentre l'animation maximale de l'île. Les bars se situent tous dans la rue principale, concentrés au cœur du village, et l'animation varie en fonction des heures. Certains s'animent plus tard que d'autres, et il y a souvent un petit groupe local qui assure l'ambiance musicale en fin de semaine. La clientèle est invariablement la même : une population blanche, blasée et vieillissante, et quelques jeunes Malgaches. Évidemment, les filles cherchent toutes un mari (euphémisme !), et elles ne sont pas là pour faire de la figuration.

Côté boîtes, **Le Djembé,** à l'entrée d'Ambatoloaka, est la boîte qui tient toujours la corde *(ouv en général lun, mar et sam).* De loin l'adresse la plus sympa, bien que très européanisée. On peut aussi faire un tour à **La Sirène** *(ouv tlj),* également à l'entrée de la ville, presque en face du *Djembé.* C'est surtout pour son cabaret du jeudi que l'on y vient. À noter encore, la boîte de Dzamandzar, **La Banane,** qui s'anime chaudement du vendredi au dimanche soir.

## Où dormir ? Où manger dans le reste de l'île ?

Ceux qui n'aiment pas trop l'atmosphère d'Ambatoloaka préféreront séjourner dans des adresses plus isolées. Avantage : très au calme. Inconvénient : elles sont éloignées de tout. Quelques établissements vraiment agréables pourtant. Parfait pour se mettre véritablement au vert. Si vous avez le budget, c'est même une solution de tranquillité bien appréciable (sans oublier bien sûr les belles adresses qui se trouvent sur les îles autour de Nosy Be ; lire plus loin). Évidemment, c'est souvent un poil plus cher, voire carrément plus chic, et pour en bouger il faut jongler avec les taxis ou louer un véhicule. Ce qui grève le budget, autant le savoir.

### À Ambondrona et à proximité

Plusieurs adresses dans ce secteur. On est en bord de mer mais, à marée basse, on va chercher l'eau assez loin et la baignade est difficile (peu d'eau).

#### Prix moyens (26 000-65 000 Ar / env 8-20 €)

**Le Colibri** *(carte couleur Nosy Be,* **60**) : *juste avt d'arriver sur la plage d'Ambondrona, sur la gauche du chemin. 032-02-560-30. Compter env 25 € le bungalow, avec sdb (eau chaude). Également une villa pour 4-6 pers (3 chambres) env 40 € (eau froide).* À peine 4 bungalows, assez spacieux, moitié en dur, moitié en *falafa,* avec un petit salon pour chacun, moustiquaire et terrasse. Aménagement simple mais correct. Pas un charme débordant, mais ce n'est pas cher, on est au calme, et le grand jardin n'est pas désagréable. On est à deux pas de la plage, mais pas directement devant.

**Un Autre Monde** *(carte couleur Nosy Be,* **62**) : *de la route principale, prendre la route vers Ambondrona ; c'est à 100 m de la plage. 032-44-845-17 ou 032-04-223-02. • un-autre-monde-nosybe.com • Compter 28-33 € la chambre ou le bungalow. Petit déj en plus.* Structure en dur, agréable même si assez minérale, organisée autour d'une piscine. 3 chambres dans la maison principale et 6 bungalows autour de la piscine. Éviter l'arrière et préférer la vue donnant sur le bassin. Toutes bien équipées, sobres, nickel et fonctionnelles :

ventilo, moustiquaire, coffre, grande salle de bains. Un bon rapport qualité-prix en fait, compte tenu de la présence de la piscine (équipée de quelques transats).

## Beaucoup plus chic (plus de 170 000 Ar / env 53 €)

**Nosy Lodge** *(carte couleur Nosy Be,* ***63****) : situé sur la plage d'Ambondrona. 032-40-452-04. • nosylodge.com • Compter env 80-100 € pour les bungalows, petit déj compris. Lit supplémentaire env 15 €. Pour la ½ pens, ajouter 17,50 €/pers. AC en plus si vous la désirez.* Le *Nosy Lodge* est l'hôtel de charme par excellence : accueil chaleureux, atmosphère conviviale, confort, cadre privilégié dans une nature préservée, calme. Quelques chambres seulement : 4 à l'étage (dont 2 avec vue sur la mer) et 2 au rez-de-chaussée, côté jardin. Elles sont toutes ventilées (pas de clim), avec moustiquaire et coffre, et équipées d'une belle salle de bains. Jolie piscine agrémentée d'une fontaine glougloutante. Tout autour, d'élégantes sculptures de bois. 2 bungalows derrière la piscine (clim en plus), et même 1 chambre dans un arbre, vraiment chouette comme tout. Pour compléter l'ensemble, une cuisine légère et inventive, élaborée à partir de produits frais : c'est certainement l'une des meilleures tables de Nosy Be. Agréable terrasse, et plage évidemment. Bon accueil d'Éric, le patron belge. Nombreuses excursions et programmes de découvertes possibles au départ de l'hôtel.

L'ÎLE DE NOSY BE

### *Entre Ambondrona et Andilana*

## De chic à beaucoup plus chic (à partir de 96 000 Ar / env 30 € et beaucoup plus)

**Aladabo** *(carte couleur Nosy Be,* ***64****) : village d'****Ankibanivato****, en bord de mer ; panneau à droite et sentier à gauche. 032-02-323-93. Env 85 000 Ar le bungalow pour 2.* Noter que la plage, au faible tirant d'eau, est peu propice à la baignade à marée basse, mais elle est superbe, tranquille et charmante. Une de nos adresses préférées, avec un petit goût de bout du monde pour ce petit ensemble de bungalows colorés (seulement 8), tous disséminés dans un joli jardin soigné. Très propres, au calme et orientés face au coucher du soleil. Adresse familiale et vraiment sympathique. Déco agréable, simple et élégante. Salle de bains sans eau chaude, mais le sympathique proprio suisse, surnommé Biscuit (en fait, Marcel !), peut chauffer l'eau pour les plus frileux. Ventilo, moustiquaire et terrasse. Petite restauration. Kayak de mer à disposition. Un bon rapport qualité-prix.

**Vanila Hotel** *(carte couleur Nosy Be,* ***65****) : face à Nosy Sakatia. Résas : BP 325, 207 Nosy Be. ☎ 921-01 ou 02. 032-03-921-01. • vanila-hotel.com • Chambres 92-150 € selon confort et vue (jardin ou mer).* Dans un joli coin, face à une île que l'on aime bien, ce grand hôtel 3 étoiles d'une cinquantaine de chambres, bien qu'assez vaste, a su allier un certain côté familial, le charme des matériaux locaux et le confort international. Grandes paillotes en dur avec 2 restos sous lesquelles on prend ses repas, et 2 piscines face à la mer, sous les palmiers. Plage devant, avec quelques rochers, mais on n'a pas loin à aller pour compter les grains de sable. Côté hôtellerie, chambres en dur, charmantes et fraîches, vastes pour celles face à la mer, avec meubles en palissandre, salle de bains luxe, ventilation et AC, TV, téléphone, coffre, etc. Superbe petit déj, très complet. Le soir, toujours un buffet de qualité (quand il y a assez de monde), animé régulièrement par des formations musicales. Carte chère en revanche. Plein d'activités possibles proposées par leur agence, *Nosy Be Original* (voir « Adresses utiles à Ambatoloaka »), pêche au gros, location de VTT. À noter également, le beau spa, intégré à la végétation, avec hammam, jacuzzi et différents massages et hydro-soins. Service sympa, personnel souriant et pro.

### *Sur la plage d'Andilana et à proximité*

C'est la pointe nord-ouest de l'île, où s'achève la route goudronnée. Bel endroit en retrait de l'agitation d'Ambatoloaka. Superbe plage, en fait la plus belle et la plus harmonieuse de l'île sans conteste, mais gare aux *mokafohy*, les « mouches de feu » qui vous dévorent l'épiderme ! Au bord de la plage, quelques kiosques qui proposent nappes et artisanat.

## Chic (52 000-104 000 Ar / env 16-32 €)

**Les Palmiers Sauvages, Chez André** *(carte couleur Nosy Be,* ***66****) : à env 500 m avt d'arriver à Andilana, à quelques mn à pied de la plage, sur la gauche de la route, puis faire 100 m par un chemin. 032-70-022-91 ou 032-42-253-09. 2 chambres slt env 55 000 Ar, sans petit déj.* On aime bien cette maison coquette, tout en bois et *falafa*, entourée d'un jardin soigné, posée sur un flanc de colline. Jolies chambres, sobres, avec moustiquaires et salle de bains (eau tiède). Impeccable, calme total et on est à 5 mn de la plage. Possibilité d'y manger (commander à l'avance).

**Chez Eugénie** *(carte couleur Nosy Be,* ***67****) : prendre un chemin bien fléché sur la gauche, juste avt d'arriver à la plage d'Andilana. C'est à 50 m, côté gauche. ☎ 923-53. 032-40-634-48. • chez-eugenie.com • Env 30 € la double (selon la durée) et 60 € la familiale (4 pers). Petit déj en sus.* Tenu par un couple franco-malgache, qui met à la disposition de ses hôtes quelques chambres dans sa grande maison, de part et d'autre d'un large couloir central, à la façon d'un hôtel. Fonctionnelles (salle de bains, ventilo, moustiquaire), les chambres sont chaleureuses, de taille raisonnable, sans véritable vue mais très agréables, décorées avec goût et fort bien tenues. On est à 5 mn de la plage à pied. Possibilité d'y prendre ses repas. Bien bonne cuisine, à base de produits frais uniquement.

**Gargotes du village d'Andilana** *(carte couleur Nosy Be,* ***68****) : non loin de la plage d'Andilana, sur la petite route.* Quelques gargotes sympathiques et pas chères, à ne pas négliger. Au menu, poisson grillé (passer pour commander avant).

## Plus chic (104 000-170 000 Ar /env 32-53 €)

**Le Grand Bleu** *(carte couleur Nosy Be,* ***69****) : quelques km avt la plage d'Andilana, chemin sur la droite. 032-02-194-84. • legrandbleu nosybe.com • Plusieurs niveaux de confort et plusieurs tarifs, pour 2 pers : 32-59 €. Petit déj en sus. ½ pens possible.* N'hésitez pas à grimper le mauvais petit chemin, car l'hôtel est situé sur un promontoire qui domine superbement la mer et les îlots en face. Un autre petit chemin vous emmène à la plage en 5 mn à travers la végétation sauvage du coin. Une de nos adresses préférées dans cette catégorie. Des bungalows, disséminés dans un superbe jardin étagé, aménagés avec mobilier malgache, minibar, grande terrasse, hamac, eau chaude, coffre, moustiquaire et clim, avec ce petit sentiment d'isolement très agréable et une vue époustouflante, face à l'île aux Chauves-Souris. Cerise sur le gâteau, cette sympathique piscine prolongeant le salon, avec vue sur la baie. Une bonne adresse pour les moins fortunés comme pour les autres, grâce aux 2 bungalows « randonneurs » avec sanitaires, simples, d'autres tout confort. De plus, on vous proposera diverses activités intéressantes : location de VTT, de planches, kayaks de mer, masques, palmes et tubas. Par ailleurs, *Le Grand Bleu* est un centre réputé de pêche au gros.

**Hôtel Le Belvédère et restaurant Chez Loulou** *(carte couleur Nosy Be,* ***68****) : attention, les bungalows sont sur un promontoire face à la mer, à 5 mn de la plage, mais le resto est en bas sur la plage. 032-76-751-99 (pour l'hôtel) ou 032-69-783-91 (pour le resto Chez Loulou). Pour les chambres, compter 50 € la nuit, petit déj compris. Au resto, menu complet à prix raisonnable pour la qualité mais,* *le grand truc, c'est vraiment le buffet gastronomique du dim midi pour env 40 000 Ar.* Saluons la situation magnifique de cet hôtel. Vue plongeante sur la baie d'Andilana, la plus belle de l'île, particulièrement magique au coucher du soleil. Une poignée de chambres lumineuses, dans un édifice tout en longueur et de plain-pied, partageant une généreuse terrasse commune. Elles sont très confortables. Élégance de la déco, salles de bains avec eau chaude et toilettes, moustiquaire, mais pas de clim. Coffre à la réception. Et puis le resto-paillote en contrebas, sur la plage, les pieds dans l'eau, connu pour ses langoustes grillées. C'est le moment d'évoquer le formidable buffet du dimanche midi, où le gratin des *vazaha,* les touristes et quelques familles malgaches un peu fortunées viennent vivre un beau moment de détente en se gavant de crabe, taboulé aux fruits de mer, carpaccio de zébu, salades de poisson, agneau... On termine par un rhum bien arrangé avant de faire plouf ! Un vrai dimanche au paradis, rythmé par quelques musiciens et animé par de sympathiques serveuses. Un dimanche à Nosy Be sans passer par *Chez Loulou* ? Presque une faute grave !

**La Villa de Loulou** *(carte couleur Nosy Be,* ***68****) : sur la plage même d'Andilana, juste à droite du resto* Chez Loulou *quand on regarde la mer. 032-69-783-91. Chambre 70 €, petit déj compris.* Vaste villa posée sur la plage, en dur, bois et *falafa,* agencée de manière moderne, avec beaucoup d'espaces ouverts. Elle abrite 5 chambres en rez-de-chaussée ou à l'étage, chacune avec salle de bains (eau chaude), ventilo, moustiquaire et coffre. Généreux salon central. On s'y sent comme à la maison, avec en plus un service hôtelier.

**La Casa Flops** *(carte couleur Nosy Be,* ***67****) : prendre un chemin bien fléché sur la gauche, juste avt d'arriver à la plage d'Andilana. Puis faire env 300 m en montant un peu sur la colline. 032-05-888-30. • casaflops-nosybe.com • Env 45 € la double, petit déj compris.* Chloé a courageusement ouvert sa jolie maison d'hôtes sur les hauteurs d'Andilana. Tout en bois et *falafa,* elle domine la baie. 4 chambres de plain-pied, toutes avec vue remarquable, bien équipées (moustiquaire, eau chaude solaire et toilettes... sèches). En effet, votre hôte a entièrement axé son projet sur le développement durable, avec ferveur et intelligence. Un projet à soutenir.

**La Table d'Alexandre** *(carte couleur Nosy Be,* ***70****) : quelques km avt d'arriver à Andilana, sur la gauche. 033-14-247-22. Tlj le midi slt. Le soir, sur résa. Compter env 35 000-40 000 Ar, mais on peut se contenter d'un plat.* Monsieur Alexandre, veste de chef toute blanche et cheveux en rapport, vous reçoit sous une élégante paillote ouverte, arrangée à la façon d'un salon colonial du XIXe s avec miroirs, toiles marines et une vue plongeante sur la mangrove. Voici LA table du nord de l'île. Un chef-proprio qui semble beaucoup s'amuser à travailler avec soin les produits tout droit sortis de la mer : rillettes de thazard fondantes, filet de mérou à la crème, œuf cocotte à l'espadon, langue de zébu sauce gribiche, mais aussi cuisses de grenouilles à la provençale ou poisson en sauce. Et même de temps en temps des tripes à l'ancienne ! Comme dit monsieur Alexandre, c'est selon l'arrivage et l'inspiration.

## Sur la côte sud-est, dans le parc national de Lokobe

**Lokobe Lodge** *(carte couleur Nosy Be,* ***71****) : à 500 m du village d'Ambatozavavy, sur la gauche. ☎ 934-75. 032-56-278-14. • lokobe-lodge-nosybe.com • Fermé en fév. Nuitée 40 € pour 2, petit déj non compris. Repas env 10 €.* Vous êtes dans un *CFTH* (Centre de formation en tourisme et hôtellerie), qui tente de former sur 2 ans quelques dizaines d'étudiants (CAP). En venant ici, vous participez activement et concrètement à la mise en valeur économique de l'île par la formation de ces jeunes. On y propose une poignée de bungalows spacieux, très confortables et bien équipés (salle de bains avec eau chaude, ventilo, moustiquaire, terrasse...), posés sur une colline qui offre une vue extra sur la côte et la mangrove. C'est un bon choix de passer une nuit ici pour ceux qui envisagent de faire l'excursion dans le parc national de Lokobe le lendemain matin. On peut ainsi partir tôt. Possibilité aussi d'y prendre un repas (mais cuisine encore approximative).

## À voir. À faire à Nosy Be

**Les plages :** Nosy Be ne possède pas un grand nombre de plages sur lesquelles on puisse se baigner facilement. Certaines d'entre elles ont un faible tirant d'eau et ne sont pas propices à la trempette. La plus belle est sans conteste celle d'Andilana (attention aux *mokafohy*), superbe anse de plus de 1 km, en forme de demi-lune. La plus connue est celle d'Ambatoloaka, qui se prolonge par Madirokely. La plage devant Ambatoloaka est assez banale, pas très propre. On préfère la partie devant Madirokely.
Mais les plus belles se situent sur les magnifiques îles environnantes (lire plus loin « Les îles autour de Nosy Be »). C'est aussi là qu'on trouve les fonds les plus riches.

**Excursion autour de l'île :** *soit vous louez un véhicule et vous faites ce circuit tt seul, soit vous passez par une agence. Plusieurs d'entre elles proposent ce tour de l'île en 4x4, sur 1 journée. Compter env 50 €/pers, guide-chauffeur inclus, déj compris, mais pas les entrées des sites à visiter (par exemple* Lemuria Land*). Également possibilité de prendre un taxi « spécial » pour faire la même chose. Bien préciser le parcours que vous souhaitez réaliser et les horaires. Compter alors env 120 000-150 000 Ar pour la voiture à la journée (essence comprise, bien se le faire préciser).* Le circuit classique commence en général par une visite de Hell-Ville, avec arrêt au marché, le monument aux Russes et les brodeuses près du port ; puis visite de *Lemuria Land* et de la distillerie d'ylang-ylang ; crochet éventuel par le village indien de Marodakany (où s'installèrent les premiers habitants de l'île) ; hommage à un arbre sacré sur la route ; puis on file vers le nord, repas (éventuellement *Chez Loulou*), baignade et moment tranquille sur la superbe plage d'Andilana ; coucher de soleil au sommet du mont Passot et retour à votre hôtel. Ouf !

**Lemuria Land et distillerie d'ylang-ylang** (carte couleur Nosy Be) **:** *à env 5 km de Hell-Ville, sur la route de Lokobe. 032-11-040-72. • lemurialand.com • Lun-sam 8h30-17h, dim 8h-13h. Entrée : 25 000 Ar (billet combiné avec la visite de la distillerie d'ylang-ylang voisine). L'entrée est chère, mais la visite vaut le coup et c'est la seule du genre dans l'île. Conseil : pour voir la distillerie en fonction, mieux vaut venir lun, mer et ven, jours de distillation des fleurs d'ylang-ylang. Visite guidée du parc et de la distillerie par un personnel compétent (comprise dans le prix).*
Un superbe parc animalier et botanique, assez unique en son genre, présentant des animaux et des plantes endémiques de l'île, sur 8 ha. Superbes ylangs-ylangs, arbres et plantes rapportés du sud de l'île, belles orchidées. Puis les animaux : splendides geckos aux couleurs insensées (gecko *Uroplatus* et gecko vert fluo notamment), que l'on peut voir de très près ; grenouille rouge (minuscule et rare) ; quelques beaux boas, lézards, crocos du Nil (les plus grands existant), sangliers de la Grande Terre ; puis une soixantaine de lémuriens (8 espèces différentes sur environ 70 présentes à Mada), plus doux que la plus douce des peluches, et dont certains se baladent en liberté dans le parc (d'autres en cages). Voir encore les

### L'YLANG-YLANG

Cananga odorata, *tel est son vrai nom. L'ylang-ylang, pour les parfumeurs, est une fleur délicate aux pétales dorés. Très souvent les parfums contiennent de l'ylang-ylang. Présente à Madagascar et aux Comores, cette fleur possède aussi des vertus médicinales en tant que sédatif, antidépresseur, antispasmodique... Elle combat également la frigidité et favorise la tonicité sexuelle. Toujours bon à savoir.*

incroyables tortues dites « des Seychelles » avec leurs attitudes si particulières. À l'issue de la visite, on passe par la distillerie d'ylang-ylang. Petite partie musée. Puis l'on vous explique le principe de distillation que vous pourrez observer en direct. On extrait ici l'huile essentielle d'ylang-ylang qui rentre dans la composition de la plupart des parfums de qualité.

*Le parc national de Lokobe* (carte couleur Nosy Be) **:** *au sud-est de l'île. La plupart des agences vendent cette excursion avec déj compris : compter env 35-40 €/pers selon les agences. Sinon, parfaitement possible d'y aller par vos propres moyens. Négociez alors un taxi « spécial » jusqu'au village d'Ambatozavavy (comptez env 20 000 Ar pour l'aller et autant pour le retour), puis louez une pirogue jusqu'à la plage d'accès au parc (env 35-40 mn de trajet, si vous filez un coup de main pour ramer !). Prévoir l'antimoustique. Compter env 30 000-40 000 Ar pour l'ensemble de la pirogue (jusqu'à 4 pers en général). Puis encore env 30 000-40 000 Ar pour le guidage du groupe dans la forêt. Certains demandent beaucoup plus. Bien se mettre d'accord auparavant, car la confusion règne généralement quant aux tarifs ! Dans le parc, un guide est nécessaire, car il est strictement impossible d'aller observer les animaux par soi-même. Entrée: 3 000 Ar/pers. Balade à pied 1h30-2h, selon votre désir.* Sympathique parc qui permet de jolies balades dans une végétation vraiment dense. Avantage : on est tout le temps à l'ombre. Possibilité de voir de nombreux lémuriens en liberté, comme le maki *macaco* (moins domestiqué que celui de Nosy Komba) ou des lépilémurs à dos gris (qui dorment le jour), si vous ne faites pas trop de bruit ! Également quelques boas constricteurs (inoffensifs), plein d'oiseaux, des caméléons, des lézards... Soyez respectueux de l'environnement, car ce parc regroupe la faune et la flore les plus précieuses de Nosy Be. Une balade à ne pas manquer, assurément. On peut ensuite boire un verre (bien mérité) ou déjeuner au *Paradisa Kely* (voir ci-dessous). On peut aussi simplement prévoir un pique-nique. Les agences, quant à elles, font en général préparer le déjeuner par les gens du village, et l'on mange en bord de mer.

***Paradisa Kely*** *(carte couleur Nosy Be,* ***72****)* **:** *sur la plage d'arrivée à Lokobe. ☎ 938-68. 032-04-944-21 ou 032-84-547-30. Pour y aller, nécessité de prendre une pirogue (env 40 mn de trajet). Si vous avez réservé, on vous donnera les indications pour votre transfert. Compter env 40 € le bungalow pour 2 avec petit déj, 60 € pour 3 et 80 € pour le grand familial (6 pers). ½ pens possible. Menu env 15 000 Ar.* Gérés par Alain et Valérie, quelques bungalows bien tenus, vraiment coupés de tout. Amoureux de nature et de solitude, Robinson en herbe, vous êtes arrivé. Bungalows situés en bord de mer et bien équipés (salle de bains avec eau tiède, moustiquaire, transats...). Très propre. Grand salon familial pour boire une bière en faisant un billard durant les soirées un peu longues. Sur le côté, petit bout de piscine. C'est aussi là que certaines agences prennent leur déjeuner après la balade en forêt.

*Le mont Passot et les lacs* (carte couleur Nosy Be) **:** *à env 20 km d'Ambatoloaka. Pour accéder au point de vue, se renseigner avant. En tt cas, si vous venez à moto, REDESCENDRE IMPÉRATIVEMENT AVANT LA TOMBÉE DE LA NUIT POUR DES QUESTIONS DE SÉCURITÉ.* Sur le trajet à partir de l'intersection, plantations de teck (feuilles rouges servant de teinture pour le bois) et de sisal. Le mieux est d'y aller pour le coucher du soleil, mais dans ce cas-là, NE JAMAIS S'Y RENDRE SEUL(E). La vue du sommet (point culminant de Nosy Be) est magnifique, avec large panorama sur les lacs de cratère et la côte ouest de l'île, et parfois même jusqu'à Nosy Iranja. Certains lacs abritent quelques crocodiles. Il est déconseillé de descendre jusqu'à l'un d'entre eux. Se méfier des mauvaises rencontres et ne pas oublier que les lacs sont sacrés (nombreux *fady*). Au sommet (329 m), vous ne serez certainement pas tout seul ! Quelques brodeuses accrochent leurs grandes nappes qui volent au vent.

*Les arbres sacrés* **:** comme partout à Mada, il y a plusieurs arbres sacrés sur l'île. À ***Mahatsinjo,*** à 5 km de Hell-Ville *(carte couleur Nosy Be ; aller vers Ambatoloaka* *sur 2,5 km, puis fléché à gauche ; accès 5 000 Ar, visite guidée). Tlj 8h30-17h30. La visite à cet arbre peut faire partie de l'excursion du tour de l'île. Sinon, taxi collectif jusqu'à l'embranchement, puis à pied.* Voici un banian monumental *(Ficus religiosa)*, en fait tout simplement gigantesque, situé en bord de mer, sous lequel il est d'usage de faire un vœu, mais pas tout ce qu'on veut car il est encore l'objet de cultes et de coutumes animistes. Autour de l'arbre sacré, petit sentier botanique qu'on vous propose d'emprunter et plantation de caféiers et poivriers. Petite école agricole attenante. Modeste petit musée. On trouve un autre ***arbre sacré sur la route de l'aéroport,*** à environ 5 km de Hell-Ville, sur la gauche *(pas de panneau ; entrée : 1 000 Ar).* Gigantesque banian, absolument superbe, lieu de prière important. L'arbre est entouré de girofle, de poivre vert, de litchis et d'ylang-ylang sauvage.

***Le village de Dzamandzar*** *(carte couleur Nosy Be)* **:** *sur la côte ouest de l'île, au nord d'Ambatoloaka.* La deuxième « ville » de l'île se présente un peu comme un village traversé par la route, où aucun touriste ne s'arrête. Justement, pourquoi ne pas y faire halte pour jeter un œil au marché ? Pour ceux que ça intéresse, à quelques centaines de mètres de la route principale, on peut voir une vieille locomotive à vapeur vénézuélienne toute rouillée, qui amenait les wagons chargés de canne des champs à la distillerie, aujourd'hui désaffectée. La culture de la canne, qui couvrait plusieurs centaines d'hectares, ainsi que la coupe et la distillation furent longtemps des activités pourvoyeuses d'emplois dans l'île. Mais il y a quelques années, une gestion déplorable, des détournements d'argent, la crise économique et le non-paiement des salaires ont mis plusieurs milliers d'ouvriers au chômage du jour au lendemain. Et la culture de la canne à sucre s'est arrêtée à Nosy Be.

## Manifestation

Les occasions d'oublier les problèmes de l'île ne sont pas si nombreuses. Parenthèse musicale d'ampleur grandissante, le Donia attire de plus en plus les artistes bien au-delà de l'océan Indien dans une *world fusion* qui se nourrit d'elle-même. L'île « misère » se transforme alors en une fête permanente. Étonnant.

– ***Festival Donia :*** *ts les ans à la Pentecôte (mai ou juin), mer-dim. • festival-donia.com •* Musiciens de toutes les îles de l'océan Indien en concert dans le stade, route de Marodokany. Une bonne occasion de découvrir le formidable brassage ethnique et musical de Madagascar et des îles sœurs. Ambiance de kermesse avec stands de brochettes, buvettes, jeux de hasard... Un monde fou. Le « Woodstock malgache » dont le succès ne se dément pas depuis sa création en 1994.

# LES ÎLES AUTOUR DE NOSY BE

**Ce que l'on préfère dans la région ! Longtemps truffée de pirates, c'est encore la mer de prédilection des *vazaha* qui vivent du tourisme (les nouveaux pirates ?) et des pêcheurs au gros de toutes nationalités venus faire une étape dans leur épuisant tour du monde de millionnaires ! Autour de la « grande île » (Nosy Be), plein d'autres petites îles toutes plus adorables et plus étonnantes les unes que les autres. Certes, on ne sera pas toujours tout seul, surtout en haute saison. Dans ce cas, une croisière de plusieurs jours dans l'archipel des Mitsio ou celui des Radama peut être l'occasion de sortir des « flots battus »...**

## Comment accéder à ces îles ?

L'unique moyen de naviguer, si l'on n'est pas fortuné, est de passer par un tour-opérateur local. Pour 1 ou 2 îles proches de Nosy Be, quelques pêcheurs et autres piroguiers ou conducteurs de « coques » peuvent vous y conduire au départ du port de Hell-Ville. Bien négocier les tarifs, tout en sachant que l'essence est hors de prix. Par ailleurs, sachez que votre sécurité n'est jamais garantie si vous partez sur n'importe quel bateau et que la mer peut être mauvaise, alors prudence ! Ne montez jamais sur une embarcation sans gilets de sauvetage. Dernière chose : n'oubliez pas votre couvre-chef et votre crème solaire (ça tape fort !), encore moins votre masque, vos palmes et votre tuba, difficiles à trouver sur place.

## Sorties en mer

Mis à part celle d'Andilana, Nosy Be ne possède pas les plus belles plages de la région, ni les plus beaux fonds. On les trouve en fait sur les îlots environnants. C'est pourquoi le grand truc ici, ce sont les excursions en bateau au départ de Nosy Be. Nous avons réuni quelques-unes des agences proposant ces balades dans les « Adresses utiles à Ambatoloaka » de la partie « Ambatoloaka et Madirokely ».

➢ ***Nosy Tanikely :*** cette île a été transformée en parc national marin et terrestre, ce qui permet d'en protéger les fonds et c'est tant mieux. Si vous ne deviez effectuer qu'une seule excursion, c'est sans doute celle-ci qu'il faudrait choisir. Toutes les agences organisent cette sortie à la journée, couplée en général avec quelques heures à Nosy Komba, située non loin. Pique-nique sur Nosy Tanikely et plongée avec masque et tuba. C'est un classique du genre. Sinon, on peut essayer de louer une coque à plusieurs, ça revient moins cher. *Attention (bis repetita)* : bien vérifier qu'il y a à bord des gilets de sauvetage !

➢ ***Nosy Komba :*** la deuxième grande île la plus habitée. Très agréable. On peut choisir d'y résider 1 ou 2 nuits, car c'est vraiment une île qui distille une atmosphère particulière et sous le charme de laquelle on tombe facilement. À l'arrivée des barques, petit village populaire et sympathique. Certains ne font qu'y passer, et c'est bien dommage. On peut y accéder en louant les services d'une coque. Mais la plupart du temps, les touristes visitent l'île dans le cadre d'une excursion à la journée incluant Nosy Komba et Nosy Tanikely.

➢ ***Nosy Sakatia :*** à faire à la journée, mais possibilité d'y séjourner. Très agréable. Accessible sans passer par une agence, depuis la côte ouest de Nosy Be où l'on trouve des passeurs. L'agence *Nosy Be Original* (voir « Adresses utiles à Ambatoloaka. Sorties en mer et excursions diverses ») propose une journée sur l'île avec une halte sur une jolie plage.

## Où plonger sur les îles autour de Nosy Be ?

On est ici sur un plateau continental qui s'enfonce jusqu'à 3 000 m du côté du canal du Mozambique, d'où la présence de gros poissons pélagiques. Autour de l'île, le plateau oscille entre 15 et 20 m, strié par de nombreuses fosses (60-70 m). On peut y voir trois espèces de tortues (notamment la tortue à écailles et la tortue carrée, qui peut être énorme !), des requins de récifs (gris, pointe blanche, requin de sable, léopard...), et même des requins-baleines d'octobre à janvier (le plus gros de tous) et des raies mantas de mai à août, présentes durant la période de reproduction du plancton. La baleine à bosse est quant à elle dans les parages d'août à décembre. Le rorqual peut être observé toute l'année, sans oublier les bancs de dauphins communs et dauphins à bosse, souvent visibles entre Nosy Be et Nosy Sakatia tôt le matin.
Les plongées se font en mer calme, avec toute l'année une température stable de l'eau entre 26 et 30 °C. Les clubs plongent sur une vingtaine de sites, situés de

10 à 30 mn de bateau rapide depuis la côte. En général, ils proposent des forfaits de deux plongées minimum (selon les clubs, compter 70 à 75 € ; baptême environ 50 €), qu'on effectue le matin. Également toutes sortes de forfaits dégressifs. Se renseigner. Formations CMAS, PADI et NAUI. Liste des clubs dans la partie « Adresses utiles à Ambatoloaka ».



## Autour de Nosy Tanikely

Des plongées pour tous niveaux, du baptême au confirmé.

**Tanikely plage** *(2 à 18 m)* **:** eau limpide. Départ proche de la plage. Nombreuses patates de corail (dur et mou) et petits tombants. Tortues – presque – garanties, poissons perroquets, beaucoup de mérous et de raies pastenagues.

**Tanikely sud** *(env 20 m)* **:** même type de plongée que la précédente mais plus verticale, avec des tombants plus marqués. Un peu exposé aux courants mais pas mal de poissons pélagiques comme la bonite et le thazard. Bancs de carangues.

**Tanikely plateau ouest** *(env 25 m)* **:** plus plat, plus profond. On sillonne entre les différentes grosses patates de corail. Superbes gorgones.

**L'épave Mitsio** *(env 26 m)* **:** un vieux crevettier de 18 m échoué opportunément pour le plaisir des plongeurs sur un banc de sable en 2007. En quelques années, l'épave regorge de vie : poissons-lions, scorpions, murènes et des loches (mérous énormes !).

## Autour de Nosy Sakatia

**La piscine** *(3 à 12 m)* **:** dans une baie bien protégée. Sur 3 m de profondeur, une eau cristalline avec une barrière de corail superbe, sur de grands champs d'algues. Descente sur les patates : coquillages, nudibranches, petits poissons et langoustes. Extra pour un baptême ou une plongée de nuit.

**Olaf** *(12 à 22 m)* **:** grosse colline sous-marine dont on fait le tour. Poissons de récifs, poissons-grenouilles, murènes, carangues, éponges et beaucoup de nudibranches. Régulièrement des tortues.

## Proche d'Ambatoloaka et Madirokely

**Le banc des gorgones** *(12 à 20 m)* **:** important champ de belles gorgones, organisées en bouquets et parsemées de patates de corail. Poissons coralliens, tortues, bancs de fusiliers. Tortues carrées à l'occasion, poissons-crocos, poissons-lions, nudibranches... Facile et agréable.

**Le banc des fusiliers** *(14 à 20 m)* **:** petit plateau rond avec bancs de vivaneaux, fusiliers, chirurgiens, carangues *ignobilis,* qui viennent tous trouver ici leur pitance. Plongée sans difficulté.

## NOSY KOMBA

C'est l'île la plus visible (et la plus visitée) depuis le port de Hell-Ville, juste en face. Le sommet de l'île servait de maison de repos aux missionnaires affaiblis par les fièvres. On aime bien cette petite île, sorte de grosse colline couverte d'une épaisse végétation, sans véhicules à moteur ni routes. Même pas une mobylette ! Tant mieux. Quelques sentiers mènent à différents points de l'île, mais en général les touristes restent autour du village où l'on débarque car l'île est montagneuse. Il est d'ailleurs minuscule et sympathique, et l'on y trouve quelques hébergements pas chers et de bon aloi. Dans la journée, les ruelles sont occupées par les nappes des brodeuses qui volent élégamment au vent et les stands de petits artisans, qui fabriquent de belles choses. Sur leur perron, les brodeuses brodent inlassablement jusqu'au soir ces grands carrés de coton blanc. Tranquille et familial, c'est un endroit plein de vie, et l'on y passe une nuit avec grand plaisir. Face au débarcadère, l'île aux Oiseaux et la petite île-cimetière des habitants de Nosy Komba. Le village principal au nord de l'île propose quelques hébergements pas chers, tandis que la partie sud abrite quelques adresses de luxe, très isolées.

## Comment y aller ?

On peut louer les services d'un piroguier ou un bateau à moteur depuis le port de Hell-Ville (vérifier l'embarcation et l'état de la mer). Traversée jusqu'à ***Ampangorina,*** le village principal de l'île. Certains choisissent de prendre un tour organisé depuis Nosy Be, avec un déjeuner inclus dans le tarif, mais, franchement, ce n'est pas la meilleure solution pour explorer l'île, car cela empêche toute autonomie, surtout lorsqu'on décide finalement de rester sur place une nuit ou deux dans l'une des petites adresses sympathiques qu'elle abrite.

## Où dormir ? Où manger ? Où boire un verre ?

Quelques possibilités de logement en bord de plage, dans le village où l'on débarque.

### *Dans le village d'Ampangorina*

### Bon marché (13 000-26 000 Ar / env 4-8 €)

☗ ***Chez Juliette*** *(carte couleur Nosy Be,* ***73****)* **:** *sur la plage, juste en arrivant. 📱 033-14-470-34. Double env 15 000 Ar.* Quelques bungalows très simples, tout ronds, avec moustiquaire et les pieds dans l'eau. Sanitaires communs basiques mais suffisants (eau froide au baquet). Globalement propre. Salon plein de fleurs artificielles et hôtesse pleine de sourires. Difficile de faire moins cher.

### De prix moyens à chic (26 000-104 000 Ar / env 8-32 €)

☗ |●| ***Chez Yolande*** *(carte couleur Nosy Be,* ***73****)* **:** *dans le village, face à la mer, à deux pas de là où l'on débarque, sur la gauche (demander, tt le monde connaît). ☎ 921-40. • casinca@hotmail.com • hotel-nosykomba.com • Essayer de réserver car souvent complet. Selon type de bungalows et confort, compter 16-24 €.* Petit ensemble de bungalows de différents niveaux de confort. Les moins chers, très modestes, sont un peu sur l'arrière, avec sanitaires communs, eau froide et sans vue sur mer. Pratique pour les fauchés. Chambres à l'étage, en bord de mer, à prix intermédiaire. Les plus « luxueux » sont des bungalows directement au bord de l'eau, avec salle de bains (eau froide et moustiquaire), en matériaux locaux et avec un tout petit bout de terrasse devant. Très sympa. Petit resto sur une terrasse couverte les pieds dans le sable. Quelques bouquins pour passer le temps les pieds dans l'eau. Attention, quelques vols nous ont été signalés.

☗ ***Résidence de Nosy Komba*** *(carte couleur Nosy Be,* ***73****)* **:** *au cœur du village, sur une placette. 📱 032-71-428-20. • resinosykomba@yahoo.fr • Chambres env 30 000 Ar pour 2, 50 000 Ar pour 4.* Une jolie maison traditionnelle tout en longueur, soignée, avec une petite terrasse commune sur le devant. Quelques chambres agréables et impeccables, possédant toutes une salle de bains (eau froide) et une mezzanine qui permet de

# PLANS ET CARTES EN COULEURS

## CARTE DES DISTANCES



SOMMAIRE

Route principale goudronnée
Route secondaire goudronnée
Piste principale
Piste secondaire
0 100 200 km
NORD
Canal de Mozambique
OCÉAN INDIEN
LE NORD-OUEST p. 362
L'EST p. 292
TANANARIVE (Antananarivo)
LE MOYEN-OUEST p. 266
LES HAUTES TERRES p. 128
LE GRAND SUD p. 218
Cap d'Ambre
Joffreville
Ramena
Diégo-Suarez (Antsiranana)
Cap St-Sébastien
Parc national de la montagne d'Ambre
Anivorano Nord
Archipel des îles Mitsio
Réserve spéciale de l'Ankàrana
Nosy Be
Hell-Ville
Nosy Komba
Ambilobe
Vohémar (Iharana)
Ambanja
Maromokotra 2 876
Archipel des îles Radama
Massif du Tsaratanana
Sambava
Parc national de Marojejy
Nosy Lava
Andapa
Antalaha
Antsohihy
Péninsule de Masoala
Cap Est
Parc national de Masoala
Baie du Boina
Majunga (Mahajanga)
Port-Bergé (Boriziny)
Maroantsetra
Île Mangabe
Mahakira
Baie d'Antongil
Cap St-André
Mitsinjo
Katsepy
Mandritsara
Soalala
Lac Kinkony
Marovoay
Mampikony
Plateau de Marovoalavo
Cap Masoala
Mananara Nord
Ambondromamy
Ambato-Boeny
Parc national Ankarafantsika
Manompana
Soanierana-Ivongo
Île Sainte-Marie
Maevatanana
Betsiboka
Ambodifotatra
Fénérive Est
Plateau de l'Ikahavo
1 458
Lac Alaotra
Vavatenina
Mahambo
Foulpointe (Mahavelona)
Hauts Plateaux de l'Anjafy
Ambatosoratra
Ambatondrazaka
Maintirano
Plateau du Bemaraha
Tamatave (Toamasina)
Anjozorobe
Falaises de l'Angavo
Parc national des Tsingy de Bemaraha
Antsalova
Tsiroanomandidy
Parc national Mantadia
Ambila-Lemaitso
Ampefy
Lac Itasy
Brickaville
Manambolo
Moramanga
Réserve spéciale Indri-Indri
Mahajilo
Miandrivazo
Ambatolampy
Vatomandry
Tsiribihina
Antanifotsy
Belo-sur-Tsiribihina
Mania
Betafo
Antsirabe
Forêt de Kirindy
Mahanoro
Marolambo
Canal des Pangalanes
Morondava
Mahabo
Malaimbandy
Belo-sur-Mer
Itremo 1 685
Ambositra
Massif du Makay
Ambohimahasoa
Ranomafana
Mananjary
Manja
1 034
Fianarantsoa
Parc national de Ranomafana
Morombe
Mangoky
Andavadoaka
Ambalavao
2 658
Andringitra
Manakara
Befandefa
Parc national de l'Isalo
Ankazoabo
Ihosy
Ranohira
Horombe
Manombo
Sakaraha
Masssif de l'Isalo
Farafangana
Ifaty
Onilahy
Betroka
Vangaindrano
Tuléar (Toliara)
Migondy
Tropique du Capricorne
Betioky
Réserve spéciale de Beza-Mahafaly
1 637
Massif de l'Ivakoany
Chaînes Anosyennes
Lac Tsimanampetsotsa
Bekily
Beraketa
Manantenina
Ejeda
Itampolo
Ampanihy
Réserve privée de Berenty
Fort-Dauphin (Tôlagnaro)
Beloha
Ambinanibe
Tsiombe
Cap Ste-Marie
Faux Cap (Betanty)
RN 6
RN 5A
RN 3B
RN 32
RN 4
RN 5
RN 2
RN 34
RN 7
35
25
12
27
9
13
Ranohira Lieux traités
Mahabo Adresses et lieux dans les environs
Beraketa Repères
sites inscrits au Patrimoine mondial de l'Unesco

MADAGASCAR

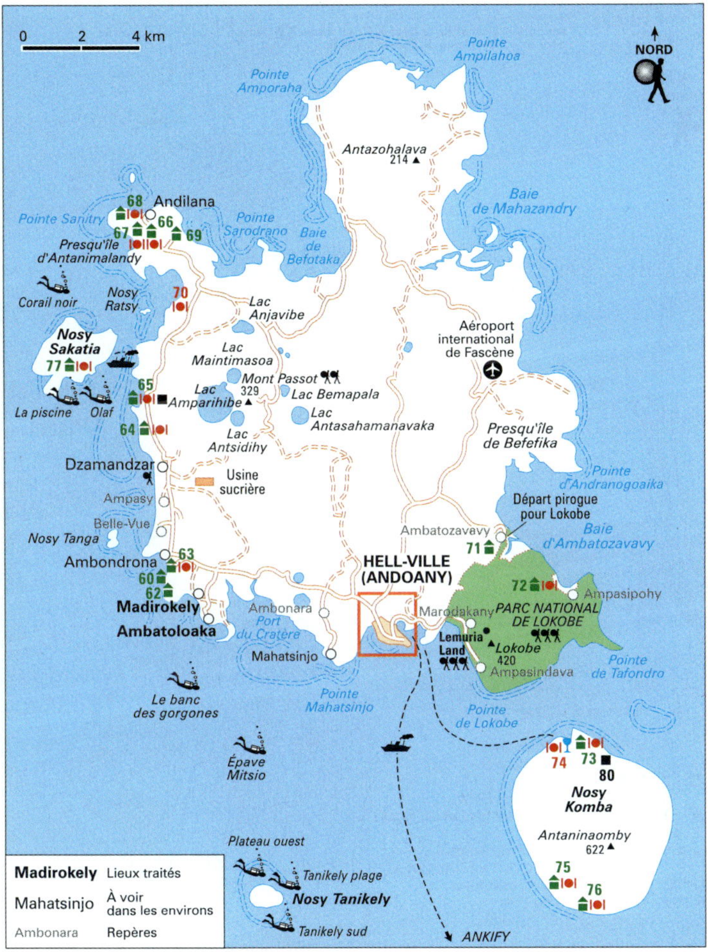


## NOSY BE

**Adresse utile**

65 Nosy Be Original

**Où dormir ? Où manger ? Où boire un verre ?**

60 Le Colibri
62 Un Autre Monde
63 Nosy Lodge
64 Aladabo
65 Vanila Hotel
66 Les Palmiers Sauvages, Chez André
67 Chez Eugénie et La Casa Flops
68 Hôtel Le Belvédère et restaurant Chez Loulou, La Villa de Loulou et gargotes du village d'Andilana
69 Le Grand Bleu
70 La Table d'Alexandre
71 Lokobe Lodge
72 Paradisa Kely
73 Chez Juliette, Chez Yolande, Résidence de Nosy Komba, gargote Tavaratra, Chez Assany et Maki Lodge
74 Bar de la Plage
75 Chez Remo et Bérénice
76 Jardin Vanille
77 Delphino Villa, Chez Marius et Sakatia Lodge

**Où plonger ?**

80 Nosy Komba Plongée

**■ Adresses utiles**

5 Ministère de l'Intérieur – Service de l'immigration
@ 7 Alliance française
8 Institut géographique FTM
9 Air France, supermarché Jumbo Score
10 C.S. Events
101 Gare routière d'Ambodivona-Andravoahangy (pour le Nord-Ouest)
102 Gare routière d'Apasampito
103 Gare routière du Sud (pour le Sud et l'Ouest)

**Où dormir ?**

30 CDA
32 Lokanga Boutique Hotel
45 Chambres d'hôtes Chez Aïna
49 Le Manoir
51 La Maison du Pyla

**Où manger ?**

7 Cafétéria de l'Alliance française
60 Le Grill du Rova
75 Villa Vanille
76 Cafétéria du palais de justice

**Où boire un verre ?**

60 Le Grill du Rova

**Achats**

90 Lisy Art Gallery

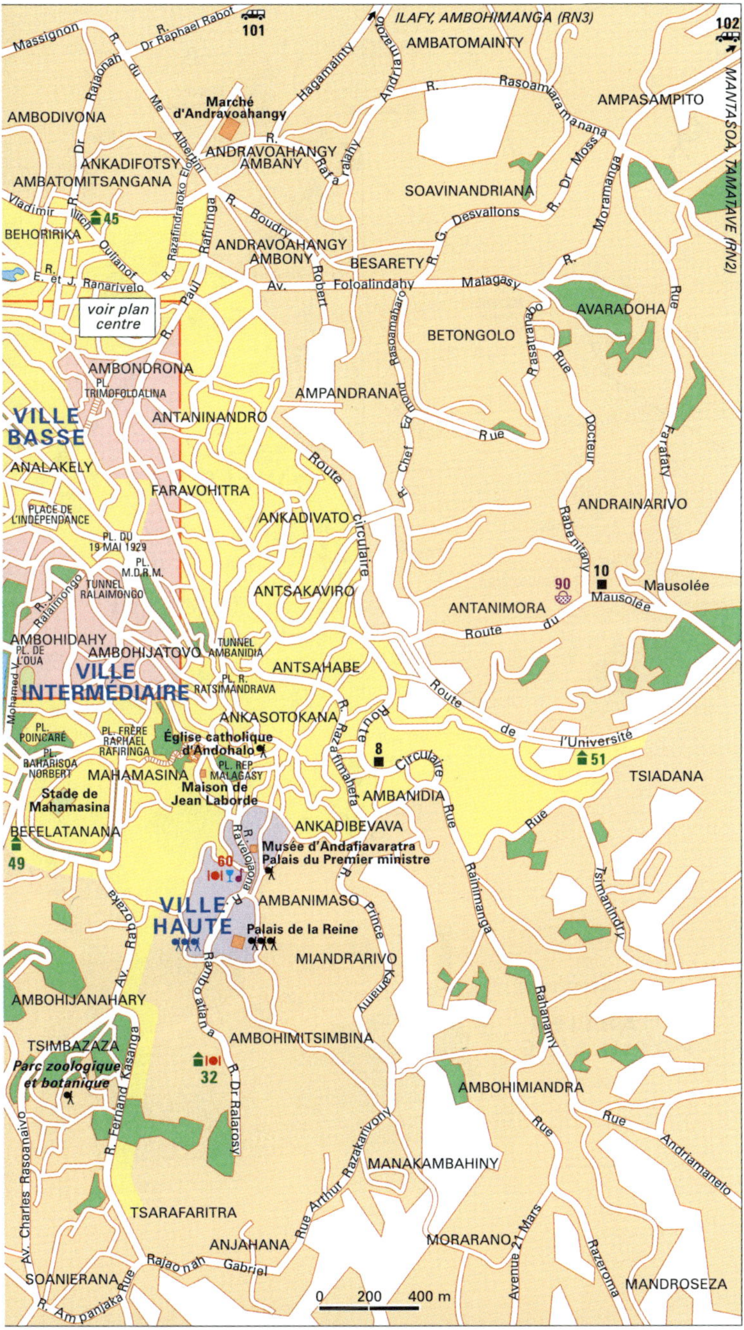
ILAFY, AMBOHIMANGA (RN3)
101
102
MANTASOA, TAMATAVE (RN2)
AMBATOMAINTY
AMPASAMPITO
AMBODIVONA
Marché d'Andravoahangy
ANDRAVOAHANGY AMBANY
ANKADIFOTSY
AMBATOMITSANGANA
SOAVINANDRIANA
BEHORIRIKA
45
ANDRAVOAHANGY AMBONY
BESARETY
Av. Robert Foloalindahy Malagasy
AVARADOHA
voir plan centre
BETONGOLO
AMBONDRONA
PL. TRIMOFOLOALINA
AMPANDRANA
VILLE BASSE
ANTANINANDRO
ANALAKELY
FARAVOHITRA
PLACE DE L'INDÉPENDANCE
ANKADIVATO
ANDRAINARIVO
PL. DU 19 MAI 1929
PL. M.D.R.M.
TUNNEL RALAIMONGO
ANTSAKAVIRO
10
90
Mausolée
ANTANIMORA
AMBOHIDAHY
PL. DE L'OUA
AMBOHIJATOVO
TUNNEL AMBANIDIA
ANTSAHABE
VILLE INTERMÉDIAIRE
PL. R. RATSIMANDRAVA
ANKASOTOKANA
Route de l'Université
PL. POINCARÉ
PL. FRÈRE RAPHAEL RAFIRINGA
Église catholique d'Andohalo
8
51
TSIADANA
PL. RAHARISOA NORBERT
MAHAMASINA
PL. REP MALAGASY
Maison de Jean Laborde
Stade de Mahamasina
AMBANIDIA
BEFELATANANA
ANKADIBEVAVA
49
Musée d'Andafiavaratra
Palais du Premier ministre
60
VILLE HAUTE
AMBANIMASO
Palais de la Reine
MIANDRARIVO
AMBOHIJANAHARY
TSIMBAZAZA
AMBOHIMITSIMBINA
Parc zoologique et botanique
32
AMBOHIMIANDRA
MANAKAMBAHINY
TSARAFARITRA
ANJAHANA
MORARANO
SOANIERANA
MANDROSEZA
0 200 400 m

# TANANARIVE – PLAN CENTRE

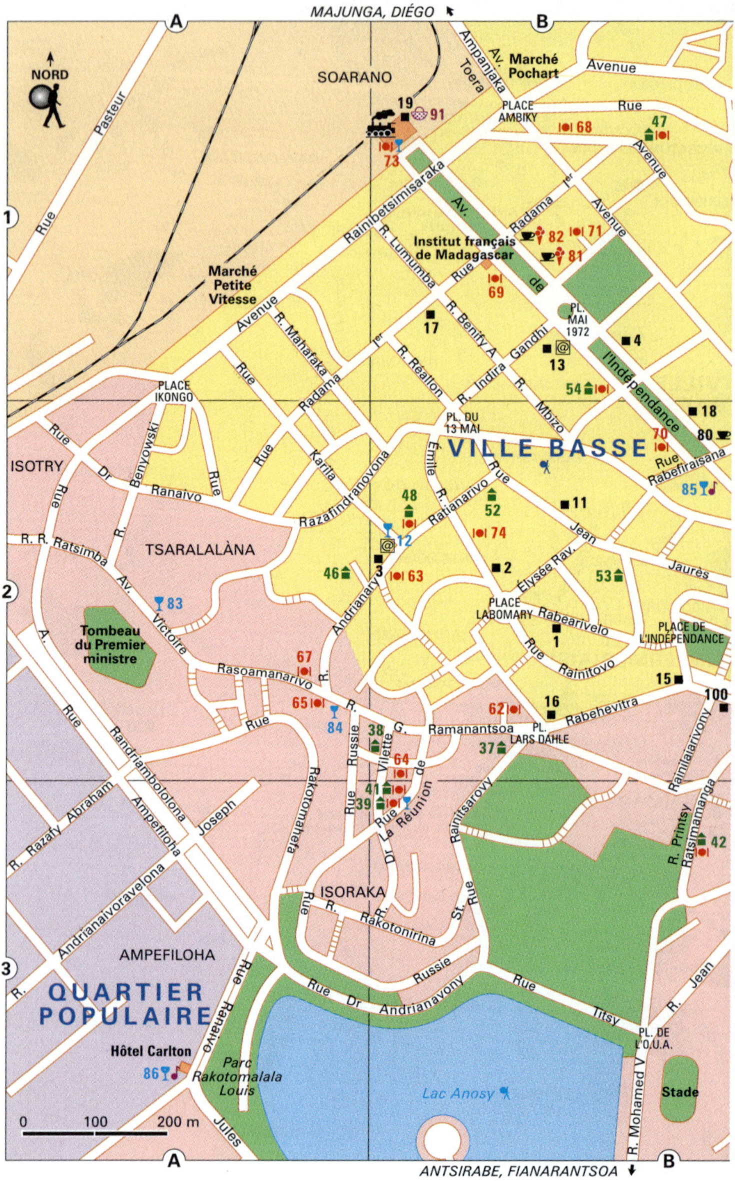

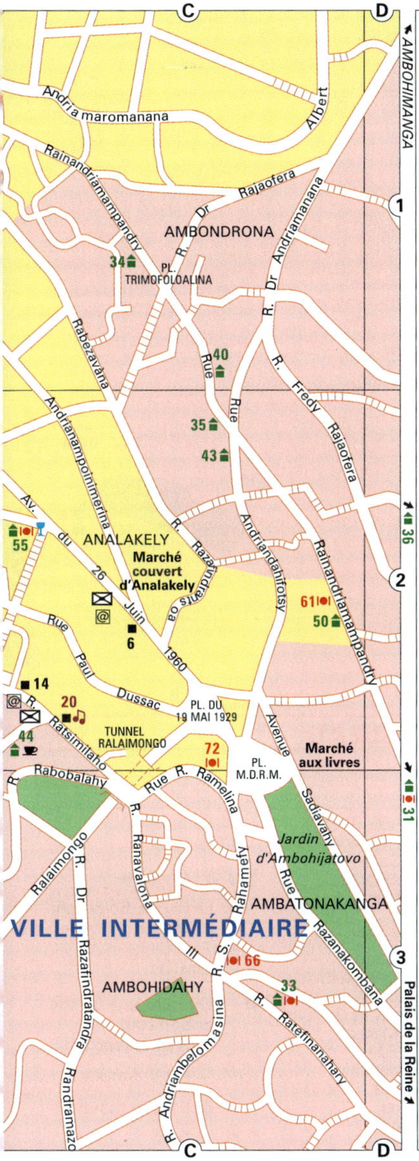


## ■ Adresses utiles

@ Cyberpaositra
1 Centre médico-social de l'ambassade de France
2 Air Mauritius
3 Évasion sans Frontière
4 Air Austral
6 BNI-CA
11 Consulat et ambassade de France
@ 12 Outcool Web Café
@ 13 Cyber Express et DMT
14 BMOI
15 BOA
16 BFV-SG
17 SOCIMAD (change)
18 Air Madagascar et BFV-SG
19 Corsair
20 Espace et Loisirs
100 Transpost

## Où dormir ?

31 Hôtel Le Relais de la Haute Ville
33 Hôtel Niaouly
34 Moonlight Hotel
35 Chez Francis Hotel
36 Chambres d'hôtes Les Harmoniques
37 Isoraka Hotel
38 Guest House Indigo
39 Résidence Lapasoa
40 Hôtel Brajas
41 Rova Hotel
42 La Varangue
43 Palissandre Hôtel et Spa
44 Hôtel Colbert
46 Merina Lodge
47 Hôtel Saint-Pierre
48 Le Sakamanga
50 Chambres d'hôtes Villa Iarivo
52 Palm Hôtel
53 Hôtel Le Chalet des Roses
54 Hôtel de France
55 Hôtel-restaurant des Artistes

## Où manger ?

31 Le Relais de la Haute Ville
39 Le Kudéta
41 La Boussole
42 La Varangue
47 Hôtel Saint-Pierre
48 Le Sakamanga
54 Brasserie de l'hôtel de France
55 Hôtel-restaurant des Artistes
61 Chez Jackie
62 Tsara Ketrika
63 Lakozia
64 Chez Sucett's
65 Arirang
66 Le Petit Verdot
67 Le B' Restaurant
68 La Jonquille
69 Le Duo
70 Restaurant du Glacier
71 La Rivière aux Parfums
72 Tsiky
73 Café de la Gare
74 Le Carré

## Où prendre un petit déjeuner ? Où déguster une pâtisserie ou une glace ?

44 Salon de thé de l'hôtel Colbert
80 La Potinière
81 Blanche-Neige
82 Honey

## Où boire un verre ? Où sortir ?

12 Outcool Café
20 Le 6
39 Le Kudéta
55 Hôtel-restaurant des Artistes
73 L'Horloge
83 Le Mojo
84 Manson by Marco
85 Cabaret Le Glacier
86 Kudéta Urban Club

## Achats

91 Ivahona

TANANARIVE – PLAN CENTRE

# TULÉAR

**Adresses utiles**

- Office de tourisme
- @ Cyberpaositra
- Gare routière principale
- Stationnement des taxis-brousse pour Ifaty
- 1 Pharmacie Sanfily
- 4 BOA
- 5 BNI-CA
- 6 Air Madagascar
- 7 Alliance française
- @ 8 Prilimite Ganivala
- 9 BFV-SG
- 10 Téléphone

**Où dormir ?**

- 11 Hôtel Le Palmier
- 12 Hôtel All Sham
- 13 Hôtel Lovasoa
- 14 Le Victory
- 16 Hôtel Palétuvier
- 17 L'Escapade
- 18 Chez Alain
- 20 Hôtel Hyppocampo
- 21 Hôtel Saifee
- 22 Hôtel Albatros
- 23 Hôtel Manatane

**Où manger ?**

- 17 L'Escapade
- 30 Le Blu (ex-Bo Beach)
- 31 Le Madera
- 33 Le Jardin de Giancarlo
- 34 Corto Maltese, Bistro Rital
- 35 Étoile de Mer
- 36 Le Panda
- 37 L'Estérel
- 45 Le Bœuf
- 46 La Maison

**Où boire un verre ? Où prendre un petit déjeuner ?**

- 30 Le Blu (ex-Bo Beach)
- 32 Boulangerie Masoandro
- 40 La Terrasse
- 45 Le Bœuf

**Où sortir ?**

- 30 Le Blu (ex-Bo Beach)
- 46 La Maison
- 47 Zaza Club
- 48 Tam Tam

**Où faire une bonne action tout en s'amusant ?**

- 44 ONG Bel Avenir

**Achats et marchés**

- 40 T-shirts
- 60 Marché aux coquillages
- 61 À la Bonne Épice de Tuléar
- 62 Bazary Be
- 63 Galerie Gazik'Arts Sud
- 64 L'Univers de la Pierre

loger 2 personnes supplémentaires. Bon confort, bon accueil. Une option séduisante, même si l'on n'est pas directement en bord de plage (mais à deux pas).

**Gargote Tavaratra, Chez Assany** *(carte couleur Nosy Be, **73**) : au cœur du village, à deux pas de l'arrivée des bateaux (mais pas directement en bord de plage). 032-52-927-28.* Petite gargote proprette et agréable. Carte classique : poisson, crabe, calamar et zébu.

**Bar de la Plage** *(carte couleur Nosy Be, **74**) : au village, à l'ouest de la plage. 032-41-793-11.* Tenu par un sympathique Suisse. Quelques tables, une jolie paillote et une belle collection de rhums arrangés pour mettre tout le monde d'accord. Terrasse agréable en surplomb de la plage. Outre les traditionnels plats de poisson frais et de crabe en sauce (délicieux), on trouve même une fondue bourguignonne, pour les fondus de fondues (à commander à l'avance évidemment) !

## Beaucoup plus chic (plus de 170 000 Ar / env 53 €)

**Maki Lodge** *(carte couleur Nosy Be, **73**) : juste à gauche de la plage en arrivant, sur un petit promontoire. On y accède par un petit escalier. 032-85-477-34. • lemakilodge-madagascar.com • Bungalows 75-90 € pour 2 selon saison, petit déj inclus.* À peine une poignée de bungalows en matériaux locaux (pierre de taille, bois et *falafa*), perchés au-dessus de la mer, au calme. Super vue sur la plage. Très bon confort général, avec salle de bains (eau chaude solaire), moustiquaire, coffre. Resto ouvert sur le large. Dommage que les prix de celui-ci montent assez vite !

### *Dans le Sud et l'Ouest*

## Beaucoup plus chic (plus de 120 €)

**Chez Remo et Bérénice** *(carte couleur Nosy Be, **75**) : sur la côte sud-ouest de l'île. 032-04-106-01. • remo-e-berenice.com • Compter 85 €/pers en pens complète slt, transfert A/R compris.* Très jolie situation, au bord d'une petite plage pour vous tout seul. Bérénice et son fils sont particulièrement accueillants et on se sent vite comme chez soi dans ce lieu plein de quiétude. Une grande maison en bord de plage, à la généreuse véranda. On loge dans l'un des 4 bungalows disséminés sur la colline et entouré d'un jardin que Bérénice soigne avec tout son cœur. Chaque bungalow est équipé de salle de bains (eau chaude), moustiquaire et terrasse individuelle. Atmosphère particulièrement zen. Dernier point et de taille, la cuisine est excellente, que l'on partage à la grande table commune avec les autres hôtes. Rhums arrangés de qualité.

**Jardin Vanille** *(carte couleur Nosy Be, **76**) : à Anjiabe, au sud-ouest de l'île. 032-07-127-97. • jardinvanille@gmail.com • jardinvanille.com • Transfert possible depuis le port d'Ankify (sur la Grande Terre) ou le port de Nosy Be. On peut aussi demander aux navettes collectives (coques) qui font la liaison de Hell-Ville à Ankify de s'y arrêter. Résa conseillée. Compter min 84 € pour 2 pour un bungalow standard et 165 € pour une suite. Également une grande suite de 100 m² les pieds dans l'eau. ½ pens et pens complète possibles.* Très jolie situation : les bungalows en matériaux locaux sont perchés à flanc de colline dans la végétation tout en surplombant une plage de sable fin. Petite barrière de corail devant, où s'ébrouent les tortues… Côté confort, les bungalows sont équipés de douche et de w-c, d'eau chaude, de jolis dessus-de-lit typiquement malgaches, d'une moustiquaire, d'un ventilo et d'une petite terrasse d'où vous pourrez admirer le magnifique jardin où s'ébattent quelques lémuriens. Groupe électrogène de 10h à 2h. Cuisine variée et fine, servie dans une salle ouverte sur la mer. Beaucoup d'excursions proposées ainsi que plongées avec bouteilles. Masques, tubas et palmes à louer sur place.

## À voir. À faire

**Le parc des makis :** *entrée 2 000 Ar (on trouve le petit kiosque qui vend les billets dans le village, juste avt la montée au parc).* Après avoir suivi « l'allée des brodeuses », on grimpe une petite colline (quelques minutes) au sommet de laquelle un modeste parc a été aménagé, où l'on a rassemblé dans de petits enclos quelques tortues, caméléons et serpents. Mais le plus marrant, c'est de voir dans les arbres tout autour, en liberté, quelques familles de makis *macaco* (mâle noir, femelle rousse) qui risquent de vous dégringoler dessus, arrachant à qui mieux mieux les bananes que vous aurez achetées aux gamins.

**Balade dans le village, broderies et artisanat :** le village est composé d'un ensemble de petites cases adorables et d'étroits sentiers de terre. On vit en grande partie dehors, on lave son linge aux quelques robinets communs, et chaque maison est également un petit atelier d'artisanat et boutique à la fois. Le village est parsemé de vendeuses de broderies et autre artisanat typique de Madagascar. Cela donne beaucoup de romantisme aux ruelles, notamment quand la lumière et le vent déforment les ombres chinoises. Évidemment, vous serez sollicité, mais avec beaucoup de douceur. Quand on se balade ici, on comprend vite pourquoi il serait dommage de ne pas y passer une nuit.

➢ **Balades à pied ou en pirogue :** faire le tour de l'île ou un peu de grimpette c'est possible, même si c'est compliqué à organiser. Se renseigner auprès d'une agence de Nosy Be. Guide indispensable.

## Où plonger à Nosy Komba ?

■ **Nosy Komba Plongée** *(carte couleur Nosy Be, **80**) : situé sur la côte, à env 200 m sur la gauche quand on débarque.* ☎ *032-44-901-30. Compter env 75 € les 2 plongées.* Un club sérieux et le seul de l'île. Différents forfaits proposés.

### NOSY TANIKELY

Ou l'« île de la Petite Terre », située au sud de Nosy Be et à l'ouest de Nosy Komba. Une journée à Tanikely, récemment devenue parc national, est l'excursion la plus vendue par les agences locales, d'ailleurs souvent combinée avec Nosy Komba (où l'on passe la matinée). Elle se trouve à une dizaine de kilomètres de Nosy Be. Compter environ 1h de Nosy Komba ou de Hell-Ville. Comme l'île est assez éloignée et qu'il n'y a aucun hébergement sur place, on est amené à acheter une excursion à la journée en voilier ou en bateau à moteur (autour de 30 €), repas, masque et tuba compris (pour les agences, voir la rubrique « Adresses utiles à Ambatoloaka. Sorties en mer et excursions diverses »). L'entrée du parc national (10 000 Ar adulte et 200 Ar pour les moins de 12 ans) est comprise dans le prix de l'excursion, sauf si vous y allez avec la pirogue d'un pêcheur avec qui vous aurez négocié. Attention aux problèmes de sécurité, on rappelle que la mer peut être très formée au retour en fin d'après-midi. Ne partez jamais dans une embarcation sans gilets de sauvetage à bord.
Il est rare que les touristes de Nosy Be ne passent pas une journée ici, et ils ont bien raison. Cette jolie petite île est également très prisée des clubs de plongée. C'est là que la barrière de corail est la plus riche, les eaux les plus lumineuses et les plages les plus belles. Simplement équipé d'un masque et d'un tuba, il n'est pas rare de croiser une ou deux tortues... C'est un véritable aquarium. Sur l'île elle-même, petit sentier pédestre qui mène à un phare hors d'usage mais d'où la vue est très chouette. Quelques lémuriens, des geckos et un petit centre d'information.

Sinon, farniente agréable et pique-nique sous les arbres, où l'on vous sert un repas copieux (compris dans le prix de l'excursion).

## *NOSY SAKATIA*

Juste à l'ouest de Nosy Be. Se rendre à Ambaro, à gauche du *Chanty Beach.* De là, il y a toujours une pirogue pour vous faire traverser. Attention aux tarifs parfois exagérés (normalement environ 10 000 Ar). Quoi qu'il en soit, allez-y car cette île est vraiment très agréable et moins touristique que Tanikely. Un vrai petit coup de cœur également, sur lequel on peut passer la nuit (quelques hébergements). Petites balades à faire à l'intérieur de l'île. Quelques villages et une demi-poignée d'adresses.

### Où dormir ? Où manger ?

#### Prix moyens (26 000-52 000 Ar /env 8-16 €)

**Delphino Villa** *(carte couleur Nosy Be, **77**) : au bord de la grande plage, à deux pas de Sakatia Lodge, un peu sur la droite. 032-04-844-05 ou 033-08-661-13. • delphino.villa.sakatia@gmail.com • Transfert sur demande depuis le Chanty Beach. Bungalows sans ou avec sanitaires 40 000-50 000 Ar, petit déj en plus ; bungalows familiaux également.* Non, il ne s'agit pas d'une villa mais de quelques bungalows en *falafa* et au bord de la plage. Bungalows simplissimes (eau froide et pas de ventilo) mais très propres, avec moustiquaire et un bout de terrasse. Sanitaires communs nickel. Le proprio, Richard, est souvent aux fourneaux, tandis que sa femme, Anne-Christine, amoureuse de Madagascar, s'occupe de l'école du village, sans oublier ses devoirs de maîtresse de maison. Modeste et sympa. On s'y sent bien. Repas sur demande.

**Chez Marius** *(carte couleur Nosy Be, **77**) : à 300 m à droite du Delphino, en bord de plage. 032-07-541-70. 2 bungalows à 30 000 Ar avec sanitaires communs.* Ultra-simple et propre, voici des bungalows dans leur plus simple expression, en bord de plage. Un toit, un matelas, une moustiquaire et une ampoule électrique. Sur l'arrière, douche froide au baquet. Amis Robinson et fauchés, vous êtes arrivés.

#### Beaucoup plus chic (plus de 170 000 Ar / env 53 €)

**Sakatia Lodge** *(carte couleur Nosy Be, **77**) : devant la plage. 032-02-770-99. • sakatia.co.za • Bungalows 55-95 € selon confort. Également un familial (4 pers) 140 €. Petit déj en plus.* Un ensemble de très beaux bungalows. Une dizaine de bungalows « nature » (eau chaude, ventilo et moustiquaire) ne bénéficiant pas de vue sur la mer, ou bungalows « océan » (eau chaude, plus spacieux, ventilo et moustiquaire), tous en matériaux traditionnels et plongés dans la verdure. Tenu par une famille italo-africaine, possédant un goût sûr question déco. Élégant, chaque bungalow est prolongé par une terrasse. Une adresse de charme et un accueil de qualité. Fait aussi resto évidemment. Heureusement, car il n'y a pas beaucoup de restos dans le secteur. Plage juste en contrebas. Peu de tirant d'eau, mais panorama extra. C'est aussi un club de plongée (plongée nitrox), tenu avec sérieux par le fiston, P'tit Jacques *(032-41-165-16).*

## À faire

➢ ***Excursion à la journée à Nosy Sakatia :*** *avec Nosy Be Original. 032-48-857-55 ou 032-40-524-88 (voir « Adresses utiles à Ambatoloaka » dans « Ambatoloaka et Madirokely »). Compter env 80 000 Ar.* Transfert en pirogue (depuis la plage près du *Chanty Beach*), petite balade guidée à l'intérieur de l'île, repas sur une plage rien que pour vous, prêt de masque, tuba et de kayak de mer. Il y a même des boules pour une partie de pétanque !

## NOSY IRANJA

Deux îlots paradisiaques reliés par un banc de sable blanc. Extraordinaire. S'il n'y a pas trop de monde, impression totale de se métamorphoser en Robinson Crusoé... C'est aussi la plus éloignée des îles... proches de Nosy Be. À dire vrai, elle est plus près de la Grande Terre. Compter de 1h30 à 2h avec un bon bateau à moteur. Si vous n'avez pas le temps d'aller aux îles Mitsio, allez donc voir celle-ci dans le cadre d'une excursion.

## L'ARCHIPEL DES ÎLES MITSIO

Au nord-est de Nosy Be. Pour les amoureux des grands espaces maritimes, des îles et de la plongée. L'occasion de vraiment prendre la mer ! Contactez les tour-opérateurs locaux pour vous y rendre ou, éventuellement, des propriétaires de bateaux particuliers qui accepteraient de vous emmener avec leurs clients. Ils proposent des formules « tout compris » (repas, équipement...), même si l'on n'est pas plongeur.
Compter environ 5h à la voile (beaucoup moins au moteur) jusqu'à la plus grande île, ***Nosy Mitsio,*** mais à partir de là on ne compte plus le temps qui passe... Plein d'îles à visiter et d'habitants à rencontrer. Quelques noms pour vous mettre l'eau à la bouche : ***Nosy Ankarea,*** avec son sable blanc et son basalte noir, ***Nosy Lava,*** son corail et sa terre rouge et ses chasseurs de requins, ***Nosy Antaly*** et sa formation de basalte et, au nord du cap Saint-Sébastien, des coraux fossiles surélevés et déchiquetés... Enfin, ***Nosy Tsarabanjina,*** une île paradisiaque, de l'avis de tous.

## L'ARCHIPEL DES ÎLES RADAMA

Au sud de Nosy Iranja, tout près de la Grande Terre. Plein de petites îles coralliennes et d'îlots vierges adorables. La plus grande s'appelle ***Nosy Berafia.*** Dans la baie de Rafalahy, ***Nosy Ovy*** possède de superbes fonds marins pour plonger. Remontée des rivières Tatexambato et Baramamahy avec ses villages de pêcheurs et ses oiseaux aquatiques. L'archipel des Ramada est une excursion proposée par plusieurs agences de Nosy Be. Comparez les prestations et les tarifs avant de vous décider.
Et puis encore des îles, comme *Nosy Valiha, Antanimora, Nosy Kalakajoro...* Allez, bon vent !

# RETOUR SUR TERRE...

## MAJUNGA (MAHAJANGA)

174 000 hab. IND. TÉL. : 62

**La ville la plus grande de toute la côte ouest, troisième ville et deuxième port de Madagascar, est reliée à Tananarive par une bonne route. Presque aussi facile d'accès lorsque l'on vient de Nosy Be, mais c'est plus long, et il reste une vingtaine de kilomètres de mauvaise piste (un jour goudronnée, qui sait ?). Elle est en revanche plus éloignée de Morondava, l'autre capitale des Sakalavas, sa rivale par l'histoire et la géographie (lire « Un peu d'histoire »).**

**Même si la ville ne présente pas un intérêt fou, elle souffre d'un défaut d'image assez injuste en raison de sa situation, à l'écart des circuits touristiques. Or, on aurait tort de la bouder totalement. Particulièrement propre et animée, elle présente un certain cachet, notamment grâce à son brassage ethnoculturel et à son architecture à la fois sakalava, indienne, musulmane, coloniale, mais aussi merina. Mosquées, portes indiennes ouvragées (de plus en plus rares), maisons à varangue, balustres ou colonnades, pousse-pousse et boutres encombrant le port en sont les derniers témoignages. Vu sa situation, la ville a toujours eu le regard tourné vers l'Afrique et les Comores, et elle est le foyer principal des Karanes, les commerçants indo-pakistanais de Madagascar. Elle reste un grand port d'échanges et de migrations avec les îles (très pauvres) des Comores.**
**Son climat sain, sec et chaud (voire très chaud de septembre à novembre), qui lui valut peut-être son nom de « Guérison », en fait une destination de villégiature pour nombre de Malgaches.**



## UN PEU D'HISTOIRE

### La fondation du Boina et de Moudzangayeh

Le royaume des Sakalavas est né au XVIe s dans la région de Morondava. À la fin du XVIIe s, le roi meurt et laisse le royaume du Menabe à l'aîné de ses fils, Tsimanongarivo. Le nouveau souverain s'avère dur et cruel. Son frère Tsimanato, révolté, décide de quitter le royaume. Il franchit les fleuves Tsiribihina et Manambolo, comme d'autres le Rubicon, et s'installe près de la baie de Boeny, au sud-ouest de l'actuelle Majunga.
Tsimanato, rebaptisé Andriamandisoarivo, conquiert tout le nord-ouest de l'île avec l'aide de son fils et de quelques aventuriers américains. Il fonde le royaume du Boina. Selon les versions, la ville qu'il créa prit le nom de Moudzangayeh, soit la « terre d'élection », ou bien Mahajanga, signifiant « qui guérit ». Mais le nom le plus retenu est Mji Angaïa, ou « ville des fleurs », de l'arabo-swahili parlé par les marchands antalaotras d'origine arabo-comorienne, métissés à des Africains, et qui s'implantèrent sur la côte.

#### LE ROI DE L'URBANISME

*Une légende sakalava raconte l'histoire de la création de Majunga. Le roi aurait décidé de soumettre le destin de son royaume au sort de son bien le plus précieux : sa petite-fille ! Il l'abandonna dans un caisson de bois, dans les flots de l'estuaire de la Betsiboka, malgré les protestations de ses sujets. Des centaines d'hommes se seraient alors postés le long des rives pour sauver la petite princesse. Celle-ci, après avoir dérivé, aurait fini par échouer dans l'embouchure déserte du fleuve. Alors le roi (certainement un peu allumé) décida qu'on bâtirait une ville à cet endroit.*

### Port d'attache de plusieurs cultures

Majunga est le fruit d'un métissage culturel et commercial intensif entre toutes les populations de la région et d'ailleurs... Sous la reine Ravahiny, à la fin du XVIIIe s, la ville connaît un développement commercial considérable. Après le juteux trafic des esclaves des marchands européens, les commerçants indiens rejoignent les implantations commerciales des comptoirs antalaotras. Les liaisons entre Zanzibar, l'Afrique de l'Est, les Comores, l'Europe, et jusqu'aux Indes, se renforcent et assurent la prospérité du royaume.
En 1792, Dumaine, un Français, passe par là : « La ville de Mouzangaye renferme plus de 6 000 Arabes et Indiens avec leurs familles. Il y a des mosquées à l'usage des différentes sectes, des maisons d'éducation, des gens de tous métiers et des

ateliers en tout genre. » En fait, les marchands indiens musulmans, venus pour la plupart de Bombay, sont arrivés à Madagascar à bord de boutres grâce à leur grand talent de navigateurs. Les Malgaches les appelleront bientôt les *Karany*, c'est-à-dire les... « comptables » !

## Sakalavas et Merinas, des relations mouvementées

Au début du XIXe s, la reine Ravahiny entretient d'excellentes relations avec Andrianampoinimerina, roi des Merinas et des hauts plateaux. Il faut dire que chaque royaume est de force et de pouvoir quasi identiques. La reine va même rendre visite à son homologue des Hautes Terres. Mais c'est là que les ennuis commencent. Le roi des Merinas lui tient un discours laissant entendre que cette visite est un serment d'allégeance de la reine, alors que celle-ci y voit exactement le contraire... Après la mort de la reine, l'entente vole définitivement en éclats. Radama Ier, fils du roi des Merinas, part combattre le petit-fils de la reine défunte. C'est un échec. Mais, une fois sur le trône, il repart au combat et, aidé de son fidèle conseiller anglais Hastie, s'empare de Majunga en 1824. L'année suivante, la révolte sakalava met le feu à la ville. Elle est écrasée un an plus tard. Le roi des Sakalavas, Andriantsoly, s'enfuit alors vers Zanzibar. Il ne revient qu'à la mort de Radama Ier. Ranavalona Ire, nouvelle reine des Merinas, envoie aussitôt 7 000 hommes à l'assaut des 5 000 guerriers sakalavas. Mais le peuple du Boina en a assez de cette guerre et demande à son roi de céder. Celui-ci abdique au profit de sa sœur Oantsitsy en 1832, et s'exile. Il deviendra par la suite sultan de Mayotte. Ironie de l'histoire, il cédera aussi cette île à la France en 1841.
Le royaume sakalava du Boina connaît alors son déclin. La nouvelle reine s'incline devant Ranavalona Ire et meurt en 1836. Sa fille Tsiomeko, alors âgée de 8 ans, monte sur le trône. Mais elle doit se réfugier l'année suivante à Nosy Be. Face aux attaques incessantes de la royauté merina, elle demande la protection de la France, qui s'empare de Nosy Be.

## Voie d'eau pour la colonisation, port d'asile des Comores

Les Merinas, bien en place, connaissent d'autres difficultés avec les assauts répétés de la France. En 1883, les navires français accostent et s'emparent de Majunga. Après un traité de dupes en 1885, l'amiral Bienaimé, puis le général Duchesne, achèvent d'occuper la ville et d'y débarquer les troupes et le matériel nécessaires à la colonisation totale de l'île. C'est une pagaille indescriptible. Les Français entreprennent la construction d'une route vers Tananarive sur plus de 300 km, à travers des montagnes et des marécages insalubres. Les troupes sont décimées par la malaria avant la victoire sur la royauté merina.

### LE MARTYR DES SABENAS

*En 1975, Majunga fut secouée par une violente série d'émeutes contre la communauté comorienne de la ville. On compta près d'un millier de morts, et les derniers ressortissants furent expulsés par les avions de la compagnie aérienne belge* Sabena. *Ils gardent ce surnom cynique de « Sabenas », souvenir d'une cicatrice qui se referme tout doucement.*

## Arriver – Quitter

### En taxi-brousse et minibus

**Gare des taxis-brousse** *(hors plan par D2) : à côté de l'abattoir, rue Georges-Ranaivoson, à 2 km de l'hôtel de ville.*

➢ ***Tananarive :*** départs tlj à 7h30 et 17h en minibus, vers 13h-14h en bus (plus confortable mais plus long).

Durée : 10-12h env. Coopératives : *Kofmad* (les plus ponctuels, semble-t-il), *Sonatra, Mami...*

➢ ***Diégo-Suarez et Nosy Be, via Ambanja :*** départ tlj vers 9-10h (arrivée à Ambanja vers 20h) ou 17h30 (arrivée à Ambanja le lendemain vers 10h). Dans ce dernier cas, on passe parfois la nuit à Antsohihy dans un hôtel sommaire. De là, liaison pour Ankify, puis Nosy Be. Compter une bonne demi-journée supplémentaire pour Diégo. Long et épuisant. En saison des pluies, vérifier si le trajet est programmé. Coopérative : *Sonatra,* par exemple.

## Liaisons avec Tananarive en minibus confortable

■ ***Compagnie Transport Première Classe*** *(plan A2,* **2***)* **:** *bureau et rdv sur la corniche, au-dessus du petit pont.* ☎ *023-04.* 📱 *033-07-601-67.* • *carfirstclass@yahoo.fr* • Résa 48h avt. Compter env 30 €/pers. Départ tlj en principe à 7h et arrivée vers 17h (dans les 2 sens). Plusieurs minibus, mais pas tous dans le même état ! L'un compte 15 places transportant 7 passagers slt (2 pers par banquette). Dossier inclinable, ventilation ou clim et repas froid à bord. Mais les autres sont surchargés et beaucoup moins confortables.

■ ***Transpost :*** *à la poste centrale (plan C2).* Départ à 7h du mat env dans les 2 sens. Résa plusieurs j. avt. Trajet : 11h. Formule très intéressante car 3 fois moins chère que la précédente, et pourtant tt à fait ponctuelle : départ assuré même si le minibus de 14 passagers n'est pas plein. Bagages limités à 15 kg par personne. Autre avantage : on part de la poste (à Tana ou à Majunga), et donc pas de rabatteurs.

■ ***Coopérative Vatsy :*** *infos à la gare des taxis-brousse (hors plan par D2).* ☎ *490-35.* 📱 *034-04-190-97.* Départ à 15h30, arrivée à 4h du mat. Même genre de prestations que *Transpost,* mais c'est moins régulier et les horaires ne sont pas très avantageux.

## En ferry

➢ ***Katsepy :*** des pirogues de 20 places font l'A/R. Compter 3 000 Ar/trajet. Dernier départ vers 17h30 (demander). Dimanche, grosse ruée au guichet ! C'est la grande balade dominicale...

## En avion

➢ ***Tananarive :*** 1 vol/j., plus quelques vols supplémentaires en saison.

➢ ***Nosy Be :*** 1 vol direct/sem, plus quelques vols supplémentaires en saison.

➢ ***Diégo-Suarez :*** 1 vol/sem.

➢ ***Besalampy :*** 1 vol/mois slt !

➢ ***L'île de La Réunion :*** 1 vol/sem, avec *Air Austral.*

➢ ***Mayotte (Dzaoudzi) :*** 1 vol/sem avec *Air Austral,* 1 vol/sem avec *Air Madagascar.*

➢ ***Les Comores (Moroni) :*** 1 vol/sem, avec *Air Madagascar.*

– Noter qu'il existe 1 vol Paris-Mayotte-Majunga avec *Air Austral,* 2 fois/sem.

# Arrivée à l'aéroport

✈ ***Aéroport*** *(hors plan par D1)* **:** *à 9 km au nord de la ville.* ☎ *232-24.* Pas de banques ni de bureau de change mais un *office de tourisme,* en principe ouvert lors de l'arrivée des vols. Demander le plan de Majunga.

➢ ***Pour rejoindre le centre :*** avec un taxi, compter env 15 000 Ar. Des taxis-bus relient le village d'Amborovy (à 500 m de l'aéroport) au parcage de la route de l'aéroport, à l'entrée de la ville. Nettement moins cher, mais peu pratique car il faut marcher au départ (sous le soleil !) et prendre un taxi-ville ou un pousse-pousse une fois arrivé au parcage.

# Comment circuler ?

La ville est assez étendue, mais les quartiers les plus intéressants se trouvent autour du port aux boutres, avec les principaux hôtels et services,

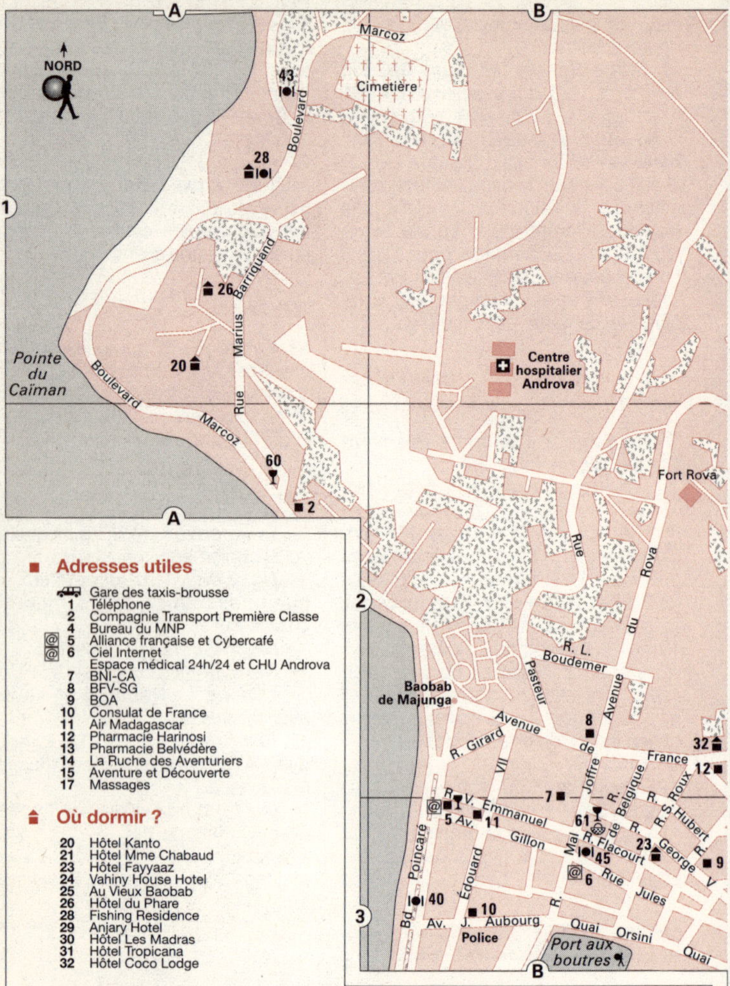


## ■ Adresses utiles

- Gare des taxis-brousse
- 1 Téléphone
- 2 Compagnie Transport Première Classe
- 4 Bureau du MNP
- 5 Alliance française et Cybercafé
- 6 Ciel Internet
- Espace médical 24h/24 et CHU Androva
- 7 BNI-CA
- 8 BFV-SG
- 9 BOA
- 10 Consulat de France
- 11 Air Madagascar
- 12 Pharmacie Harinosi
- 13 Pharmacie Belvédère
- 14 La Ruche des Aventuriers
- 15 Aventure et Découverte
- 17 Massages

## Où dormir ?

- 20 Hôtel Kanto
- 21 Hôtel Mme Chabaud
- 23 Hôtel Fayyaaz
- 24 Vahiny House Hotel
- 25 Au Vieux Baobab
- 26 Hôtel du Phare
- 28 Fishing Residence
- 29 Anjary Hotel
- 30 Hôtel Les Madras
- 31 Hôtel Tropicana
- 32 Hôtel Coco Lodge

## Où manger ?

- 24 Restaurant du Vahiny House Hotel
- 25 Pakiza
- 28 Fishing Residence
- 40 Étals de brochettes
- 41 Boulangerie Zapandis
- 42 Baba Khimo
- 43 Chez Prisca
- 44 Barbacchus – Barbakus
- 45 Parad'Ice
- 46 Pizza Marco
- 47 Le Caprice
- 48 Chez Nika
- 49 Chez Mme Chabaud

## Où boire un verre ?

- 5 Cybercafé
- 60 Snack Bel-Air
- 61 Quai Ouest

## Où danser ?

- 63 Shakira

## Achats

- 61 Quai Ouest et Cotona

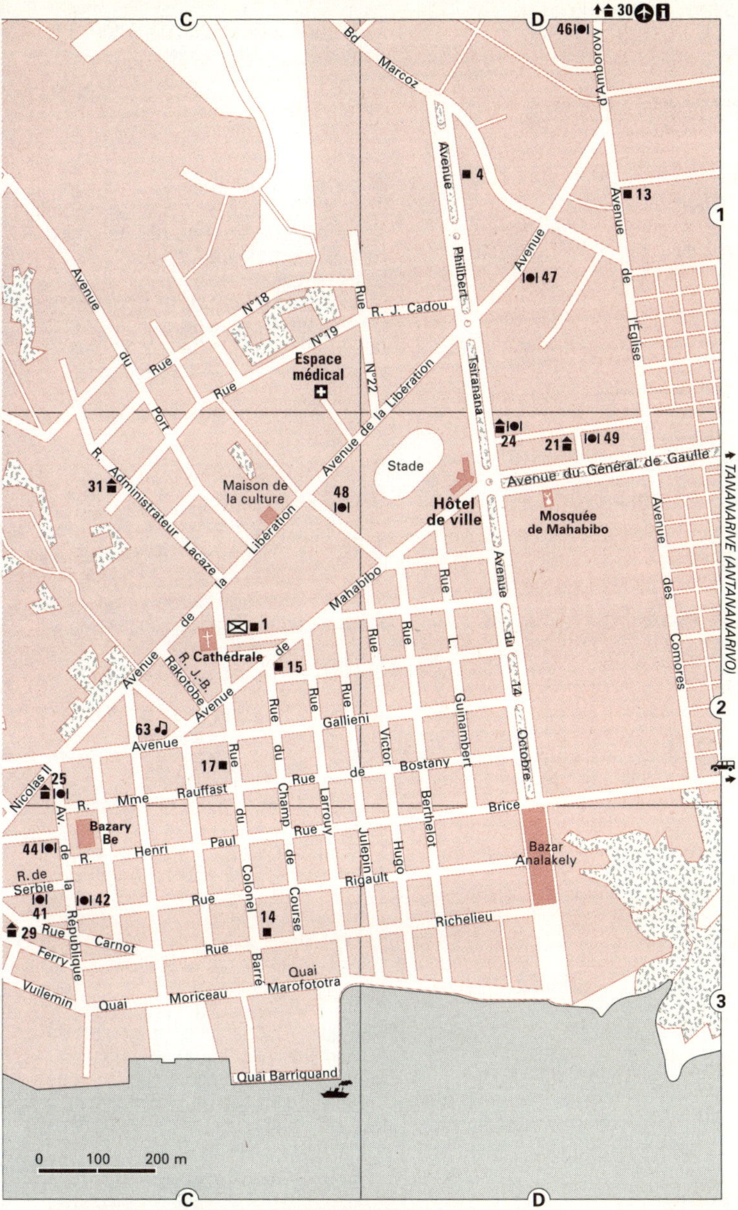
C
D
30
46
Bd Marcoz
Avenue d'Amborovy
Avenue Philibert Tsiranana
4
13
1
Avenue de l'Église
Avenue
47
Rue R. J. Cadou
N°18
N°19
N°22
Espace médical
Avenue du Port
Rue
Avenue de la Libération
24
21
49
Stade
Avenue du Général de Gaulle
TANANARIVE (ANTANANARIVO)
R. Administrateur Lacaze
31
Maison de la culture
48
Hôtel de ville
Mosquée de Mahabibo
Avenue des Comores
Avenue de Mahabibo
Avenue du 14 Octobre
Rue L. Guinambert
1
Cathédrale
R. J.-B. Rakotobe
15
2
Rue Gallieni
Rue Victor Hugo
63
17
Rue du Champ de Course
Rue de Bostany
Rue Berthelot
Nicolas II
25
R. Mme Rauffast
Rue Brice
Bazary Be
Rue Larrouy
Rue Julepin
Bazar Analakely
44
Av. de la République
R. Henri Paul
Rue du Colonel Barré
R. de Serbie
41
42
Rue Rigault
29
Rue Carnot
Rue Ferry
Rue Richelieu
14
Quai Marofototra
3
Vuilemin
Quai Moriceau
Quai Barriquand
0 100 200 m

MAJUNGA

et autour de la mosquée de Mahabibo avec son marché populaire.
– ***En pousse-pousse :*** tarif très bon marché, selon longueur de la course.
– ***En taxi :*** compter 2 500 à 5 000 Ar la course en ville. À peine plus cher le soir.

## Adresses utiles

### Infos touristiques

***Office de tourisme :*** *à l'aéroport (hors plan par D1).* • *majunga.org* •
■ ***Bureau du MNP*** *(plan D1,* ***4****) :* *immeuble* Jovenna, *14, av. Philibert-Tsiranana.* ☎ *226-56.* *032-05-275-30. Lun-ven 7h30-12h, 14h30-18h.* Bureau des parcs nationaux et réserves de Madagascar. Possibilité de savoir s'il y a de la place pour y dormir. Une expo-vente est ouverte tous les jours, pour soutenir et promouvoir le label *Angaya.* Il permet la valorisation et la promotion de l'artisanat de la ville et de la région de Boeny.

### Poste et télécommunications

✉ ■ ***Poste*** *(plan C2)* ***et téléphone*** *(plan C2,* ***1****) :* *face à la grande cathédrale de Majunga Be. Lun-ven 7h30-11h30, 14h30-17h30 ; w-e (en principe) 8h-11h.* Pour les timbres et l'envoi de fax. À côté, agence *Telecom Malagasy* pour acheter une carte de téléphone. Cabines téléphoniques devant.
@ ***Internet :*** *possibilité de se connecter au* ***cybercafé de l'Alliance française*** *(plan B3,* ***5****). Tlj 7h-21h. Agréable terrasse face à la corniche. Connexion la moins lente de la ville. Autre adresse :* ***Ciel Internet*** *(plan B3,* ***6****), face au* Parad'Ice. *Horaires de bureau ; fermé le w-e. Appartient à l'université. Moins cher, mais aussi plus lent.*

### Argent, banques

Notez que toutes les banques disposent d'un distributeur automatique, acceptant pour certains uniquement les cartes *Visa.*

■ ***BNI-CA*** *(plan B2-3,* ***7****) :* *rue du Maréchal-Joffre. Lun-ven 8h-11h, 14h30-16h30.* Distributeur *MasterCard.*
■ ***BFV-SG*** *(plan B2,* ***8****) :* *av. de France. Lun-ven 7h30-11h30, 14h-17h ; sam 7h30-12h30.*
■ ***BOA*** *(plan B3,* ***9****) :* *lun-ven 7h30-11h30, 14h30-16h30.* Accepte la carte *MasterCard* au guichet, mais délai nettement plus long que le retrait au distributeur !
■ ***Urgence financière : Western Union*** est représenté par la poste, la *BFV-SG,* la *BNI-CA* et la *Caisse d'épargne de Madagascar* *(rue George-V ; plan B3 ; lun-sam mat).* Transfert rapide d'argent liquide.

### Représentation diplomatique

■ ***Consulat de France*** *(plan B3,* ***10****) :* *angle rue Édouard-VII et av. Jules-Aubourg.* *033-11-215-54 ou 032-04-338-81.* • *esige2003@yahoo.fr* • Médecin accrédité en cas de problème.

### Compagnies aériennes

■ ***Air Madagascar*** *(plan B3,* ***11****) :* *av. Gillan.* ☎ *235-65.* • *airmadagascar.com* • *Lun-ven 7h30-11h30, 14h30-17h ; sam 8h-10h. Également un bureau à l'aéroport, ouv slt aux arrivées et départs.*
■ ***Représentant Air Austral et Air Mauritius*** *(hors plan) :* *immeuble* Abdealy Salim, *rue des Messageries-Maritimes, Boustanes.* ☎ *227-65. Fax : 227-70. Lun-sam mat.*

### Santé

Demander conseil au consulat de France (voir plus haut), qui vous indiquera un médecin accrédité. On vous rappelle qu'en cas de pépin sérieux il faut se faire évacuer sur l'île de La Réunion ou vers l'Europe.

***Espace médical 24h/24*** *(plan C1) :* *dans une impasse face à l'entrée du stade.* *034-02-172-26.* L'équivalent de notre SAMU (ambulances, évacuations). Tous types de soins de base également, sur place ou à domicile.

■ ***SOS Médecins :*** *☎ 222-25.*
✚ ***Centre hospitalier universitaire Androva*** *(plan B1) : près du fort Rova. ☎ 229-15.* Correctement équipé, mais sans plus.
■ ***Pharmacies :*** ***pharmacie Harinosi*** *(plan B2,* ***12****), ☎ 231-00. Lun-sam mat. La plus centrale. Également* ***pharmacie Belvédère*** *(plan D1,* ***13****), av. de l'Église, non loin de l'hôtel* Patel. *☎ 222-94. Lun-sam mat.* Bien approvisionnées. La pharmacie de garde est en principe indiquée sur les devantures des principales pharmacies de la ville.

## Excursions

■ ***Antsanitia Resort :*** *☎ 911-00.* • *contact@antsanitia.com* • L'hôtel (voir plus loin « Où dormir ? Où manger dans la région ? ») propose une visite de la ville, le parc Ankarafantsika en 2 jours au départ de Tana, les grottes d'Anjohibe et des croisières en catamaran à la découverte du cirque Rouge. L'hôtel a aussi mis en place un circuit exclusif de 12 jours sur la rivière Sofia, la plus longue du pays, « En terre inconnue », et propose en saison des safaris à la rencontre des baleines et des dauphins.
■ ***La Ruche des Aventuriers*** *(plan C3,* ***14****) : rue du Colonel-Barré, près du port. ☎ 247-79. 📱 033-07-631-27.* • *laruchedesaventuriers.net* • *Lun-sam mat (pause le midi).* Location de 4x4 (essence non comprise) et de bateaux avec pilote.
■ ***Aventure et Découverte*** *(plan C2,* ***15****) : près de la cathédrale. ☎ 934-75.* • *aventure-decouverte.com* • Organise des circuits dans la région, en particulier du côté de Katsepy. Location de motos et de voitures.
■ ***Voitures avec chauffeur :*** s'adresser aux hôtels comme le *Sunny Hotel (route de l'aéroport ; ☎ 323-85), Transport Première Classe* (voir « Arriver – Quitter ») ou aux agences mentionnées ci-dessus. Et rien ne vous empêche de passer par le réseau informel. Dans tous les cas, bien vérifier la prise en charge ou non de l'essence dans le contrat.

## Loisirs

■ ***Alliance française*** *(plan B3,* ***5****) : après Air Madagascar, côté mer. ☎ 225-52.* • *afmajunga@moov.mg* • *Tlj sf dim.* Journaux et magazines français, expos photo, peinture, et quelques spectacles de temps à autre. Cybercafé en terrasse.
■ ***Massages*** *(plan C2,* ***17****) : chez* ***Homeopharma,*** *à côté du Score, rue du Colonel-Barré. 📱 034-49-151-33. Tlj sf dim.* Dans cette boutique de produits bio malgaches, possibilité de massages à tarifs très raisonnables. N'oubliez pas d'acheter leur baume antimoustiques, très efficace !

# Où dormir ?

## Bon marché (jusqu'à 26 000 Ar / env 8 €)

🏠 ***Hôtel Kanto*** *(plan A1,* ***20****) : rue Marius-Barriquand. ☎ 229-78. Au nord du grand baobab. Prendre à droite au snack* Bel-Air. Petit hôtel rénové, au calme dans un grand jardin avec vue sur la mer. Au rez-de-chaussée, des chambres simples avec ventilo et sanitaires communs. Les chambres les plus chères à l'étage ont la douche et les w-c à l'intérieur, et un petit balcon. Le resto, bien aéré, est agréable et propose une carte à des prix très raisonnables, notamment de nombreux plats malgaches.

🏠 ***Hôtel Mme Chabaud*** *(plan D2,* ***21****) : accès face à la mosquée de Mahabibo, av. du Général-de-Gaulle. ☎ 233-27.* Agréablement situé, dans le quartier populaire comorien aux allures de souk avec sa vieille mosquée. Confort simple et cadre dépouillé, mais le tout est propre et correctement entretenu. Différentes tailles de chambres, avec lavabo et ventilo, ainsi que TV, douche et w-c privés, voire clim pour les plus chères. Les chambres du 2e étage sont nettement plus plaisantes, et on prend le petit déj au 3e. Resto assez réputé juste en face (voir « Où manger ? »). La direction possède aussi une annexe à Katsepy.

## Prix moyens (35 000-52 000 Ar / env 11-16 €)

**Vahiny House Hotel** *(plan D2,* ***24****) : av. Philibert-Tsiranana. ☎ 243-41. 032-07-067-49. Dans un coin assez animé le soir, un peu à l'écart du centre-ville. • patricia.laillot@hotmail.com •* Une poignée de chambres assez mignonnes à l'arrière. Toutes avec de jolies couleurs et une petite patine. Celle du rez-de-chaussée est la moins confortable et la plus bruyante. Les autres possèdent clim, eau chaude, w-c et TV. Bon accueil et sympathique terrasse avec palmiers pour prendre un verre ou un repas tout en observant l'animation du quartier (voir aussi « Où manger ? »).

**Au Vieux Baobab** *(plan C2,* ***25****) : face au marché couvert, donc central. ☎ 220-35 ou 223-19. Fax : 223-20.* Établissement tout carrelé, proposant une petite hôtellerie de bonne qualité. Chambres ou suites ventilées ou climatisées, propres et bien équipées (douche chaude, w-c, téléphone et TV satellite). Néanmoins, certaines sont un peu vieillissantes ou petites. Bien choisir. Blanchisserie à prix raisonnables et plusieurs formules de petit déj servi en chambre ou sur la terrasse du 3e étage. Peut-être parfois un peu bruyant à cause du ménage qui commence tôt le matin.

**Hôtel Fayyaaz** *(plan B3,* ***23****) : rue Albert-Ier. ☎ 227-40. Face au jardin Ralaimongo.* Un petit hôtel en béton plutôt moyen, mais bien situé, valable surtout pour ses chambres bon marché avec douche, w-c et ventilo, certaines donnant sur le jardin (avec balcon et eau chaude). Quelques-unes avec clim, mais 2 fois plus chères, donc guère avantageuses. Certaines salles de bains laissant à désirer, on conseille de visiter plusieurs chambres. Service de blanchisserie (assez cher), mais pas de petit déj.

**Hôtel du Phare** *(plan A1,* ***26****) : sur la corniche, en surplomb du bd Marcoz. ☎ 235-00. • hotelduphare@moov.mg • Euros acceptés.* Bâtiment imposant, dans un joli jardin offrant un point de vue sur la mer, non loin d'un vieux phare. Chambres toutes sur le même modèle, spacieuses, carrelées et fonctionnelles, avec balcon. Tarifs variables selon l'exposition (sur l'arrière ou face à la mer) et l'option clim ou ventilo.

## Chic (52 000-104 000 Ar / env 16-32 €)

**Fishing Residence** *(plan A1,* ***28****) : 58, bd Marcoz. 032-04-682-20 ou 032-05-160-93. • fishingresidence.com •* Une résidence sur la corniche, au pied de l'*hôtel des Roches Rouges*. Chambres et bungalows pour 2 à 4 personnes, décorés avec soin et ventilés ou climatisés. Les meilleurs bungalows (dont 2 de luxe) sont les pieds dans l'eau, mais gare aux moustiques à la saison des pluies. Ne rêvez pas, on n'est pas sur la plage, mais au bord du canal du Mozambique et ses eaux rougeâtres. Un lieu agréable néanmoins avec une belle piscine et un resto de qualité (voir « Où manger ? »). Comme son nom l'indique, activité de pêche au gros.

**Anjary Hotel** *(plan C3,* ***29****) : 9, rue George-V. ☎ 237-98. • anjary-hotel.com • Carte Visa acceptée (commission), mais pas la MasterCard.* Un bâtiment assez mastoc, en pleine ville, récent, sans charme mais propre et fonctionnel. Succursale du célèbre hôtel homonyme de Tana. Toutes les chambres ont une douche ou une baignoire (avec eau chaude), des w-c, la clim ou le ventilo, une TV (chaînes satellite), le téléphone et parfois un balcon. Les suites ont un coin salon supplémentaire. Prières de la mosquée à prévoir.

**Hôtel Les Madras** *(hors plan par D1,* ***30****) : Amborovy, BP 1061. ☎ 248-15. • lesmadras@hotels-majunga.com • À 500 m de l'aéroport (mais on n'est pas dérangé par les avions), au début de la piste pour les plages.* Cette structure a été reprise en main par un couple de Français. On y trouve une douzaine de chambres pour 2 à 4 personnes, réparties sur un vaste terrain, dans des bungalows. Clim, moustiquaire, salle de bains avec eau chaude. Resto sur place. Belle piscine que la clientèle familiale apprécie. Peut organiser des excursions dans la région.

### De plus chic à beaucoup plus chic (à partir de 104 000 Ar / env 32 €)

🏠 **Hôtel Tropicana** (plan C2, **31**) : *à Mangarivotra, le quartier derrière le stade.* ☎ *220-69.* • *hotel-majunga.com* • Une quinzaine de chambres, un peu trop les unes contre les autres, mais dans un jardin tropical agréable et autour d'une petite piscine. Les bungalows sont un peu petits mais disposent de l'eau chaude, de la clim, d'une moustiquaire et de la TV. Resto chic proposant des plats à l'ardoise d'inspiration française ou plus exotique. Une adresse qui possède un certain charme, même si ce n'est pas la folle ambiance.

🏠 **Hôtel Coco Lodge** (plan B2, **32**) : *49, av. de France.* ☎ *230-23 ou 238-18.* • *cocolodgemajunga-madagascar.com* • *Carte Visa acceptée. Parking.* Wi-fi Un hôtel assez coté chez les *vazaha* du pays. Il faut dire que les chambres sont impeccablement tenues, avec clim, douche chaude, téléphone et TV satellite (TPS). Coffre. Et puis, pour le prix, on a droit à une piscine... Petite terrasse pour prendre l'apéritif. Accueil souriant. Les tarifs ont grimpé, mais la qualité des prestations est assurée.



## Où manger ?

Grâce à la forte présence de la communauté karane de Majunga, pas mal de restos indiens en ville, plus ou moins savoureux. Ne pas manquer le traditionnel *biryani* du dimanche. La région de Majunga est aussi un haut lieu de chasse où l'on peut goûter au gibier en saison (sanglier, sarcelle, canard sauvage...).

### Très bon marché (jusqu'à 13 000 Ar / env 4 €)

🍴 Sur la corniche récemment réhabilitée, tous les soirs, on trouve des ***étals*** *(plan B3,* ***40****)* très sympas, où l'on mange des brochettes *(masikita)* dans une ambiance populaire. Encore plus animé le week-end, et particulièrement le dimanche pour la balade traditionnelle. Également des stands locaux sur l'avenue Philibert-Tsiranana *(plan D1-2)* chaque soir, presque en face de l'hôtel de ville.

🍴 **Boulangerie Zapandis** (plan C3, **41**) : *rue de Serbie.* ☎ *221-36. Tlj sf jeu et dim ap-m 6h-12h, 16h-19h.* Une vraie boulangerie dans un joli décor propre et rénové. Possibilité de se restaurer en terrasse, autour d'un superbe mobilier en plastique imitant du fer forgé ! Petit déj, gâteaux, croissants et glaces.

🍴 **Baba Khimo** (plan C3, **42**) : *non loin du marché. Tlj midi et soir.* Tout petit resto indien (karany, pour être précis) avec une terrasse. On vient ici pour la gentillesse de l'accueil, les petits prix et la bonne cuisine populaire. Pas d'alcool, bien sûr, islam oblige.

🍴 **Chez Prisca** (plan A1, **43**) : *le long de la corniche, par une petite route sur la gauche après le* Fishing Residence. 📱 *032-02-354-58. Tlj sf lun.* Un couple franco-malgache a investi ce bout de terrasse surélevée, avec le canal de Mozambique en fond de décor. Délicieux fruits de mer, mais aussi des poissons, des pâtes... à petits prix. Vin au verre ou en carafe. Ambiance pas compliquée pour un sou.

### Bon marché (jusqu'à 26 000 Ar / env 8 €)

🍴 **Chez Papy Râleur** (hors plan par D1) : *sur la plage d'Amborovy, Petite Plage.* 📱 *032-07-939-15 ou 032-55-981-59. Tlj.* Wi-fi Attention, ne pas confondre avec l'*Expresso*, qui a gardé le nom de Papy Râleur. Mais le « vrai » Papy Râleur a migré vers la mer... Grande salle chaleureuse, et toujours cette cuisine fort appréciée. Pizzas cuites sous vos yeux ou cuisine malgache (ah, le carpaccio de zébu !). Malgré des changements ces dernières années, la qualité est toujours au rendez-vous. Et Papy Râleur n'est jamais bien loin...

IOI ***Parad'Ice*** *(plan B3, **45**) : dans la rue de l'hôtel de France. ☎ 231-34. Tlj sf dim ; salon de thé-glacier slt 14h-18h.* Agréable snack-salon de thé avec une terrasse et une petite salle. Cuisine du jour ou à la carte honnêtement exécutée. Sert aussi des petits déj, croque-monsieur, burgers, gâteaux maison et coupes de glace. Bien aussi pour boire un verre.

IOI ***Pizza Marco*** *(plan D1, **46**) : route d'Amborovy, pavillon 53. Tlj, le soir slt.* Marco s'est installé parmi les bicoques du marché et est devenu une personnalité locale. Les pizzas, franchement réussies, attirent une clientèle très variée. Ambiance garantie.

IOI ***Le Caprice*** *(plan D1, **47**) : 8, av. d'Amborovy. ☎ 244-48. Tlj sf dim.* Sur une terrasse pleine de plantes vertes. Bonne cuisine sans pour autant être inoubliable, mais on ne fera pas de caprice, c'est honnête.

IOI ***Chez Nika*** *(plan C2, **48**) : près du stade. ☎ 023-65. Tlj sf dim midi.* Resto malgache qui propose une carte pléthorique, lorgnant aisément vers les cuisines chinoise, française et italienne. Tout cela à côté des terrains de tennis. Ambiance du style néon, mais bon service (on parle toujours du restaurant, bien sûr !).

IOI ***Pakiza*** *(plan C2, **25**) : face au grand marché couvert. ☎ 226-14. Tlj 7h30-23h.* Resto-snack indien connu pour sa cuisine honnête, avec une terrasse agréable (ensoleillée le matin, mais fréquentée par les mouches !). Petit déj, currys de viande ou de volaille et poissons grillés. Juste à côté, une pizzeria ouverte le soir seulement. Possibilité de déguster à toute heure glaces et jus naturels.

IOI Ne pas oublier le très sympathique ***restaurant du Vahiny House Hotel*** *(plan D2, **24**) : voir « Où dormir ? ».*

### De prix moyens à plus chic (à partir de 21 000 Ar / env 7 €)

IOI ***Chez Mme Chabaud*** *(plan D2, **49**) : dans une ruelle face à la mosquée de Mahabibo. ☎ 233-27. Voir également « Où dormir ? ». Tlj sf mar. Résa conseillée, car le lieu est petit.* L'institution de la ville sert une agréable gastronomie à la française. Carte très alléchante, du style escargots de mer au beurre d'ail ou *ouassous* et spécialités de gibier en saison, comme le civet de sanglier. Arroser le tout d'un petit rosé.

IOI ***Barbacchus – Barbakus*** *(plan C3, **44**) : av. de la République, face au marché couvert. Formule menu avantageuse, sinon à la carte.* Pas de terrasse mais une salle un peu froide (et cela n'a rien à voir avec la clim !). Peu importe, les *vazaha* s'y bousculent pour sa cuisine française et malgache vraiment soignée : tournedos, civet de sanglier, foie gras... Un rapport qualité-prix plus qu'honnête.

IOI ***Fishing Residence*** *(plan A1, **28**) : dans l'une des résidences de la corniche (voir « Où dormir ? »).* Voici un élégant resto aménagé sous une paillote bien aérée, avec des tables très joliment dressées. Spécialités de la mer, mais on s'en serait douté. La cuisine y est délicieuse et l'atmosphère décontractée.

## Où dormir ? Où manger dans la région ?

IOI ***Ejeda Club*** *: au nord de la ville, sur la plage de Maroala-Amborovy, 200 m après le Zahamotel. ☎ 910-08. 📱 032-07-534-71. Accès en bus, puis 2 km à pied ou en taxi (se reporter à « Dans les environs de Majunga. Les plages » pour les explications). Nuit env 20 000-35 000 Ar.* Face à la mer, plusieurs bungalows simplissimes mais propres, avec ou sans sanitaires privés, certains avec coin cuisine symbolique. Eau froide et moustiquaire, pas de ventilo. Isolé et ambiance assez roots, mais c'est le prix à payer pour avoir la mer quasiment que pour soi.

IOI ***Antsanitia Resort*** *: ☎ 023-34. 📱 032-07-600-50. • antsanitia.com • Chambre 56 €, bungalow 78 €.* Une structure installée dans une jolie baie à 12 km au nord de Majunga (accès par la mer ou en 4x4, par une piste). Piscine ou plage pour vous tout seul... Chambres pour 2 personnes dans un bâtiment octogonal ou bungalows ronds pour 2 avec salle d'eau et terrasse. Suites également sur des terrains privés, isolées de l'hôtel, luxueuses (certaines avec piscine privée), mais du coup plus chères. Délicieux restaurant sur place, sous une large paillote et salle de projection de film. Possibilité de balade nature en pirogue pour découvrir la rivière toute proche, sa mangrove et sa faune. Croisières en catamaran et sorties baleines (août-octobre). Propose également un circuit génial de 12 jours sur la rivière Sofia, la plus longue du pays, « En terre inconnue ». Sinon, distillerie d'essences locales, massages aux huiles essentielles et spa. L'hôtel finance une association locale de développement et emploie des locaux. Une démarche globale exemplaire qui a d'ailleurs reçu le label d'écodéveloppement mondial, *Green Globe,* en 2013. Chapeau !

**Hôtel-restaurant Espace Kalotody :** *au bord du lac Sacré, à 9 km de la piste de l'aéroport, vers le nord. 032-07-668-87. Nuitée 30 000 Ar. Plats 6 000-7 000 Ar.* Au milieu de la brousse, une structure très nature, dans sa plus simple expression. Chambres au confort minimal mais propres, sur pilotis, avec sanitaires privés et moustiquaire. L'essentiel, quoi ! Salle de restaurant en dur et aux couleurs guillerettes pour une cuisine malgache, européenne ou asiatique. Et du saint-émilion à la carte des vins ! Une adresse vraiment authentique. Le hic : aucun transport public pour s'y rendre.

## Où dormir hors des sentiers battus ?

**Le Lodge des Terres Blanches :** ***Antanimalandy,*** *à 120 km au nord de Majunga. ☎ 236-62. 032-05-151-55 ou 034-55-070-90. • lodgeterresblanches@gmail.com • lodgeterresblanches.com • À 2h en bateau ou 35 mn en avion (se renseigner pour les tarifs, plus avantageux en groupe). Ouv de début mars à mi-janv. Sur place, compter env 70 €/j. par pers en pens complète (boissons et excursions non comprises), réduc enfants.* Voici un endroit assez unique, privilégiant une démarche écoresponsable, totalement isolé sur une presqu'île entourée par 7 km de criques, de plages et de *tsingy* (formations karstiques en forme d'aiguilles). Faune et flore endémiques pour vous tout seul... Bungalows doubles ou familiaux tout confort en matériaux locaux au bord d'une plage arborée. Bar-resto sous une grande paillote. Bien sûr, il faut pouvoir se payer ce séjour dans un environnement privilégié. Plein de balades à faire, excursions en bateau, à agrémenter de longues siestes...

## Où boire un verre ?

**Cybercafé** (plan B3, **5**) **:** *à l'Alliance française. Tlj 7h-21h.* Agréable terrasse, en bordure de la corniche. Pour prendre un verre ainsi que des nouvelles électroniques de ses proches.

**Snack Bel-Air** (plan A2, **60**) **:** *coincé à l'angle de la corniche.* Ce petit café malgache porte bien son nom. Jolie vue et clientèle locale. Fait aussi petit resto (bons poissons grillés et excellentes bananes flambées).

**Quai Ouest** (plan B3, **61**) **:** *5, rue George-V. Fermé du sam ap-m au lun mat.* Jus de fruits pressés dans une courette verdoyante, à l'arrière d'une boutique d'artisanat chic. Rafraîchissant et raffiné.

## Où danser ?

**Shakira** (plan C2, **63**) **:** *rue Bonnemaison, quasiment à l'angle de l'av. de Mahabibo. Tlj de 22h à l'aube.* LA boîte en vogue, reconnaissable à sa longue façade couleur anthracite. Rendez-vous des *vazaha* et Malgaches couche-tard. Le paquet a été mis sur la déco, dans un style mauresque. Tenue correcte exigée et interdit aux moins de 18 ans.

## Achats

**Bazary Be** *(marché couvert ; plan C3)* **:** *lun-sam tte la journée et dim mat.* Surtout pour les fruits et légumes. Quelques stands d'artisanat classique, sur la gauche. Notez le support au milieu du marché : il soutenait une petite horloge parisienne qui s'est curieusement volatilisée.

Les véritables ***marchés populaires*** se tiennent autour de la mosquée de Mahabibo *(av. de l'Église et av. du Général-de-Gaulle ; plan D1-2)* et sur la route de l'aéroport, à Tsaramandroso *(hors plan par D1).* Ils ont été refaits récemment.

***Bouteilles de sable :*** la spécialité de Majunga. On en trouve au marché couvert et sur la piste des plages, à Amborovy (route de l'aéroport). Certains peuvent même reproduire en sable une photo, si vous la fournissez !

2 boutiques chic d'artisanat, en centre-ville : ***Quai Ouest*** *(plan B3,* ***61****)* et ***Cotona,*** sur le même trottoir, qui vend de jolis tissus ethniques, moins chers qu'ailleurs.

## Balade dans la ville

Commencer par le pittoresque ***port aux boutres*** *(plan B3),* bien sûr, aux couleurs passées, avec les travailleurs fatigués et courageux qui chargent et déchargent les navires au mouillage, dans un mouvement presque incessant. Ce port doit son existence et son aspect provincial aux alluvions rouges de l'estuaire de la Betsiboka, qui empêchent la construction d'un port commercial en eaux profondes comparable à Tamatave. Flâner le long des quais Orsini, Vuilemin et Moriceau, jusqu'au quai Barriquand, d'où part le pittoresque ferry pour Katsepy.

➢ Emprunter les rues de la vieille ville, aux noms d'origine française. Dans la ***rue Jules-Ferry*** *(plan B-C3),* très jolies portes indiennes sculptées du XIX^e s. Dans les rues environnantes, belles façades (très décaties) des maisons à varangue, à balustres, avec leurs balcons fermés par des persiennes, ou à colonnades. Jeter un œil à l'*hôtel de France,* rue du Maréchal-Joffre, et à son architecture coloniale. Rejoindre le ***front de mer,*** sur le boulevard Poincaré (parfois écrit « Point Carré » !), surnommé la ***corniche*** et qui a été réhabilité suite aux dégâts du cyclone Gafilo. Balade très sympa au coucher du soleil, ainsi que le soir ou le dimanche, en compagnie des habitants de Majunga. Stands très bon marché pour grignoter des brochettes le soir.

➢ Se diriger vers le ***baobab de Majunga*** *(plan B2),* symbole de la ville, connu dans tout le pays (et objet de nombreuses peintures naïves). Au coucher du soleil, très jolies photos à faire. La corniche se prolonge sur le boulevard Marcoz. Parfait pour se rafraîchir un peu. On peut aussi prendre l'avenue de France qui part du baobab géant, et jeter un œil au porche d'entrée du *fort Rova (plan B2),* qui date de 1824.

### TRONC DE MÉMOIRE

*Le baobab de Majunga est surtout connu pour la circonférence de son tronc : 21,70 m (pour seulement 10 m de haut). Véritable symbole de la ville, il servit jadis de poteau d'exécution pour les condamnés à mort. L'arbre aurait plusieurs centaines d'années, remontant selon certaines légendes à la création du royaume du Boina. S'il figure toujours sur les armoiries de Majunga, le pauvre arbre ne sert plus aujourd'hui que de vulgaire rond-point !*

➢ Aller dans le quartier de l'***hôtel de ville*** *(plan D2)* en jetant un œil au passage à la grande cathédrale toute blanche de Majunga Be. Sur l'hôtel de ville, sculptures kitschounettes, réalisées en façade par Albert Leclerc en 1955. Musiciens traditionnels et femmes qui dansent. Sur les portes d'entrée, femme portant ses provisions et pêcheur. Lire les inscriptions en français au-dessus du porche : « Qu'elle vive, Que ne meure » et « Mahajanga Cité des Fleurs ». Belles peintures dans le hall et à l'étage. L'hôtel de ville fut inauguré en 1956 par « le haut-commissaire de la République française à Madagascar et dépendances »... Une autre époque. Non loin de là, dans l'avenue du Général-de-Gaulle, la plus vieille mosquée de Majunga, la ***mosquée comorienne de Mahabibo*** *(plan D2)*, dite « mosquée du vendredi ». Sachez que Majunga possède une vingtaine de ces édifices. Grand marché populaire autour.



## Manifestations

– ***Moraingy :*** avec de la chance, on peut assister à ce sport de lutte (une forme de capoeira malgache) au coucher du soleil, au Grand Stade derrière l'hôtel *Chez Karon* ou à celui près de l'aéroport. À ne pas manquer si ça a lieu.
♩ ***Concerts et spectacles :*** *régulièrement, à la Maison de la culture (plan C2) ou à l'Alliance française (plan B3,* ***5****).*

## DANS LES ENVIRONS DE MAJUNGA (MAHAJANGA)

***Les plages :*** *à quelques km au nord de Majunga. Attention, pas d'accès depuis la corniche, il faut repasser par la route de l'aéroport. Prendre le bus pour Amborovy à la station des taxis-brousse. Descendre à « Petite Plage », terminus du bus. De là, remonter tranquillement la plage du Grand Pavois vers le cirque Rouge ou descendre vers la plage de Maroala, au sud. Dans les 2 cas, compter 2-3 km. En taxi, compter env 30 000 Ar l'A/R pour les plages et le cirque Rouge.* En principe, restauration possible, mais prévoyez quand même un pique-nique, une bonne crème solaire, un chapeau et de l'eau, car il fait souvent très chaud.

***Le cirque Rouge :*** *au nord de la plage du Grand Pavois, à 13 km de Majunga (30 mn de voiture).* Il porte bien son nom. Cirque érodé déclinant toutes les teintes entre l'ocre et le rouge en passant par les roses les plus « indiens » que l'on puisse imaginer. Le sable sert à créer de jolies petites bouteilles décorées de motifs très adroits (voir la rubrique « Achats »). Venir si possible au coucher du soleil, c'est plus beau.

***Le musée Mozea Akiba :*** *à l'université d'****Ambondrona,*** *à env 7 km du centre, par une mauvaise route. Obligation d'y aller en taxi si l'on n'a pas de véhicule ou en bus (20 mn), lignes n^os 9 ou 11 (arrêts au marché couvert ou à l'Alliance française). Ouv en principe mar-ven 9h-11h, 15h-17h ; w-e slt ap-m. Entrée payante ; réduc enfants.* Marrant uniquement si l'on n'a vraiment rien d'autre à faire, car c'est un tout petit musée qui se trouve à perpète-les-oies. « Akiba » est un mot sakalava qui signifie « trésor ». Il ne faut rien exagérer, mais on notera la belle porte indienne ouvragée et la fenêtre avec jalousie de 1850, les photos de maisons indo-arabes... Signalons aussi les os de dinosaures, les fossiles, les fusils fabriqués par les *dahalo* (bandits malgaches) ou encore les « clous style Jean Laborde ». Enfin, panneaux consacrés aux grottes d'Anjohibe et au cirque Rouge. C'est à peu près tout. Notez que la direction du musée recommande à ses visiteurs de « ne pas bavarder » !

***Le lac Sacré :*** *dit aussi* ***lac Mangatsa,*** *à 9 km de piste au nord de l'aéroport.* Avec ses poissons sacrés et ses *fady* (interdits), il est réservé à ceux qui ont un véhicule. Peu d'intérêt cependant, à moins d'être accompagné par un guide local ou un chasseur. Le crochet par ce lac fait souvent partie des circuits proposés par les agences. Quelques chambres et un resto sur place, à l'*Espace Kalotody* (voir « Où dormir ? Où manger dans la région ? »).

***Les grottes d'Anjohibe :*** *à env 75 km. Prendre la route de Tana sur 15 km, puis, sur la gauche, commence une très mauvaise piste d'une soixantaine de km.*

Un sacré périple de 3 ou 4h (l'aller !) en 4x4, qui ne plaira, au bout du compte, qu'aux passionnés de spéléologie. À ne faire qu'avec un tour-opérateur et un guide spécialisé. Les grottes iraient, paraît-il, jusqu'à la mer. À signaler, non loin de l'entrée, une jolie petite cascade (glissante) avec une adorable colonie de *sifaka,* ces lémuriens à fourrure blanc et noir.

## *De l'autre côté de l'estuaire, vers le sud*



Cette région reste encore peu exploitée d'un point de vue touristique, seules quelques agences de Majunga s'y aventurent. Voir la rubrique « Arriver – Quitter » pour se rendre à Katsepy, point de départ des excursions. Le véritable attrait de ce village est de partager le pittoresque trajet en ferry le dimanche avec la foule.

**Katsepy et ses environs :** le village lui-même ne présente à notre avis aucun intérêt. Sur place, la plage est très venteuse et peu recommandée à la baignade. En revanche, on peut marcher jusqu'au phare, moyennant un petit bakchich et 165 marches à grimper, admirer le très beau point de vue sur l'estuaire et la côte. En saison sèche, il peut être intéressant de louer une pirogue pour aller visiter les mines de célestite (gomme de couleur bleue). Théoriquement, le lieu est *fady* (interdit) aux femmes, mais c'est négociable. Prévoir 2 jours sur place, car on ne peut partir qu'à marée haute. Aller-retour en 4h environ. De Katsepy, on peut se rendre en taxi-brousse à ***Mitsinjo,*** au sud-ouest, un village où il vous faudra trouver vous-même un logement.

En saison sèche, prendre un taxi-brousse de Katsepy pour Soalala et rallier le très beau ***lac Kinkony*** (l'un des plus grands de Madagascar), qui abrite quantité de poissons, de superbes oiseaux aquatiques, ainsi que des colonies de propithèques de Verreaux *(sifaka).* Lieu fréquenté également par les chasseurs. Très difficile d'accès, prévoir au moins 2 jours de 4x4 ou plusieurs jours de taxi-brousse, de la marche, du matériel de camping et des vivres. Certains tour-opérateurs peuvent vous organiser cette excursion, ce qui paraît préférable si on en a les moyens. Idem pour les circuits dans la ***baie du Boina*** où se trouvent les vestiges des premières mosquées de la région, la ***baie de Baly*** (magnifique réserve gérée par *MNP*) ou encore les ***Tsingy du Nord*** à Namoroka.

➢ ***La région de Marovoay :*** *au sud de Katsepy.* Pour ceux qui peuvent s'offrir l'excursion, beaux paysages de rizières et agréable balade à faire en bateau sur la Betsiboka (observation d'oiseaux, de crocos...).

# LE PARC NATIONAL ANKARAFANTSIKA

**À 120 km au sud-est de Majunga, sur la route de Tana, ce vaste parc de 130 000 ha est exploité par le *MNP,* en collaboration avec un bailleur allemand. Ankarafantsika est très fréquenté par les chercheurs, car il cache une forêt sèche dense semi-caducifoliée. Ça veut dire quoi ? En fait, celle-ci perd une partie de ses feuilles en saison sèche pour économiser l'eau, chose assez rare à Madagascar et de plus en plus sur la planète... Elle est donc à protéger. Par ailleurs, elle abrite l'un des projets de la *Durrell Wildlife Conservation Trust,* ONG créée par le frère de l'écrivain Lawrence Durrell, qui tente de sauver les tortues à soc, les tortues à queue plate et les grandes tortues d'eau douce, dites *rere,* toutes en danger d'extinction.**

## LE DEUXIÈME GRENIER À RIZ DE MADAGASCAR

Le nom du parc vient du mot *garafantsy* qui veut dire « montagne d'épineux ». Ce fut longtemps une région redoutée et impénétrable, où se réfugia le célèbre Ravelobe, héros national qui tint tête aux colons français.

Comme vous le verrez si vous venez de Majunga, on traverse d'abord de grands plateaux semi-désertiques, et puis, à partir de la région de Marovoay (« là où il y a beaucoup de crocodiles »), le décor laisse la place au vert tendre des rizières, irriguées par la rivière du même nom. En effet, celle-ci trouve sa source dans la forêt de l'Ankarafantsika, d'où quatre rivières, régulées par des lacs et des barrages, débouchent dans la plaine de Bekalila en se divisant en bras, très utiles à l'irrigation. À vrai dire, c'est toute l'économie d'une région qui est en jeu. La plaine est même le deuxième grenier à riz de Madagascar. On a mis au point ici le riz dit « Ali Kombo », supérieur en rendement au riz Tsipala, apporté par les invasions merinas. Autant dire que la forêt de l'Ankarafantsika, menacée par les incendies, la route nationale qui la traverse et l'exploitation illégale du bois, est d'une importance vitale pour la région. Le parc est d'ailleurs géré en partenariat avec les villageois, qui reçoivent 50 % des recettes.

### PLANTE MIRACULEUSE

*Amis hypocondriaques, on a trouvé un remède à vos angoisses, à utiliser en pommade, en tisane ou en huiles essentielles. Le parc d'Ankarafantsika abrite en effet la* mandravasarotra, *capable de soigner pas moins de 30 maladies. Endémique de Madagascar, et particulièrement de la région de Majunga, elle est antivirale, immunostimulante, antispasmodique, neurotonique, antitoxique et plein d'autres « anti- » et « -iques » auxquels vous n'aviez pas encore pensé...*

## Arriver – Quitter

Le parc se trouve à environ 120 km au sud-est de Majunga sur la RN4, au village d'Ampijoroa.

➢ ***Liaisons depuis Majunga :*** de la gare des taxis-brousse, à côté de l'abattoir, rue Georges-Ranaivoson, départs tte la journée. Prendre un véhicule pour Ambondromamy ou Ambato-Boeny (qui sont plus loin) et descendre en cours de route. Compter 2-3h de trajet. Si vous prenez le taxi-brousse vers Tananarive, veillez à ne pas payer la totalité du trajet. On signale que le minibus du parc fait des navettes entre Majunga et Tana, et peut venir vous chercher à l'aéroport. Sur résa slt.

➢ ***Liaisons depuis Tana :*** env 450 km de route. Partir de la gare routière d'Ambodivona-Andravoahangy. 2 départs/j., à 9h (arrivée à 16h) et 18h (arrivée à 3h du mat). Évidemment, on conseille vivement le trajet de jour ! Noter que *Antsanitia Resort* propose un circuit Tana-Majunga prévoyant une visite du parc national avec 1 nuit sur place (voir les « Adresses utiles » de Majunga).

➢ Pour repartir quand on n'a pas de véhicule, demander aux guides du parc de réserver un taxi-brousse, un autre véhicule en visite au parc ou leur propre minibus. Autre possibilité, mais plus galère : se rendre à Andranofasika, à 4 km sur la route de la capitale, pour réserver une place dans un taxi-brousse auprès de la coopérative *Sonatra.*

## Infos et conseils utiles

■ ***Bureau d'accueil :*** *033-02-131-86 et 033-49-401-27. • akf@parcs-madagascar.com • Tlj.* Sinon, s'adresser directement à l'antenne

régionale du *MNP* à Majunga (voir les « Adresses utiles » de la ville).
- ***Tarifs d'entrée :*** *de 25 000 Ar/pers pour 1 j. de visite à 50 000 Ar au-delà de 5 j. ; grosse réduc pour les enfants (200 Ar/j.).*
- ***Tarifs des guides :*** *guide obligatoire quel que soit le circuit. Compter 15 000-50 000 Ar pour un groupe jusqu'à 5 pers selon circuit, à pied, en bateau ou en 4x4.*
- On conseille de se munir d'une lampe torche : pratique si on reste dormir sur place et pour faire les sorties de nuit.

## Où dormir ? Où manger ?

On conseille de se renseigner avant de faire le trajet auprès du *MNP* à Majunga ou à Tana pour connaître les disponibilités. Noter que des changements peuvent avoir lieu dans le mode de gestion des hébergements et de la restauration du site. Raison de plus pour prendre contact avant. Si tout est plein, *hotely* à Andranofasika, à 4 km, mais vraiment en dernier recours.

⛺ ***Camping :*** *on peut planter sa tente pour env 6 000 Ar l'emplacement ou en louer une autour de 15 000 Ar pour 2 et 25 000 Ar pour 6. Matelas, draps et literie en sus. Cuisine payante pour les groupes.* Infrastructures modernisées récemment. 7 tentes safari équipées d'un lit 2 places et des tentes igloo équipées de matelas à 2 places également.

🏠 ***Chambres :*** *env 35 000 Ar pour 2.* Quelques chambres doubles pas bien grandes, avec douche froide et w-c communs. Confort très sommaire, il ne faut pas être difficile. À terme, ces chambres pourraient d'ailleurs ne plus être proposées aux visiteurs.

🏠 ***Bungalows :*** *env 100 000 Ar pour 2-4 pers.* Les 7 chalets en bois, plutôt plaisants avec leur terrasse, sont situés en bordure du lac sur un magnifique site bien mis en valeur. Tout le confort nécessaire : toilettes, douche et ventilation (pas besoin de la clim). Également des maisons en dur, grandes. Hélas, les sanitaires ont quelques soucis d'évacuation.

|●| ***Restaurant Pygargue :*** *réserver avt de partir en excursion.* Très jolie terrasse dans la verdure, donnant sur un petit lac. Délicieuse cuisine internationale ou malgache modernisée. Juste à côté, ***gargote Mihasoa,*** une petite auberge proposant des plats typiquement malgaches, à base de riz et à prix raisonnables.

|●| ***Minuscules épiceries :*** *pour dépanner, à Andranofasika, à 4 km.*

# À voir. À faire

➢ ***Le circuit Coquereli :*** le plus facile et le plus populaire. Il permet de voir ou de revoir les fameux lémuriens *Propithecus verreauxi coquereli,* communément appelés *sifaka,* avec leur frimousse presque polaire... Compter 1h30 à 2h d'observation, au cours de laquelle on peut aussi croiser des *Eulemur fulvus fulvus* et des lémuriens nocturnes.

➢ ***Le Grand Lavaka ou circuit Ankarokaroka :*** compter 4h aller-retour, à pied ou en 4x4. On conseille de le combiner avec le circuit précédent, sur le même trajet. On sort de la forêt sèche et un paysage de savane nous emmène, sous une chaleur torride, au Grand Lavaka. Prévoir beaucoup d'eau. Assez impressionnant. C'est un paysage unique et lunaire, le résultat d'une gigantesque érosion offrant une vue sur un canyon de western aux teintes multiples. On en reste scotché ! N'oubliez pas votre appareil photo...

➢ Pour ceux qui n'iraient pas dans la région de Morondava, le ***circuit des Baobabs*** peut être intéressant mais n'a rien de spectaculaire. Il faut environ 1h aller-retour pour aller voir les quatre seuls pieds au monde de ces *Adansonia madagascariensis boinensis* ! Ils seraient de surcroît les plus hauts de toutes les espèces. Compter 4h de circuit si vous faites en plus, quand cela est possible, le ***tour du lac Ravelobe,*** avec ses crocodiles qui bronzent au soleil (prudence quand même, car il y a déjà eu des accidents !). Ce circuit guidé du lac permet aussi d'écouter le récit de l'histoire et des traditions sakalavas de la région, et de visiter le *doany,* un site de sacrifices de zébus. Possibilité d'effectuer un tour en bateau sur le lac.

➢ Un ***circuit nocturne*** vous emmène voir les lémuriens de la nuit, dont quatre sur six sont vraiment visibles : le classique *Lepilemur,* l'*Avahi occidentalis,* le *Microcebus murinus* (au pelage roux et l'un des plus petits qui soient) et le *Microcebus ravelobensis,* découvert par un chercheur en 1996 et endémique de cette réserve. Les deux autres, le *Chierogalus medius* et l'*Eulemur mongoz,* hibernent d'avril à fin août et sont diurnes le reste de l'année.

➢ Pour les botanistes en herbe, un circuit sportif de 3h combine l'observation de ***pachypodiums*** et d'autres ***plantes.*** Intéressant pour les spécialistes, mais pas spectaculaire pour les néophytes. À noter, la présence dans la réserve de *Phromnia rosea,* des insectes roses ressemblant à s'y méprendre à... des pétales de rose.

– Les ornithologues amateurs seront aussi comblés, car le parc abrite sans doute le plus grand nombre d'***oiseaux*** de Madagascar (jumelles plus que conseillées). Environ 130 espèces (plus de 50 % sont endémiques), dont trois espèces de *coua,* le *vanga de Van Dam* (le fils caché de Jean-Claude, sans doute) et le très rare aigle pêcheur ou *ankoay.*

***Le centre de la Durrell Wildlife Conservation Trust :*** on ne présente plus Gerald Durrell, frère du célèbre écrivain, grand protecteur de la nature et qui a laissé, à part un bouquin désopilant (voir « Livres de route » dans « Madagascar utile »), cette fondation de préservation des espèces en danger. Voici une bonne occasion de vérifier sur le terrain la réalisation de ces intentions pieuses. Petite expo (gratuite) sur la sauvegarde des tortues à soc (ou *angonoka*), des tortues à queue plate et des grandes tortues d'eau douce, dites *rere.* Les premières sont censées être visibles toute l'année, et les queues plates seulement de septembre à la fin de la saison des pluies, car elles hibernent. On ne compte plus que 200 tortues à soc ! Toutes ces espèces sont gardées en captivité pour l'instant, afin d'assurer leur sauvegarde.

– En arrivant au parc depuis Majunga, ne pas manquer de ***s'arrêter sur le pont,*** au niveau du barrage. Quand les eaux sont basses, on peut voir les crocodiles se dorer la pilule.

– Enfin, dans le petit village d'Anpombolava, à quelques kilomètres de l'entrée du parc, en direction de Majunga, ***atelier de raphia*** géré par une association de femmes. Petite expo et vente.

# les ROUTARDS sur la FRANCE 2015-2016

(dates de parution sur • *routard.com* •)

## Découpage de la FRANCE par le ROUTARD

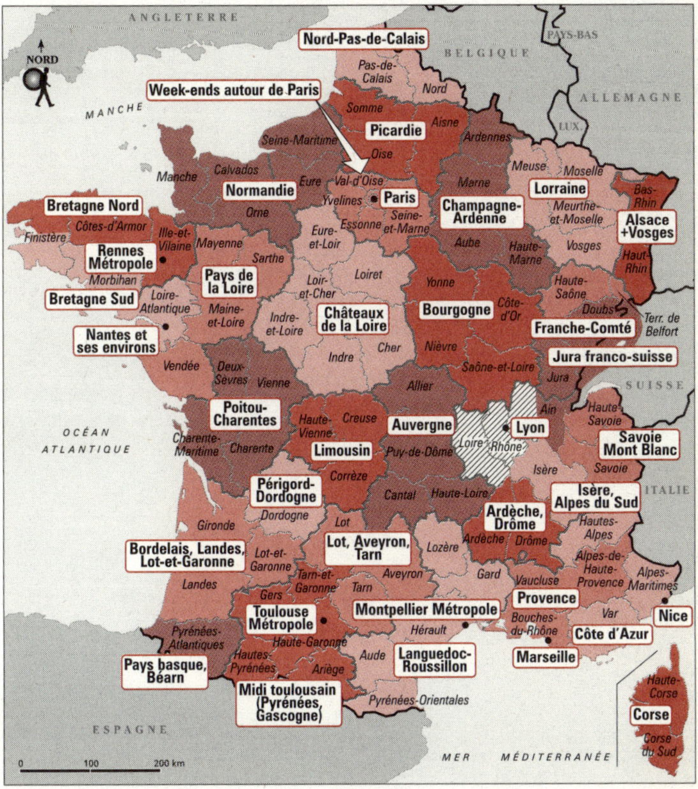


### *Autres guides nationaux*

- La Loire à Vélo (février 2015)
- Les grands chefs du Routard
- Nos meilleurs campings en France
- Nos meilleures chambres d'hôtes en France
- Nos meilleurs hôtels et restos en France
- Nos meilleurs sites pour observer les oiseaux en France
- Tourisme responsable

### *Autres guides sur Paris*

- Paris
- Paris à vélo
- Paris balades
- Restos et bistrots de Paris
- Le Routard des amoureux à Paris
- Week-ends autour de Paris

# les ROUTARDS sur l'ÉTRANGER 2015-2016

(dates de parution sur • *routard.com* •)

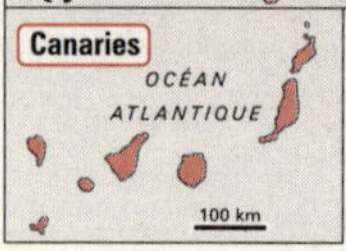


**Découpage de l'ESPAGNE par le ROUTARD**

**Découpage de l'ITALIE par le ROUTARD**

## Autres pays européens

- Allemagne
- Angleterre, Pays de Galles
- Autriche
- Belgique
- Budapest, Hongrie
- Crète
- Croatie
- Danemark, Suède
- Écosse
- Finlande
- Grèce continentale
- Îles grecques et Athènes
- Irlande
- Islande
- Madère (mai 2015)
- Malte
- Norvège
- Pologne
- Portugal
- République tchèque, Slovaquie
- Roumanie, Bulgarie
- Suisse

## Villes européennes

- Amsterdam et ses environs
- Berlin
- Bruxelles
- Copenhague
- Dublin
- Lisbonne
- Londres
- Moscou
- Prague
- Saint-Pétersbourg
- Stockholm
- Vienne

# les ROUTARDS sur l'ÉTRANGER 2015-2016

(dates de parution sur • *routard.com* •)

## Découpage des ÉTATS-UNIS par le ROUTARD

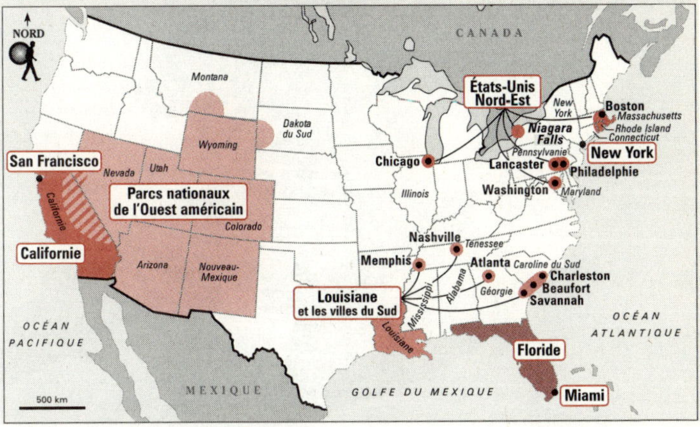


## Autres pays d'Amérique

- Argentine
- Brésil
- Canada Ouest
- Chili et île de Pâques
- Équateur et les îles Galápagos
- Guatemala, Yucatán et Chiapas
- Mexique
- Montréal
- Pérou, Bolivie
- Québec, Ontario et Provinces maritimes

## Asie

- Bali, Lombok
- Bangkok
- Birmanie (Myanmar)
- Cambodge, Laos
- Chine
- Hong-Kong, Macao, Canton
- Inde du Nord
- Inde du Sud
- Israël et Palestine
- Istanbul
- Jordanie
- Malaisie, Singapour
- Népal
- Shanghai
- Sri Lanka (Ceylan)
- Thaïlande
- Tokyo, Kyoto et environs
- Turquie
- Vietnam

## Afrique

- Afrique de l'Ouest
- Afrique du Sud
- Égypte
- Kenya, Tanzanie et Zanzibar
- Maroc
- Marrakech
- Sénégal
- Tunisie

## Îles Caraïbes et océan Indien

- Cuba
- Guadeloupe, Saint-Martin, Saint-Barth
- Île Maurice, Rodrigues
- Madagascar
- Martinique
- République dominicaine (Saint-Domingue)
- Réunion

## Guides de conversation

- Allemand
- Anglais
- Arabe du Maghreb
- Arabe du Proche-Orient
- Chinois
- Croate
- Espagnol
- Grec
- Italien
- Japonais
- Portugais
- Russe
- G'palémo (conversation par l'image)

## Le Routard Express

- Amsterdam (nouveauté)
- Barcelone
- Berlin
- Bruxelles (nouveauté)
- Florence (nouveauté)
- Istanbul (nouveauté)
- Lisbonne (nouveauté)
- Londres
- Madrid
- Marrakech (nouveauté)
- New York
- Prague
- Rome
- Venise

## Nos 1200 coups de cœur

- France (nouveauté)
- Monde

# INDEX GÉNÉRAL

## A

## B-C



## D-E

## F-G



## H-I



## J-K-L



## M

## N



## O-P



## R

# S



# T

## U-V-Z



## OÙ TROUVER LES CARTES ET LES PLANS ?



**IMPORTANT : DERNIÈRE MINUTE**

Sauf rare exception, le *Routard* bénéficie d'une parution annuelle à date fixe. Entre deux dates, des événements fortuits (formalités, taux de change, catastrophes naturelles, conditions d'accès aux sites, fermetures inopinées, etc.) peuvent intervenir et modifier vos projets de voyage. Pour éviter les déconvenues, nous vous recommandons de consulter la rubrique « Guide » par pays de notre site • ***routard.com*** • et plus particulièrement les dernières ***Actus voyageurs.***

## *Les* **Routards** *parlent aux* **Routards**

Faites-nous part de vos expériences, de vos découvertes, de vos tuyaux. Indiquez-nous les renseignements périmés. Aidez-nous à remettre l'ouvrage à jour. Faites profiter les autres de vos adresses nouvelles, combines géniales... On adresse un exemplaire gratuit de la prochaine édition à ceux qui nous envoient les lettres les meilleures, pour la qualité et la pertinence des informations. Quelques conseils cependant :

- Envoyez-nous votre courrier le plus tôt possible afin que l'on puisse insérer vos tuyaux sur la prochaine édition.
- N'oubliez pas de préciser l'ouvrage que vous désirez recevoir.
- Vérifiez que vos remarques concernent l'édition en cours et notez les pages du guide concernées par vos observations.
- Quand vous indiquez des hôtels ou des restaurants, pensez à signaler leur adresse précise et, pour les grandes villes, les moyens de transport pour y aller. Si vous le pouvez, joignez la carte de visite de l'hôtel ou du resto décrit.
- N'écrivez si possible que d'un côté de la lettre (et non recto verso).
- Bien sûr, on s'arrache moins les yeux sur les lettres dactylographiées ou correctement écrites !

En tout état de cause, merci pour vos nombreuses lettres.

*Les Routards parlent aux Routards :*
*122, rue du Moulin-des-Prés, 75013 Paris*

**e-mail :** • ***guide@routard.com*** •
**Internet :** • ***routard.com*** •

## **Routard Assurance** *2015*

Née du partenariat entre *AVI International* et le *Routard, Routard Assurance* est une assurance voyage complète qui offre toutes les prestations d'assistance indispensables à l'étranger : dépenses médicales, rapatriement médical, caution et défense pénale, responsabilité civile vie privée et bagages. Présent dans le monde entier, le plateau d'assistance d'*AVI International* donne accès à un vaste réseau de médecins et d'hôpitaux. Pas besoin d'avancer les frais d'hospitalisation ou de rapatriement. Numéro d'appel gratuit, disponible 24h/24. *AVI International* dispose par ailleurs d'une filiale aux États-Unis qui permet d'intervenir plus rapidement auprès des hôpitaux locaux. *AVI International* est un courtier reconnu qui gère lui-même ses dossiers et garantit une réponse rapide et simple. C'est aussi la filiale d'un groupe (SPB) présent à l'international. Pour toutes vos questions : ☎ 01-44-63-51-00 ou par mail • *routard@avi-international.com* • Conditions et souscription sur • *avi-international.com* •

Édité par Hachette Livre (43, quai de Grenelle, 75905 Paris Cedex 15, France)
Photocomposé par Jouve (45770 Saran, France)
Imprimé par Jouve 2 (Quai n° 2, 733, rue Saint-Léonard, BP 3, 53101 Mayenne Cedex, France)
Achevé d'imprimer le 26 janvier 2015
Collection n° 13 - Édition n° 01
32/6667/5
I.S.B.N. 978-2-01-002752-9
Dépôt légal : janvier 2015

PAPIER À BASE DE FIBRES CERTIFIÉES

hachette s'engage pour l'environnement en réduisant l'empreinte carbone de ses livres. Celle de cet exemplaire est de : 700 g éq. $CO_2$
Rendez-vous sur www.hachette-durable.fr